LOOKING OUT LOOKING IN

15th Edition

인간관계와 의사소통의 심리학

Ronald B. Adler · Russell F. Proctor II 저 | 정태연 역

박영story

Cengage

Looking Out Looking In,
Fifteenth Edition

Ronald B. Adler
Russell F. Proctor II

Original edition © 2017 Wadsworth, a part of Cengage Learning.
Looking Out Looking In, 15th Edition by Ronald B. Adler, Russell F. Proctor II
ISBN: 9781305076518

This edition is translated by license from Wadsworth, a part of Cengage Learning, for sale in Korea only.

For permission to use material from this text or product,
email to **asia.infokorea@cengage.com**

ISBN: 979-11-6519-115-3

Cengage Learning Korea Ltd.
14F YTN Newsquare 76 Sangamsan-ro
Mapo-gu Seoul 03926 Korea

Cengage is a leading provider of customized learning solutions with employees residing in nearly 40 different countries and sales in more than 125 countries around the world. Find your local representative at: **www.cengage.com**.

To learn more about Cengage Solutions, visit **www.cengageasia.com**.

Every effort has been made to trace all sources and copyright holders of news articles, figures and information in this book before publication, but if any have been inadvertently overlooked, the publisher will ensure that full credit is given at the earliest opportunity.

Printed in Korea
Print Number: 02   Print Year: 2024

인간관계와 의사소통의 심리학

LOOKING OUT LOOKING IN

15th Edition

Ronald B. Adler · Russell F. Proctor II 저 | 정태연 역

Australia • Brazil • Canada • Mexico • Singapore • United Kingdom • United States

인간관계와 의사소통의 심리학 제15판
Looking Out Looking In, 15th Edition

제15판 발행   2021년 2월 28일
중판 발행   2024년 2월 20일

지은이   Ronald B. Adler, Russell F. Proctor II
옮긴이   정태연

발행인   노 현

펴낸곳   ㈜ 피와이메이트
         서울특별시 금천구 가산디지털2로 53 한라시그마밸리 210호(가산동)
         등록 2014. 2. 12. 제2018-000080호
전 화   02)733-6771
f a x   02)736-4818
e-mail   pys@pybook.co.kr
homepage www.pybook.co.kr
I S B N   979-11-6519-115-3 93180

정 가   32,000원

박영스토리는 박영사와 함께하는 브랜드입니다.

역자서문

    이 사회에서 태어나 중년기에 이르기까지 오십여 년의 삶을 살아오면서 나는 인간관계와 관련해서 두 가지 점을 관찰할 수 있었다. 그 하나는 대다수의 사람들이 다른 사람과의 관계가 중요하다는 것을 잘 알고 있다는 점이다. 실제로 "삶에서 가장 중요한 것이 무엇인가"라는 질문에 많은 사람들은 인간관계라고 대답한다. 이는 전혀 틀린 말이 아니다. 심지어 인간관계는 우리의 삶 그 자체일 수도 있다. 우리가 추구하는 행복이나 삶의 의미 혹은 불가피하게 겪어야 할 고통과 번민도 알고 보면 다 관계의 산물에 다름없다. 나 이외의 존재들을 생각하지 않고는 자신의 존재도 가정하기 어려운 게 사실이다.

    이처럼 인간관계의 중요성을 우리들 대부분이 잘 알고 있으면서도, 인간관계를 잘 하기 위해서 힘써 노력하는 사람은 그리 많지 않은 것 같다. 이것이 내가 관찰한 두 번째 점이다.

    사람들은 보통 인간관계가 본인이 진실한 마음을 가지고 있으면 상대방도 그 마음을 언젠가는 알아줄 것이라고 믿거나, 자신은 인간관계를 잘할 준비가 되어 있기 때문에 본인에게 딱 맞는 상대방만 찾으면 된다고 믿는다. 물론 이는 전적으로 틀린 말은 아니지만, 그렇다고 이것이 전부는 아니다. 인간관계에 대한 이와 같은 오해를 실제로 많은 사람들이 공유하고 있다.

    우리는 관계라는 말을 그렇게 흔히 쓰면서도, 과연 관계가 무엇인지를 제대로 알아보려는 시도는 별로 하지 않는 것처럼 보인다. 흔히들 생각하는 것처럼, 관계는 그렇게 단순하지도 않고, 일정하지도 않으며, 일방적이지도 않다. 관계에 관여하는 두 사람이 함께 만들어가는 그 여정은 때로 봄날의 소풍처럼 가볍고 따뜻하기도 하고, 또 때로는 격랑을 헤쳐나가야 하는 고난의 시간이기도 하다. 어디 그뿐인가. 때로 두 사람은 여러 가지 이유로 방향이 다른 살림길에 마주해야 할 때도 있다.

관계라는 이름하에 이루어지는 이와 같은 변화의 과정을 제대로 이해하기 위해서는 당사자들의 심리적 특징을 공부하는 것이 우선되어야 할 것이다. 알고 있겠지만, 이미 복잡한 두 사람이 만나 만들어내는 관계가 복잡한 것은 꽤 당연한 일이다.

인간이 가지는 동기와 인지적 특성, 그리고 그러한 요소들이 시간의 함수 속에서 펼쳐 보이는 변동의 과정이라는 것은 한두 마디의 주장이나 명제로 해결될 성질의 것이 아니다. 그렇기 때문에, 관계를 잘 하기 위해서는 관계에 대한 깊은 공부가 필요한 것이 마땅한 일이다.

관계에 대한 공부를 하면서 깨달은 한 가지는 공부라는 것이 단지 모르는 사실을 알고 모르는 심리학적 원리를 이해하는 것 그 이상이라는 것이다. 흔히들 말하듯이, 공부에는 두 가지가 있다. 하나는 머리로 하는 공부요, 또 하나는 몸으로 하는 공부다. 관계를 잘 하기 위해서는 이 두 가지 공부가 공히 다 필요하다. 지식만 머리에 채운다고 해서 인간관계를 잘 하는 것은 결코 아니다. 왜냐하면 인간관계는 지식 그 이상의 실천의 문제이기 때문이다.

지금까지 많은 저자들이 인간관계에 대한 훌륭한 책들을 제공해 왔다. 그러한 책들은 그 나름대로 관계에 대한 유용한 지식과 통찰을 제공하고 있다. 그러면서도 다른 한편으로는 기존의 저서들이 여러 측면에서 오래된 방식을 탈피하지 못하고 있다는 것이 내 개인적인 인상이다. 이러한 와중에 우연히 알게 된 이 책이 몇 가지 장점을 가지고 있다고 판단해서 번역을 하게 되었다. 무엇보다도, 이 책은 인간관계를 심리학적인 측면에서 깊이 있게 다루면서도 그것을 의사소통과 학술적으로나 실용적으로 잘 엮음으로써, 이 둘을 하나의 큰 틀에서 이해하는 것이 가능하게 했다. 그 외에도, 직업, 다문화 등 다양한 맥락을 고려함으로써, 독자들이 이 주제를 좀 더 풍부하게 이해할 수 있도록 했다.

이 책을 번역하는 데 많은 분들의 도움이 있었다. 무엇보다도 중앙대 심리학과 대학원에서 사회 및 문화 심리를 전공하는 여러분들이 큰 도움을 주었다. 이에 지면을 통해 고마운 마음을 전하고 싶다. 거친 원고를 꼼꼼히 다듬어 근사한 작품으로 만들어주신 조보나 대리님과 이 책을 기꺼이 출판해주신 박영스토리의 노현 대표님께 감사의 말씀을 드린다. 독자 없이 저자가 있을 수 없다. 아무쪼록 많은 독자들이 좀 더 풍요로운 삶을 사는 데 이 책이 기여할 수 있기를 기원하는 바이다.

2021년 2월 28일

정 태 연

머리말

논쟁의 여지는 있지만, 듣기는 의사소통의 기술 중에서 가장 중요하다. 우리가 Looking Out Looking In의 이 15판을 준비할 때 듣기는 확실히 그랬다. 사용자의 말을 듣는 것이 우리로 하여금 여러분이 가지고 있는 그 책을 정제하는 데 도움을 주었다. 그래서 그 책이 교수와 학생 모두의 걱정거리를 모두 해결해 줄 것이다.

15판에 대한 작업을 시작하기 전에, 우리는 지금의 그리고 앞으로의 사용자들에게 그들의 욕구를 최대한 충족하기 위해 우리가 해야 할 일이 무엇인지를 물어보았다. 그들은 대인 간 의사소통을 명확하고, 매력적이고, 간결하게 소개해 줄 것을 원한다고 말했다. 그들은 이 책이 의사소통이 오늘날의 세계에서 작동하는 방식을 반영해야 한다고 말했다. 그리고 책의 가격이 공평해야 한다고 말했다. 여러분은 말했고, 우리는 들었으며, 그리고 이제 여러분은 그 결과를 보고 있다.

익숙한 내용들

언제나 그렇듯이, Looking out Looking in의 사용자 친화적인 접근은 학문과 일상적인 삶을 연결한다. 실제로 매 쪽을 펼칠 때마다 본문의 내용을 보완해주는 여러 종류의 자료들 즉, 신문이나 온라인에 실려 있는 기사, 시, 만화, 사진, 그리고 대중 영화와 TV 쇼의 프로파일들이 여러분의 시선을 사로잡을 것이다. 윤리적인 현안들을 훌륭하게 처리하는 것을 보여줌으로써, 독자들은 고상하게 의사소통하는 방식을 탐구하는 데 도움을 받을 수 있다. 다양한 보조적인 자원들은 좀 더 능숙하고 효율적으로 학생들이 배우고 강사가 강의하도록 돕기 위한 것이다.

Looking out Looking in에서는 의사소통을 우리가 다른 사람에게 구사하는 기법 의 모음이 아니라 우리가 다른 사람과 함께 관여하는 하나의 과정으로 본다. 심지어 가장 유능한 의사소통조차도 항상 따뜻하고 부드러운 관계를 가져오는 것은 아니고, 심지어 개인적 상호작용이 부족하더라도 그것을 건설적이고 존중하는 방식으로 다루면 보통은 최상의 결과를 가져온다는 것을 독자들은 배운다.

성과 문화는 따로 장(章)을 만들어서 논의하기보다는 책 전체를 통해 통합적으로 논의했다. 우리는 이처럼 중요한 주제를 탈이념적으로 다루었고, 상호작용을 구체화하는 데 때로는 다른 변인들도 적어도 이것만큼 중요하다는 것을 연구들도 인용 했다. 주요 핵심은 장(章)에 상관없이 일정하다. 그래서 2장부터 12장을 개인적인 상황에 따라 가장 효과적으로 순서를 바꿔 다루더라도 상관이 없다.

이 판의 새로운 점들

Looking out Looking in의 사용자들은 이 새로운 판이 40년 동안 백만 명 이상의 학생들에게 도움을 준 그 접근방식은 여전히 유지하면서도 몇몇 측면에서 개선되었음을 알 수 있을 것이다.

•좀 더 감당할 수 있는 가격

우리는 Looking Out Looking In의 가격을, 특히 예산에 여유가 없고 고등교육에 대한 비용이 증가하는 때, 학생들이 감당할 수 있게 책정해 준 Cengage Learning에 찬사를 보낸다.

•소셜 미디어에 대한 폭넓은 확장

새로운 2장은 대인관계에서 온라인 의사소통이 하는 역할을 다루는 데 전부를 할애하고 있다. 주제 중에는 온라인 대 면대면 의사소통의 차이, 소셜 미디어의 혜택과 비용, 성별과 나이가 온라인 의사소통의 사용에 미치는 영향, 개인적 및 관계적 목표를 달성하기 위해 소셜 미디어를 유능하게 사용하는 방법이 있다.

2장뿐만 아니라, 소셜 미디어에 대한 새로운 내용이 이 책의 전체에 통합되어 있다. 주제 중에는 온라인에서의 인상관리(3장), 소셜 미디어가 정서 지각과 표현에 미치는 영향(5장), 온라인 메시지에서 비언어적 의사소통(6장), 온라인에서 지지의 주고받기(7장), 소셜 미디어가 밀접한 관계의 발생과 쇠퇴를 어떻게 구체화하는가(9장), 그리고 가족, 친구관계, 그리고 연인관계에서 소셜 미디어가 의사소통에 하는 역할(10장)이 있다.

• 대중문화에서 얻은 새로운 사례들

이번 판은 다양한 대인관계에서 의사소통이 어떻게 작동하는지를 보여주는 사례들로 가득하다. TV 사례들의 프로파일에는 Louie and Blackish와 같은 코미디, Scandal and House of Cards와 같은 드라마가 있다. 다른 많은 프로파일들은 Boyhood, Dear White People, The Imitation Game, 그리고 The Disappearance of Eleanor Rigby 등 인기 영화에서 구했다. 또한 뉴스에 등장하는 인물의 주석이 달린 사진은 의사소통의 원리가 오늘날의 세계에서 어떻게 작동하는지를 잘 보여준다.

• 최신 연구들

최신의 의사소통 학문을 반영하기 위해 책 전체에 새로운 연구들을 인용했다. 새롭게 확장해서 다룬 주제 중에는 긍정적 정서의 표현(5장), 권력과 공손 사이의 균형 잡기(6장), 사회적 지지의 주고받기(7장), 그리고 연인관계에서 사랑, 헌신, 그리고 애정의 의사소통(10장)이 있다.

차 례

CHAPTER 04

지각: 보는 것이 실재하는 것이다 ——— 131

CHAPTER 05

정서: 느낌, 사고, 그리고 의사소통 ——— 175

CHAPTER 09

의사소통과 관계역동 —— 353

CHAPTER 10
친밀한 관계에서의 대인 간 의사소통 ——— 403

Sean Randall/E+/Getty Images

이 장(章)에서 다루는 주제

CHAPTER 01

대인 간 의사소통 개관

1. 의사소통자가 주어진 상황이나 관계에서 충족시키고자 하는 (신체적, 정체성, 사회적, 현실적) 욕구를 가늠할 수 있다.
2. 교류적 의사소통 모형을 특정 상황에 적용할 수 있다.
3. 이 장(章)에서 밝힌 의사소통 원리와 오해가 구체적인 상황에서 자명하다는 것을 이해한다.
4. (특별한 사례나 관계에서) 의사소통이 질적으로 비인간적인지 혹은 대인 간 관계에 관한 것인지를 기술하고, 대인 간 수준에서의 상호작용이 가져오는 결과를 기술할 수 있다.
5. 여러 의사소통 통로가 특정 상황에서 가지는 효과를 밝힐 수 있다.
6. 의사소통의 유능성 수준을 주어진 사례나 관계에서 결정할 수 있다.

여러분은 어렸을 때 이런 게임을 했을지도 모르겠다. 실제로든 가상적으로든 어떤 나쁜 행동에 대한 처벌로 아니면 그냥 재미로, 한 집단의 아이들이 희생자 한 명을 골라 일정 기간 동안 그 희생자를 완전히 무시한다. 누구도 말을 걸지 않고, 그 사람이 말하거나 행동하는 것에 어떤 반응도 보이지 않는다.

여러분이 이러한 무시의 대상이라면, 아마도 다양한 정서를 경험할 것이다. 처음에는 아무렇지도 않게 느끼거나 적어도 그런 것처럼 행동할 것이다. 그러나 시간이 지나면 무시 받는 사람이라는 중압감이 점점 커질 것이다. 이 게임이 오랫동안 지속되면 여러분은 우울한 상태에 빠지거나, 자신이 화가 났다는 것을 보이는 동시에 다른 사람의 반응을 끌어내기 위해서 그들을 적대적으로 비난할 것이다.

Vicky Kasala/Getty Images

역사를 통틀어 실제로 모든 사회에서 아이들뿐만 아니라 성인들도 불쾌감을 표현하고 사회적 통제를 위해 무시라는 강력한 도구를 사용해 왔다.[1] 다른 사람과의 의사소통에 대한 욕구는 인간의 가장 기본적인 욕구 중의 하나이고, 고립은 사람이 겪을 수 있는 가장 잔인한 처벌 중의 하나라는 것을 우리는 직관적으로 안다. 사실 직장에 관한 연구에 따르면 직원들은 상사나 동료로부터 아무런 주의를 받지 못하는 것보다는 차라리 부정적인 주의라도 받는 것을 선호한다. 괴롭힘을 당하는 것도 상처가 되지만, 외면당하는 것은 더 고통스러운 일이다.[2]

교류의 박탈은 정서적으로 고통스러울 뿐만 아니라 매우 심각한 문제이기 때문에 삶 전체에 영향을 미칠 수 있다. 13세기에 독일을 통치한 황제 Fredrick Ⅱ세는 이러한 현상을 체계적으로 증명한 최초의 인물일 것이다. 한 중세 역사가는 비인간적이기는 하지만 중요한 Fredrick Ⅱ세의 실험을 아래와 같이 기술했다.

그는 아이의 어머니와 보모에게 명령하기를, 아이들을 젖 먹이고 목욕시키되 그들과 어떤 이야기도 하지 말도록 했다. 왜냐하면 그는 아이들이 가장 오래된 히 브리어 혹은 그리스어나 라틴어 아니면 아랍어, 혹은 그들을 낳은 부모의 언어를 말할 수 있는지 알아보고 싶었기 때문이다. 그러나 그의 노력은 허사가 되었다. 왜 냐하면 모든 아이들이 죽었기 때문이다. 그들은 양육하는 어머니의 부드러운 애무 와 즐거운 얼굴 그리고 사랑이 넘치는 말 없이는 살 수가 없었다.[3]

다행스럽게도, 오늘날의 연구자들은 의사소통의 중요성을 입증할 수 있는 좀 덜 야만적인 방법을 찾아냈다. 고립에 대한 한 연구에서 피험자들은 잠긴 방에 혼 자 있으면 보수를 받았다. 다섯 명의 참가자 중에서 한 명은 8일을 버텼다. 세 명 은 2일을 견뎠는데, 그 중 한 명은 '두 번 다시는 안할 것'이라고 말했다. 다섯 번째 피험자는 단 두 시간만 참아 냈다.[4]

자진해서 혹은 필요 때문에 외로운 삶을 살아본 사람들이 알게 된 것처럼, 접 촉과 교제에 대한 욕구는 실험실 밖에서도 매우 강력하다. W. Carl Jackson은 51 일 동안 혼자서 대서양을 횡단한 탐험가로, 혼자인 사람들 대부분이 공통적으로 느끼는 감정을 다음과 같이 요약했다.

두 번째 달에 느낀 외로움은 거의 고문처럼 극심했다. 나는 늘 나 혼자로 충분 하다고 생각했지만, 다른 사람이 없는 삶은 의미가 없다는 것을 알게 되었다. 나는 얘기를 나눌 누군가를, 실제 살아 있고 숨을 쉬는 누군가를 절실히 필요로 했다.[5]

의사소통을 하는 이유

여러분은 혼자 지내는 것이 일상의 짜증으로부터 벗어날 수 있는 반가운 구 원이라고 주장하면서 이와 같은 이야기에 동의하지 않을지도 모른다. 사실 우리 모두는 어느 정도 혼자 지낼 필요가 있다. 그러나 어느 시점이 지나면 우리는 더 이상 혼자 있기를 원하지 않는다. 그 시점을 넘어서면 혼자 지내는 것은 즐거운 상 황에서 고통스러운 상황으로 바뀐다. 즉, 우리 모두는 관계를 필요로 한다. 우리 모두는 의사소통을 필요로 한다.

신체적 욕구

의사소통은 신체적 건강에도 영향을 미칠 정도로 매우 중요하다. 극단적인 경우, 의사소통은 삶과 죽음을 가르는 문제가 될 수도 있다. 미국 상원의원 John McCain은 해군 조종사였을 때 북베트남 상공에서 격추되어 6년 동안 전쟁포로로 잡혀 있었으며 때로는 독방에 갇혀 있었다. 전쟁포로가 된 그와 동료들은 벽을 두드려 메시지를 전달하는 암호를 만들었다. McCain은 접촉의 중요성과 접촉을 유지하기 위해서 감수해야 할 위험을 다음과 같이 기술하였다.

> 의사소통에 따른 처벌은 가혹했다. 몇몇 전쟁포로들은 의사소통을 하려다가 잡혀서 구타를 당했으며, 두들겨 맞으면서 전의도 상실했다. 그들은 형벌실로 돌아가는 것이 너무나 무서워, 전우들이 벽을 두드려 그들을 깨우려 할 때도 감방에 누워 꼼짝하지 않았다. 그러나 오랫동안 의사소통을 하지 않은 사람은 거의 없었다.[6]

다른 포로들도 사회적 고립이 갖는 처벌적 효과를 기술했다. 신문기자였던 Terry Anderson은 Lebanon에서 인질로 보낸 7년을 되돌아보면서, "아무도 없는 것보다는 최악의 친구라도 같이 있겠다."라고 단호하게 말했다.[7]

의사소통과 신체적 행복 간의 관계가 포로에게만 국한된 것은 아니다. 의학자들은 친밀한 관계의 결여가 가져오는 여러 건강상의 위협을 밝혀 왔다. 예를 들면,

- 30만 명 이상이 참가한 약 150개 연구의 결과를 종합적으로 분석한 결과, 사회적으로 연결된 사람들, 가령 가족·친구들과 강한 연결망을 가지고 있는 사람들은 사회적으로 고립된 사람들에 비해 평균 3.7년을 더 오래 산다.[8]
- 사회적 관계의 결여는 흡연, 고혈압, 고지혈증, 그리고 운동 부족에 버금가는 정도로 관상동맥 건강을 위협한다.[9]
- 사회적으로 고립된 사람은 폭넓은 사회적 연결망을 가지고 있는 사람에 비해 감기에 걸릴 확률이 4배 더 높다.[10]

이혼, 별거, 혹은 사별한 사람들은 배우자와 함께 거주하는 사람들보다 정신적 질병으로 입원하는 경우가 5~10배 정도 더 높다. 행복하게 결혼생활을 하는 사람은 혼자 사는 사람에 비해 폐렴 및 암 발생률, 그리고 외과수술을 받을 확률이 더 낮다.[11] (이들 연구에 따르면, 관계의 질이 관행적 결혼보다 더 중요하다는 점에 주목할 필요가 있다.)

대조적으로, 의사소통을 통해 긍정적 관계를 형성하면서 살면 건강이 더 좋아진다. 매일 10분만이라도 사교 시간을 가지면 기억력이 좋아지고 지적 기능이 향상된다.[12] 다른 사람과의 대화는 외로움과 여기에 수반되는 질환을 감소시킨다.[13] 사랑하는 사람으로부터 애정 표현의 말을 더 많이 들을 경우 스트레스 호르몬이 감소한다.[14]

이와 같은 연구는 개인적 관계의 중요성을 입증하고 있다. 모든 사람들이 동일한 양의 접촉을 필요로 하는 것은 아니고, 의사소통의 질이 그 양만큼 중요한 것이 확실하다. 핵심은 개인적 의사소통이 우리의 행복에 필수적이라는 것이다.

정체성 욕구

의사소통은 우리들의 생존을 가능케 하는 것 이상의 기능을 한다. 그것은 우리가 누구인지를 배우는 정말로 유일한 방법이다. 3장에서 자세히 설명하겠지만, 우리의 정체감은 다른 사람과 상호작용하는 방법에서 비롯된다. 나는 현명한가 어리석은가, 매력적인가 평범한가, 능숙한가 서투른가? 이러한 질문에 대한 대답은 거울을 보는 것으로 얻어지지 않는다. 우리를 대하는 다른 사람들의 반응에 근거해서 우리가 누구인지를 결정한다.

다른 사람과의 의사소통을 박탈당하면, 우리는 자신에 대한 인식을 할 수 없다. 극적인 사례가 'Aveyron(프랑스 남부의 지방 이름)의 야생 소년'이다. 이 소년은 어린 시절을 어떤 사람과도 접촉하지 못하고 보냈다. 1799년 발견 당시 이 소년은 프랑스 마을의 한 밭에서 채소를 구하려고 땅을 파고 있었다. 그는 사회생활을 하는 인간들이 하는 어떠한 행동도 보이지 않았다. 그는 말을 하지도 못했고, 그저

기이한 울음소리를 낼 뿐이었다. 이와 같은 기술의 결핍보다도 더 중요한 점은 그 소년이 인간으로서의 어떤 정체성도 가지고 있지 않다는 것이었다. 작가 Roger Shattuck이 기술한 것처럼, "그 소년은 이 세상에서 자신이 인간으로 존재한다는 인식을 가지고 있지 않았다. 그는 자신이 다른 사람과 관련된 인간이라는 인식이 없었다."[15]하지만 '어머니'의 사랑스런 영향을 받고 나서야 우리가 상상할 수 있고 생각할 수 있는 그런 인간으로서 행동하기 시작했다.

Aveyron의 소년처럼 우리는 세상에 태어날 때 정체성에 대한 인식이 거의 혹은 전혀 없다. 다른 사람들이 우리를 규정하는 방식에 따라 우리는 자신이 누구인지에 대한 인식을 갖게 된다. 3장에서 설명하는 것처럼, 우리가 접하는 메시지의 영향력은 아동기 때 가장 강력하지만, 다른 사람의 영향력은 평생 계속된다.

사회적 욕구

의사소통은 우리가 누구인지를 분명히 하는 데 도움을 줄 뿐만 아니라, 다른 사람과 꼭 필요한 관계를 맺도록 해 준다. 연구자와 이론가들은 우리가 의사소통을 통해 다양한 사회적 욕구를 충족하고 있음을 입증해 왔다. 이러한 욕구에는 쾌락, 애정, 동료애, 도피, 휴식과 통제가 있다.[16]

효과적인 대인 간 의사소통은 행복과 강력하게 연관되어 있음을 여러 연구가 시사하고 있다. 200명 이상의 대학생에 대한 연구에서 가장 행복한 10%의 사람들은 스스로 풍부한 사회적 활동을 하고 있다고 기술했다(가장 행복한 사람들은 수면, 운동, TV 시청, 종교 활동 혹은 음주의 양과 같은 모든 측정 가능한 측면에서 그들의 급우들과 다르지 않았다.).[17]또 다른 연구에서도 여성들은 휴식, 쇼핑, 식사, 운동, TV나 기도를 포함한 다른 모든 활동보다도 '사교'가 만족스러운 삶에 더 많이 기여한다고 진술했다.[18] 효과적으로 의사소통하는 커플들은 그렇지 않은 커플보다 더 행복하다고 진술하는데, 이것은 여러 문화에서 입증된 발견점이다.[19]

의사소통이 사회적 만족에 필수적이라는 점을 알고 있으면서도, 많은 사람들이 대인관계에서 아주 성공적이지는 않다는 많은 증거가 있다. 예를 들면, 한 연구에서 조사한 4천 명 이상의 성인들 중 1/4의 사람들이 이웃 사람보다 자기 애완견의 배경정보를 더 많이 알고 있었다.[20] 또한 현대인들에게는 친구의 수가 감소하고 있다는 연구도 여럿 있다. 한 조사에 따르면, 1985년도에 미국인들은 평균 2.94명의 친한 친구를 가지고 있었다. 20년 후에 이 숫자는 2.08로 낮아졌다.[21] 교육수준이 높은 미국인들이 더 폭넓고 다양한 관계망을 가지고 있다는 점도 주목할 필요가 있다. 다른 말로 하면, 교육을 많이 받으면 지적 수준과 함께 관계적 삶의 수준도 높아질 수 있다는 것을 시사하는 것이다.

다른 사람과의 관계는 매우 필수적이기 때문에, 몇몇 이론가들은 모든 문화에서 긍정적인 관계가 삶의 만족과 정서적 행복에서 가장 중요한 원천이라고 주장한다.[22] 지금 자신이 관계하고 있는 사람들을 마음속으로 나열해 보라. 그러면 여러분이 가정에서, 친구들과, 학교에서 그리고 직장에서 아무리 성공적으로 상호작용한다고 하더라도, 자신의 일상적인 삶에서 개선해야 할 여지가

_____ 코미디언 Louie CK는 자신의 TV쇼 'Louie'에서 사랑에는 운이 없는 사람으로 대인관계에 대한 비관주의자이다. 그럼에도 불구하고 그는 계속 노력을 하는데 왜냐하면 동반자 없는 삶이란 견딜 수 없을 만큼 외롭기 때문이다. 여러분은 의사소통을 통해 다른 사람과 연결하려는 자신의 욕구를 얼마나 잘 충족하는가? 여러분은 자신의 사회적 욕구를 충족하기 위해 이 책에 있는 정보를 어떻게 이용할 수 있을까? FX/Photofest

많이 있다는 것을 알게 될 것이다. 아래의 정보는 자신에게 가장 중요한 사람들과 의사소통하는 방법을 개선하는 데 도움을 줄 것이다.

현실적 목표

의사소통은 우리의 사회적 욕구를 충족하고 정체성을 구체화할 뿐만 아니라, 의사소통 학자들이 도구적 목표라고 부르는 것 즉, 다른 사람이 우리가 원하는 방식대로 행동하도록 하기 위해 가장 폭넓게 이용되는 접근방법이다. 몇 개의 도구적 목표는 매우 기본적이다. 가령 의사소통은 여러분들이 미용사에게 옆머리를 조금만 자르라고 말할 수 있게 해주고, 집안일을 협상할 수 있게 해주고, 부러진 파

이프를 조심하라고 배관공에게 주의를 줄 수 있게 해주는 도구이다.

다른 도구적 목표는 좀 더 중요하다. 직업적 성공이 가장 좋은 예이다. '직업에 관한 이야기'가 보여주듯이, 의사소통 기술은 실제 모든 직업에서 필수적이다. 이러한 기술은 심지어 생사를 가르는 차이를 만들어 낼 수도 있다. 미국 Los Angeles 경찰국은 소속 경찰관들이 오인 사격하는 가장 흔한 이유 중 하나로 '부실한 의사소통'을 꼽았다.[23] 효과적으로 의사소통할 수 있는 능력은 의사, 간호사 그리고 다른 의료인들에게도 필수적이다.[24] 연구자들은 사망, 심각한 신체적 상해, 그리고 정신적 외상을 포함해서 의료사고의 60% 이상이 '부실한 의사소통'때문에 발생한다고 보고했다.[25] 미국 의학협회 학술지(Journal of the American Medical

직업에 관한 이야기

의사소통과 직업적 성공

일의 분야에 상관없이 성공을 거둔 사람들은 의사소통 기술이 직업을 구하고 직장에서 성공하는 데 결정적인 역할을 한다는 것이 연구를 통해 입증되었다. 종종 의사소통 기술은 고용 여부를 결정하기도 한다. 한 조사에서, 고용주들은 이상적인 지원자들이 갖추어야 할 기술과 특성을 열거한다. 의사소통 기술은 늘 이 목록의 맨 앞에 위치하며, 기계를 다루는 기술, 진취성, 분석력과 컴퓨터 기술보다도 앞선다.[a]

또 다른 조사에서 여러 나라의 관리자들은 대학 졸업자들이 경쟁이 치열한 직장에서 직업을 구하는 데 도움을 주는 가장 중요한 두 가지 요인으로 효과적으로 말하고 듣는 능력을 꼽았다.[b] 이것은 기계를 다루는 역량, 경력, 그리고 취득한 구체적 학위보다도 더 중요한 것이었다. 특정 지원자를 채용하지 않는 가장 흔한 이유를 열거하도록 170개의 유명한 상사와 회사에 요청했을 때, 가장 흔한 응답이 '의사소통의 무능함과 취약한 의사소통 기술'이었다.[c]

일단 고용이 되면, 의사소통 기술은 실제 모든 작업에서 중요하다.[d] 기술자들은 근무시간 상당 부분을 대부분 일대일 상황이나 소집단 상황에서 듣고 말하면서 보낸다.[e] 회계사 및 그들을 고용하는 회사는 직업적 성공의 필수적 요인으로 효과적인 의사소통을 일관적으로 듣고 있다.[f] 컴퓨터 대형회사 Sun Microsystems의 한 간부는 이러한 점을 설득력 있게 지적했다. "이런 업계에서 성공하기 위해 필요한 하나의 기술이 있다면, 그것은 의사소통 기술이다."[g] 한 평론가는 The Scientist에 실은 글에서 이러한 마음을 똑같이 표현했다. "충고를 하나 하자면, 전반적인 의사소통 기술은 여러분이 아무리 훈련해도 지나치지 않다."[h]

Association)와 기타 학술지에 실린 여러 연구는 의료사고 손해보상 소송을 당하지 않은 의사와 당한 적이 있는 의사 사이에 의사소통 기술에서 중대한 차이가 있음을 밝혀주고 있다.[26]

심리학자 Abraham Maslow는 인간의 욕구를 다섯 단계로 구분하면서, 가장 기본적인 욕구가 먼저 충족되어야 덜 기본적인 욕구도 충족하려 한다고 제안하였다.[27] 가장 기본적인 욕구는 충분한 공기, 물, 음식과 휴식, 그리고 번식할 수 있는 능력과 같은 신체적 욕구라고 하였다. Maslow의 욕구 중에서 두 번째가 안전 즉, 행복에 대한 위협으로부터의 보호이다. 신체적 욕구와 안전 욕구 다음에 있는 것이 우리가 언급한 사회적 욕구이다. 네 번째는 자존감의 욕구, 즉 자신이 가치 있는 사람이라고 믿고 싶은 욕구이다. Maslow가 기술한 욕구의 최종 범주는 자기실현으로, 이것은 우리의 잠재력을 최대한 개발하고 우리가 될 수 있는 최상의 사람이 되고 싶은 소망이다. 의사소통이 각 수준의 욕구를 충족하는 데 어떤 방식으로 필요한지를 이 책을 계속 읽으면서 생각해보라.

의사소통의 과정

우리는 마치 의사소통이라는 말의 의미가 매우 분명한 것처럼 가정하고 이에 대해 논의해 왔다. 의사소통 연구자들은 의사소통의 정의에 대하여 수년 동안 논쟁해왔다. 많은 이견에도 불구하고, 의사소통은 본질적으로 의미를 창출하기 위해서 메시지를 사용하는 것이라는 점에는 대부분 동의할 것이다.[28] 이러한 기본적인 정의가 공개연설, 소집단, 대중매체 등 다양한 맥락에 적용될 수 있음을 놓쳐선 안 된다.

하지만 그 이전에, 사람들이 대인 간 의사소통에서 메시지를 교환하면서 의미를 창출할 때 어떤 일이 일어나는지를 체계적으로 설명할 필요가 있다. 그렇게 함으로써 일반적이면서 실질적인 다양한 어휘를 접하게 되고, 동시에 이후의 장(章)에서 다룰 주제들도 미리 살펴볼 수 있다.

선형적 관점

연구자들은 의사소통을 하나의 사회과학으로 연구하기 시작한 초창기에 의사소통 과정을 예시하는 모형을 만들었다. 그 첫 번째 시도가 선형적 의사소통 모형(linear communication model)이다. 이 모형은 의사소통을 발신자가 수신자에게 하는 어떤 행동으로 묘사한다. [그림 1.1]의 선형적 모형에 따르면,

> 한 **발신자**(메시지를 만들어내는 사람)가
> **메시지**(전달되는 정보)를
> **부호화**(생각을 상징과 몸짓에 담는다)해서 그것을
> **통로**(메시지가 진행해 나가는 매체)를 통해
> **수신자**(메시지에 주의를 기울이는 사람)에게 보내면, 그는 이것을
> **소음**(메시지 전달을 방해하는 여러 요인)과 씨름하면서
> **탈부호화**(메시지를 파악한다)한다.

[그림 1.1]에 등장하는 어휘는 라디오와 텔레비전 방송이 작동하는 방식과 유사하다. 이 모형과 방송이 동시에 생겨난 것은 아니다. 이 모형을 만든 사람은 기본적으로 초기의 전자 매체에 관심을 가지고 있었다. 이 모형의 광범위한 사용은 의사소통에 대하여 우리가 생각하고 말하는 방식에 영향을 미쳤다. "우리 의사소통에서 장애가 발생하고 있다."나 "내 메시지가 전달되지 않는 것 같아."와 같은 글귀에는 선형적이고 기계적인 속성이 있다. 매체를 통한 의사소통이 때로는 이러

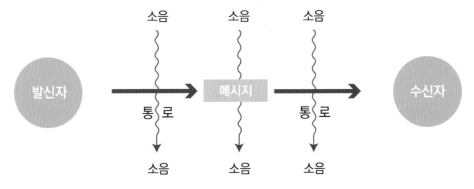

▶ 그림 1.1 선형적 의사소통 모형   © Cengage Learning

한 속성을 가지고 있지만, 이 친숙한 글귀(그리고 그것이 나타내는 사고방식)는 대인 간 의사소통의 중요한 특징을 모호하게 만든다. 대인 간 의사소통이 정말로 "장애가 발생했는가?" 아니면 심지어 서로 대화하고 있지 않을 때조차도 사람들은 여전히 정보를 교환하는가? 다른 사람에게 메시지를 큰 목소리로 분명하게 전달했지만 원하는 반응을 얻지 못하는 것이 가능한가? 뿐만 아니라, 선형적 모형이 갖는 한계점으로 고려해야 할 다음과 같은 또 다른 문제도 있다.

- 여러분이 친구와 면대면 대화를 할 때, 오직 한 명의 발신자와 한 명의 수신자만 있는가 아니면 발신자, 수신자가 순서 없이 메시지를 동시에 서로 주고받는가?
- 여러분은 자신이 보내는 모든 메시지를 의도적으로 부호화하는가 아니면 어떤 행동은 메시지를 무의식적으로 부호화해서 전달하기도 하는가?
- 여러분이 (휴대전화나 전자우편 등) 전자기기를 이용해서 메시지를 보낼 때조차도 메시지의 의미가 문화, 환경, 그리고 관계의 역사와 같은 좀 더 거시적 요인에 의해서 영향을 받는가?

여러 가지 문제를 해결하기 위해 학자들은 대인 간 의사소통을 더 잘 보여주는 모형을 만들었다. 지금부터 이러한 모형 중 하나를 살펴보도록 하자.

교류적 관점

교류적 의사소통 모형(transactional communication model: 그림 1.2)은 의사소통이 인간에게 독특한 하나의 과정이라는 점을 더 잘 포착하기 위해서 선형적 모형을 개선하고 확장한 모형이다. 선형적 모형에 나오는 몇몇 개념과 용어는 그대로 남아 있고, 어떤 것들은 더 중요하게 다뤄지거나 추가되기도 했고 혹은 없어지기도 했다.

교류적 모형은 발신자와 수신자 대신에 의사소통자(communicators)라는 말을 사용한다. 이 용어는 선형적 모형이 제안하는 것처럼 의사소통이 일방적이거나 순차적으로 왔다 갔다 하는 것이 아니라 사람들이 메시지를 동시에 주고받는다는 사실을 반영한다. 예를 들면, 여러분이 자신의 동거인과 집안일을 어떻게 처리할지 협상할 때 무슨 일이 일어나는지를 고려해 보라. 동거인이 보내는 말을 듣지(받지)마자, 여러분은 얼굴을 찡그리면서 "난 부엌 청소에 대해서 말하고 싶은데…"라고 말을 하면서 동시에 어금니를 꽉 문다(이 행동은 언어적 메시지를 받는 동안 여러분 자신의 비언어적 메시지를 전달한다.). 이러한 반응에 대하여 여러분의 동거인은 방어하기 위해 자신의 말을 중단한 다음, "잠깐만요…."라는 새로운 메시지를 보낸다.

또한 교류적 모형은 의사소통자들이 때로 서로 다른 환경(그들이 다른 사람의 행동을 이해하는 방식에 영향을 미치는 경험의 장)에 처해 있다는 것을 보여준다. 의사소통을 논할 때 사용하는 '환경'이라는 단어는 의사소통자들의 대화가 이루어지는 물리적 장소뿐만 아니라, 개인적 경험과 문화적 배경을 모두 의미한다.

서로 다른 환경을 만드는 데 기여할 수 있는 몇몇 요인을 살펴보자.

- A와 B는 인종적으로 서로 다른 집단에 속해 있을 수 있다.
- A는 부유하지만 B는 가난할 수 있다.
- A는 바쁘게 뛰어다니지만 B는 갈 곳이 아무 데도 없다.
- A는 오랫동안 파란만장한 삶을 살아왔지만 B는 젊고 경험이 부족할 수 있다.
- A는 어떤 주제에 대해 열정적으로 관심을 가지고 있지만 B는 그것에 대해 무관심할 수 있다.

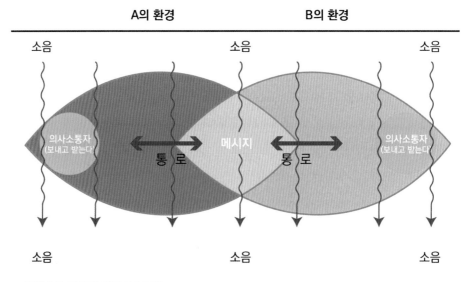

▶ 그림 1.2 교류적 의사소통 모형

© Cengage Learning

[그림 1.2]의 모형에서 A와 B의 환경이 중첩된다는 사실에 주목하라. 이 영역은 의사소통자들의 공통적인 배경을 나타낸다. 이와 같은 공유환경이 적을수록 의사소통은 보통 점점 더 어려워진다. 상이한 관점이 서로의 이해를 어렵게 만드는 몇몇 사례를 살펴보자.

- 부하 직원들의 관점을 잘 이해하지 못하는 상사는 효과적인 관리자가 되지 못하고, 상사의 어려움을 이해하지 못하는 부하 직원은 비협조적일 가능성이 크다(그리고 승진하는 데 적합하지 않을 수 있다.).
- 자신의 젊은 시절을 회고하는 데 어려움을 겪는 부모는 자녀와 충돌하기 쉽고, 자녀들은 자신을 키워 주는 부모에 대하여 고마워하지 않을 수 있다.
- 소외를 경험해 본 적이 없는 주류문화 사람들은 소수문화 출신의 사람들이 겪는 어려움을 이해하지 못할 것이다. 이 주류문화 사람들은 자신의 관점에 매몰되어 주류집단의 문화적 맹목성을 이해하기 어렵다.

의사소통 통로는 선형적 모형에서처럼 교류적 모형에서도 중요한 역할을 한다. 의사소통 통로는 단지 메시지를 전달하기 위한 중립적인 길이라고 생각하기 쉽지만, 좀 더 면밀히 살펴보면 그것이 수행하는 중요한 역할을 알 수 있다.[29] 여러분이 "사랑해."라는 말을 할 때 직접 해야 하는가? 전화로? 글을 써서? 광고판을 임대해서? 꽃과 카드를 보내는 것으로? 전자우편으로? 음성메일로? 페이스북으로? 소통의 통로는 매우 중요하기 때문에 2장에서는 이러한 통로가 대인간 관계에서 하는 역할을 설명하고 있다.

교류적 모형 역시 소음의 개념을 내포하고 있지만, 그 의미는 좀 더 포괄적이다. 선형적 모형은 ―외부적 소음으로 알려진― 통로에 존재하는 소음에 초점을 두고 있다. 예를 들면, 붐비는 방에서 시끄러운 음악이나 자욱한 담배연기는 여러분이 메시지 발신자에게 주의를 기울이는 것을 어렵게 만든다. 교류적 모형은 소음이 의사소통자들 내부에도 존재하고 있음을 보여준다. 여기에는 질병, 피로, 청각상실과 같은 생리적 소음이 있는데, 이것은 메시지의 정확한 수신을 방해하는 생물학적 요인을 동반한다. 의사소통자들은 또한 심리적 소음, 즉 메시지를 정확하게 이해할 수 있는 능력을 방해하는 여러 요인에 직면할 수 있다. 예를 들면, 어떤 학생은 시험에서 낙제했나는 사실을 일자마자 너무나 심란한 나머지 무엇을 잘 못했는지 분명하게 이해할 수 없을 수 있다(좀 더 정확히 말하면 이해하고 싶지 않을 수 있다.). 심리적 소음은 너무나 중요한 의사소통상의 문제이기 때문에, 이 책 11장의 상당 부분을 그러한 문제의 가장 흔한 형태인 방어를 알아보는 데 할애했다.

의사소통 모형들이 제공하는 통찰에도 불구하고, 그 모형들은 대인 간 의사소통의 중요한 특징을 놓칠 수도 있다. 모형은 하나의 '스냅사진'인 반면, 의사소통은 하나의 '동영상'에 더 가깝기 때문이다. 실제 상황에서 개별 의사소통 행위를 그 행위의 앞뒤에 놓여있는 사건으로부터 분리하는 것은 쉽지 않다.[30] 여기에 있는 만화를 살펴보라. 여러분이 마지막 틀만 읽으면, Jeremy는 어머니가 하는 잔소리의 희생양인 것처럼 보인다. 그런데 여러분이 앞의 세 틀을 읽을 경우, Jeremy가 어머니에게 좀 더 반응적이었다면 그녀가 그렇게 집요하지는 않았을 것이라고 결론내릴 것이다. 그리고 여러분이 만화 속의 사건에 앞서 두 사람이 상호작용하는 것을 며칠 혹은 몇 주 동안 살펴보았다면, 여러분은 그 사건에 영향을 미친 둘 간의 역사를 좀 더 큰 (그러나 여전히 불완전한) 그림으로 이해할 수 있었을 것이다. 다른 말로 하면, Jeremy와 그의 어머니가 함께 만들어 놓은 의사소통 패턴이 그들의 관계의 질에 영향을 미친다는 것이다.

이것은 또 다른 중요한 핵심을 이끌어낸다. 즉, 관계적 의사소통은 우리가 일방적으로 하는 것이 아니라 상대방과 함께하는 활동이라는 것이다. 이러한 점에서 대인 간 의사소통은 상대방과 호흡을 맞추는 종류의 춤과 같다. 춤과 마찬가지로 의사소통도 상대방의 참여에 달려 있다. 훌륭한 춤처럼, 성공적인 의사소통은 앞장서서 이끄는 사람에게만 달려 있는 것이 아니다. 상대방의 기술 수준을 고려해서 거기에 적응하지 못한다면 아무리 훌륭한 무용수도 둘 모두를 엉망으로 보이게 만들 수 있다. 의사소통과 무용에서는 양쪽이 모두 재능이 있다 하더라도 성공을 장담할 수가 없다. 능숙한 두 무용수가 자신들의 움직임을 서로 맞추지 않는다면, 그들은 최종 결과물에 대해서 기분이 상하고, 청중들은 그 결과물을 시시하다고 생각할 것이다. 마지막으로, 관계적인 의사소통은 춤과 같이 두 사람이 상호작용하는 방식을 통해 창조하는 하나의 독특한 창조물이다. 여러분이 춤을 추는 방식은 상대방이 누구냐에 따라 달라질 것이다. 마찬가지로, 여러분이 의사소통하는 방식은 상대방에 따라 거의 확실히 바뀔 것이다.

우리가 지금까지 발전시켜 온 대인 간 의사소통(interpersonal communication)에 대한 정의를 이제 요약할 수 있다. 대인 간 의사소통은 관련된 사람들의 관계적 과정으로, 그들은 서로 다르지만 중첩되는 환경에 있으면서 메시지의 교환을 통해 관계를 만들어 가는데, 이러한 교환

———— 영화 '소년시절(Boyhood)'은 Mason(Ellar Cotrance 역)의 삶을 초기 아동기부터 대학교 입학 때까지 그리고 있다. 이 이야기에 해당하는 나이의 배우를 통해서 12년 이상의 삶을 그린 이 영화는 뒤집을 수 없고, 반복할 수 없으며, 거래적인 대인 간 의사소통의 속성을 잘 보여주고 있다. 여러분이 어릴 때 겪은 사건이 지금의 의사소통 방식에 어떻게 영향을 미치고 있는가?
IFC Films/Photofest

의 대다수는 외적, 생리적 및 심리적 소음의 영향을 받는다. 여러분이 이 정의를 기억할지의 여부는 여러분과 여러분의 강사가 결정할 일이다. 어쨌든, 이 정의는 의사소통 과정에 대한 여러분의 이전 견해보다 훨씬 더 정교한 견해를 반영하고 있다는 점에 주목하기 바란다. 이러한 정의를 염두에 두고, 대인 간 의사소통이 덜 인간적인 상호작용과 어떻게 다른지를 살펴보자.

대인 간 의사소통과 비인간적 의사소통

학자들은 대인 간 의사소통의 특징을 아주 많은 방식으로 기술해 왔다.[31] 가장 분명한 정의는 관련된 사람들의 수에 초점을 두고 있다. 대인 간 의사소통에 대한 하나의 양적 정의는 두 사람 사이의 모든 상호작용, 보통은 면대면의 모든 상호작용을 포괄한다. 사회과학자들은 상호작용하는 두 사람을 '양자관계(dyad)'라고 부르고, 이러한 유형의 의사소통을 기술하기 위해서 '양자관계의(dyadic)'라는 형용사를 사용한다. 그래서 양적인 의미에서 '양자관계의 의사소통'과 '대인 간 의사소통'이라는 용어는 서로 같은 의미로 쓰일 수 있다. 양적인 정의를 사용하면, 점원과 고객 혹은 과속한 운전자와 딱지를 발부하는 교통경찰관이 대인 간 행위의 사례인 반면, 교사와 학급 혹은 연주자와 관중은 그렇지 않다.

아마도 여러분은 대인 간 의사소통에 대한 양석 성의가 갖는 문제점을 간파했을 수 있다. 예를 들면, 점원과 고객 사이의 틀에 박힌 의사교환이나 여러분이 거리에서 낯선 사람에게 길을 묻는 건조한 의사교환을 생각해 보자. 이러한 종류의 의사소통은 사람들 사이의 -혹은 어떠한 의미에서든 인간적인- 소통으로는 보이지 않는다. 사실, 이러한 종류의 교류 후에 우리는 보통 "기계하고 얘기하는 것이 더 낫겠어"라고 말하곤 한다.

어떠한 경우에는 두 사람 간의 교환이 비인간적 특성을 나타내지만 또 어떤 경우에는 인간적 특성을 나타내기 때문에, 몇몇 학자들은 대인 간 의사소통을 색다르게 만드는 것은 양이 아니라 질이라고 주장해 왔다.[32] 질적인 접근을 취하면, 대인 간 의사소통은 상호작용이 일어나는 맥락이나 관련된 사람의 수와 상관없이 사람들이 서로를 독특한 개인으로 여길 때 발생한다. 상호작용의 질이 기준이 될 때, 대인 간 의사소통의 반대는 비인간적 의사소통(impersonal communication)이지, 집단 의사소통, 공적 의사소통, 대중 의사소통이 아니다.

인간적인 의사소통과 비인간적인 의사소통을 질적으로 구별할 수 있는 몇몇 특징이 있다.[33] 첫 번째 특징이 독특성이다. 비인간적 교환에서 의사소통은 사회적 규칙(다른 사람의 농담에 공손하게 웃어 줄 것, 대화를 지배하지 말 것 등)과 사회적 역할(고객은 항상 옳다, 나이 든 사람에게는 특히 공손하라 등)에 의해 결정된다. 대인 간 관계의 특징은 독특한 규칙과 역할을 발달시킨다는 것이다. 예를 들면, 어떤 관계에서 여러분은 진지한 공격을 주고받지만, 다른 관계에서는 상대방의 기분을 상하게 하지 않기 위해 매우 조심한다. 비슷하게, 친구나 가족 구성원과는 갈등이 생길 때마다 그것을 표현함으로써 문제를 다루지만, 다른 관계에서는 분노가 쌓일 때까지 참았다가 어떤 계기가 되었을 때 한꺼번에 상황을 개선하는 것이 불문율이다. 한 의사소통 연구자는 밀접한 관계에서 자신들만의 독특한 방식으로 상호작용하는 사람들을 기술하기 위해 '관계적 문화(relational culture)'라는 용어를 사용한다.[34]

대인 간 관계의 두 번째 특징은 대체불가능성이다. 대인 간 관계는 대체물이 있을 수 없다. 그렇기 때문에 가까운 친밀한 친구관계나 연인관계가 식었을 때 우리는 보통 슬픔을 느낀다. 아무리 많은 다른 관계가 우리의 삶을 채우고 있다고 하더라도, 그들 중 어떤 것도 방금 끝난 관계와 같을 수는 없다는 것을 우리는 알고 있다.

잠시 | 생각해보기

여러분의 페이스북 관계는 얼마나 인간적인가?

　여러분이 페이스북 사용자라면, 그 사이트에 등록한 친구들의 목록을 작성해라. 그러한 사람들과의 관계가 얼마나 인간적인지(혹은 비인간적인지) 생각해보라.

- 여러분은 얼마나 많은 사람들이 '매우 인간적이라고' 생각하는가? 얼마나 많은 사람들이 '매우 비인간적이라고' 생각하는가? (아마도 여러분은 1에서 10까지 척도를 이용해서 그들의 순위를 매길 수 있을 것이다.)
- 이 절에서 언급한 어떤 요인(독특한, 대체 불가능한, 상호의존적인, 자기개방적인, 본질적으로 보람이 있는)이 여러분의 평가에 영향을 미치는가?
- 이 사람들과 하는 여러분의 의사소통 중 몇 퍼센트가 오직 페이스북에서만 이루어지는가? 다른 통로(전화, 문자, 전자메일)를 매개해서 이루어지는가? 면대면으로? 이 비율이 여러분의 친목관계에 어떤 영향을 미치는가?

　대인 간 관계의 세 번째 특징이 상호의존성이다. 서로의 운명은 가장 기본적인 수준에서 연결되어 있다. 여러분은 개인적으로 관련이 없는 사람의 분노, 애정, 흥분 혹은 우울은 무시할 수 있겠지만, 대인 간 관계에서는 상대방의 삶이 여러분에게 영향을 미친다. 때로는 상호의존성이 즐거운 일이지만, 또 다른 경우에는 그것이 부담이다. 어떤 경우이든 이것은 대인 관계에서 하나의 사실이다. 상호의존성은 공동의 운명 그 이상이다. 대인 간 관계에서 우리의 정체성은 다른 사람과의 상호작용의 특성에 달려 있다. 심리학자 Kenneth Gergen이 언급한 것처럼, "매력에 이끌리는 사람 없이 누구도 매력적일 수 없고, 기꺼이 따르려는 사람 없이 누구도 지도자가 될 수 없으며, 고마운 마음으로 그 사랑에 동의하는 사람 없이 누구도 다른 사람을 사랑할 수 없다."[35]

　대인 간 관계의 네 번째 특징은 (항상 그런 것은 아니지만) 종종 개인정보 개방의 양이다. 우리는 비인간적 관계에서는 자신을 많이 개방하지는 않지만, 대인 간 관계에서는 생각과 감정을 좀 더 편하게 공유할 수 있다. 이것이 모든 대인 간 관계가 따뜻하고 배려가 있다거나 모든 자기개방이 긍정적이라는 것을 의미하는 것은 아니다. "나는 정말로 당신에게 화가 나"처럼 부정적으로 개인적인 감정을 드러낼 수도 있다. 좀 더 인간적인 관계를 위해서 이런 종류의 개방은 —긍정적, 부정적인 것 모두— 유보하는 것이 핵심이다.

대인 간 관계의 다섯 번째 특징은 내재적 보상이다. 비인간적 의사소통에서 우리는 다른 사람들과는 거의 상관없이 이득만을 추구한다. 여러분은 보통 대인 간 관계를 발전시키는 것과는 거의 상관이 없는 목표를 달성하기 위해서 수업시간에 강사의 말을 경청하거나 자신의 중고차를 사려는 사람과 이야기를 한다. 반면 친구, 애인, 그리고 다른 사람들과는 질적인 관계의 시간을 보낸다. 왜냐하면 이러한 시간이 개인적으로 보람이 있기 때문이다. 여러분이 무슨 얘기를 하는지는 크게 중요하지 않다. 관계 그 자체가 중요한 것이다.

독특하고, 대체불가능하며, 상호의존적이고, 자기개방적이며, 내재적으로 보람을 주는 관계는 드물기 때문에, 질적으로 대인 간 의사소통은 상대적으로 많지 않다. 우리는 가게점원과 혹은 버스나 비행기의 동료 승객과 즐겁게 잡담을 한다. 우리는 급우나 이웃들과 날씨나 사회적 사건에 대해 토론하곤 한다. 우리는 사회적 관계망 웹사이트를 통해 온라인으로 만난 사람들과 가벼운 농담을 즐긴다. 그러나 우리가 의사소통하는 사람들의 수를 고려할 때, 인간적인 관계는 훨씬 소수에 불과하다.

대부분의 관계는 인간적이지도 않고 비인간적이지도 않으며, 이러한 두 극단 사이의 어딘가에 위치하고 있다. 여러분은 가장 비인간적인 관계에서조차 종종 인간적인 요소가 있다는 것을 경험을 통해 알고 있을 수도 있다. 여러분은 블로그를 올리는 친숙한 사람의 독특한 유머감각을 높이 평가할 수도 있고, 머리를 잘라 주는 미용사와 개인적인 친분관계를 맺을 수도 있다. 심지어 가장 폭압적이고, 요구가 많으며, 원칙대로 사는 상사에게서도 인간적인 면모를 발견할 수 있다.

많은 비인간적인 상황에도 인간적인 요소가 들어 있는 것처럼, 우리가 가장 중요하게 생각하는 사람과의 관계에도 비인간적인 요소는 들어 있다. 산만하거나, 피곤하거나, 바쁘거나 혹은 단지 흥미가 없을 때처럼, 인간적인 요소를 담지 못하는 경우도 있다. 때로 우리는 어떤 친구가 소셜 미디어(social media) 사이트에 올린 것만큼만 그 친구에 대해 알고 싶어 할 수도 있다. 사실 인간적 의사소통은 기름진 음식과 같아서 적당하면 좋지만 과하면 불편할 수 있다.

우리들 대부분은 직접 혹은 소셜 미디어를 통해 만나는 모든 사람들과 매우 인간적인 관계를 조성할 시간이나 에너지를 가지고 있지 않다. 사실 질적인 대인 간 관계는 희소성이 있기 때문에 그 가치를 높이 평가한다. 값비싼 보석과 예술품처럼 인간적인 관계는 희소하기 때문에 특별한 것이다.

의사소통의 원리와 오해

의사소통에 대한 다양한 정의와 접근을 살펴보았다. 이제는 대인 간 상호작용의 몇 가지 원리를 확인하고 의사소통을 할 수 있는 것과 할 수 없는 것을 알아보는 것이 중요하다.

의사소통 원리

여러분은 이 장(章)에서 배운 것에서 의사소통에 관한 몇 가지 중요한 결론을 이끌어 낼 수 있다.

의사소통은 의도적일 수도 있고 비의도적일 수 있다　　어떤 의사소통은 명백히 의도적이다. 상사에게 급여 인상을 요구하거나 건전한 비판을 할 때는 아마도 자신이 할 말을 신중하게 준비할 것이다. 어떤 학자들은 이처럼 오직 의도적인 메시지만이 의사소통으로서의 조건을 충족한다고 주장한다. 하지만 다른 학자들은 비의도적인 행동도 의사소통의 기능을 한다고 주장한다. 예를 들어, 여러분이 자신에 대한 불만을 웅얼거리는 것을 한 친구가 우연히 들었다고 가정해보자. 여러분은 그 친구가 여러분의 말을 듣게끔 의도하지는 않았지만, 그 말은 분명히 메시지를 전달했다. 이와 같은 실언뿐만 아니라, 우리는 많은 비언어적 메시지를 비의도적으로 보낸다. 여러분은 자신의 찌푸린 표정, 초조해서 바꾸는 자세, 혹은 지루해서 나오는 한숨을 인식하지 못할 수 있지만, 그럼에도 불구하고 다른 사람들은 그와 같은 행동을 보고 평가한다. 비의도적 행동을 의사소통으로 봐야 하는지에 대해 학자들 사이에 논쟁이 이어져 왔지만 합의에 이르지는 못했고, 앞으로도 그들이 이 문제를 해결할 수 있을 것 같지는 않다.[36] 그래서 우리는 이 책에서 의도적 행동과 비의도적 행동 모두의 의사소통적 가치를 살펴볼 것이다.

의사소통을 하지 않는 것은 불가능하다   의도적 행동과 비의도적 행동 모두 메시지를 보내기 때문에, 많은 이론가들은 의사소통을 하지 않는 것이 불가능하다고 생각한다. 여러분이 무엇을 하든 —여러분이 말을 하든지 아니면 침묵하고 있든지, 직면하던지 아니면 회피하던지, 혹은 감정적으로 행동하던지 아니면 무표정한 얼굴을 하든지 상관없이— 여러분은 자신의 생각과 감정에 대한 정보를 다른 사람들에게 제공한다. 이런 의미에서 우리 모두는 차단할 수 없는 의사소통자들이다.

물론 여러분의 메시지를 해독하는 사람이 그것을 정확하게 해석하지 못할 수도 있다. 예를 들면 그들은 여러분의 농담을 진지하게 받아들일 수 있고 여러분의 감정을 평가절하 할 수도 있다. 여러분이 전달하고자 하는 메시지가 여러분의 행동으로부터 상대방이 추론한 메시지와 다를 수도 있다. 따라서 우리가 '의사소통 결렬'이나 '잘못된 의사소통'에 대하여 이야기할 때, 의사소통이 단절되었다는 것을 의미하는 경우는 거의 없다. 그보다는 의사소통이 부정확하고, 비효율적이며, 불만족스럽다는 것을 의미한다.[37]

이렇기 때문에 이해를 제고하는 최선의 방법은 여러분의 의도 그리고 다른 사람의 행동에 대한 여러분의 해석을 서로 토론해서 공통된 이해에 이르는 것이다. 4장에서 기술하고 있는 지각 점검 기술, 6장에서 제공하고 있는 명백한 언어에 대한 조언, 그리고 8장에서 소개하고 있는 경청기술은 여러분이 보내고 받는 메시지의 의미를 양쪽 모두가 제대로 이해할 가능성을 높이는 기술들이다.

의사소통은 반복될 수 없다   의사소통은 진행 중인 과정이기 때문에 동일한 사건을 반복하는 것은 불가능하다. 지난 주 낯선 사람을 만났을 때 아주 효과가 좋았던 친절한 미소가 내일 만나는 사람에게는 성공적이지 못할 수도 있다.

두 번째의 경우 그러한 미소는 진부하거나 가식적으로 인식될 수도 있다. 혹은 처음 만나는 사람에게는 그러한 미소가 적절하지 않을 수도 있다. 동일한 사람이라 하더라도 한 사건을 재창조할 수는 없다. 왜냐하면 여러분이나 그 상대방이 이전과 동일한 기분이나 정서를 느끼는 사람이 아니기 때문이다. 여러분 둘 다 좀 더 살았고, 서로에 대한 느낌이 변했을 수도 있다. 여러분은 주변의 친밀한 사람들에게 색다르게 행동할 방법을 끊임없이 개발할 필요는 없지만, '똑같은' 말과 행동도 할 때마다 그 의미가 다르다는 것을 알고 있어야 한다.

의사소통은 되돌릴 수 없다 때로 우리는 시간을 되돌려서 그때의 말이나 행동을 지우고 좀 더 나은 것으로 바꾸고 싶어 한다. 그러나 이 만화가 지적하듯이 그와 같은 철회는 불가능하다. 때로 부연 설명이 다른 사람의 혼란을 없애고, 사과가 상한 마음을 풀어줄 수는 있지만, 어떤 때는 아무리 많은 설명을 해도 여러분이 준 인상을 지울 수가 없다. 한 번 짠 치약을 되돌릴 수 없듯이, 한 번 받은 메시지를 되돌려주는 것은 불가능하다. 대부분의 전자 매체를 통한 메시지도 마찬가지이다. 일단 여러분이 '보내기' 버튼을 누르면, 그것을 물릴 수 없다. 메시지

"우리는 잠시 멈출 수 있고, 심지어 앞으로 빨리 감을 수도 있어. 그러나 결코 되감기를 할 수는 없지."

가 전송되었다는 말이 들린다. 그래서 수행한 행동을 되돌릴 수 없다.

의사소통은 내용적 차원과 관계적 차원을 가지고 있다 실질적으로 모든 의사교환은 두 가지 수준에서 작동한다. 내용 차원(content dimension)은 "다음 모퉁이에서 왼쪽으로 가시오", "당신은 그것을 온라인상에서 더 싸게 살 수 있어요", "당신이 내 발을 밟고 있습니다"와 같이 분명하게 전달하고 있는 정보를 말한다. 이처럼 분명한 내용과 더불어 메시지는 관계적 차원(relational dimension)도

가지고 있다. 여러분이 다른 사람을 좋아하는지 아니면 싫어하는지, 리드하고 있다고 느끼는지 아니면 종속되어 있다고 느끼는지, 편안하게 느끼는지 아니면 불안한지 등처럼, 이 차원은 여러분이 다른 사람에 대해서 어떻게 느끼는지를 나타낸다.[38] 예를 들면, 여러분이 "나는 오늘 저녁은 바빠. 그렇지만 다른 때는 괜찮을 것 같아"를 단지 다른 식으로 말함으로써 얼마나 많은 다른 관계적 메시지를 만들어 낼 수 있는지 생각해 보라.

때로 메시지의 내용 차원만이 중요할 수 있다. 예를 들면 여러분의 차를 수리할 일정을 정비공과 정했다면, 고객 서비스 회사 대표가 여러분에 대해서 어떻게 생각하는지 신경 쓸 필요는 없다. 그러나 다른 경우에는 메시지의 관계적 차원이 현재 논의 중인 내용보다 더 중요할 수도 있다(고객 서비스 회사 대표가 무시하거나 무례한 목소리로 여러분에게 말했을 때를 생각해 보라.). 이번에 누가 설거지할 차례인지 혹은 주말을 어떻게 보낼 것인지와 같이 사소한 일로 왜 논쟁이 생기는지를 이것이 설명해 준다. 이와 같은 경우 정말로 점검해 보아야 하는 것이 관계의 특성이다. 누가 관계를 주도해가고 있는가? 우리는 서로에게 얼마나 중요한가? 9장에서 이와 같은 핵심적인 관계 문제를 자세히 살펴볼 것이다.

의사소통에 대한 오해

© R. Jerome Ferraro/Getty Images

무엇이 의사소통이 아닌지를 아는 것은 의사소통이 무엇인지를 아는 것만큼이나 중요하다.[39] 아래와 같은 오해를 피함으로써 여러분은 개인적인 어려움을 상당 부분 덜 수 있다.

의사소통을 많이 하는 것이 항상 더 좋은 것은 아니다 불충분한 의사소통이 문제를 일으킬 수 있는 반면, 너무 많은 의사소통도 잘못인 상황이 있다. 두 사람이 진전되는 것 없이 동일한 내용을 반복하면서 끝없이 문제를 애기할 때처럼, 때로 지나친 의사소통은 분명히 비생산적이다. 한 의사소통 저서가 지적하듯이, "부정적인 의사소통은 하면 할수록 부정적인 결과만 점점 더 많아질 뿐이다."[40] 비판적이지 않은 경우에서도 과도한 의사소통은 역효과를 가져올 수 있다. 취업면담 후 장래의 고용주를 성가시게 하거나 "저에게 전화 주세요"라는 문자를 너무 많이 남기는 것은 오히려 역효과를 초래할 수 있다.

의미는 말 속에 있는 것이 아니다   우리가 저지를 수 있는 가장 큰 실수는 무엇을 말하는 것이 곧 의사소통하는 것과 같다고 가정하는 것이다. 4장에서 설명하고 있는 것처럼, 여러분에게는 전적으로 타당한 말도 다른 사람에게는 전혀 그렇지 않게 지각되고 해석될 수 있다. 6장은 언어적 의사소통에서 생기는 가장 흔한 오해를 기술하고 있고 이를 최소화할 수 있는 방안을 제시하고 있다. 8장에서는 여러분이 메시지를 수신하는 방식을 말하는 사람이 전달하고자 하는 생각과 부합시키는 데 도움을 줄 수 있는 경청기술을 소개한다.

성공적인 의사소통이라 하더라도 항상 오해가 없는 것은 아니다 George Bernard Shaw는 "의사소통에서의 문제는 의사소통을 달성했다는 환상"이라고 했다. 이러한 논평이 냉소적으로 들릴 수 있지만, 여러 연구(그리고 여러분의 개인적 경험)에서는 오해가 매우 일반적이라는 점을 입증하고 있다.[41] 사실, 모르는 사람보다는 서로 잘 알고 있는 사람들끼리 서로를 오해할 가능성이 상대적으로 더 높을 수 있다는 증거가 있다.[42]

상호 이해는 성공적 의사소통의 한 측정치이지만,[43] 서로를 완벽하게 이해하지 못해도 성공적으로 의사소통할 때가 있다. 예를 들면 우리는 다른 사람의 감정이 상하지 않도록 자신의 생각을 의도적으로 모호하게 만드는 경우가 있다. 여러분의 한 친구가 "새로 한 내 문신 어때?"라고 물으면 어떻게 대답할지 상상해 보라. 여러분은 "좀 기이해"라고 정직하고 분명하게 대답하는 대신, "와, 정말 독특하네"라고 재치 있게 말할 수도 있다. 이와 같은 경우에 우리는 친절하기 위해서 그리고 관계를 유지하기 위해서 명료성을 희생시킨다.

몇몇 연구는 관계 만족이 불완전한 이해와 부분적으로 연결되어 있음을 보여준다. 상대방이 자신을 이해하고 있다고 생각하는 커플이 상대방이 말하고 의도한 바를 정확히 이해하는 커플보다 서로에 대하여 더 만족한다.[44] 다른 말로 하면, 더 만족스런 관계는 때로는 완벽하지 않은 이해에 기인한다. 3장은 우리가 때로 관계를 유지하기 위해서 명료성을 희생하는 방법을 자세히 기술하고 있다.

의사소통이 모든 문제를 해결하는 것은 아니다   최선의 의사소통조차도 때로는 주어진 문제를 해결하지 못한다. 예를 들면 최고 점수를 받아 마땅하다고 생각하는 연구 과제물에서 나쁜 성적을 받았을 때, 여러분이 교수에게 그 이유를 묻는다고 상상해 보자. 그 교수는 여러분이 왜 나쁜 성적을 받았는지 그 이유를 분명하게 말하고, 여러분의 이의를 자상하게 경청한 후에도 자신의 그러한 입장을 고수했다면, 의사소통이 그 문제를 해결했는가? 그렇지 않다.

때로 분명한 의사소통은 심지어 문제의 원인이기도 하다. 예를 들어 한 친구가 자신이 방금 구입한 200달러짜리 옷에 대하여 여러분이 어떻게 생각하는지 솔직한 의견을 묻는다고 가정해 보자. 여러분이 "그 옷이 너를 뚱뚱하게 보이게 만드는 것 같아"라고 분명하고 솔직하게 대답하는 것은 관계를 이롭게 하기 보다는 오히려 해롭게 할 가능성이 크다. 언제 어떻게 자기감정을 개방할지 결정하는 것은 쉬운 일이 아니다. 이것을 확인하려면 3장을 보라.

효과적인 의사소통자의 특성

좋은 의사소통자를 알아보기는 쉽고, 그렇지 못한 의사소통자를 분별하기는 더 쉽다. 상대적으로 덜 성공적인 의사소통자와 효과적인 의사소통자의 차이는 무엇일까?

의사소통 역량의 정의

의사소통 역량(communication competence)을 정의하는 것은 보기만큼 쉬운 일은 아니다. 학자들이 동의할 수 있는 정밀한 정의는 아직 없지만 대체로 동의하는 것은, 유능한 의사소통은 그 의사소통이 발생하는 관계를 향상시키거나 유지하는 식으로 개인의 목적을 달성하는 특징을 가지고 있다는 것이다.[45] 다시 말하면, 역량은 효과와 적합성을 모두 추구한다. 여러분은 이 둘 중에서 하나를 희생해서 나머지 하나를 얻는 사람을 생각해 볼 수 있다. 가령 성질은 괴팍하지만 성공한 사업가 혹은 자애롭지만 성공하지 못한 사람을 예로 들 수 있다. 역량은 자신과 타인을 모두 보살피는 균형 잡힌 행동으로, 이것은 때로 힘든 과제이다.[46] 다음은 유능한 의사소통자의 전형적인 특징이다.

이상적으로 의사소통하는 방식은 없다
여러분의 개인적인 경험에 따르면, 다양한 의사소통 유형이 효과적일 수 있다. 성공적인 의사소통자들 중에서 어떤 이는 진지한 반면, 다른 사람들은 유머를 사용한다. 어떤 이는 사교적인 반면에, 다른 이는 조용하다. 어떤 이는 직설적인 반면에, 다른 이는 넌지시 말한다. 여러 종류의 아름다운 음악과 미술이 있는 것처럼, 많은 종류의 효과적인 의사소통이 있다. 모델의 관찰을 통해 새롭고 효과적인 의사소통 방식을 배울 수 있다. 그러나 여러분만의 스타일이나 가치를 반영하지 않고 다른 이들의 방식을 모방하는 것은 실수하는 것일 수 있다.

———— TV 연속극 'House of Cards'에서 나쁜 일을 공모하는 정치인 Frank Underwood(Kevin S;pacey 역)의 의사소통은 효과성 측면에서는 매우 우수하지만(그는 거의 언제나 자신의 목표를 달성하고 바라는 것을 얻는다), 적합성 측면에서는 저조하다(그는 늘 다른 사람들 그리고 그들과의 관계에 상처를 준다). 공정한 관찰자라면 여러분의 의사소통을 도덕적 차원에서 어떻게 평가할까?
© NETFLIX/Allstar

역량은 상황적이다　　심지어 하나의 문화나 관계 내에서도 한 상황에서 효율적인 의사소통이 다른 상황에서는 엄청난 실수가 될 수 있다. 한 친구와 일상적으로 주고받는 장난스러운 모욕이 민감한 다른 가족구성원에게는 기분을 상하게 하는 일일 수 있다. 지난 일요일 밤의 낭만적 접근이 월요일 아침 회사에서는 대부분 적절치 않을 것이다.

　　유능한 행동은 상황과 사람에 따라 크게 달라지기 때문에 의사소통 역량을 한 개인의 성격특질로 생각하는 것은 잘못이다. 역량의 정도나 영역이라고 말하는 것이 더 정확한 것이다.[47] 여러분은 동료들과는 매우 능숙하게 지낼 수 있지만, 자기보다 나이가 많거나 어린, 더 부유하거나 더 가난한, 혹은 자기보다 더 매력적인 사람과 상호작용에는 서투를 수 있다. 사실 어떤 사람과의 상호작용에 대한 여러분의 역량은 상황에 따라 달라진다. 따라서 "나는 다른 상황과 달리 이런 상황을 다루는 것은 정말 힘들어."라는 말이 더 적절할 때, "나는 최악의 의사소통자야." 라고 말하는 것은 과잉일반화이다.

역량은 배울 수 있다　　어느 정도는 생물학적 측면이 의사소통 스타일을 결정한다.[48] 일란성이나 이란성 쌍둥이 연구는 사회성, 분노, 그리고 편안함을 포함하는 특질이 부분적으로는 유전의 기능임을 시사한다. 몇몇 연구결과는 어떤 성격특질이 특정 역량기술을 갖게 만든다고 시사한다.[49] 예를 들면, 선천적으로 호의적이고 성실한 사람은 관계적이고 신중한 사람이 되기는 쉽지만 자기주장 강하고 성과위주적인 사람이 되기는 힘들다. 3장은 의사소통 특질에서 신경생물학의 역할을 논의할 것이다.

　　다행스럽게도, 생물학적 측면이 의사소통 방식을 결정하는 유일한 요소는 아니다. 의사소통 역량은 상당부분 학습 가능한 기술이다. 기술훈련은 여러 전문적인 영역에서 의사소통자에게 도움을 주는 것으로 보인다.[50] 또한 일반적으로 대학생들은 그들의 학부과정을 통해 더 완전한 의사소통자가 된다는 연구결과도 있다.[51] 다시 말하면, 여러분의 역량은 교육과 훈련을 통해 나아질 수 있다. 이것이 함축하는 의미는 여러분이 이 책을 읽고 이 과목을 수강함으로써 좀 더 유능한 의사소통자가 될 수 있다는 것이다.[52]

유능한 의사소통자의 특징

유능한 의사소통은 상황에 따라 다르지만, 학자들은 대부분의 맥락에서 효과적인 의사소통의 공통점을 파악해 왔다.

폭넓은 범위의 행동　　효과적인 의사소통자들은 자신의 행위를 폭넓게 선택할 수 있다.[53] 다양한 의사소통 레퍼토리의 중요성을 이해하기 위해, 여러분이 알고 있는 친구가 불쾌한 농담, 가령 인종주의나 성차별적 농담을 계속 한다고 상상해보라. 여러분은 이러한 농담에 여러 방식으로 반응할 수 있을 것이다.

- 그 주제에 대응하는 것은 득보다는 실이 더 크다고 생각해서 아무 말도 하지 않을 수 있다.
- 그 농담의 불쾌함을 제 3자를 통해 그 친구에게 전달한다.
- 그 친구가 핵심을 파악하기 바라면서 여러분의 불쾌감을 넌지시 말할 수 있다.
- 여러분의 비판을 부드럽게 하기 위해 유머를 이용하여 친구의 둔감함에 대해 농담할 수 있다.
- 적어도 여러분에게는 그런 농담을 하지 말라고 그 친구에서 요청함으로써 직접적으로 불쾌함을 표현할 수 있다.
- 어느 누구에게도 그런 농담을 그만하도록 그 친구에게 요구할 수 있다.

자신이 선택할 수 있는 이러한 반응(아마 또 다른 것을 생각할 수도 있을 것이다.) 중에서 여러분은 성공 가능성이 가장 큰 하나를 선택할 수 있다. 그러나 여러분이 미묘한 문제를 다룰 때 언제나 이러한 반응 중 한두 가지만 사용한다면, 가령 늘 과묵하게 있거나 언제나 넌지시 말하기만 하면 성공의 가능성은 적어질 것이다. 사실 미숙한 의사소통자들은 그들의 제한된 반응 때문에 더 쉽게 눈에 띌 수 있다. 어떤 이들은 일상적으로 농담을 한다. 다른 이들은 언제나 공격적이다. 또 다른 이들은 대부분의 상황에서 침묵만을 지킨다. 한 곡만을 아는 피아노 연주가나 할 수 있는 음식이 몇 안 되는 요리사처럼, 그들은 성공하든 못하든 몇 개의 반응만을 반복하여 사용한다.

도와주겠다는 원치 않는 제의를 다룰 때 이용할 수 있는 레퍼토리가 있는 것이 중요하다는 사실을 미숙한 의사소통자들도 대부분 알고 있다.[54] 이러한 대안 중 하나는 누군가가 개입하기 전에 문제를 빨리 처리하는 것이다. 가령 도움을 못 들은 척하기, 무례하거나 은혜를 모르는 것처럼 보이지 않기 위해 선의의 제안을 수용하기, 방향 전환을 위해 유머를 사용하기, 선의의 제안을 감사하는 마음으로 거절하기, 싫다는 데도 도움을 주겠다는 제의를 적극적으로 거절하기 등이 있다.

가장 적절한 행동을 선택하는 능력   단순히 여러 의사소통 기술을 사용한다고 해서 반드시 성공하는 것은 아니다. 그보다는 이러한 기술 중 어느 것이 특정 상황에서 가장 잘 작동할지 알 필요가 있다. 인공지능에 대한 책이 보여주듯이, 한 상황에서 효과적인 반응이 다른 상황에서는 초라한 실패작이 될 수가 있다.

모든 상황에서 어떻게 행동해야 하는지 정확히 말할 수는 없지만, 여러분은 적어도 반응을 선택할 때 세 가지 요인을 고려해야 한다. 첫 번째 요인은 의사소통 맥락이다. 시간과 장소는 거의 언제나 여러분의 행동에 영향을 미친다. 상사에게 임금 인상을 요구하거나 연인에게 키스를 요청하는 것이 시기가 적절하면 좋은 결과를 가져오겠지만, 시기가 부적절하면 역효과를 낼 수 있다. 마찬가지로 미혼자 파티에서는 적절한 농담이 장례식에서는 부적절할 것이다.

여러분의 목표 역시 어떤 접근을 취할지 결정하는 데 영향을 미친다. 새로 이사 온 이웃에게 커피나 식사를 대접하기 위한 초대는 여러분이 친구관계를 원한다면 적절한 접근이지만, 사생활을 지키고 싶다면 공손하지만 비사교적인 것이 더 바람직하다. 마찬가지로 여러분이 다른 사람을 돕고 싶은 상황에서도 목표가 접근 방식을 결정한다. 8장에서 배우겠지만, 때로 조언이 꼭 필요할 때가 있다. 그러나 다른 사람이 스스로 문제를 해결할 수 있는 능력을 개발하도록 돕고자 한다면, 여러분은 자신의 생각을 접어두고 그들 스스로 대안을 생각하고 해결책을 찾도록 지켜보면서 응원을 하는 것이 더 바람직하다.

마지막으로, 다른 사람에 대한 여러분의 지식이 취해야 할 접근 방식을 결정한다. 매우 예민하거나 불안정한 사람을 대할 때 여러분의 반응은 신중하면서 일단 들어 줄 것이다. 오랜 기간 교제한 신뢰할 만한 친구라면, 여러분은 좀 더 무뚝

뚝할 수 있다. 상대방의 사회적 위치 역시 여러분의 의사소통 방식에 영향을 미친
다. 예를 들면 여러분은 10대에게 하는 방식과는 다르게 80세 노인을 대할 것이다.
마찬가지로 심지어 성 평등의 시대에서도 남성과 여성을 다르게 대우하는 것이 적
절할 때가 있다. 한 연구는 격식 없는 문자 언어(for를 대신해서 4를 쓰는 것과 같은)
를 사용해서 쓴 이메일은 교수님보다는 여러분 친구에게 보내는 것이 더 적절하다
는 것을 보여준다.[55]

행동을 수행하는 기술   가장 적절한 의사소통 방식을 선택한 후에는,
필요한 기술을 효과적으로 수행하는 것이 필요하다.[56] 그 기술을 단지 아는 것과
그것을 실행하는 것에는 큰 차이가 있다. 대안을 작동시킬 수 없다면 그러한 대안
을 아는 것은 큰 도움이 되지 않는다.

다음 여러 장에 있는 의사소통 기술을 단지 읽는 것이 그것을 완벽하게 사용
할 수 있다는 것을 보장하는 것은 아니다. 악기 연주나 운동을 배우는 것과 마찬
가지로, 의사소통의 역량에 이르는 여정은 짧지 않다. 다음의 여러 장에 나오는
의사소통 기술을 배우고 연습함으로써, 여러분은 [그림 1.3]에 있는 몇몇 단계를
통과할 수 있을 것이다.[57]

인지적 복잡성   사회과학자들은 문제를 보는 다양한 틀을 구축할 수 있
는 능력을 설명하기 위해 인지적 복잡성(cognitive complexity)이라는 용어를 사용
한다.[58] 인지적 복잡성이 어떻게 역량을 증가시키는지 이해하기 위해서, 오랜 친구
가 여러분에게 화난 것처럼 보이는 상황을 상상해보라. 한 가지 가능성은 여러분
의 행동이 그 친구의 기분을 상하게 한 것이다. 또 다른 가능성은 그 친구의 삶에
불쾌한 어떤 다른 일이 생긴 것이다. 또는 잘못된 것이 없는데 여러분이 과민한 것
일 수도 있다. 여러분이 다양한 각도에서 문제를 고려하면 상황을 오해하거나 과
잉반응하지 않고 건설적으로 해결하는 방식을 찾을 가능성이 증가한다. 4장에서
인지적 복잡성 및 그것을 향상시키는 방법을 더 구체적으로 논의할 것이다.

실습하기

의사소통 기술 학습 단계

어떤 새로운 기술을 학습하기 위해서는 몇몇 수준의 역량을 거쳐야 한다.

1. **인식하기**　　　이 시점은 더 나은 새로운 행동 방식이 있다는 것을 처음으로 배우는 시점이다. 가령 여러분이 테니스를 친다면, 자신의 힘과 정확도를 향상시킬 수 있는 새로운 서브 방법을 배울 때 테니스에 대한 인식은 커질 수 있다. 의사소통 영역에서 이 책은 이러한 종류의 인식을 여러분에게 가져다 줄 것이다.

2. **어색함**　　　처음으로 자전거를 타거나 운전을 할 때는 그것이 어색한 것처럼, 새로운 방식으로 처음 의사소통을 하는 것 역시 어색할 수 있다. 속담에서 말하듯, "좋아지기 위해서는 모양 사나운 것을 기꺼이 감수해야 한다."

3. **능숙함**　　　초기의 어색함을 극복하기 위해 계속 노력하면, 자신이 하는 것을 여전히 생각할 필요는 있더라도 자신을 잘 다룰 수 있을 것이다. 대인 간 의사소통자로서 여러분은 숙련 단계에서 많은 사고와 계획 그리고 점차적으로 좋아지는 결과를 기대할 수 있다.

4. **통합**　　　통합은 생각을 하지 않고도 수행을 잘할 때 이루어진다. 행동은 자동화되어 여러분 레퍼토리의 일부가 된다.

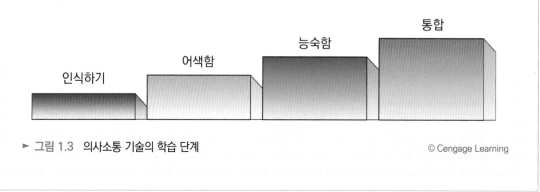

▶ 그림 1.3　의사소통 기술의 학습 단계　　　　　　　© Cengage Learning

　　감정이입　　　상황을 다양한 관점에서 보는 것은 중요하다. 그러나 다른 관점의 이해를 넘어서는 또 다른 단계가 있다. 감정이입(empathy)은 다른 사람의 상황을 그들이 하는 것처럼 느끼고 경험하는 것을 수반한다. 이러한 능력은 매우 중요하기 때문에, 어떤 연구자들은 감정이입을 의사소통 역량에서 가장 중요한 측면이라고 생각한다.[59] 4장과 8장에서는 감정이입 능력을 높일 수 있는 기술을 소개한다. 여기서는 다른 사람이 세상을 어떻게 바라보는지에 대한 느낌을 갖는 것이 좀 더 효과적인 의사소통자가 되는 유용하고 중요한 방법이라는 것을 언급하고 넘어간다.

　　　자기감시　　　인지적 다양성과 감정이입의 증가가 다른 사람에 대한 이해를 돕지만, 자기감시(self-monitoring)는 자신에 대한 이해를 돕는 한 방법이다. 심리학자들은 자신의 행동을 주의 깊게 관찰하고 이러한 관찰을 이용하여 이후의 행동을 결정하는 과정을 설명하기 위해 자기감시라는 용어를 사용한다. 자기감시를 하는 사람은 자신의 의식 일부분을 분리해서 다음과 같은 자신의 행동을 객관적으로 관찰한다.

　"내가 바보짓을 했군."

　"지금 더 크게 말하는 게 좋겠군."

　"이 접근은 탁월해. 이것을 계속 고수해야겠어."

　　　지나친 자기감시도 문제가 될 수 있지만(3장을 보라), 자신의 행동과 그에 따른 인상을 인식하는 사람은 자기감시성이 낮은 사람보다 더 능숙한 의사소통자가 된다.[60] 예를 들면, 그들은 다른 사람의 정서 상태를 더 정확히 판단하고, 다른 사람에 대한 정보를 더 잘 기억하고, 수줍음을 덜 타고, 더 적극적이다. 대조적으로, 자기감시가 낮은 사람들은 자신의 낮은 역량조차도 인식하지 못한다. 한 연구에서 더 나은 의사소통자에 비해 미숙한 의사소통자는 자신의 결점을 알지 못했고 자신의 기술을 과대평가하는 경향이 있었다.[61] 예를 들어 유머 말하기 기술에서 하위 25%의 참가자들은 유머감각이 뛰어난 사람들에 비해 자신의 유머감각을 과대평가하는 경향이 있었다.

　　　자기감시성이 낮은 사람들은 반복적으로 실수를 저지르고, '왜' 그런지 모른 채 성공이나 실패를 한다. 반면, 자기감시성이 높은 사람은 객관적으로 "내가 어떻게 하고 있지?"라는 자문을 하고, 이에 대한 답이 긍정적이지 않으면 자신의 행동을 바꾼다. 이러한 능력은 사적인 상황과 전문적인 상황 모두에서 유익하다. 대통령 경제자문 위원회의 연구결과에 따르면, 자기 인식, 자기감시, 그리고 자기통제가 높은 학생이 구직시장에서 성공할 가능성이 높다고 한다.[62]

몰입   대인 간 관계에서 효과적인 의사소통의 한 가지 특징이 몰입이다. 달리 말하면, 관계에 마음을 쓰는 사람은 그렇지 않은 사람보다 더 잘 소통한다.[63] 이러한 관심은 적어도 두 가지 방식으로 나타난다. 첫 번째는 상대방에 대한 몰입이다. 상대방에 대한 배려는 다양한 방식으로 나타난다. 가령, 달아나기보다는 함께 있고 싶은 바람, 말하기보다는 주의 깊은 경청, 상대방이 납득할 수 있는 말, 상대방의 생각을 들은 후 변화에 대한 개방적인 태도 등이다. 효과적인 의사소통자

실습하기

역량 점검하기

종종 다른 사람들이 의사소통자로서의 여러분 역량을 가장 잘 판단한다. 그들은 또한 여러분의 의사소통을 어떻게 향상시킬 수 있을지 그에 대한 유용한 정보를 제공할 수 있다. 여러분 스스로 아래의 단계에서 확인해보라.

1. 여러분이 중요하게 관계하고 있는 한 사람을 선택하라.
2. 여러분들이 의사소통하는 몇몇 맥락을 이 사람과 함께 확인해보라. 예를 들면, '갈등 다루기', '친구에게 지지 보내기', '감정 표현하기' 등과 같은 상황을 선택할 수 있다.
3. 여러분의 친구는 각 상황에서 다음 질문에 답함으로써 여러분의 역량을 평가한다.
   a. 이 상황에서 여러분은 다양한 반응 레퍼토리를 가지고 있는가? 아니면 언제나 동일한 방식으로 반응하는가?
   b. 여러분은 이 상황에 가장 효과적인 행동 방식을 선택할 수 있는가?
   c. 여러분은 능숙하게 행동하는가? (자신이 원하는 행동을 아는 것과 그러한 행동을 할 수 있는 능력과는 다르다는 점에 주목하라.)
   d. 여러분의 의사소통은 상대방에게 만족을 주는가?
4. 상대방의 대답을 검토한 후, 여러분이 가장 잘 의사소통하는 상황을 확인해보라.
5. 여러분이 더 유능하게 의사소통하고 싶은 상황을 하나 선택하라. 그리고 상대방의 도움을 받아 다음을 진행하라.
   a. 여러분의 행동 레퍼토리를 확장할 필요가 있는지 결정하라.
   b. 여러분이 개선할 필요가 있는 의사소통 방식을 파악하라.
   c. 효과적으로 의사소통하는지 그 피드백을 얻기 위해, 중요한 상황에서 여러분 행동을 점검할 수 있는 방법을 개발하라.

는 또한 메시지에 관심을 기울인다. 그들은 진실해 보이고, 자신이 무슨 말을 하는 지 알고 있으며, 신경 쓰면서 말한다는 것을 단어와 행동을 통해 보여준다.

어떻게 하면 유능한 의사소통자가 될 수 있는가? 역량은 사람들의 선천적인 성격특질이 아니다. 그보다는 우리가 어느 정도 달성할 수 있는 상태이다. 그렇기 때문에 현실적인 목표는 완벽해지는 것이 아니라, 이 절에서 제시한 방식대로 의 사소통하는 시간을 증가시키는 것이다.

문화 간 의사소통 역량

옛날에 대부분의 사람들은 자신이 태어난 곳의 몇 마일 이내에서 살다가 죽었 다. 그들은 다른 배경을 가진 사람들과 접촉할 일이 거의 없었다. 하지만 오늘날은 얘기가 다르다. 친숙한 비유를 사용하면, 우리는 세계라는 마을에 살고 있다. 우리의 삶은 서로 다른 개인적 역사와 의사소통 방식을 가지고 있는 사람들과 엮여 있다.

우리의 세계가 다문화 사회로 변하면서 세계의 여러 곳에서 온 사람들과 상 호작용할 가능성 역시 이전에 비해 더 커졌다. 이러한 상황에서는 한 문화에서 적 절한 행동이 다른 문화에서는 완전히 부적절하고, 심지어 다른 사람의 기분을 상 하게 할 수도 있다는 것을 아는 것이 중요하다.[64] 분명히, 식사 후 트림이나 공공장 소에서 누드로 있는 행위가 어느 곳에서는 적절하지만 다른 곳에서는 끔찍한 것으 로 보일 수 있다. 그러나 유능한 의사소통에서는 더욱 미묘한 차이가 존재한다. 예 를 들어 미국에서 중시하는 자기개방과 자기주장이 섬세함과 우회적 표현을 선호 하는 많은 아시아 문화에서는 공격적이고 무신경한 것으로 보일 수 있다.[65]

하나의 사회에서조차도, 다양한 문화가 공존할 때 그 구성원들은 적합한 행동 에 대하여 서로 다른 개념을 가지고 있을 수 있다. 좋은 친구가 갖추어야 할 의사소 통 방식이 민족 집단에 따라 다르다는 것을 한 연구가 밝혔다.[66] 라틴계 사람들은 관계적 지지에 더 높은 가치를 부여하는 반면, 아프리카계 미국인들은 존중과 수용 을 더 높게 평가했다. 아시아계 미국인들은 관심과 생각의 긍정적 교류를 중시했 다. 백인 미국인들은 자신의 욕구를 한 개인으로서 인정해주는 친구를 높게 평가했 다. 이러한 발견은 성공적 의사소통자를 보장해주는 조언이나 규칙의 목록이 없을 수도 있다는 것을 의미한다. 또한 유능한 의사소통자는 다른 사람의 개인적이거나 문화적 선호에 맞추기 위해 자신의 방식을 조정할 수 있다는 뜻이기도 하다.[67]

민족적 차이와 인종적 차이가 문화의 유일한 차원은 아니다. 한 사회 안에서 공존하는 여러 문화(co-culture)에도 서로 다른 의사소통 관습이 있다. 몇 개의 하위 문화를 살펴보자.

- 연령(예: 십 대, 장년층)
- 직업(예: 패션모델, 장거리 트럭기사)
- 성적 지향(예: 레즈비언, 게이)
- 신체적 장애(예: 휠체어 사용자, 청각 장애인)
- 종교(예: 복음주의 기독교인, 무슬림)
- 취미(예: 오토바이 타는 사람, 게이머)

몇몇 학자들은 성(gender)에 따라 의사소통 방식이 다르다고 주장하면서 남성과 여성을 서로 다른 문화에 속하는 것으로 보았다.[68] 우리는 이 책 전반에 걸쳐 이 주제를 좀 더 다룰 것이다.

문화적 배경이 다른 사람과 성공적으로 의사소통하기 위해서는 앞서 살펴본 의사소통 역량이 똑같이 필요하다. 그러나 이러한 기본적 자질과 더불어, 의사소통 연구자들은 성공적인 문화 간 의사소통에 중요한 또 다른 몇 가지 요인을 제시했다.[69]

가장 분명한 것은 특정 문화의 규칙을 아는 것이 도움이 된다는 점이다. 예를 들면, 미국인들이 재미있어 하는 자기비하적인 유머는 중동 지역의 아랍인들에게는 실패할 것이다.[70] 그러나 개별 문화의 규칙 이외에도, 배경이 다른 사람과 관계를 형성하는 데 도움을 주는 소위 문화 보편적인 기술과 태도가 있다.[71]

문화 보편적인 의사소통 역량의 구성요소를 예를 들어 살펴보자. 여러분이 취직한 미국 회사의 사장은 일본인이고, 멕시코에 제조공장이 있으며, 고객은 전 세계에 분포하고 있다고 가정해보자. 여러분은 문화적으로 배경이 다른 동료, 상관, 그리고 고객들로 둘러싸인 상황에서 일을 한다. 여러분은 이따금씩 해외에 나가야 한다. 여러분은 이런 상황이 요구하는 의사소통을 어떻게 처리할 것인가? 이상적으로, 여러분은 다음과 같은 속성을 가지고 있을 것이다.

동기　　　모르는 사람과 성공적으로 의사소통하려는 바람은 중요한 출발점이다. 예를 들면 다른 문화 출신의 사람들과 소통하려는 의지가 높은 사람은 그러지 않은 사람에 비해 문화적 배경이 다른 친구들이 더 많다.[72] 동기는 모든 의사소통에서 중요하지만, 문화 간 상호작용에서 특히 그러하다. 왜냐하면 이는 매우 능동적인 일이기 때문이다.

모호성에 대한 인내　　　배경이 다른 사람과 의사소통하는 것은 혼란스러울 수 있다. 모호성에 대한 인내를 통해 우리는 문화 간 의사소통에서 애매하고,

다양성에 대한 고찰

Igor Ristic: 모든 세계에 유능한 의사소통

나는 보스니아에서 태어나서 내 삶의 첫 10년을 동유럽에서 보냈다. 나는 현재 미국에 살고 있고 다섯 대륙에 위치한 12개국 이상을 방문했다. 세상에 대한 경험이 더 많아질수록, 나는 한 문화 안에서 그리고 문화들 사이에서 효과적으로 의사소통할 수 있는 방법을 배우게 된다.

문화 간 의사소통은 어려울 수 있다. 음식점에서 제공하는 고객 서비스처럼 단순한 사례를 생각해보자. 미국에서 남녀 종업원은 자신의 고객과 조금씩 대화를 나누고, 식사를 하는 동안 몇 번 둘러보고, 친절하게 대하고 도움이 되기 위해 길게 설명한다. 반면 동유럽의 종업원 대부분은 빠르게 주문을 받고 식사 중에는 절대 방해를 하지 않는다. 그리고 가능한 한 고객의 주의를 끌지 않게 계산서를 놓아둔다. 처음 미국에 왔을 때, 나는 종업원들의 친절함이 매우 어색했다. 유럽으로 돌아온 지금, 나는 때로 그들을 인간미 없고 퉁명스럽다고 지각할 때가 있다. 효과적인 의사소통자가 되려면 열린 마음을 갖고 각 문화의 전통을 이해할 필요가 있다.

이것은 동유럽 사람들이 따뜻하거나 친근하지 않다는 것을 의미하는 것은 아니다. 사실, 내가 세르비아의 가족들과 이야기할 때면, 그들은 종종 내 옆에 앉아 내 어깨에 팔을 걸치기도 한다. 10년 이상을 미국에서 산 후, 나는 '사적인 공간'을 크게 발달시켰다. 가령 나는 대화를 할 때 마주 앉아 닿지 않고 떨어져 있는 것을 좋아한다. 이러한 행동방식은 내가 성장하는 동안에는 절대 생각할 수 없었던 것이다.

나는 문화에 따른 의사소통 규칙이 옳고 그름의 문제가 아니라는 것을 명심하려고 한다. 그들은 단순히 다를 뿐이다. 좋은 의사소통자가 된다는 것은 다양한 문화적 규범을 알고 거기에 자신의 의사소통 스타일을 가능한 한 많이 적응시키는 것이다.

때로는 선석으로 이해할 수 없는 메시지를 수용하고 심지어 포용할 수 있다.

여러분이 전통적인 미국 원주민 문화에서 자란 동료와 일을 하게 된다면, 그들이 여러분보다 더 조용하고 덜 활동적이라는 것을 알게 될 것이다. 처음에 여러분은 그들의 과묵함을 친밀감이 없기 때문이라고 탓할 것이다. 그러나 그것은 단지 과묵함을 외향성보다 더 중시하고 침묵을 수다보다 더 중시하는 그 문화의 특징을 반영한 것일 뿐이다. 이러한 문화 간 상황에서 모호성은 삶의 일부이면서 하나의 도전이다.

개방성　　모호성에 대한 인내와 문화적 차이에 대한 개방성은 별개의 문제이다. 그들의 의사소통 방식이 우리와 다를 때, 사람들은 자연스럽게 그것을 틀린 것으로 보는 경향이 있다. 서구에서는 여성들이 흔히 평등하게 대우를 받지만, 어떤 다른 나라에서는 그렇지 않다는 것을 알 수 있다. 마찬가지로, 여러분은 다른 문화에서 찾아볼 수 있는 빈곤에 대한 인내심이나 여러분 문화의 윤리 개념에 부합하지 않는 뇌물 수수의 관습에 경악할 수 있다. 이러한 상황에서 원칙주의적인 의사소통자는 옳은 것에 대한 자신의 신념을 굽히지 않을 것이다. 동시에, 유능한 의사소통자가 되기 위해서 우리와 달리 행동하는 사람들은 그들의 전체 삶을 지배하는 규칙을 따른다는 사실을 인지할 필요가 있다. 4장은 다른 사람의 관점에서 세상을 바라보는 것의 어려움을 더 자세히 소개할 것이다.

지식과 기술　　한 집단에서 작동하는 규칙과 관습은 다른 집단의 그것과는 매우 다를 수 있다. 예를 들면 남미를 여행할 때, 여러분은 모임이 일반적으로 일정대로 시작하거나 끝나지 않고, 본 의제로 들어가기까지는 한참이 걸린다는 것을 알게 될 것이다. 주인을 무책임하거나 비생산적인 사람이라고 보기보다는, 시간의 의미가 문화에 따라 다르다는 것을 인지할 필요가 있다. 마찬가지로 다른 사람의 몸짓, 우리와 떨어져 있는 거리, 그들의 눈 맞춤이 가지는 의미는 모호하기 때문에, 우리는 그 의미를 배울 필요가 있다.

문화 간 소통에서 유능해지기 위해서는 유념(留念: mindfulness) 즉, 자신의 행동과 타인의 행동에 대한 인식을 요구한다.[73] 이러한 능력을 결여한 의사소통자들은 문화 간 만남에서 자신의 행동이 상대방을 혼란스럽게 하거나 그의 기분을 상하게 하는 실수를 한다. 또한 그들은 단지 문화적으로 다른 행동을 이상하다고 생각한다. 여러분이 유념의 상태에 있을 때, 좀 더 완전한 문화 간 의사소통 방식을 위해 세 가지 전략을 사용할 수 있다.[74]

1. 수동적 관찰은 문화가 다른 사람의 행동을 살펴보고 그것을 이용하여 가장 효과적인 방식으로 의사소통하는 것이다.
2. 능동적인 전략은 문화 간 의사소통과 다양성에 관한 학습과정을 수강하는 것뿐만 아니라, 적절한 행동 관련 다른 문화권의 사람과 전문가에게 질문하고, 책을 읽고, 영화를 보는 것이다.[75]
3. 자기개방은 자신과 의사소통하기를 원하는 다른 문화권 출신의 사람에게 사적인 정보를 기꺼이 제공하는 것이다.

자기개방의 한 가지 유형은 여러분의 문화적 무지함을 고백하는 것이다. "이 것은 제게 매우 새롭네요. 이러한 상황에서 어떻게 하는 것이 옳은 거죠?"와 같은 질문이 하나의 예가 될 수 있다. 이러한 접근은 여기서 기술한 세 개 중에서 가장 모험적인 접근이다. 왜냐하면, 어떤 문화에서는 자기개방과 솔직함을 다른 곳에서처럼 가치 있는 것으로 여기지 않기 때문이다. 그럼에도 불구하고, 대부분의 사람들은 낯선 사람이 자신의 문화를 배우고자 할 때 기뻐하고 보통은 정보와 도움을 기꺼이 제공한다.

요약

의사소통은 많은 수준에서 필수적이다. 실제적인 욕구를 만족시키는 것 외에도, 효과적인 의사소통은 신체적인 건강과 정서적인 안녕감을 증가시킬 수 있다. 의사소통은 또한 우리의 정체성을 형성하고 사회적 욕구를 충족시킨다. 의사소통의 과정은 사람들이 서로에게 하는 선형적인 과정이 아니다. 의사소통은 참여자들이 동시에 메시지를 주고받으면서 관계를 형성하는 교류적 과정으로, 많은 메시지는 다양한 소음 때문에 왜곡된다.

대인 간 의사소통은 양적으로는 관여하는 사람의 수로 볼 수 있지만, 질적으로는 그들 사이의 상호작용의 특성으로 볼 수 있다. 질적인 측면에서 대인관계는 독특하고, 대체할 수 없으며, 상호의존적이고, 내재적인 보상이 있다. 인간적 및 비인간적인 의사소통 모두 유용하며, 대부분의 관계에서는 이 두 요인 모두가 나타난다.

몇몇 원리들은 어떻게 의사소통이 작동하는지를 보여준다. 메시지는 의도적이거나 비의도적이다. 의사소통을 하지 않는다는 것은 불가능하다. 의사소통은 되돌릴 수 없으며 반복할 수도 없다. 메시지는 내용적인 차원과 관계적인 차원을 모두 포함한다. 의사소통을 생각할 때 몇몇 공공연한 오해는 피해야 한다. 의미는 말에 있지 않고 사람에 있다. 더 많은 의사소통이 언제나 상황을 개선하는 것은 아니다. 의사소통이 모든 문제를 해결하지는 않는다. 의사소통, 적어도 효과적인 의사소통은 천부적인 재능이 아니다.

의사소통 역량은 자신이 타인에게 원하는 것을 관계를 유지하면서 얻는 능력이다. 역량은 상황마다 다양하다. 대부분 유능한 의사소통자는 다양한 행동 레퍼토리를 가지고 있고, 주어진 상황에서 최선의 행동을 선택할 수 있고, 그것을 능숙하게 수행할 수 있다. 그들은 다른 사람의 관점을 이해할 수 있고 공감적으로 반응할 수 있다. 그들은 또한 자신의 행동을 감시하고, 성공적으로 의사소통하기 위해 노력한다. 문화 간 의사소통의 역량은 충분한 동기를 가지고, 모호함에 대해 인내하고, 개방된 사고를 하며, 의사소통을 효과적으로 하기 위한 기술과 지식을 갖추는 것이다.

핵심 용어

내용 차원	소음
대인 간 의사소통	수신자
도구적 목표	의사소통 역량
메시지	인지적 다양성
부호화	탈부호화
비인간적 의사소통	통로
빈약	환경
선형적 의사소통 모형	

Robert Churchill/Istockphoto/Getty images

이 장(章)에서 다루는 주제

대인 간 의사소통과
소셜 미디어

학습 효과

1. 매개된 의사소통과 면대면 의사소통 간의 유사점과 차이점을 알 수 있다. 주어진 상황에서 각 통로의 선택이 갖는 관계적 결과를 알 수 있다.
2. 매개된 의사소통의 혜택과 단점이 여러분의 다양한 대인관계에 미치는 영향을 기술할 수 있다.
3. 성별과 나이가 매개된 의사소통의 사용에 미치는 영향을 말할 수 있고, 특정 상대방에게 가장 잘 맞도록 그러한 통로들을 사용할 수 있다.
4. 긍정적인 관계를 함양하고 자신의 이득을 보호하기 위한 방안을 구축하기 위해 자신의 매개된 의사소통 역량을 평가할 수 있다.

최근에 의사소통을 위해 여러분이 사용한 전자기기를 잠시 시간을 내서 생각해 보라. 페이스북이나 구글 플러스와 같은 SNS에 로그인을 했는가? 핀터레스트, 바인, 혹은 인스타그램에 올라와 있는가? 한 트위터 계정을 따라가거나 자신의 정보를 갱신한 적이 있는가? 블로그나 게시판을 읽거나 글을 올린 적이 있는가?

이러한 것들은 모두 소셜 미디어(social media)의 − 전자기기를 이용한 의사소통의 형태로 사용자들은 이것을 통해 온라인 커뮤니티를 만든다. − 사례들이다.[1] 소셜 미디어와 더불어, 이메일, 휴대폰 통화, 문자 메시지와 같이 개인적 대인관계에 영향을 미치는 것으로, 전자기기 관련 좀 더 개인적인 형태의 의사소통에 대하여 생각해 보라. 이러한 통로는 모두 매개된 의사소통(mediated communication)의 형태들이다. 이렇게 이름을 붙인 이유는 이 모든 것이 면대면 상호작용이 아니라 전자기기를 통해 연결하기 때문이다.

매개된 의사소통 통로가 없다면 여러분의 삶이 지금과 얼마나 다를지 상상해 보라. 여러분의 관계가 얼마나 힘들까? 아니면 얼마나 더 좋아졌을까?

얼마 전까지만 해도 대인 간 '의사소통 전자기기'는 전화를 놓기 위해 지상 통신선을 이용한다는 것을 뜻했다. 20년 전만 해도 대부분의 집에 가장 발달한 전자기기는 개인용 컴퓨터였다. 휴대용 전화는 너무 크고 비싸고 흔하지 않았다. 대중적인 도구로서 이메일은 아직 유아기에 있었다. SNS는 있지도 않았다. 오늘날에는 이와 대조적으로 우리들 대부분은 몇 세대 전의 공상 과학 소설에 나오는 것과 같은 방법으로 친구, 가족, 심지어 모르는 사람과도 연결하고 있다.[2] 지금이 대인 간 의사소통의 신시대라고 말하는 것은 과장이 아니다.

이 장은 매개된 의사소통이 대인관계를 구축하는 방식을 탐구한다. 우리는 매개된 의사소통이 다양한 면대면 소통과 같은 점과 다른 점을 토론할 것이다. 여러분은 전자기기를 이용한 의사소통이 대인관계를 형성하고 유지하는 데 어떠한 도움을 주는지

────── 얼마 전까지 해도 '통신용 전자기기'는 일반적인 전화를 의미했다. 일상적인 전자기기가 없이 여러분의 삶은 어떻게 달라지겠는가? 어떤 면에서 더 나쁠까? 좋을까?

Masterfile

그리고 사람들 사이의 장벽과 문제를 어떻게 만드는지 보게 될 것이다. 성별과 나이가 온라인에서 사람들의 상호작용 방식을 어떻게 구축하는지를 살펴본 다음, 전자기기를 이용할 때 좀 더 유능하게 의사소통하는 방법에 대한 조언을 제시할 것이다.

매개된 의사소통 대 면대면 의사소통

오늘날 첨단기술 세계에서 대부분의 사람들은 동료, 친구, 가족, 그리고 연인과 접촉하기 위해서 매개된 의사소통이 가치 있고 심지어 필수적인 도구라는 점에 동의한다. 초창기 이론가들은 이러한 가정에 동의하지 않았다. 사실 많은 사람들은 첨단장비가 대인관계에 적합하지 않다고 믿었으며, 매개된 의사소통은 차가운 상호작용으로 인해 따뜻한 면대면 상호작용을 대체할 것이라고 믿었다.

1870년대 후반 전화가 도입되었을 때, 몇몇 전문가들은 그것이 면대면 상호작용의 형편없는 대체물이 될 것이고, '실세계' 상호작용의 '외관'만 남겨둘 것이라고 경고했다.[3] 많은 사람들은 가족이 전자기기를 통해 소통하는 것을 선호해서 이따금 만남으로써 서로로부터 고립되는 세상을 두려워했다.

거의 1세기가 지난 이후 개인용 컴퓨터가 대중화되었을 때에도 이와 비슷한 두려움이 일었다. 이론가들은 컴퓨터를 매개로 한 의사소통이 개인 간 연결을 향상하기보다는 비인간적이고 과업지향적인 관계를 초래할 것이라고 믿었다.[4] 그들은 그 부분적인 이유로 매개된 의사소통 통로가 면대면 의사소통에서는 이용 가능한 비언어적 단서들을 ─7장에서 기술하고 있는 눈 접촉, 목소리의 톤, 접촉, 몸의 자세, 그리고 일군의 다른 행동들─ 걸러버리기 때문이라고 결론을 내렸다. 그들은 이러한 비언어적 및 신체적 단서의 상실이 매개된 의사소통을 감정이 없고 비인간적으로 ─개인관계에는 부적합한 도구─ 만든다고 생각했다.

수십 년의 연구는 이러한 걱정이 전적으로 타당한 것은 아니고 어떤 경우에는 완전히 틀렸다는 것을 보여준다. 곧 보겠지만, 매개된 의사소통은 관계의 질을 떨어뜨리거나 높일 수 있는 잠재력을 모두 가지고 있다.

직업에 관한 이야기

화상회의를 생산적으로 만들기

사업용 화상회의와 전화회담을 위한 기계장치는 그 품질이 높을 수는 있지만, 기능적으로는 근사한 스마트폰이 하는 것과 다르지 않다. 여러분은 아이디어, 이미지, 그리고 서류를 동료들과 나누기 위해 목소리를 사용하고 때로는 비디오를 사용한다.

그러나 기계장치가 유사하다고 해서 혼동하지는 마라. 적어도 전문가의 사업용 회의는 개인적 대화와는 다른 기준에 따라 작동한다. 성공이 이러한 회의에 달려있을 때, 바쁜 전문가들은 몇몇 기초적이지만 중요한 규칙을 따른다.[a]

- 회의 전에 모든 참가자들이 안건 목록과 토론할 서류가 있는지 확실히 하라.
- 전화회담에서 당사자들은 혼란을 피하기 위해서 필요할 때 자신이 누구인지를 밝혀라.
- 다른 사람을 방해하거나 단지 보이지 않기 때문에 그들을 빼놓는 것을 피하도록 노력하라.
- 주의를 방해하는 요인들(전화벨 울림, 문을 세게 닫는 소리, 개짓는 소리 등)을 최소한으로 해라.
- 가능한 한 최고의 장비를 사용하라. 값싼 스피커나 카메라는 서로를 이해하는 것을 어렵게 할 수 있다.

여러분은 이러한 기준을 충족하기 위해 거만하게 말할 필요도 없고 성미에 맞지 않게 행동할 필요가 없다. 아이디어는 체계적이고 유능한 자기 자신이 되는 것이다.

매개된 의사소통과 면대면 의사소통의 유사점

매개된 의사소통과 면대면 상호작용 사이의 명백한 차이에도 불구하고, 이 둘 사이에는 많은 유사점이 있다.

동일한 목표　　전자기기를 사용하든 면전에서 말을 하든 상관없이, 우리는 1장에서 기술한 동일한 근본적인 이유 때문에 즉, 물리적, 사회적, 정체성, 그리고 실질적인 욕구를 충족하기 위해 의사소통한다. 응급상황에서 도움을 요청하는 전화하기, 친구와 잡담하기, 지위의 상징으로서 기능, 그리고 어디에 있든 여러분을 인터넷에 연결해주는 기능처럼, 스마트폰이 하는 기능을 생각해보면 여러분은 이러한 다양한 목표를 잘 알 수 있을 것이다. 많은 경우, 매개된 의사소통은 면대면 상호작용보다 더 빠르고 효율적이지만, 여전히 동일한 종류의 목표를 달성하기 위한 것이다.

　　유사한 과정　　1장에서 기술한 교류적 모형의 모든 구성요소들이 매개된 의사소통을 구성하는 요인들이다. 그 과정은 통로(channels)를 통해 메시지(messages)를 보내는 의사소통자(communicators)를 수반하며, 그러한 메시지는 여전히 소음(noise)과 의사소통자의 환경(environment)에 의해 영향을 받는다. 그리고 전통적인 면대면 의사소통처럼, 매개된 통로는 의사소통자들 사이의 공유된 피드백(feedback)을 통해 상호적 활동(interactivity)을 지지한다. 물론 매개된 의사소통에서 소음은 전화선에서나 웹사이트에서 원하지 않는 팝업 광고에서 고정되어 있을 수 있지만, 이러한 방해요인들은 면대면 상호작용에서의 소음처럼 의사소통에 본질적으로 동일한 효과를 준다.

　　유사한 원리　　여러분이 사적인 메시지를 보낼 때 '전체 회신'을 잘못 눌렀다면, 여러분은 다양한 면대면 의사소통처럼 매개된 의사소통도 의도적이지 않을 수 있다는 것을 알고 있다. 일단 '보내기' 버튼을 누르거나 음성 메시지를 녹음하면, 의사소통의 불가역성이 작동하게 된다. 그리고 어떤 사람이 여러분의 문자 메시지나 이메일에 응답하지 않는다면, 여러분은 의사소통하지 않는 것이 불가능하다는 것을 알고 있다. 왜냐하면 메시지의 부재조차도 어떤 메시지를 보내는 것이기 때문이다. 1장에서 기술한 이 모든 원리는 매개된 의사소통에도 적용된다.

매개된 의사소통과 면대면 의사소통의 차이점

　　매개된 의사소통이 면대면 상호작용과 많은 공통점이 있지만, 몇몇 중요한 차이점들도 있다.

　　빈약한 메시지　　사회과학자들은 언어적 메시지의 명확성을 증가시키는 비언어적 단서의 풍요로움을 기술하기 위해서 풍요(richness)라는 용어를 사용한다. 반대로, 빈약(leanness)은 비언어적 정보의 결핍으로 생기는 뻣뻣한 메시지를 기술한다. 면대면 의사소통이 풍부한 이유는 다른 사람의 말의 의미를 분명하게 해주고 그 느낌에 대한 단서를 제공해주는 비언어적 단서를 풍부하게 가지고 있기 때문이다. 상대적으로, 대부분의 소셜 미디어는 정보를 전달하는 데 좀 더 빈약한 통로를 제공한다.

메시지의 풍요로움이 매체에 따라 어떻게 달라지는지 알아보기 위해서, 여러분 친구의 소식을 몇 주 동안 듣지 못했다고 상상해 보라. 그리고 여러분은 "무슨 일 있니?"라고 물어보고, 그 친구는 "아니, 괜찮아."라고 대답한다. 여러분이 그 반응을 문자 메시지나 전화를 통하거나 혹은 직접 접하느냐에 따라 상황을 잘 기술하는 정도가 달라질까? 여러분은 분명히 면대면 반응으로부터 더 많은 것을 식별할 수 있을 것이다. 왜냐하면 그것이 얼굴 표정, 어조 등 단서를 더 많이 제공하기 때문이다. 반대로 문자 메시지는 단지 단어만을 보여준다. 목소리는 있지만 시각 단서는 없는 전화 메시지는 이 둘 사이 어느 쯤에 있을 것이다.

매체를 통한 메시지 대부분은 면대면 메시지보다 빈약하기 때문에 확신을 갖고 해석하기가 어렵다. 역설과 유머가 쉽게 오해를 불러일으키기도 한다. 그래서 수신자로서 결론을 내리기 전에 여러분의 해석을 명확히 하는 것이 중요하다. 그리고 발신자로서 오해받지 않기 위해서 모호한 메시지를 어떻게 보내야 할지 생각해야 한다.

풍부함이 늘 좋다는 것을 의미하는 것은 아니라는 점을 기억하는 것이 중요하다. 빈약한 온라인 메시지가 최선의 방식일 때가 있다. 아마도 여러분은 상대방이 여러분 자신의 목소리 떨림을 듣거나 이마에 나는 땀을 보는 것, 혹은 자신의 옷을 보는 것을 원하지 않을 수 있고, 그래서 여러분은 자신의 메시지를 이메일이나 문자로 보낼 수 있다. 게다가 빈약한 메시지는 의사소통자의 개인적 특징에 대한 정보를 덜 전해준다. 문자만의 온라인 메시지는 성별, 사회적 계층, 인종이나 민족, 그리고 나이에 따른 차이의 지각을 최소화함으로써 사람들을 더 가깝게 해줄 수 있다.[5] 여러분이 사람들로 하여금 여러분의 외모가 아니라 여러분이 한 말에 집중하도록 만들고 싶으면, 좀 더 빈약한 의사소통이 더 유리할 수도 있다.

가변적 동시성　　　　　동시성(synchronicity)은 모든 의사소통자들이 실시간으로 연결되어 있는 상태이다.[6] 면대면 상호작용은 동시적이고 몇몇 매개된 통로도 그렇다. 전화통화(일반 전화, 휴대폰, 혹은 스카이프와 구글 톡과 같은 화상 프로그램을 통한)는 면대면 의사소통이 제공하는 동시성에 필적한다.

　　다른 유형의 매개된 의사소통은 비동시적(asynchronous)이다. 그래서 메시지를 보내는 시간과 받는 시간 사이에 시간의 지연이 있다. 이메일, 문자 메시지, 그리고 소셜 미디어 게시물은 읽기 전까지 수초에서부터 수일까지 시간의 지체가 있다. 여러분은 또한 이런 종류의 메시지를 무시하거나 대충 훑어볼 수 있는데, 메시지를 보내는 사람이 있을 때에는 그만큼 쉽지는 않다. 비동시성은 의사소통자들로 하여금 메시지를 언제 어떻게 보내고, 받고, 교환할 것인지 융통성 있게 선택할 수 있다. 우리는 이 장의 뒷부분에서 동시적 혹은 비동시적 의사소통에 대한 찬성과 반대에 대하여 논의할 것이다.

──── 한 해커가 Jenifer Lawrence를 포함해서 유명 영화배우들의 누드 사진을 올렸을 때, 사생활에 대한 우려가 조명을 받았다. 이전의 게시와는 달리 이번에는 희생자의 사적인 계정에서 훔친 이미지였는데, 이것은 안전하다고 생각하는 정보조차도 노출될 수 있다는 것을 시사한다.

Featureflash/Shutterstock.com

영구적 〔그리고 때로는 공적인〕기록　　　　　때때로 오래된 메시지를 쉽게 접근할 수 있다는 것은 멋진 일이다. 여러분은 중요한 일의 서류를 되찾을 수 있고 행복한 시절을 다시 체험할 수 있다. 그러나 다른 경우 여러분은 영구적인 콘텐츠가 없어지거나, 적어도 캐기 좋아하는 사람들은 접근하지 못하게 하기를 원할 수도 있다.

　　세계적으로 몇몇 위원회는 '잊힐 권리'를 제기했지만,[7] 여러분이 전자기기를 통해 의사소통한 모든 것은 영원히 이용 가능하다고 가정하는 것이 더 안전하다. 여러분의 끔찍한 상사에 대한 트윗은 여러분이 직업을 잃기 전까지는 위험하지 않다.[8] 페이스북이나 다른 SNS에 올린 글은 ─이혼 사건의 불륜을 입증하는 것에서부터 부모가 자녀의 양육권 확보에 부적합하다는 주장에 이르기까지─ 보통 법정에서 증거로 사용된다.[9] 비록 이러한 것들이 극단적인 사례이지만, 여러분이 온라인에 무엇을 올릴 것인지, 다른 사람들이 여러분의 블로그와 SNS에 무엇을 올리는 것을 허용할 것인지, 그리고 여러분이 온라인에 공유한 것을 누가 볼 수 있고 유포할 수 있는 권한을 가지고 있는지를 주의 깊게 고려하는 것이 중요하다는 것을 보여준다.

최근의 증거들에 따르면, 사람들은 온라인에 게시한 글 때문에 직업과 관계를 상실한 사람들에 대한 무서운 이야기에 주목하고 있다. 예를 들면 행동에 대한 변화된 감시를 SNS에서 볼 수 있다. 대략 SNS 사용자의 63%가 친구를 제거하고, 44%가 다른 사람이 게시한 논평을 지우고, 37%가 다른 사람이 게시한 사진으로부터 자신들의 접속을 끊는다.[10] 더 많은 사람들이 자신의 온라인 콘텐츠를 감시하고 자신의 프로파일에 대한 친구들의 접근을 제한하고 있지만, 여전히 많은 사람들은 그렇지 않다. 약 SNS 사용자의 40%가 자신의 프로파일에 대한 친구들의 접근을 제한하지 않는다. 또한, '친구' 수백 명의 접근을 제한하는 것은 사생활 관리를 위한 보수적인 전략은 정말 아니라는 점을 지적할 필요가 있다.

매개된 의사소통의 이러한 특징들을 상기할 때, 현명한 의사소통자는 가장 편리한 의사소통 매개물이 항상 최선은 아니라는 점을 깨닫는 것이다. 열띤 면대면 대화에서 가장 하기 쉬운 반응은 여러분이 나중에 후회할 것을 불쑥 내뱉는 것이다. 그러한 경우 시간을 들여 사려 깊은 (그리고 비동시적인) 이메일 메시지를 작성하는 것이 더 현명할 수 있다. 다른 경우, 자신의 느낌을 직접 공유하려고 노력하

▶ 표 2.1 의사소통 통로의 특징들

	동시성	풍부함/빈약함	영구성
면대면	동시적	풍부한	낮은
영상통화	동시적	보통 풍부한	낮은
전화	동시적	보통 빈약한	낮은
음성메일	비동시적	보통 빈약한	보통
문자 메시지	비동시적	빈약한	보통
이메일	비동시적	빈약한	높은
소셜 미디어 사이트	비동시적	빈약한	높은

는 것이 글로 쓰는 것보다 더 좋은 결과를 가져올 수 있다. 왜냐하면 면대면 교환에서 중요한 비언어적 단서들이 더 풍부하기 때문이다. <표 2.1>은 다양한 의사소통 통로의 핵심 특징을 요약하고 있다. 여러분이 특정 메시지를 전달하는 최선의 방법을 선택해야 할 때 자문을 받는 것도 가치가 있다.

매개된 의사소통의 결과

처음에는 매개된 의사소통과 면대면 의사소통 사이의 차이가 특별히 중요하게 보이지 않는 것 같다. 비언어적 단서가 감소하거나 메시지가 실시간으로 교환되지 않는다는 것이 무슨 문제인가? 사회과학자들은 이처럼 외관상 작은 요인들이 대인 간 의사소통에 때로는 극적인 영향을 미칠 수 있다고 한다. 우리는 그러한 영향 두 가지를 살펴보겠다.

탈억제　　　온라인상에서 의사소통자들은 주의를 덜 하고 자신에 대한 감시를 덜 하면서 자신을 더 솔직하고 직설적으로 표현한다는 것을 한 연구가 보여주고 있다. 학자들은 이러한 경향성을 탈억제(disinhibition)라고 명명했다.[11] 사람들은 보거나 듣는 것이 아닐 때 혹은 심지어 때로는 자신이 말하는 상대방이 누구인지를 모를 때 자신의 메시지를 더 솔직하게 전달하는데, 그 이유를 이해하는 것은 어렵지 않다. 단서의 감소와 거리의 증가는 면대면 상호작용에서는 전형적이지 않은 '사이버 용기(cybercourage)'를 유발할 수 있다.

탈억제에 대해서는 찬성과 반대 의견 모두 있다. 긍정적인 측면으로, 종종 의사소통자들은 매개된 통로를 통해 자신의 감정을 좀 더 자유롭게 드러낼 수 있다. 사회언어학자 Deborah Tannen은 이메일이 어떻게 두 사람 관계의 질을 변화시키는 탈억제 수준을 만들어내는지 기술하고 있다.

이메일은 Ralph에 대한 나의 우정을 더 깊게 만들었다. 그의 사무실이 바로 옆에 있었지만, 우리는 그의 수줍음 때문에 대화를 거의 확장할 수가 없었다. 면대면에서 그는 중얼거리기 때문에, 나는 그가 말하고 있다는 것을 거의 구분할 수가 없었다. 그러나 우리 둘 다 이메일을 할 때, 나는 그로부터 자신을 드러내는 긴 이메일을 먼저 받았다. 우리는 마음속 이야기를 서로에게 털어놓았다. 한 친구는 이메일이 자신의 아버지와 이런 종류의 의사소통을 가능하게 했다는 것을 알게 되었다. 그녀의 아버지는 어머니만큼 전화상으로는 결코 많은 말을 하지 않았지만, 그들은 이메일을 한 이후로 더 가까워졌다.[12]

탈억제는 부정적인 측면도 가지고 있다. 사람들은 면대면 접촉보다 매체를 사용할 때 종종 비판적인 방식으로 더 직선적이라는 것을 많은 연구들이 보여준다.[13] 때로 의사소통자들은 이메일, 문자 메시지, 그리고 웹사이트 게시물 등에서 극심한 분노, 심지어는 잔인성을 자제하지 않고 표출한다. 우리는 이 장의 뒷부분에서 이러한 종류의 행동에 대해 주의할 점들을 제시할 것이다.

과다한 개인적 의사소통　　빈약한 메시지와 비동시적 반응은 이론가들이 과다한 개인적 의사소통(hyperpersonal communication)이라고 부르는 것 즉, 보통의 면대면 상호작용에서보다 더 많은 개인적 주제와 관계의 발전을 토론하는 분위기를 만든다.[14]

반응을 준비할 시간을 주기 때문에, 의사소통자들은 주의 깊게 자신을 편집하고 관리해서 제시하는 데 항상 가장 좋은 자기 모습을 보여준다(우리는 3장에서 '인상관리'라는 현상을 기술할 것이다.). 입 냄새, 보기 흉한 흠집, 말을 더듬는 반응이 없는 가상공간에서 종종 관계는 과도하게 개인적인 것으로 발전한다. 직접 만난 적이 없는 사람들끼리 온라인에서 강하게 자기를 개방하는 그런 종류의 이야기를 들어본 적이 있다면, 여러분은 매개된 의사소통이 어떻게 과도하게 개인적일 수 있는지 이해할 수 있을 것이다. 사람들이 서로 자신의 글을 쏟아내고 그것을 깊이 있게 읽을 수 있는 온라인의 영속성 차원을 더하면, 여러분은 온라인 관계의 독특한 특성을 인정할 것이다.

과다한 개인적 의사소통은 혜택과 단점을 모두 가지고 있다. 한 연구에서 연구자들은 면대면으로 의사소통한 사람들에 비해 온라인에서 연결된 집단 구성원들이 서로를 신체적으로나 사교적으로 더 매력적이라고 평가하고 더 큰 친밀감과 애정을 느낀다는 것을 발견했다.[15] 즉, 과다한 개인적 의사소통은 온라인 집단이 자신들의 과업을 완수하는 데 도움을 주는 긍정적인 관계를 빠르게 형성할 수 있게 했다.

다른 한편, 과다한 개인적 의사소통은 우리가 이 장의 뒷부분에서 논의할 일종의 관계적 속임에 대한 터전을 제공할 수도 있다. 건강한 관계는 보통 개인적 노출을 조심스럽게 결정하면서 천천히 발전한다. 또한 그러한 관계는 전형적으로 일정 양의 면대면 상호작용을 필요로 한다. 전적으로 온라인에서만 관계를 만들어 발전시키는 의사소통자들은 면대면 의사소통으로 전환하는 데 어려움을 겪는다는 것은 틀림없는 일이다.[16]

분명히, 매개된 의사소통은 혜택과 단점을 모두 가지고 있는데, 다음 절에서 이러한 점들을 좀 더 면밀하게 살펴보겠다.

매개된 의사소통의 혜택과 단점

지금부터 여러분은 매개된 의사소통이 장점과 단점을 모두 가지고 있는 양날의 검이라는 것을 알게 될 것이다. 우리는 시간을 좀 할애해서 이 두 가지를 검토하겠다.

매개된 의사소통의 혜택

애플 컴퓨터의 공동설립자 Steve Jobs가 한 번은 개인 컴퓨터를 '개인 간 컴퓨터'로 개명해서 부르자고 제안했다.[17] 매개된 의사소통은 사람들을 함께 모으고 그들의 관계의 질을 향상시킬 수 있는 잠재력이 있다는 것이 그의 요점이다. 모르는 사람들 사이나 친구들 사이에 연결을 만들어서 유지할 때, 매개된 통로는 몇몇 뚜렷한 장점이 있다.

더 많은 관계의 기회   학자들의 전문용어로 매개된 통로는 밀접한 관

계를 만들고 유지하는 데 '저(low)-갈등 기회'를 제공한다.[18]

아마도 가장 언급할 만한 것으로, 소셜 미디어는 구애와 데이트의 세계에 변혁을 가져왔다. 한때 온라인 데이트 서비스가 연애하는 데 어려움을 겪는 사람들이 찾는 마지막 선택이라고 본 적이 있었다. 회의적인 사람들은 컴퓨터가 어떻게 사람들을 짝지어 줄 수 있을지, 그리고 온라인에서 시작한 관계가 직접 만나는 상황에서 성공할 수 있을지에 대해 의문을 제기했다. 연구들은 이러한 걱정이 불필요하다는 것을 보여주었다. 한 조사연구에서 기혼자 1만9천 명의 1/3 이상이 자신의 결혼 관계가 온라인에서 시작했다고 말했다.[19] 직접 만나 시작한 결혼 관계와 비교해 볼 때, 온라인에서 시작한 사람들에게서 결혼에 만족하는 사람의 비율이 조금 더 높았으며 이혼하는 비율은 약간 더 낮았다.

온라인 데이트가 그렇게 인기가 있는 충분한 이유가 있다.[20] 여러분은 자신의 서클 외부에서 어울리는 파트너를 찾는 것이 어려울 수 있다. Match.com과 eHarmony와 같은 서비스는 데이트 과정을 간소화함으로써 새로운 사람을 만나는 것을 쉽게 만든다. 여러분은 직접 만나 시간과 에너지를 투자하기 전에 장래의 데이트를 검토할 수 있다. 또 다른 혜택으로, 온라인 데이트는 종종 구애할 때의 초기의 어색함과 오해를 없애줄 수 있다.

소셜 미디어는 또한 연인이 아닌 관계의 시작에도 역할을 한다. 토론 게시판, 블로그 사이트, 그리고 온라인 토론회는 모르는 사람들 사이에 '가상 공동체'라는 느낌을 줄 수 있는 잠재력을 가지고 있다.[21] 그들이 특정 스포츠 팬, 정당 후원자, 중국음식 애호가이든 상관없이, 마음이 같은 사람들은 특정 주제의 웹사이트에서 서로를 찾을 수 있다. 단골손님들이 서로를 알아보고 상호작용을 하면서 곧 관계가 만들어진다. 이 장의 뒷부분에서 알아보겠지만, 이 가상 공동체의 구성원들은 종종 서로에게 사회적 지지를 제공한다. 똑같은 일이 원격교육에서도 일어나는데, 여기서는 온라인 학생들이 직접적인 대면 없이 다른 학생이나 자신의 강사와 연결할 수 있는 잠재력을 가지고 있다. 교육자들은 공동체 의식의 구축이 성공적인 온라인 교육의 중요 요소라고 생각한다.[22] 여기에서 우리의 핵심은 매개된 의사소통이 이전 세대에서 이용 가능한 것 이상의 관계를 시작할 수 있는 기회를 제공한다는 것이다.

온라인에서의 의사소통은 수줍음을 많이 타는 사람들에게 관계를 구축할 수 있는 기회를 제공한다.[23] 한 연구는 수줍음, 페이스북 사용, 그리고 우정관계의 질 사이에 긍정적인 관련성을 발견했다.[24] 연구자들은 SNS가 '수줍은 사람이 다른 사람과 상호작용할 수 있는 편안한 환경'을 제공한다고 결론을 내렸다. Josh Chiles 가 그런 사람 중 하나이다.[25] 그는 Washington Post의 한 기사에서 자신이 파티, 술집, 혹은 레스토랑에 갔을 때, "나는 거기에 그냥 앉아 있으면서 다른 사람이 와서 말을 걸기를 바라고 있었어요."라고 설명한다. 그러나 SNS에서 그는 성격 좋은 사람이다. 그는 정기적으로 게시하고, 농담하며, 자신이 좋아하는 것에 등록한다. 그는 또한 온라인에서 만난 사람을 직접 만날 때 종종 자신의 수줍음이 사라진다

다양성에 대한 고찰

Kevin Schomaker: 소셜 미디어를 통한 만남

새로운 관계를 맺는다는 것은 나에게 참 힘든 일이다. 왜냐하면 나는 뇌성마비 장애를 앓고 있기 때문이다. 나는 내 팔과 다리를 자유롭게 움직일 수도 없고 말 한마디를 떼는 것조차 쉽지가 않다. 사람들과 마주 보고 이야기를 해야 할 때면, 주로 자판으로 친 단어들을 컴퓨터를 통해 음성으로 바꾸는 방식으로 의사소통을 한다. 이런 방식은 나를 이미 잘 아는 사람들과는 별로 문제가 되지 않지만, 새로운 사람과 관계를 할 때는 이것이 꼭 이상적인 방법이라고 할 수는 없을 것 같다. 사람들은 보통 나의 신체적 조건에만 관심을 쏟기 때문에, 나에 대한 첫인상을 넘어서 내가 진짜 어떤 사람인지 알도록 하는 것이 사실 힘들다.

온라인 만남은 그런 나에게 매우 훌륭한 공간이 된다. 온라인에서 나의 신체적 조건은 아무런 문제가 되지 않는다. 나는 페이스북을 통해 나의 가장 친한 친구 중 한 명을 만나게 되었다. 우리는 서로 실제로 만나기 전에 두 달 동안 온라인에서 채팅했었다. 그리고 이후에는 같은 대학교의 기숙사 룸메이트가 되었다. 그 외에도, 한 여학생으로부터 나의 기숙사 거주 도우미를 하게 되었다는 메일을 받은 적이 있는데, 그 여학생은 내가 페이스북을 통해 친구 신청을 한 학생이었다. 그녀의 페이스북에 있는 정보를 보고 그녀와 내가 공통점이 많다는 사실을 알게 되었고, 내가 기숙사에 들어오기도 전에 이미 우리는 서로 좋은 친구 사이가 되어 있었다.

어떤 사람에게 온라인 만남은 그저 편리한 도구일지도 모른다. 그렇지만 나에게 그것은 내 인생을 바꾼 선물과도 같다. 온라인 만남을 통해 나의 인간관계는 매우 풍족해지고 나아졌으며, 나는 그것에 매우 감사하고 있다.

고 얘기한다. Chiles는 "틀림없이 페이스북이 다른 사람과 관계를 맺는 데 내 인생을 개선시켰어요."라고 말한다.

이 절의 '다양성에 대한 고찰'이 보여주듯이, 소셜 미디어는 외출을 힘들어하는 사람들에게 특히 유용할 수 있다.[26] 매개된 친구관계는 외로움을 완화하는 데 도움이 될 수 있다.[27] 전자기기를 통한 의사소통은 다양한 면대면의 대체물이 아니라, 그것은 우리가 일상적으로 직접 만나는 사람 이상의 관계를 맺을 수 있는 기회를 제공한다.

관계의 유지와 강화　　소셜 미디어는 새로운 관계의 시작과 함께 기존의 관계를 강력하게 유지하고 잠자는 관계를 되살리는 중요한 방법이다.[28]

문자 메시지는 가장 보편적인 연락의 도구이다. 한 보고에 따르면, 12세에서 17세까지의 10대들은 매일 평균 60번 문자를 보낸다.[29] 문자 메시지가 이렇게 인기가 있는 충분한 이유가 있다. 문자 메시지는 귀찮지 않고 여러분이 어디에 있든 보내고 받는 것이 용이하다. 또한 사람들은 문자 메시지를 읽을 가능성이 높다. 사람들은 문자 메시지의 97% 이상을 열어본 반면, 이메일은 22%만 열어봤다.[30]

[그림 2.1]에서 보듯이, 문자 보내기는 많은 기능을 하는데, 그중 대부분은 관계의 유지라는 범주에 속한다.[31]

페이스북과 같은 SNS는 관계 유지의 또 다른 방법을 제공한다. 페이스북의 비동시적인 특성 덕분에, 친구들은 실시간으로 연결할 필요 없이 연락을 취할 수 있다.[32] 물론 그렇게 할 수 있는 더 나은 방법과 더 못한 방법이 있다. 의사소통 연구자들은 수백 명의 대학생들에게 페이스북에서의 의사소통 규칙이 무엇인지 물었다.[33] 가장 중요한 5가지 규칙이 여기에 있다.

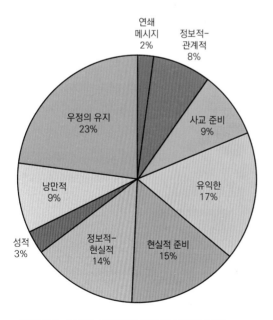

▶ 그림 2.1 관계의 유지에서 문자 메시지의 이용

- "내가 어떤 사람의 프로파일을 올린다면 그 사람이 반응할 것이라고 생각해야 한다."
- "페이스북에서 이 사람을 깎아내리는 어떤 말도 하지 말아야 한다."
- "한 게시물이 그 사람의 관계에 어떻게 부정적인 영향을 미칠 수 있을지를 고려해야 한다."
- "내가 올린 게시물을 그 사람이 지웠다면, 그것을 다시 올려서는 안 된다."
- "페이스북 외에서 이 사람과 의사소통해야 한다."

페이스북을 하는 사람들은 이러한 규칙의 위반은 관계를 유지하기보다는 위험하게 할 수 있고, 더 가까울수록 이러한 지침에 주의하는 것이 중요하다고 말했다.

블로그는 연락을 할 수 있는 또 다른 도구이다.[34] 한 조사에 따르면, 대부분의 블로거들은 상대적으로 소규모의 청중들을 목적으로 해서 글을 쓰며, 자신들이 글을 쓰는 이유는 가족이나 친구들과 연락하기 위한 것이었다.[35] 이것은 블로그가 종종 기존의 관계를 유지하는 데 사용된다는 것을 의미한다.

블로그의 대중적인(masspersonal) 특징은 ─ 개인적인 정보를 많은 사람들에게 한 번에 보낼 수 있는 능력 ─ 논리적으로 선택을 잘해서 연락하도록 만든다. 여러분이 새로운 직업에 착수한 소식을 공유하고 싶어한다고 상상해 보라. 그 정보를 전화나 문자 메시지를 통해 여러분과 연결된 모든 사람에게 전달하는 것은 성가신 일이다. 대신에 여러분은 블로그에 들어가서 한 번에 모든 사람에게 알릴 수 있다. 게다가 블로그의 상호작용 가능성 덕분에, 독자들은 ('축하해'와 같은) 그들 자신의 반응을 올릴 수 있는데, 이것은 관계 유지를 위한 의사소통 환경을 만들어 준다. 이러한 목표를 위해서 블로그와 기타 SNS는 메시지를 보내는 수고에 비해 관계 유지를 위한 더 많은 혜택을 제공한다.[36]

매개된 통로는 점점 많아지고 있는 장거리 연인관계를 유지하는 데 특히 중요하다. 3백만 이상의 미국인들이 이혼이나 불화가 아닌 다른 이유로 배우자와 떨어져 산다.[37] 그리고 대학생의 25~30%는 현재 장거리 연인관계에 있다.[38] 한 연구는 그러한 관계를 유지하는 데 영상통화의 가치를 입증했다.[39] 스카이프와 페이스타임과 같은 첨단기술을 사용한 사람들이 매일 상호작용하는 수는 함께 사는 사람들에 비해 적지만, 의사소통의 질은 더 높았다(그들의 상호작용은 더 길었고 개인적 노출은 더 많았다.). 한 연구자는 그 이유로 "한 사람의 얼굴을 보고 그의 얼굴 표정을 보는 것은 정말로 중요하다. 때때로 우리는 전화를 받고 있을 때 주의가 산만해질 수 있다. 그러나 여러분이 영상통화를 위해 앉아 있다면, 서로에 대해 집중할수밖에 없다."고 설명한다.[40] 이와 같은 이유 때문에, 몇몇 학자들은 면대면 상호작용보다 소셜 미디어를 통한 상호작용이 관계의 질을 개선하는 데 실제 더 효과적일 수 있다고 제안한다.[41]

사회적 지지　　　소셜 미디어가 존재하기 전, 개인적 문제에 대한 지지를 받는다는 것은 친구와 가족에게 연락을 취하는 것을 의미했다. 그러한 개인적 접촉은 여전히 중요하지만, 오늘날 소셜 미디어는 결혼문제[42]에서부터 약물남용,[43] 자살예방,[44] 무분별한 폭력 예방[45]에 이르기까지 여러 문제에 대한 지지의 원천이다.

인터넷 사용자의 약 20%는 유사한 건강 문제를 가진 사람을 찾기 위해 인터넷을 한다.[46] 그들은 자신과 비슷한 환경에 처한 사람들과 이야기 나눌 때 더욱 편안함을 느끼기 때문이다. 말하기 곤란하거나 낙인이 찍힌 건강상의 문제는 특히 그러하다. 가령 한 연구는 블로그가 병적으로 비만인 사람에게 어떻게 사회적 지지를 제공하는지 살펴보았다.[47] 이 사이트들은 상호작용하는 커뮤니티가 되어, 유사한 조건을 가진 사람들이 자신의 투병을 공유하고 격려의 피드백을 제공했다. 그 연구에 참여한 한 블로거는 "내가 어떻게 해결해야 할지 모르는 문제로 고민하고 있을 때, 나는 그것을 메모해서 블로그에 게재한다. 내 독자들은 항상 풍부한 조언, 코멘트 그리고 지지를 보내준다"고 말했다. 왜냐하면 온라인 지지 집단과 블로그는 상대적으로 익명성을 띠고 있고 참가자들은 유사하기 때문에, 모르는 사람도 가까운 친구처럼 느낄 수 있는 방식으로 도움을 제공할 수 있다.

매개된 의사소통의 단점

아무리 뛰어나더라도 전자기기를 이용한 의사소통은 면대면 상호작용의 대체물이 아니다. 문자 기반 메시지를 자주 사용하는 대학생들에 대한 한 연구는 "개인의 의사소통, 정보, 그리고 사회적 욕구의 충족이라는 측면에서 면대면 의사소통에 필적할 만한 것은 없어 보인다."고 결론지었다.[48] 더군다나 문자 기반 메시지, 전화, 그리고 면대면 의사소통 사이에 상호작용하는 관계가 있다. 여러분이 온라인으로 친구나 가족과 정기적으로 의사소통하면, 그들에게 전화하고 그들을 좀 더 자주 보고자 노력할 가능성도 높아진다.[49] 즉 친밀한 관계는 직접적인 의사소통을 배제한 채 매개된 채널만을 사용하는 경우는 거의 없다.

매개된 관계는 잠정적인 혜택과 함께 부정적인 측면도 가지고 있다.[50] 잠정적인 단점을 이해하는 것은 그러한 점들을 조심하는 데 도움을 줄 수 있다.

피상적 관계 사회과학자들은 인간 뇌에서 처리할 수 있는 관계의 최대 수는 150명이라고 결론지었다.[51] (이러한 숫자를 구축한 옥스퍼드대학교의 인류학자 Robin Dunbar를 기념하기 위해 이 수를 'Dunbar의 수'라고 부른다.) 우리는 운이 좋으면 5명의 핵심 인원으로 구성된 가장 내부의 층이 있고, 친밀한 친구와 가족으로 구성된 10~15명으로 된 그 다음 층을 가지고 있다.[52] 이 층 다음으로는 어느 정도 강한 연결을 가진 50명 정도의 층이 있다.[53] 그 다음으로 의미 있게 연결되어 있는 우리라는 집단의 주변에는 100명이 더 있다. 이보다 더 많은 사람들과 관계를 유지할 시간이나 에너지가 우리에게는 없다.

Dunbar의 수는 많은 사람들이 SNS에서 주장하는 친구의 수보다 적다. 어떤 페이스북 사용자는 소셜 미디어의 친구가 수백 혹은 심지어 수천 명이라는 것을 자랑스러워하는 것 같다. Dunbar는 온라인에서 수천 명의 친구를 가진 사람의 상호작용과 소수의 친구를 가진 사람의 상호작용을 비교함으로써 진정한 친구와 매개된 친구 사이의 간극을 탐구했다.[54] 그는 두 집단 사이에 중요한 차이를 발견하지 못했다. 사람들이 주장하는 온라인 친구의 수와 상관없이, 그들은 동일하게 150여 명의 사람들과 관계를 유지했다. Dunbar가 언급한 것처럼, "사람들은 분명히 수백 명의 친구를 가지고 있다는 명성을 좋아하지만, 실제 그들은 다른 사람보다 더 많은 사람을 가지고 있지는 않다."[55]

많은 수의 페이스북 친구는 피상적일 뿐만 아니라 실제로 혜택을 감소시킨다.

여러분이 자신의 프로필에 150명의 친구를 나열하면 다른 사람에게 좋은 인상을 줄 수 있지만, 이 숫자가 두 배나 세 배로 증가하면 사람들은 호의적인 용어로 여러분을 볼 가능성이 줄어든다.[56] 몇몇 학자들은 비현실적으로 많은 소셜 미디어 친구를 추구하는 것은 낮은 자아존중감을 보상하기 위한 것이라고 제안했다.[57]

피상적인 관계가 항상 나쁜 것만은 아니라는 점을 명심하라. 1장에서 설명한 것처럼, 어떤 관계는 다른 관계보다 더 비인간적인데, 그러한 관계는 단순한 지인, 사업상 만난 사람, 혹은 먼 친척에게 적합하다. 여기서 하나의 우려스러운 점은 소셜 미디어에서 수많은 사람과의 연결이 인간이 생존하고 번창하는 데 필요한 밀접한 대인관계를 대체할 수 있다고 생각하는 것이다. 친구, 게시물, 주고받는 전자 메시지의 양이 그 질을 대체할 수는 없다.

사회적 고립　　　　사회과학자들이 '온라인 사회적 상호작용에 대한 선호'라고 부르는 것과 외로움은 상관이 있다.[58] 인과관계가 항상 분명한 것은 아니지만, 외로운 사람은 온라인에서 다른 사람들과 상호작용하는 것을 선호하는데, 이것이 문제 있는 인터넷 사용자를 만들 수 있고 그래서 더 큰 외로움을 겪을 수 있다는 것을 연구는 보여주고 있다.[59]

면대면 상호작용을 배제한 채 온라인 의사소통에 대한 선호가 왜 그리고 어떻게 발달하는지를 설명하는 데 두 보완적인 요인이 도움을 준다. 첫 번째 요인은 사회적 기술, 더 정확히 말하면 사회적 기술의 부족이다. 신경증이나 불안 때문에 면대면 상황에서 성공적으로 의사소통하는 데 전형적으로 고생을 하는 사람들은 온라인에서는 많은 어려움에 직면하지 않고 의사소통 할 수 있다. 그들은 생각을 편집해서 자신이 원하는 방식과 시간에 전송할 수 있다. 그들은 심지어 면대면에서보다 좀 더 매력적인 자신의 정체성을 만들 수도 있다.

온라인 상호작용이 성공적일 때, 사용자의 자기효능감(self-efficacy: 자기가 할 수 있다는 믿는 것)이 성장한다. 오프라인에서 상호작용하는 데 어려움을 겪는 외롭고 사회적으로 불안한 사람들이 온라인에서 다른 사람들로부터 긍정적인 피드백을 받으면, 그것이 그들의 자기효능감을 향상시킨다. 그 결과? 이러한 사람들은 온라인에서 존중받고 중요하지만, 오프라인에서는 거부된다고 느끼기 시작한다.[60] 이것이 온라인에서의 대인 간 상호작용에 대한 의존도와 소망을 증가시킨다.

불행하게도, 매개된 통로에 의존하는 것이 주는 혜택은 비용을 수반한다. 연구에 따르면, 인터넷 하느라 지나치게 많은 시간을 쓰는 사람은 학교나 직장에서 문제를 경험하기 시작할 수도 있고, 그들의 오프라인 관계로부터 더 철수하기 시작할 수도 있다.[61] 오프라인 관계로부터 더 물러서는 것은 그들이 오프라인에서 가지고 있던 이미 낮은 사회적 기술을 더 떨어지게 할 수 있다. 문제가 있는 인터넷 사용, 그것의 부정적 결과, 그리고 온라인에서의 사회적 상호작용에 대한 선호 사이의 관계는 잘 밝혀졌지만, 그 인과관계는 여전히 결정하기 어렵다. 사람들이 상호적인 온라인 게임을 온종일 해서 사회적으로 서툰가? 아니면 사람들이 사회적으로 서툴고 그러한 현실을 피할 수 있기 때문에 상호적인 온라인 게임을 온종일 하는가?

관계의 악화　　사회과학자들은 소셜 미디어의 과도한 사용과 관계상의 문제를 연결하는 하나의 패턴을 파악하기 시작했다. 예를 들면 한 연구는 대인 간 친밀성과 온라인 사회적 관계망에 대한 참여 사이의 부적인 관계를 발견하였다.[62] 다른 연구들은 휴대폰의 단순한 소지가 친밀성, 연결, 그리고 개인적 주제에 대한 면대면 토론에서 대화의 질에 부정적인 효과를 줄 수 있음을 밝혔다.[63] (여러분은 아마도 "그 핸드폰 좀 집어치우고 나에게 말을 해!"라는 말을 듣거나 한 때를 생각할 수 있을 것이다.) 어떤 사람들은 상대방에 대한 속임과 관계의 해체라는 이유로 페이스북을 비난하기도 한다.[64] 관계의 종결에 대한 책임을 소셜 미디어에 지우는 것은 극단적일 수 있지만, 온라인에서의 일이 면대면에서 만큼 심각할 수 있다는 것을 아는 것이 중요하다.[65]

연구자들은 미국인들의 인구통계학적 자료를 폭넓게 살펴보면서 사

──────── Notre Dame의 풋볼 스타 Manti Te'o는 사랑하는 여자친구의 죽음에 대한 이야기로 폭넓은 공감을 받았다. 그는 사기를 당한 것으로 판명 났다. 실제 그의 애인은 온라인에서 한 친구가 정교하게 만든 장난이었다. 여러분도 소셜 미디어에 의해 속임을 당한 적이 있는가? 미래의 당혹함과 실망으로부터 자신을 어떻게 보호할 수 있는가?
Photo Works/BigStock

회적 관계망 이용, 결혼 불만족, 그리고 이혼 사이의 상관을 발견하였다.[66] 특히, 페이스북의 사용은 '이혼율과 배우자와의 갈등에 대한 중요한 예측 요인'으로 나타났다. 그러나 저자들은 "결혼생활에 문제가 있는 남녀가 정서적 지지를 위해 소셜 미디어에 의지할 수 있다."는 점에서 소셜 미디어는 관계적 문제의 원인이 아니라 증상일 수 있음을 분명히 하고 있다. 이 모든 연구에 흐르는 공통점은 온라인에서 다른 사람들과 보내는 시간이 우리의 가장 가까운 관계를 손상시킬 수 있다는 것이다.

속임   재즈 팬이면서 뉴욕의 사진작가인 20대 어디쯤의 Nev Schulman은 Abby라는 총명한 8세의 미시건 소녀가 그에게 팬 메일과 그의 작품에 기초한 그림을 보내왔을 때 기분이 우쭐해졌고 강한 흥미를 느꼈다. Nev와 Abby는 온라인 친구가 되었고, 곧 그는 Abby와 그녀의 언니 Megan과 사랑의 메시지를 점차 더 많이 교환하고 있었다. Nev는 Megan이 썼다고 하는 영혼을 울리는 음악과 온라인에 올린 그녀의 아름다운 사진에 강한 호기심을 느꼈다. Nev와 그의 친구가 Megan을 만나기 위해 미시건을 방문했을 때, 그들은 Nev가 속았다는 것을 알게 되었다. Megan은 사실 Angela라는 이름의 가정주부이며 어머니였다. 이 사건은 영화 Catfish에서 묘사하고 있다. Nev는 자신이 배운 교훈을 온라인 의사소통자들이 직접 만나도록 연결해주는 자신의 TV 쇼에 활용했다. 이러한 면대면 만남은 종종 대인 간 속임을 밝혀주기도 한다.

Catfish는 극단적인 경우이지만, 온라인 데이트 웹사이트에서 거짓말은 빈번하게 발생한다.[67] 예를 들면, 남성과 여성은 온라인 데이트 프로필에 자신의 몸무게를 줄이고 키는 부풀려서 보고하는 경향이 있다. 어떤 사람들은 앞으로 자신의 몸무게를 수 파운드 뺄 것이기 때문에 그것은 속임이 아니라고 주장하면서 자신의 결정을 합리화한다. 또 다른 사람들은 정체성에 대한 거짓말은 하나의 사회적 규범 즉, 다른 모든 사람들이 그렇게 하기 때문에 나도 그렇게 할 필요가 있다고 설명한다. 다른 말로 하면, 온라인에서의 거짓말은 노골적으로 드러내 놓고 하는 거짓말이다. 사람들은 실제는 연애를 하고 있으면서도 싱글이라고 말하고, 다른 사람들은 자신의 LinkedIn 프로필을 가져본 적이 없는 직업으로 양념을 친다. 온라인에서의 자기 성격에 대한 묘사가 본질적으로 믿기 어렵기 때문에, 그것을 적어도 약간 회의적으로 바라보는 것이 좋을 것이다.

속임의 도덕적 차원과 함께, 자신을 심각하게 왜곡해서 제시하는 것은 특히 모르는 사람이나 새롭게 알게 된 사람에게 여러분의 평판을 훼손할 수 있다는 것을 연구들은 시사하고 있다. 한 연구에서 실험자는 대학생들로 하여금 자기의 친한 친구와 약간의 친분이 있는 지인들의 페이스북 프로필에서 자신들이 생각하기에 오해를 불러일으키는 항목들을 찾아내도록 했다.[68] 연구결과, 사람들은 자신의 지인에 비해 친한 친구의 경우에 그들의 거짓말을 더 그냥 넘어갔다. 그들은 오해를 불러오는 정보는 지인이 위선적이고 신뢰하기 어려운 사람이라는 것을 보여주는 것이라고 주장했다.

스토킹과 괴롭힘 여러분은 자신이 흥미를 느끼는 사람에 대하여 더 많은 정보를 얻기 위해 인터넷에서 찾아본 적이 있는가? 혹은 이전의 친구나 연인의 생활을 알아보기 위해 소셜 미디어를 이용해 본 적이 있는가? 온라인 감시(online surveillance)는 컴퓨터의 사교 공간을 통해 모르는 사람의 사회적 활동을 은밀하게 살펴보는 방법이다.

그것이 상대적으로 해가 없는 것처럼 보이지만, 연구들은 낮은 수준의 온라인 감시가 '사이버공간에서의 강박적 추구'나 '강박적 관계 추구'와 같은 불건전한 강박 행동으로 심해질 수 있다는 것을 시사한다.[69] 극단적일 경우, 그러한 행동은 본격적인 **사이버스토킹**(cyberstalking)으로 변할 수도 있다.[70] 한 연구는[71] 사이버스토커들이 전형적으로 남성이며 보통은 자신의 옛 여자 친구를 감시한다는 사실을 발견했다 ─물론 사이버스토킹은 원하지 않는 모든 관계에서도 일어날 수 있다. 사이버스토킹을 당하고 있다는 사실을 알게 된 희생자들은 오프라인 스토킹으로 경험하는 정신적 및 정서적 외상을 똑같이 겪는다. 여러분이 자신의 지인에 의해 원하지 않는 감시를 당하고 있다고 믿는다면, 사법 당국과 희생자를 돕는 전문가에게 알리는 것이 바람직하다. 또한 여러분은 다시 안전하다고 느낄 때까지 일정 시간 소셜 미디어를 사용하지 않는 것도 고려할 수 있다.[72]

사이버스토킹은 **사이버불링**(cyberbullying) ─한 두 집단이 희생자를 온라인에서, 종종 공개 토론에서 공격적으로 괴롭히는 악의적 행위 – 만큼 불건전하지만 그만큼 고통스럽게 침해하지는 않는다. 사이버불링을 하는 사람은 SNS에 피해자를 증오하는 게시물을 올리거나 조롱하는 문자, 이메일, 사진을 유통시킬 수 있다. 사이버불링은 몇몇 끔찍한 결과를 초래하는 널리 퍼진 현상이 되었다.[73] 십대 10명 중 4명 이상이 온라인 괴롭힘의 대상이라고 보고하고 있다 – 그리고 이 문제의 범위가 국제적이다.[74] 종종 사이버불링의 피해자들은 학교에 무기를 가지고 갈 가능성이 다른 학생들에 비해 8배나 더 높을 정도로 무력감과 두려움을 느낀다. 미국에서는 사이버불링의 희생자들이 자살한 몇몇 사례가 보고된 바 있다.[75] 사이버불링 가해자들의 81%가 괴롭히는 유일한 이유로 재미 때문이라고 응답한 것에 비추어 볼 때, 희생자들의 자살은 심각한 일이다.[76]

사이버불링은 상대적으로 최근의 현상이기 때문에, 연구자들은 그 과정과 결과에 대한 자료를 축적하느라 바쁘다.[77] 그들이 발견한 몇몇의 내용이 여기에 있다.

- 중학교 시기가 사이버불링의 극성기이지만, 그것은 초등학교부터 시작해서 대학교 그리고 그 이상의 시기까지 계속될 수 있다.
- 현재 학생의 1/3 이상이 학교를 다니는 동안 사이버불링을 당했다고 보고한다.
- 사이버불링은 여러 부정적인 결과와 연결되어 있는데, 거기에는 저조한 학업 성취, 우울, 철회, 심리적 문제에 따른 신체적 고통, 마약과 알코올 남용, 그리고 심지어 자살까지도 들어 있다.

사이버불링을 방지하는 열쇠는 내부자들이 가해자들을 제보하는 것이다. 불행하게도, 대부분의 청소년들은 그렇게 하는 것을 꺼리는데, 거기에는 보복에 대한 두려움에서부터 자신이 소셜 미디어에서 누리는 특권을 상실할지도 모른다는 두려움에 이르기까지 다양한 이유들이 있다. 그들은 온라인 괴롭힘을 성인들보다는 친구들에게 말할 가능성이 훨씬 크기 때문에, 많은 학교 프로그램은 동료들의 지지와 개입을 장려하고 있다.

사이버불링은 비밀에 부쳐지는 한 문제로 남아 있을 것이다. 여러분이 온라인에서 괴롭힘을 당하면, 그 괴롭히는 메시지를 복사해 놓은 다음 적절한 교사, 관리자 혹은 감독자와 접촉하라. 대부분의 학교와 회사는 보호를 제공하는 데 도움이 되는 정책들을 가지고 있다. 그리고 여러분이 희생자 특히 젊은 희생자를 알고 있다면, 피하지 말고 전문적인 개입을 마련하라. 개방적인 의사소통은 사이버불링을 음지에서 나오도록 하는 데 결정적이다.

매개된 의사소통에 영향을 미치는 요인

부분적으로 우리가 누구인지를 결정하는 것은 우리가 소셜 미디어와 그 밖의 다른 형태의 매개된 의사소통을 사용하는 방법이다. 개인적인 사용에 가장 강력한 영향을 미치는 두 요인이 성별과 나이이다.

성별

남성과 여성은 온라인에서 서로 다르게 의사소통한다.[78] 단어의 수를 계산하는 프로그램을 이용한 연구자들은 남성이 여성에 비해 더 많은 거창한 단어, 명사, 욕설을 사용하는 경향이 있음을 발견했다. 다른 한편, 여성은 인칭대명사, 동사, 그리고 얼버무리는 표현(예: '내 생각에')을 더 많이 사용한다. 물론, 단어의 수가 전체 스토리를 말해주지는 못한다. 예를 들면, 남성과 여성이 '우리'라는 단어를 거의 똑같이 사용하지만 서로 다른 방식으로 사용한다. 면밀히 조사해 보면, 여성은 '따뜻한 우리'(예: "우리는 함께 너무 즐거운 시간을 가졌어.")로 알려진 것을 많이 사용하는 반면, 남성은 '동떨어진 우리'(예: "우리는 이와 관련해서 뭔가를 할 필요가 있어.")를 더 선호한다. 또한 이러한 분석을 위해 사용한 컴퓨터 프로그램이 완벽한 것은 아니라는 점을 언급할 가치가 있다. 그 프로그램은 글쓴이의 성별을 72% 정도 정확하게 맞혔다(50%는 우연히 맞출 수 있는 확률이다.). 즉, 언어 사용에서 성별에 따라 서로 다른 경향성이 있지만, 그것이 절대적인 것은 아니다.

심지어 SNS로부터 수집된 자료는 더 큰 차이점을 보여준다. 한 연구에서 연구자들은 34개월에 걸쳐 약 7만5천명이 자신의 근황에 대해서 제공한 1천5백만개 이상의 페이스북 글을 분석했다.[79] 언어 사용에서 남녀 간의 뚜렷한 차이가 있

▶ 그림 2.2 이 워드 클라우드는 페이스북 글에서 여성들이 사용한 뚜렷한 어구, 주제, 그리고 말을 보여주고 있다.

Schwartz, H. A. et al. (2013). Personality, gender, and age in the language of social media: The openvocabulary approach. PLoS ONE, 8, e73791.

었다. 여성들은 정서적인 단어와 1인칭 단수 대명사를 더 많이 사용했다. 남성들은 대상에 대한 이야기(사람보다는 사물에 대한 이야기)를 더 선호했으며, 훨씬 더 자주 욕설을 사용했다. [그림 2.2]는 이 연구에서 여성들에게 뚜렷하게 나타나는 몇몇 주제와 용어를 확인해주는 워드 클라우드를 보여주고 있다. 이것과는 훨씬 다른, 남성들에 해당하는 워드 클라우드는 여기에 올리기에는 너무 많은 욕설을 담고 있다. 이러한 발견은 남성과 여성의 언어 사용에 대한 모든 연구들에 다 적용되는 것처럼 보인다. 즉 남성은 여성보다 욕설을 더 많이 사용한다.

사람들은 온라인 언어에서의 성차를 직관적으로 알고 있는 것처럼 보인다. 예를 들면 한 연구는 온라인 의사소통자들이 자신들의 온라인 성정체성에 따라 서로 다른 문체로 글을 쓴다는 것을 발견했다.[80] 참가자들에게 성적 특성이 다른 아바타를 −어떤 것은 생물학적인 성과 일치하는 성, 다른 것은 일치하지 않는 성− 임의적으로 선택해서 부여했다. 여성적인 아바타를 부여받은 참가자들은 남성적인 아바타를 부여받은 참가자들에 비해 정서 표현을 더 많이 했고, 더 많은 사과를 했으며, 잠정적인 언어를 더 많이 사용했다. 즉, 참가자들은 성 고정관념에 부합하는 언어를 채택했다.

성별에 따른 온라인 언어의 차이는 청소년들 사이에서는 더 잘 드러난다. 한 연구는 채팅방에서 10대 남자와 여자가 사용하는 언어를 살펴보았다.[81] 10대 남자들은 더 적극적이고, 자기주장을 더 하며, 상호작용을 먼저 시작하고, 프로포절을 더 많이 하는 반면, 여자들은 ('와우', '음' 등) 좀 더 반응적이었다. 또한 남자들은 희롱을 더 많이 하고 더 성적이었다("아주 섹시한 여성이 대화를 원한다고?"). 연구자들은 이처럼 두드러진 차이점이 아마도 참가자의 나이 때문일 수 있고, 그래서 몇몇 차이점은 성인기에 사라질 수도 있다고 지적했다.

나이

여러분이 1990년대 초 이후에 태어난 '디지털 토박이(digital native)'라면, 아마도 매개된 의사소통이 숨을 쉬는 것처럼 자연스럽게 느껴질 것이다. 오늘날 우리가 당연하게 여기는 기술이 없는 세상에서 자란 많은 '디지털 이주민(digital immigrants)'에게는 이야기가 다르다.[82] 전보, 플로피 디스크, 그리고 전화 접속 모뎀을 직접 경험했다면, 여러분은 디지털 이주민이다. 이러한 기술이 거의 '조랑말 속달 우편(Pony Express)'처럼 멀리 느껴진다면, 여러분은 아마도 디지털 토박이다.

Vitalinka/Shutterstock.com

나이가 디지털 토박이를 결정하는 유일한 요인은 아니고, 사회경제적 지위와 태어난 국가 또한 역할을 한다. 그럼에도 불구하고, 선호하는 의사소통 방식에서 세대에 따라 좀 분명한 경향성이 있다. 나이라는 연속신싱에서 문자 메시지는 10대들이 좋아하고 이메일과 전화는 좀 더 나이 든 의사소통자들이 선호하는 것은 아마도 놀라운 일이 아니다.[83] 많은 청년들은 전화보다는 문자 메시지를 훨씬 더 선호하는데,[84] 전화를 성가시고 심지어 사생활을 침해하는 것으로 보기 때문이다.[85] 오늘날 부모-자녀 간 논쟁 중에는 종종 "왜 전화를 하지 않니?"라고 부모가 얘기하면 "제 문자 메시지에 답장을 하시지 그러세요?"라는 반응도 들어 있다. 또한 그 차이가 과거만큼 크지는 않지만, 젊은 의사소통자들은 나이 든 의사소통자들보다 SNS를 더 많이 사용한다.[86]

이러한 나이 차이가 미래에는 나타나지 않을 수 있다. 오늘날 문자 메시지를 선호하는 10대가 중년기가 된다고 해서 반드시 이메일을 보내는 사람이 되지는 않을 것이고, (때로 '인터넷을 즐기는 노인(silver surfer)'으로 불리는) 좀 더 나이 든 의사소통자들이 빠른 속도로 디지털 혁명에 가담하고 있다.[87] 그러나 지금은 세대별 경향성을 아는 것이 의사소통 통로를 선택할 때 도움이 될 수 있다. 문자 메시지, 이메일, 혹은 전화할지 결정할 때, 여러분은 자신의 메시지를 받는 사람의 나이를 고려하길 원할 수도 있다. 여러분의 선택은 언제 답변을 받을지 혹은 심지어 답변을 받을 수 있는지와 상관이 있다.

나이는 선호하는 통로뿐만 아니라, 매개된 의사소통을 할 때 사람들이 토론할 주제도 구체화한다. [그림 2.2]의 워드 클라우드를 생성한 동일한 연구가 1천5백만 이상의 페이스북 게시물에서 연령의 차이를 분석했다.[88] 아래에 발견한 몇몇의 내용이 있다.

- 13~18세의 사람들에게는 당연히 학교가 주요 주제이었다. 10대의 메시지에 들어 있는 전형적인 용어에는 '숙제', '수학' 그리고 '졸업무도회'가 들어 있다. 'lol(너무 웃겨)', 'jk(농담이야)', 그리고 '<3(하트)'과 같은 약어도 흔했다.
- 19~22세의 사람들은 종종 대학에 대한 게시물을 올린다. 전형적인 용어에는 '학기', '공부' 그리고 '교정'이 들어 있다. '술에 취한', '담배' 그리고 다수의 욕설과 같은 또 다른 생활 방식에 대한 선택도 두드러졌다.
- 20대 중반이 되면서 내용이 '사무실', '봉급' 그리고 '결혼'을 포함한 좀 더 성

숙한 주제로 넘어갔다. 그러나 의사소통이 모두 의무와 헌신에 관한 것만은 아니고, '맥주'는 여전히 흔한 용어였다.

- 30~65세의 사람들은 종종 가족에 관한 게시물을 올린다. 전형적인 용어에는 '딸/아들', '기도하다/기도', '친구' 그리고 '국가'가 들어 있다.

마지막 범주의 연령대가 매우 광범위한 이유는 이 연구에서 페이스북에 참여하는 나이 든 사람이 상대적으로 적기 때문이다 – 연구자들은 이것이 시간이 지나면 달라질 것으로 믿었다. 흥미로운 마지막 하나의 발견으로, 22세를 시작으로 나이가 들면서 페이스북 게시물에서 '우리'라는 말의 사용은 직선적으로 증가한 반면, '나'라는 말의 사용은 감소한다. 이것은 사람들이 나이가 들면서 우정과 관계의 중요성이 증가한다는 것을 시사한다.

소셜 미디어에서의 역량

이 책을 통틀어 기술한 대인 간 역량의 원리는 온라인 의사소통에도 그대로 적용된다. 게다가 소셜 미디어를 통한 의사소통은 소정의 독특한 기술들을 요구한다.

긍정적 관계를 함양하기

'예의(etiquette)'는 구식 용어처럼 보일 수도 있지만 –여러분이 어떤 명칭을 사용하든 간에– 대부분 무언의 행동 규칙들이 있어 사회가 원활히 운영되도록 해준다. 소셜 미디어의 독특한 특성 때문에 소정의 시민 행동이 필요한데, 어떤 사람들은 그것을 '네티켓(netiquette)'이라고 부르기도 한다.

온전히 집중할 것을 원하는 상대방의 욕구를 존중하라   여러분이 자판기를 완전히 습득한 이후 문자 메시지를 주고받는다면, 여러분이 면대면으로 대화하는 파트너와 원거리 접촉을 하는 사람에게 주의를 분할할 때, 어떤 사람은 모욕감을 느낄 수 있다는 것을 깨닫기 어려울 수도 있다. 한 관찰자가 지적했듯이, 재빨리 다른 방에 로그온하는 것은 그 당사자에게는 해롭지 않은 휴식으로 보일 수 있지만, 원래 방에 있던 사람들은 그것을 조용한 무시라고 생각한다. 이러한 행동은 "나는 관심 없어."라는 것을 공표하는 것이다.[90]

여러분의 말투를 공손하게 해라 여러분이 한 블로그에 헐뜯는 말을 올린 적이 있거나, 문자나 실시간 메시지에 대한 불쾌한 답변으로 반격당한 적이 있다면, 혹은 당혹스런 이메일을 받아본 적이 있다면, 여러분의 메시지를 받는 사람이 여러분 자신의 눈앞에 있지 않을 때 나쁜 행동을 하기가 더 쉽다는 것을 알 것이다. 한 작가는 자신의 한 출판물에 대한 반응으로 폭력적이고 모욕적인 이메일을 받은 후, 사람들이 면대면에서보다 온라인에서 어떻게 그리고 왜 더 폭력적인지를 기술했다.

> 그 친구가 이 말을 나에게 전화상으로는 하지 못했을 것이다. 왜냐하면 나는 전화를 끊고 다시 전화가 와도 받지 않았을 것이기 때문이다. 그는 그 말을 내 면전에서도 못했을 것인데, 나는 그가 그 말을 다 하도록 두지 않았을 것이기 때문이다. 이 일이 거리에서 일어났다면, 나는 그를 위협하기 위해 몸집이 큰 나의 지위를 이용할 수 있었을 것이다. 그러나 온라인의 세계에서는 내 크기가 중요하지 않았다. 나는 그 친구가 나에게 불쾌한 편지를 쓸 수는 있었다고 생각하지만, 그는 'rectum' 이라는 단어를 쓰지는 않았을 것이다. 그리고 그는 그 편지를 보내지는 않았을 것이다. 그는 봉투에 주조를 적을 때 한 번 더 생각했을 것이다. 그러나 이메일의 본질은 여러분이 두 번 생각하지 않는다는 것이다. 여러분은 써서 보낸다.[91]

비동시적인 상황에서 좀 더 잘 행동하는 방법은 여러분이 메시지를 보내거나, 게시물을 올리거나, 방송하기 전에, 자신에게 단순한 질문을 하는 것이다. 즉 여러분은 동일한 메시지를 그 사람에게 면전에서도 보낼 것인가? 여러분의 대답이 '아니오'라면, 그러면 여러분은 '보내기' 버튼을 누르기 전에 생각하길 원할 수도 있다.

주변인들을 침해하지 마라　　　　무례하게 전자기기를 사용하는 영화 관람객들의 화면이 다른 관람객을 방해함으로써, 레스토랑 주인의 전화 목소리가 여러분의 대화를 침범함으로써, 다른 사람보다는 손에 든 기계장치에 더 신경을 쓰는 보행자 때문에, 혹은 줄을 계산대 앞에 줄을 서 기다리면서 휴대폰으로 통화를 하는 사람 때문에, 모든 사람들은 고통을 겪는다. 여러분이 이러한 종류의 행동으로 방해받지 않는다면, 여러분이 그 행동으로 기분이 상한 사람들을 공감하는 것은 어렵다. 그럼에도 불구하고, 이것은 '백금율(Platinum Rule)' 즉, 다른 사람들이 대접받고 싶은 대로 그들을 대접하는 것을 고려해야 하는 또 다른 상황이다.

자신을 보호하기

다른 사람을 배려하는 것은 소셜 미디어를 통해 의사소통할 때 하나의 중요한 목표이다. 그러나 여러분 자신을 보살피는 것도 똑같이 중요하다. 온라인에서 의사소통할 때 주의해야 할 점들이 있다.

게시물을 올리기 전에 생각하라　　　　인터넷은 결코 망각하지 않기 때문에, 오늘 올린 개인적 정보가 미래에 여러분을 따라다니면서 괴롭힐 수 있다. 한 학자가 기술했듯이, 모든 것이 기록으로 남는 사회는 "우리를 과거에 자신이 한 모든 행동에 묶어 둠으로써 실질적으로 그것으로부터 도망가는 것을 불가능하게 만든다."[92]

특히 개인적인 정보는 여러분의 경력에 해를 미칠 수 있다. 몇몇 조사에 따르면, 미국에서 신인 모집자의 70%가 온라인에서 발견한 정보 −후보자가 올리거나 그에 대한 사진과 논평 그리고 그가 속한 집단− 때문에 후보자들을 거부했다.[93] 우리는 3장에서 인상관리에서 −'평판관리'에서− 소셜 미디어의 역할을 토론할 것이다.

여러분의 무분별한 디지털 행위가 어떻게 자신을 따라다니며 괴롭힐 수 있는지에 대한 교훈적인 이야기로, Stacy Snyder의 사례를 살펴보라. 고등학교로 교생실습을 나간 25세의 그녀는 해적 의상을 입고 플라스틱 컵으로 술을 마시는 파티에 있는 자신의 사진을 '술 취한 해적'이라는 제목으로 올렸다. 그 고등학교의 Snyder 상관은 그 사진이 '전문가답지 않은 행위'라고 말했으며, 그녀가 다니고 있던 대학교의 임원은 그녀가 자기보다 나이 어린 학생들의 음주를 부추긴다고 말했다. Snyder의 졸업식 몇 일 전에 그 대학은 그녀에게 교원 자격증을 주지 않았다.

이와 같은 이야기는 많이 있다. 영국의 16세 소녀는 페이스북에 "나는 너무 따분해!!"라고 불평했다는 이유로 그녀의 사무직을 잃었다. 66세의 캐나다 심리치료사는 30년 전에 환각제를 가지고 한 자신의 실험을 한 철학 학술지에 실었는데 그것을[94] 국경수비대의 인터넷 검색반이 발견한 이후, 그는 미국 방문을 영원히 금지당했다. 여러분은 이러한 처우가 부당하다는 것을 입증할 수 있겠지만, 핵심은 약간의 신중함이 많은 곤란함을 없앨 수 있다는 것이다.

———— 영화 'Chef'에서 Carl Casper(Jon Favreau 역)는 비판적인 평가자를 험담하는 말을 트위터에 충동적으로 올린다. 그의 시끄러운 불평은 심각하게 흘러가 전문직 업인으로서의 그의 명성을 훼손한다. 여러분은 나중에 후회한 것들을 게시한 적이 있는가? 여러분은 앞으로 그러한 일이 일어나지 않도록 어떠한 조치를 취할 수 있는가?
Carl Casper/Allstar

특별히 위험한 종류의 경솔한 행위는 '섹스팅(sexting)'을 ─ 매개된 통로를 통해 자신이나 타인의 노골적인 사진을 공유하는 것 ─ 하는 것이다. 한 조사에 따르면, 14세부터 24세 사이의 젊은이들 중 10%가 자신들의 나체나 부분적으로 나체 이미지를 지닌 사진을 다른 사람들에게 문자나 이메일로 보냈으며, 15%가 자신이 알고 있는 다른 사람의 그러한 사진이나 비디오를 받은 경험이 있었다.[95] 아마도 좀 더 충격적인 것은 8%의 사람들은 제3자로부터 알게 된 사람의 나체나 부분적으로 나체 이미지를 받아본 경험이 있다는 것이다.[96] 그 당시에는 해롭지 않은 것처럼 보이는 충동적인 메시지나 게시물이 평생 동안 여러분을 괴롭힐 수도 있다.

온라인에서 본 것을 검증하라

너무나 많은 정보가 인터넷상에 있기

때문에, 무엇이 진실이고 무엇인 거짓인지를 결정하는 것이 어려울 수 있다. 하나의 사례가 페이스북 프로필이다. 거기에 있는 거의 모든 정보는 선택적으로 제시된 것이고 프로필 당사자의 통제 하에 있다. 그래서 그것은 사실인가 아니면 거짓인가? 어떤 사람의 개인 블로그에 있는 정보는 어떠한가? 혹은 트위터 페이지는? 정보의 진실성을 분별하는 한 방법은 그것의 보증 가치를 −당사자가 그 정보를 통제할 수 있는 정도− 평가하는 것이다.[97] 예를 들면, 한 리포터가 여러분의 성취에 대하여 쓴 신문 기사는 여러분 자신이 동일한 정보를 여러분의 페이스북 프로필에 올린 것보다는 더 높은 보증 가치를 가진다. 왜냐하면 자신이 쓴 정보는 자신을 선택적으로 제시했을 가능성이 있기 때문이다.

사람들은 다른 사람에 대한 인상을 형성할 때 정보의 보증 가치를 평가한다는 것을 연구들은 보여주고 있다.[98] 어떤 사람의 페이스북 프로필에 있는 정보를 사용하여 그의 신체적 매력을 평가하도록 요청받았을 때, 사람들은 그 사람이 매력적인지를 결정할 때 친구들이 올린 글이 결정적인 정보의 역할을 했다. 친구들이 프로필 당사자의 신체적 매력을 확증하는 말(와우 정말 멋져! 뒤태가 섹시해!)을 올리면, 사람들은 그녀를 매우 예쁘다고 평가했다. 그러나 친구들이 그녀의 아름다움을 확증하지 않았을 때, 사람들은 그녀가 신체적으로 매력적이라고 생각할 가능성이 낮았다. 왜냐하면 프로필 당사자는 자신에 대하여 친구들이 올린 것을 통재할 수 없었기 때문에, 프로필을 보는 사람들은 프로필 당사자가 자신에 대하여 올린 것보다는 친구들이 올린 글을 더 진실하다고 믿었기 때문이다.

좀 더 심각한 수준에서, 앞서 '속임'에 대한 절에서 기술한 거짓말의 희생자가 되지 않는 것이 중요하다. 'Catfish'로 유명한 Nev Schulman은 가상공간에서의 연애가 갖는 어두운 면에 빠지지 않게 해주는 조언을 제공하고 있다.

- 너무나 멋있어서 사실이 아닌 것 같다면, 그럴 수 있다. 조심스럽게 진행하고, 자신에 대하여 너무 많은 말을 하기 전에 상대방이 여러분의 신뢰를 얻을 수 있도록 만들어라.
- 상대방이 존재하는지 증거를 찾아라. 여러분이 요구하는 특정한 어떤 것을 포함하고 있는 사진을 요구하라.

- 웹캠을 이용해서 상대방과 실시간으로 보면서 의사소통하라.
- 자기 자신이 되고 자신이 무엇을 원하지를 파악하라. 동화 같은 사랑에 빠지기는 쉽지만, 현실은 동화나 영화가 아니다. 사랑은 노동이 필요하다.

매개된 시간과 면대면 시간의 균형을 유지하라   7/24 시간을 인터넷에 연결하면 면대면 의사소통의 시간을 빼앗을 수 있다. 연구는 상식이 제안하는 것 즉, "면대면 시간은 여전히 중요하다."는 것을 확인해 준다.[100] 소셜 미디어의 과용은 약간 비정상에서부터 경계선 강박증에까지 이를 수 있다. 예를 들면 온라인 게임은 −특히 치열한 역할놀이 게임− 부부의 관계 만족도를 떨어뜨릴 수 있다.[101] (다양한 온라인 의사소통을 배제하고) 온라인 의사소통의 과용은 외로움 및 다른 부정적 결과를 초래할 수 있다.[102]

온라인상에서 얼마나 많은 시간을 사용해야 과도한 것인가? 여러분의 애인이 좀 더 얼굴을 보는 시간을 원한다면, 그 요구에 주의를 기울이는 것이 현명할 것이다. 전자기기가 여러분의 대인관계를 증가시키는 것이 아니라 감소시킨다면, 소셜 미디어 사용을 살펴보고 시간을 제한해야 할 수 있다. 이러한 상식적인 기준을 넘어서서, 여러분이 온라인에서 과도한 시간을 보내고 있다는 것을 보여주는 다른 지표들이 있는데, 이것은 한 진단도구로부터 골라 뽑은 것이다.

- 인터넷을 사용하고 싶은 충동을 이겨내지 못하는 것
- 만족하기 위해 온라인에서 필요한 시간의 증가
- 예측하거나 의도한 인터넷 사용 시간의 초과
- 인터넷 사용을 줄이려는 노력의 실패
- 인터넷 사용으로 직장, 가정, 혹은 학교에서 책임을 다하지 못하는 것
- 중요한 사회 활동이나 여가 활동의 포기나 감소

잠시 생각해보기

여러분은 소셜 미디어를 어떻게 사용하는가?

아래의 각 진술문에 대하여 1점부터 6점까지의 척도(1점: 강하게 동의하지 않는다, 6점: 강하게 동의한다)를 사용하여 응답하라.

이 평가에서 소셜 미디어라는 용어는 기본적으로 페이스북과 같은 SNS뿐만 아니라 문자 메시지, 트위터, 동시 메시지, 이메일을 지칭한다.

_____1. 소셜 미디어에 로그인하지 않으면, 친구들과 떨어져 있는 느낌이 든다.

_____2. 모든 사람들이 소셜 미디어를 사용하면 좋겠다.

_____3. 소셜 미디어를 전혀 사용할 수 없다면 크게 실망할 것이다.

_____4. 소셜 미디어에 로그인하지 못할 때 기분이 상한다.

_____5. 주로 소셜 미디어를 통해 다른 사람들과 소통하는 것을 선호한다.

_____6. 소셜 미디어는 나의 대인관계에 중요한 역할을 한다.

1부터 6까지 여러분의 응답을 합산하라. 총점이 여러분의 '사회적 통합과 정서적 연결' 점수 즉, 소셜 미디어가 여러분의 일상생활과 얼마나 통합되어 있는지 그리고 여러분이 소셜 미디어의 사용과 정서적으로 연결되어 있는 정도이다. 보통 대학생들은 이 도구에서 약 18점을 얻는다. 여러분의 점수는 더 높은가 아니면 더 낮은가? 여러분의 점수를 고려해서 아래의 질문에 대답하라.

1. 여러분은 면대면보다는 소셜 미디어를 통해 친구들과 상호작용하는 데 관심이 있는가? 그렇다면, 여러분이 놓치고 있는 것은 무엇인가?
2. 여러분의 삶에서 매개된 의사소통과 면대면 의사소통 사이의 건강한 균형이란 무엇인가?

Jenkins-Guarnieri, M. A., Wright, S. L., & Johnson, B. (2013). Development and validation of a social media use integration scale. Psychology of Popular Culture, 2, 38-50.

요약

소셜 미디어는 사용자들이 온라인 의사소통을 하는 데 사용하는 전자적인 의사소통의 한 형태이다. 매개된 의사소통은 면대면 상호작용이 아니라 몇몇 전자적인 매개체를 통해 사람들을 연결시키는 모든 통로를 지칭한다. 오늘날의 세계에서 과학기술은 모든 사람의 대인 간 의사소통에서 중요한 역할을 한다. 매개된 의사소통은 대부분의 과정과 원리뿐만 아니라 그 목적에서도 면대면 의사소통과 유사하다. 다른 한편, 매개된 의사소통은 전형적으로 더 빈약하고, 덜 동시적이며, 더 영속적이다. 이러한 요인들이 온라인 의사소통을 대면에서보다 더 탈억제적이며 과도하게 더 개인적인 정보를 노출하게 만든다.

매개된 통로를 통한 의사소통은 관계의 기회를 높일 수 있다. 또한 소셜 미디어를 통한 상호작용은 관계를 유지하고 풍요롭게 하는 데 도움을 줄 수 있고, 사회적 지지의 수단을 제공할 수 있다. 다른 한편, 매개된 의사소통은 좀 더 피상적인 관계, 사회적 고립, 그리고 관계적 악화에 영향을 미칠 수 있다. 속임과 괴롭힘의 잠재력 또한 온라인 의사소통의 단점일 수 있다.

성별과 나이는 사람들이 매개된 통로를 통해 어떻게 의사소통하는지에 영향을 미칠 수 있다. 온라인상에서의 상호작용에서 그리고 젊은 사람과 나이 든 사람들의 의사소통 패턴에서 뚜렷하게 다른 경향성이 있다.

좀 더 역량 있는 온라인 의사소통자가 되기 위해서, 긍정적 관계를 함양하는 데 필요한 '네티켓'을 지키는 것이 중요하다. 여기에는 온전히 집중할 것을 원하는 상대방의 욕구를 존중하는 것, 자신의 말투를 공손히 하는 것, 그리고 주변인을 침해하지 않는 것이 들어 있다. 또한, 여러분이 게시물을 올리기 전에 생각하고, 여러분이 온라인에서 본 것을 검증하고, 매개된 시간과 면대면 시간의 균형을 맞춤으로써 자신을 보호하는 것이 중요하다.

핵심 용어

비동시적

사이버불링

사이버스토킹

탈억제

과도한 개인적 의사소통

빈약

매개된 의사소통

온라인 감독

풍요

소셜 미디어

동시성

Hiep Vu/Masterfile

이 장(章)에서 다루는 주제

의사소통과 정체성:
자기의 창조와 제시

1. 자기개념, 자기존중감, 의사소통 간의 관계를 이해할 수 있다.
2. 자기충족적 예언이 어떻게 자기개념을 형성하고 의사소통에 영향을 주는지 설명할 수 있다.
3. 인상관리와 관련해서 지각된 자기와 자기제시를 비교하고 대비할 수 있다.
4. 인상관리가 면대면 관계와 매개된 관계에서 하는 역할을 설명할 수 있다.
5. 여러분의 관계에서 자기를 개방하는 의사소통의 본질을 알아보기 위해 사회적 침투 모형과 조하리(Johari) 창 모형을 이용할 수 있다.
6. 특정 상황에서 개방의 잠재적 혜택과 위험을 개관할 수 있다.
7. 주어진 상황에서 솔직함과 얼버무리기의 가장 만족할만한 배합을 알아볼 수 있다.

여러분은 누구인가? 삼시 시산을 내서 이 질문에 답하길 바란다. 여러분은 이 장(章)의 나머지 부분을 읽을 때 아래의 목록이 필요할 것이다. 따라서 지금 이것을 해놓기 바란다. 여러분을 설명하는 모든 성격을 포함해 보라.

여러분의 기분이나 느낌(예: 행복한, 화난, 흥분한)

여러분의 외모(예: 매력적인, 키가 작은)

여러분의 사회적 특질(예: 친절한, 부끄러운)

여러분이 가지고 있거나 가지지 않은 재능(예: 음악에 재능이 있는, 운동을 잘 못하는)

여러분의 지적 능력(예: 똑똑한, 학습이 느린)

여러분의 강한 신념(예: 종교적인, 환경운동가)

여러분의 사회적 역할(예: 부모, 여자친구)

여러분의 신체적 상태(예: 건강한, 과체중)

George Mayer/Bigstock

이제 여러분이 작성한 것을 보라. 여러분은 자신을 어떻게 정의했는가? 경력상의 지위 혹은 사회적 역할로? 여러분의 기질? 성별이나 성적 지향? 나이로? 종교? 직업? 자신을 규명하는 방법은 많이 있다. 가능한 한 많은 방법으로 자신을 정의해보라. 여러분이 선택한 단어는 스스로가 생각하는 자신의 가장 중요한 성격 프로필일 것이다. 즉 '진짜 자기'를 설명하라는 요구를 받는다면, 이 리스트가 좋은 요약본이 되어야 한다.

의사소통과 자기

여러분은 이러한 자기분석이 대인관계에서의 의사소통과 어떤 관련이 있는지 의문을 가질 수 있다. 짧게 대답하면, 여러분이 누구인지와 타인과의 의사소통은 서로 영향을 주고 받는다. 자세한 대답은 생물학에서부터 사회화, 문화, 성(gender)까지 모든 것을 포괄한다. 우선 자기와 의사소통의 관계의 근간을 이루는 두 용어를 살펴보는 것으로 시작하겠다.

자기개념과 자기존중감

여러분이 작성한 목록은 "자신이 누구라고 생각하는가?"라는 질문의 부분적인 답이다. 여러분이 선택한 문구는 '행복', '슬픔', '자신감 있는', '긴장된'과 같은 몇몇 정서적 반응일 것이다. 이와 같은 대답에서 보듯이, 자기에 대한 느낌은 자기에 대한 생각의 큰 비중을 차지한다. 다시 말해 자기에 대한 생각과 느낌은 자기의 중요한 구성요소이다.

자기개념　　여러분이 생각하는 자기를 자기개념(self-concept) 즉, 자신을 보는 상대적으로 안정된 관점으로 설명할 수 있다. 여러분의 신체적 특징만이 아니라 감정상태, 재능, 좋아하는 것, 싫어하는 것, 가치, 역할 등 다른 측면도 반영하는 특별한 거울이 있다면, 그 거울에 비친 것이 여러분의 자기개념일 것이다. 여러분이 앞서 기록한 자기개념 목록은 그 일부에 불과하다는 것을 알 것이다. 그 목록이 완벽하려면, 거기에 수백 개의 단어를 더 추가해야 할 것이다.

대부분의 사람에게 이 목록은 자기개념이 얼마나 기본적인지를 극적으로 보여준다. 심지어 불쾌한 항목조차도 이 목록에서 버리기가 쉽지 않다. 그리고 가장 핵심적인 느낌이나 생각을 버리도록 요구하면, 대부분의 사람들은 주저한다. 그들은 "그게 없으면 내가 아니야"라고 주장한다. 물론 이것은 우리 관점을 입증한다. 즉 아마도 자기개념은 우리가 가지고 있는 가장 기본적인 것이다. 자기개념 없이 세상과 관계할 수 없기 때문에 우리가 누구인지 아는 것은 필수적이다.

자기존중감　　자기개념은 자기에 대한 생각을 기술하는 반면, 자기존중감(self−esteem)은 자기의 가치에 대한 평가이다. 한 가상적인 사람의 자기개념에는 조용한, 논쟁적인 자제력 있는 등이 포함될 수 있다. 이 사람의 자기존중감은 자신이 이 자질을 어떻게 보느냐에 따라 결정될 것이다. 서로 다른 평가를 생각해보라.

조용한	"나는 큰 소리로 말하지 않으니 겁쟁이야."
	vs.
	"나는 말하는 것보다 듣는 것을 더 좋아해."
논쟁적인	"나는 지나치게 밀어붙이는데 그것은 불쾌감을 줄 수 있어."
	vs.
	"나는 내 신념을 옹호해."
자제력 있는	"나는 지나치게 조심해."
	vs.
	"나는 말하거나 행동하기 전에 신중하게 생각해."

자기존중감이 높은 사람은 다른 사람이 자신을 좋게 생각하고 그들이 자기를 잘 받아들일 것이라고 생각한다. 반면에, 자기존중감이 낮은 사람은 다른 사람이 자기를 좋아하지 않을 거라고 믿는 경향이 있다. 그들은 다른 사람이 계속 자기를 비판적으로 볼 것이라고 상상한다. 그리고 그들은 이 가상적이거나 실제적인 비판을 받아들여 자신을 비호감적인 사람이라고 생각한다. 이처럼 낮은 자기존중감은 때로 다른 사람에 대한 적대감으로 나타난다. 왜냐하면 그런 사람이 자신에 대한 평가를 개선하는 유일한 방법이 다른 사람을 무시하는 것이기 때문이다.

높은 자기존중감의 장점은 분명하지만, 그것이 대인관계의 성공을 보장하지는 않는다.[1] 과장된 자기존중감의 소유자는 자신이 다른 사람에게 더 좋은 인상을 주고, 더 훌륭한 친구를 가지고 있으며, 더 멋진 사랑을 한다고 생각한다. 그러나 객관적으로 분석해 보면 이러한 믿음은 입증되지 않는다. 부풀려진 자기가치를 지닌 사람은 특히 자기가치가 도전받을 때, 모든 걸 다 안다는 듯이 잘난 체함으로써 다른 사람을 짜증나게 만든다.[2]

이러한 경고에도 불구하고, 자기존중감은 긍정적 행동, 상호작용의 출발점임에는 틀림없다. [그림 3.1]은 긍정적 자기평가와 부정적 자기평가에서 시작하는

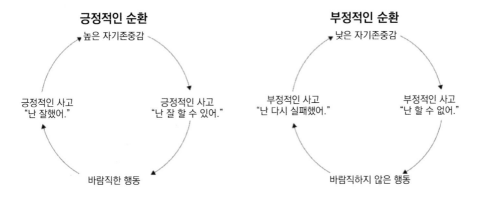

긍정적인 순환

높은 자기존중감

긍정적인 사고
"난 잘했어."

긍정적인 사고
"난 잘 할 수 있어."

바람직한 행동

부정적인 순환

낮은 자기존중감

부정적인 사고
"난 다시 실패했어."

부정적인 사고
"난 할 수 없어."

바람직하지 않은 행동

▶ 그림 3.1 자기존중감과 소통행위의 관계   ⓒ Cengage Learning

순환을 보여준다. 이 장의 후반에서 논의하는 것처럼, 이 패턴은 종종 자기충족적
예언으로 나타난다.

자기의 생물학적 근원 및 사회적 근원

여러분은 어떻게 지금과 같은 의사소통자가 되었는가? 여러분은 그런 방식으
로 태어났는가, 아니면 환경이 여러분을 그렇게 만들었는가? 앞으로 살펴보겠지
만, 이 질문에 대한 정확한 답은 "양쪽 다 그렇다"이다.

생물학과 자기   이 장의 도입부에서 여러분이 작성한 "나는 누구인가?"
목록을 다시 살펴보라. 분명히 여러분은 **자신의 성격**(personality)(여러 상황에 걸쳐
자신이 생각하고 행동하는 독특한 방식)을 기술하는 용어를 발견할 것이다. 여러분의 성
격은 평생 동안 안정적인 경향이 있고 시간이 흐름에 따라 점점 더 분명해진다.[3]

연구결과에 따르면, 성격은 부분적으로 유전에 의해 만들어진다.[4] 예를 들면
어릴 때 수줍어한 사람은 성인이 되어서도 새로운 환경에 접했을 때 독특한 뇌 반
응을 보인다.[5] 몇몇 연구에서는 생물학적 측면이 외향성,[6] 수줍음,[7] 자기주장,[8] 언
어적 공격성,[9] 자발적 의사소통과[10] 같은 의사소통 관련 성격 특질을 절반 정도 설
명했다. 다시 말하면, 우리는 특정 방식으로 의사소통하도록 어느 정도는 프로그
래밍되어 있다.

그러나 여러분이 수줍음이나 공격성과 같은 특성을 타고났다고 해도, 실제 어떻게 의사소통할지는 여러분이 상당 부분 통제할 수 있다. 성격은 변화 가능하고, 역동적이며, 환경에 의해 후천적으로 만들어진다는 것을 점점 더 많은 연구들이 입증해주고 있다.[11] 수줍음 많은 사람도 다른 사람에게 접근하는 방법을 배울 수 있으며, 공격적인 경향성을 지닌 사람도 좀 더 사교적으로 의사소통하는 법을 배울 수 있다. 한 연구자는 "경험은 유전자를 침묵시키거나 활성화시킨다. 일단 삶이 수줍음에 손을 대면, 수줍음조차도 Silly Putty(고무 찰흙처럼 갖고 노는 장난감)와 같은 것이 된다."[12]고 설명하였다. 이 책을 통해 여러분은 의사소통의 기술을 배울 것이고, 연습을 통해 그것을 여러분의 것으로 만들 수 있다.

사회화와 자기개념   우리가 자기개념을 형성하는 데 다른 사람이 얼마나 중요한가? 대화나 활동을 함께할 사람이 없는 그런 섬에서 자란다고 상상해보라. 여러분이 똑똑한지, 아니면 그렇지 않은지 어떻게 알 수 있을까? 여러분은 자신의 매력을 어떻게 알 수 있을까? 여러분이 키가 작은지 큰지, 친절한지 야비한지, 말랐는지 뚱뚱한지를 어떻게 결정할 수 있을까? 거울에 비친 자신의 모습을 볼

잠시 생각해보기

여러분의 자기존중감

미국 자기존중감 협회(National Association of Self-Esteem)가 제공하는 자기 학습식 자기존중감 여행을 떠나보자. 탐험을 하면서, 과거와 현재가 어떻게 지금의 자기존중감 수준을 만들었는지 숙고해보라. 또한 여러분의 현재 자기존중감 수준이 자신만의 의사소통 방식과 대인관계에 어떻게 영향을 주는지 추측해보라.

수 있다 하더라도, 다른 사람의 평가나 자신과 비교할 다른 사람 없이는 자신의 외모를 어떻게 평가할지 모를 것이다. 사실 다른 사람의 메시지가 우리의 자기평가에 핵심적인 역할을 한다.

Design Pics/Superstock

사회과학자들은 반영평가(reflected appraisal) — 다른 사람이 우리를 보는 방식을 반영하여 자기개념이 발달한다는 것 — 의 과정을 확인하기 위해 거울이라는 은유를 사용한다. 즉 다른 사람이 우리의 자기를 폄하하는 식으로 말하면, 우리는 자신을 덜 중요하고, 덜 사랑스럽고, 덜 유능하다고 생각할 것이다. 반대로, 다른 사람이 우리의 가치를 인정해주면 우리는 자신에 대하여 더 좋게 느낄 것이다.[13]

이 점을 더 설명하기 위해 원초적으로 이야기해 보자. 아이들은 어떤 정체성을 가지고 태어나지는 않는다. 그들은 다른 사람이 자기를 어떻게 대하는지 살펴봄으로써 자기를 평가하게 된다. 아이들이 말을 하고 이해하게 되면서 언어적 메시지가 자기개념의 발달에 기여한다. 아이들은 매일 수십 번 평가를 받는다. 그 중에는 "너는 너무 귀여워!", "나는 너를 사랑해.", "많이 컸구나."처럼 긍정적인 것이 있다. 반면 "무슨 문제 있니?", "넌 못된 아이구나.", "혼자 좀 놀아. 귀찮아 죽겠어!"처럼 부정적인 것도 있다. 이런 평가는 우리 자신을 알게 해주는 거울이다. 아이들은 자신을 볼 수 있는 다른 방법이 없기 때문에, 자신이 잘 알고 있는 주변의 영향력 있는 어른들의 긍정적 혹은 부정적 평가를 그대로 받아들인다.

이러한 자기개념 형성의 원리는 삶의 후반부에서도 계속된다. 사회학자가 중요한 타인(significant others)이라고 명명한 사람, 즉 우리가 의견을 특별히 중시하는 사람으로부터 메시지가 왔을 때 특히 그렇다. 이 장의 뒷부분에서 여러분들이 직접 살펴볼 자기 후원자와 자기 파괴자를 살펴봄으로써 특별히 중요한 몇몇 타인의 평가가 갖는 영향력을 알 수 있다. 중요한 타인 중에서 가장 확실한 유형이 가족이기 때문에, 가족이 자기 파괴자인 경우 특히 상처가 크다.[14] 다른 사람들도 중요한 타인일 수 있다. 특별한 친구, 교사, 애인, 여러분이 의견을 중시하는 지인은 여러분이 자기를 더 좋게 혹은 더 나쁘게 보는 데 영향을 미친다.[15] 중요한 타인의 중요성을 알아보려면 학생, 다른 사람에게 매력적인 사람, 능력 있는 직원이라는 자신에 대한 스스로의 의견이 어떻게 만들어졌는지 자문해보라. 그러면 이러한 자기평가가 여러분에 대한 다른 사람의 인식을 반영하고 있다는 사실을 알게 될 것이다.

중요한 타인의 영향력은 청소년기에도 강하게 남아 있다. 또래 집단에 속하는 것(또는 배제되는 것)은 십 대의 자기개념 발달에 중요한 요인이다.[16] 청소년기 아이들의 자기개념을 이해하는 부모는 그들과 더 나은 의사소통을 하고, 그 자녀가 강한 자기개념을 형성하도록 도울 수 있다.[17] 중요한 타인의 영향력은 나이가 들어감에 따라 줄어든다. 서른이 된 이후에는 대부분의 경우 적어도 의식적인 노력 없이는 자기개념이 급격히 변하지는 않는다.[18]

지금까지 다른 사람의 메시지가 우리의 자기개념을 어떻게 형성하는지 그 방식을 살펴보았다. 이러한 메시지와 더불어, 자기이미지 형성에 영향을 미치는 또 다른 요인이 사회비교(social comparison) 과정이다. 우리는 다른 사람과 비교해서 자신이 어떠한지를 평가한다.

두 가지 유형의 사회비교를 강조할 필요가 있다. 먼저, 우리는 다른 사람과의 비교를 통해 자신이 우수한지 혹은 열등한지 결정한다. 우리는 매력적인가 아니면 추한가? 성공했는가 아니면 실패했는가? 똑똑한가 아니면 멍청한가? 이것은 우리가 자신을 비교하는 대상에 달려 있다.[19] 예를 들면, 자신을 극단적으로 마른 모델과 지속적으로 비교하면 자신의 몸에 대한 부정적인 평가가 증가한다는 연구결과가 있다.[20] 이 연구에서 텔레비전에 나오는 "이상적인" 여성을 단지 30분 동안만 본 후에도 자신의 몸에 대한 젊은 여성들의 관점이 부정적으로 바뀌었다.[21] 매체에 등장하는 이상적인 남성의 몸매와 자신을 비교하는 남성도 자신의 몸을 부정적으로 평가했다.[22] 또한 사람들은 다른 사람의 온라인 프로필과 자신을 비교하면 자신

을 덜 매력적으로 느낄 수도 있다.[23]

여러분은 절대 할리우드 스타만큼 아름다워질 수 없을 것이고, 운동선수처럼 민첩해질 수 없으며, 백만장자처럼 부유해질 수 없을 것이다. 여러분이 이 문제를 논리적으로 생각해 보면 이러한 사실이 여러분의 무가치함을 의미하지는 않는다는 것을 알 수 있다. 그럼에도 불구하고, 많은 사람들은 비합리적인 기준으로 자신을 판단하고 그로 인해 괴로워 한다.[24] 완벽주의적 성향이 있는 사람들은 특히 그렇다. 그들의 자기개념은 중요한 타인의 부담스러운 메시지에 의해 만들어진다.[25] 이 왜곡된 자기 이미지는 우울증, 섭식 장애, 폭식증과 같은 심각한 행동 장애를 가져올 수 있다.[26] 완벽함에 대한 타인의 요구를 어떻게 효과적으로 피할 수 있는지 5장에서 좀 더 살펴볼 것이다.

우월감과 열등감에 더하여, 사회비교는 우리가 다른 사람과 같거나 다른지를 결정하는 한 방법이다. 발레에 대한 흥미를 가지고 있지만 그것을 이상하게 생각하는 환경에서 자라는 아이는 다른 사람의 동의를 받지 못할 경우, 본인

———— 영화 'The Way Back'에서 수줍음을 많이 타고 멋없는 Duncan(Liam James 역)은 청소년기 초기에 자신의 자기존중감을 저하시킨 일련의 부정적인 평가를 견뎌낸다. 그 다음 그는 재미를 추구하는 상사 Owen(Sam Rockwell 역)을 위해 일을 하면서 여름을 보낸다. Owen은 Duncan에게 많은 긍정적인 메시지를 준다. 여러분도 자신에 대한 생각과 느낌에 영향을 준 중요한 타인을 생각해 볼 수 있는가? 그들의 메시지가 여러분이 다른 사람과 의사소통하는 방식에 어떻게 영향을 미쳤는가?

Fox Searchlight/AllStar

도 자신의 그러한 흥미를 이상하게 여길 것이다. 그러나 이 아이가 댄스 캠프에 참가한다면 그러한 흥미를 더욱 성장시킬 수도 있다. 마찬가지로, 관계의 질을 개선하고 싶은 성인도 이 문제의 중요성을 모르는 친구와 가족으로 둘러싸여 있다면 스스로를 별난 사람으로 생각할 것이다. 따라서 자신을 비교하는 참조집단(reference group)이 자신에 대한 견해를 형성하는 데 중요한 역할을 한다는 것을 쉽게 알 수 있다.

자기와 관련해서 스스로 관찰하며 알 수 있는 여러 객관적인 사실이 있기 때

문에, 다른 사람이 여러분의 자기개념을 모두 만드는 것은 아니라고 주장할 수도 있다. 물론 다른 사람보다 키가 더 크다거나, 말투에 억양이 있다거나, 혹은 여드름이 있다는 말을 그 당사자에게 우리가 말해 줄 필요는 없다. 그러한 사실은 명백하다. 그러나 자기의 일부 특징이 분명하게 드러나는 것과는 별개로, 이런 특징의 중요성은 다른 사람의 의견에 상당 부분 달려 있다. 이때 그 중요성은 중요도에 따라 각 특징에 대하여 우리가 매기는 순위와 해석이다. 결국 여러분의 많은 특징이 바로 관찰 가능하지만 아무도 그 특징을 중요하다고 인정하지 않는다면, 여러분도 마찬가지로 그 특징의 중요성을 알 수 없다고 할 수 있다.

이제 여러분은 "내가 늘 수줍어하거나 불안한 것은 내 잘못이 아니야. 왜냐하면 나는 다른 사람들이 나를 대하는 방식대로 나에 대한 그림을 만들어 왔기 때문이야. 난 나의 모습에 관여할 수 없어."라고 생각할지도 모른다. 여러분이 어느 정도는 환경의 산물이지만, 부정적인 자기개념을 어쩔 수 없는 운명이라고 믿는 것

잠시 생각해보기

"자기 후원자"와 "자기 파괴자"

1. 여러분이 알고 있는 "자기 후원자"를 회상해보라. 자기 후원자는 여러분이 유능하고, 중요하고, 인정받고, 사랑받는다고 느끼도록 함으로써, 여러분의 자기존중감이 높아지도록 도와준다.

2. 이제 여러분의 삶에서 "자기 파괴자"를 회상해보라. 자기 파괴자는 여러분의 자기존중감을 떨어뜨리는 크고 작은 행동을 한다. 여러분이 상처를 주는 메시지를 받고 어떤 느낌이었는지를 회상해보라.

3. 다른 사람이 여러분의 자기개념을 어떻게 구축하는지 생각해 본 지금, 여러분이 의도하던 의도하지 않던 간에 다른 사람의 자기존중감을 촉진시킨 때를 회상해보라. 여러분이 멋있던 상황만 생각하지 마라. 여러분의 행동 덕분에 다른 사람이 스스로 가치 있고, 사랑 받고, 필요한 사람이라는 느낌을 받은 때를 생각해보라.

4. 마지막으로, 여러분이 다른 사람에게 자기 파괴자였던 최근의 상황을 상기해보라. 다른 사람의 자기존중감을 낮추는 데 어떤 행동을 했는가? 그때 여러분은 자신의 행동이 미치는 영향력을 알고 있었는가? 이 연습을 다 마쳤다면 여러분은 자기개념을 형성하는 데 의사소통의 역할을 알게 될 것이다.

은 큰 실수이다. 과거의 부정적인 자기 이미지를 미래에도 유지해야 할 이유가 없다. 여러분은 아래의 내용을 읽으면서 자신의 태도와 행동을 바꿀 수 있다.

자기개념의 특징

자기개념이 어떻게 발전하는지 더 잘 알게 된 지금, 자기개념의 특징을 좀 더 면밀히 살펴보자.

자기개념은 주관적이다 우리는 자기개념이 정확하다고 믿는 경향이 있지만, 사실 왜곡될 수도 있다. 예를 들면 한 연구에서 대학생들에게 대인 간 의사소통자, 공식적 발언자나 청자로서의 자기 능력을 평가하라고 했을 때, 그들이 내린 평가는 그들의 실제와는 차이가 많았다.[27] 모든 경우에 자신이 보고한 의사소통 기술은 실제 수행보다 더 높게 평가했다. 또 다른 연구에서 대학생들에게 다른 사람들과 어울리는 능력을 자기 평가하도록 요청했다.[28] 80만 명 이상의 모든 참여자는 자신이 모집단의 상위 50%에 속한다고 평가했다. 그 중 60%는 자신이 모집단의 상위 10%에, 25%는 상위 1%에 속한다고 평가했다. 이와 비슷하게, 온라인 데이트를 하는 사람들은 종종 '안개 낀 거울'을 가지고 있다. 즉 그들은 자기를 다른 사람들이 보는 것보다 더 긍정적으로 본다.[29] 이렇게 과장된 자기 평가는 제3자의 평가와 항상 일치하지는 않는다.

우리가 자기개념을 모두 긍정적으로 왜곡하는 것은 아니다. 많은 사람들은 자신을 객관적인 현실보다 더 가혹하게 바라본다. 우리 모두는 자신이 '못생겼음'을 한번쯤은 느끼기도 하고, 다른 사람이 생각하는 것보다 자기를

Suzanne Tucker/Shutterstock.com

더 나쁘게 바라보기도 한다. 연구결과는 이러한 상식을 확증해 준다. 사람들은 기분이 긍정적일 때보다 부정적일 때 자신을 더 비판적으로 본다.[30] 우리 모두는 의사소통에 영향을 미치는 자기의심으로 가끔 힘들어하지만, 일부 사람들은 과도한 자기의심과 자기비판으로 장기적으로 혹은 끝없이 괴로워한다.[31] 이것이 만성적 상태가 되면 다른 사람들에게 다가가거나 반응하는 데 영향을 미친다.

이와 같이 왜곡된 자기평가는 여러 가지 이유로 발생할 수 있다.

- **낡은 정보** 과거에 학교나 대인관계에서 겪은 실패의 후유증은 오랜 시간이 지난 뒤에도 남아 있을 수 있다. 과거에 실패했다고 해서 미래에 또 실패한다는 보장이 없음에도 그렇다. 마찬가지로 과거 성공이 미래의 성공을 보장해주지는 않는다.

- **왜곡된 피드백** 지나치게 비판적인 부모, 잔인한 친구, 무신경한 교사, 과도하게 닦달하는 고용주, 기억에 남는 낯선 사람의 발언은 오랫동안 영향력을 행사한다. 왜곡된 또 다른 메시지는 비현실적으로 긍정적인 것이다. 예를 들면 아이의 부풀려진 자기는 부모의 맹목적 칭찬 때문일 수 있고, 상사의 부풀려진 자기는 부하의 아첨 때문일 수 있다.

- **완벽주의** 대부분의 사람들은 언어를 배우기 시작할 때쯤 완벽해 보이는 모델을 보게 된다. 그들은 "잘 적응하고 성공한 사람은 실패가 없다."는 메시지를 암묵적으로 전달한다. 다른 사람은 모두 완벽한데 자신만 그렇지 않다는 순진한 믿음을 가지고 있을 때, 자기개념은 손상을 받을 것이다.

- **사회적 기대** 우리가 속한 완벽주의 성향의 사회는 자신의 강점을 경시하는 사람에게 보상을 해 준다. 자신의 강점을 솔직하게 인정하는 사람을 '허풍쟁이'나 '이기주의자'라고 여기고, 그들을 성취를 자랑하는 사람들과 혼동한다.[32] 이러한 관습은 대부분의 사람들로 하여금 자신의 단점은 거리낌 없이 얘기하면서도 자신의 성취는 하찮게 보도록 만든다.

사람은 자신이 계속해서 한 말을 믿게 된다. 자기를 폄하하는 발언이 겸손처럼 보이고, 곧 그것이 자기개념의 일부가 된다. 그리고 강점과 성취에 대해서는 언급 없이 지나쳐 간다. 결국 우리는 자신을 실제보다 더 부정적으로 보게 된다. 지나친 비판의 덫을 피하기 위해서는 여러분의 강점을 깨달아야 한다.

사람들은 온라인상에서 자기를 다른 사람들이 어떻게 보는지 그것을 고려해서 자기 자신에 대한 결론을 이끌어내는 데, 학자들은 이러한 것을 기술하기 위해 인터넷 매개 반영평가(internet-mediated reflected appraisal)라는 말을 만들었다.[33] 여러분은 (부분적으로) SNS에서 자기 자신을 어떻게 소개하는지를 보고 자신이 누구인지를 결정할 수도 있다. 연구자들은 참가자들에게 페이스북에 있는 자신의 프로파일을 살펴보도록 한 다음, 그들의 자아존중감을 측정했다. 그 결과, 참가자들은 자신의 프로파일을 살펴본 후 자기 자신에 대해서 더 좋게 느꼈다.[34] 핵심으로, 참가자들은 잘 가공한 자신의 프로파일을 보고는 "이 모습이 다른 사람이 나를 보는 모습이지. 나 괜찮은데!"라고 생각했다.

물론 이러한 결과는 자기평가의 타당성에 대한 의문을 제기한다. 페이스북 프로파일은 보통 한 사람의 최상의 모습을 보여주기 위해 편집된 것이다. 여러분이 이 장의 뒷부분에서 읽겠지만, 사회적 매체를 통해서 인상을 관리하는 것은 자신이나 다른 사람들이 자신을 좀 덜 정확하게 지각하도록 할 수 있다. 그러나 적어도 SNS는 사람들로 하여금 자신을 가능한 최상의 눈으로 보도록 도와주는 도구가 될 수는 있다.

자기개념은 변화에 저항한다　우리 모두는 변하지만, 기존의 자기개념은 그것이 낡은 것이라는 증거에도 불구하고 변하지 않는 경향이 있다. 기존의 자기개념에 맞는 정보를 추구하고 처리하는 경향성을 인지적 보수주의(cognitive conservatism)라고 한다.

인지적 보수주의를 따르는 경향성은 우리의 자기개념을 지지해주는 사람들을 찾게 만든다. 예를 들면 자기존중감이 높은 대학생이나 부부는 자신을 호의적으로 보는 파트너를 찾는 반면, 부정적인 자기존중감을 지닌 사람은 자신을 비호의적으로 보는 사람과 상호작용하는 경향이 있다.[35] 이러한 현상은 '진짜' 자신을 아는 것보다는 친숙한 자기개념을 강화하는 데 더 관심이 있기 때문으로 볼 수 있다.

우리가 왜 이전의 유리한 자기개념을 수정하고 싶어 하지 않는지 이해할 수는 있다. 이전에는 공부를 잘 했지만 이번에 낙제한 학생은 자신이 더 이상 '모범생'이 아니라는 사실을 받아들이려고 하지 않을 것이다. 마찬가지로, 이전에 부지런히 일한 직원은 결근의 증가와 생산성 하락을 언급하는 상사에게 분개할 것이다. 자신이 잘하고 있다고 사실과 다른 주장을 할 때, 그들이 거짓말을 하는 것은 아니다. 그들의 자기개념이 변화에 강하게 저항하기 때문에, 그들은 오래된 믿음이 여전히 유효하다고 믿는다.

새로운 자기개념이 이전의 자기개념보다 더 우호적일 때조차도, 사람들은 그 낡은 자기개념을 고수하는 경향성이 있다. 누가 봐도 아름답고 잡지에 나올 수 있을 만큼 매력적인 학생을 상상해보라. 이러한 외모에도 불구하고, 그 학생은 자신을 '평범하고', '매력이 없다'고 기술한다. 친구들의 질문을 받을 때, 그녀는 어렸을 때 자신의 이가 비뚤어져서 십 대 때 몇 년 동안 교정기를 하고 있었다고 설명한다. 그 기간 동안 친구들이 계속 놀렸기 때문에, 그녀는 'metal mouth(치열 교정기를 착용한 사람의 미국 속어)'라는 자신의 별명을 잊지 못한다. 교정기를 뺀 지 2년이나 지났음에도 불구하고, 그 학생은 자신을 못생겼다고 생각하고, 우리가 단지 좋게 말하는 것일 뿐이라고 생각하면서 칭찬을 무시한다. 그 학생은 자신이 진짜 어떻게 생겼는지 안다고 말한다.

자신의 자기개념에 반하는 정보를 받은 사람은 두 가지 선택을 할 수 있다. 그들은 새로운 정보를 받아들여서 자신의 자기개념을 바꾸거나, 아니면 새로운 정보를 반박하며 기존의 자기개념을 유지한다. 대부분의 사람들은 자신에 대한 우호적인 이미지를 떨어뜨리고 싶어 하지 않기 때문에, 새로운 정보를 무시하고 합리화하거나 새로운 정보를 제시하는 사람을 반격하는 쪽을 선택한다. 방어의 문제는 중요하기 때문에 자세한 부분은 11장에서 논의하기로 한다.

왜곡되거나 낡은 자기개념을 바꾸는 것이 좋을 때가 있다. 예를 들면 여러분은 지금껏 자신을 실제보다 덜 유능하고, 덜 바람직하고, 덜 능력이 있는 사람으로 봐 왔을 수 있다. 좀 더 긍정적인 자기상을 받아들일 수 있는 방법을 몇 가지 제안한다.

1. 자신에 대하여 현실적인 관점을 가져라　　　어떤 사람은 부정확하고 부풀려진 자기를 가지고 있는 반면, 또 어떤 사람은 자신을 지독하게 비판한다. 이 장의 앞에서 언급한 것처럼, 자신의 강점을 주기적으로 인지하는 것

은 자신의 강점과 단점을 볼 수 있는 좋은 방법이다. 여러분이 필요로 하고 받아 마땅한 긍정적 피드백을 해줄 수 있는 지지적인 사람을 주위에 두는 것도 좋은 방법이다.

2. 현실적인 기대를 하라　모든 의사소통 행위를 완벽하게 하고자 한다면, 여러분은 실망할 수밖에 없다. 또한 뛰어난 사람과 자신을 계속해서 비교한다면, 여러분은 부족할 수밖에 없다. 자신이 전문가만큼 재능이 없다고 해서 참담한 기분을 느끼기보다는, 과거보다 더 좋아지고 현명해지고 능숙해졌음을 깨닫도록 하라. 이것이 만족의 합당한 자원인 것이다.

3. 달라지려는 의지를 가져라　요구받은 것을 하고 싶은 마음이 없을 때에도, 종종 우리는 자신도 변하고 싶다고 말한다(우리는 4장에서 무기력의 오류와 '할 수 없다'는 자세의 오류를 논의할 것이다.). 여러분이 변하려는 동기를 가지고 있으면, 다양한 방식으로 변화할 수 있다.

4. 달라질 수 있는 기술을 개발하라　시도하는 것만으로 충분치 않을 때가 있다. 이러한 경우 여러분이 변화의 방법을 알게 되면 실제로 변할 수 있다. 이 책과 같은 서적에서 충고를 찾거나, 교육자, 상담가, 그 밖의 전문가에게 도움을 요청할 수도 있다. 모델을 관찰하는 것도 새로운 의사소통 방법을 숙지하는 효과적인 방법이다. 여러분이 존경하는 사람의 행동과 말을 보라. 그렇다고 그들을 그대로 따라 하는 것이 아니라, 여러분의 스타일에 맞는 모델의 행동을 받아들여라.

문화, 성, 정체성

가족 내에서의 경험 특히, 어린 시절의 경험이 우리의 자기개념을 어떻게 형성하는지 살펴보았다. 집에서 우리가 받는 메시지와 더불어 나이, 신체적 능력이나 장애, 성적 지향, 사회경제적 지위를 포함한 많은 요인이 우리의 정체성을 형성하고 의사소통 방식을 결정한다. 이러한 요인과 함께 문화와 성(gender)이 우리가 자신과 타인을 보는 방식 그리고 의사소통 하는 방식에 영향을 미친다. 우리는 이제 이러한 요인을 하나씩 살펴보고자 한다.

문화   우리가 잘 인식하지는 못하시만, 우리가 자란 문화는 우리의 자기를 미묘한 방식으로 형성한다.[36] 대부분의 서구 문화가 개인주의적인 반면, 대부분 아시아 국가의 전통적인 문화는 집단주의적이다. 자신의 신분을 밝히라고 했을 때, 미국, 캐나다, 호주, 유럽의 개인주의자들은 아마도 이름, 성, 도로, 마을, 국가 순으로 제시하면서 대답할 것이다. 많은 아시아인들은 그 반대의 대답을 보일 것이다.[37] 예를 들어 여러분이 아시아인 힌두교 신자에게 신분을 묻는다면, 이름뿐만 아니라 카스트와 마을을 애기할 것이다. 자신을 밝히는 산스크리트 방식은 혈통으로 시작해서 가족, 집을 애기하는 것으로 이어지고, 이름을 애기하는 것으로 끝을 맺는다.[38] 서로 다른 문화권의 사람들에게 여러분이 이 장의 초반에 작성한 것과 유사한 '나는 누구(I am)' 리스트를 작성하게 했을 때, 집단주의 문화권 사람들이 개인주의 문화권 사람들보다 집단을 더 많이 언급했다.[39]

개인주의와 집단주의의 차이점은 일상의 상호작용에서도 드러난다. 의사소통 연구자 Stella Ting-Toomey는 정직성이나 솔직함과 같은 중요한 규범에서 문화 차이를 설명하는 이론을 개발했다.[40] 그녀는 서구의 개인주의적 문화에서는 '나(I)' 지향이 강해 직접적으로 말하는 규범을 존중한다고 제안했다. 이에 반해, 자기와 다른 사람들 간의 원만한 관계수립이 주된 욕구인 집단주의적 문화에서는 조화를 유지하는 간접적인 접근을 좀 더 바람직하게 여긴다. "나는 내 자신이어야 한다." 가 서구인들의 좌우명인 반면, "내가 너를 아프게 하는 것은 곧 나 자신을 아프게 하는 것이다."가 동양의 사고방식에 가깝다.

자기에 대한 문화적 영향력을 알아보기 위해 해외로 나갈 필요는 없다. 한 사회내에서 문화적 정체성은 우리가 자신과 다른 사람을 보는 데 중요한 역할을 한다. 예를 들면 민족성은 사람들이 자신을 어떻게 보는지, 의사소통을 어떻게 하는지에 막대한 영향을 미친다. 여러분이 이 장을 시작할 때 작성한 "나는 누구인가?" 목록에서 자신을 어떻게 설명했는지 회상해보아라. 여러분이 비주류 민족에 속한다면, 여러분 정체성의 가장 중요한 부분에 여러분 민족을 포함시킬 것이다. 당연히, 사회가 민족의 중요성을 계속해서 상기시킨다면, 여러분은 민족이라는 측면에서 자신을 생각하기 시작한다. 여러분이 주류 집단에 속한다면, 자신의 민족을 크게 의식하지 않을 것이다. 그럼에도 불구하고, 민족은 여러분의 자기개념에 중요한 역할을 한다. 다수집단의 일부가 됨으로써, 자신이 살고 있는 사회에 대한 소속감과 공평하게 대우받을 자격이 있다는 인식이 증가한다. 특권을 덜 가진 민족의 구성원이라면 흔히 이런 인식을 하지 않는다.

성   성이 자기개념에 미치는 엄청난 영향을 이해하는 방법은 여러분이 다른 성을 가지고 태어났다면 정체성이 얼마나 달라졌을지 상상해 보는 것이다. 지금과 동일한 방식으로 감정을 표출했을까? 갈등을 다룰 때는? 친구나 모르는 사람과 관련해서는 어땠을까? 이에 대한 대답은 '아니요'일 가능성이 높다.

삶의 초기부터, 남성이나 여성이라는 성은 다른 사람들이 우리와 의사소통하는 방식을 결정하고 그것이 자기에 대한 인식을 만든다. 아이가 태어났을 때 대부분의 사람들이 하는 첫 질문을 생각해보라. 이런 질문 중 하나는 "아들이야 딸이야?"이다. 대부분의 사람들이 아이의 성을 알고 난 후에는 그것에 따라 행동한다.[41] 다른 대명사를 쓰고 성과 관련한 별명을 고른다. 남자아이에게 하는 말은 흔히 크기, 힘, 활동에 관한 것인 반면, 여자아이에게 하는 말은 아름다움, 사랑스러움, 얼굴에 관한 것이다. 이러한 메시지가 아이들의 정체성을 형성하고 그들이 어떻게 의사소통할지 결정한다는 것은 놀라운 일이 아니다. 이러한 행동은 어떤 방식의 행동은 남성적이고 또 다른 방식의 행동은 여성적이라는 메시지를 암묵적으로 전달한다. 예를 들면 어린 소녀는 어린 소년보다 '사랑스러운' 행동을 할 때 강화 받을 가능성이 높다.

동일한 원리가 어른에게도 작동한다. 남성은 '강인'하거나 '끈질긴' 모습일 때 인정을 받는 반면, 여성은 그와 같은 방식으로 행동하면 '잔소리 심한 여자'나 '몹쓸 것'이라는 평가를 받을 수 있다.[42] 이와 같은 성역할과 낙인이 남성과 여성의 자기개념과 의사소통 방식에 큰 영향력을 미친다는 것은 쉽게 알 수 있다.

자기존중감 역시 성(gender)의 영향을 받는다. 여성보다는 남성의 경쟁력을 더 중시하는 사회에서, 남자 청소년의 자기존중감은 자신의 또래보다 더 우월한 능력을 가지는 것과 관련이 있다. 이에 반해 십 대 여성의 자기가치는 사회적 관계의 성공, 화술과 좀 더 밀접하게 관련되어 있다.[43] 여러 연구가 시사하는 또 다른 사실은 여성이 남성에 비해 자기존중감 문제로 몸부림치는 비율이 높다는 것이다.

예를 들어 (14세에서 23세 대상의) 한 연구에서는 내략 2/3의 남성이 성장하면서 자기존중감이 증가했다.[44] 그러나 같은 연령집단 여성의 약 57%는 자신에 대해 덜 긍정적으로 여기는 것으로 나타났다.

성(gender)에 대한 사회의 기대에 사로잡힌 삶을 받아들일 필요는 없다. 자기는 우리가 상호작용하는 사람과 의사소통하는 맥락 속에서 만들어진다는 것을 여러 연구가 입증하고 있다.[45] 예를 들면, 남성적인 환경에서 별로 환영받지 못하고 부적절하다고 느끼는 비공격적인 젊은 남성은 자신의 의사소통 스타일을 인정해주는 다른 사람을 찾음으로써 새로운 자기존중감을 확보할 수도 있다. 상사나 동료의 한정된 기대로 자기존중감이 억압된 여성은 좀 더 호의적인 환경에서 일할 수 있는 직장을 찾을 수 있다. 아이들은 자신의 정체성을 형성하는 참조 집단을 선택할 수 없지만, 어른들은 그럴 수 있다.

자기충족적 예언과 의사소통

자기개념은 성격에 매우 강력한 영향력을 행사하기 때문에, 여러분의 현재 자기 지각을 결정할 뿐만 아니라 자신과 타인의 미래 행동에도 영향을 미친다. 이런 현상은 자기충족적 예언이라고 부르는 현상을 통해 발생한다.

어떤 사건에 대한 한 사람의 기대로 인해 그 사람의 행동 가능성이 기대하지 않았을 때보다 더 높아질 때 자기충족적 예언(self-fulfilling prophecy)이 나타난다.[46] 자기충족적 예언은 네 단계를 포함한다.

1. (자신과 다른 사람에 대한) 기대하기
2. 그 기대에 따라서 행동하기
3. 기대의 실현
4. 기존의 기대를 강화하기

한 가지 예를 살펴봄으로써 이 과정이 작동하는 방식을 알 수 있다. 여러분이 정말로 원하는 직장의 입사면접이 예정되어 있다고 상상해보라. 여러분은 어떻게 할지 초조하고, 그 직책에 맞는 자격을 갖추고 있는지 확신할 수가 없다. 여러분은 자신을 잘 아는 교수와 그 회사에서 일하는 친구에게 여러분의 고민을 얘기한다. 여러분이 그 직장에 완벽하게 적합하고 그 회사가 여러분과 같은 직원을 채용하는 것은 행운이라고 그 둘은 모두 장담한다. 이러한 말에 따라 여러분은 자신에 대한 좋은 느낌을 갖고 면접하러 간다. 그 결과 여러분은 확신에 찬 발언을 하며 자신감이 찬 상태로 자신을 홍보한다. 그 고용주는 강한 인상을 받고 여러분에게 일자리를 제공한다. 여러분은 "내 친구와 교수가 맞았어. 나는 고용주가 원하는 그런 종류의 사람이야."라고 결론을 짓는다.

　이 예는 자기충족적 예언의 네 가지 단계를 예시한다. 교수와 친구의 확신 덕분에, 면접에 대한 여러분의 기대는 낙관적이었다(단계 1). 여러분은 낙관적 태도 때문에 자신감 넘치게 면접을 했다(단계 2). 여러분의 다른 자질과 더불어 자신감 있는 행동으로 일자리 제의를 얻어냈다(단계 3). 마지막으로, 이 긍정적 결과는 여러분의 긍정적인 자기평가를 강화시키고, 여러분은 미래에 더 큰 확신 속에서 면접에 임할 것이다(단계 4).

"내가 행복하기 때문에 노래하는 것은 아니야.
노래하기 때문에 행복한 거지."

　　자기충족적 예언의 유형　　자기충족적 예언에는 두 가지 유형이 있다. 여러분 자신의 기대가 자기 행동에 영향을 미칠 때, 자발적 예언(self‑imposed prophecy)이 생겨난다. 어떤 운동경기에서 여러분은 평상시보다 잘할 수 있다는 자신감을 가질 수도 있고, 왠지 오늘은 잘 안될 것 같다고 생각할 수 있다. 그래서 평소와는 다른 결과가 나타났다면, 이 결과에 대한 유일한 설명은 여러분의 태도가 된다. 비슷하게, 여러분은 두려운 마음으로 청중을 대면하고는 할 말을 잊은 적이 한두 번쯤 있을 것이다. 그것은 여러분이 준비가 되어 있지 않아서가 아니라,

스스로 "난 실패할 거야."라고 예감했기 때문이다.

자발적 예언의 영향력을 입증한 연구가 여럿 있다.[47] 한 연구에서 자신이 무능하다고 믿는 사람은 그렇지 않은 사람보다 만족스런 관계를 덜 추구하고, 자신에게 덜 비판적인 사람보다 현재의 관계를 망칠 가능성이 더 높았다.[48] 반면에, 자신을 유능하다고 생각하는 사람은 학문적으로 더 많은 성취를 했다.[49] 또 다른 연구에서 사회적 거부에 민감한 사람은 거부를 더 많이 예상하고, 존재하지도 않는 거부를 지각하며, 관계를 위태롭게 하는 방식으로 자신들의 과장된 지각에 과잉반응을 했다.[50] 연설할 때 긴장을 느끼는 의사소통자는 잘 하지 못할 것이라는 자기충족적 예언을 만들어내고, 그것이 실제로 덜 효과적인 연설을 하게 만든다고 연구들은 시사한다.[51]

자기충족적 예언의 두 번째 범주는 다른 사람에게 하는 예언이다. Robert Rosenthal과 Lenore Jacobson는 "Pygmalion in the Classroom"이라는 책에서 한 가지 고전적인 예를 입증했다.[52] 실험자는 한 초등학교에 있는 20%의 아이들이 특별히 높은 지적 성장의 잠재력을 보유하고 있다고 교사들에게 말했다. 이 20% 학생들은 무작위로 뽑혔다. 8개월 후, 이 '재능 있는' 아이들은 교사의 관심을 받지 못한 나머지 아이들보다 IQ가 상당히 더 높아졌다. 소위 이 특별한 학생들에 대한 교사의 행동 변화는 무작위로 뽑은 학생들의 지적 능력에 변화를 주었다. 무엇보다도, 교사들은 질문에 대답할 시간을 '똑똑한' 학생들에게 더 많이 주었고 피드백과 칭찬을 더 많이 해주었다. 즉 선택된 아이들이 더 나은 수행을 보인 것은

영화 'Divergent'는 시민들의 성인기 삶을 구축하는 범주로 -본질적으로 다른 사람이 강요한 예언- 그들을 몰아넣는 반(反)이상향의 사회를 그리고 있다. 이러한 범주는 16세의 Tris Prior(Shailene Woodley 역)에게는 적합하지 않고, 그래서 그녀는 자신을 독자적으로 정의하기 시작한다. 그렇게 함으로써 그녀는 우리가 스스로 선택한 종류의 사람이 되도록 도와주는 자기 충족적 예언의 힘을 보여준다. 여러분이 성장하는 시기에 다른 사람들이 여러분에게 부여한 이미지에는 어떤 것들이 있는가? 여러분은 그러한 것들 중에서 어떤 것을 받아들이고 어떤 것을 거부했는가?

Summit Entertainment/Allstar

다른 학생들보다 더 똑똑해서가 아니라, 교사가 그들에게 더 높은 기대를 했고 그에 맞춰 그 학생들을 대했기 때문이다.

이런 유형의 자기충족적 예언은 그 사람의 자기개념 그리고 그에 따른 학교 밖 다양한 상황에서의 행동을 형성하는 강력한 요인이라는 사실이 밝혀져 왔다.[53] 한 연구에서 상대적으로 동등한 적성을 지닌 용접공 집단이 훈련을 시작했다. 실험자는 다섯 명의 용접공이 적성검사에서 높은 점수를 받았다고 트레이너를 포함한 모든 사람들에게 말했다. 이 다섯 명은 무작위로 선택된 사람이다. 이들 모두는 상위권 성적으로 훈련을 마쳤다. 그들은 결석을 덜 했고 마지막 테스트에서 상당히 높은 점수를 받았다. 가장 인상적인 것은 이 사람들이 나머지 사람들에 비해 직업상의 기술을 두 배로 빨리 배웠다는 것이다.[54] 다른 연구에서는 높은 잠재력을 가진 집단이라고 무작위로 선발된 군인들이 상사가 기대하는 만큼의 수행을 보였다. 그들은 또한 위험한 특수 임무에 더 많이 자원하는 경향을 보였다.[55]

관찰자는 목표인물에 대한 자기의 기대가 자기충족적 예언을 만들어 낼 것이라고 단순히 믿는 것 이상을 해야 한다. 그 기대가 효과를 만들어 내기 위해서는 관찰자는 그 믿음을 표현해야만 한다. 부모가 아이들에게 믿음을 가지고 있지만 아이들이 이 믿음을 알아채지 못한다면, 아이들은 부모의 기대에 영향을 받지 않을 것이다. 상사가 한 직원의 일하는 능력에 관심은 있지만 그러한 관심을 표현하지 않는다면, 직원은 그 영향을 받지 않을 것이다. 이런 관점에서, 한 사람이 다른 사람에게 부과하는 자기충족적 예언은 심리학적 현상이라기보다는 의사소통 현상이다.

자기 제시하기: 인상관리로서의 의사소통

지금까지 우리는 어떻게 의사소통이 자기에 대한 사람들의 관점을 형성하는지 설명했다. 이제 인상관리(impression management)라는 주제로 넘어갈 것이다. 인상관리는 자기를 바라보는 다른 사람의 방식에 영향을 미치기 위해 사람들이 사용하는 의사소통 전략이다.[56] 다음 쪽에서 여러분은 우리의 많은 메시지가 자신이 원하는 인상을 만드는 데 그 복적이 있다는 것을 알게 될 것이다.

공적 자기와 사적 자기

인상관리가 어떻게 작동하는지 이해하기 위해서는 자기의 개념을 좀 더 세부적으로 논의해야 한다. 지금까지 우리는 '자기'가 하나의 정체성만 가지고 있는 것처럼 말했다. 사실 우리는 여러 자기를 가지고 있으며, 어떤 것은 사적 자기이고 또 다른 것은 공적 자기이다. 종종 이들 자기는 많이 다르다.

지각된 자기(perceived self)는 자기개념의 한 모습이다. 지각된 자기는 여러분이 자기를 솔직하게 성찰하는 순간에 여러분이 자기 자신이라고 믿는 사람이다. 우리는 이 지각된 자기를 "사적 자기"라고 부른다. 왜냐하면 여러분은 이 자기의 모든 부분을 다른 사람에게 드러내지는 않을 것이기 때문이다. 이 장의 도입부에 작성한 자기개념 목록을 검토하면, 지각된 자기의 사적 속성을 확인할 수 있다. 여러분이 이 목록을 완전히 솔직하게 작성했다면, 많은 사람들에게 드러내지 않거나 누구와도 공유하지 않는 자신의 일부를 이 목록에서 찾을 수 있을 것이다. 예를 들면 여러분은 자신의 외모("나는 별로 매력이 없어."), 지능("나는 대부분의 내 친구들보다 똑똑해."), 목표("나에게 가장 중요한 것은 부자가 되는 거야."), 동기("난 다른 사람들보다 내 자신에 더 신경을 써.")에 대한 느낌을 공유하기 싫을 수도 있다.

지각된 자기와는 달리, 표현적 자기(presenting self)는 공적 이미지로, 다른 사람에게 보여주고 싶은 우리의 모습이다. 때로 표현적 자기는 한 사람의 얼굴(face)로 불린다. 대부분의 경우, 우리가 만들고자 하는 표현적 자기는 사회적으로 인정받는 이미지이다. 가령 부지런한 학생, 사랑하는 부모, 성실한 근로자, 충실한 친구 등이다. 어떤 사회적 규범은 지각된 자기와 표현적 자기 간의 괴리를 야기한다. 대학생에 대한 한 연구에서 남성과 여성 모두 지각된 자기에는 '친절한'과 '책임감 있는'이 들어 있었다. 공적 자기에 대하여 남성은 '거친'과 '강한'으로 비춰지길 원한 반면, 여성은 '능동적'이고 '유능한' 존재로 자신을 제시하였다.[57]

차에 혼자 있으면서 공개적으로는 결코 허용되지 않는 행동을 한 운전자를 회상해 봄으로써, 공적 행동과 사적 행동 간의 차이를 알 수 있다. 우리 모두는 공개적으로 절대 할 수 없는 행동을 은밀히 한다. 욕실 문을 닫고 거울 앞에서 여러 분이 한 행동을 상기해보면, 공적 행동과 사적 행동 간의 차이점을 이해할 것이다. 만약 누군가가 보고 있다는 걸 안다면, 여러분은 다르게 행동할까?

인상관리의 특징

인상관리가 무엇인지 살펴보았으니 이제 그 과정을 알아보자.

우리는 다수의 정체성을 구성하고자 노력한다 우리가 오직 하나의 정체성을 구축하기 위해 인상관리 전략을 사용한다는 제안은 지나친 단순화이다. 대부분의 사람들은 하루에도 다양한 역할을 수행한다. '예의 바른 학생', '친절한 이웃', '도움이 되는 직원' 등은 단지 몇 가지만을 제시한 것이다.

여러분이 다 컸을 때, 부모와 상호작용하면서 여러분의 성격은 거의 확실히 상황에 따라 달라졌을 것이다. 한 맥락에서는 책임감 있는 어른("당신은 그 차를 저에게 믿고 맡길 수 있어요.")처럼 행동하고, 다른 맥락에서는 무기력한 아이("양말을 찾을 수 없어!")처럼 행동하는 식이다. 생일이나 휴일에는 헌신적인 가족 구성원이고 다른 때는 반항아였을지도 모른다. 이와 비슷하게, 연애관계에서 우리는 친구, 사랑하는 사람, 사업 파트너, 잔소리 심한 비평가, 사과하는 어린아이 등과 같이 맥락에 따라 다양한 방식으로 행동한다. 여러분이 1장에서 읽었듯이, 상황에서 상황으로, 문화에서 문화로 행동 스타일을 변화시키는 능력은 의사소통 역량의 한 특징이다.

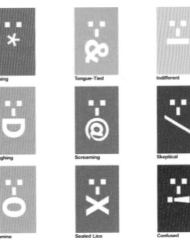

Gary Blakeley/Fotolia

인상관리는 공동의 작업이다 사회학자 Erving Goffman은 정체성 관리를 설명하기 위해 극적인 은유를 사용하였나.[58] 그에 따르면, 우리는 다른 사람에게 주고 싶은 우리의 인상을 반영하여 역할을 만들어내는 극작가일 뿐 아니라 그 역할을 수행하는 배우이다. 그러나 대부분 연극의 관중과는 달리, 우리의 관중은 자신의 성격을 만들어내고자 하는 또 다른 연기자이다. 인상 관련한 의사소통은 일종의 공연히는 극장인데, 거기서 우리는 여러 성격이 뒤섞인 장면을 즉석에서 공연하기 위해 다른 배우들과 협업한다.

파티의 중요한 세부사항을 조율하기 위해 여러분이 친구나 가족에게 계속 전화를 했는데도 그쪽에서는 전화를 하지 않는다. 이 경우, 친구나 가족에 대한 여러분의 불평을 어떻게 다룰지 생각해 봄으로써, 인상관리가 갖는 협력적 속성을 알 수 있을 것이다. 자신이 잔소리하는 사람(자신에게 바람직한 역할: '친절한 사람')으로 비춰지지 않고 다른 사람을 당황하게 만들지 않기 위해(다른 사람의 역할이 '엉망이라는' 암시를 피하고자), 여러분은 이 문제를 요령 있게 제기하기로 결정했다고 가정해 보자. 여러분의 요령 있는 노력이 받아들여진다면, 대화는 이와 같을 것이다.

> **여러분**: 그건 그렇고, 내가 너한테 여러 차례 전화해서 메시지 남겼는데, 네가 그거 들었는지 모르겠네. 내일 사람들이 외출하기 전에, 우리는 초대장에 대해 얘기해야 할 것 같아.
>
> **파트너**: 아, 미안해. 너한테 다시 전화하려고 했는데, 요새 학교랑 일 때문에 너무 바빴어.
>
> **여러분**: 괜찮아. 우리 지금 얘기할 수 있어?
>
> **파트너**: 한 시간 후에 내가 전화해도 괜찮을까?
>
> **여러분**: 응, 좋아.

이 긍정적인 대화에서 여러분과 파트너는 사려 깊고 책임 있는 친구라는 정체성을 서로 수용했다. 그 결과 대화는 순조롭게 진행되었다. 그러나 여러분이 제시한 자기를 파트너가 받아들이지 않았다면, 결과가 어떻게 달라질지 상상해보라.

> **여러분**: 그건 그렇고 너한테 두 번 전화했었어. 네가 확인했는지 모르겠다.
>
> **파트너**: (방어적으로) 그래, 내가 깜빡했어. 그런데 그거 큰 문제 아니잖아. 알지, 너도 완벽하지 않아.

잠시 생각해보기

다수의 정체성

여러분은 하루나 이틀 동안 의사소통하는 상황을 기록함으로써 자신이 만들어내고자 하는 많은 역할을 엿볼 수 있다. 각 상황에서 여러분이 만들어내려는 이미지를 대표하는 극적인 제목을 만들어 보아라. 예를 들면 '파티 애호가', '도움을 주는 가정부', '나보다 더 나이 많은 현명한 형제', '지적인 영화 비평가' 등이 있다.

이 시점에서 여러분은 '친절한 사람'이라는 처음의 역할을 계속하겠다고 선택할 수 있다. 또는 "난 너한테 화나지 않았어. 그리고 나도 내가 완벽하지 않다는 거 알고 있어!", "난 내가 완벽하다고 말한 적이 전혀 없어. 근데 여기서 나에 대해 얘기하는 건 아닌 것 같은데…"와 같은 도발적인 반응과 함께 '부당하게 비난 받은 사람'이라는 새로운 역할로 전환할 수도 있다.

이 사례가 보여주는 것처럼, 인상관리에서 협업(collaboration)은 똑같다는 의미가 아니다. 전화 메시지라는 이 작은 문제는 여러분과 파트너가 전투원이라는 역할을 수행하는 싸움으로 급속히 커질 수 있다. 사람들은 모든 대화에서 파트너의 행동에 대한 반응으로 자신의 정체성을 구성한다는 점이 핵심이다. 1장에서 살펴본 것처럼, 의사소통은 서로 분리할 수 있는 별개의 사건으로 이루어지지 않는다. 특정 순간에 일어나는 일은 두 사람의 상호작용과 그 시점까지 그들 관계의 역사가 가져온 산물이다.

인상관리는 의식적이기도 하고, 무의식적이기도 하다 의심할 여지없이, 우리는 때로 매우 의식적으로 인상관리를 한다. 대부분의 취업면접과 첫 번째 데이트는 의도적 인상관리의 분명한 예이다. 1장에서 언급했듯이, 높은 자기감시는 보통 이런 상황에서 도움이 된다. 그러나 이와는 다른 경우에, 무의식적으로 우리는 타인들을 상대로 매우 작은 공연을 하는 식으로 행동한다.[59] 예를 들어 어느 실험에서 참여자들은 매우 진한 소금물을 가미한 샌드위치를 먹었다. 그들은 다른 사람과 함께 있을 때는 혐오스러운 표정을 보였지만, 혼자 있을 때는 표정 변화가

없었다.[60]

또 다른 연구에서 자신의 표정을 상대방이 볼 수 있는 면대면 상황에 한해서 사람들은 상대방의 표정을 흉내(다른 사람의 메시지에 대한 반응으로 웃거나 공감을 드러내는 행동 등)냈다. 전화 통화를 하는 동안 자신의 반응을 상대방이 볼 수 없을 때, 그들은 그와 같은 표정을 짓지 않았다.[61] 이 같은 연구는 대부분의 우리 행동이 다른 사람에게 메시지를 전달하려는 즉, 인상관리라는 목적을 가지고 있음을 시사한다.

앞선 단락에서 기술한 실험 참가자는 "소금이 든 이 샌드위치를 먹고 있는 나를 누군가 보고 있어. 그래서 나는 얼굴을 찌푸릴 거야.", 혹은 "내가 면대면 대화를 하고 있으니까, 대화 파트너의 얼굴 표정을 흉내 내서 그에게 공감을 표현할 거야."라고 의식적으로 생각하지는 않았다. 이 같은 결정은 흔히 즉흥적이라서 의식적 인식을 벗어나 있다. 마찬가지로, 우리가 일련의 일상적인 상호작용에서 어떻게 행동할지 결정할 때, 그런 결정을 심사숙고해서 전략적으로 하지도 않는다. 그보다는 오랜 시간에 걸쳐 발달시킨 '각본(scripts)'에 의지한다.

인상관리가 만연해 있다고 하더라도, 모든 행동의 목적이 인상을 주는 것이라는 생각은 과장으로 보인다. 분명 어린아이들은 전략적 의사소통자가 아니다. 아기들은 다른 사람에게 인상을 준다는 개념 없이 기쁠 때 자발적으로 웃고 슬프거나 불편할 때 운다. 비슷하게, 성인인 우리도 자발적으로 행동할 때가 있다. 이런 가능성에도 불구하고, 대부분의 사람들은 의식적, 무의식적으로 자신과 다른 사람에 대한 바람직한 정체성을 만드는 데 도움이 되는 방식으로 의사소통한다.

왜 인상을 관리하는가?

왜 여러분은 자신에 대한 다른 사람의 생각에 신경을 쓰는 것일까? 사회과학자들은 중첩되는 몇 가지 이유를 밝혀 왔다.[62]

관계를 시작하고 관리하기 위해　　좀 더 알고 싶은 사람을 만났을 때, 그 사람에게 신경을 쓰면서 조심스럽게 다가가던 때를 회상해보라. 여러분은 매력적이고 재치 있게 보이거나 멋지고 상냥하게 보이기 위해 최선의 노력을 다할 것이다. 이런 식으로 행동하기 위해 꾸밀 필요는 없다. 단지 여러분의 좋은 측면을 보여주기 위해 노력하면 된다. 일단 관계가 이루어지고 나아가는 이상, 우리는 인상을 계속 관리한다.

다른 사람의 순응을 얻기 위해 종종 우리는 아는 사람과 모르는 사람 모두 우리가 원하는 방식대로 행동하도록 우리의 인상을 관리한다. 예를 들면 여러분이 교통 문제 담당 법원을 방문할 때, 자신의 이미지(책임감 있는 시민)가 판사의 호의적인 대우를 이끌어낼 수 있도록 정장을 입을 것이다. 여러분은 특별히 흥미가 느껴지지 않는 이웃과 사교적으로 대화를 나눔으로써, 그들과 호의를 주고받거나 문제를 해결할 수 있다.

다른 사람의 체면을 지키기 위해 다른 사람이 우리에게 심어 주고 싶어 하는 인상을 지지하기 위해, 종종 우리는 우리 자신을 다른 방식으로 제시한다. 예를 들어 몸이 건강한 사람은 장애를 가진 사람을 만났을 때, 신경 쓰지 않는 척하거나 자신과 그들 간의 비슷한 점을 얘기함으로써 자신의 불편함을 숨긴다.[63] 체면의 중요성을 배우지 못한 어린아이들은 부적절하게 행동("엄마, 저 남자는 왜 저렇게 뚱뚱해?")함으로써 부모들을 당황하게 만든다. 그러나 아이들이 학교에 들어갈 때쯤 되면, 그전에는 용서를 받거나 심지어 사람들을 즐겁게 한 행동이 더 이상 받아들여지지 않는다.

새로운 자기를 탐색하기 위해 우리는 때로 다른 스타일의 옷을 입는 것과 같은 방식으로 새로운 자기를 시험해 본다. 다른 사람이 우리를 보는 방식과 우리가 자신을 생각하고 느끼는 방식을 변화시키면 어떠할지 알아보는 것이다. 이렇게 새로운 자기를 시험해보는 것은 자기개발의 한 수단이 될 수 있다. 예를 들면 면대면 상호작용을 한 십 대에 비해 온라인으로 새로운 정체성을 시험해 본 십 대 특히, 외로운 십 대가 다른 연령대나 다른 문화적 배경을 가진 사람들에게 더 접근하고자 했다. 그 결과 실제로 그들의 사회적 역량이 증가했다.[64]

Minerva Studio/Shutterstock.com

면대면 인상관리

면대면 상호작용에서 의사소통자는 방식, 외모, 환경이라는 세 가지 방법으로 자신의 모습을 관리할 수 있다.[65] 방식(manner)은 의사소통자의 말과 비언어적 행동으로 이루어져 있다. 예를 들면 의사들은 건강진단을 할 때 다양한 예절을 내보인다. 일부는 친절하고 스스럼없는 반면, 다른 사람은 무뚝뚝하고 사무적인 접근을 취한다. 의사소통자의 방식 상당 부분은 본인이 말한 것으로부터 나온다. 여러분의 흥미와 취미를 기억하는 의사는 의료적인 질문을 고수하는 의사와는 많이 다르다. 의료적 절차를 설명하는 사람은 환자에게 정보를 별로 주지 않는 의사와는 다른 인상을 준다.

말의 내용과 함께 비언어적 행동도 인상을 주는 데 큰 역할을 한다.[66] 미소와 악수로 인사하는 의사는 무뚝뚝하게 고개를 한 번 끄덕이는 의사와는 다른 인상을 준다. 교수, 판매원, 미용사 등 서로 다른 직업과 환경에 따라 그 방식은 다르고, 그에 따라 그들이 남기는 인상도 달라진다. 동일한 원리가 개인적 관계에도 해당된다. 예절은 다른 사람이 여러분을 보는 방식에 중요한 역할을 한다. 6장과 7장에서 말과 비언어적 행동이 어떻게 인상 형성을 하는지 자세히 설명할 것이다. 우리는 말하고 행동할 수밖에 없기 때문에, 문제는 예절이 메시지를 보내는지의 여부가 아니라 예절이 어떤 메시지를 전달하느냐이다.

인상관리의 두 번째 차원은 외모이다. 외모는 이미지의 개발을 위해 사람들이 사용하는 개인적인 부분이다. 때로 외모의 일부는 전문적인 인상을 준다. 의사의 하얀색 가운과 경찰의 유니폼은 착용하는 사람을 특별한 사람으로 달리 보이게 만든다. 양복과 구겨진 옷은 업계에서 매우 다른 인상을 준다. 업무를 벗어나서도 옷은 중요하다. 우리는 자신이 때로는 최신식이라는 그리고 때로는 전통적이라는 메시지를 주는 옷을 선택한다. 어떤 사람은 자신의 성을 강조하는 식으로 옷을 입는 반면, 다른 사람은 그것을 숨긴다. 옷은 "나는 운동선수이다.", "나는 부유하다.", 혹은 "나는 환경운동가이다."라고 말할 수 있다. 옷과 함께 외모의 또 다른 측면은 정체성 관리에 중요한 역할을 한다. 여러분은 화장을 하는가? 여러분의 헤어스타 일은 어떠한가? 여러분은 우호적이고 자신 있게 보이기 위해 노력하는가?

인상관리의 마지막 방법이 환경의 선택이다. 다른 사람이 우리를 보는 방식에 영향을 미치기 위해 우리가 사용하는 물리적 부분이 환경이다. 현대 서구사회에서 자동차는 정체성 관리의 주요 부분 중 하나이다. 왜 많은 사람들이 필요 이상으로 훨씬 더 비싸고 강력한 차를 갖고 싶어 하는지 그 이유가 여기에 있다. 스포츠형 컨버터블이나 화려한 수입 세단은 운전자를 한 장소에서 다른 장소로 이동시켜 줄 뿐만 아니라, 그 운전자가 어떤 부류의 사람인지를 말해 준다. 우리가 물리적 환경 을 선택하고 그 환경을 처리하는 방식은 정체성을 관리하는 또 다른 중요한 방법 이다. 여러분이 살고 있는 곳은 어떤 색으로 칠하는가? 어떤 예술품을 가져다 놓는 가? 어떤 음악을 듣는가? 물론 우리는 자신이 좋아하는 환경을 선택하지만, 많은 경우 다른 사람에게 보여주고 싶은 모양의 환경을 창출하기도 한다.

온라인 인상관리

앞선 사례들은 면대면 상호작용에 관한 것이지만, 인상 형성은 다른 유형의 의사소통에서도 그만큼 일반적이고 중요하다.

언뜻 보기에, 매체를 통한 의사소통에서 첨단기술은 인상 형성의 잠재력을 제 한하는 것 같다. 예를 들면 문자, 이메일, 블로그는 다른 통로의 풍요로움을 결여 하고 있는 것처럼 보인다. 이것들은 어조, 자세, 몸짓, 얼굴 표정을 전달하지 않는 다. 그러나 이렇게 온라인 의사소통에 없는 것이 자신의 인상을 관리하려는 의사 소통자에게는 실제로 장점이 될 수 있다고 의사소통 연구자들은 생각하고 있다.[67]

일반적으로, 우리는 면대면 의사소통보다는 온라인 의사소통에서 인상을 좀 더 통제할 수 있다. 여러분이 2장에서 읽은 것처럼, 이메일, 블로그, 웹페이지와 같 이 비동시적 형태의 매체를 통한 의사소통에서는 자신이 원하는 인상을 만들 때까 지 그 메시지를 수정할 수 있다.[68] 이메일상에서 여러분은 어려운 메시지를 작성해서 보낼 수 있고, 그 수신자에게 즉각적인 반응을 강요할 필요도 없다(이메일보다는 이러한 성격이 약하지만 문자메시지도 마찬가지이다.). 또한 여러분은 다른 사람의 메시지에 불쾌한 반응을 하기 보다는 그것을 무시하기 쉽다. 이는 아마 가장 중요한 것으로, 문자 기반 기술을 통한 의사소통은 말을 더듬거나 얼굴이 붉어질 걱정, 평가나 외모에 대한 걱정, 원하는 인상을 주는 것을 방해하는 보이지 않는 요인에 대한 걱정을 할 필요가 없다(사진, 비디오, 그리고 스트리밍이 몇몇 간접 의사소통에 관여할 수 있지만, 그러한 것도 여러분이 선택할 수 있다.).

물론, 소셜 미디어를 통한 의사소통은 면대면에서는 숨길 수 없는 나이, 역사, 성격, 외모, 그 외 다른 것을 변경할 수 있게 해 준다.[69] 온라인 데이트 사이트에 대한 설문조사에서 86%의 참가자는 다른 사람들이 자신의 신체적 외모를 부정확하게 드러낸다고 보고했다.[70] 온라인 데이트를 하는 사람은 프로필 뒤에 있는 "진짜" 자기와 이상적인 온라인 정체성 간의 균형을 맞추기 위해 세심한 작업을 한다고 인정했다. 때로 많은 사람들은 예전 사진이나 나이에 대한 정보를 올리지 않음으로써 자신에 대한 사실을 얼버무렸다고 시인했다. 그러나 그들은 잠정적인 파트너가 부정확한 내용을 올린 경우 덜 관대했다. 예를 들면, 데이트 상대를 찾는 사람은 "도보여행자"로 알려진 사람이 수 년 동안 그러한 여행을 하지 않은 사실을 알고 분개했다.[71] 우리는 다음 절에서 허위 진술의 윤리학에 대해서 논의할 것이다.

한 연구에서 페이스북을 이용하는 대학생에게 자신의 프로파일이 어떻게 보일 것이라고 생각하는지 물었다.[72] 대부분은 자신들이 제시한 자기 모습이 매우 긍정적이라고 인정했지만 지나치게 긍정적이지는 않다고 생각했다. 일반적으로, 그들은 자신들의 프로파일이 어떤 차원(예: 재미있는, 모험적인, 외향적인)에서는 자기를 사실보다 더 좋게 그리고 있고, 다른 차원(예: 신체적으로 매력적인, 창조적인)에서는 정확하게 묘사하고 있지만, 또 어떤 차원(예: 지적인, 공손한, 믿을 만한)에서는 사실보다 더 나쁘게 묘사하고 있다고 믿었다. 연구 참가자들은 자신들의 페이스북 사이트가 인상관리를 연습할 수 있는 공간이라는 것을 직관적으로 깨달은 것처럼 보인다.

블로그, 개인 웹페이지, 소셜 네트워크 사이트에 올린 프로필은 그 의사소통자의 정체성을 구성할 수 있는 기회를 제공한다.[73] 심지어 화면 이름('사랑하는 나의

직업에 관한 이야기

직업 정체성 관리하기

New York Times에 따르면, 미국에서 인사담당자의 70%는 특정 직업에 지원한 사람들의 온라인 상 정보 때문에 그들을 탈락시켰다.[a] 부주의한 이미지나 게시가 향후 고용주와 함께 할 여러분의 기회를 어떻게 무산시키는지를 상상하는 것은 어렵지 않다.

여러분의 온라인 정체성이 자신의 직업 전망을 어떻게 도와주는지 아니면 손상시키는지 알아보기 위해서, 먼저 한 두 개의 검색 엔진에 여러분의 이름을 넣어보라. 그 결과가 여러분에게 불리하면, 자신의 프로필에 대한 설정을 바꾸거나, 특정 최신 정보를 볼 수 있는 사람을 지정해 놓는 것, 그리고 자신에 대한 원하지 않는 정보를 삭제하는 것을 고려해 봐라.[b]

호의적이지 않은 정보와 함께, 여러분과 이름이 같은 사람과 당황스러운 프로필 뜨는 것을 보고 놀랄 수도 있다. 자신을 다른 사람으로 잘못 아는 것을 최소화하기 위해, 검색하는 사람들이 온라인에서 찾을 수 있는 여러분의 이력서나 다른 모든 정보에 여러분의 가운데 이름이나 첫 글자를 기입하는 것을 고려해 봐라.

온라인상에 여러분에게 잠재적으로 해를 미칠 수 있는 자신의 정보가 있지만 그것을 제거할 수 없을 때는, 그 기록을 정확히 전달할 수 있도록 전문적인 도움을 구하라. www.reputation.com 같은 서비스는 온라인상에서의 여러분의 정체성을 감시하고, 여러분의 사생활을 보고하기 위한 조치를 취하고 있으며, 해가 되는 정보를 제거하는 역할을 한다.

일단 여러분이 일을 하고 있으면, 여러분의 매개된 메시지가 여러분의 정체성을 형성하고 유지하는 데 강력한 방법이라는 것을 인정하라. 오자, 퉁명스러운 말투, 그리고 잠정적으로 공격적인 유머는 여러분의 경력을 망칠 수 있다.[c]

포르쉐', '함께 있는 재미', '축구하는 놈')도 여러분에 대한 무언가를 말해주고, 다른 사람들로 하여금 여러분에 대한 인상을 형성하도록 한다.[74] 흥미롭게도 자신의 페이스북을 정기적으로 보는 것이 자기존중감을 향상시킨다는 연구가 있다.[75] 그 사이트에서 자신의 정체성을 주의 깊게 관리한다고 가정함으로써, 여러분은 자신을 '최선을 다하는' 사람이라고 생각할 수 있다.

인상관리와 정직성

여기까지 읽은 후, 여러분은 인상관리를 조작이나 허위에 대한 학문적 명칭으로 생각할 수도 있다. 인상관리가 부정직한 상황이 확실히 있다. 성적인 호감을 얻기 위해 다정한 척 조작하는 데이트는 확실히 비윤리적이며 기만적이다. 입사하기 위해 학문적 기록을 속이는 취업 지원자나, 진짜 목표인 돈을 쉽게 벌기 위해 고객 서비스에 헌신하는 척하는 판매원도 마찬가지이다.

그러나 인상을 관리하는 것이 꼭 여러분을 거짓말쟁이로 만들지는 않는다. 사실, 특정 상황에서 어떤 모습으로 의사소통할지 결정하지 않은 채 효과적으로 소통하기는 거의 불가능하다. 친한 친구를 대할 때와 같은 방식으로 낯선 사람을 대하는 것은 우스운 일이다. 또한 누구도 두 살 아이에게 하는 식으로 어른을 대하지는 않는다.

우리 각자는 보일 수 있는 모습의 레퍼토리 즉, 배역을 가지고 있고, 유능한 의사소통자가 되기 위해서는 각 상황에 가장 적합한 모습을 선택해야 한다. 몇 가지 예시를 살펴보자.

- 여러분은 한 친구에게 기타, 컴퓨터 프로그램, 테니스 백핸드를 가르친다. 그 친구는 천천히 나아지고 있는데 여러분은 점점 조바심을 느낀다.
- 여러분은 온라인에서 만난 누군가와 몇 주간 문자를 주고받고 연인 관계로 발전하기 시작한다. 그러나 여러분은 말하지 않은 신체적 결함을 가지고 있다.
- 여러분은 직장에서 공격적인 손님을 맞게 된다. 여러분은 자신을 이런 식으로 대할 권리를 가진 사람은 없다고 생각한다.
- 한 친구나 가족구성원이 여러분의 외모에 대한 농담으로 감정을 상하게 한다. 여러분은 이 농담을 문제 삼아야 할지 아니면 아무렇지 않은 척해야 할지 확신이 들지 않는다.

이러한 수많은 일상적 상황에서 여러분은 어떻게 행동해야 할지 결정해야 한다. 각 상황에서 정직한 행동이 유일한 방식이고, 다른 반응은 거짓되고 부정직하다고 얘기하는 것은 지나친 단순화이다. 인상관리는 어떤 모습을 선택할지 즉, 여러분의 어떤 면을 드러낼지 결정하는 것이다. 예를 들면, 새로운 기술을 가르칠 때 여러분은 자신의 '성급한' 측면보다는 '참을성'을 보여주기로 결정할 수 있다. 마찬가지로, 여러분은 직장에서 힘든 상황에 처했을 때 방어적이거나 비방어적으로 행동할 선택권을 지니고 있다. 모르는 사람, 친구, 가족구성원과 함께할 때 자신의 감정을 개방할지 말지를 결정할 수 있다. 다른 사람에게 어떤 모습을 보여줄지는 중요한 결정이지만, 어떤 경우든 진정한 자신의 일부도 함께 보여준다. 여러분이 모든 것을 드러내지는 않겠지만, 다음 절에 기술한 것처럼 완전한 자기개방은 적절하지 않다.

관계에서의 자기개방

관계의 강도를 판단하는 한 방법은 우리가 다른 사람과 공유하는 정보의 양이다. 어떤 사람은 "우리는 비밀이 없어"라고 말하며 자랑스러워한다. 확실히 마음을 터놓는 것은 중요하다. 1장에서 본 것처럼, 개방은 질적으로 우수한 인간관계의 구성요소이다. 자기개방은 분명히 중요하기 때문에 이 문제를 자세히 살펴볼 필요가 있다. 자기개방이란 무엇인가? 언제 자기개방이 바람직한가? 어떻게 자기개방을 가장 잘 할 수 있는가?

정의를 살펴보는 것으로 시작하는 것이 좋겠다. 자기개방(self-disclosure)은 일반적으로 다른 사람이 알지 못하는 자신의 중요 정보를 의도적으로 개방하는 과정이다. 이 정의를 자세히 살펴보자. 자기개방은 틀림없이 의도적이다. 여러분이 직장을 그만둘 생각을 무심코 친구에게 말하거나, 숨기고 싶은 짜증을 얼굴 표정으로 드러낸다면, 그것은 자기개방의 자격이 없다. 의도성과 더불어 정보가 중요해야 한다. 예를 들면 자신이 얼버무리는 것을 좋아한다는 사례처럼, 사소한 사실, 의견, 느낌을 말하는 것은 개방이 아니다. 세 번째 필수조건은 개방하는 정보는 다른 사람이 모르고 있는 것이어야 한다. 여러분이 우울하거나 마냥 행복하다는 것을 다른 사람도 알고 있는데 말하는 것은 주목할 만한 가치가 없다.

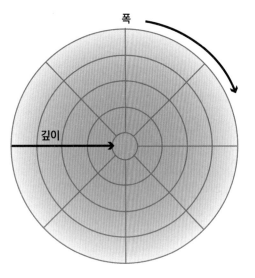

► 그림 3.2 사회적 침투 모형   © Cengage Learning

자기개방의 모형

자기개방에 대한 우리의 정의가 유용하지만, 모든 자기개방이 동등한 것은 아니라는 중요한 사실을 그 정의가 보여주지는 않는다. 어떤 자기개방 메시지는 다른 것보다 더 많은 것을 알려준다.

사회심리학자들은 의사소통이 다소간 개방을 가져오는 두 가지 방법을 기술한다.[76] 이들의 사회적 침투(social penetration) 모형이 [그림 3.2]에 도식화되어 있다. 이 모형에서 자기개방의 첫 번째 차원은 개방하는 정보의 폭(breadth), 즉 논의하는 주제의 범위이다. 예를 들면 직장동료와의 관계에서 개방의 폭은 직업에 관한 정보뿐만 아니라, 그 외 자신의 삶에 대한 정보를 개방하는 것으로 시작해서 넓어진다. 자기개방의 두 번째 차원은 개방하는 정보의 깊이(depth)이다. 상대적으로 개인과 관계없는 메시지에서 좀 더 사적인 메시지로 바뀐다.

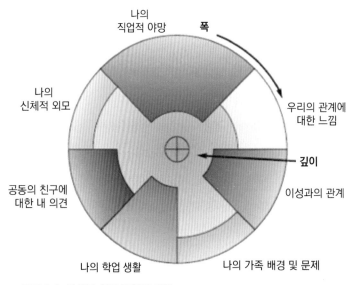

► 그림 3.3 사회적 침투 모형의 샘플   © Cengage Learning

공유하는 정보의 폭과 깊이에 따라 관계는 가볍거나 친밀할 수 있다. 가벼운 관계에서 폭은 클 수 있으나 깊이는 그렇지 않다. 좀 더 친밀한 관계에서는 적어도 한 영역에서 그 깊이는 매우 클 수 있다. 가장 친밀한 관계는 폭과 깊이 모두에서 자기개방이 큰 관계이다. 사회심리학자 Altman과 Taylor는 관계 발달이 이 모형의 주변부에서 중심부로 나아가는 것으로 보았는데, 그

다양성에 대한 고찰

Lexie Lopez-Mayo: 문화, 성(gender) 그리고 자기개방

나는 멕시코에서 태어나 열 살 때부터 미국에서 살았다. 라틴계 친구나 가족에 대하여 한 가지 알게 된 점은 많은 유럽계 미국인 친구들보다 우리가 더 표현하고 개방하는 경향이 있다는 것이다. 물론 이런 규칙에 예외는 있지만, 나와 같은 문화적 배경을 가진 사람들은 일반적으로 더 많이 개방하는 경향이 있다. 우리는 생각하면 그것을 말하고 느끼면 그것을 표현한다.

그러나 문화가 유일한 사안은 아니다. 성(gender)도 역할을 한다. 경험상, 라틴계 남자들은 긍정적인 감정을 쉽게 표현하지만, 상처나 슬픔과 같은 부정적인 감정은 종종 숨긴다. 라틴계 사람들은 강해야 하고, 실패를 받아들이지 말고, 약함을 보이지 않아야 한다는, 즉 마초가 되어야 한다는 강력한 문화적 규범이 있다.

나에게는 문화와 성(gender)이 어떻게 의사소통에 영향을 주는지 알 수 있는 기회가 있었다. 아프리카계 미국인 내 남편은 느긋하고 꽤 친절하다. 그러나 남편이 아프리카계 미국인 친구와 있을 때에는 덜 내성적이고 자기개방을 좀 더 한다. 그의 언어, 몸짓의 크기, 버릇은 모두 변하고, 그는 훨씬 더 표현적으로 변한다.

물론 성격이 의사소통에 역할을 한다. 나는 조용한 라틴계 사람과 개방적인 라틴계 사람을 알고 있다. 문화가 항상 사람들의 자신표현을 결정하지는 않는다. 결국 내 생각에, 사람들의 의사소통 방식은 그들이 누구인지, 어디에서 태어났는지, 누구와 함께 있는지에 따라 그 영향을 받는다. 내 경우에, 나는 내가 생각하고 느끼고 원하는 바를 누구에게나 말하는 매우 표현적인 라틴계 사람이다!

"Culture, Gender, and Self-Disclosure" by Lexie Lopez-Mayo. Used with permission of author.

과정은 전형적으로 시간이 흐르면서 일어난다. 각 관계에 따라 개방하는 주제의 폭과 깊이는 서로 다르다. [그림 3.3]은 한 학생이 특정 관계에서 보이는 자기개방을 보여준다.

무엇이 특정 메시지의 개방을 상대적으로 더 깊게 만드는가? 깊이 측정의 한 방법은 자기개방을 정의하는 두 차원에서 그 메시지가 어디 정도까지 와있는지를 알아보는 것이다. 어떤 개방은 다른 것보다 확실히 더 중요하다. "나는 내 가족을 사랑해"와 "나는 여러분을 사랑해" 간의 차이를 생각해보라. 또 다른 개방은 사적이기 때문에 깊은 개방으로서의 자격을 가진다. 여러분이 누군가에게 몇몇 친한 친구들은 이미 알고 있는 비밀을 털어놓는 것은 확실히 자기개방의 행위이다. 그러나 여러분이 누구에게도 말하지 않은 비밀을 알려주는 것은 더 개방하는 것이다. 일반적으로, 진부한 표현보다는 사실("나는 이 도시로 이사 왔어."), 사실보다는 의견("나는 여기를 정말 좋아해."), 그리고 의견보다는 느낌("… 근데 나는 때로 외로움을 좀 느껴.")이 좀 더 개방하는 것이다.

자기개방을 보는 또 다른 방법은 조하리 창(Johari Window)이라 불리는 도구를 이용하는 것이다(이 명칭은 이 도구를 만든 Joseph Luft와 Harry Ingham의 이름에서 따온 것이다.).[77] 여러분에 대하여 알아야 할 모든 것, 가령, 좋아하는 것과 싫어하는 것, 목표, 비밀, 욕구 등 모든 것을 담고 있는 [그림 3.4]부터 [그림 3.7]까지는 이런 구분을 반영한 네 부분으로 이루어져 있다.

부분 1은 여러분과 다른 사람이 알고 있는 정보를 나타낸다. 이 부분은 여러분의 공개된 영역이다. 부분 2는 맹점 영역으로, 여러분은 모르지만 다른 사람은 알고 있는 정보이다. 여러분은 맹점 영역에 있는 정보를 주로 다른 사람의 피드백을 통해 학습한다. 부분 3은 숨기는 영역으로, 여러분은 알고 있지만 다른 사람에게는 알리고 싶지 않은 정보이다. 이 숨기는 부분의 항목은 주로 자기개방을 통해 공개되는데, 이것이 본 절의 핵심이다. 부분 4는 여러분과 다른 사람이 모두 알지 못하는 미지의 영역을 나타낸다. 처음에는 미지의 영역은 입증이 불가능한 것처럼 보인다. 필경, 여러분이나 다른 사람 누구도 이 영역에 속한 것들을 모른다면, 어떻게 그것이 존재한다고 확신할 수 있는가? 우리는 자신의 새로운 면을 계속 발견하기 때문에, 이 영역의 존재를 추론할 수 있다. 예를 들면 여러분이 모르는 재능,

▶ 그림 3.4　　© Cengage Learning

▶ 그림 3.5　　© Cengage Learning

힘, 약점을 발견하는 것이 흔치 않은 일이 아니다.

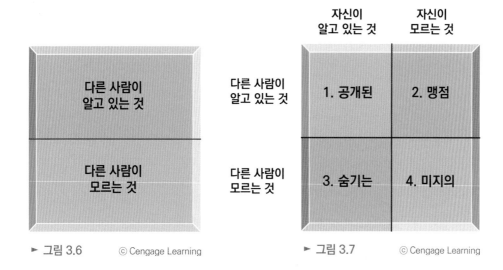

▶ 그림 3.6　　© Cengage Learning　　　　▶ 그림 3.7　　© Cengage Learning

잠시 생각해보기

조하리 창 만들기

여러분은 자신의 관계에서 조하리 창 모형을 이용해서 자기개방의 수준을 점검할 수 있다.

1. 이 절에서 설명한 방식을 이용해서 여러분과 상대방의 관계를 보여주는 두 개의 조하리 창을 그려라. 여러분의 공개된 영역과 상대방의 공개된 영역이 서로 마주볼 수 있도록 이 창들 중 하나를 뒤집어라.
2. 여러분의 어떤 측면을 숨겨진 영역에 두고 있는지 기술하라. 그 이유를 설명하라. 이 부분을 공개하는 것이 갖는 장단점을 설명해보라.
3. 여러분 창에서 맹점 영역을 살펴봐라. 이 영역이 크거나 작은 이유가 파트너가 제공하는 (많거나 적은) 피드백의 양 때문인가, 아니면 피드백을 받겠다는 여러분의 의욕 때문인가?
4. 여러분의 결과에 만족하는가? 만족하지 못한다면, 그 문제를 수정하기 위해 여러분이 할 수 있는 일을 설명해보라.

자기개방의 혜택과 위험

우리는 가끔 개인적 정보를 무심결에 말할 수도 있지만, 대부분의 경우 자기 개방에 대한 결정은 의식적이고 의도적이다. 의사소통 연구자들은 사람들이 자신에 대한 정보를 드러낼지 결정하는 현상을 설명하기 위해 **사생활 관리**(privacy management)라는 용어를 사용한다.[78] 이런 결정은 흔히 자기개방의 장점과 단점을 따져보면서 이루어진다. 공개하는 것의 위험과 혜택은 무엇인가?

자기개방의 혜택　　　사람들이 개인적 정보를 공유하는 데는 여러 가지 이유가 있다. 각각을 읽으면서 어느 것이 여러분에게 해당되는지 살펴보라.

정화(catharsis)　　　여러분은 때로 '자신의 속마음을 털어놓으려는' 노력 속에서 정보를 개방할 수 있다. 예를 들면 허심탄회한 순간에 여러분은 과거의 나쁜 행동에 대한 후회를 드러낼지도 모른다. 정화(catharsis)는 적절히 다루면 정신적, 정서적 안정감을 제공한다.[79] 이는 관계를 해치는 대신에 도움이 되는 방향으로 정화할 수 있도록 개방에 대한 지침을 이 장의 후반부에 제공하고 있다.

상호성　　　하나의 자기개방 행동은 또 다른 자기개방 행동을 낳는다는 것이 연구를 통해 입증된 결론이다.[80] 여러분의 자기개방이 다른 사람의 자기개방을 촉발한다고 장담할 수는 없다. 그러나 여러분이 정직할 때, 다른 사람은 더 안전하다고 느끼고 심지어 여러분의 정직함 수준에 맞춰야 한다고 느낄 수 있다. 관계에 대한 여러분의 느낌("최근에 좀 지루해.")을 파트너에게 솔직하게 말하면, 그도 동일한 정도의 허심탄회한 이야기("나도 똑같이 느끼고 있어.")를 한다. 상호성이 항상 차례차례 일어나는 것은 아니다. 여러분이 업무에 관련한 문제를 친구에게 얘기하면, 나중에 시기가 적절할 때 그 친구는 자기 가족의 역사를 편하게 이야기할 수 있다.

자기 명료화　　　때로 여러분은 자신의 믿음, 의견, 사고, 태도, 느낌을 다른 사람에게 얘기함으로써 그것들을 명료화할 수 있다. 우리는 이런 문제를 보통 심리치료사에게 말하지만, 좋은 친구에서부터 바텐더나 미용사에 이르기까지 다른 사람에게도 말할 수 있다.

자기 타당화　여러분이 듣는 사람의 동의를 얻기 위해 정보를 공개한다 면("내 생각에 난 옳은 일을 했어…"), 그것은 자기 행동에 대한 타당화 즉, 자신에 대 한 믿음을 확인하고자 하는 것이다. 깊은 수준에서 이루어지는 이런 개방을 통해 서 여러분은 자신의 자기개념 중 중요한 부분을 확인하고자 한다. 자기개방을 통 한 자기 타당화는 남성동성애자의 '커밍아웃(coming out)' 과정의 중요한 부분으 로, 그들은 이러한 과정을 통해 자신의 성적 선호를 인정하고, 그러한 선호를 개인 적, 가족적 그리고 사회적 삶과 통합하고자 한다.[81]

관계를 만들고 관리하기　관계를 시작하기 위해서는 몇 가지 자기개방이 필요하다. 첫 번째 데이트에서부터 취업 면접에 이르기까지 모든 면에서 그것이 (개방의 유형이 두 맥락에서 매우 다르겠지만) 하는 역할을 생각해보라. 현재 진행 중 인 관계의 성공을 위해서도 자기개방이 중요하다.[82] 예를 들면 자기개방의 질과 결 혼 만족도 간에 강한 관련성이 있다.[83] 이와 같은 원리는 다른 개인적 관계에도 적 용된다.

사회적 영향　개인적 정보를 공개함으로써, 여러분은 다른 사람에 대한 통제 그리고 서로가 여러분을 알 수 있는 상황에 대한 통제를 증가시킬 수 있다. 예를 들면 다른 회사로부터 영입 제안을 받았다고 상사에게 말하는 직원에게 승진 과 근무 조건의 개선 가능성이 더 높다.

자기개방의 위험　개방이 주는 혜택이 확실히 중요하지만, 개방에 대한 결정을 어렵게 만들고 때로는 고통스럽게 만드는 위험이 자기개방에 도사리고 있 다.[84] 자기개방의 위험에는 여러 범주가 있다.[85]

거부　John Powell은 자신의 책 제목인 "내가 누구인지 여러분에게 말하 는 것이 왜 두려울까요?(Why Am I Afraid to Tell You Who I Am?)"라는 질문에 대답 하면서 개방의 위험을 요약했다. "나는 여러분에게 내가 누군지 말하기 두려워요.

인간관계와 의사소통의 심리학

왜냐하면 내가 누구인지 말하면 여러분은 나를 좋아하지 않을 수도 있고, 그것이 내가 가진 전부이기 때문이죠."[86] 거절에 대한 두려움은 강력하다. 때로는 과장되고 비논리적이지만, 개인적 정보를 공개하는 데는 진짜 위험이 존재한다.

> A: 내가 너를 친구 이상으로 생각하기 시작했어. 사실, 나 너 사랑해.
>
> B: 우리 그만 만나야 할 것 같다.

부정적 인상　　개방이 전면적 거부를 초래하지는 않더라도 부정적인 인상을 줄 수 있다.

> A: 우린 강아지를 한 마리 더 데려와야 할 것 같아.
>
> B: 사실 난 강아지 진짜 안 좋아해. 네가 강아지를 얼마나 좋아하는지 아니까 지금까지 말하지 못한 거야.
>
> A: 진짜? 강아지를 나보다 덜 좋아하는 사람과 사는 걸 상상도 못했는데.

"우리 둘 다 정직하니까, 내가 여동생이 있다는 걸 당신에게 말해야겠네요."

관계 만족의 감소　　개방이 여러분에 대한 다른 사람의 생각에 영향을 미치는 것과 더불어, 개방은 관계 만족의 감소를 가져올 수 있다.

> A: 너한테 할 말이 있어. 네가 포옹을 너무 많이 원할 때 나는 정말 싫거든.
>
> B: 근데 난 너랑 가까워지고 싶어…

영향력의 손실　　개방의 또 다른 위험은 관계에서 영향력을 상실할 수도 있다는 것이다. 일단 여러분이 숨겨둔 약점을 고백하면, 여러분에 대한 다른 사람의 견해를 통제하기가 어려워진다.

> A: (관리자가 직원에게) 당신에게 주말휴가를 주고 싶지만, 사실 여기서 내가 어떤 결정을 할 수가 없어요. 내 상사가 모든 결정을 하거든요. 사실 그는 내 의견을 전혀 존중하지 않아요.
>
> B: 그래요? 여기서 일할 때 누구한테 물어봐야 하는지 알 것 같군요.

다른 사람에게 상처주기   숨겨진 정보를 드러내면 여러분의 기분은 좋아질 수 있지만, 그것이 다른 사람의 기분을 상하게 할 수도 있다. 가령 자신이 이런 상황에 있다고 상상해보면 쉽게 이해할 수 있다.

> A: 정말 화가 나! 내 생각을 절대 바꿀 수 없어.
> B: 나도 그래.

자기개방의 지침

지금쯤이면 개인적 정보의 개방 시기와 정도를 결정하는 것이 단순한 문제가 아니라는 것이 명확해졌을 것이다. 다음의 지침은 주어진 상황에 적합한 자기개방 수준을 결정하는 데 도움을 줄 것이다.

그 사람이 여러분에게 중요한가?   누군가는 여러분에게는 여러 측면에서 중요할 수 있다. 진행 중인 관계가 충분히 깊기 때문에, 중요한 부분을 공유함으로써 지금과 같은 수준에서 계속 함께 할 수 있다. 또는 여러분이 자기개방의 대상으로 고려하는 사람은 지금까지는 여러분과 덜 개인적인 관계를 맺어 온 누군가일 것이다. 그러나 여러분이 좀 더 가까워질 수 있다고 생각한 지금, 개방은 개인적 관계를 발전시키는 길이 될 수 있다.

개방의 양과 유형은 적절한가?   일부 사람들은 '너무 많은 정보(TMI: too much information)'를 공유하는 문제로 어려움을 겪고 있다.[87] 교실은 때로 과도한 공유가 발생할 수 있는 장소이다. 의사소통 연구자들이 대학생들에게 교실에서 들은 자기노출에 대하여 보고하도록 요청했다.[88] 그 결과, 참가자들은 (생리학 수업시간에 자신의 심장 상태를 말하는 학생처럼) 학습에 도움이 되는 자기노출을 손쉽게 언급한 반면, 그들은 부정적인 언급도 했다. 특히, 참가자들은 교실에서 지나치게 빈번하고(a), 부정적이고(b), 수업과 무관하고(c), 그리고 뜻밖의(d) 자기노출에 대해서 반대했다(잠시 짬을 내서 여러분이 수업시간에 만난 적이 있는 이러한 범주 각각의 사례들을 생각해 볼 수 있다.).

일반적으로, 개인적 비밀을 모르는 사람에게 누설하거나 학급토론이나 공적인 페이스북에서 드러내는 것은 현명하지 않다. 교사의 자기개방을 접한 학생조차도 그 교사의 사생활에 대해 너무 자주 너무 많이 듣는 것을 원치 않았다.[89] 물론 상담 시간, 의사와의 약속, 또는 비공개가 속이는 것이 될 수 있는 친밀한 관계 등에서 너무 많은 정보를 숨기는 것도 좋지 않다. 핵심은 자기개방을 할 때와 삼갈 때, 장소를 가려야 한다는 것이다.

개방의 위험이 합리적인가?　자기개방의 잠재적 위험성을 현실적으로 살펴보자. 가능한 혜택이 크다 하더라도, 거의 거부할 것이 분명한 상황에서 자신을 개방하는 것은 문제를 야기할 수 있다. 반면 여러분의 파트너가 믿을 만하고 지지해주는 사람이면, 개방하는 것이 합리적이다. 개인적 생각과 느낌을 드러내는 것은 직장에서 특히 위험할 수 있다.[90] 개인적 목표와 조직의 목표의 달성하기 위해, 때로 직장 정책이 사람들로 하여금 느낌을 비밀에 붙이도록 요구한다. 예를 들면 상사나 고객의 의견이 개인적으로 불쾌할 수 있으나, 직장이나 회사에 대한 선의를 지키기 위해 입을 다물 수 있다.

위험을 현실적으로 예상하라. 실제로는 발생할 가능성이 없는 데도 불구하고, 때로 비극적인 예상을 하거나 처참한 결과를 상상하기 쉽다.

그 효과가 긍정적인가?　자기개방을 조심스럽게 사용하지 않으면, 그것이 잔인한 도구가 될 수 있다. 각 사람에게는 심리학적 '벨트라인(beltline)'이 있다. 벨트 아래를 치는 잽(jab)은 상대방을 무력화시키는 강력한 방법이지만, 보통 그 관계에 큰 부담을 초래한다. "나는 네가 영리하지 못하다고 늘 생각해 왔어" 혹은 "네 가장 친한 친구와 작년에 사귀었어"와 같은 말은 상대방, 관계, 자신의 자기존중감을 황폐하게 만들 수 있다.

자기개방은 상호적인가?　여러분이 드러내는 개인적 정보의 양은 파트너가 드러내는 양에 거의 달려 있다. 대체로, 개방은 쌍방적 관계이다. 예를 들면

실습하기

적절한 자기개방

자기개방 지침을 이용해서 자신을 개방하는 메시지를 담고 있는 하나의 시나리오를 만들어라. 메시지 형태의 시나리오를 만들고, 이 장에 있는 여러 정보를 이용해서 이런 메시지의 공유가 지닌 장점과 단점을 논의하라.

커플의 개방 수준이 거의 비슷할 때, 그들은 가장 행복하다.[91]

일방적인 개방이 수용되는 경우가 있다. 그러한 경우의 대부분이 공식적이고 치료적인 관계로, 환자가 문제를 해결하고자 하는 전문가를 만나는 경우이다. 예를 들면, 건강검진을 받는 동안 여러분도 의사의 개인적 질병에 관한 같은 정도의 얘기를 들을 것이라고 기대하진 않는다. 때로는 어떤 환자에게는 유감스럽게도 그런 일이 생기지만, 일반적으로는 그렇지 않다.[92]

여러분은 개방해야 한다는 도덕적 의무감을 가지고 있는가? 때로 우리는 개인적 정보의 개방이 도덕적 의무라고 느낀다. 예를 들면 한 조사연구에서 에이즈 양성반응의 환자 대다수는 자신의 상태를 의료인과 파트너에게 알릴 의무가 있다고 생각했고, 이러한 자기개방이 자신의 자존심과 품위를 위협하고 자신을 낙인찍을 수 있을 때조차도 그랬다.[93] 이러한 믿음에도 불구하고, 20년간의 연구결과 양성 에이즈 환자의 40%가 이 사실을 자신의 성적 파트너에게 밝히지 않겠다고 보고하였다.[94]

자기개방의 대안들

자기개방이 대인관계에서 중요한 역할을 하지만, 한 가지 유형의 의사소통만이 가능한 것은 아니다. 전적으로 정직한 것이 항상 용이하거나 이상적인 선택은 아니라는 점을 이해하기 위해서 몇 가지 친숙한 딜레마를 살펴보자.

- 새로운 사람이 여러분이 원하는 것보다 더 친구가 되고 싶어 한다. 그녀는 이번 주말에 여러분을 파티에 초대했다. 여러분은 바쁘지 않지만 가길 원치 않는다. 여러분은 뭐라고 얘기할 것인가?
- 여러분의 상사가 자신의 새 옷에 대해 어떻게 생각하는지 묻는다. 여러분이 생각하기에 그 옷은 싸구려처럼 보이고 현란한 것 같다. 여러분은 뭐라고 말할 것인가?
- 여러분은 제일 친한 친구의 파트너에게 끌린다. 그 사람도 여러분과 같은 감정이라고 말했다. 두 사람은 감정대로 행동하지 않고, 친구를 절망하게 만들 이 주제를 끄집어내지 않는다는 것에 동의했다. 그런데 이제 친구가 그 사람에게 끌리느냐고 여러분에게 묻는다. 여러분은 뭐라고 대답할 것인가?
- 여러분은 자주 집에 찾아오는 친척으로부터 크고 보기 싫은 그림을 선물로 받는다. "어디에 놓을까?"라는 질문에 어떻게 반응하겠는가?

완전히 정직한 것이 원리상으로 바람직할지라도 잠재적으로 불쾌한 결과를 초래할 수 있다. 자기개방이 어려울 수 있는 상황을 피하고 싶은 유혹이 든다. 그러나 이전의 예처럼 회피가 항상 가능하지는 않다. 관련된 연구와 개인적 경험은 정직이 불편한 상황에서 의사소통자, 최고의 목적을 가진 사람조차도 항상 완전하게 정직하지 않음을 보여준다.[95] 자기개방에 대한 네 가지 보편적인 대안은 침묵, 거짓말, 모호, 암시이다. 각각을 자세히 살펴보기로 하자.

침묵

자기개방의 한 가지 대안은 자신에 대한 생각과 느낌을 비밀로 지키는 것이다. 여러분은 자신의 의견을 표현하지 않았을 때의 기록을 통해 개방 대신 침묵에 얼마나 의지하는지 알 수 있다. 다시 말해 생각과 느낌을 감추는 것이 여러분에게 보편적 방법임을 알 수 있을 것이다. 완전한 진실을 얘기하는 것이 비록 정직할 수 있지만, 이는 여러분, 다른 사람, 그리고 관계 자체를 위태롭게 할 수 있다. 사려 깊은 의사소통자의 대부분은 "너 이상해 보여"나 "넌 말이 너무 많아"와 같은 청하지 않은 의견을 다 털어놓기보다는 침묵을 유지한다. 사회과학자들은 사람들이 흔히 '생략의 거짓말'과 '저지른 것에 대한 거짓말'을 구별하며 아무것도 말하지 않는 것(생략)은 노골적으로 거짓말(저지른 것)하는 것보다 덜 가혹하게 판단한다는 사실을 알아냈다.[96] 한 연구에서는 직장에서 정보를 숨기는 것이 거짓말이나 의도적인 속임보다 더 나은 대안으로 비춰진다고 보고하였다.[97]

거짓말

우리 대부분에게 거짓말은 윤리 위반으로 보인다. 피해자로부터 불공정한 이득을 취하는 거짓말은 분명히 잘못된 것으로 보이지만, 거짓말의 또 다른 종류인 '선의의 거짓말'은 완전히 비윤리적이라고 속단하기가 쉽지 않다. 선의의 거짓말 (benevolent lie)을 듣는 사람은 악의가 없어서라고 생각할 수 있고, 적어도 선의의 거짓말을 하는 사람은 도움이 된다고까지 생각할 수 있다.

선의의 거짓말이 무죄든 아니든 간에, 그러한 거짓말은 면대면 관계 및 온라인 관계에서도 매우 흔하다.[98] 40년에 걸친 연구에서 대다수의 사람들은 거짓말이 정당하다고 인정했다. 이는 가까운 관계에서도 마찬가지였다.[99] 한 연구에서 130명의 참여자는 자신들의 일상적 대화가 진실한지를 파악하도록 요구받았다.[100] 그들이 한 말의 1/3보다 조금 높은 수치인 38.5%만이 완전히 솔직한 것으로 나타났다. 다른 실험에서 참여자는 이틀간 자신의 대화를 기록했고, 후에 자신의 거짓말을 세 보았다. 나중에 결과를 살펴보니 10분마다 3번씩 거짓말을 하였다.[101]

대부분의 사람들은 선의의 거짓말을 하면 듣는 사람에게 혜택이 간다고 생각한다. 초기 인용한 연구에서 대다수의 참가자는 이런 거짓말이 '해야 할 옳은 일'이라고 주장했다. 다른 연구에서는 거짓말로부터 얻는 혜택이 있는 기만적인 그림을 제시했다. 한 연구에서는 세 번의 거짓말 중 두 번이 '이기적인 이유' 때문임이 밝혀졌다.[102] <표 3.1>에 사람들이 거짓말을 하는 많은 이유가 나와 있는데, 다른 것보다 자기 본위인 것이 더 많았다.

사실 연구는 거짓말이 관계를 위협한다고 보고한다.[103] 모든 거짓말이 동일하게 파괴적이지는 않지만 말이다. 한 연구에서 거짓말이 다른 사람에게 받아들여질 수 있는지에 따라 거짓말하는 사람의 동기가 큰 차이를 보인다고 제시한다.[104] 만약 거짓말이 자기 본위적이며 착취적이라면, 거짓말은 관계의 규범을 위반한 것으로 취급될 가능성이 있다. 반면 거짓말이 다른 사람의 감정을 보호하기 위한 것으로 보이면 용서받을 가능성이 증가한다.

표 3.1 사람들이 거짓말을 하는 이유 © Cengage Learning

이유	예
다른 사람 체면 지키기	"걱정하지 마. 아무도 네 스커트에 얼룩이 묻었다는 걸 알아채지 못했을 거야."
자신의 체면 지키기	"서류는 보지 못했어. 실수로 딴 서랍을 열었을 뿐이야."
자원 얻기	"제발 이 반에 저를 넣어주세요. 만약에 들어가지 못하면 전 제때에 졸업하지 못할 거예요."
자원 보호하기	"나도 너한테 돈 빌려주고 싶은데, 나도 돈이 부족하네."
상호작용 시작하기	"실례합니다. 제가 길을 잃어서 그러는데 이 근처에 사시나요?"
사회적으로 관대해지기	"아니야 나 지루하지 않아. 네 휴가에 대해 좀 더 말해줘."
갈등 피하기	"별 일 아니야. 우리는 네 방식대로 할 수 있어. 진짜로."
상호작용 피하기	"재미있을 것 같은데 토요일 저녁엔 좀 바빠."
대화 그만두기	"아, 시간 좀 봐. 나 가야 할 것 같아."

관계가 매우 강렬할 때, 정보의 중요성이 클 때, 다른 사람이 완전히 정직하지 않았던 경험이 있을 때, 거짓말은 실망과 배신의 감정을 증가시킨다. 이 세 가지 요인 중에서 정보의 중요성이 관계 위기를 유발하는 주요 요인으로 증명되었다. '경범죄' 거짓말은 극복할 수 있을지 몰라도, '중범죄'는 심각한 위협이 된다. 사실, 중요한 거짓말을 알아채면 관계가 끝으로 치달을 수 있다. 한 연구에서는 2/3 이상의 참여자가 상대방의 거짓말을 알게 되어서 관계가 끝났다고 보고하였다. 게다가 그들은 거짓말이 직접적으로 관계 종결을 가져온다고 보았다.

여기서의 교훈은 명확하다. 여러분의 관계에서 중요한 부분을 거짓말하는 것은 치명적인 결과를 가지고 올 수 있다. 만약 관계를 유지하는 것이 중요하다면, 적어도 중요한 부분에 대해서는 정직이 최고의 방침일 것이다.

얼버무리기

거짓말을 할지 아니면 불쾌한 진실을 말할 지의 딜레마에 직면했을 때, 의사소통자는 일반적으로 세 번째 접근인 모호하게 말하기를 선택한다.[105] 어떤 친구가 이상한 옷에 대한 여러분의 생각을 물어봤을 때, 여러분은 "그거 진짜 독특해"라고 말할 수 있다. 또는 여러분이 너무 화가 나서 친구의 사과를 받아들이지 못할 것 같은데 옹졸해 보이기는 싫다면, "걱정하지 마"라고 말할 수 있다. 능력 없는 취업 지원자에 대해 애매한 추천을 어떻게 해줄 수 있는지 보여주는 여러 재미있는 이야기도 있다.

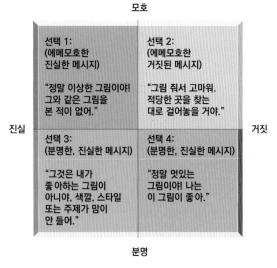

▶ 그림 3.8 진실함과 모호함의 차원 © Cengage Learning

게으른 노동자는 "이 사람이 당신을 위해 일하면 행운이 될 거야." 재능이 없는 사람은 "나는 무조건 이 지원자를 추천해." 어떤 상황에서도 고용되지 않을 지원자는 "이 사람을 고용하는 것은 시간낭비가 아니야."

모호함의 가치는 여러분이 대안을 고려할 때 분명해진다. 여러분이 원하지 않는 선물을 받았을 때 어떤 얘기를 할지에 대한 딜레마를 생각해보아라. 예를 들어 이상한 그림을 준 사람이 그 선물을 어떻게 생각하는지 물어보면 여러분은 어떻게 대답하겠는가? 한편으로 여러분은 사실과 거짓 사이에서 선택해야만 한다. 다른 한편으로는 여러분의 대답이 분명해야 할지 아니면 모호해야 할지를 선택해야 한다. [그림 3.8]은 이런 선택을 보여준다. 이들 중에 모호하면서 진실한 선택 1은 여러 가지 면에서 다른 것보다 낫다.

한 연구에서는 "모호함은 가짜 메시지도 아니고 분명한 진짜 메시지도 아니다. 그것은 이 둘을 피할 때 쓰이는 대안이다"라고 제시했다.[106]

대부분의 사람들은 거짓말을 하기 보다는 모호한 것을 선택할 것이다. 여러 실험에서 참여자는 체면을 지키는 거짓말, 정직한 말, 모호한 말 사이에서 선택을 했다. 6%의 사람만이 거짓말을 선택했고, 3~4%만이 마음이 상할 수 있는 정직한 말을 선택했다. 이와 대조적으로 90% 이상이 모호한 응답을 선택했다.[107] 사람들은 흔히 자신이 모호한 것보다 진실을 말하기를 선호한다고 말하지만, 실제로는 진실보다는 적합한 것을 선택한다.[108]

Dilbert, Scott Adams/Universal Uclick

직접적 진술	체면을 유지하는 암시
난 너무 바빠서 이 대화를 계속할 수가 없어.	네가 바쁜 거 알아. 가도 괜찮아.
여기서 담배 그만 피워줘. 너무 거슬린다.	여기서 담배 피는 거 금지되어 있다고 알고 있어.
너를 점심에 초대하고 싶지만, "안 돼"라는 대답을 들을 위험을 감수하고 싶지는 않아.	어머나, 벌써 점심시간이네. 이 근처에 있는 새로운 이탈리안 레스토랑 가본 적 있어?

암시

암시는 모호한 진술보다 좀 더 직설적이다. 모호한 진술에는 반드시 다른 사람의 행동을 변화시키려는 목적이 있지 않지만, 암시에는 다른 사람에게 바라는 응답을 얻고자 하는 목적이 있다.[109]

암시는 있는 그대로의 진실이 초래하는 불편함을 모면하게 해 준다. 체면을 지켜주는 암시의 이러한 가치 때문에, 의사소통자는 난처한 메시지를 완전히 개방하기 보다는 간접적으로 전달하기 쉽다.[111] 암시의 성공 여부는 상대방이 표현되지 않은 메시지를 알아챌 가능성에 달려 있다. 여러분의 미묘한 표현은 섬세하지 않은 사람에게는 잘 전달되지 않을 수도 있다. 만약 이런 일이 일어난다면, 여러분은 좀 더 직접적으로 말하기로 결심할지도 모른다. 그러나 직접적인 메시지의 대가가 매우 클 것 같으면, 여러분은 위험을 감수하지 않고 물러설 것이다.

회피의 윤리학

왜 사람들이 완전한 자기개방보다 암시, 모호, 선의의 거짓말을 선택하는지 쉽게 알 수 있다. 이러한 전략은 까다로운 상황을 관리하는 보다 쉬운 방법을 메시지 발화자와 수용자 모두에게 제시한다. 이런 관점에서 성공적으로 거짓말 하는 사람, 모호하게 말하는 사람, 암시하는 사람은 이런 종류의 의사소통 능력을 지녔다고 말할 수 있다. 반면 정직이 고통스럽지만 올바른 방법인 순간도 있다. 이런 순간을 회피하는 사람은 상황을 가장 효과적으로 다룰 능력이나 진실성이 없는 사람으로 비춰질 수 있다.

암시, 선의의 거짓말, 모호는 자기개방의 윤리적 대안인가? 일부의 예는 이에 대한 대답이 '예'라는 것을 시사한다. 많은 사회과학자들과 철학자들이 이에 동의한다. 이들 중 일부는 거짓말에 대한 발화자 동기의 도덕성에 대해 판단해야지 거짓말 자체에 대해 판단해서는 안 된다고 주장한다. 그리고 또 어떤 사람들은 과연 거짓말의 결과에 거짓말을 할 만큼의 가치가 있는지를 묻는다.

아마도 올바른 질문은 비직접적인 메시지가 듣는 사람의 입장에서 진실한지, 그리고 이런 종류의 회피가 주어진 상황에서 유일하거나 최선의 방법인지일 것이다.

요약

자기개념은 상대적으로 안정적인 개념이다. 자기존중감은 자기가치 평가와 관련이 있다. 자기의 일부 특성은 유전된 성격 특질의 결과이다. 또한 자기개념은 반영 평가인 중요한 타인의 메시지와 참조집단과의 사회적 비교를 통해 형성된다. 자기개념은 주관적이며 다른 사람으로부터 인식되는 방식에 따라 다양하다. 자기가 시간에 따라 발전하더라도, 자기개념은 변화에 저항한다. 자기개념에 영향을 주는 다른 요인은 문화, 성/성(sex/gender)이다. 다른 사람의 자기개념뿐만이 아니라 자신의 자기개념도 자기충족적 예언을 통해서 변할 수 있다.

인상관리는 한 사람을 보는 다른 사람의 인식에 영향을 미치도록 고안한 전략적 의사소통으로 구성되어 있다. 인상관리는 한 가지 또는 여러 가지 얼굴을 다른 사람에게 표현하는 것이 목표이다. 이는 다른 사람이 존재하지 않을 때의 개인적 행동이나 자연스러운 행동과는 다르다. 의사소통자는 자신의 예절, 외모, 다른 사람과 상호작용하는 환경을 관리함으로써 정체성을 형성한다. 인상관리는 면대면 의사소통과 매개된 의사소통에서 모두 발생한다. 각 사람은 다양한 얼굴을 가지고 있으며, 상황에 따라 어느 것을 정직하게 드러낼 필요가 있는지 없는지 선택할 수 있기 때문이다.

대인관계에서 중요한 이슈는 자기개방 즉, 자기를 다른 사람에게 의도적으로 정직하게 드러내는 메시지이다. 사회적 침투 모형과 조하리 창은 다른 사람에 대한 자기개방을 설명하는 도구이다. 의사소통자는 다양한 이유로 개인적 정보를 드러낸다. 이러한 이유에는 정화, 상호성, 자기 명료화, 자기 타당화, 정체성 관리, 관계 유지와 향상, 사회적 영향력이 있다. 자기개방의 위험은 거절의 가능성, 부정적 인상, 관계 만족의 감소, 영향력 상실, 다른 사람 상처주기를 포함한다. 자기개방에 대한 네 가지 대안에는 침묵, 거짓말, 모호, 암시가 있다. 이것들은 자기개방의 윤리적 대안이지만, 효과와 윤리성은 발화자의 동기와 거짓말의 영향력에 달려 있다.

핵심 용어

깊이   자기개념

반영평가   자기존중감

사생활 관리   정체성 관리

사회비교   조하리 창

사회적 침투   중요한 타인

선의의 거짓말   지각된 자기

성격   참조집단

인지적 보수주의   폭

자기개방   표현적 자기

자기충족적 예언

© Jeancliclac/Fotolia

이 장(章)에서 다루는 주제

지각:
보는 것이 실재하는 것이다

학습 효과

1. 주어진 상황에서 선택, 조직화, 해석, 그리고 협상의 과정이 어떻게 의사소통을 형성하는지 기술할 수 있다.

2. 특정한 상황에서 지각에 영향을 미치는 요인이 의사소통에 어떻게 영향을 미치는지 설명할 수 있다.

3. 지각의 일반적 경향성이 다른 사람에 대한 여러분의 평가와 의사소통을 어떻게 왜곡하는지 분석할 수 있다. 대안적으로 보다 더 정확한 지각을 위해 이러한 정보를 이용할 수 있다.

4. 중요한 관계에서 지각 점검의 기술을 어떻게 사용할 수 있는지 설명할 수 있다.

5. 중요한 의견충돌에 '베개법'을 적용함으로써 인지적 복잡성을 향상시킬 수 있다. 이러한 상황에 대한 확장된 관점이 어떻게 의사소통에 영향을 미치는지 설명할 수 있다.

비현실적 세상은 우리가 일상에서 마주치는 다양한 어려움을 잘 보어주는 유용한 은유다. 우리는 각자 다른 현실을 경험한다. 이때 다른 사람의 관점을 이해하지 못하면 현실적으로나 관계적으로 문제가 생길 수 있다. 그러나 지각적 차이가 관계를 향상시킬 수도 있다. 다른 사람의 눈으로 세상을 봄으로써, 자신의 경험을 통해서 얻는 통찰보다 좀 더 가치 있는 색다른 통찰을 얻을 수 있기 때문이다.

이 장(章)은 지각적 차이에 따른 의사소통의 어려움을 다루는 데 도움을 줄 것이다. 먼저 세상이 우리 각각에게 왜 다르게 보이는지 몇 가지 이유를 살펴보겠다. 우리가 살펴볼 영역은 다음과 같다. 먼저 우리의 심리적 특성, 개인적 욕구와 흥미 그리고 편향이 어떻게 우리의 지각을 이끄는지 살펴본다. 그 다음으로 우리의 세계관에 영향을 미치는 생리적 요인, 사건의 이미지에 영향을 미치는 사회적 역할, 적절한 행동에 대한 우리의 판단에 문화가 미치는 영향을 살펴보겠다. 그리고 우리를 분열시키는 지각적 요인을 검토한 후, 지각적 간극을 연결시켜줄 두 개의 유용한 기술을 살펴본다.

지각 과정

주변 세계에 대한 지각은 사람에 따라 다르다. 단순히 공원을 산책하는 것도 어떤 흥미를 가진 사람들과 하느냐에 따라 다른 경험이 될 것이다. 식물학자들은 초목에 신경을 쓸 것이고, 패션 디자이너는 사람들의 옷에 관심을 가질 것이다. 그리고 미술가들은 사람과 주변 환경의 색상이나 형태에 주목할 것이다. 우리가 아무리 신경을 쓴다고 해도 모든 것을 다 감지할 수는 없다. 너무나 많은 일들이 펼쳐지고 있기 때문이다. 지각을 조직화하는 능력은 우리의 능력이 기능하는 데 매우 중요한 요인이기 때문에, 이러한 과정을 좀 더 세심히 살피는 것으로 지각에 대한 공부를 시작할 필요가 있다. 경험에 의미를 부여하는 데 거치는 네 가지 단계즉, 선택, 조직화, 해석, 협상을 살펴보겠다.

선택

우리는 자신이 처리할 수 있는 것 이상의 많은 자극에 개방되기 때문에, 지각의 첫 단계는 우리가 어떤 느낌에 주의를 기울일 것인지 선택(selection)하는 것이다. 몇몇 요인 때문에 우리는 어떤 것에는 주목하고 어떤 것은 무시한다.

강력한 자극이 종종 우리의 주의를 끈다. 다른 조건이 모두 동일할 때, 소리가 더 크거나 규모가 더 큰 혹은 빛깔이 더 밝은 사물이 우리의 주의를 끈다. 키가 매우 크거나 반대로 매우 작은 사람을 더 쉽게 기억하고, 파티에서 크게 웃거나 말하는 사람이 조용한 사람보다 (항상 호감이 가지는 않지만) 더 주의를 끄는 이유가 여기에 있다.

반복적인 자극 역시 주의를 끈다.[1] 물방울이 조용하지만 끊임없이 떨어지는 수도꼭지가 우리의 의식을 지배할 수 있듯이, 우리가 자주 접하는 사람은 우리 눈에 잘 띈다.

흔히 주의는 자극의 대조나 변화와 관련되어 있다. 다른 말로 하면, 변화가 없는 사람이나 사물은 비교적 주목을 덜 받는다. 좋은 사람과 빈번하게 상호작용하다보면 우리는 그들의 친절을 당연시하는데, 그 이유를 이러한 원리로 설명할 수 있다. 안타깝게도 우리가 그들의 진가를 인정했을 때는 그들이 더 이상 친절하지 않거나 그들이 우리 곁을 떠나갔을 때일 수도 있다.

동기 역시 우리가 환경으로부터 선택하는 정보를 결정한다. 여러분은 데이트에 늦을까봐 불안할 때 주변의 시계에 주목할 것이고, 배가 고플 때는 음식점이나 시장을 지나가는 길가의 음식 광고판에 주목할 것이다. 또한 동기는 사람에 대한 우리의 지각을 결정한다. 예를 들면 낭만적 모험을 추구하는 사람은 매력적인 파트너를 찾는 데 특별히 주목할 것이다. 그러나 그 사람이 응급상황에 있다면, 경찰과 의료진 이외의 사람들은 의식하지 못할 것이다.

선택은 몇몇 자극에 주의를 기울이는 문제일 뿐만 아니라 다른 단서들을 무시하는 일이기도 하다. 예를 들면 여러분이 누군가를 대단한 사람이라고 판단하면, 여러분은 그의 결점을 간과할 수 있다. 여러분이 불공정한 남자 상사의 사례에 초점을 맞추면, 불공정한 여자 상사의 불공정함은 인식하지 못할 수도 있다. 우리가 어떻게 특정 자극은 선택하고 다른 자극은 무시하는지 그 흥미로운 사례를 살펴보기 위해, 온라인에서 '착시'를 검색한 뒤 Daniel Simons의 연구와 관련한 영상을 보라.[2]

조직화

▶ 그림 4.1 '꽃병-얼굴' 그림
© Cengage Learning

환경에서 나오는 정보를 선택하는 것과 함께, 우리는 그것을 의미 있는 방식으로 배열해야 한다. [그림 4.1]을 살펴봄으로써 조직화(organization)의 원리가 어떻게 작동하는지 알 수 있다. 여러분이 밝은 영역과 어두운 영역 중 어디에 초점을 두느냐에 따라 두 명의 똑같은 얼굴과 꽃병 중 하나를 보게 된다. 이러한 예와 같이, 우리는 덜 두드러진 배경(ground)과 대조를 이루는 두드러진 전경(figure)으로서 특정 자극을 감지한다. '꽃병-얼굴' 그림이 흥미로운 이유는 우리가 두 가지의 전경-배경 관계 중에서 하나를 선택할 수 있기 때문이다.

전경-배경 조직화의 원리는 의사소통에서도 작동한다. 예를 들면, 특정한 말이 와글거리는 소리로부터 어떻게 갑자기 부각되는지 상기해보라. 여러분의 이름이 들어 있는 말이나 친숙한 목소리의 말은 때때로 눈에 잘 띈다.

우리들 각자는 많은 (사회과학자들이 지각적 도식이라 부르는) 도식을 이용하여 다른 사람에 대한 인상을 조직화할 수 있다. 남성 혹은 여성, 아름다운 혹은 못생긴, 뚱뚱한 혹은 날씬한, 젊은 혹은 늙은 등 때로 우리는 외모에 따라 사람들을 분류한다. 또는 학생, 변호사, 부인 등 사회적 역할에 따라 그들을 분류한다. 우리는 사람들의 상호작용 스타일에 따라서도 그들을 분류할 수 있다. 친절한, 도움을 주는, 냉담한, 빈정대는 등과 같은 예가 있다. 또 다른 경우, 우리는 그들의 심리적 특성에 따라 호기심 많은, 초조한, 불안한 사람 등으로 구분할 수 있다. 마지막으로, 우리는 사람들의 멤버십을 이용하기도 하는데, 민주당, 이민자, 기독교인 등 소속집단에 따라서 그들을 분류한다.

우리가 사용하는 지각적 도식은 우리의 사고방식과 타인과의 의사소통 방식

잠시 생각해보기

여러분의 지각적 도식

1. 다음의 각 맥락에서 사람들을 분류하기 위해 이 절에서 설명한 도식(예: 외모, 사회적 역할, 상호 작용 스타일, 심리적 특질, 혹은 멤버십) 중 여러분이 사용할 수 있는 지각적 도식을 알아보라. 기본적인 조직화 도식을 선택한 후, 각 유형에 대한 여러분의 생각(예: 매력적인, 대략 나와 연령이 같은)을 기술하라.

   a. 파티에서 처음 알게 된 사람과 시간을 보내기

   b. 직장에서 동료 직원과 교체하기

   c. 중요한 수업 프로젝트를 위해 팀원을 선택하기

   d. 고립된 운전자에게 도움 주기

2. 다음을 고려해보라.

   a. 각 맥락에서 여러분이 사용할 수 있는 또 다른 도식

   b. 바로 앞 단계에서 여러분이 살펴본 대안적 도식과 원래 여러분이 선택한 도식을 사용할 때 나올 수 있는 서로 다른 결과

   c. 여러분이 다른 도식을 사용했다면, 여러분의 관계가 어떻게 변화했을까?

을 결정한다. 여러분이 교수를 '친근한'으로 분류할 때와 '비열한'으로 분류할 때 질문이나 문제를 다루는 방법은 매우 다를 것이다. 자신의 삶에서 만나는 사람들을 분류하기 위해 여러분은 어떤 개념을 사용하는가? 여러분이 지금과는 다른 도식을 사용했다면 여러분의 관계가 어떻게 달라졌을지 생각해보라.

고정관념　　　사람들을 분류하기 위해 특정 도식을 선택한 후에, 우리는 그 도식을 이용해서 그 범주에 속하는 모든 사람들을 일반화하고 그들의 행동을 예측한다. 가령 여러분이 성(gender)을 특별히 의식하고 있다면, 여러분은 남성과 여성이 행동하는 방식이나 그들을 대하는 방식에서의 차이점을 유심히 살필 것이다. 여러분의 인생에서 종교가 중요하다면, 여러분은 아마도 자신과 믿음이 같은 사람들과 그렇지 않은 사람들을 구분할 것이다. 인종이 여러분에게 중요한 문제라면, 여러분은 아마도 다양한 인종 집단 간의 차이에 초점을 맞출 것이다. 그러한 구분

이 정확하다면, 일반화에 대한 문제는 없을 것이다. 사실 이러한 구분 없이 무언가를 이해한다는 것은 불가능할 수 있다.

그러나 일반화가 사실과 다르다면, 그것은 고정관념(stereotyping) 즉, 하나의 범주화와 관련된 과장된 일반화를 초래한다.[3] 고정관념이 진실의 핵심에 기초할 수도 있지만, 어느 정도는 현실을 벗어나 있고 종종 타당하지 않은 주장을 만들어낸다.

여러분은 다음의 문장을 완성함으로써 자신의 일반화 경향성과 고정관념을 알아차릴 수 있다.

1. 여자들은 _____
2. 남자들은 _____
3. 보수주의자들은 _____
4. 채식주의자들은 _____
5. 무슬림들은 _____
6. 노인들은 _____

여러분은 각 문장을 많이 망설이지 않고 완성할 수 있을 것이다. 그것이 여러분이 고정관념적이라는 것을 의미하는가? 여러분의 일반화가 고정관념의 세 특징에 부합하는지 살펴봄으로써 이 질문에 답할 수 있다(우리는 여기서 노인을 예를 들어보고자 한다).

- 종종 여러분은 쉽게 파악할 수 있는 특징에 기초하여 사람들을 범주화한다. 연령은 상대적으로 확인하기가 쉽기 때문에, 여러분이 여든쯤 되는 외모의 사람을 본다면 그 사람을 빠르게 '노인'으로 범주화 할 수 있다.
- 여러분은 특정 범주에 속하는 사람들 대부분 혹은 전체가 어떤 특성들을 가지고 있다고 생각한다. 몇몇 나이든 친척들과의 (제한적인) 경험에 기반해서, 여러분은 노인들이 잘 듣지 못하고 정신적으로 기민하지 못하다고 결론 내린다.
- 여러분은 이러한 특성을 집단의 다른 모든 구성원에게도 적용한다. 상점에서 노인과 만나면, 여러분은 매우 크고 느리게 말한다. 당연히 여러분의 고

정관념에 들어맞지 않는 에너지 넘치며 정정한 노인에게는 그것이 매우 짜증나는 일이 될 수 있다.[4]

일단 고정관념을 형성하면, 우리는 종종 자신의 부정확한 신념을 지지하는 행동을 찾아내곤 한다. 예를 들면, 갈등관계에 있는 남녀는 종종 상대방의 행동 중에서 자신의 성 고정관념에 들어맞는 행동만 기억한다.[5] 그 다음, 자신의 고정관념적이고 부정확한 주장에 대한 적합한 증거로서

코미디 영화 'Dear White People'은 몇몇 흑인 학생들이 가상적인 아이비리그 대학교에서 직면하는 도전들을 시간 순으로 그리고 있다. 다수의 백인 학생들은 흑인 학생들에 대해 고정관념을 가지고 있지만, 이 영화는 그런 유색 학생들이 자신의 독특한 정체성을 유지하기 위해 직면하는 어려운 문제들을 재미있게 조명하고 있다. 여러분은 언제 다른 사람을 고정관념적으로 보는가? 그것이 다른 배경을 지닌 사람과의 관계에 어떠한 영향을 미치는가?

Allstar Picture library

그러한 행동을 들먹인다, "봐! 당신은 나를 또 비난해. 당신도 어쩔 수 없는 여자야!" 그러나 이러한 행동은 아마도 상대방이 전형적으로 하는 대표적인 행동은 아닐 것이다.

고정관념은 인종 간 의사소통을 힘들게 한다.[6] 대학생들의 태도에 관한 연구에 따르면, 많은 흑인들은 백인들을 '과하게 요구하고' '영악한' 사람으로 특징짓는 반면, 많은 백인들은 흑인들을 '시끄럽고' '허세적인' 사람이라고 특징짓는다. 이러한 고정관념은 사적 관계뿐만 아니라 직업적 관계까지도 방해한다. 예를 들면 미국에서 의사—환자의 의사소통 특히, 백인 의사와 소수인종 환자의 의사소통은 서로에 대한 고정관념에 의해 악영향을 받는다. 의사들은 자신의 환자가 이해하지 못할 것이라고 생각하기 때문에 중요한 정보를 제공하지 않을 수 있다. 환자들 역시 의사가 자기에게 할애할 시간이 없다고 생각하기 때문에 중요한 질문을 하지 않을 수 있다. 이러한 종류의 예상대는 자기충족적 소용돌이(spirals)와 수준 낮은 의료 서비스를 초래한다.[7]

고정관념이 언제나 나쁜 의도에서 출발하는 것은 아니다. 어떤 경우에는 부주의한 일반화가 좋은 의도나 심지어 지식의 부족으로 생길 수도 있다. 예를 들면 집

Jone Jonik

단주의 문화에서 자란 사람들은(3장을 볼 것) 집단 규범에 순응하는 경향이 있다는 식으로 여러분이 알고 있다면, 여러분은 그런 문화권의 사람들이 모두 집단에 맹목적으로 헌신할 것이라고 잘못 가정할 수도 있다. 그러나 한 집단의 모든 구성원들이 동일하게 집단주의적이거나 개인주의적인 것은 아니다. 가령 유럽계 미국인들과 라틴계 미국인들은 각 집단 내에서 차이를 보였다.[8] 일부 라틴계 사람들은 일부 유럽계 미국인들보다 더 독립적이었고, 그 반대도 마찬가지였다. 더욱이, 일본(전통적으로 집단주의 문화)의 십 대들은 종종 개인주의와 집단주의 그리고 오랜 전통과 지금의 경향 간에 혼란을 느낀다고 말한다.[9] 우리의 '지구촌'이 기술과 미디어로 점점 더 연결됨에 따라 특정 문화에 관한 일반화는 점점 어려워지고 있다.

지나친 고정관념으로부터 발생하는 의사소통 문제를 피하는 한 가지 방법은 다른 사람을 탈범주화하는 것이다. 즉, 그 집단의 모든 다른 구성원들에게 부여한 특성을 그들도 똑같이 가지고 있다고 가정하지 말고 그들을 개인으로서 대우하는 것이다. 여러분이 다른 사람과 상호작용하는 동안 그들의 몇몇 특징을 '배경'으로 이동시키고 다른 특징들을 전경으로 이동시키면, 여러분의 의사소통이 어떻게 변화하는지 살펴보라.

방점   조직화 과정은 사람들에 대한 우리의 일반화된 지각 그 이상이다. 우리는 또한 타인과의 상호작용 순서를 다르게 할 수 있고, 이것이 타인과의 관계에 큰 영향을 미칠 수 있다. 의사소통 이론은 일련의 상호작용에서 원인과 결과에 대한 결정을 기술하기 위해 방점(punctuation)이라는 용어를 사용한다.[10] 여러분은 남편과 부인 사이의 계속적인 언쟁을 가시화함으로써 방점이 어떻게 작동하는지 이해할 수 있다. 남편은 부인이 너무 많이 요구한다고 비난하고, 부인은 남편이 자기로부터 뒤로 물러나 있다고 불평한다. 각 파트너가 이러한 순환에 어떤 순서로 방점을 찍느냐에 따라 언쟁은 달리 보인다. 남편은 부인을 비난하는 것으로 시작할 것이다, "당신이 너무 많은 요구를 하니까 내가 뒤로 물러나 있는 거야." 부인은 다른 식으로 상황을 조직화할 것이다, "당신이 뒤로 빠져 있으니까 내가 요구하는 거야." 이러한 종류의 요구—회피 논쟁은 친밀한 관계에서 빈번하게 나타난다.[11] 이러한 순환이 시작된 후에, 어떤 비난이 정확하다고 말할 수 없다. 그에 대한 대답은 그 문장에 어떻게 방점을 찍느냐에 달려있다. [그림 4.2]는 이러한 과정이 어떻게 작동하는지 예시해 준다.

방점#1
요구 ⟶ 회피 ⟶ 요구 ⟶ 회피

방점#2
회피 ⟶ 요구 ⟶ 회피 ⟶ 요구

▶ **그림 4.2 동일한 사건에 한 가지 이상의 방식으로 방점을 찍을 수 있다.**   © Cengage Learning

방점을 다르게 하는 것은 다양한 의사소통 문제를 야기할 수 있다. 다음의 상황이 방점에 따라 얼마나 다르게 보이는지 주목해서 보라.

"내가 네 친구를 별로 좋아하지 않는 이유는 그가 말을 하지 않기 때문이야."
"그가 너에게 말하지 않는 이유는 네가 그를 좋아하지 않는 것처럼 행동하기 때문이야."
"내가 계속 얘기하는 이유는 네가 너무 많이 끼어들기 때문이야."
"내가 끼어드는 이유는 내 생각을 말할 기회를 네가 주지 않기 때문이야."

어떤 방점 도식이 옳은지를 두고 벌이는 논쟁은 문제를 더욱 악화시킬 것이다. 논쟁은 각 입장에 따라 다르게 보일 수 있다는 것을 인정하고, "상황을 개선하기 위해 우리가 무엇을 할 수 있는가?"라는 보다 더 중요한 질문으로 이동하는 것이 훨씬 더 생산적이다.

실습하기

방점 연습하기

여러분은 방점 패턴의 차이가 태도와 행동에 미치는 영향을 아래의 지시문을 통해 알 수 있다.

1. [그림 4.2]에 제시한 형식을 이용해서 아래의 상황을 도식화하라.
   a. 아버지와 딸은 자라면서 더 멀어진다. 딸은 아버지의 냉랭함을 거절로 해석하기 때문에 뒤로 물러난다. 아버지는 딸의 무관심을 거부로 보기 때문에 뒤로 물러난다.
   b. 두 친구 사이의 관계가 긴장에 싸인다. 긴장을 풀기 위해 한 명이 농담을 한다. 상대방은 더 긴장한다.
   c. 연인이 이별하기 직전이다. 한쪽이 상대방에게 더 많은 애정을 보여 달라고 요구한다. 다른 한쪽은 신체적인 접촉을 회피한다.
2. 이제 여러분 자신의 삶에서 지속적으로 어려운 의사소통 문제 하나를 생각해보라. 두 가지 방식으로 그것에 방점을 찍어라. 즉, 여러분이 그것에 어떻게 방점을 찍는지 그리고 상대방이 그것에 어떻게 방점을 찍을 수 있는지 생각해 보라. 상대방의 관점에서 그 문제를 바라보는 것이 여러분의 의사소통 방식을 어떻게 바꿀 수 있는지 논의해보라.

해석

우리는 지각할 대상을 선택하고 조직화한 다음 수집하고 분류한 정보를 해석한다. 해석(interpretation)은 감각 자료에 의미를 부여하는 것으로, 이것은 실제 모든 대인 간 활동에서 한몫을 한다. 붐비는 방 저편에서 여러분에게 미소를 보내는 저 사람은 연애에 관심이 있는 것일까 아니면 단순히 친절한 것일까? 친구의 농담은 애정의 표현일까 아니면 짜증의 신호일까? "언제든 우리 집에 들러"라는 초대를 여러분은 문자 그대로 받아들여야 하는가? 몇 개의 요인이 주어진 사건을 특정한 방식으로 해석하게 만든다.

상대방에 대한 몰입 정도 왜 출근시간에 늦었는지 두 명의 직장동료가 똑같은 변명을 여러분에게 한다. 한 명은 가까운 친구이고 다른 한 명은 여러분이 잘 알지 못하는 사람이다. 여러분은 친한 친구의 변명을 훨씬 더 너그럽게 해석할 수 있다.

개인적 경험　　유사한 사건을 경험했는가? 예를 들면 여러분이 과거에 건물주로부터 부당하게 바가지를 썼다면, 집을 깨끗이 쓰면 여러분의 보증금을 되돌려준다는 믿을 만한 아파트 관리인의 말에 여러분은 회의적일 수 있다.

인간 행동에 대한 가정　　"사람들은 일반적으로 무언가를 얻기 위해 가능한 적게 일하고자 한다.", "실수를 함에도 불구하고, 사람들은 자신이 할 수 있는 최선을 다한다." 이러한 신념은 다른 사람의 행동을 해석하는 우리의 방식을 결정할 것이다.

태도　　우리의 태도는 다른 사람의 행동을 이해하는 방식을 결정한다. 예를 들면 한 남자가 다른 남자에게 "당신을 사랑해"라고 말하는 것을 여러분이 우연히 들었다면, 여러분은 어떻게 생각하겠는가? 한 연구에서 높은 동성애 혐오증(동성애자에 대한 차별이나 공포)을 지닌 사람은 이러한 말을 근거로 화자가 게이라고 해석하기 쉽다.[12]

기대　　기대는 해석을 만들어낸다.[13] 여러분이 3장에서 읽은 것처럼, 자신의 학생이 수행을 잘 할 것으로 기대하는 교사는 그 학생들을 다르게 생각하고 대우할 것이다. 대인 간 상호작용도 이와 마찬가지다. 기대는 주변 사람들에 대한 지각과 행동에 영향을 미친다. 이후의 장에서 이러한 일반적 경향성을 더 논의할 것이다.

지식　　한 친구가 애인에게 차이거나 직장에서 해고되었다는 사실을 여러분이 알았을 때, 그의 냉랭한 행동에 대한 여러분의 해석은 그러한 사실을 몰랐을 때와는 다를 것이다. 한 강사가 모든 학생들에게 빈정거리며 말한다는 것을 여러분이 알고 있으면, 여러분은 그의 말을 개인적인 것으로 받아들이지 않을 것이다.

자기개념　　여러분이 불안할 때 경험하는 세상은 그렇지 않을 때 경험하는 세계와는 매우 다르다. 예를 들면 수신자의 자기개념은 놀리는 사람의 동기를 우호적 혹은 적대적으로 해석할지 여부, 그리고 편안하게 혹은 방어적으로 반응할지 여부를 결정하는 데 가장 중요한 요인이다.[14] 자신에 대한 느낌은 다른 사람의 행동을 해석하는 데 큰 영향을 미친다.

관계 만족   여러분이 파트너와 행복할 때 긍정적으로 보이는 행동도 그 파트너와 불만족할 때에는 완전히 다르게 보인다. 예를 들어, 만족하는 사람보다 불만족하는 사람은 일이 잘못되었을 때 상대방을 비난할 가능성이 더 높다.[15] 그들은 또한 자신의 파트너가 이기적이고 부정적인 의도를 가지고 있다고 믿기 쉽다.

우리가 선택, 조직화, 그리고 해석을 분리하여 설명했지만, 지각의 이 세 단계는 다양한 순서로 연속적으로 발생할 수 있다. 예를 들면, 부모나 보모의 과거 해석(가령, Jason은 말썽꾸러기야)은 향후 선택(그의 행동이 유독 눈에 띔)과 사건의 조직화(싸움이 발생하면 제이슨이 시작했을 거라는 가정)에 영향을 미칠 수 있다. 모든 의사소통과 마찬가지로, 지각은 지속적인 과정이기 때문에 그 시작과 끝을 분명히 정의하기란 어렵다.

협상

지금까지 우리의 논의는 각 개인의 마음에서 발생하는 지각의 구성 요소 즉, 선택, 조직화, 그리고 해석에 초점을 두었다. 그러나 지각은 홀로 발생하는 활동이 아니다. 사람들이 서로의 지각에 영향을 미치고 공유된 지각을 얻고자 노력하는 과정 속에서 지각의 상당 부분이 만들어진다. 이러한 과정을 협상(negotiation)이라 한다.

일이나 사람에 대한 자신의 생각을 다른 사람의 생각과 비교하지 않고 그에 대한 결론은 내리는 일은 흔하지 않다. 예를 들면 여러분이 방금 만난 사람이 매력적이라고 생각한다고 해보자. 여러분은 친구들에게 그들의 의견을 물을 수 있다. 만약 여러분이 부정적인 평가를 듣는다면, 여러분은 자신의 처음 지각을 수정할 것이다. 물론 극단적으로 바꾸지는 않겠지만 적어도 약간은 수정할 것이다. 이러한 과정을 조사한 한 연구에서, 대학생들은 일련의 사진 속 모델들의 매력을 평가했다.[16] 동일한 사진에 대한 다른 사람들의 평가를 볼 수 있던 대학생들은 그들의 의견을 다른 사람들과 일치하는 방향으로 천천히 이동해갔다. 이것은 아름다움이 보는 개인의 시각에 달려 있는 것이 아니라, 협상을 하는 다수의 눈에 달려있다는 것을 의미한다.

어떻게 협상이 작동하는지 이해하는 한 가지 방법은 대인 간 의사소통을 이야기(stories)의 교환으로 보는 것이다. 학자들은

_____ 영화 'Enough Said'에서 Eva(Julia Louis-Dreyfus 역)는 새로운 남자친구 Albert(James Gandolfini 역)의 이전 부인으로부터 그에 대한 부정적인 정보를 들은 후 그에 대한 자신의 긍정적인 평가를 바꾼다. 다른 사람에 대한 여러분의 서사적 평가가 다른 사람으로부터 새로운 정보를 들은 후 바뀐 경우가 있는가?

20th Century Fox/Allstar

우리가 개인적 세계를 기술하기 위해 사용하는 이야기를 내러티브(narratives)라고 부른다.[17] 사실상 모든 대인 간 상황은 하나 이상의 이야기로 기술할 수 있다. 종종 이러한 이야기는 서로 다르다. 다투는 아이들에게 왜 싸우는지 물어보라. 그러면 그들은 싸움을 시작한 데는 상대방에게 책임이 있다고 할 것이다. 마찬가지로, 법정은 누가 악인이고 누가 영웅인지에 대해 매우 달리 이야기하는 사람들로 가득차 있다. 갈등관리는 때로 동일한 사건에 대한 서로 다른 지각의 협상과정이다.

우리의 이야기가 다른 사람의 이야기와 충돌할 때, 우리는 자신의 관점을 고수하고 다른 사람의 생각을 거절할 수 있다(이는 일반적으로 생산적이지 않다). 또는 적어도 합의점을 찾기 위해 협상을 시도할 수 있다. 공유된 이야기는 순조롭게 의사소통할 수 있는 최상의 기회를 제공한다. 예를 들면, 관계상의 장애물에 대항하여 그것을 성공적으로 극복한 연인은 그러한 경험이 없는 연인에 비해 더 행복하다.[18] 마찬가지로, 자기들의 관계에서 주요 전환점에 대한 의견이 같은 커플은 주요 사건에 대한 관점이 서로 다른 커플보다 더 만족했다.[19]

공유된 이야기가 반드시 정확할 필요는 없다. 50년 혹은 그 이상 행복한 결혼생활을 하고 있다고 보고한 커플들의 이야기는 사실과 일치하지 않았다. 객관적으

로는 그들이 서로 다툰 경험이 있는 데도 불구하고, 그들은 똑같이 거의 다투지 않았다고 보고했다.[20] 그렇게 하자고 분명하게 동의한 것도 아닌데, 그들은 문제가 생기면 서로를 비난하기보다는 외부 요인이나 이상한 상황을 비난했다. 그들은 상대방의 행동을 너그럽게 해석했고, 일이 잘 진행되지 않을 때에도 배우자의 의도를 좋게 믿었다. 그들은 위반행동을 기꺼이 용서하고 심지어 잊어버렸다. 의사소통 연구자 Judy Pearson은 이러한 발견을 다음과 같이 평가했다.

> 행복한 커플들은 현실을 잘 파악하지 못한다고 결론을 내려야 할까? 아마도 그들은 그런 것 같다. 그러나 어떤 사람의 실제 결혼생활을 그 당사자보다 외부의 구경꾼들이 더 잘 알 수 있을까? 결론은 분명하다. 장기적이고 행복한 결혼생활의 핵심은 당신 스스로 그러한 결혼생활을 하고 있다고 자기 자신에게 그리고 다른 사람들에게 말하고 또 실제로 그런 것처럼 행동하는 것이다.[21]

지각에 영향을 미치는 요인

지금까지 우리는 지각하는 과정을 탐색했다. 이제는 우리가 정보를 선택하고, 조직화하고, 해석하고, 그리고 협상하는 데 영향을 미치는 몇몇 요인을 살펴볼 것이다.

정보에 대한 접근

우리는 자신이 알고 있는 것만 이해할 수 있다. 그리고 우리의 삶에서 가장 가까운 사람에 대해서도 모든 것을 알 수는 없다. 다른 사람에 대한 새로운 정보를 이용할 수 있으면, 그에 대한 여러분의 지각은 변한다. 여러분이 강사를 단지 수업 때만 본다면, 그 강사에 대한 여러분의 결론은 강사라는 역할에만 국한되어 이루어진 것이다. 혼잡한 통근 시간대에 운전하는 사람, 콘서트에 다니는 사람, 혹은 쇼핑하는 사람의 역할을 수행하는 그를 본다면, 여러분의 지각은 아마도 달라질 것이다(우리 중 대다수는 학교 선생님이 상점으로 뛰어 들어가는 모습을 보고 그의 학교 밖 모습에 충격을 받은 기억이 있다.).

다른 사람의 역할이 여럿일 때, 우리는 종종 그들에 관한 새로운 정보를 얻는다. 직장인 회식에서 어떤 일이 일어날지 생각해보라. 한 개인이 '회사'와 '파티'에서 수행하는 역할은 일반적으로 매우 다르다. 그래서 여러분은 이러한 회식자리에서 기대하지 않던 행동을 볼 수 있다. 유사

_____ 'The Disappearance of Eleanor Rigby'는 개별 영화 3개를 하나로 묶은 제목이다. 작가 겸 감독인 Ned Benson은 동일한 이야기를 그, 그녀, 그들이라는 3개의 서로 다른 관점에서 풀어내고 있다. 여러분의 대인관계를 자신의 관점, 파트너의 관점, 혹은 여러분 공동의 관점에서 얘기한다면, 그 관계가 어떻게 다르게 보이거나 들릴 것 같은가?
Dreambridge Films/Allstar

하게, 연인이 여러분을 집으로 초대해서 가족들을 만나게 하면, 여러분은 '버릇없는 아들' 혹은 '공주 같은 딸' 역할을 하는 파트너를 볼 수 있다. 여러분이 "나는 오늘 밤 당신의 새로운 면을 봤어"라고 말했다면, 이전에 경험해보지 못한 정보에 접근했기 때문일 가능성이 매우 크다.

소셜 미디어는 지각에 영향을 미치는 새로운 정보를 제공한다. 구직자들이 자신의 인상을 관리하기 위해 인터넷 프로필을 주의 깊게 정리해야 하는 이유가 여기에 있다.[22] 또한 자녀나 부모들이 왜 서로 페이스북 친구가 되기를 원치 않는지 그 이유도 여기에 있다.[23] 몇몇 역할은 비공개를 유지하는 것이 가장 좋고 또는 적어도 몇몇 청자를 선택해서 공개하는 것이 좋다.

생리적 영향

우리가 연구할 필요가 있는 또 다른 영향 요인은 신체적 특질이다. 인간으로서 많은 유사점이 있지만, 우리들 각자는 다양한 생리적 요인 때문에 이 세상을 독특한 방식으로 지각한다. 즉 '저기 밖에' 동일한 사건이 존재하더라도, 자신의 독

특한 지각적 하드웨어 때문에 우리 각각은 서로 다른 이미지를 받는다. 감각, 연령, 건강과 피로, 배고픔, 생물학적 순환, 심리적 문제 등 세계에 대한 우리의 관점을 형성하는 데 영향을 주는 생리적 요인의 긴 목록을 고려해보라.

감각　　우리가 자극을 보고, 듣고, 맛보고, 만지고, 냄새 맡는 데서 나타나는 개인차가 대인관계에 영향을 미친다. 다음의 일상적 상황을 살펴보라.

"라디오 소리 좀 줄여! 귀머거리가 될 것 같다고"
"별로 크지 않잖아. 소리를 더 줄이면 난 못 들을 거야."

"여기 너무 추운 것 같아."
"장난해? 만약 온도를 더 높이면 우리는 질식하고 말 거야."

"왜 저 트럭을 추월하지 않았어? 고속도로가 휑하잖아."
"난 그렇게까지 멀리 못 봐. 그리고 난 우리가 죽는 걸 원치 않아."

이러한 논쟁은 견해의 문제가 아니다. 우리가 수신하는 감각 자료는 개인마다 다르다. 시각과 청각에서의 차이는 비교적 인지하기 쉽지만, 다른 감각에서의 차이 역시 존재한다. 동일한 음식에 대한 맛도 사람마다 다르다는 증거가 있다.[24] 어떤 사람에게는 유쾌한 향기가 다른 사람에게는 혐오감을 주기도 한다. 마찬가지로, 우리 중 몇몇을 불편하게 만드는 온도가 다른 사람에게는 대수롭지 않을 수도 있다. 이러한 차이를 인지한다고 해서 그 차이가 없어지는 것은 아니다. 그러나 그러한 차이를 앎으로써, 다른 사람의 선호가 이상한 것이 아니라 단지 다를 뿐이라는 점을 더 쉽게 기억할 수 있다.

심리적 문제　　몇몇 지각적 차이는 신경학에 그 뿌리를 둔다. 예를 들면 AD/HD(주의력 결핍/과잉행동장애) 사람들은 과제로부터 쉽게 주의가 흩어지고 만족을 지연하는 데 어려움을 느낀다. 동일한 강의를 들으면서 다른 사람들은 감명을 받는 동안, AD/HD 사람들은 얼마나 지루해하고 따분해하는지 상상하기란 어렵지 않다. 양극성 정서장애가 있는 사람은 심각한 기분 변동을 경험하고, 그 속에서 사건, 친구, 심지어 가족에 대한 지각이 극적으로 달라진다. 미국국립질병관리본부는 5~7백만 정도의 미국인들이 이 두 장애 중 하나에 시달리고 있을 것으로 추정한다. 그리고 많은 다른 심리적 조건도 사람의 지각에 영향을 미친다.[25] 다른 사람이 우리와 다르게 세상을 지각하고 반응한다면, 우리가 즉각적으로 파악할 수 있는 것 이상의 원인이 있다는 점을 기억하는 것이 중요하다.

연령　　우리는 인생 시기에 따라 세상을 다르게 경험하곤 한다. 명확한 신체적 변화 외에 연령 역시 지각을 변화시킨다. 예를 들면 여러분은 자신의 부모를 수년간 어떻게 봐 왔는가? 여러분이 어렸을 때는 아마도 그들이 모든 것을 알고 있고 결점이 없을 것이라 생각했을 것이다. 여러분이 십 대 때에는 아마도 그들이 인색하고 구식이라고 생각했을 것이다. 성인이 됐을 때 대부분의 사람들은 그들의 부모를 지식이 많고 심지어 지혜롭다고 생각하기 시작한다.

건강과 피로　　여러분이 감기나 독감 혹은 다른 질병에 걸렸던 지난 시간을 회상해보라. 여러분의 몸 상태가 달라졌다는 것을 기억할 수 있는가? 여러분은 아마도 에너지가 훨씬 적었을 것이다. 여러분은 평소보다 덜 사교적이고 생각도 더 느렸을 것이다. 이러한 종류의 변화가 다른 사람과의 관계에 강한 영향을 미친다. 다른 누군가가 질병 때문에 다르게 행동할 수 있다는 것을 인식하는 것은 유익하다. 마찬가지로, 여러분이 아픈 것을 다른 사람에게 알림으로써, 그들이 여러분을 이해하도록 하는 것 역시 중요하다.

　질병이 여러분의 관계에 영향을 미칠 수 있다는 것과 마찬가지로, 심하게 피곤한 것 역시 마찬가지다. 피곤할 때 중요한 문제를 처리하려는 시도는 문제를 야기할 수 있다. 결혼한 커플들이 잠을 잘 못 잤을 때, 다음 날 서로를 더 부정적으로 지각함으로써 더 많은 대인 간 불화를 야기한다는 것을 한 연구가 발견했다.[26] 밤잠을 잘 자는 것은 대인 간 갈등을 다루는 데 매우 가치가 큰 자산이다.[27]

배고픔　　종종 사람들은 먹지 못했을 때 짜증을 내고 스스로를 괴롭힌 후에 졸려한다. 한 연구는 영양 부족이 타인과의 상호작용에 미치는 영향을 확인했다. 자기 가족이 충분히 먹을 음식이 없다고 보고한 십대들은 학교에서 정학을 당할 가능성이 보통 세 배 이상 더 높았고, 다른 사람과 어울리는 데 두 배 정도 더 어려움을 느꼈으며, 친구가 없는 정도도 네 배 더 컸다.[28]

생물학적 순환   여러분은 아침형 인간인가 아니면 올빼미형 인간인가? 우리 대부분은 이 질문에 쉽게 대답한다. 그리고 우리의 대답 이면에는 그럴 만한 생리적 이유가 있다. 체온, 성적 욕구, 각성 수준, 스트레스에 대한 인내심, 그리고 기분을 포함하여 모든 종류의 변화가 일상의 순환에서 끊임없이 발생한다.[29] 대부분의 이러한 변화는 호르몬 순환 때문에 발생한다. 예를 들면 아드레날린은 스트레스에 대응하기 위해 몇 시간 동안 더 빠른 속도로 분비된다. 마찬가지로, 남성과 여성의 성호르몬은 다양한 속도로 분비된다. 우리는 종종 이러한 변화를 의식하지 못하지만, 그런 변화는 우리가 다른 사람과 관계하는 방식에 확실히 영향을 미친다. 우리의 일상 순환이 자신의 감정과 행동을 지배한다는 것을 알 때, 중요한 문제를 효과적인 시간대에 다룰 수 있도록 우리의 삶을 관리할 수 있다.

문화적 차이

사람들은 여러 신체적 요인 때문에 이 세상을 서로 다르게 볼 수 있다는 것을 지금까지 살펴보았다. 그러나 의사소통을 막는 또 다른 지각적 틈새가 존재한다. 즉 서로 다른 배경을 가진 사람들 사이의 틈새가 있다. 모든 문화는 그들만의 세계관이 있고 세계를 바라보는 그들만의 방식이 있다. 모든 곳의 사람들이 우리가 보는 방식으로 사물을 보는 것은 아니라는 점을 때로 잊기가 쉽다.

문화적 차이의 범위는 넓다. 중동 국가에서 체취는 대인관계에서 중요한 역할을 한다. 아랍사람들은 대화를 할 때 사람들에게 계속해서 입김을 분다. 인류학자 Edward Hall의 설명에 따르면,

당신 친구에게 당신의 냄새를 풍기는 것은 친절할 뿐만 아니라 바람직한 행동이다. 왜냐하면 당신의 입김을 그 친구에게 불어주지 않는 것은 수치심 때문에 하

는 행동이기 때문이다. 결국, 사람의 얼굴에 입김을 불지 않도록 훈련을 받는 미국인들은 공손하게 행동하려다가 자동적으로 수치심을 전달하게 된다. 최고의 외교관이 최선의 예절을 보일 때, 그들은 또한 수치심도 소통한다는 것을 누가 예측할 수 있겠는가? 그러나 이것은 끊임없이 발생한다. 왜냐하면 외교는 단지 얼굴을 마주보는 것이 아니라 호흡을 주고받는 것이기 때문이다.

심지어 말의 가치에 관한 신념도 문화마다 다르다.[30] 서구 문화는 말을 바람직한 것으로 보고 과업 수행뿐만 아니라 사교 목적을 위해서도 말을 사용한다. 이러한 문화권에서 침묵은 부정적인 역할을 한다. 침묵은 관심의 결여, 의사소통에 대한 거부감, 적대감, 불안, 수줍음, 또는 대인 간 불화의 신호로까지 해석될 수 있다. 서양인들은 침묵을 불편해하고 침묵이 당황스럽고 어색하다고 생각한다.

반면 아시아 문화에서는 말을 다르게 지각한다. 수천 년 동안 아시아 문화는 생각과 감정의 표현을 장려해오지 않았다. "많은 말 속에 엄청난 피로가 있다." 또는 "말하는 사람은 알지 못하는 사람이다. 아는 사람은 말하지 않는다."는 도교의 말처럼, 침묵이 중시된다. 침묵을 불편해하는 북미 사람들과 다르게, 일본인들과 중국인들은 할 말이 없을 때 조용히 있는 것이 더 적절한 상태라고 믿는다. 아시아 문화권에서 말이 많은 사람들은 종종 과시적이거나 진실하지 못한 사람으로 여겨진다.

문화가 다른 사람들이 서로 만날 때, 말과 침묵에 대한 이러한 관점이 어떤 문제를 야기할 수 있는지 쉽게 살펴볼 수 있다. 말이 많은 미국인과 과묵한 동양인 모두 그들이 적절하다고 믿는 방식으로 행동한다. 하지만 각자는 서로를 반감과 불신의 눈으로 보게 된다. 그렇기 때문에, 그들은 자민족 중심주의(ethnocentrism), 즉 자신의 문화가 다른 문화보다 더 우월하다는 태도를 인정하고 해결할 필요가 있다. 사적으로나 공적으로 자민족 중심적인 개인은 자신의 내집단에 속하지 않은 사람들을 이상하고, 잘못되고, 심지어 열등하다고 생각한다. 여행 작가 Rick Steves는 자민족 중심주의적 관점이 어떻게 다른 문화의 관습을 무시하게 만드는지 기술하고 있다.

… 우리(미국인들)는 스스로를 매우 청결하다고 생각하고 흔히 다른 문화를 더럽다고 비난한다. 우리는 욕조에서 같은 물로 몸을 담그고, 씻고, 헹군다(우리는 그릇을 절대 이러한 방식으로 씻지 않는다). 각 단계마다 깨끗한 물을 사용하는 일본인 방문객은 우리의 목욕 방식을 이상하거나 심지어 역겹다고 생각할 것이다. 많은 문화의 사람들은 다른 사람이 보는 앞에서 침을 뱉고 길거리에 바로 코를 푼다. 그들은 손수건이라 불리는 작은 천을 사용하거나, 그것을 반복적으로 사용해서 호주머니에 넣어둔다는 것을 상상하지 못할 것이다. 너무나 자주 우리는 문명화의 피라미드에서 우리를 상층에 두고 미개한 집단을 하층에 둔다. 우리가 상황을 (아마

다양성에 대한 고찰

Christa Kilvington: 사회경제적 고정관념

'올A 대학생'이라는 말을 들으면 여러분은 무슨 생각이 드는가? '사회복지에 의존해 사는 싱글맘(welfare mom)'라는 말을 들으면 어떤가? 아마도 여러분은 정반대인 종류의 사람을 상상할 것이다. 그러나 사실은 같은 사람이다. 올 A 학점을 받은 대학생이면서 공공복지에 의존하여 살아가는 싱글맘이기도 하다. 어떤 사람에게는 이러한 조합이 잘 그려지지 않을 수 있다. 그들은 4.0을 받기에 충분히 똑똑한 사람이 사회복지에 의존할 수는 없다고 생각하거나, 사회복지에 의존하는 사람은 너무 미련하거나 게을러서 모두 A를 받는 것이 불가능하다고 생각할 것이다.

사람들이 나를 범주화하는 데 사용하는 고정관념은 그들의 의사소통 방식을 결정한다. 나의 경제적 상황은 모르고 학교에서만 나를 아는 사람들은 나를 지적이고 야망 있는 즉, 학업 성과가 뛰어난 사람으로 알고 있다. 그들은 나에게 격식을 갖추어 정중히 말한다. 나를 단지 소득 수준에서만 아는 사람들 가령, 사회복지사, 의료계종사자, 상점 직원은 나를 아주 다른 방식으로 대한다. 내가 복지관에 가서 처방을 받기 위해 의료보험 카드를 보여주거나 물건 값을 식품구입권으로 지불할 때, 종종 나는 무지하고, 게으르고, 부정직한 사람 취급을 받는다. 사람들은 나에게 잘난 체하며 무시하는 어투로 말을 한다.

왜 사람들은 소득 수준과 지적 능력을 동일시하는가? 왜 그들은 경제적인 지위에 따라 사람들을 다르게 대우하는가? 단지 가난하다는 이유로 그 사람들을 무시하는 것이 정당한가? 고정관념은 여러 이유로 존재하지만, 각 개인의 독특한 이야기를 발견하기 위해서는 그러한 고정관념을 넘어서는 것이 중요하다. 여러분 눈에 보이는 것보다 더 많은 것이 한 사람에게 있을 수 있다는 점을 받아들일 때, 그때가 바로 여러분 자신이 한 사람으로서 성장하는 때이다.

"Socioeconomic Stereotyping" by Christa Kilvington. Used with permission of author.

도 스트레스, 외로움, 심장병, 교통 체증으로 보내는 시간, 또는 가족의 단란함에 따라서) 달리 측정한다면, 결과는 다르게 나올 것이다.

다른 문화적 관점을 접하기 위해 굳이 해외여행을 할 필요는 없다. 우리나라(미국) 안에도 매우 많은 하위문화가 존재한다. 그리고 각 하위문화의 구성원들은 상황을 다른 방식으로 보게 만드는 배경을 가지고 있다. 이러한 차이를 인식하지 못하면, 애석하고 불필요한 오해가 생긴다. 예를 들면, 나이 많은 남자가 말을 할 때 라틴계 여자가 취해야 할 적절한 행동이 눈맞춤을 하지 않는 것인데, 이런 지식이 없는 백인 교사나 경찰관은 그러한 행동을 회피나 부정직의 신호로 해석할 것이다. 그러한 경우에 직접적인 눈맞춤은 주제넘은 행동이나 성적인 허락으로 보일 수 있다.

개방적인 의사소통자가 기존의 고정관념을 극복할 수 있고 배경이 다른 사람을 한 개인으로서 인정할 수 있다. 한 연구에서 문화적 배경이 다른 낯선 사람을 소개받은 대학생들은 그러한 배경의 사람들이 어떻게 행동할지에 대한 기존의 기대보다는 그들의 개인적인 행동에 더 근거해서 태도를 발달시켰다.[31]

사회적 역할

우리는 태어나면서부터 각자가 수행하도록 되어 있는 역할을 간접적으로 교육받아 왔다. 어떤 의미에서, 이렇게 미리 정해진 부분은 필수적이다. 왜냐하면 그것은 사회가 원활하게 기능하도록 해주고, 여러분에게 기대하는 것이 무엇인지를 알게 해줌으로써 안정감을 제공하기 때문이다. 그러나 다른 의미에서, 미리 정해진 역할을 가지는 것은 이해를 하는데 큰 격차를 초래한다. 역할이 무조건적이고 융통성이 없다면, 사람들은 자신의 관점에서만 세계를 바라보고 다른 사람들의 관점을 생각하는 경험을 하지 못한다. 사회적 역할이 우리의 지각과 의사소통에 어떠한 영향을 미치는지 살펴보자.

성역할   사람들이 '성(sex)'과 '성(gender)'이라는 용어를 마치 동일한 것처럼 사용하지만, 이 둘 사이에는 중요한 차이가 있다.[32] 성(Sex)은 남성이나 여성

——— TV 연속극 'Ornage is the New Black'에서 Laverne Cox는 Sophia Burset의 역할을 했는데, 극 중에서 그녀는 여자가 되기 위해 남편과 소방관으로서의 삶을 포기한 성전환 죄수이다. 극중인물 Burset는 -그리고 실생활에서의 Cox는- 자신의 개인적 역사는 결코 부정하지는 않지만, 전통적인 성 범주로 구분되는 것을 거부한다. 성 고정관념이 타인에 대한 여러분의 지각을 왜곡한 적이 있는가?   lev radin/Shutterstock.com

의 생물학적 특성을, 사회적 성(gender)은 남성스러운 혹은 여성스러운 행동의 사회적이고 심리적인 차원을 뜻한다. 유전자에서부터 신경계와 호르몬에 이르는 이유로 남성과 여성이 세상을 다르게 지각한다는 것을 많은 연구들이 보여준다.[33] 그러나 남성과 여성의 생물학적인 차이에 초점을 맞추는 인지 연구자들마저도 사회적인 성역할과 고정관념이 지각에 큰 영향을 미친다는 점을 인정하고 있다.[34]

성역할(gender roles)은 사회적으로 승인하는 남성과 여성의 행동 방식이다. 아이들은 강화를 받을 뿐만 아니라 다른 사람의 행동을 보고, 매체에 개방됨으로써 성역할의 중요성을 학습한다.[35] 한 사회의 구성원들이 이러한 관습적인 역할을 학습한 후, 그들은 성역할의 위반을 평범하지 않은 것, 심지어 바람직하지 않은 것으로 생각하게 된다.

몇몇 이론가들은 틀에 박힌 남성스러운 행동과 여성스러운 행동이 단일한 연속체의 양극단이 아니라 두 개로 떨어져 있는 행동의 묶음이라고 주장한다.[36] 이러한 관점으로 보면, 한 개인은 남성적인 방식이나 여성적인 방식으로 행동할 수 있고, 두 유형의 특성을 모두 보일 수도 있다. 남성-여성 이분법은 네 개의 심리성적 유형 즉, 남성적인, 여성적인, 양성적인(androgynous: 남성과 여성의 특성을 결합한), 그리고 미분화된(남성적이지도 않고 여성적이지도 않은) 유형으로 대체된다. 네 개의 심리성적 유형을 전통적인 생리성적 유형과 결합하면 <표 4.1>에 있는 8개의 범주가 만들어진다.

이 8개의 심리성적 유형은 대인관계를 서로 다르게 지각한다. 예를 들면 남성적인 남자는 대인관계를 승리를 위한 기회로, 그리고 경쟁적인 상호작용을 위한 기회로 볼 가능성이 높다. 여성적인 여자는 대인관계를 감정과 정서를 표현하기 위한 돌봄의 기회로 보는 경향이 있다. 반면에 양성적인 남성과 여성은 대인관계

▶ 표 4.1 성역할 © Cengage Learning

	남성	여성
남성적인	남성적인 남성	남성적인 여성
여성적인	여성적인 남성	여성적인 여성
양성적인	중성적인 남성	중성적인 여성
미분화된	미분화된 남성	미분화된 여성

지각에서 거의 차이가 없다.

직업적 역할　우리가 종사하는 직업의 종류는 종종 우리의 세계관에 영향을 미친다. 다섯 명의 사람이 공원을 걸으며 이야기하는 것을 상상해보라. 첫 번째 사람은 식물학자로 많은 나무와 다양한 식물에 매료되어 있다. 두 번째 사람은 동물학자로 흥미로운 동물들을 찾고 있다. 세 번째 사람은 기상학자로 기후의 변화를 살피느라 하늘에서 눈을 떼지 않는다. 네 번째 사람은 심리학자로 자연에 대해서는 알지 못하지만 공원에서 벌어지는 사람들 간의 상호작용에 집중하고 있다. 마지막 사람은 소매치기로 지갑을 훔치기 위해 다른 사람이 무언가에 몰두하는 때를 빠르게 이용한다. 이 짧은 시나리오에는 두 개의 교훈이 존재한다. 첫 번째는 당연히 여러분의 지갑을 조심하라는 것이다. 두 번째는 우리의 직업적 역할이 우리의 지각을 형성한다는 것이다.

동일한 직업적 환경에서조차도 사람들의 서로 다른 역할이 그들의 지각에 영향을 미칠 수 있다. 예를 들면 일반적인 대학 강의실을 생각해보자. 강사와 학생들의 경험에는 차이가 있다. 대부분의 강사들은 자신의 삶의 상당 부분을 직업에 헌신하면서 자신의 과목을, 그것이 프랑스 문학이든, 물리학이든, 혹은 커뮤니케이션학이든 상관없이, 아주 중요하다고 생각한다. 교양필수 이수를 위해 그 과목을 수강하는 학생들은 그 과목을 다르게 본다. 가령, 그들은 학위를 취득하기 위해 극복해야 할 수많은 장애물 중 하나로 혹은 새로운 사람을 만나기 위한 기회로 볼 것이다. 또 다른 차이는 그들이 소유한 지식의 양에 있다. 여러 번 강의한 강사들에게는 그 과목이 매우 쉽겠지만, 처음으로 접하는 학생들에게는 낯설고 헷갈릴 것이다. 이러한 지각의 차이로부터 생기는 대인 간 긴장과 스트레스를 일일이 나열할 필요는 없다.

관계적 역할　　　3장에서 여러분이 작성한 "나는 누구인가" 목록을 다시 생각해보자. 그 목록에는 타인과의 관계에서 여러분이 수행하는 역할이 들어 있을 것이다. 딸, 룸메이트, 남편, 친구 등등 이러한 역할은 여러분이 누구인지를 정의할 뿐만 아니라 여러분의 지각에도 영향을 미친다.

예를 들면 부모의 역할을 생각해보라. 새로 부모가 된 대부분의 사람들이 증언하듯이, 자녀를 가지면 세상을 바라보는 방식이 달라진다. 다른 사람들은 우는 아이에 대하여 덜 자비로운 평가를 하는 반면, 그 부모는 자신의 우는 아이를 달래줘야 할 무기력한 영혼으로 지각할 것이다. 자녀가 성장하면서 부모는 종종 자녀의 환경에서 오는 메시지에 더 많은 주의를 기울인다. 우리가 아는 한 아버지는 여섯 살 자녀와 함께 경기장에 가고 나서야 얼마나 많은 축구 팬들이 악담하고 욕하는지 알게 되었다고 말했다. 다시 말해서, 아버지로서의 역할은 그가 듣는 것과 그것을 해석하는 방법에 영향을 미쳤다.

연인관계에서의 역할은 지각에 막대한 영향을 미친다. 이러한 역할은 파트너, 배우자, 남자친구/여자친구, 연인 등 많은 명칭을 지닌다. 여러분은 애정의 대상을 지각할 때 편향적일 때가 있다. 여러분은 자신의 연인을 다른 사람들보다 더 매력적으로 볼 것이고, 다른 사람들은 알아채는 그 연인의 결점을 여러분은 간과할 것이다.[37] 연인으로서 여러분의 역할은 또한 자신이 다른 사람들을 보는 방식을 변화시킨다. 한 연구에 따르면, 사람들은 사랑에 빠져 있을 때 다른 가능한 연애 대상자들을 덜 매력적으로 지각한다.[38]

아마도 '사랑이라는 색안경'의 효과를 가장 분명하게 보여주는 신호는 그 색안경이 벗겨졌을 때이다. 많은 사람들은 자신의 연인과 헤어진 후 놀라곤 하는데, ("내가 도대체 저 사람을 뭘 보고 좋아한 거야?") 적어도 부분적인 한 가지 대답은 여러분의 관계적 역할이 여러분으로 하여금 그렇게 보도록 했다는 것이다.

잠시 생각해보기

역할 바꾸기

다른 사람의 입장에서 생각해보자. 여러분에게 낯선 한 집단을 찾아라. 그리고 잠시 동안 그 집단의 구성원이 되어 보라.

1. 여러분이 경찰을 싫어한다면, 한두 명의 경찰관과 함께 몇 시간 순찰을 도는 공동프로그램이 여러분 지역 경찰서에 있는지 알아보라.
2. 현재 교육 실태가 엉망이라고 생각한다면, 여러분이 직접 교사가 되어 보라. 아마도 어떤 강사는 여러분에게 한 번 혹은 그 이상 수업을 계획할 기회를 줄 것이다.
3. 여러분이 정치적 보수주의자라면, 한 진보적 조직에 가입해보라. 여러분이 진보주의자라면, 보수주의자들을 만나 보라.
여러분이 가입한 집단이 무엇이든, 그 집단의 일부가 되기 위해 최선을 다하라. 단지 관찰만 하지는 말라. 여러분이 새로운 역할에 몰입해서 그 느낌이 어떤지 알아보라. 여러분은 자신이 이해하지 못한 사람들을 새롭게 느낄 것이다.

지각의 공통점

지금까지 살펴본 것처럼, 우리가 세상을 해석하는 방식에 분명 많은 요인이 영향을 미친다. 사회과학자들은 인간의 행동을 설명하는 과정을 기술하기 위해서 귀인(attribution)이라는 용어를 사용한다.[39] 우리는 자신과 타인의 행동 둘 다에 의미를 부여하지만, 사용하는 잣대는 종종 다르다. 귀인 오류를 야기할 수 있는 몇 가지 지각적 경향을 여러 연구에서 밝혀왔다.[40]

관대한 자기지각

세상 사람들에게 보여주는 우리의 긍정적 모습이 사실이라고 자기 자신과 타인을 납득시키고자 노력하면서, 우리는 스스로를 가장 관대하게 판단하는 경향이

"Ted, 오해하지 마. 나는 너를 좋아해. 하지만 네가 특별한 사람은 아니야. 내가 특별한 사람이지."

Jack Ziegler/Cartoonbank.com

있다. 사회과학자들은 이러한 경향성을 자기 본위적 편향(self-serving bias)이라고 명명해 왔다.[41] 다른 사람이 힘들어 할 때, 우리는 종종 그것이 그들의 개인적 자질 때문이라고 비난한다. 반면 자신이 힘들어 할 때, 우리는 외부 요인을 비난한다. 몇 가지 예를 살펴보자.

그들이 일을 그르치면, 우리는 그들이 말을 잘 듣지 않았거나 노력을 충분히 하지 않았다고 생각한다. 본인이 일을 그르치면, 불분명한 방향성이나 불충분한 시간이 문제였다고 생각한다.

그가 화가 나 폭언을 퍼부으면, 우리는 그가 기분파이거나 너무 예민하다고 말한다. 본인이 화가 나 폭언을 퍼부으면, 그것은 자기를 짓누르는 압박 때문이다.

그녀가 속도를 위반하면, 우리는 그녀가 부주의하다고 말한다. 본인이 속도를 위반하면, 우리는 너무 빠르게 운전했다는 사실을 부정하거나 "다들 그래"라고 말한다.

그녀가 욕설을 하면, 그것은 그녀가 기질이 이상하기 때문이다. 본인이 욕설을 하면, 그것은 상황이 그럴 만하기 때문이다.[42]

정직하지만 상처가 되는 메시지에 관한 한 연구는 자기본위적 편향이 연인 관계에서 어떻게 작동하는지 보여준다.[43] 솔직한 메시지를 전하는 사람들은 그것이 도움이 되고 건설적이라고 지각하는 경향이 있다. 그러나 그들 자신이 그러한 메시지를 받을 때, 동일한 메시지는 상처를 주고 수치스러운 것으로 여겨진다. 즉 "내가 당신에게 고통스러운 사실을 말할 때 나는 좋은 연인이지만, 당신이 동일한 말을 나에게 한다면 당신은 나쁜 연인이다."

첫인상에 대한 집착

사람을 첫인상에 따라 명명하는 것은 지각과정에서 피할 수 없는 부분이다. "그녀는 명랑한 것 같아.", "그는 진실해 보여.", "그들은 자만한 것 같아."처럼, 이러한 명칭은 빨리 이해하기 위한 한 방법이다. 이러한 첫인상이 정확하면, 그것은 향후 적절한 반응을 결정하는 데 유용한 방법이 될 수 있다. 그러나 우리가 부여하는 명칭이 부정확할 때 문제가 생긴다. 우리는 누군가에 대한 인상을 형성하면 그것에 의존하고 모든 상충하는 정보를 그 인상에 맞추는 경향이 있다.

사회과학자들은 한 개인의 긍정적인 하나의 특징에 기초하여 그에 대한 전반적 인상을 긍정적으로 형성하는 경향을 기술하기 위해 **후광 효과**(halo effect)라는 용어를 만들었다. 이러한 긍정적 특징 중 하나가 신체적 매력이다. 사람들은 외모가 뛰어난 사람에게 모든 다른 종류의 덕목들도 귀속시킨다.[44] 예를 들면 채용면접자들은 평범하지만 신체적으로는 매력적인 구직자를 덜 매력적인 구직자보다 더 높게 평가했다.[45] 일단 긍정적인 인상을 형성하면, 면접자들은 종종 자신의 이미지를 확인하는 질문을 묻곤 한다.[46] 예를 들면 긍정적인 인상을 형성한 한 면접자는 자신의 긍정적 관점을 지지해주는 질문을 하고(그 좌절에서 당신이 배운 것은 무언인가요?), 긍정적인 관점으로 대답을 해석하고(아, 학교를 떠나 여행을 한 것은 매우 좋은 생각이었어!), 지원자를 격려하고(좋네요!), 그리고 회사의 덕목을 들먹인다(나는 당신이 이곳에서 일해주면 좋겠어요). 마찬가지로 부정적인 첫인상을 준 지원자는 떨쳐버릴 수 없는 먹구름 아래 있게 된다. 이러한 현상은 때로 '악마 효과(devil effect)'라고 불린다.[47]

첫인상의 힘은 대인관계에서도 중요하다. 대학생 룸메이트에 대한 연구에서 서로 긍정적인 첫인상을 가진 사람들은 이후에도 긍정적인 상호작용을 하고, 그들의 갈등을 건설적으로 해결하고, 계속 함께 생활할 가능성이 높았다.[48] 그 반대 역시 사실이었다. 나쁘게 출발한 룸메이트들은 부정적으로 순환하는 경향이 있었다. 이것은 "첫인상의 기회는 두 번 다시 오지 못한다"는 오랜 속담의 중요성을 지지한다.

첫인상을 형성하는 데 많은 피할 수 없는 경향성이 있는 상황에서, 우리가 해

줄 수 있는 가장 최선의 충고는 개방된 사고를 유지하고, 자신의 생각이 틀렸다는 것이 밝혀지면 기꺼이 그 생각을 바꾸라는 것이다.

가정된 유사성

3장에서 여러분은 이러한 원리에 대한 예를 읽었다. 자기존중감이 낮은 사람은 다른 사람도 자기를 비우호적으로 볼 거라 생각하고, 자기존중감이 높은 사람은 다른 사람도 자기를 긍정적으로 볼 거라 생각한다. 다른 사람의 관점이 자기의 관점과 유사하다는 잘못된 가정은 다양한 상황에 자주 적용되곤 한다.

- 여러분이 생각하기에 매우 재미있는 다소 선정적인 농담을 들었다. 여러분은 그것이 예의범절을 따지는 친구의 기분을 상하게 하지 않을 것이라 가정한다. 하지만 사실은 상하게 한다.
- 여러분은 강의시간에 자주 주제를 벗어나는 강사 때문에 골치가 아프다. 여러분이 강사라면, 자신의 행동이 학생들에게 문제를 일으키지 않길 바랄 것이다. 그래서 여러분은 그 강사도 건설적인 비판을 고마워할 것이라고 판단한다. 유감스럽게도 그 강사는 그렇지 않다.
- 일주일 전에 여러분은 친구한테 몹시 화를 내면서 몇몇 유감스러운 일을 얘기했다. 사실 누군가가 그런 말을 여러분에게 하면, 여러분은 관계를 끝내고자 할 것이다. 여러분의 친구도 같은 식으로 생각할 것이라고 상상하면서, 여러분은 그와 접촉을 피한다. 사실 그 친구는 여러분이 관계를 끝내고자 한다고 생각했기 때문에 여러분을 피했다.

위의 세 가지 예는 다른 사람이 언제나 우리와 같은 방식으로 생각하거나 느끼지는 않는다는 것을 보여준다. 그리고 이러한 가정된 유사성이 문제를 유발할 수 있음을 보여준다.[49] 여러분이 어떻게 다른 사람의 진짜 입장을 알 수 있겠는가? 때로는 직접적으로 물어봄으로써, 때로는 다른 사람에게 확인해 봄으로써, 그리고 때로는 그 문제가 터진 후에 어느 정도 지식에 기반하여 추론함으로써 알 수 있다. 모든 사람들이 여러분처럼 반응할 것이라고 가정하는 것보다는 이러한 대안이 더 낫다.

기대의 영향

여러분이 듣는 수업의 강사가 최악이라는 얘기를 미리 들었다고 가정해보자. 이것이 그 강사에 대한 여러분의 지각에 영향을 미치겠는가? 연구결과는 확실히 그렇다는 것을 보여준다. 한 연구에서 강사에 대한 긍정적 의견을 웹사이트에서 읽은 학생들은 그러한 의견을 접하지 않은 학생들보다 그 강사를 더 신뢰롭고 매력적이라고 평가했다.[50]

기대가 언제나 더 긍정적인 평가를 가져오는 것은 아니다. 우리의 기대가 너무 높아 특정 사건에 실망하는 때도 있다. 여러분이 만날 사람이 매우 매력적이라는 말을 들었다면, 여러분은 전문 모델을 마음속에 그릴 수 있다. 이때 그 사람이 여러분의 비현실적인 기대에 미치지 못하면, 여러분은 실망하게 된다. 그 사람이

직업에 관한 이야기

성추행과 지각

미국 시민법이 직장 내 성희롱을 금지한 후 50년이 지났지만 여전히 문제는 있다. 원치 않는 성적 치근덕거림이나 다른 성에 적대적인 작업 환경에 대한 항의로, 고용주들은 최근 해마다 5천만 달러를 지불하고 있다.[a]

법이 다른 성에 적대적인 작업 환경을 만드는 행동을 분명히 금지하는데도 왜 성추행에 대한 항의가 지속되는지 그 이유를 파악하기 위해 학자들은 노력해 왔다. 그들은 적대적인 성차별의 분명한 사례도 발견했지만, 지각의 차이가 다른 많은 사건을 설명하는 데 도움이 된다는 것도 밝혔다.

놀랄 것도 없이, 성추행에 대한 판단은 성(gender)에 따라 다르다. 여성들은 남성들에 비해 행동을 더 적대적이고 모욕적은 것으로 평가하기 쉽다.[b] 아마도 좀 더 놀랍게도, 젊은 사람들(남성과 여성 모두)은 나이 든 사람보다 특정 시나리오를 성추행으로 간주하는 경향이 더 낮다.

성과 연령과 더불어, 문화적 배경 역시 성추행에 대한 지각에 영향을 미친다.[c] 권력거리가 큰 문화의 사람들은 권력거리가 작은 문화의 사람들보다 성추행을 지각하는 경향이 더 낮다.

이러한 발견이 성추행을 정당화하지는 않지만, 그것을 설명하는 데 도움을 줄 수는 있다. 조직구성원들이 다른 사람의 지각을 더 많이 이해할수록, 그들이 성추행에 대하여 불쾌하고 유감스런 감정을 느낄 가능성은 더 높아진다.

그렇게 멋있는 사람은 아니라는 말을 들었다면 어땠을까? 이 경우 여러분은 그 사람의 외모를 보고 놀라며 기뻐했을 것이고 그 사람의 외모를 더 매력적으로 평가했을 것이다. 핵심은 기대가 다른 사람의 지각에 미치는 영향은 긍정적이거나 부정적이라는 점이다. 그리고 그것은 자기충족적 예언을 유발할 수 있다.[51]

두드러진 요인의 영향

'The Voice'에서 심사자들은 개막전에서 블라인드 오디션을 이용한다. 다른 경연대회에서는 심사자들은 평가를 내리기 전에 경연참가자들의 외모를 보고 때로는 심지어 그들의 배경까지도 알고 있다. 이러한 것이 경연참가자와 그들의 수행에 대한 심사자들의 평가에 영향을 줄까? 여러분이 평가를 할 때 누군가를 좀 덜 알았으면 더 좋았을 때가 있었는가?
NBC/Allstar

가장 두드러진 요인의 영향으로 발생하는 오류는 쉽게 알 수 있다. 이 장의 첫 부분에서 읽은 것처럼, 우리는 주의를 끄는 상황으로부터 오는 자극 가령, 강도가 세고, 반복적이고, 특이하고, 또는 주의를 사로잡는 자극을 선택한다. 문제는 가장 명백하거나 중요한 요인이 반드시 하나일 필요는 없다는 점이다. 예를 들면

- 두 명의 아이가 (또는 같은 문제로 두 성인이) 싸울 때, 먼저 때린 사람을 비난하는 것은 잘못일 수 있다. 상대방도 놀리거나 비협조적으로 행동한 것에 적어도 동일한 책임이 있다.

- 여러분은 적어도 일부 책임이 있는 자신의 과거 행동은 잊은 채, 한 지인의 악의적인 험담이나 주장 때문에 괴롭다고 불평할 수 있다.

- 여러분은 경제적 변화, 고위 경영진의 정책, 또는 고객이나 다른 노동자들의 요구와 같은 요인을 간과한 채, 힘든 작업 상황에 대해 상사를 비난할 수 있다.

지각 점검

해석이 마치 사실의 문제인 것처럼 생각할 때, 심각한 문제가 발생할 수 있다. 대부분의 사람들처럼, 여러분도 자신이 한 행동의 이유에 대하여 다른 사람이 성급히 결론을 내리면 몹시 화가 날 것이다.

"왜 나에게 그렇게 화를 내?"(네가 화를 냈다고 누가 말했는가?)

"도대체 문제가 뭐야?"(뭐가 문제가 된다고 누가 말했는가?)

"자, 진실을 말해 봐."(네가 거짓말을 한다고 누가 말했는가?)

11장에서 배우겠지만, 여러분의 해석이 옳더라도 독단적이고 독심술 같은 언급은 방어를 야기하기 쉽다. 지각 점검(perception checking)의 기술을 통해 여러분은 자신의 해석을 좀 더 잘 다룰 수 있다.[52]

지각 점검의 요소

하나의 완전한 지각 점검은 세 부분으로 이루어져 있다.

1. 여러분이 주목한 행동에 대한 기술
2. 그 행동에 대한 적어도 두 개의 가능한 해석
3. 그 행동을 어떻게 해석해야 하는지 그에 대한 설명의 요구

앞선 세 개의 사례에 대한 지각 점검은 다음과 같다.

"당신이 방을 박차고 나가면서 문을 꽝하고 닫을 때" (행동) "당신이 나한테 화가 났는지" (첫 번째 해석), 아니면 "당신이 단지 바빠서 그랬는지 몰랐어요." (두 번째 해석) "그때 왜 그랬어요?" (설명을 요구)

"당신이 며칠 동안 웃지 않아요." (행동) "요즘 무엇이 당신을 힘들게 하는지" (첫 번째 해석), 아니면 "그냥 당신이 조용히 있고 싶어 하는지 모르겠어요." (두 번째 해석) "도대체 무슨 일이에요?" (설명을 요구)

"당신은 나의 직업을 정말로 좋아한다고 말 했어요." (행동), "하지만, 당신 목소리를 들으면 당신이 내 직업을 좋아하지 않을 수도 있을 거라는 생각도 들어요." (첫 번째 해석). "혼자 생각이지만요." (두 번째 해석). "당신의 내 직업에 대한 진짜 생각은 뭐예요?" (설명을 요구)

여러분의 첫 번째 해석이 옳다고 가정하는 대신, 다른 사람을 정확히 이해하는 데 도움을 주는 도구가 지각 점검이다. 상호 간 이해를 목적으로 하는 지각 점검은 의사소통에 협력적으로 접근한다. 지각 점검은 더 정확한 지각을 가져올 뿐만 아니라 다른 사람의 체면을 지켜줌으로써 그들의 방어를 최소화한다. "네가 무슨 생각을 하는지 알고 있어."라고 말하는 대신에, "나는 어떤 도움 없이는 당신을 판단할 자격이 없다는 걸 알아."라고 말하는 것이 상대방을 보다 더 존중하는 지각 점검이다.

지각 점검의 고려사항

이 책에서 기술한 모든 의사소통 기술처럼, 지각 점검은 모든 상황에 효과가 있는 기계적인 공식은 아니다. 자신의 지각을 점검하는 능력을 개발할 때, 다음의 요인을 고려해서 언제 그리고 어떻게 지각 점검을 사용할지 결정하라.

완전성 때로 지각 점검이 효과적이기 위해 앞서 언급한 모든 부분이 반드시 다 필요한 것은 아니다.

"넌 최근에 여기 들른 적이 없어. 무슨 문제가 있어?" (설명에 대한 요구와 결합된 하나의 해석)

"내가 치사하게 군다고 생각해서 나를 놀리는 건지, 아니면 정말 심각한 건지 난 잘 모르겠어." (해석과 결합된 행동) "나한테 화났니?"

"정말 괜찮아? 문제없다면, 그냥 얻어 탈 수 있지만 괜히 돌아가게 하고 싶지는 않아." (행동을 설명할 필요 없음)

"무슨 일이야?"와 같은 단순한 질문처럼, 때로 가장 적은 지각 점검조차도 효과적이다. "Rachelle이 최근 심하게 말이 없어. 무슨 일인지 아니?"처럼, 여러분은 또한 다른 사람의 도움을 받아 혼란스러운 행동을 이해할 수 있다. 완전한 지각 점검은 적절한 판단을 하기 어려울 때 가장 필요하다.

비언어적 일치   지각점검이 성공하려면, 여러분의 말과 비언어적 행동 모두 개방적인 마음을 보여주어야 한다. 비난하는 어조나 적대적인 눈빛은 여러분이 이미 다른 사람의 의도를 판단했다는 것을 보여주기 때문에, 그것은 설명을 요청하는 말과는 모순된다.

문화적 규칙   지각 점검이라는 직접적인 접근은 6장에서 언급한 '저맥락 문화'에서 가장 효과적일 수 있다. 이런 문화에서 사람들은 가능한 한 직접적으로 말을 한다. 북미와 서유럽의 주류 문화가 이러한 범주에 해당하는데, 이런 집단의 구성원들은 지각 점검을 가장 잘 누릴 수 있을 것이다. 반면 (남미와 아시아에서 좀 더 일반적인) 고맥락 문화의 구성원들은 직접 화법보다는 사회적 조화를 더 중시한다. 고맥락 의사소통자들은 지각 점검과 같은 솔직한 접근을 당혹스럽다고 여길 가능성이 높고, 서로를 이해하는 데 좀 덜 직접적인 방식을 선호한다. 그래서 "확실히 짚고 넘어가자."라는 지각 점검은 직접 화법을 중시하게끔 자라온 유럽계 미국인 관리자에게는 잘 작동하겠지만, 대부분의 시간을 고맥락 문화에서 자라온 멕시코계 미국인이나 아시아계 미국인에게는 심각한 실수가 될 수 있다.

체면의 유지   지각 점검은 의미를 분명히 할 뿐만 아니라, 체면 유지의 한 방법이 될 수 있다. 즉 때로 다른 사람을 직접적으로 위협하거나 공격하지 않고 문제를 제기할 수 있다.

"너는 설거지를 나중에 할 생각이니, 아니면 네 차례라는 것을 잊은 거니?"
"내 얘기가 따분해, 아니면 딴 생각을 하고 있는 거니?"

여러분은 첫 번째 사례에서 상대방이 설거지할 의향이 전혀 없다고, 그리고

실습하기

지각 점검 실습하기

다음의 상황에 대하여 세 부분을 확인함으로씨 지각 점검의 능력을 실습해보라.

1. 당신은 자신이 생각하기에 완벽한 제안을 강사에게 했다. 그 강사는 관심이 없어 보였지만 그것을 즉각 확인하겠다고 말했다. 3주가 흘렀지만 변한 것은 없다.
2. 한 이웃이면서 좋은 친구가 당신의 아침 인사를 3일 연속 받지 않았다. 이 사람은 평소 친절한 사람이다.
3. 당신은 평소 고향 사람들로부터 매주 받던 전화를 한 달 넘게 받지 못했다. 지난 번 통화에서 당신은 휴일을 어디서 보내야 할지 논쟁을 했다.
4. 여러 해 동안 당신과 데이트 해 온 오랜 친구가 당신에게 하는 행동이 최근에 달라졌다. 일상적인 포옹이나 키스가 더 길고 강해졌고, '우연하게' 서로 마주보고 공부하게 되는 경우가 더 빈번해졌다.

두 번째 사례에서 상대방이 지루해 한다고 매우 확신하고 있는 것 같다. 그렇다 하더라도, 직접적인 대립보다 지각 점검은 그들의 행동을 지적하는 좀 덜 위협적인 방식이다. 유능한 의사소통의 한 가지 요소는 풍부한 레퍼토리에서 가장 최선의 방안을 선택하는 능력이다. 그리고 지각 점검은 때로 유용한 전략이 될 수 있다.

감정이입, 인지적 다양성, 그리고 의사소통

지각 점검은 모호한 메시지를 명확히 하는 데 유용한 도구이지만, 모호함이 지각적 문제의 유일한 원인은 아니다. 때로 우리는 그들이 왜 그렇게 믿는지는 이해하지 못하면서 그들이 의미하는 바는 이해하곤 한다. 이처럼 때로 우리는 감정이입 능력이 부족하다.

감정이입

감정이입(empathy)은 다른 사람의 관점을 재현하는 능력이며, 세상을 다른 사람의 관점으로 경험하는 능력이다. 아마도 다른 사람의 입장을 완벽하게 경험하는 것은 불가능할 것이다. 그러나 충분한 노력을 기울이면 그들이 세상을 어떻게 보는지에 대해 더 잘 알 수 있다.

우리가 여기서 사용하는 감정이입이라는 용어는 세 개의 차원을 가지고 있다.[53] 첫 번째 차원은 조망수용으로, 다른 사람의 관점을 취해보려는 시도이다. 이 것은 판단 정지를 요구한다. 그래야 그 순간 여러분은 자신의 의견을 제쳐두고 다른 사람을 이해하기 위해 노력할 수 있다. 심지어 자아도취자들도 조망수용 훈련을 통해 다른 사람에 대하여 감정이입을 할 수 있도록 유도할 수 있다.[54] 두 번째 차원은 정서적 차원으로, 이것은 공포, 즐거움, 슬픔 등 다른 사람의 감정을 우리가 좀 더 가까이서 경험하도록 도와준다. 세 번째 차원은 다른 사람의 안녕에 대한 진정한 관심이다. 감정이입할 때, 우리는 다른 사람들이 하는 것처럼 생각하거나 느끼는 것 그 이상을 한다. 그리고 진심으로 그들의 안녕에 마음을 쏟는다.

수십 개의 최근 연구에 따르면, 인간은 다른 사람과 감정이입하도록 유전적으로 내장되어 있다.[55] 그것이 우리의 뇌에 구축되어 있다. 베스트셀러 작가 Daniel Goleman은 감정이입에 대한 이러한 선천적 경향성을 발달시키는 것이 사회적 지능(social intelligence)의 핵심이라고 믿는다.[56] 감정이입 능력은 심지어 아주 어린아이에게도 초보적인 형태로 존재하는 것 같다. 미국 국립보건원의 지원을 받아 이루어진 연구는 많은 부모들이 경험을 통해 알고 있는 사실을 입증했다. 영아들은 태어나면서부터 주변의 다른 영아들이 울 때 확실히 속상해한다. 몇 개월 후, 아이들은 다른 아이들이 우

"쥐가 너에게 그렇게 했다면 너는 어떤 느낌이겠니?"

는 것을 볼 때 따라 운다. 어린아이들은 다른 사람의 고통을 자신의 고통과 구분하는 것이 어렵다. 예를 들면 한 아이가 손가락을 다치면, 다른 아이는 마치 자신이 아픈 것처럼 자기 손가락을 입에 넣는다. 자신의 부모가 우는 모습을 본 아이들은 울지는 않으면서도 자신의 눈을 닦는다는 것을 연구자들이 보고하고 있다.

아이들도 기본적인 감정이입 능력을 가지고 있지만, 다른 사람이 어떻게 느끼는지 감정이입할 수 있는 능력을 타고나는 정도는 유전적 요인에 따라 다를 것 같다고 쌍둥이 연구가 제안하고 있다.[57] 몇몇 사람은 선천적으로 타고 태어나지만, 환경적 경험이 다른 사람에 대한 이해능력을 발달하는 데 핵심이다. 구체적으로, 부모와 자녀의 의사소통 방식이 타인의 정서적 상태를 이해하는 자녀의 능력에 영향을 준다.[58] 부모가 자녀에게 그의 잘못된 행동으로 다른 사람이 겪는 고통을 지적할 때, ("네가 장난감을 빼앗아서 Jessica가 얼마나 슬퍼하는지 봐, 누군가 너의 장난감을 가져가면 너도 슬프지 않겠니?") 부모가 단순히 그러한 행동이 적절치 않다고 명명할 때("그렇게 하는 것은 비열한 행동이야.")보다 자녀는 자신의 행동이 감정적인 결과를 초래한다는 것을 더 잘 인식한다. 또한 아이들에게 좌절감을 주는 사건을 경험하고 관리하도록 하는 것이 이후에 다른 사람에 대한 감정이입을 증가시킨다는 것을 연구를 통해 알 수 있다.[59]

문화는 다른 사람의 관점을 이해하는 능력에 중요한 역할을 한다. 개인주의 문화(독립성을 중시함)에서 성장한 사람들이 집단주의 문화(상호의존성을 중시함)의 사람들보다 조망 수용에 덜 능숙하다.[60] 한 연구에서 중국인과 미국인이 상대방의 관점을 취하도록 요구하는 의사소통 게임에서 함께 짝이 되었다. 집단주의 문화의 중국인이 미국인보다 모든 측정에서 조망수용에 더 성공적이었다. 이것은 하나의 문화적 지향성이 다른 문화보다 더 낫다는 것을 뜻하는 것은 아니다. 그것은 문화가 우리가 다른 사람을 지각하고, 이해하고, 감정이입하는 방식을 구축한다는 점을 보여주는 것이다.

감정이입은 공감(sympathy)과 혼동하기 쉽지만 두 개념은 서로 다르다. 공감은 다른 사람의 상황을 여러분의 관점으로 보는 것이다. 감정이입은 다른 사람의 상황을 그들의 관점으로 보는 것이다. 미혼모와 노숙자에게 감정이입하거나 공감하는 것 사이의 차이를 생각해보라. 여러분이 공감할 때, 그것은 타인의 혼란, 기뻠 혹은 고통이다. 여러분이 감정이입할 때, 그 경험은 적어도 잠시 동안 여러분 자신의 것이 된다. 감정이입은 누군가에 대하여 마음 아파하거나 기분 좋아하는 것과는 다르다. 누군가와 함께 마음 아파하고 기분 좋아하는 것은 더 심오한 것이다. 그럼에도 불구하고, 감정이입은 상대방과의 의견 일치를 요구하지는 않는다. 여러분은 까다로운 친척이나 무례한 낮선 사람의 행동은 인정하지 않지만 그들을 감정이입할 수는 있다. 궁극적으로 우리 모두는 자신을 다른 사람의 입장에

─────── 텔레비전 쇼 'Undercover Boss'에서 한 회사의 중역이 가장을 하고 자기 조직에서 지위가 낮은 직원의 임무를 떠맡는다. 상사는 보통 직업이나 개인적인 삶에서 직면하는 도전에 대해서 부하들로부터 새로운 인정이나 공감을 얻는다. 여러분은 한 회사의 가장 밑바닥에서 일하는 사람들이 어떻게 살아가고 있는지를 망각하고 있는 상사를 상상해볼 수 있는가? 여러분은 자신에게 고객 서비스를 제공하는 사람들을 어떻게 대우하는가?
CBS/Photofest

둠으로써 그들의 세계를 더 잘 이해할 수 있다.

인지적 복잡성

지금쯤 아마 여러분은 관계를 이해하고 향상시키는 감정이입의 가치를 알 것이다. 그러나 우리는 어떻게 감정이입을 더 잘 할 수 있을까? 이 질문에 답하기 위해서 의사소통 역량의 한 특징인 인지적 복잡성으로 돌아가 보자.

인지적 복잡성과 의사소통   1장에서 언급한 것처럼, 인지적 복잡성은 특정 문제를 바라보는 다양한 틀을 구축하는 능력이다. 인지적 복잡성이 결혼생활,[61] 고통을 겪는 타인 돕기,[62] 설득력 향상,[63] 직장에서의 승진을[64] 포함해서 다양한 맥락에서 만족스러운 의사소통의 가능성을 증가시킨다는 것을 연구자들이 입증했다.

연구들은 인지적 복잡성과 감정이입 사이의 관련성을 보여준다.[65] 그러한 관계는 이치에 맞는다. 다른 사람의 행동을 이해하고 해석할 수 있는 방법이 더 많을수록, 그의 관점에서 세상을 바라볼 가능성이 더 커진다. 인지적 복잡성은 또한 상황을 더 철저하고 덜 단순하게 기술하도록 도와준다.[66] 흥미롭게도 한 연구는 인지적으로 복잡한 사람이 빈정대는 말(지적으로 둔감한 사람은 이해하지 못하는 추상적인 의사소통의 한 형태)을 더 잘 알아보고 이해한다는 것을 발견했다.[67] 기쁜 소식은 인지적 복잡성이 훈련을 통해 향상될 수 있다는 것이다.[68] 이 점을 염두에 두고, 여러분이 이러한 목적을 달성하는 데 도움이 되는 기술을 살펴보자.

▶ 그림 4.3 베개법

© Cengage Learning

인지적 복잡성 증가시키기: 베개법　　　앞서 논의한 지각 점검의 기술은 잠정적인 오해를 명확히 하는 데 상대적으로 빠르고 쉬운 도구이다. 그러나 어떤 문제는 이러한 접근으로 다루기에는 너무 복잡하고 심각하다. 작가 Paul Reps는 다른 사람의 입장에서 가치를 발견하는 것이 불가능할 때 감정이입을 증가시키는 도구를 기술했다.[69]

일본인 초등학생 집단이 개발한 베개법(pillow method)은 문제가 베개처럼 [그림 4.3]의 네 가지 측면과 중간을 가지고 있다는 점에 기반하고 있다. 다음에 보여주는 예처럼, 각 관점으로부터 문제를 바라보는 것은 거의 대부분 언제나 가치 있는 통찰을 주고 그래서 인지적 복잡성을 증가시킨다.

입장 1: 나는 맞고 너는 틀려　이 입장은 우리가 문제를 바라볼 때 일반적으로 취하는 관점이다. 우리는 즉시 자신의 관점에서 미덕을 찾고 자신과 동의하지 않는 사람들의 잘못을 발견한다. 이 입장을 상세히 살펴보는 것은 거의 노력을 필요로 하지 않고 새로운 정보 역시 거의 제공하지 못한다.

입장 2: 너는 맞고 나는 틀려　이 시점에서 여러분은 관점을 바꿔서 상대방이 어떻게 자기와 다르게 그 문제를 바라보는지 설명해 줄 가장 강력한 주장을 구축한다. 상대방의 입장이 갖는 강점을 확인하는 것과 함께 선의의 비판자 역할을 하고 자신의 결함을 발견하는 시간이다. 이것은 단지 연습일지라도 많은 용기와 훈련을 필요로 하며 입장 1로 곧 후퇴할 수도 있다. 그러나 대부분의 사람들은 관점을 바꿔봄으로써 상대방의 관점에도 어느 정도 장점이 있다는 것을 배운다.

상대방의 입장이 옳다고 할 수 없는 경우가 있다. 범죄, 사기, 그리고 배신은 종종 정당화하기 어려워 보인다. 이와 같은 때 상대방의 행동이 이해 가능하다고 생각하면서 입장 2에 도달할 수 있다. 예를 들면 그것에 동의는 하지 않으면서도 상대방이 어떻게 폭력을 행사하고, 거짓을 말하고, 속임수를 쓰는지 이해할 수는 있다. 입장 2의 목적은 여러분이 처음에는 옹호할 수 없는 방식으로 상대방이 어떻게 행동할 수 있는지 이해하는 것이다.

입장 3: 둘 다 맞고 둘 다 틀려　이 입장은 상대방의 주장이 갖는 강점과 약점을 알고 있다. 여러분이 입장 2에서 잘 했다면, 두 개의 관점 모두에 몇몇 장점이 있고 동시에 단점도 있다는 것이 명확하게 드러난다. 좀 더 공평한 관점으로 문제를 바라봄으로써, 여러분은 타인의 관점을 더 잘 이해하고 덜 비판하게 된다.

입장 3은 여러분의 입장과 상대방의 입장의 공통점을 찾는 데 도움을 준다. 아마도 양쪽 모두 그 문제에 대해 아주 많이 마음을 쓰고 있다는 점에서는 옳지만, 상대방의 걱정을 알아주지 못했다는 점에서는 틀리다. 서로가 공유하는 기본적인 가치와 둘이 범하는 비슷한 실수가 있을 것 같다. 어쨌든, 입장 3의 관점은 문제가 외견상 보이는 것처럼 그렇게 완벽하게 옳고 그름의 문제가 아니라는 것을 깨닫는 데 도움을 준다.

입장 4: 그 문제는 보이는 것만큼 중요하지는 않아　　어떤 문제를 중요치 않다고 판단하는 것은 어려운 일이지만, 대부분은 우리가 생각하는 만큼 그렇게 중요하지는 않다는 것을 조금만 생각해보면 알 수 있다. 사랑하는 사람의 죽음이나 관계의 종결과 같이 가장 상처가 큰 사건들의 영향력마저도 시간이 지나면 약해지기 마련이다. 그 영향력이 사라지지는 않겠지만, 우리는 그것을 수용하는 법을 배우고 그것이 우리의 삶에 잘 녹아들도록 할 수 있다. 우리의 관계에서 어떤 문제가 그만큼 중요한 다른 부분을 가리고 있다는 것을 깨달으면 논쟁의 중요성은 약해진다. 하나의 주제에 대한 논쟁에 너무 휩싸여 있는 나머지, 여러분은 상대방과 가까워질 수 있는 다른 방법을 잊기 쉽다.

입장 5: 네 가지 모든 관점에 진실이 있어　　처음 네 개의 입장을 완성한 후에, 마지막 단계는 각각의 것들이 모두 어느 정도 유익하다는 것을 인정하는 것이다. 논리적으로 보면, 한 입장이 옳으면서 동시에 그를 수 없고 중요하면서 동시에 중요하지 않을 수 없다. 그러나 여러분이 탐구한 각각의 입장에 어느 정도 진실이 있다는 것을 여러분은 경험을 통해 알 것이다. 하나의 문제를 이 다섯 개의 관점으로 살펴보면, 확실히 여러분은 새로운 통찰을 얻게 될 것이다. 이러한 통찰은 여러분의 마음을 바꾸거나 눈앞의 문제를 해결해주지는 않는다. 그럼에도 불구하고 다른 사람의 입장을 이해하는 데 도움을 주고, 결국 의사소통 분위기를 향상시킬 것이다.

실습하기

베개 대화

여러분의 삶에서 베개법을 사용해보라. 그것이 쉽지는 않지만, 베개법을 이해하기 시작하면 서로에 대한 이해의 증가로 큰 혜택을 얻을 것이다.

1. 여러분과 크게 의견이 다른 한 사람 혹은 그의 견해를 선정하라. 여러분이 사람을 선택했다면, 여러분과 함께 할 수 있는 사람이면 가장 좋다. 그러나 가능하지 않다면 여러분 혼자서도 할 수 있다.
2. 여러분이 선택한 의견충돌은 무엇인가? 분명 여러분의 삶에 많은 것들이 있을 것이다. 부모-자녀, 친구-친구, 교사-학생, 국가-국가, 고용주-피고용인, 공화당-민주당, 형제-자매.
3. 여러분이 선택한 각 의견충돌에 대해 자신을 베개의 각 위치에 두어라.
   a. 여러분 입장이 맞고 상대방 입장이 틀림
   b. 상대방 입장이 맞고 여러분 입장이 틀림
   c. 양쪽 모두가 맞고 양쪽 모두가 틀림
   d. 어떤 입장이 옳고 그른지 별로 중요하지 않음
   e. 마지막으로 모든 네 가지 입장에 진실이 있다는 사실을 확인
4. 의견 충돌이 여러분에게 중요할수록 입장 2~5를 타당하다고 받아들이기가 더욱 어려울 것이다. 그러나 여러분이 자신의 현재 입장을 중단하고 다른 입장들을 취하면 어떠할지 상상해 볼 때, 연습의 효과가 있는 것이다.
5. 베개법이 성공적인지 어떻게 알 수 있는가? 대답은 간단하다. 모든 단계를 살펴본 후, 여러분은 다른 사람의 입장을 수용하지는 않지만 그들을 이해할 수는 있다. 여러분이 이러한 이해에 도달한 후에, 다른 사람에 대한 느낌이 어떻게 변했는지 느낄 수 있는가?

요약

누구든 그 사람이 이해할 수 있는 것보다 세상 '그곳에는' 더 많은 것들이 존재한다. 우리는 자신의 환경을 네 단계의 과정을 통해 이해한다. 즉, 환경으로부터 특정한 자극을 선택하고, 그것을 의미 있는 패턴으로 조직화하고, 다양한 요인에 의해 만들어진 방식으로 해석하고, 타인과 공유하는 이야기를 통해 그것을 협상하는 과정을 거친다.

우리가 정보를 선택, 조직화, 해석, 협상하는 방식에 많은 요인이 영향을 미친다. 정보에의 접근은 중요한 역할을 한다. 우리의 감각, 연령, 그리고 건강과 같은 생리적 요인 역시 그러하다. 문화적 배경 역시 우리가 세상을 바라보는 방식에 영향을 미치고 사회적 역할도 마찬가지다. 이러한 요인과 함께, 몇몇 공통적인 경향성이 우리가 다른 사람의 행동에 의미를 부여하는 방식에 영향을 미친다.

단지 처음의 직감이 옳다고 가정하는 것보다는 다른 사람의 행동에 대한 해석을 확인하는 데 유용한 도구가 지각 점검이다. 완전한 지각 점검에는 다른 사람의 행동에 대한 기술, 그 행동의 의미에 대한 적어도 두 개의 타당한 해석, 그리고 행동의 의미에 대한 설명의 요구가 들어 있다.

감정이입은 다른 사람의 관점을 경험하는 능력이다. 감정이입은 공감과 구별되는데, 감정이입은 자기 자신의 관점이 아닌 파트너의 관점에서 상황을 바라보는 것을 포함하기 때문이다. 인지적 다양성은 문제를 이해하기 위한 다양한 틀을 구성하는 능력이다. 감정이입과 인지적 다양성을 증가시키는 한 가지 방법이 베개법이다. 이것은 다섯 개의 서로 다른 관점들로부터 문제를 바라보는 것이다.

핵심 용어

감정이입	이야기
고정관념	자기본위적 편향
공감	자민족 중심주의
방점	조직화
귀인	지각 점검
베개법	해석
선택	협상
성역할	후광 효과
양성적	

이 장(章)에서 다루는 주제

정서란 무엇인가?
생리적 요소
비언어적 반응
인지적 해석
언어적 표현

정서 표현에 영향을 미치는 요인
성격
문화
성(gender)
사회적 관습
소셜 미디어
정서적 전염

정서 표현을 위한 지침
지신의 느낌 인지하기
느낌, 말하기, 그리고 행동 사이의 차이 인지
하기

정서어휘 확장하기
복합적인 느낌 공유하기
느낌을 표현할 시간과 장소 고려하기
자신의 느낌에 대한 책임 수용하기
의사소통 통로에 유념하기

정서 관리하기
촉진적 정서와 소모적 정서
소모적 정서의 원천
비합리적 사고와 소모적 정서
소모적 정서 최소화하기
촉진적 정서 최대화하기

요약

핵심 용어

정서:
느낌, 사고, 그리고 의사소통

학습 효과

1. 정서의 4가지 요소가 중요한 상황에서 여러분이 느끼고 의사소통하는 방식에 어떠한 영향을 주는지 기술할 수 있다.
2. 정서 표현에 영향을 미치는 요인들이 중요한 관계에서의 의사소통에 어떻게 영향을 미치는지 기술할 수 있다.
3. 중요한 상황에서 정서를 효과적으로 의사소통하기 위한 지침을 적용할 수 있다.
4. 중요한 상황에서 소모적 정서를 유발하는 오류(혹은 틀린 생각)들을 정의하고 토론할 수 있다. 그리고 더 합리적인 사고가 어떻게 더 건설적인 의사소통을 이끌 수 있는지 설명할 수 있다.

정서의 중요성을 인정하기 않고 의사소통을 이야기하는 것은 불가능하다. 한 번 생각해보자. 자신감은 연설부터 데이트 신청까지 모든 면에서 여러분을 도와줄 수 있다. 반면에 불안감은 여러분의 기회를 망칠 수 있다. 화가 나거나 방어적인 느낌은 다른 사람과의 시간을 망칠 수 있는 반면, 차분한 느낌과 행동은 문제를 예방하거나 해결하는 데 도움을 줄 수 있다. 애정을 공유하거나 보류하는 방식이 관계의 미래에도 영향을 끼칠 수 있다. 감사, 불안, 호기심, 짜증 등 다른 사람과의 상호작용에 영향을 미치는 느낌은 무수히 많다. 의사소통은 느낌을 형성하고, 느낌은 의사소통을 형성한다.

인간사에서 정서의 역할은 사회과학자와 일반인 모두에게 명백하다. 연구자들은 정서 지능(emotional intelligence: EQ)이라는 용어를 만들어서, 자신의 정서를 이해 및 관리하고 다른 사람의 느낌을 감지할 수 있는 능력을 설명한다.[1] 연구결과 정서 지능은 건강한 갈등관리와 건강한 관계뿐만 아니라,[2] 자기존중감, 삶의 만족, 그리고 자기수용과[3] 정적인 상관관계가 있었다. 심지어 어떤 고용주들은 자신의 인사선발 과정의 일부로 정서 지능 측정치를 사용하기도 한다.[4] 정서 지능은 개인적 성공과 관계적 성공 모두에서 틀림없이 필수적이다.

여러분이 알고 있는 정서 지능이 높은 사람을 잠시 떠올려 보라. 그 사람은 다양한 정서를 경험하면서도 그러한 정서에 압도당하지 않는 가족구성원일 수도 있고, 스트레스를 받는 상황에서도 현명하고 이성적인 선택을 하는 직장 상사일 수도 있다. 이제 정서 지능이 부족한 사람을 생각해보라. 그는 아마도 솔직한 인간적인 느낌에 긴장하거나, 관심이 없는 동료이거나, 아주 작은 불편함에도 화를 내는 친구일 것이다. 그리고 마지막으로, 여러분 자신의 정서 지능을 평가해

──────── 드라마 "The Big Bang Theory"에서 Sheldon Cooper (Jim Parsons 역)는 명민한 지능을 가지고 있지만 정서적 지능이 부족하다. 결과적으로, 그는 종종 사회적 규칙을 위반하고 때로는 관계를 훼손시키기도 한다.   CBS/Photofest

보라. 여러분은 자신의 정서를 얼마나 잘 이해하고 관리하는가? 그리고 다른 사람의 느낌에 얼마나 민감한가?

정서는 모든 유형의 관계에서 매우 중요한 역할을 하기 때문에, 이 장(章)에서는 정서를 더 자세히 설명하고 분석하고자 한다. 그 다음, 느낌이 무엇인지 그리고 느낌을 어떻게 인지하는지 설명한다. 여러분은 자신의 느낌을 다른 사람과 공유하는 최상의 방법과 시기에 대한 지침을 읽을 것이다. 마지막으로, 의사소통을 더 만족스럽게 만드는 정서는 함양하고 효과적인 관계를 방해하는 정서는 줄이는 방법을 탐색할 것이다. 다른 사람의 정서 상태를 해석하는 방법은 이후의 장에서 논의하겠지만, 지금은 자신의 정서를 파악하고 표현하는 것에 초점을 두었다.

정서란 무엇인가?

지구 밖에서 온 방문자가 여러분에게 정서를 설명해 달라고 요청했다고 가정해보라. 여러분은 어떻게 답변할 것인가? 아마도 여러분은 정서는 우리가 느끼는 것이라는 말로 시작할 것이다. 그러나 그것은 충분한 답변이 아니다. 왜냐하면 여러분은 정서의 동의어인 느낌을 또 설명해야 하기 때문이다. 우리가 느낌(feelings)이라고 명명하는 현상에는 몇 가지 구성요소가 있다는 점에 사회과학자들은 일반적으로 동의한다.[5]

생리적 요소

한 사람이 강한 정서 상태에 있을 때 많은 신체적 변화가 일어난다.[6] 예를 들면, 공포의 신체적 구성요소에는 심장박동의 증가, 혈압의 상승, 아드레날린 분비의 증가, 혈당수준의 증가, 소화부진, 그리고 동공팽창이 있다. 결혼 연구자 John Gottman은 극심한 갈등상황에 있는 커플에게도 이런 증상이 나타난다고 언급한다.[7] 그는 이러한 조건을 "침수(flooding)"라고 부르고, 이것이 효과적인 문제해결을 방해한다는 것을 발견했다. 침수 상태의 사람들에게 몇 가지 생리적 변화가 나

타난다. 예를 들면, 부글거리는 배나 긴장한 턱과 같은 단서는 여러분의 정서에 내
한 중요한 단서를 제공할 수 있다.

비언어적 반응

정서를 수반하는 모든 생리적 변화가 내부적인 것은 아니다. 느낌은 종종 관찰
가능한 변화로 드러난다. 이런 변화들 중 몇몇은 얼굴 붉어지기, 땀나기 등 사람들
의 외모 변화와 관련이 있다. 또 다른 변화는 뚜렷한 얼굴 표정, 자세, 몸짓, 어조,
말의 속도 등의 행동과 관련된다. 그리고 우리가 추측할 수 있는 것, 즉 비언어적
정서 표현은 알코올의 영향을 받을 때 더 잘 드러난다는 것을 연구들이 입증하고
있다.[8] 알코올은 더 좋게 혹은 더 나쁘게 정서를 강화시키는 역할을 한다.

누군가가 강한 정서를 느끼고 있다는 것을 식별하는 것은 상당히 쉽지만, 그
감정이 정확히 무엇인지 아는 것은 어렵다. 축 처져 있는 자세와 한숨은 슬픔의 징
후일 수도 있고 피로의 징후일 수도 있다. 마찬가지로, 손을 떠는 것은 흥분의 징
후일수도 있지만 두려움의 징후일 수도 있다. 7장에서 배우겠지만, 비언어적 행동
은 일반적으로 애매모호하기 때문에, 이러한 행동을 정확히 읽을 수 있다고 가정
하는 것은 위험하다.

우리는 보통 비언어적 행동을 정서 상태에 대한 반응으로 생각하지만, 그 반
대가 사실인 경우도 있다. 즉 실제로 비언어적 행동이 정서 상태를 야기할 수도 있
다. 한 연구에서 실험참가자들에게 미소를 짓도록 했을 때 그들은 실제로 더 좋은
기분을 보고했고, 표정을 불행하게 보이도록 바꿨을 때 전보다 더 나쁜 기분을 보
고했다.[9] 활기찬 걸음걸이로 걷는 것이 우울한 느낌을 피할 수 있게 한다.[10] 그리고
즐거워서 뛰는 것은 단순히 정서적 표현 이상이다. 연구에 따르면 위아래로 뛰는
행동은 실제 행복을 가져온다.[11]

또한 언어적 정서와 비언어적 반응 사이에는 연관이 있다. 한 연구에서 자부
심 및 실망과 연관된 단어를 말한 참가자들은 자세의 변화를 경험했다.[12] 그들은
자부심에 대해서 이야기할 때 무의식적으로 더 곧은 자세로 있었고, 실망감에 대
한 단어를 사용할 때는 축 처진 자세를 취했다. 참가자들은 또한 그들이 말한 단어

와 연관된 정서를 경험했다(가령, 그들이 실망감에 대해 이야기할 때 슬픔을 느꼈다.). 이 연구는 언어적 정서 표현과 비언어적 정서 표현이 서로 연결되어 있다는 것을 다시 확인시켜 준다.

인지적 해석

신체적 행동과 정서적 상태가 서로 직접적으로 연결된 상황이 있을 수 있지만, 대부분의 상황에서 마음이 정서적 상태를 결정하는 데 중요한 역할을 한다. 여러분이 이전에 읽었듯이, 공포에 대한 몇몇 생리적 요소에는 빨라진 심장박동, 땀, 근육 긴장, 혈압 상승이 있다. 매우 흥미롭게도, 이런 징후는 흥분, 즐거움 및 이와 다른 긍정적 정서에 나타나는 생리적 변화와 비슷하다. 즉 강한 정서 상태에 있는 누군가의 신체적 조건을 측정한다면, 떨고 있는 행동이 두려움 때문인지 아니면 흥분 때문인지 분간하기가 매우 어려울 것이다.

몇몇 심리학자는 대부분 정서가 그 신체적 구성요소에서 서로 비슷하다고 생각해서, 놀람, 즐거움 또는 분노의 경험은 우리가 동일한 신체적 증상에 부여한 명칭에 따른 것이라고 주장한다.[13] 심리학자 Philip Zimboardo는 이러한 원리에 대한 좋은 예를 제공한다.

> 내가 강연을 하는 동안 땀을 흘린다는 것을 나는 알아차립니다. 나는 그것을 근거로 내가 불안해하고 있다고 추론합니다. 이런 일이 자주 일어나면, 나는 내 자신에게 '불안해하는 사람'이라는 명칭을 부여할 것입니다. 일단 이러한 명칭을 붙이면, 내가 대답해야 할 다음 질문은 "왜 나는 불안해하지?"입니다. 그러고 나서 나는 적절한 설명을 찾기 시작합니다. 나는 몇몇 학생이 강의실을 나가거나 주의하지 않는다는 것을 알아차렸을 수 있습니다. 나는 좋은 강의를 하지 못해 불안해하고 있습니다. 이것이 나를 불안하게 만듭니다. 내가 강의를 잘못한다는 것을 나는 어떻게 알 수 있을까요? 그것은 내가 청중을 지루하게 만들기 때문입니다. 내 강의가 지루하기 때문에 그리고 좋은 강사가 되고 싶기 때문에 나는 불안해합니다. 나는 강의에 부적절하다고 느낍니다. 어쩌면 나는 강의를 하는 대신에 델리카트슨

(delicatessen: 간편하게 조리한 고기, 치즈, 샐러드, 통조림 등의 식품을 판매하는 식당)을 여는 것이 더 나을지도 모릅니다. 그때 한 학생이 이야기를 합니다. "여기는 더워요. 저는 땀이 나고 그래서 당신의 강의에 집중하기 어려워요." 그 즉시 나는 더 이상 '긴장'하거나 '지루한' 사람이 아닙니다.[14]

Zimbardo는 사건에 대한 해석의 변화가 그 사건에 대한 느낌에 영향을 준다는 것을 알았다. 사회과학자들은 이 과정을 **재평가**(reappraisal)라고 한다. 즉 재평가는 정서적으로 완성된 사건의 의미를 다시 생각함으로써 그 사건이 정서에 미치는 영향을 바꾸는 것이다.[15] 재평가가 감정의 억압보다 훨씬 더 우수하다는 것을 연구들은 보여준다. 재평가는 종종 스트레스의 감소, 자기존중감의 증가 그리고 생산성의 향상을 가져온다.[16] 여기에 두 가지 예가 있다.

- 당신의 자기존중감은 실직 후에 산산이 부서졌다. 특히, 당신보다 실력이 떨어지는 몇몇 동료직원은 해고되지 않았기 때문에 더욱 그랬다. 새로운 직장을 구할 때, 당신은 자신감이 없다. 이 사건을 계기로 당신은 자신의 성실성과 기여도를 더 인정해주는 새로운 직장을 찾을 수 있다고 재평가할 수 있다.
- 한 친구가 당신에 대하여 뒤에서 악의적으로 이야기한다. 당신은 상처를 입었지만, 뒷담화하는 그의 행동이 당신의 인격이 아니라 그의 인격을 나타낸다고 생각한다. 그리고 당신은 그 친구에 대한 험담을 다른 사람에게 하지 않는 것으로 자신의 인격을 입증한다고 생각한다.

또한 재평가는 관계적으로도 이득이다. 한 연구에 따르면, 정기적으로 자신들의 갈등으로부터 한 걸음 물러나서 중립적인 입장에서 그러한 갈등을 재평가하는 커플들의 관계 만족도는 더 높았다.[17] 핵심은 이러한 커플들은 자신들의 논쟁을 합리적이고 냉정하게 바라봄으로써 그것이 미치는 정서적 영향을 감소시킨다는 것이다.

재평가가 여러분의 느낌을 부정하는 것이 아니라는 점에 주목하는 게 중요하다. (행복, 사랑, 안도감과 마찬가지로) 분노, 상심, 슬픔과 같은 정서를 인지하고 인정하는 것은 심리적 건강과 관계적 건강에 필수적이다. 그러나 여러분이 과거 힘겨운 정서에서 벗어날 준비가 되어 있을 때, 재평가가 도움이 된다. 소모적인 정서를 감소시키기 위해 사용하는 재평가를 이 장의 뒷부분에서 더 면밀히 살펴보자.

언어적 표현

7장에서 기술하겠지만, 비언어적 행동은 정서를 소통하는 강력한 방법이다. 사실, 비언어적 행동은 우리의 생각보다는 정서를 더 잘 전달한다. 그러나 때때로 느낌을 표현하는 데 단어가 필요하다. "나 진짜로 화났어."라고 말하는 것이 문을 쾅 닫고 나가는 것보다 더 분명하고 아마도 더 도움이 될 것이다. 그리고 "나 불안해."라고 말하는 것은 고통스러운 얼굴 표정을 설명하는 데 도움이 될 것이다. 정서를 말로 표현하는 것은 여러분이 그러한 정서를 좀 더 효과적으로 관리하는 데 도움을 주지만,[18] 말을 하지 않고 그냥 두면 정신적으로 뿐만 아니라 생리적으로 부정적인 효과를 초래할 수 있다.[19]

몇몇 연구자들은 기본적이고 일차적인 몇 개의 정서가 있다고 믿는다.[20] 그러나 그런 정서가 어떤 정서인지 그리고 그런 정서가 왜 기본적인 정서인지에 대해서는 학자들 간에 의견이 분분하다.[21] 게다가 한 문화에서 일차적인 정서가 다른 문화에서는 일차적이지 않을 수 있고, 몇몇 정서는 그에 직접적으로 상응하는 정서가 다른 문화에는 없을 수 있다.[22] 예를 들면 "수치심"은 중국인들의 경험 속에는 중심적인 정서이지만,[23] 서구 문화 출신의 사람들 대부분에게는 훨씬 덜 친숙하다. 이런 논쟁에도 불구하고, 대부분의 학자들은 분노, 즐거움, 두려움과 슬픔이 인간의 일반적이고 전형적인 정서라고 인정한다.

우리가 대부분의 정서를 경험할 때 사람들마다 강도의 차이가 있다. 그래서 그러한 차이를 나타내기 위해 사용하는 언어가 중요하다. [그림 5.1]은 이 점

짜증이 난	화난	격노한
수심 어린	슬픈	비통해하는
만족한	행복한	황홀한
불안한	두려운	공포에 질린
좋아하는	사랑하는	찬미하는

▶ 그림 5.1 정서의 강도   © Cengage Learning

을 분명히 보여준다. 예를 들면 친구가 중요한 약속을 깼을 때 여러분이 "짜증이 난다."고 말하는 것은 어쩌면 절제된 표현이다. 이와 반대로, 사람들은 습관적으로 자신의 느낌을 과장한다. 그들에게 모든 것은 '경이롭거나' '끔찍한' 것이다. 이런 부류의 과장된 표현이 갖는 문제는, 실제로 강렬한 정서가 발생했을 때, 이러한 감정을 적절하게 표현할 단어를 떠올릴 수 없다는 것이다. 동네 빵가게에서 사온 초콜릿 칩 쿠키가 '믿을 수 없을 정도로 환상적인 맛'이라면, 사랑에 빠지는 것은 어떤 느낌일까?

잠시 생각해보기

자신의 정서 알아보기

자신의 느낌을 3일 동안 기록하라. 하루에 어떤 정서를 몇 분 동안 느꼈는지, 그 정서와 관련된 사람들은 누구인지, 그리고 어떤 상황에서 그 정서가 발생했는지 그날 저녁에 생각해서 기록할 수 있다. 여러분의 감정을 좀 더 쉽게 되돌아보고 숙고할 수 있도록 하기 위해, 다음과 같은 제목을 달아 자신이 관찰한 것을 단순한 도표로 만들어라. 1. 날짜 2. 상황(시간/장소) 3. 정서(기본적/혼합된, 약한/강한, 신체적 감각, 사고, 행동) 4. 관련된 사람 5. 감정을 보이고 공유하기(왜 그랬는지 혹은 왜 그러지 않았는지?) 6. 대화의 주제

3일이 지난 후, 여러분은 아래의 질문에 답하면서 자신의 의사소통에서 정서가 하는 역할을 이해할 수 있다.

1. 자신이 느낀 정서를 어떻게 알았는가? 생리적 자극, 비언어적 행동 또는 인지적 과정을 통해서?
2. 자신이 어떤 정서를 느꼈는지 결정하는 데 어려움이 있었는가?
3. 여러분은 어떤 정서를 가장 많이 느끼는가? 그 정서들은 일차적 정서인가 아니면 혼재되어 있는가? 그 정서의 강도는 약한가 아니면 강렬한가?
4. 여러분은 어떤 상황에서 자신의 감정을 보여주고 싶은가 혹은 그렇지 않은가? 어떤 요인이 이러한 결정에 영향을 미치는가? 정서의 유형은? 어떤 사람이 관련되어 있는가? 상황은(시간, 장소)? 그 정서와 관련된 주제는 무엇인가(돈, 성, 기타 등등)?
5. 위의 질문에 해당하는 하나의 상황 즉, 자신의 감정을 보이고 공유하기로 결정한 상황을 생각해보라. 그 결과는 어떠했는가? 이런 결과에 만족하는가? 그렇지 않다면 무엇이 여러분을 더 만족하게 만들 수 있을까?

정서를 건설적으로 이야기할 수 없는 사람들에게 일어나는 광범위한 문제, 가령 사회적 고립, 불만족스런 관계, 불안과 우울, 잘못된 공격성 등을 연구자들은 파악해 왔다.[24] 게다가, 자녀에 대한 부모의 대화방식이 그들의 발달에 강력한 영향을 미친다. 여러 연구들은 두 가지 뚜렷한 양육태도 즉, '정서 코칭(emotion coaching)'과 '정서 무시(emotion dismissing)'를 비교하였다.[25] 코칭 접근은 느낌에 대한 의사소통 기술을 자녀에게 알려주는 것으로, 이것은 관계만족을 훨씬 더 증가시켰다. 부모가 정서를 무시하는 가정에서 자란 아이들은 정서 코칭을 실천하는 가족에서 자란 아이들보다 행동상의 문제를 보일 위험이 더 높았다.[26] 정서적 의사소통을 효과적으로 하기 위한 지침은 이 장의 후반부에 있다.

정서 표현에 영향을 미치는 요인

대부분의 사람들은 자신의 정서를 적어도 언어적으로 표현하는 것을 꺼려한다. 사람들은 일반적으로 사실에 대한 말을 할 때 편안해하고, 자신의 의견을 말하는 것을 종종 즐거워하지만, 자신의 느낌을 드러내는 일에는 주저한다. 왜 사람들은 자신의 정서를 표현하는 것을 망설이는 것일까? 몇 가지 이유를 살펴보자.

성격

우리가 정서를 경험하고 의사소통하는 방식과 성격의 관계는 점점 더 분명해지고 있다.[27] 예를 들면, 외향적인 사람 즉, 긍정적이고 낙천적이며 사회적 접촉을 즐기는 사람은 덜 외향적인 사람보다 평소에 긍정 정서를 더 많이 보고한다.[28] 비슷하게, 신경증적 성격을 가진 사람 즉, 걱정하고 불안해하는 사람들은 덜 신경증적 성향을 가진 사람보다 평소에 부정 정서를 더 많이 보고한다. 이러한 성격 특질은 적어도 부분적으로는 생물학적으로 타고 태어난다.

성격이 정서표현의 강력한 요인일 수는 있지만 의사소통의 만족도를 좌우하지는 않는다. 예를 들면 선천적으로 수줍음이 많은 사람도 여러 사람과 소통할 수

'Star Trek'에서 Spock(Zachary Quinto 역)씨는 다혈질적인 친구 James T. Kirk(Chris Pine 역)와는 달리 자신의 감정을 표현하지 않는다. 전적으로 이성적인 특성이 Spock의 의사결정을 도와주기도 하고 제한하기도 한다. 여러분이 다른 사람과 만날 때 정서가 가지는 긍정적인 점과 부정적인 점은 어떤 것인가?
Paramount/Allstar

있는 편안하고 효과적인 전략을 고안해 낼 수 있다. 가령, 말수가 적은 의사소통자에게 인터넷은 효과적인 의사소통 방법이라는 것이 증명되었다. 왜냐하면 인터넷은 사회적 불안감을 감소시키기 때문이다.[29] 2장에서 기술한 것처럼, 소셜 미디어와 컴퓨터 데이트 서비스는 다른 사람에게 접근해서 친해질 수 있는 저위협적 방식을 제공한다.[30]

문화

사람들은 일반적으로 비슷한 정서를 경험한다. 그러나 같은 사건이 문화에 따라 꽤나 다른 느낌을 가져올 수 있다.[31] 달팽이를 먹는다는 생각에, 프랑스에 살고 있는 몇몇 사람들은 즐거운 미소를 짓겠지만, 반대로 북미의 많은 사람들은 역겨움으로 얼굴을 찡그릴 것이다. 문화는 또한 정서의 중요성에 대해서도 영향력을 행사한다. 한 연구에서 유럽계 미국인들은 (흥분과 같은) 높은 각성 수준의 긍정적 정서를 가치 있게 평가하는 경향이 있는 반면, 아시아계 미국인과 홍콩의 중국인들은 (평온과 같은) 낮은 각성 수준의 긍정적 정서를 가치 있게 평가했다.[32] 달리 말하면, 미국은 국제적으로 '쾌활한 문화'로 알려져 있다. 폴란드에서 온 한 저자는 표현을 잘하는 미국인들을 이런 식으로 기술한다, "와! 대단해! 기가 막히게 좋네! 환상적이야! 나는 환상적인 시간을 보냈어! 아주 훌륭해! 좋은 날 보내세요! 미국인들, 너무 쾌활해."[33]

사람들이 자신의 느낌을 표현하는 데에도 문화마다 정도의 차이가 있다. 가령 사회과학자들의 연구결과에 따르면, 온화한 기후에서 온 사람들은 추운 기후에 사는 사람들보다 정서 표현을 더 많이 한다.[34] 26개국을 대표하는 약 3,000명의 응답자들은 자기 나라의 남쪽 지역에서 온 사람이 북쪽 지역의 사람보다 정서적 표현을 더 많이 한다고 보고했다.

정서적 표현에 영향을 주는 가장 중요한 요인 중 하나가 개인주의-집단주의 차원에서 그 문화가 차지하는 위치이다. (일본과 인도와 같은) 집단주의 문화의 구성원들은 내집단 구성원들 사이의 조화를 중요시하고, 그 집단에 속한 사람들의 관계를 망칠 수 있는 부정적인 정서 표현을 못하게 한다. 대조적으로, (미국이나 캐나다 같이) 매우 개인주의적인 문화의 구성원들은 친밀한 사람에게 자신의 감정을 편하게 드러낸다. 표현 규칙(display rules)의 차이가 어떻게 의사소통의 문제를 야기하는지 파악하기는 쉽다. 예를 들면 개인주의적인 북미 사람들은 집단주의적인 아시아인들이 덜 솔직하다고 보는 반면, 아시아 사람들은 북미 사람들이 감정을 너무 드러낸다고 쉽게 생각할 수 있다.[35]

"사랑해."라는 문구는 정서 표현의 문화차 연구에 흥미로운 사례를 제공한다. 연구자들은 미국 사람들이 다른 문화의 사람들보다 "사랑해."라는 말을 더 많은 사람들에게 더 자주 한다는 것을 발견했다.[36] 이것은 사랑이라는 감정이 보편적인 경험이 아니라는 것을 의미하는 것이 아니라, "사랑해."라는 문구를 언제, 어디서, 얼마나 자주, 그리고 누구에게 사용해야 하는지 그에 관한 중요한 문화적 차이가 있다는 것을 의미하는 것이다. 예를 들면, 이 연구에서 중동아시아 사람들은 "사랑해."라는 말을 부부 사이에서만 사용한다고 말했고, 이 문구를 그 지역 여성에게 사용하는 것은 청혼하는 것으로 오해를 살 수 있다고 미국 남성들에게 경고했다. 중동아시아 사람들만 그런 것은 아니었다. (가령, 동유럽, 인도, 한국 등) 다양한 배경을 지닌 연구참가자들도 "사랑해."라는 말을 너무 자주 사용할 경우 그 말의 힘과 의미가 퇴색된다고 믿으면서 그 문구를 꽤 아껴서 사용한다고 말했다. 그러나 하나의 변인은 여러 문화에 걸쳐 일관적으로 나타났는데, 여성이 남성보다 "사랑해."라는 말을 더 자주 사용하는 경향이 있다. 정서 표현에 미치는 성(gender)의 효과를 아래에서 더 살펴보도록 하자.

성

심지어 한 문화 내에서조차 생물학적 성(sex)과 사회적 성(gender)역할은 남성과 여성이 정서를 경험하고 표현하는 방식을 결정한다.[37] 사실 생물학적 성은 정서 표현을 탐지하고 해석하는 능력을 가장 잘 예측하는 변인으로, 학문적 배경, 해외여행의 양, 문화적 유사성, 혹은 민족성 변인보다도 더 크다.[38] 예를 들면 문화 간, 문화 내 비교 모두에서[39] 여성이 남성보다[40] 정서에 더 민감하다. 한 연구에서 정서적 이미지에 대한 회상검사를 실시하였더니, 여성이 남성보다 정서적 이미지를 10~15% 더 정확하게 기억했다. 더 나아가 정서유발 자극에 대한 여성의 반응은 남성의 반응보다 더 강했다.

정서 표현에 대한 연구결과는 남성은 표현력이 부족하고, 여성은 표현을 더 잘한다는 문화적 고정관념이 적어도 어느 정도는 사실이라는 점을 시사한다.[41] 면대면 의사소통에 대한 한 연구에서 아버지는 어머니보다 자신의 정서를 더 숨기고, 그래서 자녀들은 아버지의 정서 표현을 읽는 데 더 어려워했다.[42] 온라인 의사소통에서도 남성과 여성 사이에는 이와 유사한 정서 표현상의 차이가 있다. 예를 들어 남성보다 여성은 정서를 표현하기 위해 :)와 같은 이모티콘을 더 많이 사용한다.[43] 여성은 또한 남성보다 페이스북에서 애정을 더 많이 표현한다.[44]

핵심은 남성과 여성이 일반적으로 동일한 정서를 경험하지만 그 정서를 표현하는 방식에는 중요한 차이가 있다는 것이다.[45] 이런 차이점들은 크게는 사회적 관습 때문에 나타날 수 있다. 사회적 관습에 대해서는 이제부터 논의하겠다.

사회적 관습

미국 주류 사회에서 의사소통의 불문율 대부분은 직접적인 정서 표현을 막는다.[46] 지난 2~3일 동안 여러분이 들은 솔직한 정서 표현("화가 났어.", "당황스러워.")의 수를 세어 보라. 정서 표현이 매우 드물다는 것을 발견할 것이다.

당연하게도, 사람들이 직접 공유하는 정서는 보통 긍정적인 것이다("… 를 말하게 되어 행복해.", "나는 정말 … 하는 게 즐거워."). 의사소통자들은 다른 사람을 당황스럽게 하거나 그들의 체면을 위협하는 메시지를 보내는 것에 주저한다.[47] 이것은 새로운 관계의 초기 단계에 특히 그렇다. 왜냐하면 이 시기에는 부정적인 정서에 비해 긍정적인 정서의 비율이 높아야 관계가 발전할 수 있기 때문이다.[48] 그러나 오랜 관계의 사람들도 부정적인 정서를 직접적으로 표현하는 것은 드물다. 부

다양성에 대한 고찰

Todd Epaloose: 정서 표현에 대한 미국 원주민의 관점

Todd Epaloose는 뉴멕시코에 있는 Zuni pueblo에서 자랐다. 그는 어린 시절의 일부를 인디언 보호구역에서 보냈고 나머지 일부 시절은 도시에 있는 학교를 다녔다. 그는 지금 Albuquerque에 살고 있다. Todd는 가족들과 함께 보호구역에서 시간을 보내고 있는 도시인으로, 도시와 인디언 보호구역 두 세계 사이를 계속 오간다.

Zuni족과 백인 문화는 정서 소통 방식이 밤과 낮만큼이나 다르다. 미국의 주류문화에서 큰 목소리로 말하는 것은 수용되거나 인정받는다. 여러분이 어렸을 때부터 그렇다. 자녀들이 큰소리로 말할 때, 그것이 애정의 표현인지, 호기심의 의미인지, 심지어 불행을 표현하는 것인지와 상관없이 부모는 자랑스러워한다. 조용히 있는 아이들은 '수줍음이 많은' 아이라는 딱지가 붙거나 문제가 있는 아이로 여겨진다.

Zuni 문화에서 정서는 훨씬 덜 공개적이다. 우리는 조용한 종족으로, 느낌을 공공연하게 드러내는 것을 당황스러운 일로 생각하고 자기통제를 미덕으로 여긴다. 나는 우리의 정서적 과묵함이 사생활에 대한 존중에서 온 것이라 생각한다. 당신의 느낌은 사적인 것이고, 그것을 다른 사람에게 보이는 것은 공공장소에서 옷을 벗는 것과 마찬가지로 잘못된 일이다. 이것은 전통적인 Zuni족 사람들이 도시 사람들보다 강렬한 정서를 덜 느낀다는 말이 아니다. 그들은 단지 정서를 그대로 표현하는 것에 덜 가치를 둔다는 것이다.

우리의 애정 표현 방식은 정서의 공유에 대한 Zuni족의 태도와 규칙을 잘 보여주는 한 예이다. 우리 가족은 사랑이 넘친다. 하지만 도시에서 온 사람들은 이 사랑을 인지하지 못할 수 있다. 왜냐하면 우리가 사랑을 잘 표현하지 않기 때문이다. 심지어 부모와 아이들 사이에서도 뽀뽀나 포옹을 많이 하지는 않는다. 또한 언어적 표현도 많이 하지 않는데, 사람들은 "사랑해."라는 말을 다른 사람에게 많이 하지 않는다. 우리는 자신의 정서를 행동으로 보여준다. 가령 다른 사람을 돕거나 사랑하는 사람이 필요로 할 때 돌봐준다. 이것만으로도 우리가 행복을 누리기에 충분하다.

내 생각에 두 문화 모두 장점이 있다. 주류 문화에 합류하기를 원하는 많은 Zuni족과 그 외 다른 원주민들은 불리한 입장에 놓여 있다. 그들은 자신의 권리를 옹호하는 데 서툴고 그래서 이용당한다. 심지어 집에서조차 오해를 방지하기 위해 느낌을 표현하는 것이 중요할 때도 있다. 다른 한편으로, 몇몇 원주민들의 정서적 절제가 백인의 의사소통 방식을 사용하는 사람들에게도 유용하다고 생각한다. 다른 사람의 사생활을 존중하는 것은 중요하다. 어떤 느낌은 다른 사람이 관여할 일이 아니며, 엿보거나 공개하라고 요구하는 것은 강압이나 무례로 보인다. 원주민의 자기통제는 또한 개인적 관계에 대한 공손함을 드높인다. '감정을 자유롭게 표현하는 것'이 항상 가장 좋은 방법이라고 나는 생각하지 않는다.

마지막 한 마디로, 정서 표현에서 미국 원주민과 백인 문화의 차이를 제대로 이해하기 위해서는 여러분이 두 문화에서 살아보아야 한다고 나는 믿는다. 그것이 불가능하다면, 친숙한 방법이 유일하게 좋은 방식은 아니라는 것을 최소한 기억하라. 여러분이 이해하지 못하는 것을 존중하고자 노력하라.

부에 대한 한 연구에서 그들은 칭찬하는 정서나 체면을 살려주는 정서를 자주 공유한다. 그들은 또한 함께 있지 않은 제 3자에 대한 긍정적 정서("난 Fred가 좋아.")와 부정적 정서("Gloria와 함께 있으면 불편해.") 모두를 기꺼이 드러낸다. 다른 한편, 남편과 부인은 체면을 위협하는 느낌 또는 적대감을 거의 말로 표현하지 않는다.[49]

많은 사회적 역할도 정서 표현을 결정한다. 연구자들은 정서를 관리하거나 억누르는 것이 적절하고 필수적인 상황을 설명하기 위해서 정서 노동(emotion labor)이란 용어를 사용한다. 연구는 정서 노동이 대부분은 아니더라도 많은 직업에서 중요한 요소라는 것을 보여준다. (이 절에 있는 '직업에 대한 이야기'에서 그 구체적인 예를 살펴보라.)

소셜 미디어

일반적으로 의사소통하는 사람들은 면대면 상황에서보다는 온라인상에서 자신의 감정을 더 잘 드러낸다.[50] 면대면에서 감정을 드러내는 데 어려움을 겪는 사람은 안전한 자판이나 터치스크린 상에서 자신의 감정을 자유롭게 드러낼 수도 있다. "당황스럽습니다." 혹은 "당신을 사랑합니다."를 말로 표현하는 것보다 타이핑을 하는 것이 얼마나 더 쉬운지 생각해 보라.

2장에서 논의한 것처럼, 불행하게도 온라인상에서의 탈억제는 감정적 폭발과 비난을 촉진할 수도 있다. 이러한 종류의 분출은 대인관계를 위험하게 할 수도 있고, 여러분들의 기분을 더 좋게 만들지는 않을 것이다. 온라인 '불평 사이트'에 대한 연구에서, 불만을 털어놓은 사람들은 그렇게 한 후에 더 분노를 느꼈으며 덜 행복했는데, 이것은 이러한 사이트가 제공하고자 한 정서적 카타르시스의 정반대의 결과이다.[51]

또한 소셜 미디어는 정서적 반응을 유발할 수도 있다. 예를 들면 애인의 페이스북 사이트를 정기적으로 점검하는 것은 질투의 느낌을 촉발할 수 있고 그래서 관계상의 불만을 초래할 수 있다.[52] 한 연구의 소제목은 "페이스북이 질투라는 초록색 눈의 괴물을 만들어내는가?"라는 질문을 한다.[53] 그 대답은 "그렇다. 그럴 수 있다."이고, 특히 페이스북을 보는 사람이 의심을 하고 있고, 남자보다는 여자일 경우에 더욱 그렇다.[54] 애인 혹은 옛 애인에 대한 건강하지 못한 감시는 정서적으로 비용을 지불하게 한다.[55] 질투와 반추에 대해서는 이 장의 뒷부분에서 좀 더 살펴보겠다.

"난 내 기분이 아니야. 네 기분 좀 하나야."

핵심은 의사소통하는 사람들이 온라인상에서 더 강한 정서를 경험한다는 것이다. 정서적인 메시지를 보내기 전에 그리고 애매한 온라인 정보에 대하여 성급하게 결론을 내리기 전에 이러한 점을 명심하는 것이 현명하다.

정서적 전염

문화적 규칙과 사회적 역할이 우리의 정서에 영향을 끼치는 유일한 요인은 아니다. 우리의 정서는 정서적 전염(emotional contagion) 즉, 한 사람의 정서가 다른 사람에게 전달되는 과정을 통해 주변 사람이 지닌 정서의 영향을 받기도 한다.[56] 한 논평가가 살펴본 것처럼, "느낌이 마치 사회적 바이러스인 것처럼, 우리는 서로에게서 그러한 느낌을 잡아낸다."[57] 학생들이 선생님의 기분을 파악하고,[58] 소비자들이 서비스를 제공하는 직원의 정서에 영향을 받고,[59] 남편과 아내는 직접적으로 서로의 정서에 영향을 준다는 증거가 있다.[60] 사실 우리의 행복(또는 불행)이 이웃, 친구의 친구, 심지어 완전히 낯선 사람들로부터 영향을 받을 수 있다는 것을 연구들이 보여준다.[61]

정서적 전염은 면대면에서 뿐만 아니라 온라인에서도 일어날 수 있다. 페이스북에 자신의 상태를 알린 수백만 개의 기사를 분석한 연구자들은 부정적인 기분과 연결된 우울한 기사가 독자들에게 파급효과를 줄 수 있다는 것을 발견했다.[62] 친구의 우울한 메시지에 노출된 사람들은 정서적으로 더 부정직인 기사들을 올렸다. 좋은 소식은 긍정적인 기사는 어쩌면 더 빠른 속도로 확산이 된다는 것이다. 연구자들은 긍정적인 기사의 게시가 페이스북 팔로워들로 하여금 1.7배 더 많은 긍정

직업에 관한 이야기

직장에서의 정서 노동

직장에서 정서 표현의 규칙은 개인적 삶에서의 그것과는 분명 다르다. (최소한 서양의 주류문화에서는) 친밀한 관계에서 자신의 느낌을 친구, 가족, 그리고 애인에게 정확하게 이야기하는 것이 중요하다. 그러나 직장에서는 고객, 소비자, 동료직원과 관리자를 위해서 그리고 자신의 직업을 보호하기 위해서 감정을 숨기는 것 또한 중요하다.

정서 노동-정서를 억누르거나 관리하는 과정-에 대한 연구가 다양한 직업적 맥락에서 이루어졌다. 몇 가지 사례를 보면,

- 소방관이 두려움, 역겨움과 스트레스에 대한 정서를 숨길 수 없다면, 그것은 다른 사람들의 목숨을 구하는 데 도움을 주는 능력을 저해할 수 있다. 그래서 정서 관리 훈련은 새로 부임한 소방관에게 매우 중요하다.[a]
- (최소 경비 상태의) 개방형 교도소에서 일하는 교도관들은 수감자들에게 '따뜻하고, 보살피고, 존경심을 표하는' 동시에 '반신반의하고, 강인하고, 엄격해야'하는 어려움을 토로했다. 교도관들은 서로 대립적인 정서를 관리하고 상충하는 요구를 다루는 것이 정신적으로나 육체적으로 힘들다는 것을 인정했다.[b]
- 돈 문제는 정서적 부담의 원인이 되기 쉽다. 그래서 재무 설계사는 종종 정서 노동에 관여한다. 연구자들은 "재무 설계사의 주된 업무는 자산 성과 보고서와 상속세법의 교체가 아니라, 고객과 관계하고 의사소통하는 것이다."고 결론 내렸다.[c]

몇몇의 정서 노동 직업은 삶과 죽음의 상황을 다루지만, 정서 관리는 덜 빡빡한 직업에서도 마찬가지로 중요하다. 예를 들면 대부분의 고객 서비스 일자리는 화를 내거나 부적절한 방식("나는 이 가게가 싫어요.", "다시는 여기서 쇼핑하지 않을 거예요.")으로 불만을 표현하는 사람들과 함께 일해야 한다. 이와 같은 상황에서, '이에는 이, 눈에는 눈'으로 대하는 것은 그러고 싶은 충동이 당연하더라도 현명한 것은 아니다. 대신에, 이런 직업에 유능한 의사소통자는 듣기, 방어의 감소, 그리고 8장, 11장, 그리고 12장에서 기술하는 갈등관리 기술을 사용할 수 있다.

정서를 관리하는 것이 항상 쉽지만은 않다. 특히, 여러분이 두려움을 느끼고, 스트레스를 받고, 화가 나고, 혹은 방어적일 때 그러하다. 그럼에도 불구하고, 많은 경우 정서 노동은 직업적 성공에 필수적이다.

적 기사를 올리도록 유도한다는 것을 발견했다. 자신의 정서적인 상태를 의사소통하는 것이 심지어 잘 모르는 사람들과 온라인상에서라도 다른 사람의 기분과 느낌에 영향을 미친다는 것을 아는 것이 중요하다.

우리 중 대부분은 정서가 전염되는 정도를 알아차린다. 평온한 사람과 함께 있을 때, 여러분이 더 평온하게 느낀 경우 혹은 불평이 많은 사람을 만나 화창한 기분을 망친 경우를 여러분은 뚜렷이 기억할 수 있을 것이다. 연구자들은 이런 과정이 빠르게 일어나고, 언어적 의사소통을 거의 필요로 하지 않는다는 것을 증명해 왔다.[63] 한 연구에서 두 명의 지원자는 자신의 기분을 알아보는 설문지를 작성했다. 그 다음, 그들은 조용히 앉아 서로의 얼굴을 2분 동안 바라보면서 연구자가 방에 돌아오는 것을 기다렸다. 그 시간이 지난 다음, 그들은 또 다른 정서 설문지를 작성했다. 표현을 덜 하는 파트너의 기분은 짧은 개방 이후 좀 더 표현하는 사람의 기분을 닮아갔다. 접촉의 기간이 더 길어지면 정서가 더 전염될 수 있음을 쉽게 이해할 수 있다. 단지 몇 달이 지난 후, 연인이나 대학 룸메이트의 정서적인 반응은 모두 극적으로 더 유사해진다.[64]

정서 표현을 위한 지침

방금 살펴본 것처럼, 정서를 가장 잘 소통할 수 있는 보편적인 방법은 없다. 의사소통을 하는 사람에게 어떤 접근법이 옳은지 그리고 주어진 상황에서 어떤 접근법이 가장 효과적인지는 성격, 문화, 성역할, 사회적 관습 등 모두의 지배를 받는다. 정서를 분명하고 직접적으로 표현하는 것이 현명하지 못한 때를 쉽게 생각해 볼 수 있다. 보통 여러분은 어려운 상사나 교수 같은 권위적인 인물을 야단칠 수 없다. 그리고 위험해 보이는 낯선 사람이 여러분을 귀찮게 할 때, 그 사람과 맞서는 것은 현명하지 않을 것이다.

모든 조건과 제약에도 불구하고, 자신의 정서를 분명하고 직접적으로 표현하는 것이 이득일 때가 있다. 심지어 보통 여러분이 표현을 잘 하는 사람이 아니더라도 그렇다. 그런 때가 오면, 아래의 지침은 여러분이 느낌을 설명하는 데 도움을

———— 어떤 사람들은 영화 'Inside Out'에 나오는 11살 Riley는 편하게 지낸다고 주장할 수도 있다. 왜냐하면 그녀가 경험하는 정서는 기쁨(성우 Amy Poehler), 두려움(성우 Bill Hader), 혐오(성우 Mindy Kaling), 분노(성우 Lewis Black), 그리고 슬픔(성우 Phyllis Smith) 등 거기에 붙인 이름에 달려 있기 때문이다. 물론 이러한 느낌을 경험한다는 것이 그녀가 늘 그것을 잘 관리한다는 것을 의미하는 것은 아니다. 여러분은 이러한 정서를 경험할 때 그것을 잘 알아차릴 수 있는가?

Allstar Picture library

줄 수 있다.

많은 연구들이 적절한 정서 표현의 중요성을 지지한다. 정서 표현이 부족하면 심각한 질병이 생길 수 있다. 합리성과 자기통제에 가치를 두고, 자신의 느낌과 충동을 통제하고자 하고, 괴로움을 부정하는 등 소위 말이 없는 사람은 암, 천식, 심장병을 포함해서 다수의 질병에 걸릴 가능성이 더 높다.[65]

다른 한편, 부정적인 감정을 과도하게 표현하는 사람 또한 생리적으로 고통을 겪는다. 사람들이 폭언을 할 때 그들의 혈압은 평균 20포인트 올라가고, 몇몇 사람들은 100포인트나 증가한다.[66] 건강의 핵심은 정서를 건설적으로 표현하는 방법을 배우는 것이다.

생리적인 이익을 넘어서서, 효과적인 정서 표현의 또 다른 이익은 관계 개선의 기회다.[67] 3장에서 설명했듯이, 자기개방은 친밀감에 이르는 (유일한 길은 아니지만) 하나의 길이다. 많은 관리자들과 조직 연구자들은 직장에서조차 건설적인 정서표현이 직장인들을 더 기분 좋게 만들 뿐 아니라, 직업적 성공도 가져온다고 주장한다.[68] 물론 정서 표현에 대한 규칙은 일반적으로 개인적인 관계에서보다 직장에서 더 엄격하다. 따라서 조심스럽게 해야 한다.[69]

이런 이득에도 불구하고, 효과적인 정서 표현은 단순한 문제가 아니다. 권태, 공포, 분노 또는 좌절을 모두 표현하면, 여러분은 분명히 곤경에 빠질 것이다. 심지어 사랑, 애정 등 긍정적 느낌을 무분별하게 공유하는 것도 항상 현명한 것은 아니다. 그러나 정서를 억누르는 것은 욕구불만을 야기할 위험이 있고, 관계의 발전과 번영을 막을 수도 있다.

아래 제안은 여러분이 언제 어떻게 자신의 정서를 표현할지 결정하는 데 도움을 줄 것이다. 3장에서 기술한 자기개방에 대한 지침과 함께, 이러한 제안을 활용하는 것은 여러분이 효과적으로 정서 표현하는 데 기여할 것이다.

자신의 느낌 인지하기

"기분이 어때?"란 질문에 답하는 것은 어떤 사람들에게는 쉬운 일이 아니다. (연구자들이 정서에 맞추어진 사람들이라고 부르는) 어떤 사람들은 자신의 정서적 상태를 잘 알고 있고, 중요한 결정을 내릴 때 이러한 정보를 사용한다.[70] 반대로, 감정에 대한 지향성이 낮은 사람은 일반적으로 자신의 정서 상태를 알아차리지 못하고, 느낌을 쓸모없고 사소한 정보로 여기는 경향이 있다.

자신의 느낌에 대한 인식을 넘어서서, 정서를 식별할 수 있는 능력이 중요하다는 것이 여러 연구에서 밝혀졌다. 자신이 경험한 ('긴장한', '화난', '슬픈', '부끄러운', '죄책감' 같은) 부정적인 정서를 정확하게 찾아내는 대학생들은 그러한 정서를 관리하기 위해 최고의 전략도 가지고 있다는 것을 연구자들은 발견했다.[71] 이것은 정서를 구별하고 명명할 수 있는 능력이 문화 내, 문화 간 비교와 상관없이 왜 정서적 지능의 필수적인 구성 요소인지 그 이유를 설명해 준다.[72]

이 장의 앞부분에서 살펴보았듯이, 우리는 느낌을 몇 가지 방식으로 파악할 수 있다. 신체적 변화는 느낌의 명확한 표시가 될 수 있다. 비언어적 행동을 점검해보는 것도 자신의 정서와 계속 접촉하는 또 다른 탁월한 방법이다. 여러분이 다른 사람에게 보내는 언어적 메시지 못지않게 자신의 생각을 점검함으로써 느낌을 파악할 수 있다. "나는 이게 싫어."라는 언어적 문장에서 자신이 화가 났다(지루함, 긴장, 당황)는 것을 깨닫는 것은 어렵지 않다.

느낌, 말하기, 그리고 행동 사이의 차이 인지하기

여러분이 어떤 느낌이 있다고 해서 그것을 항상 말해야 하는 것은 아니고, 느낌을 말한다고 해서 꼭 그렇게 행동해야 하는 것도 아니다. 사실, 살아 있는 사람이나 무생물인 가방을 때리는 식으로 분노를 표현하는 사람들은 화를 밖으로 드러

내지 않는 사람보다 실제 기분이 더 상한다는 많은 증거가 있다.[73]

느끼는 것과 그 느낌을 행동으로 표현하는 것 사이의 차이점을 이해함으로써, 여러분은 힘든 상황에서 자신을 건설적으로 표현하는 데 도움을 받을 수 있다. 예를 들면 여러분이 친구에게 화가 났을 때, 왜 화가 났는지 정화하게 탐색할 수 있다. 자신의 느낌을 공유함으로써("때로 너에게 너무 화가 나서 고함을 지를 수도 있어."), 여러분을 괴롭히는 것이 무엇이든 그것을 해결할 수 있는 기회를 가질 수 있다. 아무 문제가 없는 척하거나 이유 없이(이유를 모르는 상대방은 그렇게 인식할 수 있다.) 몰아붙이는 것은 분한 감정을 없애지 못할뿐더러 관계를 악화시킬 수 있다.

정서 어휘 확장하기

대부분의 사람들은 정서 어휘의 부족으로 어려움을 겪는다. 어떻게 느끼는지 물어보면, 좋다 또는 나쁘다, 끔찍하다 또는 굉장히 좋다 등 그들은 거의 항상 같은 말로 반응한다. 지금 잠시 짬을 내서 얼마나 많은 느낌을 적을 수 있는지 살펴보라. 최선을 다해 적은 후, <표 5.1>을 보고 자신이 어떤 것을 놓쳤는지 살펴보라.

많은 의사소통자들은 자기 말이 자신의 느낌을 표현하고 있다고 실제와는 다르게 잘못 생각한다. 예를 들면 "나는 공연을 보러 가고 싶어." 또는 "나는 우리가 너무 서로만 봐왔다고 느껴."라고 말하는 것은 정서를 드러내는 것처럼 들린다. 그러나 사실 이런 문장은 정서적 내용을 포함하고 있지 않다. 첫 번째 문장에서 '느낌'은 실제 공연을 보러 가고 싶다는 '의도'를 나타낸다. 두 번째 문장에서 '느낌'은 실제로 너무 서로만 봐왔다는 '생각'을 나타낸다. 여러분은 각 경우에 진짜 느낌의 단어를 첨가해 봄으로써 원래 문장에 정서가 빠져있음을 알 수 있다. 예를 들면 "나 지루해, 공연 보러 가고 싶어." 또는 "나는 우리가 서로를 너무 많이 봐왔다고 생각해. 그래서 갇혀 있는 느낌이야."

적은 수의 어휘에 의지해서 느낌을 묘사하는 것은 적은 수의 어휘에 의지해서 색깔을 묘사하는 것처럼 제한을 받는다. 다양한 모습의 바다, 날마다 다른 하늘, 여러분이 진정으로 사랑하는 사람의 눈을 모두 '파란'색이라고 말하는 것은 전체 중 일부만 얘기하는 것이다. 마찬가지로, 좋은 점수를 받았을 때, 마라톤을 완주했을 때, 좋아하던 사람에게 "사랑해."라는 말을 들었을 때와 같이 서로 다른 상황에서 자신의 느낌을 묘사할 때 사람들은 '좋은' 또는 '아주 좋은'과 같은 용어를 너무 광범위하게 사용한다.

여기에 하나의 느낌을 말로 표현하는 몇 가지 방법이 있다.[74]

- 하나의 단어를 사용하라: "나는 화가 나." (또는 '흥분한', '실망한', '호기심 있는' 등등)
- 자신에게 어떤 일이 생겼는지 기술하라: "속이 완전히 뒤집혀.", "기분이 너무 좋아 끝내줘."
- 자신이 하고 싶은 것을 기술하라: "나는 도망가고 싶어.", "너를 포옹하고 싶어.", "포기하고 싶어."

"나 좀 불행해." 또는 "나 꽤 흥분돼." 또는 "나 좀 혼란스러워." 등 때로 의사소통자는 자신이 느끼는 강도를 부정확하게 최소화한다. 물론 모든 느낌이 강한 것은 아니다. 예를 들면 우리는 슬픔과 즐거움의 정도를 감지하지만, 몇몇 사람들은 거의 모든 느낌을 축소하는 경향성을 가지고 있다. 여러분도 그런가?

또 다른 경우에서 의사소통자들은 암호화된 방식으로 느낌을 표현한다. 그들이 문제의 느낌을 드러내는 것이 불편할 때 그렇다. 전달자가 메시지를 미묘하게 언어적으로 암시하기도 한다.

예를 들면 '외롭다'는 것을 간접적으로 말하는 한 방법은 "이번 주에 별로 할 게 없을 것 같아. 네가 계획이 없으면 나에게 연락해서 함께 외출할 수 있어."로 표현하는 것이다. 이런 메시지는 너무 간접적이라 상대방이 여러분의 진짜 느낌을 인지하지 못할 수도 있다. 이런 이유 때문에, 암호화된 메시지를 보내는 사람에게는 자신의 느낌을 이해 받고 욕구를 충족할 수 있는 기회가 적어질 수 있다.

여러분이 자신의 느낌을 표현하기로 했다면, 그 느낌이 관계 전반에 관한 것이 아니라 특정 상황에 관한 것이라는 점을 두 사람이 모두 이해함으로써, 여러분은 자신의 느낌을 좀 더 정확히 전달할 수 있다. "너에게 완전 짜증나."라고 말하

▶ **표 5.1** 인간의 일반적인 성서

두려운	걱정이 있는	기진맥진한	서두르는	긴장한	성적인
악화된	자신감 있는	무서운	상심한	마비된	떨리는
깜짝 놀란	혼란스러운	질린	발작적인	낙관적인	충격적인
양가적인	만족하는	가만히 못 있는	조급한	편집증적인	부끄러운
화난	미친	우쭐해 있는	인상적인	열정적인	미안한
성가신	패배한	어리석은	어색해하는	평화로운	강한
불안한	방어적인	허망한	불안정한	비관적인	가라앉은
냉담한	아주 기뻐하는	자유로운	흥미 있는	장난기 많은	놀란
창피한	우울한	친근한	겁을 내는	기뻐하는	의심스러운
수줍음을 타는	분리된	낙담한	짜증을 내는	소유욕이 강한	부드러운
정신이 없는	황폐한	격노한	질투하는	압박을 받는	긴장한
당혹한	실망한	기쁜	아주 기뻐하는	보호하는	공포에 떠는
억울한	혐오감을 느끼는	침울한	게으른	얼떨떨한	피곤한
지루한	매우 불안해 하는	고맙게 생각하는	쓸쓸한	상쾌한	함정에 빠진
용감한	황홀해 하는	행복한	애정 어린	후회하는	못생긴
평온한	초조해 하는	잔뜩 지친	미지근한	안도하는	심란한
성미가 고약한	신이 난	무력한	화난	분개하는	상기된
근심 없는	당황한	우월한	비열한	들뜬	취약한
발랄한	공허한	희망에 찬	비참한	우스꽝스러운	따뜻한
자만심에 찬	열정적인	소름끼치는	착잡한	낭만적인	약한
차가운	부러워하는	적대적인	굴욕적인	슬픈	경이로운
편안한	흥분된	창피한	방치된	감상적인	걱정되는

는 것보다 "네가 약속을 지키기 않았을 때 너에게 짜증나."라고 말하는 것이 더 낫다. "너랑 있으면 따분해."라고 말하는 것보다 "네가 돈에 대해 이야기할 때 나는 따분해."라고 말하라.

복합적인 느낌 공유하기

때로 여러분이 표현하는 느낌이 자신이 경험하는 것의 전부는 아니다. 예를 들면 종종 여러분은 자신의 분노를 표현할 수 있지만, 그것에 선행하는 혼란, 실망, 낙담, 슬픔 또는 당혹감을 간과할 수 있다. 그 이유를 이해하기 위해서 아래의 예들을 고려해보라. 각각의 사례에 대하여 "어떻게 느끼는가?" 그리고 "어떤 느낌을 표현할까?"라는 두 가지 질문을 자신에게 하라.

> 교외의 한 친구가 당신의 집에 6시에 도착한다고 약속했다. 그가 9시까지 도착하지 않자, 당신은 끔찍한 사고가 났다고 확신했다. 경찰서와 지역병원에 전화하려는 순간, 늦게 출발했다고 무뚝뚝하게 말하면서 그 친구가 거침없이 문을 열고 들어왔다.

> 한 친구가 당신의 사진을 페이스북에 게시했다. 한편으로 당신은 그 친구의 애정 표현에 기분이 좋았다. 다른 한편으로 그 사진 속의 당신 모습은 최상이 아니었다. 당신은 그 친구가 자기에게 먼저 물어봐주지 않아 유감이다.

이와 같은 상황에서 여러분은 복합적인 정서를 느낄 것이다. 늦은 친구의 경우를 생각해보자. 그의 도착에 대한 여러분의 첫 반응은 안도감일 것이다, "정말 다행이야, 그가 무사해!" 그러나 여러분은 분노도 느낄 수 있다, "나한테 늦는다고 왜 전화를 하지 않은 거야?" 두 번째 예에서 여러분은 기쁨, 당황, 화를 동시에 느낄 것이다.

복합적인 정서가 흔함에도 불구하고, 우리는 종종 하나의 감정, 대체로 가장 부정적인 감정만 의사소통한다. 앞서 제시한 두 예에서 여러분은 상대방에게 분노만 보여줌으로써, 상대방은 여러분이 느낀 감정을 모두 알 수는 없다. 이런저런 상황에서 여러분의 모든 감정을 보여줄 때, 상대방이 보일 반응을 생각해보자.

느낌을 표현할 시간과 장소 구분하기

강한 느낌이 솟구칠 때 그 감정을 솔직히 말하는 것은 시기상 보통 좋지는 않다. 여러분이 이웃의 시끄러운 소리 때문에 잠에서 깼을 때 불만을 쏟아내면, 나중에 후회할 말을 할 수도 있다. 이런 경우 여러분은 자신의 감정을 상대방에게 어떻게 가장 잘 전달할 수 있을지 신중히 생각할 때까지 기다리는 것이 더 현명하다. 연구에 따르면, 실제 대화를 하기 전에 '상호작용을 상상해 봄'으로써, 말할 것을 연습해보고 다른 사람의 반응을 생각해 봄으로써 관계를 향상시킬 수 있다.[75]

파도처럼 밀려오는 강한 느낌이 잦아들 때까지 기다린 후에도, 메시지를 전달할 가장 적절한 때를 선택하는 것은 여전히 중요하다. 마음이 급하거나 피곤할 때 혹은 다른 문제로 방해를 받을 때는 느낌의 표현을 미루는 것이 좋다. 마찬가지로, 말하기 전에 여러분은 수신자가 자기의 말을 들을 준비가 되어 있는지 확실히 해야 한다. 때로 이것은 여러분이 정서를 표현하기 전에 다른 사람의 기분을 확인한

실습하기

느낌과 표현

여러분은 이 실습을 혼자 하거나 집단으로 함께 할 수 있다.

1. 열 A에서 하나의 상황과 열 B에서 한 명의 수신자를 선택하라.
2. 이 조합에서 여러분의 느낌을 의사소통하기 위한 하나의 접근을 개발하라.
3. 동일한 상황을 다른 수신자에게 의사소통하기 위한 방법을 만들어 보라. 말이 어떻게 달라졌는가?
4. 열 A에 있는 또 다른 상황으로 다양한 조합을 만들어 이 과정을 반복해보라.

열 A: 상황

a. 당신은 데이트나 약속을 취소하는 문자를 받는다. 상대방이 막바지에 약속을 취소한 것은 이번이 세 번째다.

b. 상대방이 당신의 페이스북에 부적절한 말을 게시한다.

c. 상대방이 당신의 외모를 칭찬한다. 그 다음, "내가 당신을 당황스럽게 만든 게 아니길 바랍니다."라고 말한다.

d. 상대방이 당신을 포옹하고 나서 "당신을 보게 되어 좋아요."라고 말한다.

열 B: 수신자

강사

가족구성원(누군지는 여러분이 결정할 수 있다)

잘 모르는 학급 친구

가장 친한 친구

다는 것을 의미한다. 또 다른 경우에, 이것은 다른 사람이 "사랑해."라는 여러분의 감정을 이성적으로 들을 준비가 되어 있는지 따져보는 것이다. 그리고 사적인 개방을 할 때, 사생활의 보호 장치를 확실히 해 놓는 것이 좋다(유튜브는 애정의 공적인 선언으로 사람들을 당황시키는 예로 가득 차 있다.).

여러분이 자신의 느낌을 절대 표현하지 않겠다고 결심하는 경우도 있다. 심지어 강의가 쓰러질 정도로 지루하다고 강사에게 말하고 싶어 죽겠는데도, 여러분은 "수업이 어때?"라는 강사의 질문에 악의 없이 "괜찮아요."라고 답하는 것이 최선이라고 생각할 수 있다. 과속으로 여러분을 세운 경찰관의 오만함 때문에 짜증이 나더라도, 가장 똑똑한 접근은 자신의 느낌을 드러내지 않는 것이다. 여러분이 경험한 강한 정서를 몇몇 이유 때문에 말로 공유하고 싶지 않은 경우에, 자신의 느낌과 사고를 글로 쓰는 것은 정신적, 신체적, 정서적으로 이득이 된다.[76] 예를 들면 한 연구는 애정의 느낌을 글로 쓰면 실제로 글쓴이의 콜레스테롤 수치가 낮아진다는 것을 발견했다.[77]

자신의 느낌에 대한 책임 수용하기

자신의 느낌에 대한 책임이 본인에게 있다는 사실을 여러분의 말에서 확실히 반영하고 있어야 한다.[78] "당신이 나를 화나게 만들어."라고 말하기보다는 "나는 화가 나."라고 말하라. "당신이 내 감정을 상하게 했어."라고 말하기보다 "당신이 그렇게 할 때 나는 감정이 상해."라고 말하라. 곧 나오겠지만, 사람들은 우리로 하여금 그들을 좋아하거나 싫어하게 만들 수 없으며, 우리 자신의 정서에 대한 책임은 우리 본인에게 있다는 것을 부정한다. 6장에서는 여러분의 느낌을 책임감 있게 표현하는 방식으로 '나' 언어를 소개한다.

의사소통 통로에 유념하기

1장에서 설명한 것처럼, 우리가 사용하는 의사소통 통로에 따라 우리의 메시지에 대한 타인의 해석이 달라질 수 있다. 정서를 표현할 때 특히 더 그렇다.

오늘날 의사소통자들은 불과 몇 십 년 전보다 훨씬 더 많은 통로를 선택할 수 있다. 그리고 이메일, 문자 메시지, 이동전화, 소셜 미디어 사이트, 블로그와 같은 매개를 통한 통로를 언제 사용할지 결정하는 것은 과거에는 필요치 않던 분석 수준을 요구한다.[79] 예를 들면 관계를 끝내고 싶은 마음을 음성 메시지로 알리는 것이 적절한가? 불쾌함을 표현하기 위해 블로그에 대문자를 사용하는 것이 언제 용납되는가? 여러분이 좋은 소식으로 신나 있으면, 그것을 페이스북에 올리기 전에 친구나 가족에게 먼저 알릴 것인가?

대부분의 사람들은 자신이 보낸 메시지의 종류에 따라 통로의 선택을 직감적으로 달리한다. 한 조사에서 학생들은 다양한 메시지를 전달하는 데 어떤 통로가 최상인지를 밝혔다.[80] 대부분의 참가자들은 긍정적인 메시지를 면전에서 표현하는 것에는 어려움이 없었지만, 부정적인 메시지에 대해서는 매개를 통한 통로를 선호하였다.

'격렬한 분노'는 매개된 통로를 통해 부정적인 정서를 표현하는 극단적인 한 예이다. 다른 의사소통 통로에서는 대부분의 사람들이 정중함을 중시하지만, 인터넷에서는 낯선 사람이나 네트워크를 공유하는 사람들에게조차도 덜 그러는 것 같다. 여러분이 나중에 후회할 수 있는 말을 하기 전에, 1장에서 제시한 원리 즉, 의사소통은 되돌릴 수 없다는 것을 기억할 가치가 있다. 일단 '보내기' 버튼을 누르면, 여러분은 정서적 폭발의 배달을 취소할 수 없다.

정서 관리하기

일반적으로 정서를 느끼고 표현하는 것이 대인 간 관계의 질을 높이지만, 모든 감정이 이로운 것은 아니다. 예를 들어 격노, 우울, 공포와 질투는 여러분이 관계를 개선하거나 기분이 좋아지는 데 별 도움이 되지 않는다. 여러분은 이러한 비생산적인 정서를 최소화하는 도구에 대하여 배울 것이다. 우리는 또한 긍정적인 정서의 경험을 어떻게 극대화할 수 있는지를 기술할 것이다.

촉진적 정서와 소모적 정서

첫째, 우리는 효과적 기능을 하는 촉진적 정서(facilitative emotions)와 그런 기능을 훼손하는 소모적 정서(debilitative emotions)를 구분할 필요가 있다.

두 유형 사이의 한 가지 차이점은 강도의 차이이다. 예를 들면 어느 정도의 분노나 짜증은 건설적일 수 있다. 왜냐하면 이것은 종종 불만족스러운 조건을 개선하는 자극제 역할을 하기 때문이다. 그러나 운전을 할 때 특히 '운전자 폭행'의 사례처럼, 지나친 분노는 보통 문제를 악화시킨다.[81] 두려움도 마찬가지이다. 중요한 운동 경기나 취업면접 전 약간의 두려움은 수행을 향상시킬 수 있는 힘을 준다 (느긋한 운동선수나 면접 대상자는 일반적으로 잘하지 못한다.).[82] 하지만 공포는 다른 것이다.

당연하게, 의사소통 불안처럼 소모적인 정서는 개인적, 사업적, 교육적, 심지어 의료적 상황에서 다양한 문제를 야기할 수 있다.[83] 사람들은 불안해지면 일반적으로 말을 적게 하는데, 이것은 자신들의 욕구가 충족되지 않는다는 것을 의미한다. 그리고 그들이 솔직히 말할 수 있을 때조차도, 자신감에 찬 사람들에 비해 그들의 의사소통은 덜 효율적이다.[84]

소모적 정서와 촉진적 정서를 구별하는 두 번째 특징은 지속 기간이다. 이별 후 또는 직장을 잃은 후 한동안 우울한 것은 정상이다. 그러나 그러한 상실에 대하여 나머지 인생 전체를 비통해하면서 보내는 것은 아무 것도 얻는 게 없다. 마찬가지로, 오래 전에 잘못을 한 사람에게 계속 화를 내는 것은 자기 자신을 그 사람만큼 처벌하는 것과 마찬가지다. 사회과학자들은 이것을 반

───── TV 쇼 'Revenge'에서 Emily Thorne(Emily VanCamp 역)은 자신이 믿기에 자신에게 나쁜 짓을 한 사람에게 원한을 풀고 싶은 충동을 느낀다. 대부분의 사람들은 Emily의 불평이 정당하지만 복수에 대한 소망은 사태를 악화시킨다고 생각할 것이다. 전형적으로 어떤 정서가 복수에 대한 소망을 수반하는가?   E4/Allstar

추(rumination)라고 부르는데, 이것은 부정적인 생각을 곱씹으면서 부정적인 느낌을 강화하는 것이다. 반추가 슬픔, 불안과 우울을 증가시키고[85] 더 오래 지속시킨다는 것을[86] 상당히 많은 연구에서 확인했다. 반추하는 사람은 무고한 행인에게 전이된 공격성으로 폭언을 할 가능성이 더 높다는 연구결과도 있다.[87]

여기서 많은 소모적 정서가 의사소통에 관여한다. 이 책의 독자들이 제공한 몇 가지 예가 있다.

> 내가 처음 대학에 갔을 때, 나는 내 남자친구와 헤어졌어요. 나는 세 명의 여학생과 함께 살았는데, 거의 첫 학기 대부분 나는 너무 외롭고 불행해서 꽤나 끔찍한 룸메이트였어요.

> 나는 지나치게 비판적인 상사 때문에 너무 낙담해서 성질을 이기지 못하고 직장을 그만두었어요. 나는 그 사람에게 정말 끔찍한 관리자라고 말하고 바로 직장에서 나왔어요. 지금 나는 이전의 이 상사를 내 이력서의 참고인으로 올리는 게 두려워요. 그리고 나의 울화통 때문에 새 직장을 갖는 게 더 어려워질까 봐 두려워요.

> 나는 아직도 가족들과 문제가 있어요. 때로 너무 화가 나서 일이나 학업에 집중할 수 없고 심지어 밤에 잠도 잘 못잡니다.

앞으로 여러분은 이와 같은 소모적 정서를 다루는 법을 배움으로써 의사소통자로서의 효과를 향상시킬 수 있는 방법을 배울 것이다. 이런 방법은 소모적인 느낌을 최소화하기 위해서는 비생산적인 사고를 최소화해야 한다는 생각에 기초하고 있다.

소모적 정서의 원천

대부분의 사람들에게 느낌은 그 자체로 살아 있는 것처럼 보인다. 여러분은 낯선 사람에게 침착하게 접근하길 바라지만 목소리는 떨린다. 여러분이 임금 인상을 요구할 때 자신감 있어 보이려고 노력하지만 눈은 초조하게 경련이 일어난다. 이런 느낌의 원천은 어디일까?

생리학　　　이 질문에 대한 한 가지 답변은 유전자 구성에 있다. 3장에서 보았듯이 기질은 유전된다. 수줍음, 언어적 공격성, 그리고 자기주장과 같은 의사소통 특질은 생물학에 그 원인이 있다. 다행히도, 생물학은 운명이 아니다. 여러분도 곧 읽게 되겠지만, 소모적 정서를 극복하는 것은 가능하다.

유전을 넘어서서, 인지과학자들은 몇몇 소모적인 정서 특히, 싸우거나 도망치는 반응과 관련된 정서의 원인은 뇌 깊숙한 곳, 즉 편도체라 불리는 아몬드 크기의 상호 연결된 조직에 있다고 말한다. 편도체는 모든 경험을 살펴서 위험을 찾아내는 감시병 역할을 한다. 편도체는 그야말로 눈 깜짝할 사이에 심장박동의 증가, 혈압 상승, 감각기능의 고조, 근육의 대응 준비 등 다양한 생리적 반응을 촉발한다.[88]

실제 우리가 신체적 위험에 직면했을 때, 이런 방어체계는 분명히 가치가 있다. 그러나 사회적 상황에서 편도체는 실제 위험이 없는 데도 두려움과 분노와 같은 정서를 야기할 수 있다. 누군가가 너무 가까이 서 있을 때 불편함을 느끼거나 새치기를 했을 때 화가 난다. 곧 살펴보겠지만, 이런 사건에 대한 과잉반응을 피하는 방법을 생각해 볼 필요가 분명히 있다.

정서적 기억　　　몇몇 위협의 원천은 신경학자들이 정서적 기억(emotional memory)이라고 부르는 것에 있다. 겉보기에는 해롭지 않은 사건이 과거에 경험한 아픈 사건과 약간이라도 유사하면 소모적 정서를 야기할 수 있다. 몇 가지 예들이 그 요점을 보여준다.

- Darnell은 새로운 초등학교로 전학 갔을 때 괴롭힘을 당한 이후로 낯선 상황에서 불편함을 느낀다.
- 어렸을 때 Alicia는 바리톤 목소리를 가진 가족구성원으로부터 학대받은 적이 있어서, 남자가 주변에 있을 때 특히, 낮고 울리는 목소리를 가진 남자가 있을 때 불안함을 느낀다.
- Miguel은 자신의 옛 애인과 같은 종류의 향수를 사용하는 여자가 주변에 있을 때마다 불안함을 느낀다.

혼잣말   신경생물학을 넘어서, 생각은 정서에 대해서 엄청난 영향을 미친다. 벌에 쏘이면 아픈 것처럼, 낯선 사람이나 상사를 만나면 여러분이 긴장하는 것은 매우 정상적이다. 신체적 불쾌와 정서적 불쾌 사이의 외견상 유사성은 아래와 같은 식으로 보면 더욱 분명해진다.

사건	느낌
벌에 쏘인 것	신체적 고통
낯선 사람 만나는 것	긴장감

이런 식으로 정서를 바라보면, 여러분은 자신의 느낌을 약간은 통제할 수 있을 것이다. 그러나 신체적 고통과 정서적 불쾌(또는 기쁨) 사이의 외견상 유사성은 실제로는 크지 않다. 사람들을 기분 나쁘게 하는 것은 낯선 사람을 만나거나 애인에게 차이는 것과 같은 사건이 아니라, 그러한 사건에 대한 그들의 신념이라고 인지 심리학자들은 주장한다. 이 장의 앞부분에서 논의한 것처럼, 정서를 다루는 데 도움을 주는 재평가는 사고의 변화를 포함한다.

재평가에 대한 하나의 접근으로 합리적－정서적 치료(rational－emotive therapy)를 발전시킨 Albert Ellis는 이 점을 명백히 보여주는 한 이야기를 들려준다. 여러분이 한 친구의 집 근처를 걷고 있을 때, 그 친구가 창문에서 목을 빼고 여러분을 여러 불쾌한 별명으로 불렀다고 상상해보자. 이런 상황에서 여러분은 기분이 상하거나 화가 날 것이다. 이제 여러분이 친구 집이 아니라 한 정신병원을 지나고 있다고 상상해보자. 틀림없이 그곳 환자인 동일한 그 친구가 여러분을 이전처럼 불쾌한 별명으로 부른다. 이 경우 여러분은 아마도 꽤 다른 느낌 가령, 슬픔과 동정을 느낄 것이다.

이 이야기에서 여러분의 이름을 불러 감정을 불러일으킨 두 사건은 모두 같다. 그러나 정서적 결과는 꽤 다르다. 이처럼 정서가 다른 이유는 각 사례에 대한 여러분의 생각과 관련이 있다. 첫 번째 경우, 여러분은 그 친구가 여러분한테 매우 화가 났다고 생각할 것이다. 심지어 여러분은 이런 대접을 받을 만한 끔찍한 행동을 자신이 했다고 생각할 수도 있다. 두 번째 경우, 여러분은 그 친구가 심리적으로 어려움을 겪고 있다고 가정해서 그에게 동정을 느꼈을 것이다.

사람들이 혼잣말(self-talk)하는 과정에서 사건에 대해 해석을 하고, 그러한 해석이 그들의 정서를 결정한다는 점을 여러분은 이 사례에서 보았을 것이다.[89] 따라서 정서에 대한 모형은 이와 같다.

사건	사고(혼잣말)	느낌
친구가 이름을 부름	"내가 무언가 잘못했구나."	고통, 분노
친구가 이름을 부름	"내 친구가 아픈 게 틀림없어."	걱정, 동정

같은 원리가 더 일반적인 상황에도 적용된다. 예를 들면 취업 면접을 걱정하는 사람들은 자신이 얼마나 잘할지 생각할 때 "나는 잘하지 못할 거야.", "내가 왜 이걸 하는지 모르겠어."와 같은 부정적인 혼잣말을 더 많이 할 것이다.[90] 연인관계에서도 생각은 만족감을 결정한다. 가령, "사랑해."라는 말을 다양한 방식으로 해석할 수 있다. 또한 "사랑해."라는 말을 액면 그대로 깊은 애정을 표현하는 것으로 받아들일 수 있다.

사건	사고(혼잣말)	느낌
"사랑해."라는 말을 들을 때	"이것은 진실한 말이야."	기쁨(아마도)

이와 같은 말도 진실하지만 다르게 들릴 수 있다. 가령, 열정적인 순간에 상대방의 기분을 좋게 하기 위해서 혹은 그를 조종하기 위한 말로 이해할 수 있다.

사건	사고(혼잣말)	느낌
"사랑해."라는 말을 들을 때	"그녀가 나를 조종하기 위해서 이러한 이야기를 한거야."	분노

다시 말하면, 우리의 정서는 우리가 직면하는 사건의 결과라기보다는 우리 생각의 결과이다. 이것은 이 장의 앞에서 살펴본 재평가의 과정을 다시 생각해 보게 한다. 정서적 반응을 관리하기 위해서 혼잣말을 이용할 수 있다. 예를 들면 자신에

잠시 생각해보기

혼잣말하기

사고가 느낌을 이렇게 결정하는지 아래 단계를 완선시킴으로써 더 잘 이해할 수 있다.

1. 사고할 때 당신의 내부 목소리에 몇 분 동안 귀를 기울여 보자. 지금 눈을 감고 들어보자. 목소리가 들렸나? 그 목소리는 말하고 있는 중일 수 있다. "어떤 목소리? 나는 어떤 목소리도 없는데…" 다시 시도해보자. 그리고 어떤 목소리가 말하는지 주의를 기울여보자.

2. 다음 상황을 생각해보고 당신은 어떻게 반응할지 상상해보라. 내부 목소리는 그들을 어떻게 해석하는가? 각 해석에서 어떤 느낌이 들었나?

   a. 버스, 교실, 또는 길거리에 앉아있을 때, 뒤따라오던 매력적인 사람이 당신을 쳐다본다.

   b. 강의시간에 교수가 "이것을 어떻게 생각하나요?"라고 학생들에게 묻고는 당신을 쳐다 본다.

   c. 당신이 휴가에 대해서 한 친구에게 이야기하는데 그 친구가 하품을 한다.

   d. 여러분이 우연히 만난 친구에게 안부를 물어본다. 그는 "좋아."라고 말한 후 갔다.

3. 최근에 강한 정서를 경험한 세 번을 생각해보라. 각 사건을 떠올려 보고 그 사건에 대한 여러분의 해석을 회상해보라.

게 "차분해라." 대신 "나는 흥분해 있다."라고 말하는 것이 대중연설에서 더 좋은 성과를 이끈다는 것을 보여주는 연구가 있다.[91] 우리가 사용하는 말이 비록 우리의 마음을 떠나지 않는다고 해도 우리의 감정을 다루는 데 극적인 효과를 줄 수 있다.

비합리적 사고와 소모적 정서

많은 소모적 정서는 우리가 오류(fallacies)라고 부르는 불합리한 사고로부터 생겨난다. 비합리적 사고는 비논리적인 결과를 초래하고 그것이 소모적 정서를 가져온다. 우리는 보통 이러한 사고를 의식하지 못하기 때문에, 비합리적 사고가 특히 막강한 영향력을 지닌다.[92]

1. 완벽 오류   완벽 오류(fallacy of perfection)를 받아들이는 사람들이 믿는 바와 같이, 가치 있는 의사소통자는 완벽한 자신감과 기술을 가지고 모든 상황

을 다룰 수 있어야 한다.

누구도 완벽하지 않다. 높게 평가받고 인정받고 싶은 욕망 때문에, 결점이 없는 것처럼 보이고 싶은 유혹을 느낄 수 있다. 그러나 그러한 속임에 따른 비용은 크다. 다른 사람이 여러분이 그랬다는 것을 알게 되면, 그들은 여러분을 거짓된 사람이라고 생각할 것이다. 심지어 여러분의 행동이 들통나지 않더라도, 그러한 일은 많은 심리적 에너지의 소모를 요구하기 때문에, 인정을 받는 것의 보상이 덜 즐겁게 된다.

완벽에 대한 신화를 받아들이는 것은 다른 사람이 여러분을 좋아하지 못하게 할 수 있을 뿐만 아니라, 여러분의 자존감을 감소시키는 요인이 될 수 있다. 여러분이 자신의 당위적 모습에 이르지 못하는데 어떻게 자신을 좋아할 수 있겠는가? 자신이 완벽하지 않다는 생각을 편안하게 받아들일 수 있을 때, 우리는 자유로워질 수 있다.

Carol and Mike Werner/Index Stock/Getty Images

2. 승인 오류   승인 오류(fallacy of approval)는 모든 사람들로부터 승인(찬성, 인정)을 얻는 것이 바람직할 뿐만 아니라 필수적이라는 생각에 기반한다. 이런 생각을 받아들이는 사람은 다른 사람의 승인을 구하기 위해 무슨 짓이든 한다. 심지어 그들은 그것을 위해서 자신의 원칙과 행복까지도 희생한다. 이런 오류를 받아들이는 것은 몇 가지 터무니없는 상황을 야기한다.

심지어 당신이 좋아하지 않는 사람이 자신을 못마땅해 하는 것 같을 때 불안해한다.

다른 사람에게 잘못이 있을 때 미안한 마음이 든다.

다른 사람의 승인을 얻기 위해 부자연스럽게 행동한 후 당혹감을 느낀다.

승인 오류는 비합리적인데, 왜냐하면 일부러 다른 사람을 기쁘게 하면 그들이 여러분을 더 존경하고 좋아할 것이라고 생각하기 때문이나. 그러나 이것은 사실이 아니다. 다른 사람의 인정을 받기 위해서 중요한 소신을 굽히는 사람을 여러분은 존경할 수 있는가? 인정을 받기 위한 수단으로 자신의 욕구를 반복적으로 무시하는 사람을 여러분은 높이 살 수 있는가?

승인 오류를 버리는 것이 이기적인 삶을 사는 것을 뜻하는 것은 아니다. 가능할 때는 언제나 다른 사람의 욕구를 고려하고 충족시키는 것은 중요하다. 여러분을 중시하는 사람들을 존경하고자 노력하는 것은 또한 즐겁고 심지어 필수적이다. 여기서 요점은 이러한 목적을 추구하기 위해 자신의 욕구와 원칙을 포기하는 것은 그 비용이 너무 크다는 것이다.

3. 의무 오류   의무 오류(fallacy of shoulds)는 존재하는 것과 존재해야 하는 것을 구분하지 못하는 것이다. 세상에 대한 불만으로 가득 찬 사람을 상상하면서 그 차이점을 살펴볼 수 있다.

"주말에 비가 와서는 안 돼."
"사람은 영원히 살아야 해."
"돈이 하늘에서 떨어져야 해."
"우리는 날 수 있어야 돼."

이런 불만은 분명히 어리석은 것이다. 그러나 선호와 의무를 혼동할 때, 많은 사람들은 이런 종류의 비합리적인 사고를 함으로써 스스로를 괴롭히고 있다. 사람들은 다음과 같이 생각하고 말한다.

"내 친구는 더 이해심이 있어야 해."
"그녀는 그렇게 사려가 부족해선 안 돼."
"그들은 더 우호적이어야 해."
"당신은 더 열심히 일해야 해."

각각의 메시지는 지금과는 다르게 행동하는 사람을 더 선호한다는 것이다. 더 나은 상황을 바라는 것은 전적으로 합당하다. 그리고 생활을 바꾸려고 노력하는 것은 물론 좋은 생각이다. 그러나 자신이 원하는 대로 세상이 돌아가야 한다고 주장하거나 상황이 이상적이지 않을 때 속았다고 느끼는 것은 비합리적이다.

이런 의무감에 사로잡히면, 세 가지 골치 아픈 일이 생긴다. 첫째, 그것은 불필요한 불행을 야기한다, 왜냐하면 끊임없이 이상을 꿈꾸는 사람들은 자신이 가지고 있는 것과 지금의 자신에 대하여 만족하지 못하기 때문이다. 둘째, 실천 없이 불평만하는 것은 불만스러운 조건을 바꾸기 위한 여러분의 노력을 방해할 수 있다. 셋째, 이런 종류의 불평 때문에 다른 사람은 방어적인 기류를 형성할 것이고, 잔소리 듣는 것에 화를 낼 것이다. 다른 사람들에게 설교하는 것보다 자신이 무엇을 하고 싶은지를 말하는 것이 더 효과적이다. 가령, "당신은 제 시간에 와야 해."라고 말하기보다는 "나는 당신이 좀 더 시간을 잘 지켜주길 바라."라고 말하라. 10장에서 방어적인 기류를 피하는 방법에 대해서 논의할 것이다.

4. 과잉일반화 오류　　과잉일반화 오류(fallacy of overgenerallization)에는 두 유형이 있다. 첫 번째는 우리의 신념이 제한적인 증거에 기반할 때 생긴다. 예를 들면 다음과 같이 말하는 사람이 많다.

> "나는 너무 멍청해! 내 iPod에 음악을 어떻게 다운로드하는지 모르겠어."
> "난 참 대단해! 가장 친한 친구의 생일을 까먹었어."

이와 같은 경우에 우리는 제한적인 한 유형의 단점이 우리의 모든 것을 보여주는 것처럼 생각한다. 우리는 자신이 직면하는 어려움을 망각할 뿐만 아니라, 자신이 어려운 문제를 해결해 왔다는 것도 망각한다. 우리는 어떤 때는 잘 잊어버리지만, 다른 때는 배려하고 사려 깊다.

과잉일반화의 두 번째 유형은 우리가 단점을 과장할 때 생긴다.

> "너는 내 말을 전혀 듣지 않아."
> "너는 항상 늦어."
> "나는 아무것도 생각할 수 없어."

이와 같은 절대적인 말은 거의 항상 사실과 다르고, 보통은 낙심이나 분노를 야기한다. 자신이나 다른 사람에 대한 과잉일반화를 좀 더 정확한 메시지로 대체할 때, 여러분의 기분이 훨씬 좋아질 것이다.

> "너는 종종 내 이야기를 듣지 않아."
> "당신은 이번 주에 세 번 늦었어."
> "나는 오늘 같은 날 어떤 생각도 나질 않아."

5. 인과 오류　　　인과 오류(fallacy of causation)는 자신의 혼잣말(사고)이 아닌 다른 요인이 정서를 야기한다고 믿는 비합리적 신념에 기반한다.

이 오류는 두 가지 방식으로 문제를 일으킨다. 첫 번째 방식은 타인에게 불편이나 고통을 주고 싶지 않아서 의사소통에 과도하게 신중한 사람들을 괴롭힌다. 이러한 태도는 아래와 같은 경우에 생긴다.

- 진짜 보고 싶어서가 아니라 의무감 때문에 가족과 친구를 방문하는 것
- 다른 사람의 행동이 당신을 귀찮게 할 때에도 침묵을 지키는 것
- 당신이 시간에 늦었거나 아플 때에도 말하는 사람에게 주의를 기울이는 척하기
- 다른 사람이 당신의 의견을 물을 때, 당신의 솔직한 의견은 부정적인데도 그들을 칭찬하거나 안심시키는 것

다른 사람에게 고통을 주는 말을 일부러 하는 것이 나쁘다는 것은 변명의 여지가 없다. 그리고 여러분은 자신이 좋아하는 사람들의 편안한 삶을 위해 본인의 불편을 감수하는 때가 있다. 그러나 여러분 자신이 다른 사람의 감정을 야기한 사람이라고 말하는 것은 과장이라는 것을 깨닫는 게 필수적이다. 정확히 말하면, 사람들은 자신의 정서를 가지고 여러분의 행동에 반응하는 것이다.

예를 들면 여러분이 다른 사람으로 하여금 자기를 사랑하도록 만들겠다고 말하는 것이 얼마나 이상하게 들리는지 생각해보라. 이런 주장은 그야말로 말이 되지 않는다. 여러분이 한 행동의 결과로, 어떤 사람은 여러분을 사랑할 수도 있고, 다른 사람은 그렇지 않을 수 있다. 마찬가지로, 여러분이 다른 사람을 화나게, 기

분 상하게, 혹은 행복하게 만들수 있다고 말하는 것은 맞지 않다. 다른 사람이 여러분의 행동에 반응하는 것이라고 말하는 것이 더 정확하다.

또한 다른 사람이 우리의 정서를 야기한다고 믿을 때 인과 오류가 발생한다. 때로 그들의 행동이 우리의 활기를 높이거나 낮출 수 있는 것처럼 보인다. 그러나 이에 대해 잠깐 생각해보자. 어느 날 여러분의 행복이나 불행을 초래한 행동이 다른 때에는 거의 영향을 미치지 않는다. 어제 여러분의 기분에 강하게 영향을 준 모욕이나 칭찬이 오늘은 영향력을 발휘하지 못한다. 왜 그럴까? 후자의 경우 여러분이 그것을 덜 중요하게 여기기 때문이다. 다른 사람의 행동 없이 어떤 정서는 느끼지 못할 것이다. 그러나 그들의 행동이 아니라 여러분의 반응이 정서를 결정짓는다.

6. 무기력 오류   무기력 오류(fallacy of helplessness)는 우리가 통제할 수 없는 어떤 힘이 삶의 만족을 결정한다는 신념에 기반한다. 자신을 계속 희생자로 보는 사람은 다음과 같은 말을 한다.

"이 사회에서 여성이 성공할 수 있는 방법은 없어. 이 세상은 남성의 세계이고, 내가 할 수 있는 최선은 그 사실을 받아들이는 거야."

"나는 낯을 많이 가리는 성격을 가지고 태어났어요. 좀 더 외향적이고 싶지만, 내가 할 수 있는 게 없어요."

"나에게 너무 많은 것을 요구하고 있다고 내 상관에게 항의할 수 없어요. 그렇게 말하면, 나는 직장을 잃을 지도 몰라요."

여러분이 정말로 원한다면 할 수 있는 게 많다는 것을 깨닫는다면, 이러한 말이 틀리다는 것이 분명해진다. 대부분 '할 수 없다'는 말을 '하지 않을 것이다'로 바꿔 말하거나 ("내가 무슨 생각을 하는지 그에게 말할 수 없어."라는 말이 "나는 그에게 솔직히 말하지 않을 거야."가 된다), "어떻게 하는지 모르겠어."("나는 흥미로운 대화를 할 수 없어."라는 말이 "무슨 말을 해야 할지 모르겠어.")로 바꿔 말하는 것이 더 정확해진다. 부정확한 '할 수 없다'를 바꿔 말하면, 그 일은 선택의 문제가 되거나 행동을 요구하는 영역의 문제가 된다. 이 두 경우는 자신이 무기력하다고 말하는 것과는 꽤나 다르다.

7. 파국적 예상 오류 　　　비합리적인 파국적 예상 오류(fallacy of catastrophic expectations)를 받아들이는 사람은 발생할 수 있는 나쁜 일은 꼭 일어난다는 가정에 기반한다. 전형적인 파국적 예상은 다음과 같은 말을 내포한다.

"내가 그들을 파티에 초대하면, 그들은 오고 싶어 하지 않을 거야."
"내가 갈등을 해결하고자 목소리를 높이면, 상황은 더 나빠질 거야."
"내가 원하는 직장에 지원을 해도 채용되지 못할 거야."
"내 감정을 그들에게 솔직히 말하면, 그들은 나를 비웃을 거야."

파국적인 결과를 예상하기 시작하면, 자기충족적 예언이 만들어질 수 있다. 한 연구에서 자신의 연인이 더 나은 방향으로 변하지 않을 것이라고 믿는 사람들이 관계의 붕괴에 기여하는 방식으로 행동할 가능성이 더 컸다.[93]

모든 사람과 성공적으로 상호작용할 수 있다고 가정하는 것도 순진한 생각이지만, 모든 것이 실패할 것이라고 가정하는 것도 순진한 생각이다. 파국적 예상 오류에서 벗어나는 한 방법은 성공적이지 못한 의사소통이 가져올 수 있는 결과를 생각해보는 것이다. 완벽해지고자 노력하거나 타인의 인정만을 위해 살아가는 어리석음을 명심하면서, 주어진 사례에서의 실패가 겉으로 보이는 것만큼 그렇게 나쁘지는 않다는 것을 깨달아라. 사람들이 여러분을 비웃으면 어떻게 될까? 여러분이 직장을 얻지 못한다면? 여러분의 발언에 사람들이 화를 낸다면? 이런 문제가 실

잠시 생각해보기

여러분은 얼마나 비합리적일까?

1. 이전의 '혼잣말하기' 실습에서 기술한 상황으로 돌아가 보자. 자신의 혼잣말이 비합리적인 사고를 얼마나 담고 있는지 살펴보기 위해 각각을 검토해보자.
2. 자신의 소모적 정서를 2~3일간 기록해보자. 그것들이 비합리적 사고에 기반하고 있는가? 그 결과를 검토하라. 당신 앞에서 설명한 특정 오류를 반복적으로 사용하고 있는지 살펴보라.
3. 특정 학급에서 어떤 오류가 가장 흔한지 조사해보라. 또한 어떤 주제가 이런 비합리적인 사고를 가장 자극하는 것처럼 보이는지 토론해보자(예를 들어, 학교생활, 데이트, 직장, 가족).

제로 그렇게 심각할까?

다음으로 넘어가기 전에, 우리는 사고와 감정에 대한 몇 가지 생각을 추가할 필요가 있다. 첫째, 여러분은 합리적 사고가 소모적 정서를 완전히 없애지는 않는다는 것을 깨달아야 한다. 예를 들면 여러분이 사랑하는 사람의 죽음에 대한 애도, 새로운 구직에 대한 희열, 그리고 심각하게 싸운 후에 중요한 관계의 미래에 대한 우려 등 몇몇 소모적 정서는 매우 합리적이다. 합리적 사고는 여러분의 인생에서 많은 소모적 정서를 제거해주지만 모두를 없애는 것은 아니다.

소모적 정서 최소화하기

여러분은 비합리적 사고를 어떻게 극복할 수 있을까? 사회과학자와 치료전문가들은 단순하지만 효과적인 접근을 발전시켜 왔다.[94] 성실히 연습하면, 이것은 많은 소모적 정서를 야기하는 자기파괴적 생각을 줄이는 데 도움이 될 수 있다.

자신의 정서적 반응 검색하기 첫 단계는 언제 소모적 정서가 생기는지 파악하는 것이다(물론, 유쾌한 정서가 언제 일어나는지 아는 것도 좋다.). 우리가 앞에서 제안했듯이, 정서를 인지하는 한 가지 방법은 뱃속의 울렁거림, 심장박동, 일시적 발열 등 생리적인 반응을 주시하는 것이다. 그러한 자극이 식중독의 증상일 수도 있지만, 강력한 정서의 증상일 수도 있다. 여러분은 자신의 정서를 암시하는 특정 행동방식을 인지할 수도 있다. 평상시와 달리 쿵쿵거리고 걷기, 평소와 달리 조용히 있기, 비꼬는 어조로 말하기 등이 그런 사례들이다.

정서를 분명히 파악할 필요가 있다고 말하면 이상하게 들릴지도 모른다. 그러나 사실 우리는 종종 소모적 정서를 알아차리지도 못한 채 그것 때문에 고통을 받는다. 예를 들면 힘든 하루를 마친 여러분이 자신도 모르는 채 한동안 눈살을 찌푸리고 있을 수 있다.

유발 사건 알아차리기 자신의 감정을 파악한 후에, 그 다음 단계는 어떤 사건이 여러분의 반응을 유발시키는지 파악하는 것이다. 때로 이것은 분명하

"그래서 '난 얼마나 착한 아이인가!'라고
Jack이 말할 때, 그는 실제로 자기존중감이 커졌어요."

다. 예를 들면 분노의 일반적인 원인은 어리석은 행동 때문에 부당하게 (혹은 마땅히) 비난을 받는 것이다. 상심의 일반적 원인은 중요한 사람에게 거절당하는 것이다. 그러나 또 다른 경우, 유발 사건은 그렇게 분명하지가 않다.

때로는 유발 사건이 단일하지 않고, 일련의 작은 사건들의 조합이 최종적으로 심각한 결과를 초래해서 소모적 정서를 가져오기도 한다. 여러분이 일하거나 잠자려고 노력할 때, 일련의 방해물로 성가실 때, 혹은 일련의 작은 실망스런 일들로 고통받을 때 이러한 일이 일어난다.

유발 사건을 찾아내는 가장 좋은 방법은 자신의 소모적 정서가 발생한 상황을 파악하는 것이다. 유발 사건은 여러분이 특정한 사람들 주변에 있을 때 일어날 것이다. 여러분은 특정 나이, 역할, 또는 배경을 가진 사람들 때문에 애먹을 수 있다. 또는 특정 환경이 불쾌한 정서를 자극할 수 있다. 때때로 정치, 종교 또는 성과 같은 대화의 주제가 여러분의 감정을 자극하는 요인이다.

혼잣말 기록하기   여기서 핵심은 유발 사건과 자신의 정서를 연결하는 사고를 분석하는 것이다. 여러분이 소모적인 정서를 진지하게 제거한다면, 이 방법을 처음 배운다면, 자신의 혼잣말을 실제로 적는 것이 중요하다. 자신의 생각을 쓰는 것은 그런 생각이 타당한지 살펴볼 수 있게 도와준다.

자신의 혼잣말을 검색하는 것은 처음에는 어려울 수 있다. 이것은 새로운 활동이고, 모든 새로운 활동은 처음에는 어색하기 마련이다. 그러나 인내심을 발휘하면, 소모적 정서를 야기하는 사고들을 확인할 수 있다. 이런 내부의 독백을 인지하는데 익숙해지면, 여러분은 자신의 사고를 빠르고 쉽게 확인할 수 있을 것이다.

자신의 비합리적 신념 재평가하기   자신의 비합리적 신념을 재평가하는 것은 합리적-정서적 접근이 성공하기 위한 핵심이다. 잘못된 사고에 기반한 자신의 주장을 찾기 위해 앞에서 기술한 비합리적인 오류를 사용해보라.

여러분은 이것을 3단계를 통해 가장 효과적으로 진행할 수 있다. 첫째, 여러분이 기록한 각 신념이 합리적인지 결정하라. 그 다음, 그 신념이 왜 합리적인지 혹은 비합리적인지 설명하라. 마지막으로, 그 신념이 비합리적이면, 더 합리적으로 사고할 수 있는 대안을 적어라. 그것은 앞으로 똑같은 유발 사건에 직면했을 때 이전보다는 기분이 더 좋도록 도와줄 것이다.

자멸적인 혼잣말을 더 건설적인 생각으로 대체하는 것은 특히 자신감과 의사소통을 향상하는 데 효과적인 도구이다.[95] 그럼에도 불구하고, 몇몇 독자들은 이러한 접근을 거부한다.

> "합리적-정서적 접근은 나쁜 기분에서 벗어나기 위해 자신에게 말하는 것에 불과한 것처럼 들린다."

이런 비난은 전적으로 맞다. 결국 우리는 자신에게 하는 말을 통해 나쁜 기분을 갖기 때문에, 나쁜 기분에서 벗어나도록 자신에게 말하는 것이 잘못인가? 특히 이런 느낌이 비합리적인 사고에 기반할 때는? 합리화는 변명이고 자기기만일 수 있다. 그러나 합리적으로 된다는 것에는 잘못된 게 없다.

> "우리가 방금 읽은 재평가의 종류는 가짜 같고 부자연스럽게 들린다. 나는 내 자신에게 문장과 문단으로 말하지 않는다."

특별한 문어체에 대한 여러분의 비합리적 신념을 반박할 필요는 없다. 자신이 원하는 만큼 구어체로 말해도 된다. 중요한 것은 어떤 사고가 소모적 정서를 가져오는지 명확히 이해하는 것이고, 그래서 여러분이 그것을 명확하게 재평가할 수 있는 것이다. 이 접근이 여러분에게 새로운 것이지만, 명확히 하기 위해서 자신의 사고를 쓰거나 말하는 것은 좋은 아이디어이다. 몇 번 연습한 후에는 이런 단계를 더 빠르고 덜 형식적인 방법으로 할 수 있을 것이다.

"이 접근은 너무 차갑고 인간미 없는 방법이다. 이것은 사람으로 하여금 감정 없는 기계처럼 계산하도록 만드는 것 같다."

이것은 말 그대로 사실이 아니다. 합리적 사고를 해도 여전히 꿈꾸고, 소망하고, 사랑할 수 있다. 이와 같은 감정이 반드시 비이성적일 필요는 없다. 기본적으로 합리적인 사람도 가끔은 약간의 비합리적인 사고에 빠져든다. 하지만 그들은 자신이 하고 있는 것을 보통은 알고 있다. 건강에 좋은 음식을 먹는 사람들도 간혹 인스턴트 음식을 먹는 것처럼, 합리적 사고자들도 때때로 비합리적인 사고를 한다. 단지 그들은 실제 손상 없이 자신이 건강한 생활양식으로 되돌아올 것을 알고 있다.

"이 기법은 너무 많은 것을 약속한다. 모든 불쾌한 감정을 제거하는 것이 아무리 좋더라도, 그렇게 할 수 있는 기회가 내게는 없다."

합리적-정서적 사고가 여러분의 정서적 문제를 모두 해결하지는 못한다는 점에 동의하면서, 우리는 이 반론에 대답할 수 있다. 우리가 할 수 있는 것은 소모적 정서의 수, 강도와 기간을 감소시키는 것이다. 이 방법은 여러분의 모든 문제에 대한 해답은 아니다. 그러나 이것은 중요한 차이를 만들어낼 수 있고, 그 차이는 나쁜 성과물이 아니다.

촉진적 정서 극대화하기

소모적 정서를 줄이는 것은 정서적 건강을 위한 일부일 뿐이다. 오늘날 학자들의 입장은 긍정적 정서를 육성하는 것이 부정적 정서를 줄이는 것만큼이나 중요하다는 것이다. '학습된 낙관주의'[96]로 부르던 아니면 '긍정성'[97]로 부르던 간에, 이러한 접근은 우리가 앞 절에서 살펴본 내용과 유사하다. 사고가 감정을 유발한다면, 긍정적인 사고는 긍정적인 감정을 유발할 수 있다. 인생에서 나쁜 것보다는 좋은 것을 생각하는 것이 자신의 정서적, 관계적, 그리고 심리적·신체적 건강을 향상시킬 수 있다.[98]

자신이 모든 사건에 대하여 정서적으로 긍정적 반응을 할 것이라고 생각하는 것은 비현실적이다. 연구자 Barbara Fredrickson에 따르면, 핵심은 긍정적인 정서 경험을 즐기고 향휴할 수 있는 여지를 많이 남겨두는 것이다.[99] 그리고 심지어 여러분이 자신의 삶에 대한 모든 사건을 통제할 수 없다 하더라도, 그들을 재평가할 수는 있다. "밝은 면을 보라." 그리고 "감사하는 태도를 지녀라."와 같은 상투적인 말은 남들이 하면 큰 위안이 되지는 않겠지만, 자신을 상기시켜보는 데는 도움이 될 수 있다. 여러분은 도전적인 상황을 성장의 기회로 여길 수 있다. 여러분은 잃은 것보다는 얻은 것에 초점을 둘 수 있다. 여러분은 경멸 대신에 자비를 선택할 수 있다. "그것이 정말 나에게 상처를 준다."와 "내가 정말 얼마나 강하고 능력이 있는지를 알게 되었어."의 차이는 종종 사고방식의 문제이다. 그리고 긍정적인 정서는 긍정적인 평가에 의한 것이다.

많은 사람은 자신의 부정적인 정서 경험에 더 쉽게 초점을 맞춘다. 친밀한 관계에서 유쾌한 감정에 주목하여 표현하려면 종종 의도적인 노력을 해야 한다. Fredrickson의 연구는 10개의 기본적 긍정 정서를 밝혔다. 그것은 기쁨, 감사, 평정, 흥미, 희망, 자부심, 향유, 영감, 경외, 그리고 사랑이다. 여러분은 최근에 이 중 몇 개를 경험했는가? 여러분은 이러한 정서를 자신에게 중요한 사람에게 얼마나 자주 표현하는가? 자신이 느끼기는 했지만 회상하지 못하는 것이 가능할까? 여러분이 경험한 긍정적 정서를 파악한 다음 그에 대해 말하거나 글을 쓰는 것은 개인적이고 관계적인 만족을 증가시킬 수 있다.

실습하기

합리적으로 사고하기

1. 비합리적 사고를 기록한 일기로 돌아가라. 각 사례에서 혼잣말을 토론하고 그 사건에 대한 좀 더 합리적인 해석을 적어보자.

2. 이제 즉석에서 합리적으로 생각할 수 있는지 자신의 능력을 면밀히 검토해보자. 여러분은 단계 4에 적혀 있는 장면을 행동으로 옮기면서 이것을 해볼 수 있다. 각각의 경우에 여러분은 하나의 주체, 그 주체의 '작은 목소리(즉, 그의 사고)' 그리고 상대방 등 세 명의 참가자가 필요하다.

3. 작은 목소리가 주체 뒤에서 그 주체가 무엇을 생각하는지 말하는 동안, 주체와 상대방이 상호작용하는 장면을 연기해보자. 예를 들면 주체가 강사에게 낮은 성적을 재고해달라고 요청했을 때, 작은 목소리는 "나는 이 문제제기로 상황을 악화시키고 싶지 않아. 어쩌면 그는 재시험 때 더 낮은 점수를 받을 수도 있어. 나는 정말 바보야. 왜 내가 조용히 있지 않았을까?"라고 말할 수도 있다.

4. 작은 목소리가 비합리적인 사고를 표현할 때마다, 이 촌극을 바라보는 관찰자들은 '파울'이라고 외쳐야 한다. 이 지점에서 연기는 멈추고, 그들은 비합리적인 사고를 논의하고 더 합리적인 혼잣말을 제안해야 한다. 그 다음, 참가자들은 좀 더 합리적인 방식으로 말하는 작은 목소리와 함께 장면을 다시 연기한다.

   여기에 몇 가지 가능한 장면이 있다(물론 여러분은 상황을 만들 수 있다.).

   a. 두 사람이 막 첫 번째 데이트를 하는 중이다.

   b. 잠정적인 피고용인이 방금 면접을 시작했다.

   c. 교사 또는 상관이 늦게 나타난 사람을 혼내고 있다.

   d. 학생과 강사가 슈퍼마켓에서 우연히 마주쳤다.

요약

정서에는 몇 가지 차원이 있다. 정서는 내부 생리적 변화로 드러날 수도 있고, 비언어적 반응으로 나타날 수 있으며, 대부분의 사례에서는 인지적 해석으로 정의한다. 우리는 이러한 정보를 이용하여 자신의 느낌을 말로 표현할지 여부를 결정한다.

사람들은 자신이 느끼는 많은 정서를 언어화하지 않는데, 거기에는 몇 가지 이유가 있다. 정서를 표현하는 데 적합하지 않은 성격의 사람도 있다. 문화와 성(gender)은 우리가 다른 사람과 공유하고 싶은 정서와 그렇지 않은 정서에 영향을 준다. 사회적 규칙과 역할은 몇몇 정서, 특히 부정적 정서의 표현을 막는다. 사람들은 어떤 정서의 표현이 가져올 결과를 두려워해서 그러한 표현을 억누른다. 마지막으로, 전염은 우리가 가지고 있지 않았던 정서를 경험하게 해준다.

정서의 표현이 모두 적절한 것은 아니기 때문에, 몇 가지 지침은 정서를 효과적으로 표현할 수 있는 시간과 방법을 정하는 데 도움이 된다. 자신의 정서어휘를 확장하고, 자신의 정서를 더 잘 인식하고, 복잡적인 정서를 표현하는 것은 중요하다. 자신의 정서에 대하여 다른 사람을 비난하기보다는 자기의 책임으로 받아들이는 것과 함께, 정서, 사고 및 행동 사이의 차이를 파악하는 것이 더 나은 반응을 유도한다. 정서를 공유할 적절한 시간과 장소를 선택하는 것 또한 정서를 표현하는 데 가장 좋은 통로를 선택하는 것과 마찬가지로 중요하다.

몇몇 정서는 촉진적인 반면에 다른 정서는 소모적이고 효과적 기능을 저해한다. 이런 많은 소모적 정서는 뇌의 편도체 부분에 기반한 생리적 반응이다. 그러나 그들의 부정적 영향은 합리적 사고를 통해 바꿀 수 있다. 성가신 정서의 확인, 그러한 정서를 야기하는 유발사건에 대한 인식과 혼잣말, 상황에 대한 논리적인 분석, 비합리적 사고의 재평가 등을 통해 더 효과적이고 자신감 있는 의사소통을 할 수 있다. 또한 촉진적 정서를 발견하고 즐기는 것도 중요하다.

핵심 용어

과잉일반화 오류   재평가

무기력 오류   정서노동

반추   정서적 전염

소모적 정서   정서 지능

승인 오류   촉진적 정서

완벽 오류   파국적 기대 오류

의무 오류   혼잣말

인과 오류

MEMO

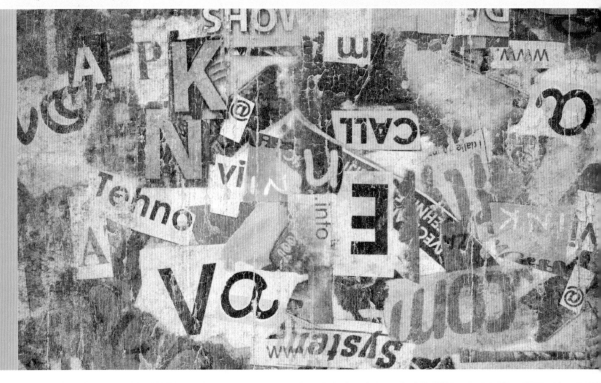

이 장(章)에서 다루는 주제

CHAPTER

06

언어: 장벽과 다리

학습 효과

1. 의미론적 혹은 화용론적 규칙에서 생길 수 있는 실제 오해나 잠재적 오해를 분석할 수 있다.
2. 이 장(章)의 '언어의 영향력' 절에서 소개한 규칙이 여러분의 삶에서 어떻게 작동하는지 기술할 수 있다.
3. 주어진 상황에 가장 적합하게 구체성/모호성 수준을 조절하여 메시지를 구성할 수 있다.
4. 메시지의 내용에 대한 책임감을 반영하기 위해 '너' 언어를 '나' 언어나 '우리' 언어로 바꾸어 볼 수 있다.
5. 파괴적 진술을 덜 선동적인 언어로 바꾸어 볼 수 있다.
6. 주어진 상황에서 성(gender)이나 문화적 차이(혹은 둘 다)가 상호작용의 질에 어떻게 영향을 미치는지 분석할 수 있다.

나와 같은 언어를 사용하는 사람이 아무도 없는 것처럼 보일 때가 가끔 있다. 그러한 절망과 시련에도 불구하고, 언어는 분명히 놀라운 도구이다. 언어는 우리가 다른 어떤 동물도 필적할 수 없는 방식으로 소통할 수 있게 해주는 선물이다. 언어가 없다면, 우리는 무지하고 무능하며 고립될 것이다.

우리는 이 장(章)에서 언어의 본질을 탐색하고 어떻게 언어의 강점을 활용하고 약점을 최소화할지 살펴볼 것이다. 우선 언어의 상징적 본질을 간단히 설명한 뒤 언어에 기반한 오해의 근원을 검증할 것이다. 그 다음, 다른 사람을 이해하는 것의 어려움과 대인관계에 언어가 미치는 영향을 살펴볼 것이다. 마지막으로, 관점을 넓혀 언어가 문화 전체의 태도를 어떻게 형성하는지 살펴볼 것이다.

상징으로서의 언어

자연 세계에서 신호(sign)는 그것이 지시하는 것과 직접적인 관계를 가지고 있다. 예를 들면 연기는 무언가 타고 있다는 신호이며, 높은 체온은 질병의 신호이다. 자연적인 신호와 그것이 지시하는 것 사이에는 인공적인 것이 아무것도 없다. 누구도 그것을 지어낼 수 없고, 인간의 의견과는 독립적으로 존재하는 것이다.

그러나 인간의 언어에서 신호와 그 대상의 관계는 그렇게 직접적이지 않다. 언어는 상징적이다. 단어나 아이디어와 그것이 지시하는 것 사이에는 자의적인 관계만이 있다. 예를 들면 숫자 five의 형태 자체에는 특별히 5를 나타내는 특징이 아무것도 없다. 이 숫자가 여러분의 손에 있는 손가락 수를 지시하는 것은 단지 영어 사용자들이 그렇다고 합의했기 때문이다. 프랑스어를 사용하는 사람에게는 'cinq'라는 상징이 5라는 의미를 가지고 있다. 컴퓨터 프로그래머는 이와 똑같은 숫자를 101로 표현할 것이다.

청각 장애인들이 '말하는' 수화(sign language)는 상징적이다. 무언극(pantomime)처럼 보일지 몰라도 그렇지 않다. 이러한 소통은 있는 그대로 이루어지는 것이 아니라 상징적이기 때문에, 많은 청각 장애인들이 접촉할 때마다 수백 개의 수화가 세계 여러 곳에서 독립적으로 발달해 왔다.[1] 이 독특한 언어는 미국, 영국, 프랑스,

덴마크, 중국, 그리고 호주와 마야에도 존재한다.

언어의 본질이 상징적이라는 점은 하나의 축복이다. 이러한 점 때문에 우리는 아이디어, 이유, 과거, 현재가 아닌 것에 대해 소통할 수 있는 것이다. 상징적 언어 없이는 아무 것도 가능하지 않을 것이다. 그러나 상징과 대상의 간접적인 관계는 바벨탑 이야기에 나오는 것처럼 소통의 문제를 야기할 수 있다.

만약 모두가 상징을 똑같은 방식으로 사용한다면, 언어를 사용하고 이해하기가 훨씬 쉬울 것이다. 그러나 항상 그렇지는 않다는 것을 여러분은 경험했을 것이다. 여러분에게는 전적으로 분명한 메시지가 타인에게는 헷갈리거나 오해를 불러일으킬 수 있다. 미용사에게 위쪽을 '조금만' 더 깎아 달라고 했다가, 나중에 머리를 보고는 미용사에게는 '조금만'이 여러분의 '아주 많이'와 같음을 알고 놀라게 된다. 여성주의(feminism)에 대한 서로의 정의가 완전히 다르다는 것을 깨닫지 못한 채, 여러분은 상대방과 여성주의의 장점에 대해 열띤 토론을 한다. 이러한 오해는 우리에게 의미는 단어 자체에 있는 것이 아니라 사람들의 마음속에 있다는 것을 일깨워 준다.

워싱턴 시의 옴부즈맨인 David Howard가 예산에 대한 한 접근방식을 묘사하기 위해 'niggardly(niggard는 흑인을 비하하는 단어임)'라는 단어를 썼을 때 한바탕 소란이 일어났다.[2] 백인인 Howard는 용서받을 수 없는 인종 비하 발언을 했다는 몇몇 아프리카계 미국인들의 비판에 직면했다. Howard의 옹호자들은 'niggardly'가 원래 스칸디나비아 계통 언어에서 유래한 'miserly(인색한, 탐욕스러운)'에서 나왔으며 특정 인종 비하의 뜻이 없다는 점을 지적했다. 비판은 결국 잦아들었지만, 이 사건을 통해 우리는 사전에 나와 있는 것과 상관없이 사

"황소 위에 있는 두 개의 굽은 선 옆에 있는 기름 램프의 어느 부분을 못 알아들은 거예요?"

람들이 마음속에 품고 있는 'niggardly'의 진짜 의미를 —옳든 그르든— 알 수 있다.

이해와 오해

언어는 배관시설과 같다. 그래서 우리는 무언가 잘못되었을 때에는 그것에 최대한 관심을 기울인다. 그러나 오해 때문에 생기는 문제가 항상 바로 드러나는 것은 아닐 뿐더러, 그러한 문제는 우리가 상상하는 것보다 더 많이 일어난다. 대부분의 사람들은 자신의 설명이 잘 통한다고 과대평가하고, 자신이 다른 사람들을 잘 이해하고 있다고 과대평가한다.[3] 오해가 언어를 연구하는 사람들의 가장 큰 관심사이기 때문에, 우리는 다른 사람의 말을 이해(또는 오해)할 때 적용되는 여러 법칙을 먼저 살펴보겠다.

단어 이해하기: 의미론적 법칙

의미론적 법칙은 언어 사용자들이 특정 언어적 상징, 보통은 단어에 의미를 부여하는 방식을 반영한다. 의미론적 법칙은 우리가 '자전거'는 타는 것, '책'은 읽는 것이라는 데 동의할 수 있게 하고, '여성'이나 '남성'이라는 표시가 있는 문으로 들어갈 때 누구를 만나고 누구를 만나지 않을지 파악하는 데 도움을 준다. 의미론적 규칙이 없으면 소통은 불가능할 것이다. 왜냐하면 그럴 경우 우리는 상징을 공유된 의미 없이 각자의 방식대로 사용할 것이기 때문이다. 사람들이 같은 단어에 다른 의미를 부여할 때 의미적 오해가 생긴다. 다음 몇 쪽을 통해 우리는 가장 흔한 몇 가지 의미론적 오해를 살펴볼 것이다.

모호성   모호한 진술은 한가지 방식 이상으로 해석될 수 있다. 3장에서 언급한 것처럼, 모호하게 말하는 것은 솔직한 노출을 피하는 하나의 전략이다. "그 문신은 정말 볼품없다."고 말하는 것보다는 "그 문신은 정말 특이하다."고 말하기가 더 쉽다. 때로 우리는 모호한 진술은 하나 이상의 의미를 지닐 수 있다는 것을 깨닫지 못한 채 모호한 언어(equivocal language)를 사용한다. 아래의 신문 기사 제목에서 볼 수 있는 것처럼, 몇몇의 다의적인 오해는 재미가 있다.

> Family Catches Fire Just in Time(원래 뜻: 가족이 제때 불을 끄다. 오해: 가족이 제때 불을 붙잡다.)
>
> Man Stuck on Toilet Stool Suspected(원래 뜻: 남자가 화장실에 갇히다: 의자 때문인 듯. 오해: 남자가 화장실에 갇히다: 대변 때문인 듯.)
>
> 20-Year Friendship Ends up at the Altar(원래 뜻: 20년 우정이 명예롭게 끝나다. 오해: 20년 우정이 제단에서 끝나다.)
>
> Trees Can Break Wind(원래 뜻: 숲이 방풍 기능을 할 수 있다. 오해: 숲이 바람을 부서뜨릴 수 있다.)

애매한 언어에 따른 몇몇 오해는 당황스러울 수 있다. 어떤 여성은 이렇게 회상한다. "4학년 때 선생님이 마침표(period)가 뭐냐고 물어보셨어요. 나는 손을 들고 일어나서 여성들의 월경주기(period)에 대해 아는 것을 다 말했어요. 그런데 선생님은 문장 끝에 찍는 방점에 대해서 말하신 거였죠!"[4]

또 다른 애매한 말은 더 심각한 문제가 될 수 있다. 어느 간호사가 환자에게 그의 가운, 책, 면도용품이 "더 이상 필요하지 않을 것이다."라고 말하자 그 환자는 겁을 먹었다. 그는 말수가 적어졌고 침울해졌다. 간호사가 그에게 왜 이상하게 행동하는지 물었을 때, 간호사는 그 불쌍한 환자가 자신의 말을 본인이 곧 죽는다는 의미로 해석했다는 것을 알게 되었다. 사실 그녀는 환자에게 곧 집으로 돌아갈 수 있다고 이야기한 것이었다.

"솔직하게 말해 봐요, Roger.
'궤도를 중간에 수정'하자는 건 결국 이혼하자는 것 아닌가요?"

말하는 도중에 애매한 모든 말을 찾아내서 명확하게 하는 것은 쉽지 않다. 이러한 이유 때문에, 말을 올바르게 해석할 책임은 대부분 수신자에게 있다. 한두 종류의 피드백 —예를 들어 4장에서 살펴본 지각 점검이나 8장에서 기술한 의역하기—이 오해를 없앨 수 있다.

상대적 언어　　상대적인 말(relative words)은 비교를 통해 그 의미를 확보한다. 예를 들면 여러분은 큰 학교에 다니는가 아니면 작은 학교에 다니는가? 이 질문에 대한 대답은 그것을 어디에 비교하느냐에 달려 있다. 여러분의 학교는 큰 주립대학교와 비교하면 작아 보이겠지만, 작은 단과대학과 비교하면 커 보일 것이다. '빠르다, 똑똑하다, 짧다'와 같은 말은 '느리다, 어리석다, 길다'와 같은 말과 비교할 때에만 그 의미가 분명해진다.

몇몇 상대적 언어는 너무 흔해서 우리는 그것에 명확한 뜻이 있다고 착각하기도 한다. 예를 들면 친구가 아마도 파티에 올 것 같다고 말하면 그것은 어느 정도의 확률을 말하는 것일까? 한 연구에서 학생들에게 '불확실한(doubtful), 반반(toss up), 그럴법한(likely), 개연성 있는(probable), 좋은 기회(good chance), 있음직하지 않은(unlikely)' 등의 형용사에 백분율을 부과하도록 했다.[5] 그 결과 매우 큰 개인차가 나타났다. 예를 들면, probable은 0~99%였다. good chance는 35~90%, unlikely는 0~40%로 나타났다.

단어를 좀 더 측정 가능하게 만드는 방법 중 하나는 그것을 수량화하는 것이다. 건강관리 전문가들은 환자들이 "좀 아파요.", "꽤 쓰려요." 같이 애매한 말을 한다는 것을 알고 있다. 숫자로 된 고통 척도를 사용하면 좀 더 정밀한 반응을 얻을 수 있고 진단을 더 잘할 수 있다.[6] 그래서 경험해 본 가장 심한 고통을 10으로 놓고, 자신들의 고통을 1에서 10까지의 숫자로 점수를 매기도록 한다. 그러면 7점이 "좀 아파요."보다는 훨씬 안정적이고 구체적인 설명이다. 이와 같은 기법은 영화 평점부터 직업 만족도를 평가하는 것까지 다양하게 이용된다.

고정적 평가　　"Mark는 예민한 사람이야.", "Mia는 성격이 급해.", "Ming은 언제나 믿을 수 있어." 이러한 말을 포함하거나 함축하는 언급은 사람이 일관적이고 변하지 않는다는 오해를 불러일으킬 수 있는 진술이다. 이것은 잘못된 신념으로서 고정적 평가(static evaluation)로 알려져 있다. Mark가 예민하다고 하는 것보다는 그가 예민하게 행동한 상황을 묘사하는 것이 더 정확할 수 있다. Mia, Ming, 그리고 우리 모두에게도 마찬가지이다. 우리는 통계나 언어가 표현할 수 있는 것보다 더 가변적인 존재이다.

추상화   문제, 목표, 이해, 요구를 기술해야 할 때, 어떤 언어는 다른 언어보다 좀 더 구체적이다. 추상적 언어(abstract language)는 본래 애매한 반면, 행동적 언어(behavioral language)는 그 이름이 시사하듯 사람이 말하거나 행하는 것을 구체적으로 지칭한다. [그림 6.1]의 추상화 사다리(abstract ladder)는 같은 현상이 다양한 구체화와 추상화 수준에서 어떻게 다르게 묘사될 수 있는지 보여준다. 사다리 맨 아랫단의 묘사가 맨 윗단의 '더 나은 태도'라는 추상적 묘사보다 더 구체적이고 행동적이라는 점에 주목하라.

우리는 항상 높은 수준의 추상화를 사용한다. 예를 들면, "설거지해줘서 고마워.", "카펫 먼지를 털어줘서 고마워.", "침대 정리해줘서 고마워."라고 말하는 것보다 "청소해줘서 고마워."라고 말하는 것이 더 쉽다. 이러한 일상적인 상황에서 추상화는 말을 단순하게 사용하는 데 유용한 도구이다.

이러한 단순화가 유용할 수 있다고 해도, 고도로 추상화된 언어는 "결혼상담자들은 쓸모없어.", "스케이트보드를 타는 사람들은 범죄자야.", "남자는 나빠."와 같은 잘못된 판단이나 고정관념을 유발할 수 있다. 지나치게 추상화된 언어는 독특성을 무시하고 일반성만 생각하도록 만들 수도 있다. 4장에서 살펴본 것처럼, 고정관념은 사람들을 잘못된 방식으로 범주화하고 평가하게 만들 수 있다.

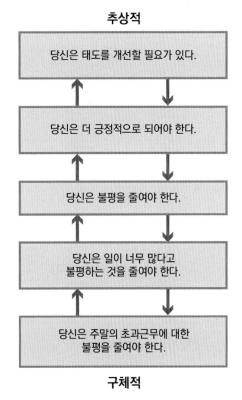

추상적

당신은 태도를 개선할 필요가 있다.

당신은 더 긍정적으로 되어야 한다.

당신은 불평을 줄여야 한다.

당신은 일이 너무 많다고 불평하는 것을 줄여야 한다.

당신은 주말의 초과근무에 대한 불평을 줄여야 한다.

구체적

► 그림 6.1 추상화 사다리

© Cengage Learning

▶ **표 6.1 추상적 기술과 행동적 기술**

© Cengage Learning

	추상적 기술	행동적 기술			비고
		관련된 사람	조건	행동	
문제	나는 말이 너무 많다.	내가 두려워 하는 사람들	그들이 나를 좋아했으면 할 때	대부분 나에 대해 말하고 자신들의 삶에 대해 말하거나 물어볼 기회를 그들에게 주지 않는다.	변화시켜야 할 행동이 명확해짐
목표	나는 더 건설적으로 살고 싶다.	룸메이트	집안일을 의논할 때	그녀 아이디어의 문제점을 찾는 대신 가능한 대안을 찾고 싶다.	추상적 진술에는 나타나지 않는 행동적 기술이 해야할 일을 명확히 제시함
감사	"당신이 요즘 정말 도움이 되었어요."	동료	"내가 개인적인 문제로 일찍 퇴근해야 했을 때…."	"불평 없이 내 일을 해주었어요."	추상적, 행동적 묘사를 동시에 하는 것이 가장 효과적임
요청	"행동 똑바로 해!"	목표 대상	"우리 가족이랑 있을 때…."	"성적인 농담은 하지 말아줘."	행동 기술이 행동을 명확하게 밝혀줌

여러분은 <표 6.1>에 있는 예를 살펴봄으로써 행동적 기술의 가치를 알 수 있다. 애매한 말보다 화자의 생각을 훨씬 더 잘 전달한다는 점에 주목하라.

실습하기

실제적인 언어

아래의 경우를 행동적인 용어로 바꾸면 비추상적인 언어의 장점을 알 수 있다.

1. 대인 간 의사소통의 향상이라는 추상적인 목표(예: 자기주장을 더 해봐, 그만 좀 빈정거려.)
2. 다른 사람에 대한 불평(예: 그 사람은 너무 이기적이야, 그 사람은 너무 둔감해.)
3. 어떤 사람에게 달라지라는 요구(예: 네가 시간을 잘 지키면 좋겠어, 긍정적으로 생각해.)
4. 다른 사람에 대한 감사 표시(예: 도움을 많이 줘서 고마워, 네 인내심에 감사해.)

각 경우에 관련된 사람들, 행동이 일어난 상황, 이전의 행동을 기술하라.
여기에서 한 것처럼 여러분이 행동적인 기술을 하면 어떤 차이를 기대할 수 있을까?

구조 이해하기: 구문론적 규칙

구문론적 규칙은 언어의 문법을 지배한다. 다음 두 개의 편지를 보면 구문론이 말의 의미를 전달하는 데 도움이 된다는 것을 알 수 있다(주: 내용은 똑같으나 방점 위치가 달라 완전히 반대의 의미가 된다.).

버전 1

John에게

(원문: I want a man what love is all about. You are generous, kind, thoughtful. People who are not like you admit to being useless and inferior. You have ruined me for other man. I yearn for you. I have no feelings whatsoever when we're apart. I can be forever happy - Will you let me be yours?)

나는 사랑이 무엇인지 아는 남자가 좋아요. 당신은 관대하고, 친절하고, 사려 깊어요. 당신 같지 않은 사람들은 쓸모없고 열등해요. 당신 말고 다른 남자는 만날 수가 없어요. 당신이 무척 그리워요. 우리가 떨어져 있을 때는 아무 것도 느낄 수가 없어요. 나의 영원한 행복을 위해 나와 함께 해주시겠어요? Mary

버전 2

John에게

(원문: I want a man what love is. All about you are generous, kind, thoughtful people, who are not like you. Admit to being useless and inferior. You have ruined me. For other man, I yearn. For you, I have no feelings whatsoever. When we're apart, I can be forever happy. Will you let me be?)

나는 사랑이 무엇인지 아는 남자를 원해요. 당신 주변의 사람들은 관대하고, 친절하고, 사려 깊은 사람인데, 당신은 그들과 같지 않아요. 당신이 쓸모없고 열등하다는 걸 인정하도록 해요. 당신이 나를 망쳤어요. 나는 다른 남자를 원해요. 당신에게는 아무 느낌이 없어요. 나는 우리가 헤어져야 행복할 수 있어요. 날 놓아주겠어요? Mary

의미론적 규칙은 두 편지가 왜 완선히 다른 의미가 되는지 실명하지는 않는다. 사랑, 친절함, 사려 깊음 등 단어의 의미에 애매한 부분은 없다. 이 두 편지의 정반대 의미는 그들의 구문론적 차이에서 오는 것이다.

우리들 대부분은 우리의 언어를 지배하는 구문론적 규칙을 설명할 수는 없지만, 그러한 규칙을 위배했을 때 그것을 알아차리기는 쉽다. 재미있는 예로 영화 '별들의 전쟁(Star Wars)'에서 Yoda가 말하는 방식을 들 수 있다. "The dark side are they"나 "Your father he is" 같은 대사는 구문론적 규범을 비틀어 웃음을 자기낸다. 그러나 때로 외견상 비문법적인 말은 지역적이거나 문화적인 방언처럼 다른 구문론적 규칙을 따르기도 한다. 언어학자들은 이런 언어를 결함이 있는 영어 형태라기보다는 영어와는 다른 것으로 봐야 한다는 점에 동의한다.[7]

맥락 이해하기: 화용론적 규칙

의미론적, 구문론적 문제로 모든 오해를 설명할 수는 없다.[8] 의사소통의 어려움을 이해하려면, 나이 든 상관이 "오늘 정말 예쁘네."라고 한 말의 진의를 파악하려고 애쓰는 젊은 여성 직원을 상상해보라. 그녀는 단어를 모두 이해했을 것이고 문장도 완벽하다. 그러나 상관의 말은 여러 의미로 해석할 수 있다. 단순한 칭찬인가? 유혹인가? 다른 날에는 예뻐 보이지 않았다는 뜻일까?

상관과 직원이 이 메시지를 동일하게 해석한다면 의사소통은 쉬울 것이다. 그러나 그들이 서로 다른 관점에서 그것을 해석한다면 문제가 생긴다. <표 6.2>는 상관과 직원이 같은 말을 어떻게 다르게 해석할 수 있는지를 보여준다.

이와 같은 상황에서 우리는 메시지를 주어진 맥락에서 어떻게 해석할지 결정하기 위해 화용론적 규칙에 의지한다.

"난 '당신을 사랑해'라고 말한 적 없어. '자기를 사랑해'라고 했지. 엄청난 차이라고!"

▶ 표 6.2 한 진술의 사용과 의미를 결정하는 화용론적 규칙

	사장	직원
진술	"오늘 예쁘네."	
자기개념 "나는 누구인가? 그/그녀는 누구인가?"	친근한 사람	자기 힘으로 성공하고 싶은 여성
일화 "이 소통에서 무슨 일이 일어났는가?"	가벼운 칭찬	상사의 유혹?
관계 "우리는 서로에게 어떤 존재인가?"	직원을 가족처럼 대해주는 상사	진급을 위해서 상사의 인정이 필요한 보조 직원
문화 "나의 문화적 배경으로 볼 때 이 말의 의미는 무엇인가?"	미국에서 자란 미국계 유럽인	남미에서 자란 라틴계 사람

Adapted from Pearce, W. B. & Cronen, V. (1980). *Communication, action, and meaning.* New York: Praeger; and Griffin, E. (2012). *A first look at communication theory* (8th ed.). New York: McGraw-Hill.

화용론적 규칙은 우리의 일상적인 상호작용에서 말이 작동하는 방식을 좌우한다. 하지만 이러한 규칙은 사전에도 나와 있지 않고 거의 언급되지도 않는다. 그러나 화용론적 규칙은 다른 사람의 메시지를 이해하는 데 의미론적 규칙과 구문론적 규칙만큼 중요하다.

화용론적 규칙이 어떻게 작동하는지 이해하는 가장 좋은 방법은 의사소통을 일종의 협동적 게임으로 생각하는 것이다. 다른 모든 게임과 마찬가지로, 성공은 모든 참여자들이 규칙을 이해하고 따르느냐에 달려 있다. 의사소통 연구자들이 동일한 화용론적 규칙을 사용하는 사람들의 대화를 설명할 때 협응(coordination)이라는 단어를 사용하는 이유가 여기에 있다.[9]

몇몇 화용론적 규칙은 한 문화의 구성원 대부분이 공유한다. 예를 들면 북미 지역에서는 "how's it going?"이라는 표현을 널리 사용한다. 이는 정보를 원해서 하는 말이 아니다. 규칙을 잘 아는 사람들은 "잘 지내. 너는 어떻게 지내니?"와 같은 표현을 사용해서 화답하는 것이 적절하다는 것을 알고 있다. 마찬가지로, 사람들은 "Would you like a drink?"라는 질문은 "술 한잔 하시겠어요?"라는 의미인 반면, "Would you like something to drink?"는 비교적 개방형 질문이라는 화용론적 규칙을 잘 알고 있다.

사람들은 문화적 규칙을 따르는 것 외에도 개인적 관계에서도 나름의 화용론

—— 'The Imitation Game'에서 Alan Turing(Benedict Cumberbatch 역)은 나찌의 전투 암호를 해독하는 일에서는 천재이지만, 일상적인 대화에서 지켜야 할 실용적인 규칙을 이해하는 데에는 어려움을 겪는다. 그는 농담, 풍자, 그리고 희롱의 필수적인 요소인 언어의 미묘한 차이를 파악하지 못한다. 여러분은 다른 사람의 메시지를 너무 문자 그대로 해석해서 오해를 한 적이 있는가? 비슷한 이유로 오해를 산 적은 없는가?   Allstar Picture library

적 규칙을 만든다. 농담에 대해서 생각해보자. 여러분이 몇몇 친구와 즐겁게 주고받는 놀림이나 농담이 다른 관계에서는 교양이 없거나 심지어는 기분 나쁜 것이 될 수 있다.[10] 예를 들면 대문자로 쓴 저주, 욕설, 기분 나쁜 별명, 느낌표로 가득한 이메일을 상상해보라. 어떻게 해석할 것인가? 사실 이것은 친구 사이의 즐겁고 애정 어린 '언어적 놀이'인데, 외부의 다른 사람은 이것을 인터넷을 이용한 섬뜩한 언어적 괴롭힘으로 볼 수 있다.[11] 여러분에게 애정을 담아 점잖지 못한 별명을 부르는 친구가 있다면 이해하기 쉬울 것이다. 그러나 개인적 관계의 화용론적 규칙을 모르는 제 3자는 이것을 오해할 수도 있다는 점을 명심하라. 그래서 개인적 규칙을 적용할 때는 때와 장소를 가리는 분별력이 필요하다.

언어의 효력

지금까지 우리는 의사소통자들이 서로를 이해하는 데 도움을 주는 매개체로서의 언어에만 집중해 왔다. 그러나 이러한 중요한 기능과 함께 언어는 주변 세계에 대한 우리의 지각을 형성하고, 다른 사람에 대한 우리의 태도를 반영해 준다.

이름과 정체성

"이름에는 무슨 의미가 있지요?" Juliet이 수사적으로 물었다. 만약 Romeo가 사회과학자였다면, 그는 "많지."라고 대답했을 것이다.

이름에는 정체성을 밝히는 것 이상의 의미가 있음이 연구를 통해 드러났다. 이름은 다른 사람이 우리를 보는 방식, 우리 자신이 우리를 보는 방식, 우리가 행동하는 방식을 결정한다. 연구자들은 드물고 독특한 이름이 사람들에게 어떤 영향을 미치는지 한 세기가 넘는 시간 동안 연구해 왔다.[12] 초기 연구는 이러한 이름을 가진 사람들이 심리적 및 감정적 혼란에서부터 대학 학업의 실패까지 모든 면에서 고통 받는다고 주장했다. 최근 연구들은 사람들이 독특한 이름뿐만 아니라, 독특한 철자도 부정적으로 평가한다는 것을 보여주고 있다.[13] 물론, 독특한 이름과 철자는 시대에 따라 달라진다. 1900년에 미국에서 가장 인기 있던 여자아이 이름은 Bertha, Mildred, Ethel이었다. 한편 2013년 가장 인기 있는 이름은 Madison, Ava, Chloe로, 한 세기 전에는 매우 드문 이름이었다.[14]

이름은 아이의 개인적 정체성을 형성하고 강화하는 한 방법이다. 아이의 이름을 가족 구성원을 따서 짓는 것[예, "Junior(2세)"나 "Trey(3세)"를 붙임]은 두 사람 간

잠시 생각해보기

여러분의 언어적 규칙

여러분의 언어적 규칙이 다른 사람이나 그들과의 관계에 대한 여러분의 이해에 어떻게 영향을 미치는가? 다음 세 가지를 통해 탐색해보자.

1. 여러분이 익숙한 구문론적 규칙에 어긋나게 말하는 사람을 만났을 때를 생각해보라. 그 사람에 대한 여러분의 인상이 어떠했는가? 문법을 따르는 데 실패한 것이 인상에 어떤 영향을 미쳤는가? 그 인상이 옳았는지 그렇지 않았는지를 생각해보라.
2. 여러분과 다른 의미론적 규칙을 따르는 사람과 있었던 오해를 하나 이상 생각해보라. 그 오해(그리고 이와 비슷한 다른 오해들)를 피할 수 있었는지 사후설명해보라. 의미론적 오해를 최소화할 수 있다면, 어떤 접근이 유용할지 설명해 보라.
3. 여러분의 한 관계에서 언어의 사용을 결정하는 화용론적 규칙을 두 개 이상 생각해보라. 이 규칙을 다른 학생들과 공유하라. 다른 학생들도 여러분과 파트너가 사용하는 방식과 동일하게 언어를 사용하는가?

의 연결고리를 구축한다. 또한 이름의 선택은 문화적 정체성을 강하게 드러내는 방법이 될 수도 있다. 예를 들면 최근 몇십 년간 많은 아프리카계 미국인 아이들은 자신들의 문화에 맞는 이름을 부여받았다.[15] 캘리포니아에서는 40%가 넘는 흑인 아이들이 주 안에서 단 한 명의 백인 여자 아이에게도 주어지지 않은 이름을 받았다. 연구자들은 이처럼 구분되는 이름은 아프리카계 미국인 공동체의 연대를 상징한다고 해석한다. 이와 반대로, 구분이 확실치 않은 이름을 짓는 것은 아이를 주류 문화에 통합시키는 한 방식이 될 수 있다.

소속

말은 개인의 정체성을 형성하는 것 이외에도 타인과의 연대를 구축하고 표현할 수 있다. 한 연구에서는 사람들이 자신과 말하는 방식이 비슷한 사람에게 끌리는 것으로 나타났다.[16] 마찬가지로, 다른 사람들과의 연대와 동맹을 보여주고 싶은 사람들은 단어 선택, 말의 비율, 휴지(休止)의 횟수와 배치, 정중함 등 다양한 요소를 고려하면서 말을 한다. 이를 말의 조절(speech accommodation)이라고 한다.[17] 비속어와 반복어를 사용하는 청소년들이 언어적 연대의 원리를 보여준다고 할 수 있다. 길거리의 갱에서부터 군대 요원에 이르기까지 이런 현상은 폭넓게 나타난다. 의사소통 학자들은 자신의 말하는 방식을 다른 사람들에 맞추어 바꾸는 것을 수렴(convergence)이라고 부른다. 한 연구는 상사와 직원이 욕하는 패턴을 같게 하는 것이 직업적으로 서로 연결된 느낌을 주는 데 도움이 된다고 밝히고 있다.[18]

한 연구에서 대화 상대의 대명사, 관사, 접속사, 전치사, 부정어의 사용이 자신과 같다는 것을 알았을 때 낭만적 사랑의 관심이 생길 가능성이 높아졌다.[19] 또한 커플이 메시지를 보낼 때 비슷한 언어를 사용하면 관계 지속 확률이 50% 가까이 높아진다는 것도 밝혀졌다. 연구자들은 언어 방식의 무의식적 일치가 상대방의 말에 주의하는 정도와 관련되어 있다고 생각한다. 다른 연구에서는 온라인 커뮤니티 구성원들이 언어와 대화 방식을 공유하고, 대명사 '우리'를 더 많이 사용하면서 서로 간의 유대감을 표현한다는 것을 알 수 있었다.[20]

두 명 이상의 사람이 서로 긍정적인 감정을 느낄 때, 그들의 언어적 수렴은 쌍방적일 것이다. 그러나 소통하는 사람들이 인정받기를 원하거나 필요로 할 때, 그들은 다른 사람의 말하는 방식에 맞게 자신의 유형을 조절해서 '적절한 말'을 하거나 인정을 받을 수 있는 방식으로 말하고자 한다. 우리는 이 과정을 이민자들이 새로운 문화에서 주류 언어를 익혀 경제적 성공을 이루려는 모습에서 관찰할 수 있다. 승진을 원하는 회사원들은 사장과 비슷한 방식으로 말한다.

말의 수렴 원리는 역으로도 작용한다. 다른 사람들과 자신들을 구분하고 싶어 하는 사람들은 발산(divergence) 전략을 채택하여 자신의 차별성을 강조하는 식으로 말한다. 예를 들면 한 민족 집단의 구성원들이 주류집단의 언어를 유창하게 구사하더라도 그들만의 연대를 보여주기 위해 방언을 사용할 수 있다. 이는 '우리 대 그들' 전략의 일종이다. 이러한 행동은 어른들과 자신을 차별화하고 또래집단과 자신을 융합하려는 10대들에게서도 나타난다.[21]

물론 의사소통자들은 언제 수렴 전략을 사용할지 혹은 사용하지 않을지 주의해서 결정해야 한다. 우리 중 대부분은 부모가 젊은 이들의 속어를 사용할 때 "그렇게 말씀하기엔 너무 늙었어요. 젊은 애들처럼 말하는 거 그만 두세요."라고 생각하며 당황했던 기억을 가지고 있을 것이다. 보다 심각한 수준으로는, 내집단의 구성원이 아니면서 민족 집단의 별칭이나 인종적 별칭을 사용하는 것은 적절하지 않고 심지어 모욕이 될 수도 있다. 발산 전략의 실질적인 목적 가운데 하나는 누가 특정 단어를 쓸 '권리'가 있는지 그리고 누가 그렇지 않은지를 구분하는 규정을 만드는 것이다.

—————— 하이틴 영화 'Mean Girls'에서는 내집단을 규정하고 유지시키는 데 언어적 수렴이 하는 역할을 보여주고 있다. Cady(Linsday Lohan 역)는 인기 있는 교내 동아리 'Plastics'에서 잘 어울리려면 'fetch', 'word vomit', 'fugly'와 같은 말을 사용해야 한다는 것을 빨리 깨닫는다. 여러분이 사용한 말도 자신이 속한 집단을 반영하고 있는가?

Paramount/Allstar

인간관계와 의사소통의 심리학

권력과 공손

의사소통 연구자들은 다른 사람에 대한 화자의 힘을 증가시키거나 감소시키는 몇 가지 언어 패턴을 찾아냈다. 직원이 상사에게 하는 다음 두 진술의 차이에 주목하라.

> 실례합니다. 이런 말씀 드리긴 죄송하지만… 음… 기획과제를 제시간에 끝내지 못할 것 같습니다. 개인적으로 급한 일이 있습니다. 그래서… 그게… 오늘 끝낼 수가 없었어요. 월요일까지 보실 수 있게 책상 위에 두겠습니다.

> 기획과제를 제시간에 끝낼 수 없을 것 같습니다. 개인적으로 급한 일이 있어서 오늘 다 할 수가 없었어요. 월요일까지 보실 수 있게 책상 위에 두겠습니다.

상관이 변명을 받아들이든 그렇지 않든 간에 상관없이, 두 번째 진술의 어투가 보다 더 자신 있는 데 비해 첫 번째 진술은 사과하는 듯하고 불분명하다. <표 6.3>은 위 진술에서 나타난 몇 가지 무력한 말버릇(powerless speech mannerisms)을 보여주고 있다. 무력하게 들리는 화자에 비해 이러한 습관이 없는 사람들은 더 능력 있고 더 역동적이며 더 매력적인 사람으로 평가된다는 것을 몇몇 연구들이 밝혔다.[22] 강하게 단정적으로 말하는 것이 면접에 도움이 될 수 있다. 고용주들은 강하게 말하는 후보자들이 그렇지 않은 후보자보다 더 유능하고 채용 가능성이 더 높은 것으로 평가했다.[23] 한 연구는 단 한 번의 무력한 말버릇도 권위가 없거나 사

▶ 표 6.3 무력한 언어의 사례들　　　　　　　　　　　　　　　　© Cengage Learning

얼버무리기	난 좀 실망한 거 같아… 우리는 ~해야 할 것 같아… 나는 ~하고 싶은 것 같아…
망설임	음, 시간 좀 내주시겠어요? 글쎄, 이 아이디어를 시도해 볼 수는 있죠… 나는-어-당신이 제 시간에 오려고 노력했으면 좋겠어요.
강조어	만나서 정말 기뻐요. 엄청 배고프지는 않아요.
겸손한 형태	실례합니다, 선생님…
덧붙이는 질문	시작할 때가 되었죠, 그렇죠? 다시 한 번 해봐야 한다고 생각하지 않아요?
부인	이렇게 말하면 안 되긴 하는데… 확실하진 않지만…

회적으로 매력이 덜한 것으로 비춰질 수 있음을 보여주었다.[24]

부인(disclaimer)은 무력한 말하기의 한 종류로, 환영받지 못할 수 있는 자신의 발언으로부터 거리를 두려는 시도이다. 예를 들면 여러분은 비판적인 메시지를 시작할 때 "함부로 판단하고 싶지는 않지만…"이라고 말하면서 반감을 표현할 수 있다. 한 연구는 부인이 실제로 부정적인 판단을 증가시킨다는 것을 밝혔다.[25] 예를 들면 "잘난 척하려고 하는 것은 아니지만…"이라고 말하면서 자랑을 하면 듣는 사람은 더 잘난 척하는 사람으로 지각한다는 것이다. 게으름이나 이기심과 같은 부정적인 특성과 관련된 부인도 비슷한 결과를 가져왔다. 실제로 부인은 말하는 사람이 부인하고자 하는 부분을 부각시키는 역효과를 일으키는 것으로 보인다.

때로는 잠정적이고 간접적으로 말하는 스타일이 자기주장적인 말보다 목표를 달성하는 데 더 유리하기 때문에, 몇몇 학자들은 이러한 스타일을 무기력하다고 부르는 것에 의문을 제기한다.[26] 예를 들면 좀 덜 강력한 접근은 공손하려는 노력일 수 있다. 공손이란 의사소통하는 두 사람 모두의 체면을 지키는 식으로 소통하는 것을 의미한다. 어떤 문화는 다른 문화보다 공손을 더 가치 있게 여긴다.[27] 일본에서는 다른 사람의 체면을 살려주는 것이 매우 중요한 목표이다. 따라서 소통하는 사람들은 얼버무리기와 수식어를 많이 사용한다. 멕시코의 전통적인 문화도 협력을 강조하기 때문에 대인관계를 원활히 하기 위해 얼버무리기를 많이 사용한다. 멕시코 사람들은 자신들이 말하는 언어에 대한 단호한 태도를 취하지 않음으로써 다른 사람들을 불편하게 만드는 것을 피한다. 한국 문화에서도 직접적인 발언보다 간접적인 발언(예: "아마", "그럴 수도 있겠지요.")을 선호한다.

자기주장을 선호하는 문화에서조차 너무 강력한 언어는 다른 사람에게 겁을 주거나 불쾌감을 준다. 아래의 일상적인 상황을 생각해보자.

"실례합니다. 저희 집 아기 재우기가 좀 어렵네요. 음악소리를 조금만 줄여주실 수 있을까요?"

"음악이 너무 시끄러워서 우리 아기가 잠을 못자요. 소리 좀 줄여 주서야겠어요."

강한 말보다는 더 정중하고 덜 강력한 말이 더 나은 결과를 가져올 것이다. 이런 사실이 강력한 언어에 대한 연구와 어떻게 양립할 수 있을까? 1장에서 살펴 보았듯이, 대인관계 능력은 효율성과 적절성 사이의 균형에 달려 있다. 여러분이 너무 강하면 단기적으로는 원하는 것을 얻을 수 있겠지만, 다른 사람을 소외시키 게 되므로 장기적으로는 관계를 더욱 어렵게 만들 수 있다. 더구나 너무 강한 언어 는 무시와 우월감의 메시지를 전달할 수 있고, 그것은 다른 사람들의 동조를 이끌 어내는 만큼 그들의 반감을 유발할 수도 있다.

어떤 상황에서는 공손하고 외견상 덜 강한 형태의 말이 화자의 효과를 높일 수 있다.[28] 예를 들면 사장이 비서에게 "이 편지를 다시 타이핑해 줄 수 있어요?"라 고 말할 수 있다. 사실, 사장이나 비서 모두 이 말이 요청이 아니라 명령이라는 것 을 알고 있지만, 질문의 형태가 좀 더 사려 깊고 그래서 비서로 하여금 사장에 대 하여 좋은 감정을 갖게 만든다.[29] 의사소통의 내용적인 목적과 관계적인 목적을 모 두 달성하는 것이 중요하기 때문에, 보통은 강하게 말하는 것과 공손하게 말하는 것을 혼용하는 것이 가장 효과적이다.[30]

혼동언어

모든 언어적 문제가 오해에서 오는 것은 아니다. 가끔 사람들은 다른 사람의 메시지를 완벽하게 이해하고도 갈등에 부딪힌다. 물론 불일치가 언제나 나쁜 것만 은 아니다. 그러나 여러분의 소통 레퍼토리에서 3가지 습관을 빼면 불필요한 의견 불일치를 피할 수 있고, 따라서 불가피하고 중요한 의견 불일치를 대비해 에너지 를 아낄 수 있다.

사실과 의견의 혼동   사실 진술은 참이나 거짓으로 구분할 수 있는 진 술을 말한다. 반대로, 의견 진술(opinion statement)은 말하는 사람의 신념에 기초 하며, 사실 진술과 다르게 참과 거짓을 구분할 수 없다. 두 진술 간의 차이를 보여 주는 예시를 살펴보자.

사실	의견
너는 내 생일을 잊었어.	너는 나에게 마음을 쓰지 않아.
너는 나를 계속 방해해.	너는 만사를 네 뜻대로 하려는 사람이야.
너는 인종에 관련된 농담을 많이 해.	너는 편협해.

　이처럼 사실 진술과 의견 진술을 나란히 놓고 보면 그 차이가 명확하다. 그러나 우리는 일상의 대화에서 의견을 사실인 것처럼 말해서 불필요한 논쟁을 불러일으키곤 한다.

직업에 관한 이야기

직장에서의 욕설

　욕설은 어떤 사람에게는 기분을 상하게 하지만 다양한 의사소통 기능에 도움을 주기도 한다.[a] 욕설은 감정을 표현하고 여러분이 감정을 얼마나 강하게 느끼고 있는지를 다른 사람에게 알리는 하나의 방법이다. 칭찬이 될 수도 있고 ("그거 정말 **하게 멋진데!) 심각한 모욕이 될 수도 있다. 욕설은 심지어 애정을 담은 용어가 될 수도 있다.

　직장에서의 욕설은 특히 더 문제가 될 수 있다.[b] 의사소통연구자 Danette Johnson과 Nicole Lewis는 업무환경에서 욕설의 영향을 조사했다. 그들의 연구결과는 놀랍지 않았다. 상황이 공식적일수록 욕설에 대한 평가는 더 부정적이었다. 욕설의 형태에 따라서도 차이가 있었다. 예를 들면, 'F-bombs'는 이보다 덜 공격적인 다른 단어보다 더 부적절한 것으로 나타났다. 관계의 역사도 중요하다. 화자의 욕설에 놀란 청자들은 화자가 무능력하다고 간주하는 경향이 높았다.

　이러한 단점에도 불구하고, 욕설은 직장에서 일정한 역할을 할 수도 있다. 스탠포드대학교의 Robert Sutton 교수는 욕설을 사용하지 않기로 하는 것이 어떤 조직의 규범을 위반하는 것일 수도 있음을 지적한다.[c] 드문 경우이지만, 욕설을 계속하는 것이 충격 효과를 줄 수도 있다는 것이다. (Sutton 교수가 저서 'The No Asshole Rule'을 출간했다는 사실은 그가 자신의 말을 실천하고 있다는 것을 보여준다.

　그러나 Sutton 교수조차도 직장에서의 욕설에 대해 주의할 점을 덧붙이고 있다. "확실하지 않으면 사용하지 말라." 대인관계에서 경쟁력을 가지려면 지켜야 할 규칙은 다음과 같다. "여러분의 청중을 분석하고 그들에게 맞추어라. 자기감시(self monitoring)를 하라. 그리고 의심이 들 때에는 조심하는 쪽을 택하라."

"진짜 바보 같은 말이네!"

"구두 한 켤레에 그만한 돈을 쓰는 건 낭비야!"

"백인 남자가 아니면 미국에서 공정한 대우를 받을 수가 없다니까."

각 문장을 자기 의견에 대한 책임감을 보여주는 "내 생각에는…", "내 의견으로는…", "내가 보기에는…"과 같은 수식어로 시작한다면, 그 문장은 매우 덜 적대적으로 보인다는 점에 주목하라. '나' 언어의 중요성에 대해서는 뒤에서 논의할 것이다.

사실-추론 혼동　　　우리가 사실 진술과 추론 진술(증거에 대한 해석에서 나온 결론)을 혼동할 때도 문제가 생긴다. 우리가 자신의 추론을 사실로 받아들일 때 논쟁이 벌어진다.

A: 왜 나한테 화났어?

B: 화 안 났어. 요새 왜 이렇게 불안해 해?

A: 불안하지 않아. 네가 너무 비판적이어서 그래.

B: 비판적이라니 무슨 뜻이야? 난 그런 적 없어.

다른 사람의 마음을 읽으려고 노력하는 대신, 4장에서 설명한 지각 기술을 사용하는 것이 훨씬 낫다. 여러분의 주의를 끄는 관찰 가능한 행동(사실)을 확인하고 그것에 대한 여러분의 몇몇 해석을 기술하라. 이처럼 일련의 생각을 기술한 후에, 여러분의 해석이 옳은지 물어보라.

"네가 나한테 다시 전화하지 않았을 때(사실), 네가 나한테 화났다는 생각이 들었어(해석). 맞아(질문)?"

"네가 요새 나한테 아직도 너를 사랑하느냐고 많이 물어봐서(사실), 네가 불안해한다고 생각했어(가정). 아니면 내가 예전하고 다르게 행동하고 있거나. 어떻게 생각해(질문)?"

정서적 언어

코미디언 George Carlindms는 사람들이 "자기보다 천천히 운전하는 사람들은 바보, 자기보다 더 빨리 운전하는 사람들은 미친 놈"으로 말하는 것으로 보고 우리가 어떻게 편집하는지를 기술했다.

정서적 언어(emotive language)는 무언가를 기술하는 것처럼 보이지만 사실은 말하는 사람의 태도를 드러내는 언어다. 여러분이 어려운 주제에 대하여 조심스럽게 접근하는 친구의 기술을 인정한다면, 아마 그 사람을 "요령이 있다."고 말할 것이다. 그러나 그러한 접근을 인정하지 않는다면, "말을 빙빙 돌린다."고 그를 비판할 것이다. 접근 방법이 좋은지 나쁜지는 사실이 아닌 태도의 문제에 가깝다.

아래의 예를 보면 감정적 단어가 얼마나 논평적일 수 있는지 알 수 있다.

인정할 경우 사용하는 단어	인정하지 않을 경우 사용하는 단어
절약하는	싸구려의
전통적인	구식인
외향적인	시끄러운
주의 깊은	비겁한
발전적인	극단적인
정보	선전
군사적 승리	살육
참신한	미친

정서적 언어로 인한 논쟁을 피하는 최선의 방법은 사람, 사물, 생각을 논할 때 중립적인 단어를 사용하고 여러분의 의견임을 명확하게 밝히는 것이다. "성차별적인 말 좀 그만해."라고 말하는 대신 "우리를 '여성(women)'이라고 부르지 않고 '여자아이(girls)'라고 부르는 게 정말 불편하네요."라고 말하는 것이 낫다. 이러한 행동적 진술은 좀 더 정확할 뿐만 아니라 다른 사람이 받아들일 확률도 훨씬 높다.

잠시 생각해보기

'불규칙 동사' 활용하기

이 기술은 단순하다. 행동이나 성격 특질을 하나 고른 다음, 그것을 어떻게 명명하느냐에 따라 그리고 누가 그러한 행동을 하느냐에 따라 그것이 좋게 보일 수도 있고 나쁘게 보일 수도 있음을 보여주라. 예를 들면,

나는 태평한 사람이야.(가장 우호적인)
너는 좀 부주의한 편이야.(좀 덜 우호적인)
그는 게으름뱅이야.(가장 덜 우호적인)

아래와 같은 문장도 있다.
나는 검소해.(가장 우호적인)
너는 돈에 신경을 써.(좀 덜 우호적인)
그녀는 구두쇠야.(가장 덜 우호적인)

이러한 명명이 3장에서 논의한 자기본위적 편향을 어떻게 드러내는지 주목하라. 우리가 자신의 행동에 비해 다른 사람의 행동에 대해서는 그다지 너그럽지 않다는 원리도 함께 생각해보라.

1. 아래 진술문을 이용해서 스스로 활용해보라.
   a. 나는 요령이 있어.
   b. 나는 보수적이야.
   c. 나는 조용해.
   d. 나는 느긋해.
   e. 우리 아이는 수준이 높아.
   f. 나는 자기존중감이 높아.
2. 이제 여러분이 감정적인 언어를 의견이 아니라 사실처럼 사용한 상황을 두 가지 이상 생각해보라. 이렇게 하기 위한 좋은 방법은 최근에 있었던 의견 충돌을 떠올리며, 만약 다른 사람이 이 일에 연루되었다면 그들을 어떻게 기술했을지 생각해보는 것이다.

책임감의 언어

언어는 메시지의 내용을 분명하게 하거나 애매하게 만들 뿐만 아니라, 말하는 사람이 자신의 신념과 느낌에 대해 기꺼이 책임을 지겠다는 의지를 반영한다. 이러한 책임감에 대한 수락이나 거부는 화자에 대해 많은 것을 알려줄 수 있고, 관계의 성질을 결정할 수 있다. 어떻게 그럴 수 있는지를 알아보기 위해 계속 읽어 보자.

'그것' 진술문   짝 지은 문장 간의 차이에 주목하라.

"네가 늦으면 짜증이 나."
"네가 늦으면 걱정이 돼."

"당신을 만나서 좋네요."
"당신을 만나서 기쁘네요."

"지루한 수업이야."
"나는 수업이 지루해."

이름이 암시하듯이, '그것' 진술문("it" statements)은 '나'라는 개인적 대명사를

'The help'에서 1960년대 백인들의 사교모임들은 흑인 가정주부에 대한 자신들의 편견을 강화하는 정책을 실행하기 위해 "가정은 위생관리 계획을 돕는다."라는 긍정적으로 들리는 타이틀을 사용한다. 추상적이고 모호한 말은 때로 진실을 불분명하게 만든다. 여러분은 관련된 사람들의 행동을 과장하거나 (과소평가하는) 말, 명칭, 타이틀을 생각해 볼 수 있는가? Dreamworks/Allstar

덜 직접적인 단어로 대체한다. 반대로, '나' 언어("I" language)는 화자를 메시지의 원천으로 분명하게 밝혀준다. '그것' 진술문을 사용하는 화자는 메시지의 주체로서의 책임을 피하고, 대신 그 책임을 불명확한 대상으로 돌린다. 이러한 습관은 부정확할 뿐만 아니라, 무의식적으로 어떤 입장을 취하지 않으려는 하나의 방법이다.

'그러나' 진술문   "… 하지만 ~하기도 하다"의 형태를 취하는 진술은 혼란을 초래할 수 있다. '그러나' 진술문("But" statements)은 자세히 살펴보면 그 이유를 알 수 있다. '그러나'라는 단어가 그 앞의 말을 취소하기 때문이다.

"너는 진짜 좋은 사람이야. 그러나 우린 그만 만나야 할 것 같아."

"우리를 위해서 일을 잘 해주셨지만, 이제 떠날 수 있게 해드리려고 해요."

"이 논문에는 좋은 아이디어가 몇 개 포함되어 있지만, 늦었으니까 D를 주겠다."

이러한 '그러나'는 심리적 샌드위치 속에 있는 화자가 유쾌하지 않지만 진정한 메시지를 좀 더 받아들이기 쉬운 메시지들 사이에 끼워 넣는 전략이다. 이것은 때때로 체면을 세우기 위한 좋은 방법일 수 있다. 그러나 목표가 분명할 때는 긍정적인메시지와 부정적인 메시지를 따로 전하는 것이 가장 책임감 있는 접근이다.

'나' 언어와 '너' 언어   우리는 '나' 언어가 메시지에 대한 책임을 인정하는 방법이라는 것을 확인했다. 반대로, '너' 언어("You" language)는 다른 사람에 대한 판단을 포함한다. 긍정적인 판단("오늘 멋져 보이시네요!")은 문제될 일이 별로 없지만, 아래와 같이 비난하는 '너' 언어의 경우는 불평의 대상이 뭔가 잘못했다는 것을 의미한다.

> "네가 여기를 엉망으로 만들었구나!"
> "넌 약속을 지키지 않았어!"
> "너는 가끔 정말 이상해!"

'너' 언어가 왜 방어적인 반응을 불러일으킬 수 있는지 금방 알 수 있다. '너' 언어는 화자가 청자를 판단할 수 있다는 전제에서 시작한다. 이러한 진술은 그 판단이 옳다고 해도 청자들이 선뜻 받아들일 만한 것은 아니다.

다행히도 '나' 언어를 사용하면 보다 정확하고 덜 도발적으로 불만을 표현할 수 있다.[31] '나' 언어는 화자가 다른 사람의 행동을 판단하지 않고 화자 자신의 반응을 기술함으로써, 자신의 말에 대한 책임을 진다는 것을 보여준다. 아래 예는 위에서 제시한 '너' 언어의 대안이다.

> "나는 아파트 전체를 청소하는 책임을 떠맡고 싶지는 않아."
> "나는 제시간에 왔는데 너는 그렇지 않아서 화가 났어."
> "가끔 네가 우리 부모님 앞에서 저속한 농담을 하는 게 싫어."

분명한 장점에도 불구하고, 가장 잘 구성해서 표현한 '나' 메시지조차도 항상 성공할 수는 없다. '나' 언어를 옹호하는 작가 Thomas Gordon에 따르면, "어떻게 표현을 하든 상관없이, 자신의 행동이 문제를 일으켰다는 말을 듣고 싶어 하는 사람은 아무도 없다."[32] 더구나 '나' 언어는 자기중심적으로 들릴 수 있는 위험을 내포하고 있다. 연구에 따르면, '대화에서의 자기도취자', 즉 자기중심성은 1인칭 단수 대명사(나)의 지속적인 사용으로 판단할 수 있다.[33] 이러한 이유로 '나' 언어는 적절히 사용할 때 가장 효과적이다.

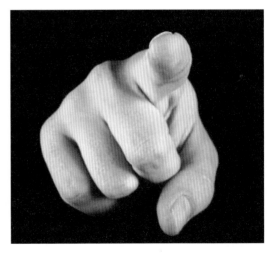

Silver-John/Bigstock

11장에서 '나' 언어를 자기주장적인 메시지 형식의 핵심 요소로 사용하는 효과적 방법을 알아볼 것이다.

'우리' 언어　　　'나' 언어를 과하게 사용하지 않는 한 가지 방법은 대명사 '우리'를 사용하는 것이다. '우리' 언어는 문제에 대한 책임이 화자와 청자 모두에게 있다는 것을 가정한다. 다음의 예를 보자.

> "우리가 파산하지 않으려면 예산을 정해야 돼."
>
> "내 생각에 우리에게는 문제가 있어. 싸우지 않고는 네 친구들에 대해서 얘기
> 할 수가 없는 것 같네."
>
> "우리는 여기를 깨끗하게 잘 유지하지는 못하고 있지, 안 그래?"

'우리' 언어를 사용하면 건설적인 분위기를 만들 수 있다. 대화의 상호적인 본질을 반영하여 '우리 공동의 일'이라는 인식을 주기 때문이다. 1인칭 복수 대명사를 사용하는 사람들은 다른 사람과의 친밀감, 공통성과 응집성에 대한 신호를 보낸다고 할 수 있다.[34] 예를 들면 '우리' 언어를 사용하는 커플은 관계에 더 만족하고, '나' 언어나 '너' 언어를 주로 사용하는 커플에 비해 갈등을 더 원만하게 풀어간다.[35] 또 다른 연구에서 사람들에게 모르는 사람과 상호작용할 때 '너와 나'라는 말 대신 '우리'라는 대명사를 사용하도록 요청했을 때, 그들은 서로에게 더 가깝다고 느꼈다.[36]

다른 한편, '우리' 언어가 항상 적절해 보이는 것은 아니다. 어떤 경우에는 건방지고 주제넘게 들릴 수 있다. 왜냐하면 이 대명사는 여러분이 자신뿐만 아니라 다른 사람도 대변해서 말한다는 것을 의미하기 때문이다.[37] 여러분이 누군가에게 "우리 문제가 있는 것 같아요…"라고 말한다면, "아마 당신이 문제가 있는 거겠죠. 나는 아니에요!"라는 대답을 들을 가능성이 높다.

'나' 언어와 '우리' 언어의 장단점을 고려할 때, 대인 간 의사소통에서 가장 효과적인 대명사는 무엇이라고 할 수 있을까? 연구자들은 '나'와 '우리'의 적절한 혼합(예: "내 생각에 우리는…", "나는 우리가 이렇게 했으면 좋겠어.")이 우호적으로 받아들여질 가능성이 가장 높다는 것을 발견했다.[38] 한 가지 대명사를 과다하게 사용하는

▶ 표 6.4 대명사의 사용과 효과 © Cengage Learning

	장점	단점	제안
'나' 언어	자신의 생각, 느낌, 바람에 대한 책임을 짐. 평가적인 '너' 언어에 비해 방어를 유발할 가능성이 적음	자기중심적, 자기애적으로 보일 위험이 있음	다른 사람이 문제라고 인식하고 있지 않을 때 '나' 언어 사용하기, '나'와 '너' 언어를 혼용하기
'우리' 언어	배려, 즉시성, 협응성, 헌신을 표현함	부적절하게 다른 사람 대신 나서는 것이 될 수 있음	'나' 언어와 혼용할 것. 단합을 격려하기 위해 집단에서 사용할 것. 개인적인 생각, 느낌, 바람을 표현할 때는 피할 것
'너' 언어	다른 생각을 표현할 수 있음(특히 주제가 긍정적일 때)	평가적, 판단적으로 들릴 우려가 있음(특히 대립 상황에서)	대립 상황에서는 '나' 언어를 사용하기. 칭찬하거나 다른 사람을 대변할 때는 '너' 언어를 사용할 것

것은 모두 부적절하기 때문에, 대명사를 혼용하는 것은 일반적으로 좋은 생각이다. '나' 언어가 너무 자기중심적이지 않은 범위에서 여러분의 입장을 보여 주고, '너' 언어가 다른 사람들을 판단하지 않고 그들에게 마음을 쓰고 있다는 것을 보여주며,

실습하기

'나' 언어 연습하기

여러분은 아래의 단계를 거침으로써 '나' 메시지를 전달하는 기술을 개발할 수 있다.

1. 여러분의 생활에서 다음과 같은 메시지를 전달하는 상황을 떠올려 보라.
   - 너는 진실을 말하지 않고 있어!
   - 너는 네 생각만 하니?
   - 그렇게 예민하게 굴지 마!
   - 바보 짓 좀 그만해!
   - 내가 하는 말을 한 마디도 이해 못 하는구나!
2. '나' 언어를 사용하여 각 문장의 대안을 적어 보라.
3. 다른 사람들에게 사용하는 '너' 언어를 세 가지 생각해보라. 각각의 문장을 '나' 언어로 바꾸어 급우들 앞에서 말해 보라.

'우리' 언어가 다른 사람의 의견을 단정하는 대신 배려한다는 것을 보여 순다면, 여러분은 가장 이상적으로 대명사를 사용할 수 있을 것이다. <표 6.4>는 각 유형의 장단점을 제시하고 성공할 가능성이 높은 방법을 제시하고 있다.

성(gender)과 언어

지금까지 우리는 사람들이 성에 상관없이 언어를 사용하는 것처럼 논의해 왔다. 몇몇 유명한 필자와 연구자들은 남성과 여성이 다른 문화권 출신인 것처럼 서로 다른 방식으로 이야기한다고 믿는다.[39] 또 다른 학자들은 언어에서 성차가 적고 대부분 중요하지 않다고 제안한다.[40] 남성과 여성의 언어 사용에서 유사점과 차이점은 무엇일까?

내용

의사소통의 성차에 대한 연구는 이미 두어 세대 전에 시작되었다. 이후 남성과 여성의 역할이 달라졌음에도 불구하고, 이에 대한 연구결과는 거의 비슷하다.[41] 이 연구들은 17~80세의 남성과 여성들의 동성친구와의 여러 가지 주제들을 연구하였으며, 주제는 일, 영화, 텔레비전 등으로 일반적인 것이었다. 남성과 여성 모두 성(sex)과 성적 취향 관련 주제에 대해서는 동성과 논의하는 것을 선호했다.

이들 연구에서 남성과 여성은 유사점보다는 차이점이 두드러졌다. 여성들은 개인적이고 가정적인 화제, 관계의 문제, 건강, 임신과 출산, 몸무게, 음식, 옷, 남성, 그리고 다른 여성에 관한 문제를 얘기하는 데 더 많은 시간을 보낸다. 반면 남성들은 음악, 시사적 이슈, 스포츠, 일, 그리고 다른 남성에 대해 얘기하는 비율이 높았다. 남성과 여성 모두 똑같이 동성 친구끼리 개인적으로 토론하기를 좋아한 화제는 외모, 성, 그리고 데이트였다. 일반적인 고정관념대로, 가까운 친구와 가족에 대한 수다는 여성들이 더 많이 했다. 대조적으로 남성들은 스포츠 스타나 미디어 유명인사에 대한 수다를 더 많이 주고받았다. 여성의 수다가 남성의 수다보다

더 비판적이지는 않았다. 이러한 성차의 대다수는 여러 주제에 대하여 온라인상에서도 나타난다.[42]

이러한 차이는 남성과 여성의 의사소통에서 좌절을 야기할 수도 있다.[43] 연구자들은 남성과 여성이 모두 이성이 즐겨 논의하는 주제에 대해 이야기할 때 '하찮은'이라는 단어를 자주 사용한다고 보고했다. 예를 들면 여성은 이렇게 말할 수 있을 것이다. "전 중요한 것에 대해 얘기하고 싶어요. 우리가 어떻게 잘 지낼

"가끔 그가 우리가 하는 말을 다 이해할 수 있다는 생각이 들어."

수 있을까 같은 거요. 그가 얘기하고 싶어 하는 것은 뉴스나 이번 주말에 할 일 같은 것밖에 없어요." 남성의 경우에는 여성이 너무 소소한 것까지 듣고 싶어 하거나 이야기하고 감정이나 정서에 너무 자주 초점을 맞춘다고 불평한다.

의사소통의 이유

적어도 북미의 주류 문화에서는 남성과 여성 모두 사회적 관계를 만들고 유지하기 위한 언어를 사용한다. 의사소통하는 사람의 성과 관계없이, 거의 모든 일상적 대화의 목표는 친근하게 행동하고, 상대방이 말하는 것에 관심을 보이고, 상대방이 관심을 가질 만한 주제에 대하여 이야기함으로써 대화를 즐겁게 하는 것이다.[44] 그러나 일반적으로 남성과 여성이 이 목표를 성취하는 방법은 다르다. 모든 사람들이 상호작용을 즐겁게 하려고 노력하지만, 남성들이 여성들보다 대화의 재미를 추구할 가능성이 더 높다. 남성들의 대화에는 우스갯소리와 선의의 놀림이 더 많이 들어 있다.

반대로, 여성의 대화는 감정, 관계, 개인적 문제와 관련될 때가 많다.[45] 의사소통연구자 Julia Wood는 "여성에게는 대화가 관계의 핵심이다."라고 말했다.[46] 친구들

과 이야기할 때 어떤 종류의 만족을 얻는지 여성들에게 물었을 때, 가장 많이 나온 주제는 공감, 즉 몇몇 참여자들의 말처럼 '혼자가 아니라는 것을 아는 것'이었다.[47]

남성은 보통 동성과의 대화를 자신들이 '좋아하는' 것이라고 기술하는 반면, 여성은 동성과의 대화를 자신에게 '필요한' 일종의 접촉으로 기술했다. 대인 간 대화를 지향하는 여성의 특징은 기혼 커플들을 대상으로 한 연구에서도 지지되었다. 즉 남편보다 아내가 관계 유지에 기여하는 방향으로 대화하는 데 더 많은 시간을 보냈다.[48]

대화방식

우리가 생각하는 것만큼 큰 차이가 있는 것은 아니지만, 대화할 때 여성은 남성과 다르게 행동하는 경향이 있다.[49] 예를 들면 여성이 남성보다 말을 더 많이 한다는 오래된 가설은 과학적으로는 검증할 수 없었다. 연구자들은 남성과 여성이 하루에 이야기하는 단어 수가 비슷하다는 것을 발견했다.[50]

성과 관련된 언어의 차이를 분석하는 한 방법은 남녀가 서로 얘기하는 것을 관찰하는 것이다. Anthony Mulac은 남녀의 대화에서 여성에 비해 남성은 문장의 단편('훌륭한 사진'), 남성은 여성에 비해 판단적인 형용사("독서는 지루할 때가 있어요."), 지시어("좀 더 생각해봐요."), 그리고 '나' 언어("나는 할 일이 아주 많아요.")를 사용할 가능성이 더 높다.[51] 이에 비해 여성은 강조 부사("그는 정말로 관심을 갖고 있어요."), 정서적 언급("만약 그가 정말 당신에게 신경을 썼더라면…"), 불확실한 동사("제가 보기에는…"), 그리고 관계 유지 질문(오늘 어떠셨어요?)을 구사할 가능성이 더 높았다. 이러한 차이는 남성의 말이 비교적 직접적이고, 간결하고, 과업지향적인 반면, 여성의 말은 보다 더 간접적이고, 정교하고, 관계 중심적이라는 것을 보여 준다.[52]

종종 여성들은 다른 사람에 대한 동의, 평등함, 그리고 대화를 계속 이끌어 가려는 노력을 보여주는 진술을 사용한다.[53] 이러한 목표를 고려해보면, 전통적으로 여성의 말이 "마치 내 일인 것처럼 느껴져.", "나한테도 같은 일이 있었어!"와 같이 감정이입과 공감을 포함하고 있는 것은 놀랄 일이 아니다. 또한 여성들은 다른 사람에게 "그 일에 대해 어떻게 느꼈어?", "그래서 어떻게 했어?"와 같은 질문을 던져 그 사람과 정보를 나누려는 경향이 있다. 관계 유지를 중요하게 여기는 경향은 여성들이 말을 할 때 왜 더 망설이는 경향이 있는지를 설명하는 데도 도움이 된다. 예를 들면 "내 개인적인 생각일 뿐이지만…"이라고 말하는 것이 "내 생각은 이래."라고 말하는 것보다 대화 상대를 덜 방해할 것이다.

이러한 협조적인 방식이 늘 불리한 것만은 아니다. 한 연구에서 여성 작가들이 여성 독자들을 대상으로 하는 글을 쓸 때 덜 강한 언어를 사용하며, 이와 같은 방식은 특히 건강 관련 잡지에서 효과적인 것으로 나타났다.[54] 다른 연구에서는 잠정적으로 말하는 여성이 강하게 말하는 남성보다 더 설득적이었다는 결과가 나왔다.[55]

2장에서 살펴본 것처럼, 언어 사용과 대화 주제에서의 성차는 온라인 대화에서도 생생하게 나타난다. 또한 소셜 미디어에서의 언어는 사람들이 면대면으로 대화하는 방식을 형성한다. 예를 들면 글이나 트위터에서 유행하고 있는 단축어('adorb', 'presh', 'probs')는 면대면 상호작용에서도 나타났다. 연구들은 (전형적으로 젊은) 여성은 남성에 비해 대화에서 이러한 단축어를 더 많이 사용한다는 것을 시사한다.[56]

성(gender) 외의 변인

성과 언어 사용의 연관성이 생각만큼 분명하지는 않다. 몇몇 문헌고찰 연구에서는 남성과 여성의 의사소통 방식에 차이점보다는 유사점이 훨씬 더 많다는 것을 발견했다. 예를 들면 1,200편이 넘는 연구를 분석한 결과, 의사소통 행동에서 성차로 생기는 차이는 단 1%에 불과한 것으로 나타났다.[57] 이 문헌고찰 연구에 따르면, 비속어, 수식어("…한 것 같아.", "내 생각일 뿐이지만…"), 부가 의문문의 사용, 그리고 말의 유창성에서 남성과 여성의 차이는 없었다.[58] 3,000명 이상의 참가자들이 관여한 또 다른 메타분석은 남성보다 여성이 잠정적인 말을 아주 약간만 더 많이 사용했다.[59] 마지막으로, 연구자들은 성인들의 수다스러움, 친화적인 말, 그리고 자기주장적인 말에서 성차가 있는지를 알아본 결과, 모든 사례에서 무시할 만한 성차를 발견했다.[60] 핵심은 이러한 연구가 남녀 간의 말이 다르기보다는 훨씬 더 유사하다는 것을 보여주었다.

직업에 관한 몇몇 연구는 지위가 비슷한 남성과 여성 관리자들이 비슷한 방식으로 행동하고, 그 효과도 같다는 것을 더 많이 보여주고 있다. 비교적 지엽적인 남녀 간 차이점에 비해 훨씬 더 큰 유사성을 보여 주는 이 연구에서, 한 연구자는 '화성에서 온 남자, 금성에서 온 여자'라는 은유를 '다코타 북부에서 온 남자, 다코타 남부에서 온 여자'로 대체해야 한다고 제안했다.[61]

남성의 말과 여성의 말 사이의 유사점과 차이점에서 보이는 분명한 모순을 설명하는 연구는 늘어나고 있다. 연구자들은 성(gender)만큼 혹은 성(gender)보다 언어에 더 영향을 미치는 여러 요인을 찾아냈다.[62] 예를 들면 사회적 철학의 역할이 있다. 여성주의자(feminist)인 기혼 여성은 그렇지 않은 기혼 여성보다 파트너와 더 오래 이야기를 나눈다. 그리고 성(gender)보다는 개인이 얼마나 협조적인 성향인지 혹은 경쟁적인 성향인지가 상호작용에 더 많은 영향을 미친다.[63] 화자의 직업도 말에 영향을 미친다. 예를 들면 탁아시설의 남성교사가 아이들에게 말할 때는 집에서 아버지가 말하는 것보다는 동료 여성교사들과 더 비슷하게 말한다. 또한 남성 비율이 압도적인 분야에서 일하는 여성 농장관리자들은 욕설과 같이 '매우 강한' 남성적인 언어를 사용한다.[64]

남성과 여성의 언어에 강력한 영향력을 행사하는 또 하나의 요인이 그들의 성역할이다. 4장에서 논의한 성역할(남성적, 여성적, 그리고 중성적)을 상기해보자. 앞서 배웠듯이, 성역할은 생물학적 성과 반드시 일치하는 것은 아니다. '남성적인' 여성도 있고, '여성적인' 남성도 있고, 기존의 남성적 특성과 여성적 특성을 통합한 중성적인 사람도 있다. 이러한 성역할은 생물학적 성보다 의사소통 방식에 더 큰 영향을 미칠 수 있다. 예를 들면 한 연구에서는 남성적인 참여자들이 여성적이거나 중성적 참여자들보다 지배적인 언어를 더 많이 사용했다.[65] 여성적인 참여자들은 순종적 행동과 평등함을 보여주는 행동을 중성적인 참여자들보다 약간 더 많이 보였고, 남성적인 참여자들보다는 훨씬 더 많이 보였다. 이러한 결과는 참여자들의 생물학적 성과는 상관이 없었다. 게이와 레즈비언의 관계에서는 생물학적 성보다는 상대방과의 대화 방식이 서로 간의 권력의 차이를 더 잘 반영했다(누가 수입이 더 많은가.).[66]

잠시 생각해보기

의사소통에서의 성차 탐구하기

몇몇 대중작가들은 남성과 여성의 소통 방식이 매우 다르기 때문에 "남자는 화성에서 왔고 여자는 금성에서 왔다."고 주장했다. 대부분의 연구자들은 성차이가 그렇게까지 극적이라고는 생각하지 않는다. 앞에서 살펴보았듯이 한 연구자는 '타코타 북부에서 온 남자, 타코타 남부에서 온 여자'가 옳다고 반박했다. 이 장에서 소개한 연구와 여러분 개인의 경험을 바탕으로 볼 때, 둘 중 어떤 접근이 여러분에게 더 설득력이 있는가? 여러분의 대답이 "둘 다 아니다."이거나 "둘 다이다."라면, 여러분의 경험을 묘사할 수 있는 새로운 지리학적 은유를 만들어보라. 틀림없이 사례를 제공해라.

남성과 여성의 말하는 패턴에 차이가 있지만, 몇몇 저명한 책에서 제시하는 것만큼 크지는 않은 것으로 보인다. 그리고 성에 따른 그러한 차이가 생물학적 성과는 전혀 관계가 없을 수도 있다. 현실적으로 최선의 방법은 소통 방식의 차이가 생물학적 성이든, 사회적 성 역할이든, 문화든, 개인적 요인에 의한 것이든 상관없이 위험과 기회를 동시에 내포하고 있다는 것을 인식하는 것이다. 우리는 서로 다른 방식을 고려해야 하지만, 다른 사람을 낙인찍기 위해서 그러한 차이를 과장하거나 이용하지는 말아야 한다.

문화와 언어

한 언어에서 다른 언어로 번역을 시도해 본 사람이라면, 누구나 동일한 의미를 전달하는 것이 쉽지만은 않다는 것을 알 것이다.[67] 가끔은 실패한 번역이 재미있는 결과를 낳을 때도 있다. 한 예로 미국 '펫 밀크(Pet milk: 애완동물용 우유)' 회사가 pet이라는 단어가 프랑스어로는 '방귀 뀌다'는 의미가 있다는 것을 모르면서 자신들의 제품을 프랑스어권 시장에 출시한 적이 있었다.[68] 마찬가지로, 미국 탄산음료 회사의 대표는 영어 사용자로 'Fresca soda pop' 무료 시음 행사를 열어 멕시코 소비자들의 웃음거리가 되기도 했다. Fresca는 멕시코 속어로 레즈비언이라는 뜻이었다.

번역 과정에서 적절한 단어를 찾았다고 해도, 원어가 모국어가 아닌 사람이 그 낯선 언어를 올바르게 사용할 것이라고 보장할 수는 없다. 예를 들면 일본 보험회사들은 미국을 방문하는 가입자들에게 교통사고가 날 경우 "실례합니다.", "미안합니다."라고 말하는 문화적 경향성을 억제하라고 경고한다.[69] 일본에서는 사과하는 것이 좋은 의도를 표현하고 사회적 조화를 유지하는 방법이며, 사과하는 사람이 잘못하지 않은 경우에도 마찬가지이다. 그러나 미국에서 사과는 잘못을 인정하는 것으로 받아들여져 일본인 여행자들이 부당하게 억울한 책임을 지게 될 수도 있다.

번역은 어려운 작업이지만, 그것은 다른 문화권 사람들 간의 소통에서 오는 차이의 한 부분에 불과하다. 언어를 사용하는 방식의 차이와 언어가 창조하는 세계관의 차이로 인해 문화 간 소통은 어려운 일이다.

언어적 소통 방식

언어를 사용한다는 것은 생각을 전달하기 위해 단어를 선택하는 것 이상이다. 각 언어는 다른 언어와는 구별되는 독특한 속성을 가지고 있다. 공식성 혹은 비공식성, 정확성 또는 모호성, 간결성 또는 다양성의 비율과 같은 문제가 효과적으로 말하는 핵심 요소이다. 그리고 의사소통하는 사람이 특정 문화권에서 사용하는 언어적 방식을 다른 문화권에서 사용할 때 문제가 생길 가능성이 크다.[70]

언어적 방식을 구분 짓는 한 가지 특징은 직접성(directness)이다. 문화인류학자 Edward Hall은 언어를 사용하는 데 뚜렷하게 다른 두 문화적 방식을 확인했다.[71] 저맥락 문화(low-context cultures)에서는 일반적으로 생각과 느낌을 최대한 직접적으로 표현하는 것을 바람직하게 여긴다. 저맥락 문화 구성원들은 말의 의미를 말 자체에서 찾는다. 반면 고맥락 문화(high-context culture)에서는 사회적 조화를 유지하는 언어 사용을 가치 있게 생각한다. 고맥락 문화 구성원들은 직접적으로 말해서 다른 사람들을 화나게 하기 보다는 상황적 맥락 즉, 화자의 비언어적 행동, 관계의 역사, 사람 사이의 관계를 규정하는 일반적인 사회적 규칙 등을 통해 말의 의미를 헤아리는 방법을 배운다. <표 6.5>에서는 언어 사용에서 저맥락 문

▶ **표 6.5 저맥락과 고맥락의 의사소통 방식**   © Cengage Learning

저맥락	고맥락
대부분의 정보가 외현적으로 전달됨. 외적 언어 메시지에 크게 의존함	중요한 정보가 항상 외현적으로 표현되지 않음. 상황적 맥락(시간, 장소, 관계) 속에 단서가 있음
자기표현을 가치 있게 여김. 사람들은 의견과 바람을 직접적으로 말하고, 자신의 관점을 인정하도록 타인들을 적극적으로 설득함	관계적 조화를 가치 있게 여김. 의견을 간접적으로 표현함으로써 조화를 유지함. 직접적인 반대를 자제함
분명하고 힘 있는 발화, 언어적 유창성을 이상적으로 생각함	사람들은 핵심 '주변에서' 이야기하고, 타인이 빠진 조각을 채우게끔 함. 모호성과 침묵의 사용을 권장함

화와 고맥락 문화의 핵심적인 차이를 요약하고 있다.

북미 문화는 척도에서 저맥락 문화 쪽 맨 끝에 있다. 미국인과 캐나다인들은 직접적인 대화를 선호하고 '말을 빙빙 돌리는 것'을 잘 참지 못한다. 반면, 대부분의 아시아와 중동 문화는 척도에서 고맥락 문화 쪽 맨 끝에 자리한다. 예를 들면 많은 아시아 문화권에서는 조화를 유지하는 것이 중요하기 때문에, 사람들은 다른 사람의 체면을 살려 주기 위해 직접적으로 말하는 것을 피한다. 이러한 이유로 일본인과 한국인은 미국인에 비해 원치 않는 부탁을 분명하게 거절할 가능성이 낮다. 대신 그들은 "당신의 의견에 원론적으로는 동의하지만…", "당신의 처지를 동정하지만…"과 같은 에두르는 표현을 사용할 것이다.

직접성과 간접성의 이 같은 충돌은 직접적으로 말하는 저맥락 문화의 이스라엘 사람들과 부드러운 의사소통을 중시하는 고맥락 문화의 아랍인들 간의 문제를 악화시킬 수 있다. 문화적 방식의 충돌이 어떻게 이스라엘과 팔레스타인 사람들 사이에 오해와 갈등을 일으킬지 우리는 쉽게 상상할 수 있다. 이스라엘 사람들은 팔레스타인 사람들이 정직하지 않다고 생각할 수 있고, 팔레스타인 사람들은 이스라엘 사람들이 둔감하고 무뚝뚝하다고 생각할 수 있다.

저맥락의 유럽-아메리카 문화권에서 성장해서 직접적으로 말하는 것을 선호하는 미국 사람들조차 요점을 말하기 위해 맥락에 의존할 때가 있다는 것은 주목할 가치가 있다. 여러분이 원치 않는 초대를 받았을 때 "갈 수 없을 것 같아."라고 말하면, 여러분이나 듣는 사람 모두 어쩔 수 없어서 참석하지 못하는 것으로 받아들일 가능성이 크지 않다. 여러분의 목표가 의심의 여지없이 분명하다면, "가고

다양성에 대한 고찰

환자의 언어로 말하기

콜롬비아 출신 Plar Bemal de Phels는 캘리포니아 대학교(샌프란시스코) 간호 대학의 임상 교수이다. 그녀는 Mission Neighborhood Health Center와 Women's Community Clinic에서 간호 실무자의 훈련을 지도하고 있다.

나는 언어적 및 문화적 장벽이 의사소통을 특히 어렵게 만드는 환경에서 일하고 있다. Mission Neighborhood Health Center에서는 거의 모든 환자가 스페인어 단일 사용자이고 빈곤층이다. 대부분은 미국이 아닌 다른 곳에서 태어났고, 기초 교육 이상을 받은 사람은 극소수이다. 많은 사람들이 의료적이고 심리사회적 문제에 대한 도움을 필요로 하는데, 여기에는 언어적이고 문화적인 감수성이 필요하다.

우리 클리닉 직원들 모두가 이중 언어 구사자이다. 이는 우리가 돕는 사람들의 특성을 고려해 보았을 때 중요한 점이다. 환자의 언어를 잘 이해하고 유창하게 말할 수 있는 건강관리 전문가나 통역자가 없으면 심각한 문제가 일어날 수도 있다.

특히 위험한 것은 다른 언어의 뉘앙스를 모르면서 다른 언어를 이해한다고 생각하는 것이다. 예를 들어, 라틴계 환자들이 부어오르는 느낌을 호소할 때 흔히 사용하는 어구 중에 'Estoy inflamada.'가 있다. 이것을 직역하면 "감염되었어요."이지만, 그것은 환자가 전달하고자 하는 의미가 아니다. 언어를 잘 이해하지 못한 직원이나 훈련생은 환자가 말하는 바를 이해하지 못하고 잘못된 진단을 내릴 수 있다.

나는 훈련생들에게 항상 겸손할 것을 당부한다. 그들의 언어적 기술이 자신이 생각하는 것만큼 좋지 않을 수도 있고, 과도한 자신감은 환자에게 수치심을 줄 수 있기 때문이다. 나는 또한 학생들이 "더 말해 주세요."라고 질문하도록 훈련시키는데, 이렇게 함으로써 우리의 환자가 설명하고 싶어 하는 것을 이해할 확률이 더 높아지기 때문이다. 직원이 의학과 관련된 스페인어에 능숙하지 않을 경우 위험 부담이 매우 크기 때문에 숙련된 전문 통역가와 함께하는 것이 매우 중요하다. 이 작업은 비용이 많이 들고 시간도 오래 걸리는 일이지만, 결국 결과가 비용을 정당화하게 된다.

모든 환자와 건강관리 전문가에게 효과적으로 소통하기란 언제나 어려운 일이지만, 언어적 장벽이 있을 때에는 어려움이 더 커진다. 이 장벽을 넘기 위해서는 태도와 기술이 둘 다 중요하다.

"Speaking the Patient's Language" by Pilar Bernal de Pheils. Used with permission of author.

싶지 않아."라고 말할 수 있다. 3장에서 자세히 설명한 것처럼, 우리는 진정한 생각과 느낌을 감추고 싶기 때문에 간단하고 애매하게 말할 때가 종종 있다.

명확성과 모호성의 정도 외에 언어의 정교성과 간결성에서도 문화 간에 차이가 있을 수 있다. 예를 들면 아랍어 사용자들은 영어 사용자들보다 일반적으로 훨씬 풍부하고 표현적인 생활 언어를 구사한다. 영어로 말하면 우습게 들릴 강한 주장과 과장이 아랍어에서는 일상적으로 쓰인다. 이러한 언어적 대비는 다른 배경의 사람들 간에 오해를 불러일으킬 수 있다. 아래의 예를 보자.

> 첫째로, 아랍인은 거의 모든 종류의 대화에서 강력하게 주장할 필요를 느끼는데, 그것은 다른 사람들이 그것을 기대하기 때문이다. 만약 아랍 사람이 정확히 무엇을 원하는지 과장 없이 말한다면, 다른 아랍인들은 그 사람이 사실은 그 반대를 뜻한다고 생각할 것이다. 예를 들면 집에 초대한 손님에게 주인이 음식이나 음료를 더 권했을 때 손님이 간단히 '아니에요'라고 말하는 것으로는 충분치 않을 것이다. 정말 배가 부르다는 의미를 전하려면, 손님은 몇 번 반복해서 거절해야 하고 '신에게 맹세컨대'와 같은 다짐을 곁들여야 한다. 둘째로, 아랍인은 타인 특히 외국인이 간단하게 말하더라도 그가 말하는 바를 그대로 의미한다는 것과 다를 수 있다. 아랍인들에게 단순한 거절은 사실 허락과 격려를 의미하는 여성의 교태일 수 있다. 반면, 단순한 동의는 위선적인 정치인의 거절과 같은 의미일 수도 있다.*

단순성은 침묵을 장려하는 문화에서 가장 두드러지게 나타난다. 예를 들면 미국 원주민 문화에서 대부분 애매한 사회적 상황을 해결하는 최선의 방법은 침묵을 지키는 것이다.[72] 첫 만남에서 많은 말을 하는 것에 익숙한 미국 주류 문화의 방식과 이러한 조용한 방식을 비교해보면, 아파치 족, 나바호 족 같은 원주민과 백인이 만났을 때 서로 얼마나 불편할지 상상할 수 있다.

문화에 따라 언어가 다른 세 번째 이유는 공식성과 비공식성이다. 미국, 캐나다, 호주, 스칸디나비아 반도의 여러 나라 등에서 관계를 특징짓는 비공식적 접근은 아시아, 아프리카에서 적절한 말을 하기 위해 많은 노력을 기울이는 것과는 대비된다. 공식성은 올바른 문법을 구사하는 것보다는 사회적 위치를 규정하는 문제이다. 예를 들면 한국어는 공자의 가르침에 따른 관계적 위계를 반영한다.[73] 한국

---

* Almaney, A., & Alwan, A. (1982). *Communicating with the Arabs.* Prospect Heights, IL: Waveland.

어 사용자들은 성, 사회적 지위 및 친밀감의 수준, 그리고 사회적 상황에 따라 서로 다른 어휘를 사용한다. 예를 들면 오랜 친구, 배경은 알지만 가깝지는 않은 사람, 완전한 타인에게 말할 때 공식성의 수준이 서로 다르다. 이러한 종류의 구분을 북미인들이 낯선 사람과 대화할 때조차도 편히게 표현하는 친근감과 비교해보면, 한국인들은 미국인들이 상스럽다고 생각하고, 미국인들은 한국인들을 뻣뻣하고 친근하지 못하다고 생각하는 것도 쉽게 이해할 수 있다.

언어의 세계관

언어의 스타일이 다르다는 것도 중요하지만, 서로 다른 언어를 말하는 화자들을 분리시키는 더 중요한 차이가 있다. 거의 150년 동안 이론가들은 언어적 상대성(linguistic relativity)을 주장해 왔다. 즉, 한 문화의 구성원들이 사용하는 언어는 그 문화의 세계관을 형성하고 반영한다는 것이다.[74] 가장 잘 알려진 예로, 에스키모어에는 우리가 단순히 '눈'이라고 부르는 것에 대한 단어가 매우 많이 있다는 사실이다(17~100개로 추산된다). 휘몰아치는 바람, 딱딱한 얼음, 가벼운 가루 형태의 눈에 대응하는 말이 모두 다르다. 이 예는 언어적 상대성이 어떻게 작동하는지 보여준다. 북극 지방의 여건에서 생존해야 할 필요성이 에스키모들로 하여금 따뜻한 지방에 사는 사람들에게는 불필요한 (눈에 대한) 구분을 하도록 만들었고, 언어에서 이러한 구분이 이루어진 후 이 언어를 사용하는 사람들은 확장된 언어의 틀에 맞게 사고할 가능성이 높다.

에스키모들이 눈에 대해 그렇게 많은 단어를 정말 사용하는지 의문도 있지만,[75] 다른 여러 예도 언어적 상대성을 지지하는 것으로 보인다.[76] 예를 들면 이 중 언어 사용자들은 그들이 사용하는 언

"에스키모어에는 눈을 표현하는 단어가 8개나 있는데 의론 라실이란 말은 없네."

어에 따라 생각도 다르게 하는 것으로 보인다. 한 연구에서 프랑스계 미국인들에게 일련의 그림을 해석하도록 요청했다. 그들이 프랑스어로 그림을 기술할 때 그들의 기술은 영어로 기술할 때보다 훨씬 더 낭만적이고 감성적이었다. 마찬가지로, 홍콩에 있는 학생들이 가치관 검사를 완성할 때, 그들은 영어로 대답했을 때보다 중국어로 답변했을 때 중국의 전통적 가치를 더 많이 표현했다. 이스라엘에서 아랍과 유대인 학생들 모두 중립적 언어인 영어를 쓸 때보다 모국어를 쓸 때 내집단과 '외부인'을 구분하는 성향이 더 높았다. 이러한 예는 문화적 정체성을 형성하는 언어의 힘, 때로는 좋을 수도 있고 때로는 나쁠 수도 있는 그러한 힘을 보여준다.

가장 잘 알려진 언어상대주의 가설은 Edward Sapir와 Benjamin Whorf가 주창한 Sapir－Whorf 가설이다.[77] Sapir의 이론에 뒤이어 Whorf가 관찰한 점은 미국의 호피(Hopi) 원주민들의 언어에 나타나는 세계관은 영어에 나타나는 그것과는 극적으로 다르다는 것이었다. 예를 들면 호피 족의 언어에는 명사와 동사의 구분이 없다. 즉 이 언어를 사용하는 사람은 세계를 끊임없이 움직이는 것으로 기술한다. 영어에서는 사람이나 사물이 고정되어 있는 명사라고 가정하는 반면, 호피 족에게는 그것이 끊임없이 변화하는 동사와 같다. 이러한 맥락에서 영어는 세계를 스냅사진처럼 표현하고 호피의 언어는 그것을 동영상처럼 담아낸다.

몇몇 언어에 있는 단어는 영어에는 그에 대응하는 단어가 없다.[78] 예를 들면 다음과 같은 단어를 살펴보자.

- nemawashi(일본어): 결정을 내리기 전에 문제와 관련된 모든 사람들의 의중을 비공식적으로 알아보는 것
- lagniappe(프랑스/크레올어): 계약을 할 때 주는 추가적인 선물
- lao(중국어): 노인에게 존경의 뜻을 담아 가족과 사회에서 그들의 중요성을 보여주고자 사용하는 표현
- dharma(산스크리트어): 각 개인의 독특한 이상적 길과 그것을 찾기 위한 지식
- koyaanisquatsi(호피어): 균형에서 벗어난 본성, 즉 새로운 삶의 방식을 필요로 하는 비정상적인 삶의 방식

언어적 상대성의 전제는 말이 우리의 세계관을 반영할 뿐만 아니라, 우리가 세상을 어떻게 볼 것인지에 대해서도 영향을 미친다. 우리가 사용하는 언어는 사물, 타인, 자신에 대한 우리의 지각을 형성한다. '비만에 대한 이야기'의 효과를 검증한 연구는 이러한 원리를 입증하고 있다.[79] 자신의 몸무게에 대한 거정을 정기적으로 말("나는 너무 뚱뚱해."; "내 엉덩이는 너무 거대해.")로 표현하는 사람은 몸에 대한 부정적 이미지를 더 강화시킨다. 연구자들은 비만에 대한 이야기가 해를 미치는 경우의 3가지 특별한 사인을 확인했다. 즉 이러한 이야기를 일상적이고 강박적으로 할 때(1), 끊임없이 다른 사람과 비교하면서 이야기할 때(2), 그리고 그 이야기에 '반드시' 혹은 '꼭'과 같이 죄의식을 나타내는 말이 들어 있을 때(3)이다. 3장에서 언급한 것처럼, 지속적이면서 부정적인 자기평가와 사회비교는 사고, 말, 그리고 행동의 악순환을 초래한다.

말하는 사람의 생각과 느낌에 미치는 언어의 영향은 Bristol 대학교에서 수행한 연구를 통해서도 알 수 있다.[80] 연구자들은 참여자들에게 욕설, 욕설에 대한 완곡어법(실제 용어 대신 F−word), 중립적인 단어 등 세 종류의 언어를 말하도록 요청했다. 참여자들은 욕설을 할 때 완곡어법이나 중립적 언어를 구사할 때보다 훨씬 강한 생리학적 스트레스 반응을 나타냈다. 연구자들은 이를 언어적 상대성의 예로 보았다. 그들에 따르면, "금기시되는 단어는 뇌의 감정 중추와 직접적으로 연결된다. 금기시되는 단어는 화자가 공격할 의도가 없을 때에도 강한 감정을 불러일으킨다." 이를 다른 말로 하면, 우리가 사용하는 언어는 가끔 우리가 깨닫지 못할 때조차 우리의 마음에 영향을 미친다.

요약

언어는 훌륭한 소통의 수단인 한편 동시에 많은 대인 간 문제의 원인이다. 모든 언어는 상징의 집합체로, 의미론적, 구문론적, 그리고 화용론적 법칙에 따른다.

사람들을 부르는 말은 그들을 평가하는 방식에 영향을 미친다. 화자를 부르는 이름과 그들이 사용하는 언어는 화자와 다른 사람과의 연계 수준을 보여준다. 또한 언어 패턴은 화자가 지각한 자신의 힘을 반영하고 형성한다.

어떤 언어 습관(사실을 의견이나 가정과 혼동하거나 감정적인 언어를 사용하는 것)은 대인관계에서 원치 않는 갈등을 불러일으킬 수 있다. 언어는 또한 화자가 자신의 생각이나 느낌에 대한 책임을 받아들이는지 아니면 회피하는지를 드러낸다.

남성과 여성이 말하는 방식 즉, 대화의 내용, 소통하는 이유, 대화 방식에는 다소 차이가 있다. 그러나 언어상의 모든 차이가 반드시 화자의 생물학적 성에 의한 것은 아니다. 성역할, 직업, 사회적 철학, 문제를 해결하는 성향이 사람들의 언어 사용에 영향을 미친다.

다양한 언어는 다양한 문화적 관점을 형성하고 반영한다. 어떤 문화에서는 직접성과 간결성을 가치 있게 여기는 반면, 어떤 문화에서는 간접적이고 복잡한 언어를 선호한다. 어떤 사회에서는 형식을 중시하고 어떤 곳에서는 비형식성이 중요하다. 그러나 언어상대주의를 지지하는 증거는 이러한 차이를 넘어선다. 언어상대주의는 언어가 그것을 사용하는 사람들의 세계관에 강력한 영향을 미친다는 의미를 담고 있다.

핵심 용어

'그것' 진술문	발산
'그러나' 진술문	상대적 언어
'나' 언어	수렴
'너' 언어	화용론적 규칙
'우리' 언어	언어상대주의
Sapir-Whorf(사피어-워프) 가설	의미론적 규칙
고맥락 문화	저맥락 문화
고정적 평가	정서적 언어
구문론적 규칙	추상적 기술
모호한 언어	추상화 사다리
무력한 말버릇	행동적 기술

MEMO

이 장(章)에서 다루는 주제

비언어적 의사소통:
언어 이상의 메시지

학습 효과

1. 비언어적 의사소통의 특징을 설명할 수 있다.
2. 이 장에서 소개한 각 유형의 비언어적 메시지의 예를 제시할 수 있다.
3. 특정한 상황에서 나타나는 자신의 비언어적 행동과 그 행동이 관계에 미치는 중요성을 인식할 수 있다.
4. 자신의 비언어적 의사소통을 자신의 목표를 성취하는 데 도움이 되는 방식으로 관리할 수 있다.
5. 다른 사람의 비언어적 행동에 대한 자신의 해석을 그 사람과 적절하게 공유할 수 있다.

Image Source/Alamy

여기에서 볼 수 있는 이 사진 속에서는 무슨 일이 일어나고 있는가? 이 장면에 나타난 무언의 메시지를 파악하기 위하여 독심술을 발휘할 필요는 없다. 몇몇 사회과학자들은 메시지의 정서적 영향 중 93%가 비언어적 단서로부터 나온다고 주장한다. 또 다른 학자들은 65%정도라고 좀 더 확신 있게 추론한다.[1] 정확한 숫자가 무엇이든 간에, 요점은 우리가 서로의 행동을 이해할 때, 비언어적 의사소통(nonverbal communication)이 중요한 역할을 한다는 것이다.

여러분에게 중요한 관계에서 이루어진 최근의 상호작용을 회상해 보라. 어떤 비언어적 행동을 찾아볼 수 있는가? 그러한 행동은 여러분의 관계에 대하여 무슨 말을 해주는가?

비언어적 의사소통의 특징

여러분은 이 장을 읽어가면서 비언어적 의사소통 분야에 친숙해질 것이다. 즉, 우리의 말이 아니라 행동을 통해서 우리 자신을 표현하는 방식에 대하여 알게 될 것이다.

비언어적 의사소통의 정의

비언어적 의사소통에 대한 학습을 시작하면서 먼저 그 용어를 정의할 필요가 있다. 비언어적 의사소통의 정의는 매우 간단해 보인다. 'non'이 '아니다'라는 의미이고, 'verbal'이 '말'이라는 의미라면, 비언어적 의사소통은 '말로 하지 않는 의사소통'이라는 의미이다. 그러나 이러한 문자 그대로의 정의는 정확한 것이 아니다. 예를 들면 미국의 수화(手話)가 메시지를 말로 표현하지는 않지만, 대부분의 의사

► 표 7.1 의사소통의 유형

© Cengage Learning

	음성적 의사소통	비음성적 의사소통
다른 사람 체면 지키기	말	글
비언어적 의사소통	목소리의 톤, 속도, 높이, 크기 등	몸짓, 움직임, 외모, 얼굴 표정, 접촉 등

소통 학자들은 그것을 비언어적인 것으로 정의하지는 않는다. 반면에, 목소리의 어떤 측면은 음성적이지만 언어적이지는 않다(<표 7.1>이 그 예를 생각하는 데 도움이 될 것이다.).

우리는 '비언어적 의사소통'을 '비언어적 수단으로 표현하는 메시지'라고 정의하고자 한다. 이것은 수화와 글로 쓰인 말을 배제시킨다. 대신에, 언어를 수반하지 않는 소리, 예를 들면 한숨, 웃음, 헛기침, 그리고 또 다른 종류의 소음으로 전달되는 메시지를 포함한다. 아울러 이 정의는 말의 비언어적 차원(목소리의 크기, 속도, 고저 등)에 대하여 연구하는 것을 가능하게 한다. 또한 이러한 정의는 신체적 외모, 우리가 의사소통하는 환경, 우리가 서로 얼마나 가깝게 또는 멀리 있는지 그 거리, 시간을 사용하는 방식과 같은 좀 더 추상적인 차원을 포괄한다. 그리고 물론 이 정의는 대부분의 사람들이 비언어적 의사소통을 고찰할 때 생각하는 것들, 가령 신체 언어, 몸짓, 얼굴 표정과 눈 접촉도 포함한다.

비언어적 의사소통 기술은 필수적이다

비언어적 표현을 효과적으로 할 수 있는 능력과 다른 사람의 비언어적 행동을 읽고 반응하는 능력은 매우 중요하다.[2] 비언어적 신호를 보내고 이해하는 기술은 인기, 매력과 사회정서적 안녕을 예측하는 강력한 요인이다.[3] 비언어적 의사소통에 능숙한 사람은 그런 기술이 부족한 사람보다 더 설득적이고, 경력 설계, 포커 게임, 이성과의 관계와 같은 상황에서 더 많은 성공의 기회를 얻는다. 5장에서 기술한 바와 같이, 비언어적 민감성은 '정서 지능'의 주요 부분이며, 연구자들은 비언어적 차원에 주의를 기울이지 않으면서 구어(spoken language)를 연구하는 것은 불가능하다는 것을 알게 되었다.[4]

모든 행동은 의사소통의 가치를 지니고 있다

여러분이 어떤 메시지도 소통하지 않으려는 상황을 가정해보자. 여러분은 무엇을 하겠는가? 말 안 하기? 눈 감기? 공 모양으로 웅크리기? 방을 떠나기? 여러분은 이러한 행동도 메시지(여러분이 관계를 피하고 있다는 메시지)를 전달하고 있음을 알 것이다. 한 연구가 이 사실을 입증했다.[5] 의사소통하는 사람들에게 비언어적 단서를 표현하지 말라고 지시했을 때, 다른 사람들은 그들을 지루하고, 위축되고, 불편하고, 냉담하고, 속이는 것으로 보았다. 비언어적 의사소통을 하지 않는 것이 불가능하다는 것을 이해하는 것은 매우 중요하다. 왜냐하면 이것은 우리 모두가 멈출 수 없는 일종의 전달자(transmitter)라는 것을 의미하기 때문이다. 우리가 무엇을 하든지 우리는 자기 자신에 대한 정보를 전달하게 된다.[6]

———— 'The Dawn of the Planet of the Apes'에 등장하는 원숭이들은 관람객들이 알아볼 수 있는 방식으로 행동한다. 그들의 정서는 말없이도 얼굴 표정, 몸짓, 그리고 몸짓 언어를 통해 쉽게 가늠할 수 있다. 여러분은 다른 사람이 느끼는 정서를 정확하게 추측하기 위해 어떤 비언어적 단서를 이용할 수 있는가?

20th Century Fox/Allstar

잠깐 멈춰서 이 글을 읽고 있는 자신을 살펴보라. 지금 어떤 사람이 여러분을 관찰한다면, 그 사람은 여러분의 느낌에 대한 어떤 비언어적 단서를 찾을 수 있을까? 여러분은 몸을 앞으로 기울인 상태로 앉아 있는가 아니면 등을 뒤로 기대고 있는가? 여러분의 자세는 긴장되어 있는가 아니면 이완되어 있는가? 눈을 크게 뜨고 있는가 아니면 감고 있는가? 여러분의 얼굴 표정은 어떤 메시지를 전달하고 있는가? 여러분의 얼굴에서 표정을 없앨 수 있는가? 얼굴 표정이 없는 사람들이 여러분에게 어떤 메시지를 전달하고 있지 않은가?

물론 우리는 언제나 비언어적 메시지를 보내려고 하지는 않는다. 비의도적인 비언어적 행동은 의도적인 것과는 다르다.[7] 예를 들면 우리는 종종 그렇게 할 의도 없이 말을 더듬고, 얼굴이 붉어지고, 찡그리고, 땀을 흘린다. 우리의 비언어적 행동이 의도적이든 그렇지 않든, 다른 사람들은 그것을 알아보고 그 관찰에 근거하여 우리를 해석한다. 어떤 학자들은 비의도적 행동이 정보를 제공하지만 그것을 의사소통으로 여겨서는 안 된다고 주장한다.[8] 무의식적이고 비의도적인 행동도 메시지를 전달하기 때문에, 우리는 그것을 의사소통으로서 연구할 만한 가치가 있다고 생각하고, 비언어적 의사소통의 범위를 보다 넓은 관점에서 보고자 한다.

비언어적 의사소통은 기본적으로 관계에 기초한다

우선, 비언어적 메시지는 실용적인 기능을 한다. 예를 들면 경찰관은 수신호로 교통정리를 하고, 거리 측량사 팀은 작업을 조정하기 위하여 손동작을 사용한다. 그러나 비언어적 의사소통은 메시지의 내용 그 자체보다는 우리가 1장에서 논의한 일종의 인간관계 메시지와 3장에서 살펴본 일종의 정체성 메시지를 표현한다.[9]

예를 들면 인상관리에서 비언어적 의사소통의 역할을 생각해보자.[10] 다른 사람의 눈에 비춰주고 싶은 이미지를 창조하기 위하여 우리가 얼마나 노력하는지를 3장에서 논의했다. 비언어적 의사소통은 이 과정에서 중요한 역할을 하며, 많은 경우 언어적 의사소통보다 더 중요하다. 예를 들면 여러분이 파티에 가서 처음 만난 사람들을 더 잘 알고 싶을 경우 어떤 일이 일어날지 생각해보자. 여러분은 자신의 이미지를 말로 ("안녕! 나는 매력적이고 다정하고 느긋한 사람이야.") 표현하는 대신, 그것을 드러내는 방식으로 행동할 것이다. 많이 웃고 편안한 자세를 취할 것이다. 옷도 신중하게 선택할 것이지만 자신의 외모에 너무 많이 신경 쓰지 않는 것처럼 보이도록 할 것이다.

또한 인상관리와 함께 비언어적 의사소통은 우리가 다른 사람들과 맺고 있는 관계의 종류를 반영하고 형성한다. 여러분이 다른 사람에게 인사를 할 때 취하는 다양한 행동을 생각해보자. 여러분은 손을 흔들고, 악수하고, 고개를 끄덕이고, 웃고, 상대방의 등을 두들기고, 포옹을 하거나 혹은 신체적 접촉을 피할 수 있다. 이러한 행동 각각은 여러분이 다른 사람과 맺고 있는 관계의 본질을 담고 있는 메시지를 보낼 것이다. 비언어적 행동은 연인 관계에서 특히 중요하다. 예를 들면 가까이 앉고, 손을 잡고, 사랑스런 눈빛으로 바라보는 등의 애정 표현은 연인 관계에서

만족 및 헌신과 강하게 연결되어 있다.[11]

　세 번째로, 비언어적 의사소통은 가치 있는 사회적 기능을 수행한다. 즉 그것은 우리가 표현하기 싫거나 표현할 수 없는(혹은 우리가 의식하지 못하고 있는) 감정을 전달한다. 사실 비언어적 의사소통은 우리의 생각보다는 태도나 감정을 표현하는데 훨씬 더 적합하다. 다음 목록의 각 항목을 비언어적으로 어떻게 표현할 수 있을지 상상해 보자.

　a. 여러분은 피곤하다.
　b. 여러분은 사형에 찬성한다.
　c. 여러분이 속한 집단의 어떤 사람에게 매력을 느낀다.
　d. 여러분은 학교에서 기도를 해야 한다고 생각한다.
　e. 여러분은 이 방의 어떤 사람에게 화가 나 있다.

　이 실험은 제스처 놀이(charades: 한 사람이 하는 몸짓을 보고 그것이 나타내는 말을 알아맞히는 놀이)에는 모자라지만, 비언어적 메시지가 다른 종류의 메시지(b, d)보다 태도와 감정(a, c, e)을 더 잘 표현한다는 것을 보여준다. 비언어적 메시지는 다음과 같은 메시지를 전달할 수 없다.

● **단순한 사실**("이 책은 1997년에 쓰여졌다.")
● **과거 또는 미래 시제**("나는 어제 행복했다.", "나는 다음 주에 도시를 벗어날 것이다.")
● **상상**("~~ 라면 어떨까?")
● **조건문**("만일 내가 직업을 가질 수 없다면 이사를 가야 할 것이다.")

비언어적 의사소통은 온라인 메시지에서도 나타난다

　여러분이 2장에서 읽은 것처럼, 면대면 의사소통은 온라인 메시지에 비해 비언어적 단서가 더 풍부하다. 이러한 사실에도 불구하고, 우리가 기계장치를 이용해서 의사소통할 때에도 이용 가능한 비언어적 정보들이 많이 있다. 사회적 관계망 사이트에 있는 사진처럼, 화상통화는 분명히 비언어적 정보를 제공한다. 심지어 문자에 기초한 전자 의사소통도 비언어적 특질들을 포함하고 있다.

타이핑으로 비언어적 표현을 드러내는 가장 분명한 방법은 다음과 같은 키보드 문자를 이용해서 이모티콘으로 하는 것이다.

- :-) 기본적인 미소
- ;-) 윙크와 활짝 웃음
- :-(찡그림
- :-@ 소리 지르기, 욕하기, 격노
- :-/ 혹은 :-\ 회의적인
- :-O 놀란, 고함지르는, 실수의 깨달음

요즘은 많은 프로그램이 이러한 문자들의 조합을 이모지(emoji)로 알려진 그래픽 아이콘으로 전환시켜준다. 이모티콘과 이모지는 글자만으로는 불분명한 의미를 명백히 할 수 있다.[12] 예를 들면 아래 각 그래픽이 동일한 진술문에 대하여 어떻게 다른 의미를 창출하는지 살펴보라.

- 네가 지금 나를 미치게 만든다 😄
- 네가 지금 나를 미치게 만든다 😠
- 네가 지금 나를 미치게 만든다 😎

실제로 그에 상응하는 것과 마찬가지로, 이모티콘과 이모지도 모호하기 때문에 다양한 비언어적 메시지를 전달할 수 있다.[13] 미소를 짓는 얼굴은 "나 정말 행복해.", "농담이야.", 혹은 "힘내라고 한 거야." 등을 의미할 수 있다. 온라인상의 다른 의사소통 표시들도 마찬가지이다.[14] 느낌표(종종 하나 이상 !!!)는 다양한 정서 상태를 나타내기 위해 문장의 끝에 혹은 단독으로 쓰일 수 있다. 어절의 끝에 있는 줄임표(...)는 불쾌, 숙고, 혹은 음미를 나타낼 수 있다. 그것은 또한 이제 네 차례라는 신호일 수도 있는데, 이것은 면대면 대화에서 비언어적으로 얼굴이나 말을 중지하는 행위가 전달하는 것과 비슷한 의미이다. 그리고 'hummm'이나 'ooooh'와 같은 어휘 대용품들은 즐거움에서부터 못마땅함에 이르기까지 다양한 의미를 가지고 있다. 이와 같은 부언어적 표시들은 의사소통 및 관계적 맥락에서 가장 잘 이해할 수 있다.

비언어적 메시지의 내용도 중요할 뿐만 아니라, 그것을 보내는 시기도 중요하다.[15] 여러분이 자신의 글에 제때 반응하지 않은 친구 때문에 기분이 상해본 적이 있다면, 대인 간 온라인 의사소통에서 적절한 시기가 중요한 역할을 한다는 것을 알 것이다. 이 장의 뒷부분에서 시간개념학(chronemics)에 대하여 좀 더 알아보겠지만, 온라인 상호작용에서 시간관리가 하나의 결정적인 특징이라는 점을 여기에서 언급하고 싶다. 이것은 또한 "여러분이 의사소통을 하지 않을 수는 없다."는 원리의 좋은 예시이다. 의사소통을 하는 사람들은 자신이 게시한 글, 이메일, 그리고 문자 메시지에 대해 다른 사람들이 언제 응답해야 하는지 그에 대한 기대를 가지고 있다. 그래서 응답의 지연은 부정적으로 보일 수 있다.

비언어적 정보가 온라인에서 소통될 수 있지만, 우리가 전자기기를 계속 사용하면 비언어적 단서에 둔감해 질 수 있다. 한 연구에서 10대 이전의 아이들을 5일짜리 캠프에서 전자기기를 이용한 모든 형태의 의사소통으로부터 단절시켰다.[16] 그 기간 동안 동료들과의 상호작용은 오직 대면해서만 이루어졌다. 동일한 기간 동안 전자기기를 자유롭게 사용한 통제집단과 비교했을 때, 전자기기에 대해 제약을 받은 아이들은 다른 사람의 정서에 대한 비언어적 단서를 더 잘 알아차렸다. 이것은 대부분 형태의 온라인 상호작용에서보다 면대면 의사소통이 중요한 부언어적 단서에 더 잘 접근하게 해준다는 것을 상기시켜준다.

비언어적 의사소통은 많은 기능을 수행한다

이 장(章)이 비언어적 의사소통에 초점을 두고 있지만, 우리의 말과 행동이 서로 무관하다고 생각하면 안 된다. 정확히 그 반대다. 언어적 및 비언어적 의사소통은 모든 의사소통 행위에서 서로 연결된 구성요소이다(언어적 의사소통과 비언어적 의사소통을 비교하기 위해서 <표 7.2>를 보라.). 비언어적 행동은 언어적 행동과의 몇몇 관계 속에서 작동할 수 있다.

► 표 7.2 언어적 의사소통과 비언어적 의사소통의 차이   © Cengage Learning

	언어적 의사소통	비언어적 의사소통
다양성	1차원 (말로만 전달)	다차원 (목소리, 자세, 몸짓, 거리 등)
흐름	간헐적 (말하기와 침묵이 번갈아 나타남)	연속적 (비언어적으로 의사소통을 하지 않는 것은 불가능함)
명료성	해석의 오류가 적음	좀 더 모호함
영향	언어와 비언어적 단서가 모순되는 경우 영향력 감소	언어와 비언어적 단서가 모순되는 경우 영향력 증가
의도성	일반적으로 의도적임	종종 비의도적임

반복하기   어떤 사람이 가장 가까운 약국이 어디 있는지 묻는다면, 여러분은 "여기서부터 북쪽으로 두 블록을 가세요."라고 말하면서 손으로 북쪽을 가리켜 자신이 한 말을 비언어적으로 반복(repeating)할 것이다. 이런 종류의 반복은 장식용이 아니다. 사람들은 말로만 전달할 때보다 몸짓을 동반한 말을 더 잘 기억한다.[17]

보완하기   비언어적 행동은 말뜻을 반복하지 않는 경우에도 그 의미를 강화할 수 있다. 보완하기(complementing) 위한 비언어적 행동은 의사소통자가 언어로 표현하고자 하는 생각이나 감정을 일치시킨다. 진지한 얼굴 표정과 목소리 톤으로 "감사합니다."라고 말하는 것과 무표정한 얼굴로 같은 말을 하는 것의 차이를 상상해 본다면, 이 기능의 가치를 느낄 것이다.

대치하기   친구가 "무슨 일이야?" 라고 물을 때 여러분은 말로 대답하는 대신에 턱으로 자신의 깨진 휴대전화를 가리킨다. 많은 얼굴 표정은 말을 대치하는 기능을 한다. 감탄사와 '아이쿠', '정말?', '아, 제발!' 등과 같은 기능을 하는 표현을 우리는 쉽게 알아본다.[18] 비언어적 대치하기(substituting)는 의사소통자가 감정을 말로 표현하기를 꺼리는 경우 유용하게 사용할 수 있다. 여러분이 동의하지 않는 메시지를 말로 표현하는 것이 적절하지 않을 때 여러분은 한숨을 쉬거나, 눈을 굴리거나, 하품을 할 수 있다. 마찬가지로, 자녀가 모임에 지장을 주는 행동을 그만하기를 원하는 부모는 아무 말도 하지 않고 자녀를 노려볼 수 있다(어느 자녀가

276
인간관계와 의사소통의 심리학

엄마와 아빠의 "시선"의 힘을 모르겠는가?).

강조하기　　　우리가 글을 쓸 때 특정 생각을 강조하기 위하여 이탤릭체를 사용하는 것처럼, 구두 메시지를 강조하기 위해 비언어적 장치를 사용한다. 비난하는 손가락 질은 (수신자가 방어적 태도를 갖게 만들 뿐 아니라) 비판을 강조한다. 어떤 말을 목소리로 **강조하기**(accenting)("그것은 너의 생각이야!")는 비언어적 강조를 덧붙이는 또 다른 방법이다.

조절하기　　　비언어적 행동은 언어적 의사소통의 흐름에 영향을 줌으로써 **조절하기**(regulating) 기능을 한다.[19] 우리는 머리를 끄덕임으로써("이해해요." 또는 "계속해요."라는 의미를 전달), 다른 곳을 바라봄으로써(주의 집중이 감소되었음을 표현), 또는 문을 향해 감으로써(대화를 끝내기를 바란다는 것을 전달) 비언어적으로 대화를 조절할 수 있다. 물론 우리 대부분은 이러한 비언어적 신호에 대하여 상대방이 주의하거나, 적절하게 해석하거나, 혹은 우리가 기대하는 방식의 응답이 보장되지는 않는다는 것을 잘 알고 있다.

모순　　　사람들은 종종 언어적 행동과 비언어적 행동이 서로 모순(contradicting)되는 메시지를 표현한다. 이런 헷갈리는 메시지(mixed message)의 흔한 예는 핏줄이 튀어나온 상기된 얼굴을 하고 "화가 났냐고? 아니, 난 화나지 않았어!"라고 소리 지르는 사람이다. 이와 같은 상황이면 우리는 말 대신 비언어적 메시지를 믿는 경향이 있다.[20] 이에 대한 재미있는 사례는 Cingular 휴대폰 회사의 광고 '엄마의 사랑'에서 볼 수 있다. 엄마와 딸이 팔을 휘젓고 얼굴을 찌푸리며 언성을 높여 싸우는 장면이 보인다. 그러나 그들의 말을 잘 들어 보면, 그들은 서로 "난 정말 그게 좋아!" "난 너를 사랑해!" 등과 같은 문장을 포함해서 서로에 대한 칭찬과 찬사의 말을 쏘아 붙이고 있다. 이 광고가 재미있는 것은 그들의 언어적 메시지와 비언어적 메시지가 일치하지 않는다는 것이다. 그리고 그들이 무슨 말을 하더라도 행복하다기보다는 화가 나있다고 믿기 쉽다.

비언어적 의사소통은 속임에 대한 단서를 제공한다

메시지 발신자가 거짓말을 할 때, 때로 그들의 비언어적 행동은 진실을 누설한다. 속임에 대한 미세한 신호는 (일명 누출(leakage)) 다양한 비언어적 경로를 통해서 나온다.

어떤 경로는 다른 경로보다 더 잘 드러난다. 얼굴 표정은 중요한 정보를 제공한다.[21] 그러나 속임수를 쓰는 사람 역시 '무표정한 얼굴(poker face)'을 유지하기 위하여 표정 관리에 더욱 주의를 기울인다. 보다 더 믿을 만한 단서는 동공 팽창으로, 이것은 쉽게 통제할 수 없는 생리적 반응이다.[22] 말의 패턴 또한 다양한 누출 단서를 제공한다.[23] 한 실험에서 솔직하게 자신을 표현하도록 한 참가자에 비해 속임수를 쓰도록 요청받은 참가자는 말할 때 실수를 더 많이 했고, 말한 시간이 더 짧았으며, 말의 속도는 더 느렸다. 다른 실험에서는 거짓말을 하는 사람의 음높이 (pitch)가 진실을 말하는 사람보다 더 높은 경향이 있었다. 거짓말하는 사람은 속임에 대한 비언어적 단서를 특정 상황에서 더 많이 누출한다. <표 7.3>은 속임에 대한 단서가 새어나올 수 있는 조건을 개관한다.

▶ 표 7.3 속임에 대한 비언어적 단서의 누출　　　Based on Ekman, P. (2001). Telling lies. New York: Norton.

속임에 대한 단서가 더 잘 나타나는 경우
속이는 사람이 그 순간 느끼는 감정을 숨기기 원할 때
숨긴 정보에 대하여 강한 감정을 느낄 때
속임수에 대하여 불안이나 죄책감을 느낄 때
속이는 것에 대하여 거의 즐거움을 느끼지 않을 때
그 전에 거짓말을 연습할 시간이 없었을 때
발각될 경우 심각한 처벌이 있음을 알 때

다양한 자기개발 서적과 세미나는 거짓말하는 사람의 비언어적 단서를 주시함으로써 그런 사람을 쉽게 찾아낼 수 있다고 주장하지만, 과학적 연구결과는 이러한 견해를 지지하지 않는다. 의사소통 학자 Judee Burgoon과 Tim Levine은 거짓말 탐지를 수년간 연구하였다. 그들은 이 주제에 대한 수십 년간의 연구가 반복

적으로 지지하는 소위 '거짓말 탐지 101'이라고 하는 3가지 발견섬을 제시했나.[24]

- 우리가 속임수를 정확히 탐지할 확률은 1/2보다 약간 더 높다. 다시 말하면, 동전 던지기를 했을 때 얻을 수 있는 확률보다 아주 조금 더 높다.
- 우리는 속임수를 알아낼 수 있는 자신의 능력을 과대평가한다. 다시 말하면, 우리는 속임수를 알아내는 데 생각보다 능숙하지 않다.
- 우리는 다른 사람의 메시지가 사실이라고 판단하는 강한 경향성을 가지고 있다. 다시 말하면, 우리는 사람들이 거짓말을 하지 않을 것이라고 믿고 싶어 한다(이것이 속임수를 알아낼 수 있는 우리의 능력에 영향을 미친다.).

한 작가가 언급한 것처럼, 거짓말에 "숨길 수 없는 독특한 표시가 달려 있는 것은 아니다. 피노키오의 코는 존재하지 않는다. 그래서 거짓말을 하는 사람을 찾아내기는 어렵다."[25] 게다가, 거짓말을 하는 사람의 비언어적 행동에 대한 몇몇 문구들은 부정확하다. 예를 들어 전통적인 지혜를 따르면, 거짓말쟁이는 눈을 피하고 더 안절부절못한다. 그러나 연구결과는 그 반대다. 거짓말하는 사람이 눈을 더 많이 맞추고 더 차분한데, 부분적으로 그 이유는 그렇게 하지 않으면 속이는 것으로 보일 수 있다고 그들이 믿기 때문이다.[26] 거짓말쟁이의 비언어적 경향성을 일반화할 수도 있지만, 모호하고 한정된 비언어적 단서에 기초하여 다른 사람이 진실을 말하는지 평가할 때는 주의할 필요가 있다.[27]

———— TV 연속극 'The Americans'에서 러시아 간첩 Philip(Matthew Rhys 역)과 Elizabeth(Keri Russell 역)는 정체를 드러내지 않기 위해 자신들의 비언어적 단서들을 면밀히 주시해야만 한다. 이것이 의미하는 것은 자신들이 미국사람(그리고 행복하게 결혼한 사람)처럼 보이도록 하기 위해 의상, 눈 접촉, 거리, 엑센트 등 모든 사소한 것에도 신경을 써야 한다는 것이다. 여러분의 비언어적 단서들은 자신이 어디서 그리고 어떻게 성장했는지에 대해 무엇을 알려주는가? 여러분은 상황에 따라 그러한 단서들을 어떤 식으로 바꾸는가?
Fx Network/Allstar

비언어적 의사소통은 모호하다

5장에서 배운 것처럼, 언어적 메시지도 다양하게 해석할 수 있지만, 비언어적 메시지는 훨씬 더 모호하다. 예를 들면 이쪽에 있는 사진을 보자. 사진 속에 있는 두 사람이 어떤 관계에 있다고 생각하는가? 여러분의 대답에 확신할 수 있는가? 또는 윙크를 하는 경우를 생각해보자. 한 연구에서 대학생들은 이 비언어적 신호를 감사의 표현, 친절함의 신호, 불안의 척도, 성적인 유혹, 눈에 이상이 있는 것 등 다양한 의미로 해석하였다.[28]

가장 흔한 비언어적 행동조차도 모호할 수 있다. 어떤 슈퍼마켓 직원들은 미소를 짓고 손님들과 눈접촉을 하라는 회사의 '고객감동 서비스' 정책에 대하여 고충을 털어놓았다. 어떤 고객은 친절한 인사를 유혹적인 것으로 받아들였다고 야채코너 직원들이 보고하였다.[29] 비언어적 행동이 겉으로 드러나는 것임에도 불구하고 너무 많은 의미를 내포할 수 있기 때문에, 어떤 해석이 정확하다고 확신할 수 없다. 캘리포니아 경찰관들은 어떤 자동차 동호회 회원들에게 '전방에 위험' 또는 "당신 차에 문제 있어요."와 같은 메시지를 전달하기 위해서 수신호를 보내는 것을 금지하였다. 그 수신호가 갱단의 폭력적 반응을 자극할 수 있는 수신호로 잘못 해석될 수 있기 때문이었다.[30]

비언어적 행동의 모호한 특성은 구애와 성생활의 영역에서 더욱 분명히 드러난다. 키스가 "당신을 많이 좋아한다."는 의미인가 아니면 "당신과 섹스를 하고 싶다."는 의미인가? 파트너를 밀어내는 것은 "이제 그만."인가 아니면 "계속 해봐."의 의미인가? 의사소통 연구자들은 이러한 질문에 답하기 위해서 100명의 대학생들에게 12가지 데이트 상황에서 성적인 동의와 관련한 설

Jupiterimages/Workbook Stock/Getty Images

문조사를 실시했다. 연구자들은 언어적 표현(예를 들면 "나와 섹스를 하고 싶어?")이 비언어적 지표(성적 욕구의 지표로서 키스를 하는 것과 같은 행동)보다 더 선호되는 상황을 알아보고자 했다.[31] 모든 시나리오에서 언어적 동의가 비언어적 동의보다 덜 모호하다는 것을 의미하는 것은 아니었다. 많은 응답자들이 비언어적 단서(예를 들면, 키스)를 기꺼이 섹스를 하고자 하는 신호로 해석했다. 그러나 비언어적 단서는 언어적 단서를 동반했을 때 오해받을 가능성이 훨씬 낮았다.

잠시 생각해보기

신체언어

이 연습을 통해 여러분은 비언어적 행동을 관찰하는 기술을 향상시킬 수 있다. 또한 자신이 신체언어를 정확히 읽어내는 사람이라는 확신이 위험하다는 것을 알 수 있다. 여러분은 교실 안이나 밖에서 이런 연습을 한 시간에서 며칠까지 자유롭게 할 수 있다. 어떤 경우든, 상대방을 정하고 다음 지시사항을 따르면 된다.

1. 첫 번째 기간에는 (여러분이 정한 그 기간에 상관없이) 상대방이 하는 행동을 관찰한다. 행동, 버릇, 자세, 옷 입는 스타일 등에 주목한다. 관찰한 것을 기억하기 위하여 메모를 한다. 교실 밖에서 좀 더 긴 기간 이 연습을 하면, 이러한 관찰이 여러분의 평상시 생활에 전혀 방해가 되지 않을 것이다. 여러분이 해야 할 유일한 일은 상대방의 행동 리스트를 만드는 것이다. 이 단계에서 상대방의 행동을 해석하지 않도록 주의해야 한다. 그저 여러분이 본 것을 기록하라.
2. 첫 번째 기간이 끝나면, 여러분이 관찰한 것을 상대방과 공유한다. 마찬가지로 상대방이 여러분을 관찰한 것도 공유한다.
3. 세 번째 기간에 여러분은 상대방의 행동을 관찰할 뿐 아니라 해석도 한다. 이번에는 대화를 나눌 때 상대방의 행동을 어떻게 생각하는지 얘기해야 한다. 예를 들면 아무렇게나 입은 옷은 늦잠을 잤거나, 외모에 관심이 없거나, 보다 더 편안하게 지내려는 욕구를 나타내는 것인지? 자주 하품하는 것은 지루하거나, 밤이 늦어서 피곤하거나, 음식을 많이 먹은 후 식곤증이 온 것인지? 여러분의 추측이 모두 맞지는 않더라도 기분 상하지 마라. 비언어적 단서는 모호하다는 것을 기억하라. 여러분이 관찰한 비언어적 단서들을 확인하는 것이 그 사람과의 관계를 형성하는 데 도움이 된다는 점에 놀라게 될 것이다.

어떤 사람들은 다른 사람들보다 비언어적 신호를 해석하는 데 더 많은 어려움을 느낀다. 비언어적 학습 장애(nonverbal learning disorder: NVLD)라고 불리는 증상을 가진 사람들에게 얼굴 표정, 목소리 어조(tone), 그 외 다른 단서를 읽어내는 것은 매우 어려운 일이다.[32] NVLD를 가진 사람들은 우뇌의 정보처리 결함으로 많은 비언어적 단서를 이해하는 데 어려움을 겪는다. 그들은(특히 어린이들) 특히 유머와 빈정댐을 이해하기 어렵다. 예를 들면 그들은 처음 보는 어른에게 자기소개를 하는 방법을 배우면(악수를 하면서 "만나서 반가워요."라고 말하기), 그것을 같은 반 아이들에게도 똑같이 함으로써 이상하거나 괴짜같이 보일 수 있다. 같은 반 아이들이 눈썹을 올리는 등의 미묘한 피드백을 주어도, NVLD를 가진 사람들은 그 정보를 알아차리지 못함으로써 다음에도 그 행동을 수정하지 못한다.[33]

NVLD로 고통을 겪지 않는 우리들에게도 비언어적 행동의 모호성은 좌절감을 줄 수 있다. 4장에서 배운 지각 점검 기술은 혼란스러운 단서의 의미를 정확하게 이해하는 데 유용한 도구가 될 수 있다.

비언어적 의사소통에 영향을 미치는 요인

우리가 비언어적으로 의사소통하는 방식은 생물학적 성에 어느 정도 영향을 받고, 우리가 사회화된 방식에 의해 많은 영향을 받는다. 이러한 영향에 대하여 살펴보자.

성(gender)

비언어적 의사소통에서 남성과 여성의 전형적인 차이는 쉽게 확인할 수 있다. 남자다움을 과시하는 남성과 연약한 여성이 등장하는 과장된 희화(caricature)를 생각해보자. 재미있는 영화와 연극뿐 아니라 많은 농담은 등장인물이 반대 성의 사람이 하는 행동을 따라하는 내용으로 이루어져 왔다.

영화에 나오는 전형적으로 남성적이거나 여성적인 등장인물처럼 행동하는 사람은 거의 없지만, 보고 행동하는 방식에서 남녀 간에는 뚜렷한 차이가 있다. 가장 분명한 차이는 목소리의 높이, 깊이와 크기 등 생리적인 것이다. 다른 차이는 사회화 과정에 뿌리를 두고 있다. 일반적으로, 여성은 보통 비언어적으로 더 표현을 많이 히고 다른 사람의 비언어적 행동을 더 능숙하게 인지한다.[34] 좀 더 구체적인 연구결과에 따르면, 여성은 남성에 비해 특히 더 많이 웃고, 더 많은 얼굴 표정을 사용하며, 머리와 손, 그리고 팔의 움직임을 더 많이 사용하고(그러나 몸짓은 더 작은 편이고), 다른 사람을 더 많이 접촉하며, 다른 사람에게 더 가까이 다가서고, 보다 더 표현적인 발성을 하며, 눈 접촉을 더 많이 한다.[35]

이러한 차이점을 보면 남성과 여성이 극적으로 다른 방식으로 의사소통하는 것 같다. 사실은 남성과 여성의 비언어적 의사소통이 많은 측면에서 유사하다.[36] 앞에서 설명한 차이는 분명하지만, 우리는 눈 접촉, 자세, 몸짓 등과 같은 영역에서 유사한 규칙을 따르고, 그것이 남녀 간의 차이를 상쇄한다. 남성과 여성이 극단적으로 다른 비언어적 규칙을 사용하면 어떠한 일이 발생할지 상상해 보면 알 수 있다. 가령 코를 훌쩍이는 낯선 사람에게 1인치만 떨어져 서 있거나, 주의를 끌기 위해 다른 사람의 이마를 톡톡 두드리는 경우를 상상해 보라. 게다가, 남녀의 비언어적 차이는 게이와 레즈비언 참가자들의 대화에서는 덜 두드러진다.[37] 성(gender)은 비언어적 표현에 분명히 영향을 주지만, 그것은 정도의 차이지 종류의 차이는 아니다.

문화

언어뿐만 아니라 비언어적 의사소통도 문화에 따라 다르다.[38] 1933~1945의 전설적인 뉴욕시장 Fiorello LaGuardia는 영어, 이탈리아어, 그리고 이디시어(Yiddish)에 능숙한 사람이었다. 그의 선거 캠페인 연설 비디오를 본 연구자들은 소리를 끈 상태에서도 그의 비언어적 행동의 변화를 통해 그가 말하는 언어를 알 수 있었다.[39]

어떤 비언어적 행동은 문화에 따라 다른 의미를 가진다. 엄지와 검지 끝을 연결해서 동그라미를 만드는 'OK' 사인은 대부분의 미국인들에게 기꺼이 인증한다는 의미이다. 그러나 그것이 다른 문화에서는 덜 긍정적인 의미를 가지는 경우가 있다.[40] 프랑스와 벨기에에서 그 몸짓은 "당신은 아무런 가치가 없다."는 의미이다. 그리스와 터키에서는 모욕적인 의미의 저속한 성적 유혹이다. 이러한 종류의 문화 간 모호성을 생각해 볼 때, 순진한 관광객은 심각한 상황에 처할 수 있다.

문화는 또한 비언어적 단서를 관찰하는 방식에도 영향을 미친다. 예를 들면 일본인들은 정서적 단서를 위해 눈을 보는 반면, 미국인과 유럽인들은 입에 초점을 둔다.[41] 이러한 차이는 이들 문화에서 사용한 문자에 기반한 이모티콘에서 드러난다. 미국의 이모티콘은 입의 표현에 초점을 둔 반면, 일본 이모티콘의 특징은 눈에 있다(여러분의 브라우저에서 서양과 동양의 이모티콘을 찾아봐라.).

문화에 따라 비언어적 규칙이 다르다는 것을 알고 있어도, 양쪽 모두 무엇이 잘못되었는지 정확히 알 수 없는 미묘한 차이는 관계를 해칠 수 있다. 문화인류학자 Edward Hall의 지적에 따르면, 미국인들은 4피트 정도 떨어져서 업무 수행을 할 때 편안한 데 반하여, 중동 사람들은 훨씬 더 가까이 서서 일한다.[42] 이 두 문화권에서 온 외교관이나 사업가가 만났을 때, 전진-후퇴의 괴상한 패턴이 나타날 수 있음을 상상할 수 있다. 중동 사람은 너무 멀리 떨어지지 않으려고 앞으로 계속 다가갈 것이고, 미국인은 계속 뒤로 물러날 것이다. 두 사람 모두 이유는 모르지만 불편함을 느낄 것이다.

거리와 마찬가지로, 눈 접촉 패턴도 문화적으로 다양하다.[43] 라틴아메리카, 아랍과 남유럽에서는 반드시 그럴 필요는 없지만 똑바로 응시하는 것이 화자가 권력을 추구할 때 적절한 것으로 여긴다. 그러나 아시아, 인도, 파키스탄과 북유럽에서는 듣는 사람의 주변을 보거나 무관심이 아닌 존경심으로 인해 아예 그의 눈을 맞추지 않는다.[44] 두 경우 모두 규범에서 벗어나는 행동은 듣는 사람을 불편하게 만들 수 있다.

시간의 사용도 문화에 따라 매우 다르다.[45] 어떤 문화권(예를 들면, 북미, 독일과 스위스)은 단일시간적(monochronic)이다. 그래서 시간의 엄수, 일정, 그리고 한 번에 한 가지 일을 마치는 것을 강조한다. 다른 문화권(예를 들면, 남미, 지중해와 아랍)은 다중시간적(polychronic)이다. 그래서 여러 과업을 동시에 진행하고 일정이 유연하다.[46] 한 심리학자는 브라질의 한 대학에서 가르칠 때 북미인과 남미인의 태도 차이를 발견했다.[47] 몇몇 브라질 학생들은 2시간 강의의 절반쯤 지난 후에 출석을 했고, 대부분의 학생들은 수업이 끝나는 시간에도 떠나지 않고 계속 질문을 했다. 수업 종료 후 30분이 지나서도 학생들이 강의실을 떠나려 하지 않자, 그 심리학자는 결국 토론을 강제로 마치기로 했다. 이러한 시간의 유연성은 대부분의 북미 대학생의 시간 개념과 매우 다르다.

<표 7.4>에서 보듯이, 문화적 규범의 차이는 오해를 야기할 수 있다. 예를 들면, 모두 백인으로 된 집단의 백인 여성들보다 모두 흑인으로 된 집단의 흑인 여성이 비언어적 행동을 더 많이 했고, 서로의 말에 끼어드는 행동을 더 많이 했다.

▶ 표 7.4 비언어적 의사소통의 문화적 차이로 인한 오해   © Cengage Learning

같은 문화권이나 공동 문화권의 구성원에게 한 가지 의미를 가진 행동을 다른 집단의 구성원은 다른 의미로 해석할 수 있다.

행동	가능한 내집단 지각	가능한 외집단 지각
직접적 눈 접촉 피하기(라틴 아메리카인)	주의를 기울이며 존경심을 나타냄	주의를 기울이지 않음, 직접적 눈맞춤 선호
의견이 다른 점에 대하여 공격적으로 도전하기(아프리카계 미국인)	대화에서 받아들여지는 방식: 언어폭력이나 폭력을 선동하는 것으로 보이지 않음	논쟁은 부적절한 것으로 여겨지고, 즉각적 폭력에 대한 잠재적 신호
다른 사람을 부르기 위해 손가락을 사용하는 것(아시아인)	어른이 아이들에게 사용하는 경우는 적절하지만, 어른에게 사용하면 매우 공격적인 것	아이와 어른 모두에게 적절한 몸짓
침묵(미국인)	존경, 깊은 생각, 불확실성/모호성의 신호	지루함, 동의하지 않음, 참여를 거절하는 것으로 해석됨
신체접촉(라틴 아메리카인)	대인 간 상호작용으로서 정상적이고 적절함	친밀하고 다정한 관계에서는 적절함. 그렇지 않은 경우는 개인 공간을 침범하는 것으로 지각됨
강렬한 감정을 공적으로 표현하기(아프리카계 미국인)	표현의 방식으로서 가치가 있고 받아들여짐. 대부분의 상황에서 적절	공적인 행동에서 자기통제를 할 것이라는 기대를 위반함. 대부분의 공적인 상황에서 부적절함
동성 간에 손을 만지거나 잡는 것(아시아인)	정신적인 관계에서 친밀함을 나타내는 수용 가능한 행동	부적절한 것으로 지각됨. 특히 남성 친구 관계에서

이것은 흑인 여성이 백인 여성보다 항상 더 강렬한 감정을 느낀다는 것을 뜻하는 것은 아니다. 보다 더 그럴듯한 설명은 두 집단이 서로 다른 문화적 규범을 따른다는 것이다. 한 연구에서 인종이 섞여 있는 집단에서 흑인과 백인 여성은 서로의 유형에 맞추고자 다가갔다.[48] 이러한 비언어적 수렴이 의미하는 바는, 능숙한 의사소통자는 다른 문화나 하위문화에 속하는 구성원과 상호작용할 때 그 만남을 보다 부드럽고 효과적으로 하기 위해서 그들의 행동을 적응시킬 수 있다는 것이다.

많은 문화적 차이에도 불구하고, 어떤 비언어적 행동은 전 세계적으로 같은 의미를 지닌다. 미소를 짓는 것과 웃는 것은 긍정적 감정에 대한 보편적인 신호이고, 시큰둥한 표정은 불쾌감에 대한 보편적인 신호이다.[49] Charles Darwin은 이러한 얼굴 표정이 진화의 산물이라고 믿었으며, 언어가 발달하기 이전에 인간이 감정 상태를 전달하기 위한 생존 전략의 기능을 한다는 것이다. 시각과 청각의 장애를 가지고 태어난 아이들의 행동을 살펴보면, 얼굴 표정이 선천적이라는 것이 보다 더 분명해진다.[50] 사회 학습의 기회가 없었음에도 불구하고, 이 아이들은 광범위한 얼굴 표정을 짓는다. 보고 들을 수 있는 아이들과 같은 식으로 미소 짓고, 웃고, 운다. 다시 말하면, 비언어적 행동은(다른 의사소통들과 마찬가지로) 유전적 요인과 문화 모두의 영향을 받는다.

비언어적 의사소통의 유형

비언어적 의사소통의 특징을 생각하면서 우리가 말과 함께 의사소통하는 몇 가지 방식을 살펴보자.

몸의 움직임

우리가 논의할 비언어적 의사소통의 첫 번째 영역은 동작학(kinesics) 또는 몸의 위치와 움직임에 대한 광범위한 영역이다. 이번 단락에서 우리는 몸의 방향, 자세, 몸짓, 얼굴 표정, 그리고 눈 접촉이 다른 사람과의 관계에서 어떤 역할을 하는지 살펴볼 것이다.

몸의 방향　　　먼저 몸의 방향(body orientation)(우리의 몸, 발과 머리가 어떤 사람을 향하는지 아니면 피하는지 그 정도)을 살펴보자. 이러한 종류의 몸의 자세가 어떻게 비언어적 메시지를 전달하는지 이해하기 위하여, 친구와의 이야기 중에 제 3인물이 다가와 함께 하길 원하는 상황을 상상해보자. 여러분은 이 사람을 만나는 게 특별히 기쁘지는 않지만, 그에게 가 달라고 요청하는 무례한 말을 하고 싶지도 않다. 중간에 끼어든 사람에게서 몸을 약간 돌림으로써 여러분은 자신의 느낌을 매우 분명하게 표현할 수 있다. 여기서 비언어적 메시지는 "우리는 지금 서로에게 흥미를 느끼고 있으니, 당신이 우리 대화에 끼어드는 것을 원하지 않아."이다. 어떤 사람을 똑바로 마주하는 것은 관심이 있다는 뜻이고, 얼굴을 돌리는 것은 개입을 피하고자 하는 신호라는 것이 일반적인 규칙이다.

　사람들이 자리를 잡는 방식을 관찰함으로써 그들이 어떻게 느끼는지 상당히 많이 알 수 있다. 그 다음, 사람이 북적거리는 장소에서 마주보고 이야기를 나눌 사람을 선택할 수 있는 경우에, 누가 적극적으로 참가하고자 하고 누가 미묘하게 뒤로 물러서는지 살펴보자. 같은 방식으로, 여러분 자신의 몸의 방향에 주의를 기울여 보자. 자신이 의식하지 못하는 사이에 여러분이 어떤 사람을 피하고 있고 때때로 사람들에게 '등을 돌리고' 있다는 것을 발견하고는 놀랄 수도 있다. 그런 경우라면, 왜 그런지 이해하는 것은 도움이 될 것이다.

자세　　　비언어적으로 의사소통을 하는 또 다른 방식은 자세(posture)를 통한 것이다. 이것을 확인하기 위해 잠깐 책 읽기를 멈추고 여러분이 어떻게 앉아 있는지 확인해보자. 여러분의 위치가 자신의 기분에 대하여 비언어적으로 무엇을 말하고 있는가? 지금 여러분 가까이에 다른 사람이 있는가? 그들의 현재 자세로부터 어떤 메시지를 읽을 수 있는가? 자신뿐만 아니라 주변에 있는 사람들의 자세에 주의를 기울임으로써, 그들이 자기 자신과 상대방에 대하여 어떻게 느끼는지 그 정보를 얻을 수 있는 또 다른 비언어적 의사소통 경로를 찾을 수 있다.

　자세가 얼마나 많은 메시지를 표현하는지는 언어를 통해서도 알 수 있다. 감정 상태를 신체 자세와 결부시키는 다양한 표현이 있다.

> 나는 더 이상 가만히 앉아서 당하지는 않겠다!(더 이상 참지 않을 것이다!)
> 나는 온 세상의 무게를 어깨에 짊어지고 있다.
> 그는 사무실에서 꿔다 놓은 보릿자루이다(그러나 농구코트에서는 활개를 친다).
> 그녀는 몇 주 동안 프로젝트에 주저앉아 있다.

　자세는 비언어적 행동 중에서 가장 덜 모호한 유형이다. 한 연구에서 컴퓨터로 합성한 마네킹 형상을 176개 만들었다. 관찰자들은 특정한 자세의 마네킹에 감정을 할당하도록 요청받았다. 평가자들은 자세에 대하여 분노, 슬픔, 행복 등을 부여하는 데 90% 이상 일치하였다.[51] 해석하기 특히 쉬운 자세도 있다. 역겨움은 신체 자세를 통해 확인하기 가장 어려운 감정이었고, 몇몇 평가자들은 놀라움과 행복을 드러내는 자세를 서로 비슷하다고 생각했다.

　긴장과 이완은 자세를 통해 감정을 이해하는 데 핵심적인 역할을 했다. 우리는 비위협적인 상황에서는 이완된 자세를 취하고 위협적인 상황에서는 긴장된 자세를 취한다.[52] 이런 관찰에 근거하여, 우리는 다른 사람이 얼마나 긴장하거나 이완되어 있는가를 봄으로써 그들이 어떻게 느끼고 있는지 상당히 많이 알 수 있다. 예를 들면 긴장은 사회적 지위의 차이를 알 수 있는 방법이다. 낮은 지위의 사람은 더 경직되고 더 많은 긴장을 보이는 반면, 높은 지위의 사람은 보다 더 편안해 보인다. 연구결과에 따르면, 지위가 높은 사람의 자세(머리 뒤로 손을 깍지 끼고 두 발을 책상 위에 올리는 것과 같은 자세)를 취하는 것은 실제로 권력이 있다는 느낌을 줄 수 있다.[53]

　몸짓　손과 팔의 움직임 즉, 몸짓(gestures)은 중요한 비언어적 의사소통의 한 유형이다. 인간의 몸짓 언어는 말보다 수십만 년 앞서는 첫 번째 의사소통 유형이라고 몇몇 사회과학자들은 주장한다.[54]

　몸짓의 가장 흔한 유형은 사회과학자들이 몸동작(illustrators)이라고 부르는 것으로, 이것은 말을 할 때 동반하는 움직임으로 독자적으로 존재하지는 못한다.[55] 예를 들면, 어떤 사람이 길모퉁이에서 마을 건너편의 음식점으로 가는 길을 묻는다면, 여러분은 아마도 거리 이름과 주소를 말하면서 동시에 자신의 손가락과 몸짓을 통해 그곳에 가는 방법을 설명할 것이다. 그 설명에서 말을 제거하고 몸동작만 남겨두면, 그 사람은 그 식당을 결코 찾을 수 없을 것이다. 또한 '손짓을 하면서 밀하기'를 좋아하는 사람을 생각해보지. 그들은 심지어 전화로 대화하면서 상대방을 볼 수 없을 때에도 열정적으로 몸짓을 한다. 연구결과, 북미 사람들은 감정적으로 각성되었을 때(분노, 공포, 불안, 고통, 또는 흥분 등의 감정을 느낄 때 말로 설명하기 어려운 감정을 설명하기 위해) 몸동작을 더 자주 사용한다.[56] 또 다른 연구는 외국어를 배울 때 몸동작과 그 외 다른 비언어적 단서를 동반하면, 외국어를 이해하고 배우는 것이 더 쉬운 것으로 나타났다.[57]

두 번째 유형의 몸짓은 상징적 동작(emblems)이다. 상징적 동작은 정확한 의미를 지닌 의도적인 비언어적 행동으로, 한 문화권에 속하는 거의 모든 사람들이 공유하는 것이다. 몸동작과는 달리, 상징적 동작은 독자적으로 기능할 수 있고 말 대신에 쓸 수 있는 기능을 한다. 예를 들면 머리를 끄덕이는 것은 '예', 가로로 젓는 것은 '아니요', 손을 흔드는 것은 '안녕' 또는 "잘 가요.", 그리고 손을 귀에 가져가는 것은 "잘 들을 수 없어요."라는 뜻을 북미 사람들은 알고 있다. 그리고 7세 이상의 서구인 거의 대부분은 중지를 들어 올리는 것의 의미를 알고 있다. 그러나 이러한 상징적 동작의 의미가 전 세계적으로 보편적이지는 않다는 점을 기억하는 것이 중요하다. 예를 들면, 미국에서는 엄지를 들어 올리는 것이 "좋아."라는 의미이지만, 이라크와 몇몇 다른 나라에서는 음란한 동작이다.[58]

세 번째 유형은 적응 행동(adaptors: 환경에 대한 반응으로 나오는 무의식적 신체 움직임)이다. 예를 들면, 추워서 몸이 떨릴 때 팔짱을 끼는 것은 적응 행동의 한 예이다. 물론 때때로 우리는 다른 사람에 대하여 '냉담한' 느낌이 들 때 팔짱을 끼기도 한다. 그리고 이러한 적응 행동은 관계의 '날씨'를 나타낼 수 있다. 특히, 종종 자신을 만지는 행동, 면접을 하면서 손을 만지작거리거나, 팔을 문지르는 것과 같은 자신을 만지는 행동(종종 조작기(manipulators)라고 부르는 행동)은 불편함의 신호이다.[59] 그러나 만지작거리는 모든 행동이 불편함을 나타내는 것은 아니다. 사람들은 편안할 때도 자기 자신을 만진다. 사람들은 경계심을 늦출 때 (혼자 있거나 친구들과 함께 있을 때) 귓불을 만지작거리거나, 머리카락을 빙글빙글 돌리거나, 손톱을 청소하기도 한다. 만지작거리는 사람이 무엇인가를 숨기고 있든 아니든 간에, 관찰자들은 이러한 행동을 정직하지 못한 신호로 해석할 가능성이 있다. 만지작거리는 사람이 모두 부정직한 것은 아니므로, 적응 행동의 의미에 대하여 성급한 결론을 내리지 않는 것이 중요하다.

사실, 너무 적은 몸짓도 혼합된 메시지의 지표로서 너무 많은 몸짓만큼이나

직업에 관한 이야기

취업용 면접에서의 비언어적 의사소통

"첫 인상의 기회는 두 번 다시 없다."는 속담은 취업 면접에 가장 적절하다. 이 중요한 대화에서 처음 몇 분 동안 여러분이 주는 인상은 장래의 고용주가 여러분을 바라보는 방식을 (다시 말해 여러분의 진로를) 결정할 수 있다. 연구결과 면접관들이 응시자를 평가할 때 비언어적 의사소통의 역할이 중요하다는 점을 강조한다.[a]

취업용 면접에 관한 연구가 다룬 3가지 특별한 행동을 살펴보겠다.

• 악수: 미국 문화에서 직업상 상호작용은 대부분 악수로 시작한다. 이 의례적 행동이 간단한 만큼, 연구는 악수의 질이 응시자의 고용과 관련이 있음을 보여준다. 악수는 지나치게 힘을 주지 않고 굳건하면서도 열정적이어야 한다. 이것은 남성과 여성 모두에게 해당된다.[b]
• 복장과 외모: 적절하게 차려 입는 것은 성공적 면접의 기본이다. 업무 상황에 적합한 외모는 후보자의 신뢰성과 사회적 기술을 높게 평가하도록 한다. 대략적인 규칙은 일상복보다는 정장 차림이 낫고, 현란한 것보다는 보수적인 색상과 옷차림이 낫다는 것이다.[c]
• 미소: 뻔한 것처럼 보이지만, "진정성 있는 미소를 짓는 면접 응시자는 보다 더 적합한 것으로 평가받고 취업에 성공할 가능성이 더 많다."고 한 연구는 밝혔다.[d] '진정성'이라는 단어가 중요하다. 한 연구에서는 순수하게 보이지 않는 미소에 대하여 부정적 평가를 했다. 핵심은 자연스럽게, 규칙적으로, 친절하고 유쾌한 태도로 미소를 짓는 것이다.

이 장에서 논의한 다른 비언어적 단서(예를 들어, 눈 접촉, 자세, 목소리 톤 등)가 취업용 면접에서 좋은 인상을 주는 데 얼마나 중요한가는 쉽게 상상할 수 있다. 더 많은 정보를 얻고자 한다면, 취업용 면접과 관련한 무수한 책들과 웹사이트의 도움을 받아 보라. 학교 내의 경력개발센터나 취업상담센터를 방문할 수도 있고, 면접 기술의 향상을 위한 프로그램에도 참여할 수도 있다. 어떠한 경우이든, 취업용 면접에서 여러분이 말하는 것뿐 아니라 어떤 행동을 하고 어떻게 보이는지가 중요하다는 조언을 듣게 될 것이다.

중요하다.[60] 제한된 몸짓은 무관심, 슬픔, 지루함, 부족한 열정을 의미할 수 있다. 말하는 사람이 조심스러울 때 몸동작 또한 줄어든다. 이러한 이유로, 주의 깊은 관찰자는 몸짓이 증가하는지 감소하는지를 살필 것이다.

얼굴과 눈　　　　얼굴과 눈은 신체에서 가장 주목을 받는 부분이다. 그러나 이것이 얼굴과 눈의 비언어적 메시지를 읽는 것이 쉽다는 의미는 아니다. 얼굴은 몇 가지 이유에서 엄청나게 복잡한 표현의 경로이다.

첫째, 우리가 얼굴과 눈으로 만들어내는 표정의 수와 종류는 수없이 많다. 연구자들은 눈썹과 이마와 관련하여 구분할 수 있는 위치가 최소 8개, 눈과 눈꺼풀은 8개, 얼굴 아래쪽은 10개가 있음을 발견하였다.[61] 이 복합한 개수를 우리가 느끼는 감정의 수와 곱하면, 얼굴 표정과 그에 해당하는 감정을 다루는 사전을 만드는 것이 왜 거의 불가능한지 알 수 있다.

둘째, 얼굴 표정은 변화하는 속도가 빨라 이해하기가 어렵다. 예를 들면 슬로 모션 영화는 등장인물의 얼굴에 눈 깜박할 만큼 짧은 시간에 나타나는 미세한 표정(microexpressions)을 보여준다.[62] 의식하지 못하지만, 거짓말을 하는 사람은 눈썹의 주름, 입술의 떨림, 혹은 눈 주변의 주름을 통해 자신의 진정한 느낌을 누출할 수 있다.[63] 이와 같은 미세한 표현들은 발각되면 심한 처벌을 받는 경우처럼 '고위험' 거짓말로 알려진 경우에 나타나기 쉽다.[64] 슬로우 모션 녹화와 훈련을 받은 전문가들은 이처럼 짧은 시간 동안의 속임 단서들을 포착할 필요가 있다는 것을 기억하라.

얼굴이 감정을 드러내는 방식이 복잡하지만, 우리는 얼굴을 주의 깊게 살펴봄으로써 단서를 얻을 수 있다. 가장 쉬운 방법 중 하나는 사실보다 지나치게 과장된 표정을 찾는 것이다. 예를 들면 순수한 얼굴 표정은 보통 5초 이상 지속되지 않는다. 그 이상 지속되는 경우에 우리는 그 표정이 진짜인지 의심하기 시작한다(미인대회 참가자들이 짓는 미소는 종종 '가짜'이거나 '진실하지 못한' 것으로 드러난다.).[65] 다른 사람의 감정을 알아채는 또 다른 방법은 그들이 외모에 신경 쓰지 않을 때 그들의 표정을 관찰하는 것이다. 교통 체증으로 차 안에 있을 때 다른 차에 있는 사람을 힐끗 본 경험이 있을 것이다. 또는 스포츠 경기의 관중들을 둘러보면 좀 더 조

다양성에 대한 고찰

Annie Donnellon: 실명과 비언어적 단서

나는 앞을 보지 못하는 상태로 태어났기 때문에 시력을 가진 사람들이 사용하는 많은 비언어적 단서를 한 번도 본적이 없다. 사실, 볼 수 있는 내 친구들은 많은 의미가 비언어적 경로를 통해 전달된다는 것을 당연하게 여기는 것 같다. 최근 대인 간 의사소통 강의에서 비언어적 의사소통에 대한 내용은 나에게 어떤 의미에서는 외국어와 같았다.

예를 들면 수업시간에 몸의 움직임, 눈 접촉, 얼굴 표정과 같은 것들을 토론할 때 나는 강의실을 나오고 싶은 마음이 약간은 있었다. 나는 이러한 단서들이 어떻게 작동하는지 이해하지만 내 스스로 그것을 경험해 본 적이 없다. 나는 다른 사람들 (적어도 의도적으로는) '내려다보거나' '힐끗 본'적이 없다. 어떤 사람이 '자신의 손으로 말하는'것을 알고는 있지만, 나는 그것을 본 적도 없고 그렇게 해본 적도 없다.

주제가 부언어로 바뀌었을 때, 나는 익숙한 영역으로 되돌아왔다. 나는 사람들의 생각과 느낌을 파악하기 위해 그들이 말하는 방식에 매우 주의해서 듣는다. 나의 가족과 친구들은 시력이 있는 사람들보다 내가 이 분야를 더 잘 안다고 말한다. 친구들이 복합적인 메시지를 보낼 때, 나는 보통 "오늘 괜찮아?"라고 그들에게 묻는다. 그들은 괜찮다고 말할 수도 있지만, 그들의 목소리는 종종 그렇지 않게 들린다.

나는 가수이자 연주자인데, 선생님들이 좋은 의도로 나에게 비언어를 가르치고자 했을 때 가장 큰 좌절을 경험했다. 어떤 연기 선생님은 나에게 "당신은 이 장면에서 이 등장인물을 어떻게 비언어적으로 표현할 수 있다고 생각하나요?"라고 물었을 때, 나는 속으로 "몰라요."라고 대답했다. 볼 수 있는 사람들은 주먹을 꽉 쥐는 것, 경직된 자세, 또는 어깨를 으쓱하는 것이 분노에 대한 '자연스러운' 표현이라고 생각하지만, 나는 그것이 다른 사람을 보면서 배운 것이라고 생각한다.

의사소통을 보다 원활하고 효율적으로 할 수 있는 몇 가지 핵심 요인은 다음과 같다. 실명한(눈이 보이지 않는) 사람들과 대화를 시작할 때, 여러분의 이름을 말하는 것이 중요하다. 그들이 목소리를 통해 여러분이 누구인지 구분할 것이라고 가정하지 말라. 대화를 마칠 때 여러분이 떠날 것이라고 말해주기 바란다. 나는 종종 누군가와 이야기를 나누는 도중 그들이 가버린 것을 알고는 당황한 적이 있다.

가장 중요한 것으로, 시각장애가 있는 사람들이 볼 수 없는 일이 일어날 때 그것을 알려주어라. 여학생 동아리 모임에서 모든 사람이 웃는 일이 발생했을 때, 나는 비언어적 단서를 볼 수 없어서 종종 소외되곤 했다. 일어나는 일을 나에게 재빨리 속삭여주면 내가 대화에 참여하고 있다는 느낌을 갖는 데 도움이 된다는 것을 지난 수년간 나의 친구와 가족은 알게 되었다.

내가 수강한 대인 간 의사소통 강의는 나와 교수와 학우들에게 풍요로운 경험을 제공해주었다. 우리가 서로 많이 배웠다고 생각한다. 특히, 대인관계에서 비언어적 의사소통의 필수적이고 복합적인 역할에 대하여 많이 배웠다.

심하는 상황에서는 결코 보이지 않을 표정을 본 일이 있을 것이다.

눈은 몇 가지 종류의 메시지를 보낼 수 있다. 여러분을 쳐다보는 사람을 여러분도 같이 쳐다보는 것은 보통 개입의 신호이며, 눈을 피하는 것은 종종 접촉을 피하고 싶다는 신호이다. 이 원칙은 상업적인 측면에 실용적으로 적용할 수 있다. 가령, (남녀 모두) 점원이 고객과 눈 접촉을 할 때, 그들은 더 많은 팁을 주었다.[66] 또한 눈 접촉을 피하는 사람에 비해 직접적인 눈 접촉을 하는 의사소통자가 요청할 때, 사람들은 그의 요청에 따를 가능성이 훨씬 더 높았다.[67] 우리는 동일한 원리가 타인과의 접촉에 대해서도 그대로 적용된다는 것을 이 장의 후반부에서 살펴볼 예정이다(그렇기 때문에 눈 접촉이라는 용어가 적합한 것이다). 연결되어 있다는 느낌은 순응하게 만든다.

눈을 통해 소통하는 또 다른 종류의 메시지는 긍정적 태도나 부정적 태도이다.[68] 어떤 사람이 적절한 얼굴 표정으로 우리를 쳐다보면, 우리는 그 사람이 우리에게 관심이 있다는 분명한 메시지를 받게 된다. 이것을 '눈웃음 또는 눈짓'이라고 한다. 동시에 우리가 어떤 사람을 오래 쳐다볼 때 그 사람이 눈을 피하면, 우리는 그 사람이 우리와의 관계에 관심이 없다고 상당히 확신할 수 있다(물론, 많은 종류의 연애게임이 있다. 눈웃음을 받은 사람이 아무런 메시지를 받지 못한 척하고 눈을 피하면서 몸의 다른 부분에 관심이 있다는 신호를 보내기도 한다.). 눈은 또한 지배와 복종의 메시지를 전달할 수 있다.[69] 우리 모두는 어떤 사람을 빤히 쳐다보는 게임을 하기도 하고 항복의 의미로 눈을 내리깔 때도 있다.

목소리

목소리는 비언어적 의사소통의 또 다른 경로이다. 사회과학자들은 비언어적이고 음성적인 메시지를 설명하기 위해 **부언어**(paralanguage)라는 용어를 사용한다. 메시지를 말하는 방식에 따라 똑같은 말도 의미가 많이 달라진다. 예를 들면 강조하는 단어를 다른 단어로 바꿀 때 그 문장의 의미가 얼마나 많이 달라지는지 주목해보자.

이것은 환상적인 의사소통 책이다.(이 책은 다른 책과 다른 특별한 책이다.)

이것은 **환상적인** 의사소통 책이다.(이 책은 뛰어나고 흥미진진하다.)

이것은 환상적인 **의사소통** 책이다.(이 책은 의사소통에 관한 한 좋은 책이다.
문학이나 드라마로서는 그리 훌륭하지 않을 수 있다.)

이것은 환상적인 의사소통 **책**이다.(이것은 연극이나 앨범이 아니라 책이다.)

우리가 목소리의 어조(tone), 속도, 음높이, 크기, 심지어 (일시) 정지(pause) 등을 통해 부언어적으로 의사소통하는 많은 다른 방법이 있다. 의사소통상의 문제를 일으킬 수 있는 2가지 유형의 정지가 있다. 첫째는 비의도적 정지이다. 이것은 언어의 메시지를 계속해서 가장 잘 전달할 수 있는 방법을 결정하기 전에 생각을 모으기 위해 멈추는 것이다. 진실을 말하는 사람보다 거짓말쟁이가 이야기를 만들기 위하여 비의도적 정지를 더 많이 하는 경향이 있다는 것은 당연한 일이다.[70] 사람들이 까다로운 질문("내가 사 준 선물 좋아요?")을 받은 후 오랫동안 정지하는 것은 체면을 세우는 (아마도 덜 정직한) 대답을 만들어낼 시간을 버는 것일 수 있다.

두 번째 유형의 정지는 음성화된 정지이다. '음', '어'와 '아'와 같이 말을 더듬기도 하고, "같아요.", "좋아요.", "아시죠."와 같은 말을 습관적으로 삽입하기도 한다. 연구결과, 음성화된 정지는 그 사람의 신뢰성을 감소시키고,[71] 취업 면접을 받는 사람에게 부정적 영향을 주는 것으로 나타났다.[72] Caroline Kennedy가 상원의원 후보가 되고자 했을 때, 그녀의 기자회견은 음성화된 정지로 가득했다. 그녀는 "아시죠 ya know."를 뉴욕 타임즈와의 인터뷰에서 142번이나 사용했다. 이것이 그녀가 공직에 출마하지 않기로 결정한 이유는 아니지만, 많은 의사소통학자들은 음성화된 정지의 지나친 사용이 그녀의 전문적 이미지에 분명히 도움이 되지 않았다고 언급했다.[73]

연구자들은 내용 없는 연설문, 컴퓨터로 조작해서 그 단어들은 알아들을 수 없으나 부언어는 그대로 남아 있는 보통의 연설문을 통해서 부언어의 힘을 확인했다(우리가 이해할 수 없는 외국어를 들을 때 이와 같은 효과가 나타난다). 내용 없는 연설문을 들은 참가자들은 표현된 감정을 일관적으로 파악했고 그 강도도 알아차렸다. 어린아이들도 어른들의 부언어에 반응한다.[74] 그래서 그들은 따뜻하게 말하는 사람에게 따뜻하게 대하고, 불친절하게 말하는 사람을 피한다.[75]

부언어는 여러 방식으로 행동에 영향을 줄 수 있고 그 중 일부의 효과는 매우 놀랍다. 연구자들은 의사소통자들이 자신의 말 속도와 비슷한 속도로 말을 하는 사람의 요청을 수락할 가능성이 가장 높다는 것을 발견하였다. 즉, 말의 속도가 빠른 사람은 자신처럼 말의 속도가 빠른 사람에게 가장 호의적으로 반응했고, 말의 속도가 느린 사람은 마찬가지로 말의 속도가 느린 사람을 더 선호했다.[76] 사람들은 자신과 같은 속도로 말하는 사람에게 순응할 뿐 아니라 더 긍정적인 감정을 느끼기도 한다.

빈정댐은 목소리의 강세와 어조를 사용해서 문장의 의미를 정반대로 변화시키는 한 가지 사례이다. 다음 세 문장을 통해 이러한 반전을 경험해보자. 먼저 문자 그대로 말해보고, 그 다음 비아냥거리듯 말해보자.

"매우 감사합니다!"

"오늘 소개팅에서 정말 멋진 시간을 가졌어요."

"제가 세상에서 강낭콩보다 더 좋아하는 것은 없어요."

다른 비언어적 메시지와 함께 빈정대는 경우, 사람들은 종종 빈정댐의 음성적 뉘앙스를 무시하거나 잘못 해석한다. 어떤 집단의 구성원들(어린아이들이나 지적 능력이 떨어지는 사람들 혹은 경청을 잘 못하는 사람들)은 다른 사람들보다 빈정거리는 메시지를 오해하기 쉽다.[77] 한 연구에서 10세 이하의 아이들은 빈정대는 메시지를 구분할 수 있는 언어적 정교성이 부족했다.[78]

어떤 음성적 요인은 다른 것보다 더 긍정적으로 지각된다. 예를 들면 주저함 없이 큰 목소리로 말하는 의사소통자는 정지가 많고 조용히 말하는 사람보다 더 자신감 있게 보인다.[79] 보다 더 매력적인 목소리를 가진 사람은 덜 매력적인 목소리를 가진 사람보다 더 높은 평가를 받는다.[80] 목소리를 매력적으로 만드는 요인은 다양할 수 있다. [그림 7.1]처

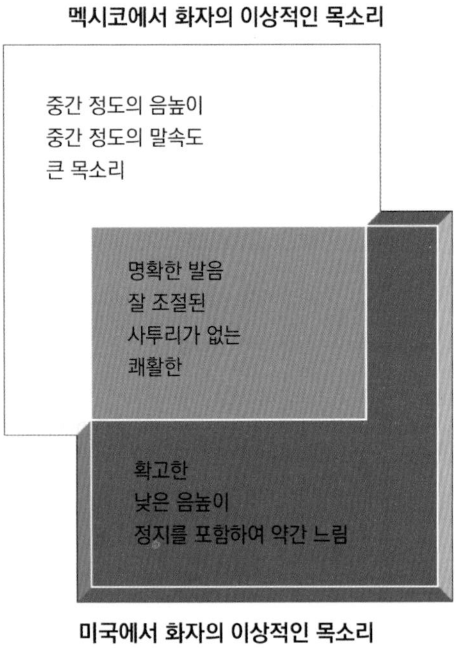

멕시코에서 화자의 이상적인 목소리

중간 정도의 음높이
중간 정도의 말속도
큰 목소리

명확한 발음
잘 조절된
사투리가 없는
쾌활한

확고한
낮은 음높이
정지를 포함하여 약간 느림

미국에서 화자의 이상적인 목소리

▶ **그림 7.1** 멕시코와 미국에서의 이상적인 목소리 비교

Adapted from "Communicative Power: Gender and Culture as Determinants of the Ideal Voice," in Women and Communicative Power: Theory, Research and Practice, edited by Carol A. Valentine and Nancy Hoar. ©1988 by SCA. Reprinted by permission.

럼, 문화가 차이를 만들 수 있다. 연구결과, 멕시코인과 미국인이 이상적으로 생각하는 목소리에는 유사점과 차이점이 있었다. 강세는 지각에 중요한 역할을 한다. 일반적으로, 어떤 집단 소속인가를 확인할 수 있는 강세는 만일 그 집단의 지위가 높으면 보다 긍정적인 평가를 받고, 그 집단의 사회적 지위가 낮으면 부정적 평가를 받게 된다.[81]

접촉

남편이 미국의 대통령으로 선출된 직후, 영부인 Michelle Obama는 영국의 엘리자베스 2세 여왕과 인사할 때 포옹을 하는 정치 · 외교적 결례를 저질렀다. 몇몇 목격자들은 깜짝 놀랐고 몇몇은 즐거워했다. 그들의 반응에 상관없이, 모든 사람들은 신체적 접촉이 의사소통의 강력한 방법이라는 것에 동의할 것이다.

사회과학자들은 접촉에 대한 연구를 설명할 때 촉각(haptics)이라는 단어를 사용한다. 접촉은 다음과 같은 다양한 메시지를 전달할 수 있고, 다양한 관계를 알려주는 역할을 할 수 있다.[82]

> 기능적이고 전문적인(치과검진, 미용)
>
> 사교적이고 정중한(악수)
>
> 우정과 따뜻함(등을 툭툭 두드리는 것, 스페인 사람들의 포옹)
>
> 성적 흥분(입맞춤, 스킨십)
>
> 공격(밀치기, 철썩 때리는 것)

어떤 비언어적 행동은 몇몇 유형의 관계에서 발생한다. 예를 들면 키스는 아주 정중하지만 피상적인 인사를 의미할 수도 있지만, 가장 강력한 흥분을 의미하기도 하다. 무엇이 주어진 접촉의 강도를 결정하는가? 연구자들은 몇 가지 요소들을 제안했다.

> 신체의 어떤 부위로 접촉하는가
>
> 신체의 어느 부위를 접촉하는가

얼마나 오래 접촉하는가

어느 정도의 압력을 사용하는가

접촉 후 움직임이 있는가

다른 사람이 주위에 있는가

접촉이 발생한 상황

관련된 사람들의 관계[83]

이 목록을 보면, 여러분은 접촉이 참으로 복잡한 언어라는 것을 알 수 있다. 비언어적 메시지는 본질적으로 모호하기 때문에, 이런 언어가 종종 오해를 불러일으키는 것은 놀라운 일이 아니다. 포옹이 단지 장난인가 아니면 강한 느낌의 암시인가? 어깨를 만지는 것이 우정의 몸짓인가 아니면 지배하려는 시도인가? 비언어적 행동의 모호함은 종종 심각한 문제를 일으킨다.

접촉은 타인에 대한 우리의 반응을 결정하는 데 중요한 역할을 한다. 예를 들면 한 실험실 과제에서 참가자는 자신을 (물론 온당하게) 접촉한 상대방을 더 긍정적으로 평가했다.[84] 접촉은 호감을 높이는 것과 더불어 순응을 증가시킨다. 식당의 종업원은 손님의 손이나 어깨를 잠깐 접촉하면 더 많은 팁을 받는다.[85] 상점에서 신체적 접촉이 있는 고객은 쇼핑 시간이 늘어나고 상점에 대한 평가와 소비 금액도 증가한다.[86] 판매원과 접촉을 하면서 샘플을 받은 고객은 샘플 사용이나 구매를 더 많이 한다.[87]

접촉의 가장 확연한 이점은 의학, 건강, 그리고 남을 돕는 분야에서 찾을 수 있다. 예를 들면 의사가 약을 처방해 주면서 가벼운 접촉을 해주면 환자들은 약을 더 잘 복용한다.[88] 마사지는 조산아의 체중 증가에 도움을 주며, 영아산통을 겪는 아기들의 수면을 도와주고, 우울한 청소년의 기분을 개선시켜주며, 암환자나 HIV 환자의 면역기능을 향상시킨다.[89] 연구는 치료자와 내담자 사이의 접촉이 다양하고 유익한 변화를 북돋우는 잠재력이 있음을 보여준다. 또한 내담자가 더 개방적으로 되고, 자기수용에 도움이 되며, 내담자와 치료자 사이의 관계도 더 긍정적으로 된다.[90]

접촉은 또한 학교에서도 영향력을 가진다. 교사로부터 지지적인 접촉을 받은

잠시 생각해보기

접촉의 규칙

대부분의 비언어적 행동과 마찬가지로, 접촉은 사회문화적 규칙의 지배를 받는다. 다른 문화권에서 온 방문객을 위한 안내 책자를 쓴다고 상상해보자. 다음의 관계에서 접촉을 지배하는 규칙을 기술해보자. 각각의 사례마다 참여자의 성(gender)이 그 규칙에 어떻게 영향을 미치는지 기술해보자.

1. 성인과 5살 아이
2. 성인과 12살 아이
3. 두 명의 좋은 친구
4. 상사와 부하직원

학생은 수업에 참여하고 발표하는 정도가 두 배 가까이 증가한다.[91] 심지어 운동선수들도 접촉의 혜택을 누린다. 한 농구협회의 연구에 의하면, 선수들 간의 접촉이 많은 팀은 가장 좋은 기록을 가지고 있고, 반면에 가장 낮은 기록을 가진 팀은 선수들 간의 접촉이 적었다.[92]

물론 접촉은 문화적으로 수용 가능한 것이어야 한다. 게다가 접촉 그 자체가 성공에 대한 보증도 아니고, 너무 많은 접촉은 성가시고 짜증나며 심지어 섬뜩할 수도 있다. 그러나 적절한 접촉은 여러분의 성공 가능성을 높여줄 수 있음을 연구 결과가 입증한다.

외모

우리가 인정하든 그렇지 않든 간에, 외모는 다른 사람들에게 많은 메시지를 전달한다. 외모에는 두 가지 차원 즉, 신체적 매력과 의복적 차원이 있다.

신체적 매력   신체적으로 매력적인 사람이 많은 사회적 이득을 얻는다는 데에는 이견이 없다.[93] 예를 들면 매력적인 여성이 데이트도 더 많이 하고 대학에서 더 높은 성적을 받는다. 남성들을 훨씬 쉽게 설득하고, 법정에서도 보다 낮은

─────── 영화 "Crazy, Stupid Love"에서 Cal Weaver(Steve Carrell 역)는 아내에게 버림을 받고는 어떻게 여자의 마음을 끌 수 있을지 건장한 Jacob Palmer(Ryan Gosling 역)에게 조언을 구했다. Jacob은 Cal의 외모 즉, 구두, 셔츠, 정장, 청바지, 머리를 점검한다. 그리고 여느 영화에서 일어나는 것처럼, Cal은 새로운 자신감을 가지고 나타나서는 데이트에 성공한다. 여러분의 외모가 자기 자신에 대한 느낌에 어느 정도의 영향을 미치는가? 그것은 다른 사람과 상호작용하는 여러분의 방식을 변화시킬 수 있는가? Cal이 노력하는 것을 보면, 비언어적 단서를 위장하는 것이 쉽지 않아 보인다.   Warren Brothers/Allstar

형량을 받는다. 남들에게 매력적으로 보이는 남성과 여성은 그들의 평범한 형제나 자매보다 감수성이 뛰어나고, 친절하며, 강하고, 사교적이며, 더 흥미로운 사람으로 평가받는다.

신체적 매력의 영향은 삶의 초기부터 시작된다.[94] 미취학 아동에게 같은 또래의 아이들 사진을 보여주고 장래의 친구와 적을 선택하도록 요청했다. 연구자는 세 살 아이들이 누가 매력적이고 그렇지 않은지에 대해 의견이 일치한다는 것을 발견했다. 더 나아가 아이들은 자신의 파트너(동성과 이성 모두)로 더 매력적인 아이를 선호했다. 교사들 역시 학생들의 매력에 영향을 받는다. 신체적으로 매력적인 학생은 매력이 덜한 학생들에 비해 더 똑똑하고, 우호적이고, 인기가 많다는 더 호의적인 평가를 받는다.[95] 교사—학생 평가는 양방향으로 작용한다. 연구를 보면 신체적으로 매력적인 교수는 학생에게 더 좋은 평가를 받는다.[96]

또한 신체적 매력은 직업세계에서 하나의 자산으로, 고용과 승진 그리고 수행 평가의 결정에 영향을 미친다.[97] 이러한 편향은 '외모주의'라고 불리어 왔으며, 인종주의와 성차별주의와 같은 종류의 편견을 초래할 수 있다.[98] 예를 들면 평균 이상의 외모를 가진 여성은 임금의 8% 상여금을 받는 대신, 평균 이하의 외모를 가진 여성은 임금의 4% 벌금을 받는다는 것을 연구들은 밝히고 있다. 남성의 경우, 매력이 갖는 임금 보너스는 4%에 불과했지만, 평균 이하의 외모에 대한 벌금은 13%에 이르렀다. 종종 신체적 매력은 부정적인 효과를 가지고 있다. 가령 면접관은 잘생긴 후보자들을 위협으로 지각해서 탈락시킬 수도 있다.[99] 일반적으로 매력은 보상을 가져다주지만, 화려한 아름다움은 위협적일 수 있다.[100]

다행스럽게도 매력은 성형수술을 하지 않고도 얻을 수 있다. 여러분이 매력이 없거나 멋이 없더라도 절망할 필요는 없다. 우리가 어떤 사람을 더 잘 알고 좋아할수록, 그 사람의 외모도 더 훌륭하다고 평가한다.[101] 게다가 우리는 타인을 '타고난 장비'에 근거해서가 아니라, 그들이 그 '장비'를 어떻게 사용하는가에 근거해 아름답다거나 추하다고 평가한다. 자세, 몸짓, 얼굴 표정, 그리고 그 외 다른 행동들이 특별할 것 없는 사람의 매력을 향상시킨다. 마지막으로, 우리의 옷 입는 방식은 다른 사람이 우리를 지각하는 데 큰 차이를 만든다.

의복　　　의복은 우리를 비바람으로부터 보호해주는 수단뿐만 아니라, 비언어적인 의사소통의 수단이다. 한 작가는 의복이 다른 사람에게 최소 10가지의 메시지를 전달한다고 제안했다.[102]

　　　경제적 배경

　　　경제적 수준

　　　교육 배경

　　　교육 수준

　　　교양 수준

　　　성공 수준

　　　도덕적 특성

　　　사회적 배경

　　　신용

연구는 우리가 사람들의 옷에 기반해서 그들에 대한 가정(assumptions)을 만든다는 것을 보여주고 있다.[103] 예를 들면 민간인 복장의 실험자보다 경찰 제복을 닮은 제복을 입은 실험자가 보행자에게 쓰레기를 줍도록 요구하거나 주차시간을 초과한 운전자에게 돈을 빌려주도록 요구했을 때 더 성공적이었다. 이와 비슷하게, 보안관이나 간호사 복장을 입고 법률 집행이나 건강관리 캠페인을 하면 기부금이 증가했다. 심지어 사회적 규칙을 어길 때도 복장격식을 갖춘 사람을 따라 하는 경향이 있다. 한 실험에서 높은 사회적 지위의 복장을 한 사람이 무단횡단을 하자 83%의 보행자도 무단횡단을 따라 했다. 그러나 사회적 지위가 낮아 보이는 옷을 입은 사람의 경우는 48%의 사람이 무단횡단을 따라 했다.

물리적 공간

George Doyle/Stockbyte/Getty Images

공간학(proxemics)은 사람과 동물이 공간을 사용하는 방법을 연구하는 학문이다. 공간학에는 거리와 영역이라는 두 차원이 있다.

거리   우리는 어디를 가든 보이지 않는 일종의 개인적인 공간을 지니고 다닌다. 우리는 이 내부 공간을 우리의 개인적 영역으로(우리의 몸처럼 우리의 일부분으로) 생각한다. 이것을 알아보기 위해, 아래의 "거리가 중요하다." 실습을 해보자. 여러분이 상대방에게 가까이 다가가면 공간의 거리가 좁아지고, 어느 순간에는 그 거리가 사라질 것이다. 여러분의 공간은 침범당했고, 이 시점에 여러분은 불편을 느낄 수 있다. 여러분이 다시 멀어지게 되면, 상대방은 여러분의 공간으로부터 벗어나게 되고, 그래서 여러분은 더 편안해진다.

물론 연인과 같이 자신과 가까운 사람과 이 실험을 하면, 여러분은 어떤 불편함도(심지어 접촉을 하는 중에도) 느끼지 못할 것이다. 그 이유는 우리가 누구와 어떤 상황에 있느냐에 따라(신체적으로나 정서적으로) 가까이 있고 싶은 욕구가 달라지기 때문이다. 우리의 감정과 관계의 본질을 드러내주는 성격에 대한 비언어적 단서는 정확히 우리가 다른 사람과의 사이에 자발적으로 설정한 거리이다.

이 장의 앞부분에서 읽었듯이, 적절한 공간적 거리는 문화에 따라 다르다. 인류학자 Edward T. Hall은 대부분의 북미 사람들이 일상적으로 사용하는 4가지 거리를 정의했다.[104] 우리는 다른 사람에게 어떤 감정을 느끼는지, 대화의 맥락은 어떤지, 상호 목표는 무엇인지에 따라 특정 거리를 선택한다고 그는 말한다.

- Hall의 4가지 거리 중 첫 번째 공간 영역은 피부가 닿는 거리에서 시작해 18 인치까지의 거리이다. 우리는 보통 정서적으로 가깝고 아주 사적인 상황 (사랑을 나눈다든지, 애무한다든지, 위로하거나 보호하는 등)에서 친밀한 거리 (intimate distance)를 사용한다.

- 두 번째 공간 영역은 개인적 거리(personal distance)로 18인치에서 4피트까지이다. 가장 근접한 거리는 대부분의 커플이 공공장소에서 서있는 거리이다. 가장 먼 거리는 2.5에서 4피트까지이다. Hall이 썼듯이, 이 거리에서 우리는 다른 사람을 '팔 길이'만큼 거리에 둘 수 있다. 이 단어의 선택은 이러한 거리에서 이루어지는 의사소통 유형을 함축한다. 즉, 접촉은 매우 가깝게 이루어지지만, 발 하나의 거리나 그보다 더 가까운 거리에서 이루어지는 접촉보다는 덜 사적이다.

- 세 번째 공간 영역은 사회적 거리(social distance)로, 그 범위가 4에서 12피트까지이다. 이 범위 안에서는 주로 업무적인 대화를 주고받는다. 가장 가까운 거리인 4~7피트는 주로 영업사원과 고객이 대화를 할 때나 함께 일하는 동료 사이에서 생기는 거리이다. 7~12피트 거리는 더 격식이 있고 사적인 것이 개입하지 않는 상황에서 생긴다. 이 정도 거리를 두고 앉는다는 것은 상사가 의자를 앞쪽으로 당기고 3피트 정도 떨어져 앉는 것과는 상당히 다른, 덜 편안한 유형의 대화를 하고 있다는 것을 암시한다.

- 공적 거리(public distance)는 Hall의 용어로 가장 먼 거리의 영역으로 거리가 12피트를 넘어선다. 공적 거리의 가장 가까운 범위는 대부분의 교사들이 교실에서 이용하는 거리(공간)이다. 공적 거리의 가장 먼 범위는 25피트 이상의 거리로, 양방향 의사소통이 거의 불가능하다. 몇몇 사례에서 보면, 청중의 규모 때문에 연설자들이 공적 거리를 사용할 필요가 있다. 그러나 더 가까이 갈 수 있는데 자발적으로 공적 거리를 유지하려는 사람은 그 대화에 흥미가 없는 것으로 가정할 수 있다.

최적의 거리를 선택하는 것은 우리가 타인을 어떻게 생각하고 그들에게 어떻

잠시 생각해보기

거리가 중요하다.

1. 상대방을 선택해라. 그 나음, 방의 반내편으로 가서 서로 마주 본다.
2. 대화를 하면서 아주 천천히 서로를 향해 걷기 시작한다. 이런 실습을 하면서 기분이 어떤지와 같이 간단한 대화를 할 수 있다. 서로 가까워지면 어떤 기분의 변화가 생기는지 살펴본다. 1인치정도로 거리가 가까워질 때까지 계속 서로를 향해 천천히 움직인다. 그리고 이때 기분이 어떤지 살펴본다.
3. 이제 서로를 여전히 마주보고 대화하면서, 여러분이 편안함을 느끼는 거리까지 뒤로 물러난다.
4. 여러분의 기분을 상대방이나 집단 구성원들과 공유한다.

게 반응할지에 막대한 영향을 준다. 예를 들면, 학생들은 자신과의 거리를 좁히는 교사에게 만족감을 느낀다. 그들은 그 교사의 과목에 더 만족하고 그의 수업을 더 잘 따라간다.[105] 이와 유사하게, 환자들은 최소한의 사회적 거리를 두고 자신을 대하는 의사에게 더 만족감을 느낀다.[106]

영역　　　물리적 존재의 연장으로서 개인적 거리는 우리가 늘 지니고 다니는 보이지 않는 공간과 같은 반면에, 영역(territory)은 움직이지 않고 고정되어 있는 것이다. 일터, 방, 집, 우리가 권리를 지닌 물리적 공간은 모두 우리의 영역이다. 영역에서 재미있는 점은 소유권을 가정할 실질적인 기반은 없지만, 그럼에도 불구하고 소유하는 것이라고 느낀다. 여러분과 늘 함께 움직이는 개인적 거리와는 달리, 집에 있는 방은 여러분이 거기에 있든 없든 자신의 소유라는 느낌이 있다. 같은 방식으로, 여러분은 강의실에서 자신이 늘 앉는 의자라는 가구를 자기의 소유라고 착각하지는 않더라도 그 자리에 대한 소유의식은 느낄 수 있다.[107]

사람들이 공간을 이용하는 방식을 통해 힘과 계급을 살펴볼 수 있다.[108] 일반적으로 사람들은 계급이 높은 사람에게 더 큰 사적 영역과 더 많은 사생활을 허용한다. 우리는 상사의 사무실로 들어가기 전 노크를 하지만, 상사는 거리낌 없이 팀원들이 일하는 곳으로 들어온다. 학교에서 교수들은 개인 연구실과 식당, 화장실까지 주어지지만, 그보다 덜 중요한 학생들에겐 그 같은 성역이 없다. 군인들 사이에서는 계급이 높을수록 개인 공간이 더 넓어지고 커진다. 사병 40명은 한 막사에서 자고, 장교는 개인 방을 가지고 있으며, 장군은 정부가 제공하는 집을 가진다.

물리적 환경

물리적 환경, 건축, 실내 디자인도 우리의 의사소통에 영향을 미친다. 실내 디자인이 전달하는 인상은 상당히 놀랍다. 연구자들은 99명의 학생들에게 중상층 12개 가정의 내부와 외관 사진을 보여주었다. 그리고 그 집 주인의 성격을 추론하도록 했다.[109] 학생들은 특히 인테리어 사진을 본 후에 집주인의 성격을 정확하게 묘사했다. 실내 장식의 색채 조합은 집주인의 지적 수준이나 우아함, 성숙도, 긍정적 태도, 긴장감, 모험을 감수하려는 의지, 가족의 성향 등에 관한 정보를 제공해 준다. 집 외관은 관찰자에게 집주인의 예술적 관심, 정중함, 사생활, 조용함에 대한 정보를 준다.

게다가, 디자이너와 주변 환경에 관한 정보를 주고받는 것은 모종의 상호작용을 형성한다. 한 실험에서는 아름다운 방에서 일하는 참가자가 평균 혹은 그 이하의 방에서 일하는 사람보다 더 긍정적이고 에너지가 넘쳤다.[110] 또 다른 실험에서 학생들은 잘 꾸며진 방에서 일하는 교수를 그렇지 않은 방에서 일하는 교수보다 더 믿을 만하다고 지각했다.[111] 의사들은 환자들과 상호작용의 질을 향상시키기 위해 환경을 조성했다. 단지 의사의 책상을 치우는 것만으로도 환자가 진료실을 방문하는 동안 거의 다섯 배나 더 편안하게 느낀다.[112] 또 다른 연구에서는 병원의 입원실을 새롭게 꾸민 후에 환자들 사이의 상호작용이 크게 증가하였다. 예전에는 병실 모퉁이에 포개져 있던 의자들을 작은 테이블 곁에 몇 개씩 놓아둔 결과, 환자들이 편안한 정도의 거리를 두고 서로 얼굴을 마주하게 되면서 대화는 두 배로 늘었다.[113]

시간

사회과학자들은 사람이 시간을 어떻게 구조화하고 사용하는지를 기술하기 위해 **시간개념학**(chronemics)이라는 용어를 사용한다. 우리가 시간을 다루는 방식은 의도적 메시지와 비의도적 메시지 모두를 포괄한다.[114] 예를 들면 업무 메일에 대한 답장을 늦게 보내거나 보내지 않는 것은 부하직원이나 동료에게 신뢰할 수 없다는 인상을 줄 수 있다.[115]

시간을 굉장히 중시하는 문화에서는 기다림이 서열에 대한 지표가 될 수 있다. 중요한 위치의 사람은 (다른 사람의 시간에 비해 그의 시간이 더 가치 있다고 생각한다) 약속된 모임에만 나타날 것이지만, 알리지 않고 자기 마음대로 타인의 공간에 들르는 것도 허용된다. 관련 규칙 하나는 낮은 계급의 사람은 높은 계급의 사람을 기다리게 해서는 결코 안 된다는 것이다. 여러분이 취업용 면접에서 지각하는 것은 큰 실수가 되지만, 면접관은 여러분을 로비에서 기다리게 할 수 있다. 중요한 위치의 사람은 종종 식당이나 항공사의 책임자를 바로 만날 수 있지만, 아마도 지위가 덜 높은 다수의 사람들은 그들의 차례를 기다려야 할 것이다.

시간은 힘과 계급의 표시일 뿐만 아니라 관계의 표시이기도 하다. 상대방과 보내는 시간의 양이 그 사람의 가치에 대한 메시지를 전달한다는 것을 연구는 보여준다.[116] 한 연구에서 20개의 비언어적 행동을 분석했는데, 함께 보내는 시간은 관계 만족도와 대인 간 이해의 가장 강력한 지표였다.[117] 시간은 또한 매체를 이용한 의사소통 상황에서도 측정할 수 있고 가치 있는 것으로 여겨진다. 누군가의 이메일에 답장하는 시간이나 인터넷 커뮤니티에서 글을 쓰는 시간의 길이는 그 사람에 대한 인식에 큰 영향을 준다.[118] 아마 여러분도 예상하겠지만, 빠른 답변은 긍정적 평가를 얻고, 느리거나 부정적인 회신은 신뢰와 탁월성에 부정적인 영향을 줄 수 있다.[119]

요약

비언어적 의사소통은 몸의 움직임, 음성적 특징, 접촉, 외모, 물리적 공간, 물리적 환경, 시간 등의 비언어적 수단으로 표현된 메시지로 이루어져 있다.

비언어적 기술은 능숙한 의사소통자가 되기 위해 필수적이다. 비언어적 의사소통은 보편적이다. 사실, 비언어적 메시지를 보내지 않는 것은 불가능하다. 많은 비언어적 행동이 보편적이지만, 그들의 사용은 문화와 성(gender)에 의해 영향을 받는다. 대부분의 비언어적 의사소통은 태도와 감정을 드러낸다. 대조적으로, 언어적 의사소통은 생각을 표현하는 데에 보다 적합하다. 비언어적 의사소통은 다양한 기능을 담당한다. 그것은 언어적 의사소통을 반복, 보완, 대체, 강조, 규제 혹은 반박한다. 언어적 메시지와 비언어적 메시지가 충돌할 때, 사람들은 비언어적 메시지에 더 의존한다. 이런 이유 때문에 비언어적 신호는 거짓말 탐지에 중요하다. 그러나 그런 비언어적 신호를 해석하는 것에 주의를 기울일 필요가 있다. 왜냐하면 비언어적 의사소통은 불분명하기 때문이다.

핵심 용어

강조	보완하기
개인적 거리	부언어
공간학	비언어적 의사소통
공적 거리	사회적 거리
누출	상징적 동작
다중시간적	시간개념학
단일시간적	영역
대치하기	자세
동작학	적응 행동
되풀이하기	조작기
몸동작	조절하기
몸의 방향	촉각
몸짓	친밀한 거리
미세한 표정	헷갈리는 메시지
반복하기	

MEMO

이 장(章)에서 다루는 주제

듣기:
귀에 들어오는 것을 넘어

학습 효과

1. 여러분이 숙고해서 듣거나 자동적으로 듣는 상황을 확인해보고, 주어진 상황에서 각 유형의 타당성을 평가할 수 있다.
2. 여러분이 비효율적으로 듣는 상황을 확인하고, 그러한 상황에서 사용하는 형편없는 듣기 습관을 확인할 수 있다.
3. 여러분이 다른 사람의 말을 들을 때 일반적으로 사용하는 반응 유형을 알 수 있다.
4. 주어진 상황에서 효과적으로 반응하기 위해서 여러분이 사용할 수 있는 듣기 유형의 조합을 입증할 수 있다.

여기저기 떠돌다 막 우리들 대화 속으로 다시 들어갔을 때
나는 알았어
그대가 여전히 무언가 계속 재잘거리고 있다는 것을
내 생각에 적어도 20분 동안은 내가 딴 곳에 가 있었지
그래도 너는 결코 나를 찾지 않았어
이것이 의미하는 것은 무엇일까
내가 행동하는 능력이 부족한 건가
아니면 그대의 민감성에 문제가 있는 건가
어쨌든 20분간 재잘거리는 차례가 내게 왔을 때
그것이 나를 힘들게 한다네
네가 사라지면 내가 그렇게 해야 할 것 같은데

Ric Masten

Ric Masten의 시를 보면, 듣기(listening)는 말하는 사람을 주의 깊게 응시하고 고개를 끄덕이는 것 그 이상이다. 곧 배우겠지만, 듣기는 까다롭고 복잡한 활동이며 의사소통 과정에서 말하기만큼 중요하다.

빈도를 측정치로 설정하면, 듣기가 의사소통에서 가장 중요한 부분임을 쉽게 인정할 수 있다. 우리는 다른 어떤 종류의 의사소통보다도 다른 사람의 말을 듣는 데 많은 시간을 사용한다. 한 연구는 대학생들이 자신의 의사소통 시간 중 11%를 쓰기, 16%를 말하기, 17%를 읽기에 사용하는 데 비해 55% 이상을 듣기에 사용한다는 것을 밝혔다([그림 8.1 참조]).[1] 직장에서도 듣기는 역시 중요하다. 여러 연구는 북미의 주요 기업 근로자 대다수가 근무시간의 60% 가량을 다른 사람의 말을 듣는 데 사용하고 있음을 보여준다.[2]

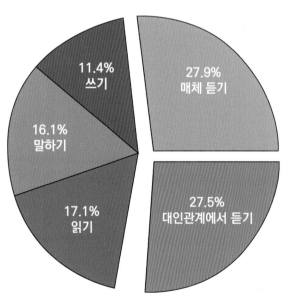

► 그림 8.1 의사소통 행위에 할애하는 시간

게다가 듣기는 의사소통의 가장 흔한 형태로, 관계가 제대로 돌아가는 데 말하기만큼이나 중요한 역할를 한다. 몰입한 관계에서 일상적인 대화를 하면서 사적인 정보를 듣는 것은 만족도를 높이는 중요한 요소이다.[3] 한 조사연구에서 결혼 상담가는 '상대방의 말을 들을 때 그의 관점을 이해하지 못하는 것'이 자신이 상담한 부부들의 가장 잦은 의사소통 문제 중 하나임을 밝혔다.[4] 성인 집단을 대상으로 가족 모임이나 사교적 상황에서 가장 중요한 의사소통 기술이 무엇인가를 물었을 때, 듣기가 1위를 차지했다.[5]

'The International Journal of Listening'은 교육,[6] 건강,[7] 종교,[8] 사업[9] 등 듣기 기술이 필수적인 다양한 맥락을 밝혀내는 데 전체 지면을 할애하고 있다. 일터에서 볼 수 있는 가장 공통적인 의사소통 행동이 무엇인지를 직장인들에게 물었을 때, 듣기가 그 목록에서 1위를 차지했다.[10] 다음 절에 나오는 '직업에 관한 이야기'는 직장에서 듣기의 중요한 역할을 자세히 탐색한다.

이 장(章)에서는 듣기의 본질을 탐구할 것이다. 듣기에 대한 정의를 내린 후, 듣기 과정을 형성하는 여러 요소를 검토하고, 더 나은 청자(listener)가 되기 위한 조건을 살펴볼 것이다. 마지막으로, 여러분은 다른 사람을 더 잘 이해하고 나아가 그들을 돕기 위해 이용 가능한 다양한 듣기 반응 스타일을 살펴보게 될 것이다([그림 8.1]).

듣기의 정의

지금까지 우리는 듣기라는 용어를 아무런 설명이 필요 없는 것처럼 사용해 왔다. 하지만, 이 개념에는 여러분이 생각하는 것보다 더 많은 뜻이 있다. 우리는 대인관계 맥락에서의 듣기를 다른 사람들이 말하는 메시지를 이해하는 과정으로 정의할 것이다.

듣기에 대한 전통적인 접근은 발화된 메시지의 수신에 초점을 두고 있다. 그러나 우리는 모든 종류의 메시지를 포함하기 위해 정의의 폭을 넓혔다. 왜냐하면 오늘날 듣기의 상당 부분이 매개물을 사용해서 이루어지고 있고, 그 중 어떤 것은 글로 되어 있기 때문이다. 여러분이 "나는 한 친구와 얘기를 하고 있는데, 그녀는 나에게…"와 같은 것을 말한 적을 생각해 보라. 여러분이 실제 말한 대화는 문자, 이메일, 혹은 즉석 메시지 보내기를 통해 이루어졌다. 2장에서는 사회적 지지가 블로그, 페이스북 게시, 그리고 이외 디른 소셜 미디어를 통해 사회적 지지가 주어지는 것을 기술하고 있다. 우리는 이 장에서 발화된 메시지에 계속해서 초점을 두겠지만, 현대사회에서 듣기는 그 이상이라는 것을 인식하고 있다.

생리적 듣기(혹은 청각) 대 듣기

사람들은 종종 생리적 듣기 혹은 청각(hearing)과 듣기(listening)를 같은 것으로 생각하지만, 이 두 가지는 매우 다르다. 생리적 듣기는 음파가 고막을 두드려 뇌로 전달되는 진동을 만들어내는 과정이다(청각에 대한 읽을거리가 다음 절에 더 많이 있다.). 뇌가 이러한 전기화학적 충격을 원래의 소리로 재구성한 뒤 여기에 의미를 부여할 때 듣기가 발생한다. 청각에 관련한 질병에 걸리지 않거나, 부상을 입지 않거나, 귀마개를 하지 않는 한 여러분은 생리적 듣기를 멈출 수 없다.[11] 여러분의 귀는 음파를 들으면 여러분이 원하든 원하지 않든 그것을 여러분의 뇌로 전달한다.

그러나 듣기는 자동적으로 이루어지는 것이 아니다. 사람들은 종종 듣기 없이 생리적 듣기만 계속한다. 때로 우리는 이웃의 잔디 깎는 기계나 인근 차량의 소음 같은 짜증나는 소리를 자동적, 무의식적으로 차단한다. 또한 주제가 중요하지 않거나 흥미롭지 않을 때 듣기를 그만둔다. TV 광고나 끝없는 불평은 우리가 생리적으로 듣기는 하지만 무시하는 메시지의 일반적인 사례이다.

자동적 듣기

생리적 듣기를 넘어서서 듣기를 시작할 때부터 우리는 정보를 매우 다른 두 가지 방식으로 처리한다고 연구자들은 지적한다. 이러한 정보 처리 과정을 이중처리과정이론(dual-process theory)이라고 한다.[12] 사회과학자들은 '자동적(mindless) 혹은 생각 없는' 그리고 '숙고적 혹은 유념하는(mindful)'이라는 두 용어를 사용하여 서로 다른 듣기 방식을 기술한다.[13] 자동적 듣기(mindless listening)는 우리가 다른 사람의 메시지에 대하여 정신적인 투자 없이 자동적이고 판에 박힌 반응을 할 때 발생한다. '피상적인'이나 '엉성한'은 '숙고하다'나 '고려하다'와 같은 단어보다 생각 없이 듣기를 더 잘 묘사하는 단어이다.

'자동적'이라는 단어가 부정적으로 들릴 수 있지만, 이런 낮은 수준의 정보 처리과정은 가치 있는 의사소통 유형이다. 왜냐하면 이러한 과정 덕분에 우리는 접하는 모든 메시지에 주의를 집중하느라 엄청난 에너지를 소모하지 않아도 되기 때문이다.[14] 우리에게 노출되는 메시지의 수를 생각해 볼 때, 매번 100% 주목하고 숙고하면서 들을 수는 없다. 또한 여러분이 여러 번 들은 적이 있는 장황한 이야기,

직업에 관한 이야기

직장에서 듣기

효율적으로 말하기는 직업적 성공에서 중요하지만, 좋은 듣기 기술은 필수적이다. 듣기와 직업적 성공의 연관성을 다룬 연구에서는 잘 듣는 사람이 조직에서 더 높은 직급으로 올라간다는 것을 입증했다.[a] 전 미국의 인사담당자들에게 이상적인 관리자의 능력에 대하여 질문했을 때, 그들은 효율적으로 들을 수 있는 능력을 첫 번째로 꼽았다.[b] 문제해결 집단에서 효율적인 청자는 최고의 리더십 기술을 가진 사람으로 평가받는다.[c]

수많은 일대일 상호작용을 수반하는 일에서만큼 사실만을 다루는 일에서도 듣기는 중요하다. 9만 명 이상의 회계사를 대상으로 조사한 결과, 효율적인 듣기는 그 분야에 입문하는 전문가에게 가장 중요한 의사소통 기술로 나타났다.[d] 업무 현장에서 가장 중요한 기술이 무엇인지를 다양한 집단의 고위 임원들에게 질문했을 때, 그들은 기술적 능력, 컴퓨터 지식, 창의력 혹은 행정상의 재능을 포함한 다른 모든 기술보다 듣기를 가장 자주 언급하였다.[e]

기업인들이 듣기가 중요하다고 믿는다고 해서 그들이 듣기를 잘한다는 것은 아니다. 듣기 기술에 대하여 관리자 144명이 내린 자기평가를 통해 이러한 면을 볼 수 있다. 놀랍게도, 이들 중 단 한 명도 자신을 '형편없는' 또는 '매우 형편없는' 청자로 평가하지 않은 반면, 94%는 자신을 '잘하는' 또는 '매우 잘하는' 청자로 평가했다.[f]

이러한 우호적 자기평가는 이 관리자들의 많은 부하들이 자기 상사의 듣기 기술이 부족하다고 인식하는 것과 극명하게 대조를 이루었다. 물론, 관리자들만 듣기에 대한 욕구가 있는 것은 아니며, 우리 모두가 이러한 기술을 개선시키고자 한다.

쓸데없는 잡담이나 말에 일일이 주의를 쏟는 것은 비현실적이다. 이러한 쏟아지는 메시지의 공격에 대처할 수 있는 현실적인 방법은 대다수 메시지에 '태만하게' 대응하는 것이다. 이런 상황에서 우리는 메시지를 이해하기 위해 주의 깊게 분석하기 보다는 4장에서 기술한 도식(schema), 때때로 고정관념에 의존한다. 여러분이 지금 잠시 글 읽기를 멈추고 오늘 들은 메시지를 회상해보면, 그 메시지의 대부분을 아무 생각 없이 처리했을 것이다.

숙고적 듣기

반면에 숙고적 듣기(mindful listening)는 여러분이 받은 메시지에 조심스럽고 신중한 주의를 쏟으면서 반응하는 것이다. 메시지가 우리에게 중요할 때나 우리가 좋아하는 사람이 자신의 중요한 문제를 이야기할 때, 우리는 주의해서 듣는 경향이 있다. 누군가가 돈에 대한 이야기를 할 때, 여러분의 귀가 얼마나 쫑긋 서는지 생각해보라("그것을 수리하는 데 얼마나 들까요?"). 또는 가까운 친구가 사랑하는 사람을 잃은 사연을 이야기할 때, 여러분이 얼마나 주의를 기울이는지 생각해보라. 이러한 상황에서 여러분은 메시지를 보낸 사람에게 가능한 모든 주의를 쏟고자 한다.

때로 우리는 가치 있는 정보, 심지어 주의 깊은 관심이 필요한 정보에도 아무 생각 없이 반응한다. Ellen Langer가 마음 챙김(mindfulness)을 연구하기로 결심한 것은 할머니가 두개골 아래에 '뱀이 득실거려' 두통이 생겼다고 불평했을 때였다. 의사들은 할머니가 노화에 따른 치매에 걸렸고, 그래서 터무니없는 말을 한다고 추론했다. 그러나 사실 할머니의 병명은 뇌종양이었고 결국 사망했다. 이 사건은 Langer에게 깊은 인상을 주었다.

그 후 몇 년 동안 나는 할머니의 불평에 대한 의사들의 반응과 의사들에 대한 우리의 반응을 곱씹어 보았다. 그들은 진단을 했지만 자신들이 들은 것에 귀 기울이지 않았다. 치매에 대한 사고방식이 끼어든 것이다(그들이 옳은 진단을 내리는 것에 전문지식이 방해가 된 것이다.). 우리는 의사에게 질문을 하지 않았다. 왜냐하면 전문가에 대한 사고방식이 끼어들었기 때문이다(전문가가 어련히 알아서 잘 할

것이라고 생각했기 때문이다.).[15]

유념해서 들을지 말지 여부에 대하여 우리가 일상적으로 내리는 결정 대부분이 치명적인 결과를 가져오지는 않지만, 다른 사람이 우리에게 말하고자 하는 것을 의식적으로 신중하게 들어야 할 때는 분명히 있다. 이러한 종류의 숙고적 듣기는 이 장의 나머지 부분에서 중점적으로 다룰 내용이다.

듣기 과정의 여러 요소

듣기가 다른 사람이 이야기하는 동안 조용히 앉아 있는 것 이상이라는 것을 여러분은 지금부터 배우게 될 것이다. 사실, 듣기는 5개의 요소, 생리적 듣기, 주의하기, 이해하기, 반응하기 그리고 기억하기로 이루어진 과정이다.[16]

생리적 듣기(혹은 청각)

이미 논의한 것처럼, 청각(hearing)은 듣기의 생리적 차원이다. 그것은 특정 주파수와 특정 세기를 가진 음파가 귀에 부딪칠 때 발생한다. 청각은 배경 소음을 포함한 다양한 요소의 영향을 받는다. 시끄러운 소음 특히, 우리가 듣고자 하는 메시지와 같은 주파수의 소음이 들리는 경우, 우리는 중요한 신호를 선택적으로 듣는 데 어려움을 겪는다. 또한 청각은 청각기관의 피로도에 영향을 받는데, 동일한 음색과 크기에 지속적으로 개방될 경우 우리는 일시적으로 청각을 상실한다. 여러분이 시끄러운 파티에서 저녁 시간을 보내면, 파티장을 벗어난 후에도 제대로 듣는 데 어려움을 겪을 수 있다. 여러분이 매우 큰 소음에 자주 개방되면, 많은 록 음악인들이나 그 팬들이 증명하듯이 영구적으로 청력을 상실할 수도 있다.

많은 의사소통자들은 생리적인 문제로 인해 청각을 유지하는 데 어려움을 겪는다. 미국에서만 3,100만 명 이상의 사람이 청력을 어느 정도 손실한 상태로 의사소통을 한다.[17] 한 연구결과에 따르면, 일반 교실에서도 1/4에서 1/3의 아이들이 정상적으로 듣지 못했다.[18] 능숙한 의사소통자로서 여러분은 청력을 상실한 사람에게도 말할 수 있음을 인식할 필요가 있고, 그래서 접근 방식을 적절히 조절할 필요가 있다.

주의하기

청각이 생리적인 과정인 반면에 주의하기(attending)는 심리적 과정이고 4장에서 기술한 선택 과정의 일부이다. 우리가 청각을 자극하는 모든 소리에 주의를 기울인다면 미쳐버릴 것이다. 그래서 우리는 일부 메시지를 걸러내고 다른 메시지에 집중한다. 필요, 결핍, 욕망 그리고 관심이 우리가 무엇에 주의를 기울일지 결정할 때 고려하는 요소이다. 어떤 행동에 주의하면 보상이 주어질 경우 그 행동에 가장 많은 주의를 기울인다는 연구결과는 놀라운 것이 아니다.[19] 여러분이 영화를 볼 계획이라면, 그 영화에 대한 친구들의 말을 다른 말보다 더 주의해서 들을 것이다. 그리고 여러분이 다른 사람과 더 친해지고자 할 때는 관계를 개선하고자 하는 희망 속에서 그가 하는 모든 말에 세심한 주의를 기울일 것이다.

주의하기는 기본적으로 청자에게 더 많은 긍정적 결과를 주지만, 메시지 발신자에게도 도움이 된다. 한 연구는 참가자들에게 짧게 편집된 영화를 보게 한 후, 주의 정도에서 차이가 나는 청자들에게 그 영화를 설명하게 했다. 나중에 참가자들을 대상으로 편집된 영화의 세부사항을 얼마나 회상하는지 검사했다. 그 결과, 주의 깊은 청자들에게 영화를 설명한 참가자들이 그 세부사항을 더 많이 기억했다.[20]

"직원으로서 내 강점 중의 하나는 동시에 여러 개의 일을 할 수 있다는 것입니다."

Barbara Smaller/Cartoonbank.com

이해하기

이해하기(understanding)는 메시지의 의미를 파악할 때 이루어진다. 메시지에 대한 이해 없이 생리적으로 듣거나 주의를 기울이는 것도 가능하다. 물론 메시지를 오해할 가능성도 있다. 의사소통 연구자들은 듣기 충실도(listening fidelity)라는 용어를 사용해서 청자가 이해한 메시지와 발신자가 전달하려는 한 메시지 사이의 일치도를 보여준다.[21] 이 장

Masterfile

에서는 우리가 서로를 오해하는 다양한 이유를 기술한다. 또한 다른 사람에 대한 이해를 높이는 데 도움이 될 수 있는 여러 기술을 개관한다.

반응하기

메시지에 반응하기(responding)는 화자에게 관찰 가능한 피드백을 제공하는 것이다. 청자가 화자에게 늘 눈에 보이는 반응을 하지는 않지만, 연구결과에 따르면 청자는 자주 그렇게 해야 한다. 금융이나 의료에 관련된 195개의 주요 사건을 다룬 연구에서 효율적 듣기와 비효율적 듣기의 차이는 제공하는 피드백의 종류에 있었다.[22] 훌륭한 청자는 적절한 얼굴 표정으로 반응하고 시선을 마주치는 등 비언어적 행동을 통해 자신이 집중하고 있음을 보여준다. 이러한 점은 '훌륭한' 청자와 '훌륭하지 않은' 청자를 평가해 달라고 아이들에게 요청했을 때 특히 중요하게 작용했다.[23] 질문에 대한 대답이나 아이디어의 교환 같은 언어적 행동 또한 주의하고 있음을 보여주는 증거이다.[24] 이와는 다른 여러 반응이 덜 효율적인 듣기를 어떻게 드러내는지 상상해보는 것은 쉽다. 무기력한 자세, 지루한 표정 그리고 하품하기는 화자의 말을 듣지 않고 있다는 분명한 메시지를 보내는 것이다.

다양성에 대한 고찰

Austin Lee: 문화와 듣기 반응

연구자이면서 동시에 문화 간 의사소통 과목을 가르치는 나는 문화가 대인관계의 상호작용에 미치는 영향을 면밀히 연구한다. 문화가 비언어적 단서나 언어 스타일 같은 요소에 어떻게 영향을 미치는지 파악하는 것은 쉬운 일이다. 문화가 사람들의 듣기 방식에서 담당하는 역할을 살피는 것은 그리 간단한 일이 아니다. 그러나 나는 수년간 다양한 관찰을 해왔다.

나는 한국에서 태어나고 자랐는데, 그 곳에서 권력 거리는 의사소통 스타일에서 중요한 요소이다. 부모, 교사, 고용주 등 권위를 가진 사람들은 많은 경의와 존경을 받는다. 이것은 듣기 스타일 특히, 듣기 반응에 영향을 미친다. 보통 상대적으로 권력이 적은 사람은 권위 있는 사람의 말을 조용히 듣는다. 질문이나 제안을 하는 것은 부적절한 도전으로 받아들여 질 수도 있다. 큰 권력의 소유자는 분석, 조언, 판단과 같은 듣기 반응을 보일 수 있다. 사실, 그들은 그와 같은 반응을 자신의 의무라고 생각하는 것 같다.

미국에 와서 대학원에 다닐 때, 나는 대화를 하는 동안 침묵하는 것이 잘못된 인상을 줄 수 있다는 것을 깨닫게 되었다. 몇몇 교수는 나를 소극적이고 무관심하다고 생각했는데, 왜냐하면 나는 그들에게 존경심을 보여주기 위해 조용히 듣고 있었기 때문이다. 그들은 나에게 의견과 피드백을 기대했다. 이것은 내 원문화의 뿌리 깊은 규범과 어긋나기 때문에, 그렇게 하는 것이 내게 쉽지는 않았다.

내가 목격한 또 다른 문화적 차이는 끼어들기(interruption)이다. 내가 말을 더듬거릴 때, 미국인들이 내가 찾고 있는 단어나 문장을 제안하는 식으로 나를 도와줄 가능성은 거의 없다. 반면에, 한국인들은 흔쾌히 끼어들어 빈칸을 채워주고 심지어 나를 위해 문장을 완성해 준다. 미국 문화에서 끼어들기는 주도권을 빼앗는 것으로 보일 수 있다. 그러나 한국과 같은 집단주의 사회에서 사람들은 대화의 흐름을 위해 선의로 끼어듦으로써 서로 연결되어 있음을 표현한다. 그러나 다시 말하지만, 이런 현상은 동료나 부하 직원과 대화할 때만 나타난다. 대부분의 한국 사람들은 지위가 높은 사람이 이야기 할 때 끼어들 엄두를 내지 못 한다.

"Culture and Listening Responses" by Austin Lee. Used with permission of author.

우리의 듣기 모형에 들어 있는 반응하기는 1장에서 논의한 사실 즉, 듣기는 본질적으로 교류적이라는 점을 입증한다. 우리는 메시지를 받는 동시에 메시지를 보낸다. 반응하기는 훌륭한 듣기의 필수적인 부분이다. 우리는 이 장의 후반부 한 절을 듣기 반응에 할애할 것이다.

잠시 생각해보기

듣기의 실패

여러분은 특정한 사례를 상기해 봄으로써 듣기에 대한 일반적인 신화를 극복할 수 있다.

1. 다른 사람의 메시지를 듣기는 했지만, 그것에 주의를 기울이지는 않았다.
2. 메시지에 주의를 기울였지만, 거의 즉시 그것을 잊어버렸다.
3. 메시지에 주의를 기울이고 기억도 했지만, 그것을 정확히 이해하지 못 했다.
4. 메시지를 이해했지만, 충분히 이해했다는 반응을 말 한 사람에게 전달하지 못 했다.
5. 중요한 메시지의 일부 또는 전부를 기억하는 데 실패했다.

기억하기

기억하기는 정보를 회상하는 능력이다. 우리가 메시지를 기억하지 않는다면, 듣기 위한 노력은 거의 가치가 없다. 대부분의 사람들은 메시지를 들은 직후 약 50%정도만을 기억한다고 연구결과는 보여준다.[25] 회상의 비율은 8시간 이내에 약 35%로 떨어진다. 2달 후 이러한 비율의 평균은 원래 메시지의 약 25%에 불과하다. 우리가 처리하는 정보는 교사, 친구, 라디오, TV, 휴대폰 그리고 기타 원천을 통해 매일 주어지는데, 우리가 기억하는 메시지는 들은 것의 아주 일부분이다. 여러분은 아래의 '듣기의 실패'에 대한 실습을 통해 효율적으로 듣는 것이 얼마나 어려운지 알 수 있다.

듣기의 어려움

듣기가 중요하다는 것을 인정하는 것과 듣기 과정의 단계를 기술하는 것은 쉽다. 어려운 것은 실제로 훌륭한 청자가 되는 것이다. 이 절에서는 더 효율적인 의사소통자가 되기 위하여 청자가 직면하고 극복해야 할 도전을 설명할 것이다.

우리는 비효율적 듣기의 다양한 유형을 살펴본 후, 왜 이런 현상이 나타나는지 여러 이유를 살펴볼 것이다. 이 책을 읽으면서 '얼마나 많은 설명이 당신에게 해당되는지' 생각해보라. 더 나은 청자가 되는 첫 번째 단계는 개선이 필요한 영역이 무엇인지 파악하는 것이다.

비효율적 듣기의 유형

부실한 듣기가 매우 일반적이라는 사실은 여러분 자신의 경험을 통해 확인할 수 있을 것이다. 어느 정도의 비효율적인 듣기는 불가피하고 양해될 수도 있다. 그러나 이러한 유형의 문제를 제대로 인식하고 있으면, 잘 듣는 것이 정말로 중요할 때 문제를 피할 수 있다.

듣는 척하기   자동적 듣기가 개인적 문제인 반면, 듣는 척하기(pse-udolistening)는 사실에 대한 기만이면서 화자를 놀리는 행위이다. 듣는 척하는 사람은 주의를 기울이는 모습을 보인다. 그들은 여러분을 바라보고 고개를 끄덕이며 미소를 지을 수도 있다. 그러나 그들의 마음은 다른 곳에 가 있기 때문에, 주의를 기울이는 모습은 정중해 보이는 허울이다. 역설적으로, 듣는 척하기는 단순히 다른 사람을 조정하는 것보다 더 많은 노력을 요구할 수 있다.

독차지하기   (때로 자기도취 대화자라고 불리는) 독차지하는 사람은 화자에게 관심을 보이는 대신 대화의 주제를 자신에게 돌리려고 한다.[26] 독차지하기(stage-hogging)의 한 전략은 '반응 이동(shift response)'이다. 이것은 "네가 듣는 수학 수업이 어렵니? 내 물리학 수업을 들어야 한다!"처럼 대화의 중심을 화자로부터 자기도취자로 바꾸는 것이다. 끼어들기는 독차지하기의 또 다른 전형적인 특징이다. 이러한 행위는 청자에게 유용할 수 있는 정보를 듣지 못하게 할뿐만 아니라, 끼어드는 사람과 화자의 관계를 손상시킬 수 있다. 예를 들면, 채용 면접관의 질문에 끼어드는 지원자는 면접관의 발언이 끝날 때까지 기다리는 지원자보다 덜 호의적으로 평가받을 가능성이 있다.[27]

선택적 듣기　　　선택적인 청자는 여러분의 발언 중 자기의 흥미를 끄는 부분에 대해서만 반응을 하고 나머지 부분은 거부한다. 우리가 라디오를 들을 때 상업 광고와 음악은 걸러내고 시간 알림과 일기예보에 대해서는 귀를 쫑긋 세우는 것처럼, 때로 선택적 듣기(selective listening)가 타당하기도 하다. 그러나 사적인 청자의 부주의는 화자에게 모욕을 줄 수 있기 때문에, 선택적 듣기는 부적절하다. 청자가 자신과 관련된 주제에 대해서만 열의를 보일 때, 여러분의 느낌이 어떨지 생각해보라.

회피적 듣기　　　회피적 듣기(insulated listening)는 방금 설명한 선택적 듣기의 거의 정반대이다. 회피적 듣기를 하는 사람은 구체적인 정보를 탐색하기보다는 오히려 그것을 회피한다. 다루고 싶지 않은 주제가 수면 위로 떠오르면, 그들은 그것을 듣거나 알아차리지 못한다. 여러분이 그들에게 문제를 상기시켜 주면, 그들은 고개를 끄덕이거나 대답을 할 것이다. 그리고 여러분이 방금 말한 것을 무시하거나 잊어버린다.

방어적 듣기　　　방어적인 청자는 다른 사람의 발언을 인신공격으로 받아들인다. 자신의 친구나 자기 행동에 대한 부모의 질문을 의심이 담긴 염탐으로 여기는 십대들은 방어적 듣기(defensive listening)를 하는 것이다. 마찬가지로, 자녀의 질문을 자신의 권위나 양육 관련 지혜에 대한 위협으로 여기는 과민한 부모도 방어적 듣기를 한다고 할 수 있다.

기습하기   기습하는 사람은 여러분의 말을 주의 깊게 듣지만, 그것은 단지 여러분을 공격하기 위해 정보를 수집하기 위한 것이다. 검찰의 반대심문 기술은 기습하기(ambushing)의 좋은 예이다. 말할 것도 없이, 이러한 종류의 전략은 상대방의 방어를 유발할 것이다.

둔감한 듣기   둔감한 듣기(insensitive listening)를 하는 사람은 메시지의 피상적인 내용에는 반응하지만, 직접 드러나지 않은 더 중요한 정서적 정보는 놓친다. 둔감한 청자의 "어떻게 되고 있어?"라는 물음에 여러분이 낙심한 목소리로 "응, 괜찮은 것 같아."라고 대답할 때, 그는 "그래, 잘 됐네."라고 반응한다. 둔감한 청자는 7장에서 설명한 비언어적 단서를 무시하고 4장에서 서술한 공감이 부족한 경향이 있다.

더 잘 듣지 못하는 이유

앞서 설명한 비효율적 듣기 유형을 생각해보면, 우리 대부분은 적은 시간 동안에만 주의 깊게 듣는다는 것을 알게 된다. 슬프지만, 여기서 살펴볼 몇 가지 이유 때문에 우리가 모든 시간에 걸쳐 잘 듣는 것은 불가능하다.

메시지 과부하   여러분이 정보의 홍수에 빠지면 중요한 메시지에만 집중하는 것도 어렵다. 면대면 메시지는 친구, 가족, 직장, 그리고 학교에서도 항상 주어진다. 문자 메시지, 전화 통화, 이메일, 인스턴트 메시지와 같은 개인 매체도 여러분의 주의를 필요로 한다. 우리의 생활은 이러한 개인적인 경로와 함께 대중매체에서 보내는 메시지로 넘쳐난다. 이 정보의 홍수는 인류 역사의 그 어느 때보다도 주의하기를 어렵게 만들고 있다.[28]

몰두하기   우리가 세심하게 듣지 못하는 또 다른 이유는 다른 사람의 메시지보다 더 중요하다고 여기는 개인적인 일에 몰두해 있기 때문이다. 여러분이 다가올 시험을 걱정하거나 다음 주말에 잡아 놓은 근사한 계획을 생각할 때, 다른 사람에게 주의하기는 어렵다.

빠르게 생각하기   신중하게 듣기는 생리적 이유 때문에도 어렵다. 우리는 분당 600단어의 속도로 하는 말을 이해할 수 있지만, 보통 사람은 분당 100~150단어만 말할 수 있다.[29] 그래서 우리는 누군가 이야기하는 동안 정신적 '여가 시간'을 가진다. 개인적인 관심사에 대한 생각, 공상, 반론할 계획 등으로 이 시간을 화자의 생각과 상관없이 사용하고 싶은 유혹이 있는 것이다. 좋은 듣기의 비결은 여러분의 주의를 분산시키기보다는 화자의 생각을 더 잘 이해하기 위해 그 여가 시간을 이용하는 것이다.

노력   효율적인 듣기는 어려운 일이다. 주의 깊게 듣는 동안 발생하는 신체적 변화는 노력의 필요성을 입증해주고 있다. 심장박동이 빨라지고, 호흡이 증가하고, 체온이 올라간다.[30] 이러한 변화는 운동에 따른

―――― 영화 "The Devil Wears Prada"에서 위세를 부리는 상관 Miranda Priestly(Meryl Streep 역)은 비효율적 듣기의 전형을 보여준다. 그녀는 자신에게 중요한 일에만 주의를 기울이고("당신이 못하는 일에 대해서는 관심 없어") 둔감하게 그렇게 한다("당신의 문제로 다른 사람들을 질리게 만들어라"). 그녀는 또한 대화중에 끼어들고, 눈동자를 굴리며, 밖으로 나가 버린다. 여러분은 이런 식으로 듣는 사람을 알고 있는가? 그럴 때 여러분은 어떻게 반응하는가?

Tristar/Allstar

몸의 반응과 유사하다는 것에 주목해라. 이것은 우연의 일치가 아니다. 화자에게 집중해서 듣는 것은 운동만큼 힘들다. 그래서 어떤 사람들은 그러한 노력을 기울이지 않는 것으로 보인다.[31] 여러분이 어려움에 처한 친구의 말을 집중해서 듣고 난 후 몸이 지쳐 집에 온 적이 있다면, 그 과정이 얼마나 진 빠지는 것인지 알 것이다.

Darrin Henry/Bigstock

외부의 소음   우리가 살고 있는 물리적 세상에는 종종 다른 사람에게 집중하는 것을 어렵게 만드는 방해물이 존재한다. 예를 들면 옆 사람의 이야기 소리와 교통 소음으로 둘러싸인 붐비고 덥고 답답한 방에 앉아 있을 때, 듣기의 효율성이 얼마나 감소하는지 생각해보라. 시끄러운 교실에서 학생들이 학습에 어려움을 겪는 것은 놀랄 일이 아니다.[32] 이러한 환경에서는 아무리 분명히 이해하고자 해도 잘되지 않는다.

가정 오류   우리는 종종 사실과는 정반대로 자신이 주의 깊게 듣고 있다고 잘못된 가정을 한다. 대상이 친숙할 때, 여러분은 그의 말을 이전에 모두 들었다고 생각하기 때문에 주의해서 듣기가 쉽지 않다. 또는 화자의 생각이 너무 단순하거나 너무 명백해서 주의해서 들을 필요가 없다고 가정할 때 비슷한 문제가 발생한다. 또한 이와는 정반대의 경우에도 문제가 발생한다. 우리는 다른 사람의 견해가 너무 복잡해서 이해할 수 없다고 생각할 때도 그들을 이해하려는 노력을 포기하게 된다.

이미지 가치 폄하   종종 듣기보다는 말을 함으로써 얻는 것이 더 많을 수 있다. 사업 컨설턴트 Nancy Kline은 대화에서 끼어들기를 하는 이유에 대해 조사했다. 그 이유는 다음과 같았다.

> 내 생각이 그들의 것보다 더 낫다.
> 끼어들지 않으면 내 생각을 말할 기회를 결코 얻지 못할 것이다.
> 그들이 무슨 얘기를 할지 알고 있다.

내 생각이 더 낫기 때문에 그들의 생각을 끝까지 들을 필요가 없다.

그들의 생각에는 개선해서 더 발전시킬 것이 아무 것도 없다.

그들의 이야기를 듣는 것보다 내가 인정받는 것이 더 중요하다.

그들보다 내가 더 중요하다.[33]

이러한 생각 중 몇 가지가 사실이라 하더라도, 그 뒤에는 이기주의가 숨어있다. 당연히 자신의 말을 방해 받은 사람이 방해한 사람의 생각을 존중할 가능성은 낮다. 방어적 듣기처럼, 듣기도 종종 상호적이다. 여러분은 준 대로 받는 것이다.

훈련의 부족　　잘 듣기를 원하더라도, 우리는 종종 훈련의 부족 때문에 잘 듣기를 못 한다. 흔한 잘못된 믿음은 듣기가 인간의 자연적 활동인 호흡과 같다는 것이다. 결국 이 흔한 믿음은 "나는 아이였을 때부터 잘 들어 왔다. 그래서 학교에서 그것을 공부할 필요가 없다."로 확대된다. 사실 듣기는 말하기와 매우 비슷한 기술이다. 듣기를 잘하는 사람은 소수이지만, 실제로 모든 사람이 듣기는 듣는다. 불행하게도, 대부분의 경우 자신이 잘 듣고 있다는 생각과 실제 다른 사람을 이해하는 능력 사이에는 관련성이 없다.[34] 좋은 소식은 듣기를 지도와 훈련으로 개선할 수 있다는 것이다.[35] 그러나 듣기를 익히는 데 투자하는 시간은 다른 유형의 의사소통을 위해 사용하는 시간보다 훨씬 적다. <표 8.1>은 거꾸로 된 배열을 반영하고 있다.

청각적 장애　　때로 우리는 질병이나 장애로 인해 청각 문제를 겪을 수 있다. 이러한 경우에 문제를 가진 사람과 그렇지 않은 사람 모두 효율적인 의사소

▶ 표 8.1 의사소통 활동의 비교　　© Cengage Learning

	듣기	말하기	읽기	쓰기
학습의 순서	첫 번째	두 번째	세 번째	네 번째
사용의 양	가장 많이	두 번째로 많이	두 번째로 적게	가장 적게
가르치기	가장 적게	두 번째로 적게	두 번째로 많이	가장 많이

Auremar/Bigstock

통을 하는데 어려움을 겪을 수 있다. 한 연구에서는 청각을 상실한 배우자를 둔 성인의 감정을 조사했다. 거의 2/3의 응답자가 배우자가 자기 말을 분명히 알아듣지 못할 때 싸증이 난다고 대답했다. 1/4에 달하는 응답자는 단순히 짜증이 나는 것을 넘어 무시당한다고 느끼거나, 감정이 상하거나, 슬픔을 느낀다고 대답했다. 많은 응답자들은 배우자가 자기의 상태를 부정한다고 믿고 있었으며, 그것이 문제를 더 절망스럽게 만든다고 믿고 있었다.[36] 여러분이나 주변의 누군가가 청각 상실을 겪고 있는 것 같으면, 의사나 청각 전문가에게 검사를 받는 것이 현명하다.

더 잘 듣기의 어려움에 대처하기

앞의 절을 읽은 후, 여러분은 잘 듣는 것이 거의 불가능하다고 판단할 수 있다. 그러나 다행히도 여러분은 태도와 기술의 적절한 결합을 통해 듣기 기술을 발전시킬 수 있다. 아래의 지침이 여러분에게 그 방법을 보여줄 것이다.

말 적게 하기　　　그리스 철학자 Zeno는 이것을 매우 간명하게 표현했다. "우리에게는 적게 말하고 많이 듣기 위해 두 개의 귀와 하나의 입이 주어졌다." 여러분의 진짜 목적이 화자를 이해하는 것이라면, 무대를 독차지하려 하지 말고 여러분의 생각에 대한 대화로 이동하라. 적게 말한다는 것이 완전히 침묵한다는 것을 의미하지는 않는다. 곧 읽게 되겠지만, 자신이 이해했는지를 명확히 하고 새로운 정보를 구하는 피드백을 주는 것이 화자를 이해하는 중요한 방법이다. 그럼에도 불구하고, 우리들 대부분은 다른 사람을 이해하고자 할 때 말을 너무 많이 한

잠시 생각해보기

"TALKING STICK"을 가지고 말하기와 듣기

1부

'talking stick'을 이용함으로써 적게 말하고 많이 듣는 것의 이점을 찾아보자. 이 연습은 '의회'에 대한 미국 원주민의 전통에 기반한 것이다. 둥글게 모여 앉아 특정 물건을 talking stick으로 지정한다(어떠한 물건도 가능하다). 그 다음, 참가자들은 그 물건을 손에 쥐고 있을 동안만 말할 수 있다. talking stick 써클의 규칙은 정교하다.

1. 스틱을 가지고 있을 때
2. 그 스틱을 가지고 있는 동안
3. 원 안의 다른 사람들이 끼어들지 않으면

한 구성원이 말을 마쳤을 때, 스틱은 왼쪽으로 넘어간다. 스틱을 넘긴 화자는 그 스틱이 다음 자신에게 올 때까지 기다린 후에 다시 말을 해야 한다.

2부

집단의 모든 구성원들이 말할 기회를 가진 후에, 이 경험이 듣기에 대한 일반적인 접근과 어떻게 다른지 토론한다. 여러분은 talking stick 써클의 어떠한 바람직한 부분을 일상적인 대화에 도입할 수 있다고 생각하는가?

다. 아메리카 원주민 문화를 포함한 여러 문화에서는 말하는 것만큼 듣는 것에도 가치를 부여한다.[37] 여러분은 '잠시 생각해보기'에서 'Talking Stick'을 이용한 시도의 가치를 알아볼 수 있다.

방해물 제거하기　　　전화벨 소리, 라디오, 텔레비전, 친구의 방문 등과 같은 외부적 방해물도 있고, 자신의 문제에 대한 몰두, 배고픔 등과 같은 내부적 방해물도 존재한다. 여러분이 찾는 정보가 정말로 중요하다면, 주의 깊은 듣기에 지장을 초래하는 내부와 외부의 방해물을 제거하기 위해 최선을 다하라. TV나 휴대폰을 끄거나, 컴퓨터의 유혹, 책상 위의 업무, 탁자 위의 음식이 방해하지 않는 다른 조용한 방으로 이동하는 것도 하나의 방법이다.

성급하게 판단하지 않기   대부분의 사람들은 화자를 판단하기 전에 그들의 생각을 이해하는 것이 필수적이라는 점에 동의할 것이다. 그러나 우리 모두는 끝까지 듣기 전에 다른 사람을 성급하게 판단하고 평가하는 실수를 저지른다. 아이디어의 교환이 되어야 할 대화가 말싸움으로 바뀌면서 이기기 위해 상대방을 기습하게 된다. 다른 사람이 여러분을 비판할 때, 우리는 그들을 성급하게 판단하려는 유혹에 빠진다. 심지어 그러한 비판이 가치 있는 진실을 내포하거나 그러한 비판을 이해함으로써 더 좋은 변화가 생길 수 있을 때조차도 그렇다. 비판이나 의견 충돌이 없을 때조차도 우리는 대략적인 첫인상에 기반해서 다른 사람을 평가하는 경향이 있다. 그러한 즉각적인 판단이 항상 타당한 것은 아니다. 여기서 얻을 수 있는 교훈은 분명하다. 먼저 듣고 확실히 이해한 다음 평가하라는 것이다.

핵심 아이디어 탐색하기   요점이 없거나 요점에 이르지 못할 것 같은 장황한 화자에 대해서는 인내심을 잃기가 쉽다. 그럼에도 불구하고, 대부분의 사람들은 말하고자 하는 핵심 아이디어가 있다. 여러분은 화자보다 더 빨리 생각하는 자신의 능력을 사용하여 화자의 핵심 아이디어를 추출할 수 있다. 화자의 의도가 무엇인지 이해할 수 없다면, 여러분은 지금부터 살펴볼 다양한 반응 기술을 사용할 수 있다.

듣기 반응의 유형

듣기의 5개 구성요소(생리적 듣기, 주의하기, 이해하기, 반응하기, 그리고 기억하기) 중 반응하기는 다른 사람이 우리의 말에 얼마나 잘 몰입하고 있는지를 보여준다. 훌륭한 청자라고 생각되는 사람을 잠시 떠올려 보라. 여러분은 왜 그 사람을 선택했는가? 그것은 아마도 여러분이 말하는 동안 그 사람이 반응하는 방법 때문일 것이다. 그는 여러분이 말할 때 눈을 맞추며 고개를 끄덕이고, 중요한 이야기를 할 때 집중하고, 놀라운 이야기를 할 때 감탄하고, 고전하고 있을 때 공감과 지지를 표현하고, 여러분이 필요로 할 때 다른 관점이나 충고를 제공하기 때문이다.[38]

이 장에서는 다양한 반응 양식을 기술할 것이다. 화자를 더 잘 이해하기 위해 더 많은 정보를 수집하는 방법을 설명하는 것으로 시작하겠다. 그 다음은 화자를 평가하고 그에게 방향을 제시하는 듣기 반응에 초점을 둘 것이다.

격려하기

어떤 경우, 청자가 할 수 있는 최고의 반응은 화자가 이야기를 계속할 수 있도록 밀어 주는 것이다. 격려하기(prompting)는 다른 사람을 격려하는 침묵이나 짧은 문장을 사용하는 것을 포함한다. 격려하기는 화자에 대한 여러분의 이해를 돕는 것 이외에도, 다른 사람들이 자기의 생각과 감정을 명백히 하는 데 도움이 될 수 있다. 다음의 사례를 고려해보자.

> Pablo: Julie의 아버지가 단돈 600달러에 완벽한 컴퓨터 시스템을 판매하고 있어.
> 내가 사려면 지금 사야 해. 다른 구매자가 관심을 보이고 있거든. 그건 좋은
> 거래이긴 한데, 그걸 사면 내 돈이 바닥날 거야. 돈을 지출하는 속도로 봐서,
> 내가 그만큼의 돈을 다시 모으려면 일 년이 걸릴 거야.
>
> Tim: 음…
>
> Pablo: 나는 겨울방학에 스키여행을 갈 수 없지만… 학업에 더 많은 시간을 쓸 수
> 있을 것이고… 일도 더 잘 할 거야.
>
> Tim: 그건 확실해.
>
> Pablo: 너는 내가 그것을 사야 한다고 생각하니?
>
> Tim: 잘 모르겠어. 너는 어떻게 생각해?
>
> Pablo: 나는 결정할 수가 없어.
>
> Tim: (침묵)
>
> Pablo: 나는 그것을 살 거야. 다시는 이런 거래가 없을 거야.

이와 같은 경우에 여러분의 격려하기는 다른 사람이 자신의 답을 찾도록 돕는 촉매제가 될 수 있다. 격려하기는 그것이 진심일 때 최고의 효력을 발휘한다. 눈 맞춤, 자세, 얼굴 표정, 목소리의 음색과 같은 여러분의 비언어적 행동은 다른

사람의 문제에 집중하고 있다는 것을 보여주어야 한다. 기계적으로 격려하기는 도움을 주는 대신 오히려 화자를 짜증나게 할 가능성이 있다.

질문하기

질문하기(questioning)를 '언어의 가장 큰 부분'으로 부르는 이유는 이해하기 쉽다.[39] 정보의 요청은 질문하는 사람과 대답하는 사람 모두에게 도움이 될 수 있다.[40]

질문하기는 적어도 세 가지 방법으로 질문자를 도울 수 있다. 사실과 세부사항으로 채워진 대답은 매우 분명히 여러분의 이해를 향상시킬 수 있다("그렇게 한 이유를 너에게 말했니?" "다음에 무슨 일이 일어났니?"). 또한 질문을 함에 따라 여러분은 다른 사람이 원하는 것(내가 사과하기를 원하니?)이 무엇인지뿐만 아니라, 다른 사람의 생각이나 감정("네 마음에 무엇이 있니?" "나에게 화났니?")을 알 수 있다.

질문은 질문한 사람뿐만 아니라 대답하는 사람을 위한 도구이기도 하다. 도움을 주는 직업을 가진 사람들이 알고 있듯이, 질문은 자기발견을 촉진할 수 있다. 여러분은 다른 사람이 자기의 생각과 감정을 탐색하도록 격려하기 위해 질문을 사용할 수 있다. "그래서 너의 선택은 무엇이지?"라는 질문은 아랫사람의 창의적, 대안적인 문제해결을 이끌어 낼 수도 있다. "네가 생각하는 이상적인 해결방안은 무엇이지?"라는 질문은 친구가 자신의 다양한 소망과 욕구를 파악하는 데 도움을 준다. 가장 중요한 점으로, 조언하기보다는 스스로 찾도록 격려한다는 것은 스스로 생각할 수 있는 그 사람의 능력을 여러분이 믿고 있다는 것을 보여주는 것이다. 이것은 여러분이 효율적인 청자로서 의사소통 할 수 있다는 것을 보여주는 가장 중요한 메시지이다.

하지만 이런 이점에도 불구하고 모든 질문이 다 똑같이 도움이 되는 것은 아니다. 진실한 질문(sincere questions)은 다른 사람을 이해하는 데 목적이 있으나, 위조된 질문은 메시지를 받는 것이 아니라 보내는 것이 목적이다. 위조된 질문(counterfeitquestions)은 몇 가지 형태가 있다.

- **화자를 궁지로 모는 질문**   여러분의 친구가 "너도 저런 영화 별로지?" 라고 말할 때, 여러분은 궁지에 몰리게 된다. 여러분의 친구가 그 영화를 탐탁지 않아 하는 것이 분명하다. 여러분은 그 질문에 대하여 두 가지 선택을 할 수 있다. 하나는 친구의 말에 동의하지 않고 자신의 입장을 유지하거나, 거짓말이나 얼버무리는 것으로("그 영화가 완벽한 것 같지는 않아.") 자신의 반응을 평가 절하하는 것이다. "너는 그 영화에 대해 어떻게 생각해?"와 같은 진심 어린 질문에 반응하는 것이 얼마나 쉬운지 생각해보라.

- **부가의문문**   질문의 끝부분에 덧붙이는 "그렇지?" 또는 "그렇지 않니?" 와 같은 의문은 정보를 구하는 것이 아니라 동의를 구하는 질문자의 귀띔일 수 있다. 몇몇 부가의문문은 진심으로 확인하기 위한 것이지만, "당신이 5시에 전화할 거라고 말했지만, 잊어버렸지, 그렇지 않아?"와 같은 위조된 질문은 동의를 강제하는 데 사용된다. 유사하게, 가령 "그가 좋은 보스가 될 것이라고 생각하지 않니?"와 같이 "그렇지 않니?"로 끝나는 유도 질문은 다른 사람을 강요해서 원하는 반응을 하도록 만든다. "그렇지 않니?"를 "그렇지?"로 간단히 바꾸기만 해도 그 질문은 압력을 덜 주는 질문이 된다.

- **진술하는 질문**   "당신 결국 전화를 끊었어요?"는 질문이라기보다 진술이다. "당신이 Tony에게 돈을 빌려주었니?"에서처럼, 어떤 단어를 강조하는 것도 질문을 진술로 바꿀 수 있다. 우리는 또한 조언을 제공하는 질문을 사용할 수 있다. "그에게 용감히 맞서서 그가 자업자득하게 해 줄 거니?"라고 묻는 사람은 해야 할 것에 대한 자신의 의견을 명확하게 얘기한 것이다.

- **숨겨진 의제를 지닌 질문**   "금요일 밤에 바쁘니?"는 대답하기 위험한 질문이다. 여러분은 그 사람이 재미있는 일을 염두에 두고 있다고 생각하면서 "아니."라고 말했다가 "잘됐네. 이삿짐을 옮기는 데 네 도움이 필요해." 라는 말을 듣고 싶지는 않을 것이다. 분명히 이러한 질문은 이해를 돕기 위해 계획된 것이 아니라, 분명히 제안을 따르도록 하기 위해 설정된 것이다. 다른 예로, "부탁 하나만 들어줄래요?"와 "무슨 일이 일어났는지 말해도 화

내지 않을 거지요?" 등이 있다. 현명한 의사소통자는 숨겨진 의도를 감춘 질문에 "그것은 사정 나름입니다."나 "제가 대답하기 전에 당신 마음속에 있는 얘기를 들려주세요."와 같은 반응으로 조심스럽게 답한다.

- **정답을 찾는 질문**　　우리 대부분은 질문을 하고 오직 특정 대답만 듣기를 원하는 사람들의 희생자들이다. "내가 어떤 신발을 신어야 한다고 생각해?"는 질문하는 사람이 자신의 선호를 미리 정해 놓지만 않으면 진심 어린 질문이 될 수 있다. 그러나 질문한 사람이 자신에 대한 반대 의견을 듣는 것에 관심이 없는 경우, '부정확한' 반응은 쓸모가 없다. 이런 질문 중 일부는 민감한 것일 수도 있다. "여보, 나 뚱뚱해 보여?"라는 물음은 정해진 답에 대한 요청이라고 볼 수 있다.

- **확인되지 않은 가정에 기반한 질문**　　"왜 내 말을 듣지 않니?"는 다른 사람이 집중하지 않는다는 것을 가정한다. "무엇이 문제니?"는 잘못된 것이 있다는 것을 가정한다. 4장에서 설명한 것처럼, 지각 점검이 이런 가정들을 점검하는 좋은 방법이다. 기억하겠지만, "당신이 TV를 보고 있을 때, 나는 당신이 내 말을 듣지 않고 있다고 생각했어요. 아마도 내가 틀렸을 지도 모르죠. 당신은 주의를 기울이고 있었나요?"에서처럼, 지각 점검은 기술과 해석을 제공한 다음에 성의 있는 해명을 요구한다.

의역하기

질문하기는 가치가 있음에도 불구하고 다른 사람을 이해하거나 돕는 데 항상 도움이 되는 것은 아니다. 예를 들면, 여러분이 한 친구에게 그의 집으로 가는 방향을 물을 때 어떤 일이 일어날 수 있을지 생각해보라. "약 1마일 정도 운전한 다음 교통 신호에서 좌회전해."라는 길안내를 받았다고 가정해보자. 이 단순한 메시지에 몇몇 흔한 문제가 존재한다고 상상해보자. 첫째, 친구가 생각하는 '1마일'이 여러분이 생각하는 것과는 다를 수 있다. 1마일에 대한 여러분의 심상은 거의 2마일에 가까운 반면, 여러분 친구의 그것은 300야드와 비슷하다. 다음, '교통 신호'가

정말 '여러분이 생각하는 신호'를 의미하는지 생각해보라. 표현이 서툴러 생각과 다른 것을 말하는 것은 흔한 일이다. 이러한 문제를 염두에 둔 채, 여러분이 그 길 안내를 확인하기 위해 "신호에서 돌아서 얼마나 더 가야 해?"라고 질문을 했고, 이에 여러분 친구가 우리 집은 모퉁이에서 세 번째에 있다고 대답했다고 가정해보자. 이러한 말을 주고받은 후 헤어졌다면, 여러분은 친구의 집을 발견하기 전에 분명히 많은 좌절에 맞닥뜨릴 것이다.

질문하기가 여러분이 필요로 하는 정보를 항상 제공하는 것은 아니기 때문에, 다른 종류의 듣기 반응을 고려해보라. 가령 추가 질문을 하기 전에 여러분이 이미 들은 것을 제대로 이해하고 있는지 확인하는 질문을 할 수 있다. 이러한 형태의 피드백은 화자가 보낸 메시지를 가감 없이 여러분 자신의 말로 다시 진술하는 것이다. 메시지를 청자가 해석한 말로 바꾸는 것을 보통 의역하기(paraphrasing)라고 부른다. 친구 집을 찾아가는 위의 시나리오에서 "네 말은 고등학교 옆 신호등까지 운전해서 산 쪽을 향해 돌리라는 말이지, 그렇지?"라고 청자가 의역을 했다면, 그것은 화자로 하여금 메시지를 명료하게 하도록 유도했을 것이다.

성공적 의역하기의 열쇠는(정보를 서로 확인하는 방법으로) 다른 사람의 말을 자신의 말로 다시 진술하는 것이다. 다른 사람의 말을 문자 그대로 반복한다면, 여러분의 말은 바보처럼 들릴 것이고, 여전히 여러분은 자신이 들은 것을 오해하고 있을 것이다. 앵무새처럼 단순히 반복하는 것과 진정한 의역하기 사이의 차이에 주목하라.

> **화자:** 나는 가고 싶지만, 그럴 형편이 안 돼.
>
> **앵무새처럼 따라 하기:** 너는 가고 싶지만, 그럴 형편이 안 돼.
>
> **의역하기:** 그러면 우리가 너 대신 비용을 낸다면 올 거지? 그렇지?
>
> **화자:** 너는 형편없이 보여!
>
> **앵무새처럼 따라 하기:** 내가 형편없이 보인다고 너는 생각하지.
>
> **의역하기:** 당신은 내가 너무 뚱뚱하다고 생각하는 것 같아.

여러분은 두 가지 수준에서 메시지를 의역할 수 있다. 하나는 사실적 정보를 의역하는 것으로, 이는 여러분이 다른 사람의 생각을 더욱 분명히 이해하는 데 도움이 된다. 이런 종류의 재진술(reflecting)은 가장 기본적인 수준에서 혼란을 방지할 수 있다. 가령 "그래서 당신은 다음 주가 아니라 이번 주 목요일에 만나기를 원하는 거죠, 맞죠?"와 같이 재 진술을 할 수 있다.

여러분은 또한 개인적 정보를 의역할 수 있다. "그래서 내 농담 때문에 당신은 내가 당신 문제를 걱정하지 않는다고 생각하는 거지?"와 같은 방어적이지 않은 재 진술은 여러분이 공격을 받았을 때 논쟁을 줄여줄 수 있다. 비판 받을 때 의역하기를 사용하는 방법은 11장에서 더 자세히 설명할 것이다.

또한 개인적 정보를 의역하는 것은 다른 사람을 돕기 위한 도구가 될 수 있다.[41] 여러분은 (예를 들면, 판단이나 분석 대신에) 화자의 생각과 감정을 재 진술함으로써 상대방의 일에 관심을 가지고 있음을 보여줄 수 있다. 의역하기는 본질적으로 평가적이지 않기 때문에, 문제가 있는 사람이 자신의 문제를 더 논의할 수 있도록 격려해준다. 생각과 감정의 재진술은 문제가 있는 사람의 걱정을 덜어 주고, 종종 카타르시스와 안도감을 제공한다. 마지막으로, 의역하기는 문제의 당사자가 그 문제를 해결하는 데 도움을 준다. 이전에는 명확하지 않았던 해결책을 찾을 수 있게 해주기 때문이다. 이러한 특징 때문에 의역하기는 인적 서비스 직종, 리더십 훈련,심지어 인질 협상에서도 중요한 기술이다.[42]

효율적인 의역하기는 개발하는 데 시간이 걸리는 기술이다. 의역하기를 활용할 때는 3가지 접근방식 중 상황에 따라 더 자연스럽게 들리는 것을 선택하는 것이 좋다.

1. 화자의 단어 바꾸기

화자: 이중 언어 교육은 지나치게 감상적인 진보주의자들의 실패한 아이디어일 뿐이야.

의역하기: 내가 제대로 이해했는지 살펴보자. 이중 언어 교육은 좋다고 생각지만, 그것이 제대로 돌아가지 않아서 네가 화가 난 거야?

2. 화자가 말하는 것의 사례를 제시하기

화자: Lee는 바보야. 나는 그가 간밤에 한 행동을 믿을 수 없어.

의역하기: 너는 그런 농담이 매우 불쾌하다고 생각하는구나, 그렇지?[40]

3. 화자가 말하는 근본적인 주제를 재진술하기

　　의역하기: 너는 나에게 조심하라고 계속 상기시키고 있어. 나에게 무슨 일
　　　　　　이 일어날까봐 걱정하는 것처럼 들려. 내 말이 맞니?

　　의역하기가 항상 정확한 것은 아니다. 그러나 여러분이 잠정적으로나마 다시
진술함으로써, 다른 사람은 틀린 부분을 바로잡을 수 있는 기회를 갖게 된다(의역
이 정확한지 확인하려는 노력의 일환으로 사례가 질문으로 끝나는 것에 주목하라.).

　　의역하기는 우리에게 친숙하지 않은 방법이기 때문에 처음에는 어색하게 느
껴질 수도 있다. 그러나 가끔 의역하기를 시도해서 그러한 반응의 빈도를 점진적
으로 늘리면, 여러분은 그 이점을 알 수 있을 것이다. 여러분은 '실습하기'를 해보
는 것으로 의역하기를 시작할 수 있다.

　　의역하기를 할 때 고려해야 할 몇 가지 요소가 있다.

1. **그 문제가 의역하기를 할 만큼 복잡한가?**　　여러분이 저녁을 만들고 있
고 누군가가 언제 식사가 준비되는지 알고 싶어 한다고 하자. 그 사람의 입
장에서 "당신은 우리가 언제 저녁을 먹을지 아는 것에 관심이 있군요."와
같은 말을 듣는 것은 짜증스러운 일일 것이다.

2. **의역하기에 필요한 시간과 관심을 가지고 있는가?**　　의역하기에는 많은
시간이 걸릴 수 있다. 따라서 여러분이 바쁘면, 끝낼 수 없는 대화를 시작
하지 않는 것이 현명하다. 시간보다 더 중요한 것은 관심이다. 기계적이거
나 불성실한 의역하기는 득보다는 실이 더 많을 수 있다.[43]

3. **여러분은 판단을 보류할 수 있는가?**　　여러분 자신의 판단을 덧붙이지
않고 화자의 메시지에 초점을 둘 때만 의역하기를 이용하라. 그렇지 않은
경우, 여러분의 의도를 명확하게 말하지 않은 채 자신의 입장을 화자에게
유도하는 식으로 재 진술하고 싶은 유혹을 느낄 수 있다.

4. **여러분의 의역하기는 다른 반응과 비례하는가?**　　의역하기를 남용하면
짜증스러울 수 있다. 여러분의 대화 스타일에 갑작스럽게 이 반응을 추가
하면 특히 그렇다. 더 좋은 방법은 여러분의 반응에 의역하기를 점진적으
로 도입하는 것이다.

실습하기

의역 실습하기

이 연습은 자기와 의견이 다른 사람을 논쟁 없이 혹은 자기의 관점을 희생시키지 말고도 이해할 수 있다는 것을 깨닫는 데 도움을 줄 수 있다.

1. 3명으로 이루어진 집단으로 실습하라. 한 사람을 A, 다른 한 사람을 B, 그리고 나머지 한 사람을 관찰자 C로 지정해라.
2. 여러분과 파트너가 동의하지 않는 주제, 가령 시사 문제, 철학적이거나 도덕적인 문제, 단순한 개인적 취향 문제와 같은 주제를 찾으라.
3. A가 그 주제에 대하여 말하는 것으로 시작하라. B가 끼어들지 않고 듣고 있는 동안 C는 관찰한다. 만약 A가 말을 끝마치기 전에 B가 반응하면, C는 심판의 역할을 해서 A가 계속하도록 한다.
4. A가 말을 다 했을 때, B의 역할을 A가 진술한 말을 의역하는 것이다. B는 A의 말에 대한 자신의 동의 여부는 밝히지 말고 그의 말을 분명하게 의역해야 한다. 만약 B가 의역을 하면서 자신의 의견을 제시하면, C는 심판의 역할을 해서 그들에게 실습의 규칙을 상기시킨다.
5. 그 다음, A의 반응은 B의 의역이 정확한지 그렇지 않은지 얘기하는 것으로 반응한다. 몇몇 오해가 있다면, A는 자신의 메시지를 분명히 해야 하고, B는 A의 진술에 대한 자신의 새로운 이해를 다시 의역해야 한다. 역시, C의 역할은 대화가 실습의 규칙으로부터 벗어날 경우 중립적인 심판으로서 관찰하고 행동하는 것이다. 이러한 과정은 B가 A의 말을 이해한다고 모든 사람이 확신할 때까지 계속한다.
6. 이제 B가 A의 진술에 반응할 차례이고, A가 B를 정정해 줌으로써 이해의 과정을 도울 차례이다. C는 여전히 중립적 관찰자 역할을 수행한다. 모든 참가자들이 자신을 충분히 설명하고 그것을 다른 파트너가 경청한 것에 만족할 때까지 이 과정을 계속한다.
7. 이제 C는 A와 자리를 바꿔 단계 2, 3, 4를 반복하면서 B에게 메시지를 보내고 그로부터 메시지를 받는 기회를 갖는다.
8. 이러한 실습이 끝난 후, 온라인상으로 성찰의 질문에 답하라.

지지하기

자신의 느낌에 대하여 성찰하기보다는 자신에 대한 다른 사람의 느낌을 듣고 싶을 때가 있다. 사람들은 여러분이 그들에 대하여 어떻게 느끼는지 알고 싶어 한다. 지지하기(supporting)는 화자의 상황에 대한 청자의 연대의식을 드러낸다. 한 철학자는 지지하기를 '특별히 스트레스를 받거나 기분이 언짢은 때 사용할 수 있는 돌봄, 관심, 애정 그리고 염려의 표현'이라고 기술한다.[44]

지지를 제공할 수 있는 듣기 반응의 몇 가지 유형이 있다.

감정이입하기 "이 일에 대해 네가 왜 화가 났는지 나는 이해할 수 있어."

"음, 그 수업은 내게도 너무 힘들었어."

동의 "네가 맞아. 주인이 너무 불공정해."

"그 직업은 완전히 너를 위한 것처럼 보여."

도움의 제공 "네가 원하면 내가 여기 있을게."

"네가 좋다면 다음 시험에도 너와 함께 공부할 수 있으면 행복할 거야."

칭찬 "와우, 정말 잘 했어."

"너는 대단한 사람이야, 그녀가 그것을 모른다면, 그건 그녀의 문제야."

안심시키기 "최악은 끝난 것처럼 보여. 지금부터는 좀 더 쉬울 거야."

"나는 네가 그 일을 잘 해낼 것이라고 확신해."

효과적인 지지가 아닌 것을 알아내는 것은 쉽다. 일부 철학자들은 이러한 메시지를 '차가운 위로(cold comfort)'라 부른다.[45] 다음의 예시가 함축하는 것처럼, 다음과 같은 경우는 다른 사람을 지지하는 것이 아니다.

―――― Adam(Joseph Gordon-Levitt 역)이 영화 '50/50'에서 자신의 암과 싸우고 있을 때, 그의 얘기를 들은 친구, 가족, 전문가들로부터 매우 다양한 반응을 보이는데, 그 중 어떤 것은 다른 것보다 좀 더 도움이 된다. 그들이 반응은 비지시적인 공감에서부터 매우 직접적인 충고에 이르기까지 다양하다. 자신이 아는 사람이 아파할 때, 여러분은 그 얘기를 듣고 어떤 식의 반응을 보이는가? 여러분이 그러한 고통과 싸우는 사람이라면, 다를 사람들이 어떤 반응을 보이길 원하는가?

Lionsgate/Allstar

- **상대방의 느낌을 부정할 때**   "그 일에 대해서는 걱정 마세요."라는 상투적인 말을 생각해보라. 이 말은 안심시키기 위한 것이지만, 기본적으로 깔려 있는 메시지는 화자는 상대방이 다르게 느끼기를 원한다는 것이다. 역설적인 것은 그러한 제안이 통하지 않는다는 것이다. 결국, 여러분이 그렇게 말한다 하더라도, 그 사람이 걱정을 그만 둘 것 같지는 않다.[46] 이러한 반응에 대한 연구에 따르면, "고통받는 사람의 감정과 관점을 분명히 인정하고, 넓혀 주고, 정당화해 주는 메시지는 그것을 암묵적으로 인정하거나 부정하는 메시지보다 더 도움이 되는 메시지로 인식된다."[47]

- **상황의 중요성을 축소할 때**   "이봐, 그것은 단지___일 뿐이야."라는 말을 들은 때를 생각해보라. 여러분은 '직장', '그녀의 의견', '시험', '풋사랑', '파티' 등 다양한 방식으로 빈칸을 채울 수 있을 것이다. 상처를 주는 메시지는 언어폭력을 당한 사람에게 '그냥 말'이 아니다. 초대를 받지 못한 아이에게 그것은 '그냥 파티'가 아니다. 상사에게 혼난 노동자에게 그것은 '그냥 직장'이 아니다.

- **'지금 여기'보다 '그때 거기'에 초점을 맞출 때**   "'내일 더 좋아질 거야.'라는 말은 때로는 사실이지만 때로는 사실이 아니다. "지금부터 10년 후 당신은 그녀의 이름을 기억조차 하지 못할 거야."라는 예언이 사실로 판가름나더라도, 그것은 오늘 실연의 아픔을 겪고 있는 누군가에게는 위안이 될 수 없다.

- **판단할 때**   여러분이 내린 형편없는 결정을 고백한 후, "그것은 네 잘못이야. 그렇게 하지 말았어야지."라는 말을 듣는 것은 보통은 격려가 되지 않는다. 11장에서 배우겠지만, 평가적이고 잘난 척하는 말은 사람들이 좋아지도록 도움을 주기보다는 방어하게 만들기가 쉽다.

- **여러분 자신에게 집중할 때**   여러분의 비슷한 경험을 길게 얘기하고 싶은 유혹이 있다("네가 어떻게 느끼는지 정확히 알지. 나한테도 그런 일이 있었는데…"). 여러분의 의도는 공감을 표현하는 것이지만, 그러한 메시지는 고통

받는 사람으로부터 주의를 빼앗기 때문에 도움이 되지 않는다는 것을 연구 결과를 통해 알 수 있다.[48]

● **여러분 자신을 방어할 때**   다른 사람의 걱정거리에 대한 여러분의 반응이 자신을 방어하기 위한 것일 때("나를 비난하지 마. 나는 내 몫을 다했어."), 분명히 여러분은 다른 사람을 지지하는 것보다는 자기 자신에게 더 관심이 많은 것이다.

사람들은 적절한 지지 반응을 보내는 데 얼마나 자주 실패하는가? 사랑하는 사람의 죽음으로 최근에 고통 받은 사람들을 대상으로 한 조사에 따르면, 사람들이 그들에게 한 말의 80%가 도움이 되지 않았다.[49] 그러한 말의 거의 절반은 "앞으로는 외출을 더 많이 해야 해요.", "신의 뜻을 의심하지 마세요."와 같은 조언이었다. 이러한 말은 높은 빈도로 나타났음에도 불구하고 단지 3%만 도움이 되었다. 더 도움이 된 것은 "이것은 당신에게 너무 힘든 일이에요. 그 분이 당신에게 얼마나 중요한 사람인지 전 알아요."처럼 감정을 인정하는 표현이었다. 9장에서는 살면서 사람들에게 사회적 지지를 제공하는 또 다른 방법을 기술할 것이다. 지지 반응을 잘 적용하면 도움이 될 수 있다. 효율적인 지지를 위한 지침에는 다음과 같은 것이 있다.

1. **그 사람의 결정에 동의하지 않더라도 그의 노력을 지지할 수는 있다.** 예를 들면 한 친구가 여러분이 지지하는 방향과는 달리 직업을 그만두겠다고 결정했다고 가정해보자. 여러분은 "네가 많은 생각을 해서 최선이라고 생각한다는 걸 알아."라는 말로 여전히 지지할 수 있다. 이와 같은 반응은 여러분의 원칙을 굽히지 않으면서도 체면을 세워 주는 방향으로 지지를 제공할 수 있다.[50]

2. **여러분의 지지에 대한 상대방의 반응을 점검하라.**   그것이 도움이 되지 않는다면, 상대방이 그 문제를 탐색할 수 있게 다른 유형의 반응을 생각해 보라.

3. **지지가 늘 환영 받는 것은 아닐 수 있음을 인식하라.**   한 조사에서 일

부 사람들은 문제를 스스로 해결할 능력이 있다고 생각함으로써 사회적 지지가 불필요하다고 보고하는 결과가 있었다.[51] 많은 사람들은 초대하지 않은 지지를 침범으로 생각했고, 일부는 그것 때문에 전보다 더 긴장하게 되었다고 밀했다. 응답자의 대부분은 자신의 고통스러운 상황을 심지어 가장 도움이 되는 친구와 상의해야 할 것인지도 스스로 통제할 수 있기를 원했다.

4. **결과에 대한 준비를 확실히 하라.**   힘든 사건에 대한 이야기는 화자의 고통은 줄일 수 있지만, 청자의 고통은 증가시킬 수 있다.[52] 다른 사람을 지지하는 것은 가치가 있는 일이지만 잠재적으로 힘든 모험이라는 것을 인식하라.

분석하기

청자는 분석(analyzing)을 할 때 화자의 메시지에 대한 자신의 해석을 제시한다. 이와 같은 분석은 아마 여러분에게 익숙할 것이다.

"내 생각에 너를 정말 성가시게 하는 것은…."
"그녀는 …때문에 그것을 할 거야."
"나는 네가 정말로 그럴 의도였다고 생각하지는 않아."
"아마도 그 문제는 그가…했을 때 시작되었을 거야."

종종 해석은 문제가 있는 사람이 다른 의미, 혹은 여러분의 도움 없이는 결코 생각해 보지 않을 의미를 고려해보도록 도와주는 효율적인 방법이 되기도 한다. 때로는 분석을 통해 복잡한 문제를 명확하게 만듦으로써 그에 대한 해결책을 제시하거나 적어도 문제에 대한 이해를 제공할 수 있다.

그러나 다른 경우에는 분석이 문제를 해결하기보다 더 많은 문제를 야기할 수도 있다. 분석에는 두 가지 잠재적인 문제가 있다. 첫째, 여러분의 해석이 맞지 않을 수 있다. 그런 경우 화자가 그 해석을 받아들임으로써 더 혼란스럽게 될 수 있다. 둘째, 여러분의 분석이 맞더라도, 그 분석이 우월함을 함축하기 때문에 당사자에게 그것을 얘기하는 것이 유용하지 않을 수 있다. 그것이 방어적 태도를 야기할 수 있기 때문이다. 그게 아니라면, 그 사람이 여러분의 관점을 이해하지 못할 수도 있다.

언제 분석을 제공하는 것이 도움이 되는지 어떻게 알 수 있을까? 여기 따라야 할 몇 가지 지침이 있다.

- 여러분의 해석을 절대적 사실이 아니라 잠정적 사실로 제공하라. "아마도 그 이유는…"이나 "그 방법은 내가 보기에…"는 "이것이 사실이야."라고 고집하는 것과는 상당히 큰 차이가 있다.
- 당사자가 여러분의 분석을 수용할 수 있는 상황인지 확실히 점검해야 한다. 여러분이 완벽하게 맞다 하더라도, 문제의 당사자가 여러분의 생각을 고려할 준비가 되어 있지 않으면 도움이 되지 못한다.
- 분석을 제공하는 여러분의 동기가 진심으로 상대방을 돕기 위한 것임을 확실히 하라. 여러분은 분석을 통해 자신이 얼마나 똑똑한지를 보여주고 싶을 수도 있다. 하지만 이는 상대방으로 하여금 스스로 옳은 답을 생각하지 못한 자신에 대해 언짢게 느끼도록 할 수도 있다. 말할 필요도 없이, 이런 상황에서의 분석은 도움이 되지 않는다.

조언하기

우리는 다른 사람의 문제에 접근할 때 일반적으로 조언하기(advising) 즉, 해결책을 제공함으로써 도움을 주려는 경향이 있다.[53] 조언은 존중하고 배려하는 방식으로 할 때 도움이 된다.[54]

———— 여러분이 곤경에 처해 있어서 하소연할 사람을 찾고 있을 때, 영화 'Scandal'에 나오는 Olivia Pope(Kerry Washington 역)은 아마도 적합한 사람이 아니다. Pope의 강점은 문제를 재빨리 파악해서 직접적인 해결책을 제시하는 것이다. 그녀는 "그런 얘기를 들으니 유감이다"라고 말하기보다는 "이것이 네가 해야 할 일이야"라고 말하기 쉬운 사람이다. 여러분이 공감보다는 조언을 원한 때가 있었는가? 이 둘을 모두 제공하는 것이 가능한가?   ABC/Photofest

조언은 가치가 있음에도 불구하고 한계가 있다. 적어도 조언하는 횟수만큼 실제로는 도움이 되지 않는다는 것이 연구를 통해 입증되었다.[55] 조언의 제공에 대한 연구는 다른 사람을 도우려고 할 때 고려해야 할 중요한 사항을 제시해 준다.[56]

- **조언이 필요한가?** 그 사람이 이미 행동을 취했다면, 그러한 사실 ("나는 네가 그와 함께 돌아왔다는 것을 믿을 수 없어.") 다음에 조언을 하는 것은 거의 의미가 없다.

- **조언을 원하는가?** 일반적으로 사람들은 자신이 원하지 않는 조언을 중요하게 생각하지 않는다. 화자가 여러분의 조언에 관심이 있는지를 물어보는 것이 최선이다. 때로 사람들은 자신의 문제에 대한 해결책이 아니라 단순히 자기 말을 들어주길 원한다.

- **조언을 하는 올바른 순서가 있는가?** 청자가 화자와 그 상황을 더 잘 이해하기 위해서 지지하기, 의역하기, 질문하기와 같은 반응을 한 후에 조언을 하면, 화자가 그 조언을 수용할 가능성이 높다. 예를 들면, 학부모와 대화에서 문제해결로 들어가기 전에 먼저 질문을 하는 교사가 좀 더 효과적으로 의사소통하는 사람으로 지각된다.[57] 그것은 조언을 하기 전에 사실을 파악하는 데 도움이 된다.

- **조언이 전문가로부터 나온 것인가?** 여러분이 자동차 구매에서부터 대인관계 관리에 이르기까지 어떤 조언을 제공하고 싶다면, 그러한 일에 관한 성공적 경험을 해 본 것이 중요하다. 여러분에게 전문지식이 없는 경우, 화자에게 지지적으로 반응함으로써 전문가의 조언을 구하도록 격려하는 것이 더 좋은 방법이다.

- **조언자가 가깝고 신뢰할 수 있는 사람인가?** 우리는 종종 잘 모르는 전문가에게서 조언을 구하지만, 대부분의 경우 가깝고 지속적인 대인관계의 맥락 속에서 얻은 조언을 중요하게 생각한다.

- **조언은 세심하고 체면을 지켜주는 방식으로 주어지는가?** 그 조언이 홀

륭하더라도, 자신이 생각이 없거나 하찮은 존재처럼 느껴지는 것을 좋아하는 사람은 아무도 없다. 메시지에는 내용적 차원과 관계적 차원이 있다. 따라서 조언을 할 때 무언의 관계 메시지는 ("나는 너보다 똑똑해.", "너는 이 문제를 스스로 이해할 만큼 똑똑하지 않아.") 때로 사람들로 하여금 조언을 듣지 않게 할 수 있음을 기억하라.[58]

이러한 권고사항들의 실제 상태를 알아보기 위해, 유방암 지지 온라인 사이트에서 이루어진 조언 교환을 범주화하고 분석한 연구를 살펴볼 수 있다.[59] 게시된 메시지 중 거의 40%가 조언을 구하거나 주는 것과 관련이 있었다. 그래서 이곳은 분명 상담을 찾고 확장하는 사이트임에 분명하다. 그러나, 자신들이 무엇을 해야 하는지를 묻는 게시물은 거의 없었다. 그들은 전형적으로 '조언'이 아니라 '논평'을 요구했다. 권고사항은 종종 "이것이 나에게는 효과가 있었다." 형식을 사용한 개인적 이야기에 들어 있었다. 조언을 구하는 사람들은 자신과 같은 처지에 있는 사람을 찾고자 했는데, 그의 상황이 자신과 일치하는 사람들로부터 듣고자 했다.

이러한 관찰은 조언의 소통에 대한 몇몇 중요한 원리를 더 강조한다. 사람들은 자신들이 요구하는 조언을 듣고자 하고, 특히 신뢰롭고 공감하는 사람들의 조언을 듣고 싶어 한다. 조언을 할 때, 무거운 처방보다는 개방적인 정보의 형태로

잠시 생각해보기

조언이 효과가 있을 때와 없을 때

왜 조언이 까다로운 일인지 알아보기 위해 아래의 단계를 따라가 보자.

1. 누군가 여러분에게 도움이 되는 조언을 해준 때를 회상해보라. 조언을 할 때 따라야 할 지침을 재검토하고, 여러분이 그 지침을 얼마나 숙지하고 있는지 살펴봐라.
2. 누군가 여러분에게 도움이 되지 않는 조언을 한 때를 회상해보라. 다시 지침을 재검토하라. 그 사람이 지침을 위반했는가? 어떤 것을 위반했는가?
3. 여러분의 통찰력을 기반으로 다른 사람에게 진정으로 도움이 되게끔 조언할 수 있는(혹은 조언할 수 없는) 방법을 설명해 보라.

제공하는 것이 최선이다.

판단하기

판단하기(judging)는 발신자의 생각이나 행동을 어떤 식으로든 평가하는 반응이다. 판단은 "좋은 생각이야.", "너는 지금 잘 하고 있어."처럼 우호적일 수도 있고, "어디서도 너의 그런 태도는 받아들여지지 않을 거야."와 같이 비우호적일 수도 있다. 그러나 두 경우 모두 판단하는 사람이 화자의 생각과 행동을 판단할 자격이 있다는 것을 함축한다.

부정적 판단은 매우 비판적일 때가 있다. "그래, 네가 자초한 일이잖아!", "그러게 내가 뭐랬어!", "너 자책하고 있구나?"와 같은 반응을 들은 적이 있는가? 그러한 반응이 문제를 가진 사람의 정신을 차리게 할 수도 있지만, 일반적으로는 문제를 더 악화시킨다.

한편, 부정적 판단이 덜 비판적인 경우도 있다. 이러한 판단은 우리가 흔히 건설적 비판이라고 부르는 것으로, 문제를 가진 사람이 앞으로 나아지게 도움을 주기 위한 것이다. 이것은 입는 옷에서부터 친구 선택에 이르기까지 모든 것에 대하여 친구들이 제공하는 일종의 반응이다. 건설적 비판을 볼 수 있는 또 다른 일반적 장면이 학교이다. 교사는 학생들이 개념과 기술을 습득하도록 돕기 위해 그들의 과제를 평가한다. 그러나 건설적 비판이 정당하든 그렇지 않든 상관없이, 그것은 다른 사람의 자기개념을 위협할 수 있고 그래서 방어적인 태도를 자극할 위험이 있다(11장에서 이것에 대해 더 논의할 것이다).

판단하기는 다음 두 가지 조건이 충족될 때 받아들일 가능성이 가장 높다.

1. **문제가 있는 사람이 여러분에게 평가를 요청해야한다.** 때로는 요청 받지 않은 평가가 문제 있는 사람의 정신을 차리게 할 수도 있지만, 방어적인 반응을 더 자주 유발한다.

2. **여러분은 진정으로 건설적인 의도로 판단을 해야지, 다른 사람을 무시하기 위한 의도로 판단해서는 안 된다.** 판단을 무기로 사용하고자 하면서

잠시 **생각해보기**

여러분은 어떤 말을 하겠는가?

1. 아래의 일반적인 문제 각각에 대한 여러분의 반응을 말로 기술하라.

   a. 내 가족은 나를 이해하지 못한다. 내가 좋아하는 것은 모두 그들의 가치에 어긋난다. 그래서 그들은 내 감정을 수용하려고 하지 않는다. 그들이 나를 사랑하지 않는 것은 아니지만, 나를 수용하지는 않는다.

   b. 나는 최근에 상당히 낙담했다. 나는 사람들과 좋은 관계를 유지할 수 없다. 많은 남자 친구가 있지만 그들과 거리가 있다. 나는 이제 그냥 친구인 것에 질렸다. 나는 그 이상이 되기를 원한다.

   c. (어린이가 부모에게) 나는 엄마 아빠가 싫어요. 언제나 밖에 나가 있고 나를 멍청한 보모에게 맡겨 두지요. 왜 나를 좋아하지 않나요?

   d. 나는 내 인생에서 무엇을 원하는지 모른다. 학교생활도 지겹지만 주위에 좋은 직장이 없다. 한동안 휴학을 할 수도 있지만 그것도 아주 좋아보이지는 않는다.

   e, 최근 내 결혼생활이 정말 엉망이다. 많이 다투는 것은 아니지만 모든 열정이 사라진 것 같다. 우리는 판에 박힌 생활을 하고 있고 사태는 악화되고 있다.

   f. 사장님이 나에게 화가 나 있다는 생각이 계속 든다. 최근에 그는 농담도 많이 하지 않는 것 같고, 약 3주 동안은 내 모든 업무에 대해 아무 말도 하지 않았다. 나는 어떻게 해야 할지 모르겠다.

2. 각 메시지에 대한 여러분의 반응을 적은 후, 그 다음 이어지는 대화의 결과를 상상해 보라. 수업 시간에 이러한 연습을 한다면, 두 집단이 각 반응에 대한 역할 연기를 해 볼 수 있다. 대화가 어떻게 진행될지 상상해보고, 어떤 반응이 생산적이고 어떤 반응이 비생산적인지 결정하라. 그리고 이러한 실습으로부터 무엇을 배웠는지 성찰해보라.

자신이 도움이 될 것이라는 어리석은 생각을 하지 말라. 종종 들리는 "너를 위해서 내가 이 말을 하는 거야." 라는 말은 그야말로 진실이 아니다.

여러분이 지금까지 배운 듣기 반응을 일상적인 상황에서 어떻게 사용할 수 있는지 연습해보라.

최상의 듣기 반응 선택하기

Creatista/Shutterstock.com

지금까지 우리는 청자로서 반응할 수 있는 방법이 많다는 것을 살펴보았다. 적절한 반응 유형은 사람들로 하여금 자신의 상황을 받아들이고, 더 기분 좋게 느끼고, 자신의 문제에 대한 통제감을 갖도록 도와준다는 것을 연구결과를 통해 알 수 있었다.[60] 그러나 효과적인 반응 유형에는 개인차에 따른 엄청난 가변성이 있다.[61] 그렇기 때문에, 다양한 반응 유형을 사용하는 의사소통자가 한두 가지 유형을 사용하는 사람보다 더 효율적이다.[62] 그러나 화자에게 어떻게 반응할지 결정할 때 고려해야 할 또 다른 요소들도 있다.

성(gender)　　연구에 따르면, 남성과 여성이 다른 사람의 말을 듣고 반응하는 방식에는 서로 차이가 있다.[63] 남성에 비해 여성은 다른 사람의 문제를 접했을 때[64] 지지 반응을 보내기 쉽고, 그러한 메시지를 더 능숙하게 고안하고,[65] 청자에게서 그러한 반응을 찾아낼 가능성이 더 높다.[66] 이와는 대조적으로, 남성은 힘들어하는 사람에게 정서적 지지를 제공하는 데 덜 능숙하다.[67] 그들은 다른 사람의 문제에 조언을 하거나 주제를 전환하는 식으로 반응하기 쉽다. 여학생 클럽과 남학생 클럽을 대상으로 도움 유형을 살펴본 연구에서, 여학생들은 도움 요청을 받을 때 정서적 지지반응을 자주 했다. 또한 그들은 여학생들이 무조건적으로 들어 주고, 위로해주고, 걱정해주는 데 능숙하다고 평가했다. 반면 남학생들은 자신의 태도와 가치를 평가하는 과제에서 다른 구성원을 도울 때 전형적으로 문제를 제기하는 방식을 택했다.[68]

이러한 사실을 들으면, 어려울 때 여성은 지지를 원하고 남성은 조언을 원한다는 결론을 내리고 싶어진다. 그러나 연구결과에 따르면 그렇지 않다. 남성과 여성은 모두 어려운 상황에서 지원해주고 지지해주는 메시지를 더 좋아하고 원한다는 것을 수많은 연구가 보여주고 있다.[69] 여성들이 그러한 메시지를 고안해서 전달하는 데 더 능숙하기 때문에, 정서적 지지를 원할 때 남성이든 여성이든 모두 말을 들어 줄 여성을 찾는다. 남성과 여성이 가끔 다른 반응 유형을 이용하는 반면, 그들 모두가 들어줄 사람을 필요로 한다는 사실을 기억할 필요가 있다.

상황　때로 사람들은 여러분의 조언을 필요로 한다. 한편 다른 때에는 격려와 지지를 필요로 하고, 또 어떤 경우에는 여러분의 분석이나 판단이 가장 도움이 될 수 있다. 그리고 지금까지 살펴보았듯이, 때로 여러분의 탐색이나 의역하기가 상대방이 자신의 답을 찾는 데 도움이 될 수 있다. 다시 말해서, 능숙한 의사소통자는 상황을 분석하고 적절한 반응을 개발할 필요가 있다.[70] 우선은 격려하기, 질문하기, 의역하기, 지지하기와 같이 이해하고자 노력하면서 방향 제시는 최소한으로 하는 반응으로 시작하는 것이 현명하다. 일단 여러분이 사실을 수집하고 관심과 염려를 보이고 나면, 화자는 여러분의 분석, 조언, 그리고 평가 반응을 더 잘 받아들일 것이다.[71]

상대방　여러분이 어떤 유형의 반응을 이용할지 결정할 때, 상황과 함께 상대방도 고려해야 한다. 몇몇 사람들은 조언을 심사숙고할 수 있는 반면, 또 어떤 사람은 스스로 결정하는 것을 회피하기 위해 조언을 이용한다. 많은 의사소통자들은 매우 방어적이어서 여러분의 분석이나 판단에 화를 낸다. 또한 그들은 문제를 명확하게 숙고할 수 없기 때문에 의역하기와 탐색하기의 혜택을 누릴 수 없다. 한 연구에서는 이성적 성향이 높은 사람이 정서적 성향이 높은 사람보다 조언에 더 긍정적인 반응을 보이는 경향이 있었다.[72]

세련된 청자는 상대방에게 맞는 반응 유형을 선택한다. 가장 적절한 반응을 결정하는 방법은 화자가 원하는 것이 무엇인지 그 사람에게 직접 물어보는 것이다. "내 조언을 원하나요, 아니면 지금은 단순히 들어주기만 원하나요?" 같은 간단한 질문은 여러분이 상대방이 원하는 반응을 찾는 데 도움이 된다.

개인적 스타일　마지막으로, 어떻게 반응할지 결정할 때 자기 자신을 고려하라. 우리들 대부분은 반사적으로 한두 가지 반응 유형만을 사용한다. 가끔은 조용히 듣고 있다가 즉석에서 반응하는 것이 최선일 수 있다. 아니면 특별한 통찰력이 있어서 문제에 대한 유용한 분석을 제공할 수도 있다. 물론 도움이 되지 않는 반응 유형에 의존힐 수도 있다. 여러분은 지나치게 판딘하거나 조인하려는 욕구가 클 수도 있고, 심지어 상대방이 요청하지 않은 상황에서 그러려고 할 수도 있다. 당사자가 타인의 메시지에 어떻게 반응할지에 대한 당신의 판단에 따라, 여러분의 장단점과 상황을 고려해서 거기에 맞게 하라.

요약

듣기는 가장 흔하면서도 가장 간과하기 쉬운 의사소통 형태이다. 생리적 듣기와 듣기는 다르고, 자동적 듣기와 숙고적 듣기 역시 다르다. 듣기는 다른 사람의 음성메시지를 이해하는 과정으로, 생리적 듣기, 주의하기, 이해하기, 반응하기, 그리고 기억하기의 5가지 요소로 이루어진다.

몇 가지 반응 유형은 듣기처럼 보이지만 실제로는 모방에 불과하다. 우리는 여러 가지 이유로 대충 듣는다. 몇몇 이유는 매일 우리에게 쏟아지는 엄청난 양의 메시지와 관계가 있고, 개인적 관심사에 대한 몰두, 소음, 그리고 빠르게 생각하기와 관련되어 있다. 또다른 이유는 숙고적 듣기에 상당한 노력이 수반된다는 점, 그리고 듣기보다 말하기가 더 유리하다는 잘못된 믿음에서 비롯된다. 일부 청자들은 물리적 청각 결함 때문에 메시지 수신에 실패한다. 나머지 사람들은 훈련의 부족으로 듣기를 잘 하지 못한다. 듣기 능력을 개선하기 위해서 말을 적게 하고, 집중을 방해하는 요소를 줄이고, 빠른 판단을 피하고, 화자의 주요 아이디어를 찾으려고 노력하라.

듣기 반응은 다른 사람이 우리에게 집중하고 있는지 그리고 얼마나 집중하고 있는지를 평가할 수 있는 기본적인 방법이다. 격려하기, 질문하기, 의역하기, 지지하기와 같은 듣기 반응은 정보 수집과 지지 제공에 중점을 둔다. 분석하기, 조언하기, 판단하기와 같은 듣기 반응은 지시나 평가에 더 초점을 맞춘다. 가장 효율적인 의사소통자는 성(gender), 주변 상황, 문제를 가진 사람, 그리고 자신의 개인적 스타일과 같은 요소를 고려해서 다양한 반응 유형을 사용한다.

핵심 용어

기습하기
기억하기
격리적 듣기
독차지하기
둔감한 듣기
듣기
듣기 충실도
듣는 척하기
반응하기
방어적 듣기
분석하기
생리적 듣기(혹은 청각)
선택적 듣기

숙고적 듣기
위조된 질문
의역하기
이해하기
자동적 듣기
조언하기
주의하기
지지하기
진심 어린 질문
질문하기
격려하기
판단하기

MEMO

101cats/Istock/Getty images

이 장(章)에서 다루는 주제

의사소통과 관계역동

1. 여러분이 상대방을 선택할 때 어떤 요인이 그 선택에 영향을 주는지 알 수 있다.
2. 대인관계의 여러 단계에서 나타나는 의사소통의 특징을 Knapp의 모형을 통해 설명할 수 있다.
3. 관계에서 나타나는 변증법적 긴장에 대해 설명할 수 있고, 그것이 의사소통에 어떠한 영향을 주는지, 그리고 그러한 긴장을 잘 다룰 수 있는 효과적인 전략은 무엇인지 기술할 수 있다.
4. 관계의 변화와 문화적 요인이 의사소통에 주는 영향을 설명할 수 있다.
5. 실제 대화에서 나타나는 의사소통의 내용적 측면과 관계적 측면을 구분할 수 있다.
6. 메타소통이 어떻게 관계의 질을 향상시킬 수 있는지 설명할 수 있다.
7. 개인 간 관계를 유지하고, 지지하고, 바로 잡는 데 필수적인 단계를 기술할 수 있다.

"우리는 아주 좋은 관계를 유지하고 있어."

"나는 좀 더 나은 관계를 찾는 중이야."

"우리의 관계는 많이 변했어."

"우리 관계에 대해 이야기를 좀 해봐야 될 것 같아."

'관계'라는 말은 사람들이 늘 사용하는 말이지만, 관계가 무엇인지 정의하는 것은 어렵다. 지금 여러분 스스로 '관계'를 설명할 수 있는지 생각해보라. 생각보다 쉽지 않을 것이다. 예를 들면, 고객이나 손님들과 관계를 형성하는 것이 중요하다는 말에 대부분의 사람들은 동의할 것이다. 그러나 이러한 관계는 연인이나 친한 친구사이의 '관계'와는 매우 다르다. 여러분은 가족들과도 관계를 맺고 있다(어쨌든, 그들은 여러분과 '관계'가 있는 사람들이다.). 그러나 이러한 관계는 불편할 수도 있고 심지어는 끊어질 수도 있다. 인터넷 소셜 미디어 사용자들은 자신들이 서로 관계를 맺고 있다고 온라인상에서 선언하는 것이 중요하다는 것을 알고 있다.

이 장(章)에서는 '관계'라는 개념을 정의하기보다는 인간관계의 다양한 역동을 알아보고, 사람들이 관계를 형성하고, 조절하고, 때로는 종결하는 과정에서 의사소통이 어떻게 작동하는지 살펴볼 것이다. 여러분도 곧 알게 되겠지만, 관계는 그림이나 사진처럼 고정되어 있는 것이 아니다. 관계는 시간에 따라 변하는 드라마나 무용과도 같다. 아무리 안정되고 만족스런 관계도 의사소통 패턴이 달라짐에 따라 여러 방식으로 흥망성쇠를 겪게 된다. 다음에 나오는 내용을 살펴보고 나면, 여러분은 의사소통이 어떻게 우리의 중요한 관계를 정의하고 반영하고 있는지 이해할 수 있을 것이다.

관계를 형성하는 이유

무엇이 우리로 하여금 어떤 사람과는 관계를 맺고 또 어떤 사람과는 관계를 맺지 않도록 하는 것일까? 때로 우리는 선택권이 없다. 아이들은 부모를 선택할 수 없으며, 직장인들도 그들의 상사나 동료들을 고를 수 없다. 그러나 다른 많은 경우에 우리는 다른 사람을 적극적으로 찾아 나서기도 하고 또 피하기도 한다. 사회과학자들은 대인 간 매력에 대한 상당히 많은 연구를 축적해 왔다.[1] 앞으로 나올 내용은 파트너의 선택에 영향을 주는 몇몇 요인에 관한 것이다.

외모

대부분의 사람들은 다른 사람을 겉모습이 아닌 행동으로 평가해야 한다고 말한다. 그러나 앞서 7장에서도 살펴본 것처럼, 현실은 이와 정반대이다.[2] 외모는 관계의 초기 단계에서 매우 중요한 역할을 한다. 한 연구에서 700여 명이 넘는 남녀를 하나의 사교행사로 소개하는 실험을 진행하였다. 파티가 끝난 후 참가자들에게 자신의 파트너와 다시 만날 의향이 있는지 물었다. 결과는 어땠을까? 외적 매력이 높은 사람일수록(그의 매력 정도는 또 다른 사람이 사전에 평가하였음), 사람들은 그를 더 바람직한 것으로 보았다. 사교 기술이나 지능과 같은 외모 이외의 요인은 결정에 전혀 영향을 미치지 않았다.[3]

보다 최근의 사례에서는 외모가 스피드 데이트(역자 주: 새로운 맞선 방식으로, 미국에서는 참가자가 일정 비용을 지불하면 하루 저녁에 보통 30명의 이성을 만나볼 수 있다. 미팅 커플은 주어진 3분의 시간 동안 대화를 해보고 이후의 데이트를 결정한다.)를 하는 사람들에게 매력의 가장 기본적인 원천이다.[4] 아마 이러한 이유 때문에, 사람들은 온라인 만남 사이트에서 좀 더 매력적으로 보이기 위해 자신의 외모 및 키와 몸무게에 대한 정보를 늘 과장한다.[5] 또한 사이트에 올라와 있는 친구들의 사진이 신체적으로 매력적일수록 그 사람도 더 매력적으로 평가되었다. 이는 한 개인이 알고 지내는 사람들을 보면, 그 개인이 어떤 사람인지 그리고 얼마나 매력적인지 알수 있음을 시사한다.[6] 그 반대도 사실이다. 즉 매력적인 얼굴은 매력이 없거나 평균적인 얼굴들 사이에 있을 때 덜 매력적으로 보인다.[7]

여러분의 외모가 사회적인 기준에 비추어 볼 때 그다지 훌륭하지 못하다면, 다음의 사실이 여러분에게 희망적일 수도 있다. 첫째, 첫인상의 영향이 흐려지는 때가 오면, 성격 좋은 사람의 평범한 외모도 매력적으로 평가될 수 있다.[8] 둘째, 시간이 지날수록 외적인 요인의 중요성은 점점 낮아진다.[9] 사실, 연인관계가 발전할 수록, 사람들은 서로에 대한 '긍정적 환상(positive illusion)'을 만듦으로써 시간이 지날수록 상대방을 더 매력적으로 지각한다.[10] 한 사회과학자가 말하길, "매력적인 특징은 상대의 마음을 열게 할 수는 있겠지만, 그 열린 마음을 계속 유지하기 위해서는 분명히 신체적 아름다움 그 이상이 필요하다."[11]

유사성

사람들이 자신과 비슷한 사람을 더 좋아한다는 것은 엄청난 양의 연구가 입증하고 있다.[12] 예를 들면 부부의 성격이 비슷할수록 그들은 더 높은 결혼만족과 행복감을 보고하였다.[13] 중·고등학교 학생들은 자신과 자신의 친구가 여러 면에서 비슷하다고 보고하였다. 예를 들면 그들은 공통으로 알고 있는 친구가 있고, 같은 운동을 좋아하고, 같은 사회 활동을 하며, 음주나 흡연의 정도도 비슷했다.[14] 친구 사이에 비슷한 점이 많을수록 그들의 우정은 더 오래 지속되었다.[15] 성인의 경우, 심지어 의사소통 능력보다도 유사성이 관계의 행복에 더 중요한 요인인 것으로 밝혀졌다. 즉 의사소통 기술이 둘 다 낮은 친구는 둘 다 높은 친구만큼이나 그들의 관계에 만족했다.[16]

유사성은 초기의 매력에 중요한 역할을 한다. 사람들은 페이스북에서 자신과 유사하다고 지각하는 사람의 친구 요청을 수용할 가능성이 더 높다.[17] 여기에서 지각이 중요하다. 연구들은 실질적인 유사성보다 우리가 유사하다고 믿는 것("우리는 많은 공통점을 가지고 있는 것 같아.")이 더 중요하다는 것을 보여준다.[18] 사실 지각된 유사성은 종종 매력을 창출한다. 여러분이 누군가를 좋아한다고 생각하는 것은 종종 차이점보다는 유사성에 대한 지각을 가져온다.[19]

비슷한 사람에게 끌리는 이유에 대한 하나의 설명은 그것이 자기를 지지하는 하나의 방법이라는 것이다. 우리가 자신과 비슷한 사람을 매력적이라고 판단한다면, 우리 자신도 매력적임에 틀림없다(이론적으로는 그렇다.). 한 연구는 자기중심주의(egotism)가 은연중에 매력 지각에 상당한 영향을 미친다는 사실을 보여주고 있다.[20] 이 연구결과에 따르면, 사람들은 자신의 이름이나 성이 비슷한 사람과 더 많이 결혼했고, 생일이나 심지어는 운동복에 적힌 숫자가 비슷한 사람에게 더 큰 매력을 느꼈다. 뿐만 아니라, 사람들은 자신과 말하는 방식이 비슷한 사람을 더 매력적으로 평가하였다.[21] 좀 더 실질적으로, 정치나 종교에 대한 비슷한 가치관이 결혼 배우자 선택에서 가장 중요한 요인이라는 연구 결과도 있다. 이는 외모나 성격보다도 훨씬 더 중요했다.[22]

Tanja Giessler/Getty Images

중요한 영역에서 우리가 상대방과 많이 유사할 때 매력은 극대화된다. 예를 들면 두 사람이 서로의 직업적 목표를 지지해주고, 공통의 친구를 가지고 있으며, 인권에 대한 비슷한 신념을 가지고 있다면, 그들은 스시나 랩 음악에 대한 의견차이 같은 사소한 의견 불일치는 충분히 참을 수 있다. 아주 핵심적인 영역에서 충분히 유사하다면, 가족과 함께 얼마나 시간을 보낼 것인지 혹은 휴가를 각자 보낼 것인지와 같이 중요한 주제에 대한 논쟁조차도 그들은 이겨낼 수 있다. 그러나 의견 불일치의 횟수와 내용이 지나치게 커지면, 관계는 위협을 받을 수도 있다.

우리와 여러 면에서 비슷하면서도 이상하거나 역겹게 행동하는 사람을 만나면, 이때의 유사성은 호감을 정반대로 돌려놓는다.[23] 예를 들면 너무 말이 많거나, 불평이 많거나, 냉소적 특성을 가진 사람을 보고 다른 사람들이 "당신과 닮았다."고 말하면, 아마도 여러분은 그 사람을 싫어할 것이다. 실제로, 사람들은 자신과 닮은 역겨운 사람을 자신과 다르면서 역겨운 사람보다 훨씬 더 싫어하는 경향이 있다. 그 이유는 그런 사람이 우리의 자기존중감을 위협함으로써, 우리도 그 사람들처럼 유쾌하지 못한 사람으로 보일 수 있다는 두려움 때문일 수 있다. 이런 경우, 우리의 이상적 자기상을 위협하는 존재와 자신과의 거리를 가능한 멀리 하려는 반응이 흔하게 나타난다.

보완성

"반대되는 사람들은 서로에게 끌린다."는 이 친숙한 말은 앞서 기술한 유사성의 원리와는 상반되는 것처럼 보인다. 그러나 사실은 둘 다 맞다. 차이는 그것이 서로의 단점을 보완할 때 관계를 강화시킨다. 즉 각자의 특성이 상대방의 욕구를 충족시킬 때 그렇다.

한 연구는 보완적인 기질의 소유자에게 매력을 느끼는 것이 생물학적인 수준에 근거할 수 있음을 시사한다.[24] 예를 들면, 사람들은 어느 한 쪽이 지배적인 성향이 있고 다른 한 쪽이 순종적인 성향이 있을 때 서로에게 매력을 느끼기 쉽다.[25] 또한 한명이 어떤 특정한 영역("돈에 관한 결정은 네가 해.")에 대한 통제권을 가지고, 다른 한명은 그와는 다른 어떤 영역("나는 이 장소를 어떻게 꾸밀지 결정할게.")에서 통제권을 가지고 있다면, 마찬가지로 이 둘의 관계는 원활하게 작동할 수 있다. 긴장은 이러한 통제권 문제가 논쟁의 대상이 될 때 발생한다. 돈을 헤프게 쓰는 사람과 구두쇠는 종종 서로 끌릴 수 있지만, 돈을 관리하는 방식의 차이는 관계가 깊어질수록 심각한 문제를 일으킬 가능성이 높다는 것을 한 연구는 보여주고 있다.[26]

성공적인 관계를 유지하는 커플과 그렇지 않은 커플을 20년간 비교해 본 결과, 성공적인 부부는 외적으로나 내적으로 충분히 비슷하면서도 동시에 서로의 욕구를 충족시켜주고 관심을 유지시켜줄 만큼 충분히 다르다. 성공적인 커플들은 유사점과 차이점의 균형을 맞추는 법을 찾으면서 수년에 걸친 변화에 적응하는 모습을 보였다. 유사점과 차이점의 균형을 맞추는 법에 대해서는 이 장의 뒤에서 더 자세히 살펴볼 것이다.

상호적 매력

사람은 보통 자신을 좋아해주는 사람을 좋아한다.[27] 상호적 매력은 특히 관계의 초기에 매우 큰 위력을 발휘한다. 상대방이 우리를 매력적으로 느낀다고 믿으면 우리도 그 상대방에게 끌리게 된다. 반대로 우리에게 공격적이거나 무관심한 사람에게는 별로 신경을 쓰지 않게 된다.

상호적인 호감이 매력의 기본이 된다는 것은 별로 신비스러운 일이 아니다. 우리 자신을 인정해주는 사람의 존재는 자존감을 높여주기도 한다. 누군가에게 인정받는다는 것은 그 자체로 기분 좋은 일일뿐만 아니라, 동시에 '좋아할 만한 사람'이라는 우리의 자기개념을 강화시켜주는 역할도 한다.

그러나 여러분에게 호감이 있는 것처럼 보이는 사람이라도 여러분 마음에는 별로 들지 않은 경우가 생각날 수도 있다. 예를 들면 여러분에게서 뭔가를 얻어내기 위해 그 사람이 거짓으로 여러분을 좋아하는 척했을 수 있다. 혹은 그러한 호감이 여러분의 자기개념과는 맞지 않은 경우도 있을 것이다. 누군가 여러분에게 잘생겼다거나, 지적이라거나, 착하다고 말하지만 정작 여러분은 자신이 못생겼고, 무식하고, 못됐다고 믿고 있다면, 그런 말을 칭찬으로 받아들이지 않을 것이다. 미국의 배우 Groucho Marx가 "나를 자신들의 구성원으로 여기고 초청한 클럽을 단 하나도 보지 못했다."라고 한 말은 위와 같은 태도를 요약해주는 말이다(역자 주: 1920~30년대 미국 대공황 시대 활동했던 유명한 독설가이자 코미디 배우 그루초 막스는 수많은 클럽에 초청받아 다녔지만 하나같이 입에 발린 칭찬만 하는 세태를 비꼬아 이렇게 말했다.).

역량

우리는 뛰어난 사람들과 어울리기를 좋아한다. 그것은 아마도 그들의 기술과 능력을 닮고 싶은 마음 때문일지도 모른다. 그러나 '너무' 잘난 사람과 같이 있을 때에는 오히려 불편함을 느낀다. 그들과 비교해서 자신이 상대적으로 못나 보일 수 있기 때문이다. 이와 같은 대조적인 태도를 고려할 때, 뛰어나지만 우리들처럼 인간적인 약점도 함께 가지고 있는 사람에게 더 매력을 느낀다는 것은 별로 놀라운 일이 아니다.[28] 특히, 우리는 역량이 뛰어나면서도 인간적인 따뜻함을 함께 가진 사람에게 끌리게 된다. 역량은 뛰어나지만 차가운 성격은 그렇게 좋은 조합이 아니다.[29]

개방

3장에서 살펴본 것처럼, 자신의 속 깊은 이야기를 드러내는 것은 호감을 키우는 데 도움이 된다.[30] 때로 이러한 호감의 기반은 서로 비슷한 경험("약혼자와 헤어졌어.")이나 비슷한 성향("나도 낯선 사람이랑 있으면 너무 긴장이 돼.")을 가지고 있다는 것을 아는 것이다. 또한 자기개방이 호감 형성에 도움이 되는 이유는 그것이 관심의 표현이기 때문이다. 누군가 자신의 개인적인 사생활을 여러분에게 털어놓으면, 그것은 그가 여러분을 존중하고 신뢰하고 있다는 것이다. 이것은 상대방에 대한 매력을 높이는 역할을 한다. 개방은 인간관계의 초기뿐만 아니라 그 이후에도 계속 서로의 관계를 발전시키는 데 매우 중요하다. 온라인에서든 면대면 관계이든 마찬가지이다.[31]

물론 모든 자기개방이 호감을 불러일으키는 것은 아니다. 연구에 따르면, 자기개방에서 중요한 것은 상호성(reciprocity)이다. 즉, 여러분이 자신을 드러낸 만큼 상대방도 자기에 대한 이야기를 해주어야 한다.[32] 또한 자기개방의 시점도 중요하다. 처음 만난 사람에게 여러분의 은밀한 성적 취향을 말한다거나 여러분의 생일파티에 온 친구에게 불만을 털어놓는 것은 분명 현명한 행동이 아니다. 그 사람이 믿을 만하다는 확신이 들 때 자기개방을 하는 것이 자신을 보호할 수 있는 방법이다.[33]

근접성

당연한 이야기지만, 우리는 자주 상호작용하는 사람과 관계를 발전시킨다.[34] 많은 경우에 근접성은 그 사람에 대한 호감으로 이어진다. 예를 들면 우리는 먼 곳에 있는 사람보다는 가까이 있는 이웃과 친해질 가능성이 더 크고, 우리와 자주 마주치는 사람과 사귈 가능성이 높다. 왜냐하면 근접성은 우리로 하여금 그들에 대한 정보를 더 많이 얻고 그들과의 관계로부터 이득을 얻을 수 있게 해주기 때문이다. 또한 근접성이 높은 사람은 그렇지 않은 사람보다 우리와 비슷한 점이 더 많다. 예를 들면 같은 동네에 사는 사람들은 사회경제적으로 비슷한 수준일 가능성이 크다. 인터넷의 보급은 가깝게 지낼 수 있는 새로운 수단을 제공하는데, 인터넷 사용자들

은 사이버 공간에서 '가상 근접성(virtual proximity)'을 경험하기도 한다.[35]

보상

몇몇 사회과학자들은(인간적이든 비인간적이든) 모든 관계가 '사회교환이론(social exchange theory)'에서 말하는 경제적 논리에 기반한다고 믿는다.[36] 이 이론에 따르면, 우리는 어떤 사람과 관계를 맺을 때 우리 자신이 부담하는 비용과 동등하거나 그보다 더 큰 보상을 주는 사람을 찾는다. 또한 둘 중 한 사람이 '손해보고 있다'는 느낌을 받게 되면 그 관계는 곤란에 빠지게 된다.[37]

보상은 실제 눈에 보이는 것(좋은 집, 연봉이 높은 직업 등)일 수도 있고 눈에 보이지 않는 것(명예, 감정, 후원, 우정 등)일 수도 있다. 비용이란 별로 달갑지 않은 결과물을 말하는데, 예를 들면 즐겁지 않은 직장이나 정서적 고통과 같은 것이다. 우리가 관계를 형성하고 유지하는 이유를 사회교환이론의 관점에서 간략히 공식화하면 다음과 같다.

$$보상 - 비용 = 결과$$

사회교환 이론가들에 따르면, 우리는 (종종 무의식적으로) 이러한 공식의 계산을 통해 그 결과가 정(+)적인지 혹은 부(−)적인지에 따라 다른 사람과 '좋은' 관계를 맺을지 아니면 '별로 애쓸 필요가 없는'지를 결정한다.

어떻게 보면 사회교환이론이 인간관계를 너무 계산적이고 냉정하게 보는 것 같지만, 몇몇 인간관계 유형에서는 아주 잘 들어맞는 것 같다. 건전한 사업 관계는 각자가 상대방에게 얼마나 도움이 되는가에 기초하고 있고, 몇몇 친구 관계 역시 비공식적인 거래에 기반하고 있다. 예를 들면, "우리 집 수리할 때 네가 도와줬으니까, 너의 시시콜콜한 일상적 이야기는 얼마든지 들어줄 수 있어."와 같이 말할 수도 있다. 보다 더 가까운 관계에서도 거래적인 요소가 있을 수 있다. 친구나 연인 관계에서 우리는 상대방의 별난 성격도 잘 참아준다. 그것은 우리가 그들과의 관계로부터 얻는 편안함이나 즐거움과 같은 요소가 별로 달갑지 않은 순간도 충분히 수용할 만큼 가치가 있기 때문이다. 좀 더 심각한 경우, 사회교환은 가학적인

"내가 여기 있는 모두에게 술을 사도록 하지.
다만 광범위한 정치사회적 문제에 대한
나의 단순하고 얕은 이야기를 참을성 있게 들어주기만 하면 돼."

관계에서도 사람들이 왜 그러한 관계를 계속 유지하는지 설명한다. 서글프게도 그들은 아무와도 관계를 맺지 않는 것보다는 나쁜 관계라도 맺는 것이 더 낫다고 말한다.

일견 사회교환적 접근이 친밀감 욕구를 기반으로 한 다른 접근과 매우 다른 관점을 취하는 것처럼 보인다. 그러나 사실은 두 관점이 서로 양립할 수 없는 것은 아니다. 어떤 형태든(정서적인 것이든, 육체적인 것이든, 혹은 지적인 것이든) 친밀감에 대한 추구는 그에 따르는 비용이 생기고, 사람들은 그런 보상을 고려해서 그 비용을 지불할지 결정을 내린다. 즉 관계를 형성하고 유지하는 데 드는 비용이 너무 크거나 노력에 대한 대가가 너무 적으면, 우리는 그 관계를 청산할 수도 있다.

관계역동에 대한 모형

여러분도 경험을 통해 알겠지만, 관계의 시작은 하나의 특별한 순간이다. 함께하는 시간이 길어지고 서로에 대해 알아가면서 우리의 의사소통 방식은 어떻게 달라질까? 의사소통 학자들은 이 질문에 대하여 서로 다른 관점을 취하고 있다. 이 절에서는 발달적 관점과 변증법적 관점을 알아볼 것이다.

발달적 관점

인간관계의 단계와 관련하여 가장 잘 알려진 모형은 의사소통 연구자 Mark

Knapp이 개발한 모형이다. 그는 관계의 시작과 끝을 10단계로 나누고, 이들 단계를 크게 '가까워지기'와 '멀어지기'의 시기로 구분하였다.[38] 다른 학자들은 의사소통에 관한 모든 모형이 **관계 유지**(relational maintence)라는 세 번째 시기(순탄하고 만족스럽게 이어지는 관계를 유지하기 위한 의사소통)를 포함해야 한다고 제안했다(우리는 이 장의 뒷부분에서 관계 유지에 대해 더 자세히 살펴볼 것이다.). [그림 9.1]은 Knapp의 10단계 모형을 관계상 의사소통에 관한 세 가지 시기로 구분하여 나타낸 것이다.

이 모형은 주로 연인 관계에서의 의사소통을 설명하는 데 가장 적절하지만, 다른 유형의 가까운 관계에도 적용해 볼 수 있는 측면이 많이 있다.[39] 다음의 내용을 읽을 때, 각 단계가 오래된 친구, 연인, 혹은 심지어 사업적인 관계를 어떻게 기술할 수 있을지 생각해보기를 바란다.

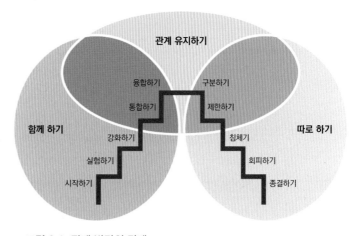

▶ **그림 9.1 관계 발달의 단계**

© Cengage Learning

시작하기　　　관계의 첫 단계 목표는 여러분이 상대방과의 접촉에 관심이 있고 자신이 이야기를 나눌 만큼 가치 있는 사람이라는 것을 보여주는 것이다. 시작하기(initiating) 단계에서의 의사소통은 대게 짧고 간단하게 이루어지며 일반적으로 관습적인 규칙을 따른다. 예를 들면 악수를 하거나 날씨와 같은 무난한 주제에 대해 이야기하고 우호적인 표현을 한다. 이런 행동은 다소 피상적이고 무의미해 보일 수도 있지만, 여러분이 상대방과 특정 종류의 관계를 맺고 싶어 한다는 신호가 된다. 굳이 "나는 친절한 사람이고, 당신에 대해 알고 싶어요."라고 말하지 않고도 말이다.

관계를 시작하는 것 특히, 연인으로의 관계를 시작하는 것은 부끄러움을 많이 타는 사람에겐 특히 어려운 일이다. 이런 경우 인터넷은 매우 유용한 만남의 도구가 될 수 있다. 온라인 만남 서비스 업체를 대상으로 한 연구에 따르면, 외향적인

다양성에 대한 고찰

Rakhi Singh와 Rajesh Punn: 현대적 중매결혼

나는 내 남편 Raj와 결혼을 했는데, 그 이유는 우리가 서로 잘 맞을 것이라고 양가 부모가 생각했기 때문이다.

인도 사람들에게 '중매결혼'이라는 용어가 갖는 요즘의 의미는 이전 세대와 다르다. 시골에서 사신 내 조부모는 그들의 부모가 짝을 지어주셔서 12살과 13살에 결혼을 했다. 그들은 이 일에 대해서 거의 아무런 말도 하지 않았다. 그들의 자녀 즉, 나의 부모 또한 짝이 지어졌지만, 그들이 대학생일 때 그랬다. 소개를 받은 후 3시간 동안 만남을 가졌고, 그 다음 약혼을 할 것인지를 결정했다.

Raj와 나의 경우는 또 달랐다. 인도로 돌아온 우리 부모는 우리 둘 각자의 프로필을 만든 다음 가능한 후보자를 검토한 후, 우리가 잘 어울리는 짝인지를 결정했다. 그들은 우리가 만날 수 있게 해줬고, 그 다음부터는 우리가 서로에게 잘 맞는지를 스스로 결정했다.

우리는 미국에 살고 있기 때문에 이러한 종류의 중매에 대해서 약간의 거부감이 있지만, 그래도 우리는 기꺼이 시도는 했다. 감사하게도 우리 부모는 올바른 선택을 했다. 우리는 죽이 잘 맞았고 18개월 후에 결혼을 했다. 그 후 13년이 지났고 그 사이에 세 아이가 생겼으며 우리는 매우 행복하다.

부모가 미래의 배우자를 선택한다는 생각은 처음에는 이상하게 보일 수도 있지만, 이러한 접근이 실제 효과가 있는 이유가 있다. 부모는 가령 문화적 가치, 교육, 그리고 나이와 같은 측면에서 비슷한 배경을 가진 사람들을 짝지어준다. 그것이 확실히 잘 맞도록 하는 데 도움이 된다. 또한 가족이 승인한다는 것을 아는 것은 잠정적인 스트레스와 갈등을 야기할 수 있는 문제를 없애준다.

어떤 측면에서는 부모의 중매가 컴퓨터 데이트와 비슷하다. 데이트 상대를 찾는 사람들은 자신이 찾고 있는 사람의 특징을 입력하고, 그러면 그러한 프로필에 적합한 사람들의 목록이 나온다. 내 생각에 핵심적인 변인은 부모가 미래의 파트너를 찾는 데 자신의 역할을 기꺼이 제한하고 자신의 자녀가 마지막 결정을 하도록 하느냐이다.

참가자들에 비해 내향적인 참가자들은 이 시스템이 가지는 익명성이나 부끄러움에 대한 개방 위험에서 안전한 환경을 훨씬 긍정적으로 평가했다.[40] 수줍음이 많은 사용자들은 이러한 온라인 서비스를 이용함으로써 면대면 상황에서 새로운 관계를 시작할 때 겪을 수 있는 어색함을 극복하는 데 도움을 받고 있음을 연구자들은 밝혔다. 이것은 요즘 젊은 사람들이 내향적이든 외향적이든 상관없이 왜 페이스북과 같은 소셜 미디어를 이용해서 관계를 '시작'하는지 그 이유를 설명해 준다.[41]

시작하기는 연인관계에서뿐만 아니라 모든 관계를 시작하는 단계라는 것을 명심하라. 우정관계도 여기에서 시작하고,[42] 사업상의 동업도 마찬가지이다. 사실, 어떤 사람은 채용 면접을 첫 데이트에 비유하는데, 왜냐하면 그것은 서로 비슷한 속성을 공유하고 있기 때문이다.[43] 이 다음에 따라오는 단계를 읽으면서, 관련된 의사소통이 연인관계의 형성뿐만 아니라 일의 착수, 룸메이트와의 연결, 혹은 조직의 참여에 어떻게 적용되는지를 생각해보라.

실험하기 새로운 사람을 만난 후 그 다음 단계는 그 사람과의 관계를 더 발전시킬지 결정하는 것이다. 이 단계에서는 '불확실성 줄이기' 즉, 서로에 대하여 더 많은 정보를 얻음으로써 상대방을 알아가는 과정을 수반한다.[44] 불확실성 줄이기의 일환으로 서로의 공통점 찾기나 "고향이 어디세요?" 혹은 "전공이 뭐에요?"와 같은 관습적인 질문하기가 있다. 이를 통해 우리는 또 다른 유사점을 발견할 수 있다. 가령 "그쪽도 달리기를 좋아하는군요? 일주일에 몇 킬로 정도 뛰세요?"와 같은 질문이 이어지는 식이다.

실험하기(experimenting) 단계의 전형적인 특징은 가벼운 대화이다. 가벼운 대화가 별로 달갑지 않을 수도 있지만, 그러한 대화가 몇몇 기능을 하기 때문에 우리는 그러한 시련을 참고 견딘다. 먼저 가벼운 대화를 통해 우리는 상대방과 어떤 흥미를 공유하고 있는지 알 수 있다. 또한 그것은 다른 사람을 살펴볼 기회를 제공한다. 즉 이 관계가 더 발전시킬 만한 가치가 있는지 판단하는 데 도움을 준다. 그리고 가벼운 대화는 쉽게 관계를 맺을 수 있는 안전한 방법이기 때문에, 이 단계에서는 관계를 더 진행해야 할지와 같은 위험부담이 큰 결정을 할 필요가 없다.

서로에게 관심이 있는 사람들의 대화가 시작하기에서 실험하기로 넘어가는 속도는 실제로 만날 때보다 온라인에서 훨씬 빠르다. 한 연구결과에 따르면, 면대면으로 만난 사람보다 이메일로 관계를 발전시킨 사람은 상대방의 사고방식, 의견 및 선호를 더 빨리 질문한다.[45] 이것은 아마도 상대방에게 성급하게 너무 많은 것을 물었다고 느낄 때 나올 수 있는 비언어적 반응, 예를 들면 얼굴이 붉어지는 것, 말을 더듬는 것, 시선의 회피 등을 온라인에서는 걱정할 필요가 없기 때문인 것으로 보인다.

SNS는 관계 발달에 대한 이 단계의 본질을 바꿔놓을 수도 있다. 한 연구에서 대학생들이 말하길, 연인관계에서 실험하기가 이전에는 당사자들의 전화번호를 확보하는 것과 관련이 있었는데, 오늘날에는 종종 페이스북 친구가 되어달라는 요청과 관련된다.[46] 일단 접근이 기능해지면, 의사소통자들은 서로의 사이트를 둘러보면서 상대방에 대한 정보를 조금씩 얻기보다는 한꺼번에 다 얻을 수 있게 된다. 사진과 상호 간 친구가 되는 것 또한 관계를 계속 발전시켜 나갈 것인지를 결정하는 데 중요한 요인이다. 그리고 물론 온라인상에서 이러한 정보를 얻는 것은 직접 얻는 것보다는 양쪽 모두에게 체면을 덜 위협한다.

강화하기   1장에서 정의한 것과 같은 진정한 관계는 강화하기(intensifying) 단계에서 발달하기 시작한다. 이 단계에서는 의사소통 패턴에 몇 가지 변화가 일어난다. 상대방에 대한 감정표현이 보다 빈번해지고 특히, 연인관계에서는 자신의 애정을 다양한 방법으로 표현한다.[47] 그들은 만나는 시간의 4분의 1정도 관계의 상태를 자유롭게 논의하면서 자신의 감정을 직접적으로 표현한다. 그리고 그들은 덜 직접적인 의사소통 방식을 이전보다 더 자주 사용한다. 가령 더 많은 시간을 같이 보내기, 도움 구하기, 부탁 들어주기, 사랑의 징표 건네기, 장난하기, 감정을 비언어적으로 표현하기, 상대방의 가족이나 친구들과 친해지기, 외모 가꾸기 등을 사용한다. 친구 사이에서는 취미를 공유하거나 여행을 함께 가기도 한다.[48]

강화하기 단계에서는 관계가 보통 매우 신나고 행복하다. 연인들은 서로를 사랑스럽

1986년도 로멘틱 코미디 'About Last Night'의 리메이크 작품은 Danny(Michael Ealy 역)와 Debbie(Joy Bryant 역) 간 관계의 발전과 쇠퇴를 그리고 있다. 이 이야기는 초기의 매력에서 정서적 및 신체적 강화하기를 거쳐 통합과 전적인 분리에 이르는 발달적 모델의 예를 보여주고 있다. 여러분의 관계는 Knapp의 모델에 나오는 단계를 얼마나 가깝게 따르고 있는가?

Sony Pictures Releasing/Allstar

게 응시하고 닭살 돋는 애정행각이나 공상을 자주 하게 된다. 이 때문에 많은 영화나 소설이 이 단계의 연인을 자주 묘사하곤 한다. 사랑에 빠진 연인들을 보는 것은 기분 좋은 일이다.[49] 하지만 문제는 이러한 단계가 영원히 지속되는 것은 아니라는데 있다. 때로 그들은 여전히 서로를 사랑하고 있는지 묻기 시작한다. 물론 그렇지 않은 사람들도 있지만, 이제 그들은 보다 덜 격정적인 '통합하기' 단계로 들어가게된다.

통합하기   관계가 더 튼튼해지면서, 두 사람은 자신들을 하나의 사회적 단위로 보는 정체감을 갖게 된다. 그들은 커플을 위한 모임에 초대를 받으며, 서로의 사교적 모임이 통합된다. "좋아, 이번 추수감사절을 당신 가족과 함께 보내자구."처럼, 사람들은 상대방에게 몰입하는 성격을 띤다. '우리 아파트', '우리 차', '우리 노래'와 같이 공동 소유에 대한 표현도 나타난다.[50] 그들은 독특하고 의례적인 행동을 한다.[51] 친밀한 친구들은 말투나 사용하는 단어, 표현이 닮아간다.[52] 이런 측면에서 **통합하기**(integrating) 단계는 각자가 자신의 기존 자기의 특성을 버리고 공동의 정체성을 발달시키는 시점이라고 할 수 있다.

      요즘에는 통합하기에 '페이스북 오피셜(Facebook Official: FBO)'을 하는 것도 포함되는데, 이는 두 사람이 '사귀는 관계'임을 페이스북을 통해 공식적으로 선언하는 것이다.[53] 물론 한쪽은 자신의 관계를 페이스북으로 공인하는 것을 원하는 반면, 다른 한쪽이 원치 않을 경우 문제가 될 수도 있다.[54] 그리고 FBO의 의미는 각 파트너에 따라 다를 수 있다. 한 연구는 이성애 관계에서 남성에 비해 여성들은 FBO에 대한 선언이 관계에 대한 강도와 헌신이 더 커지는 것으로 지각한다는 것을 발견했다.[55] 그 결과, 여성들은 FBO를 아래에 살펴볼 융합하기와 관련된 권리 및 제약과 연결할 수도 있다.

융합하기   사람들은 융합하기(bonding) 단계에서 서로가 사귀고 있음을 상징적이고 공식적으로 표현하는 행동을 취한다. 융합하고 몰입하는 이 단계의 구성요소를 정의하기가 늘 쉬운 것은 아니다.[56] 관습이나 법률의 전적인 지지를 받지 못하는 관계를 기술하기 위해 사용해 온 공동의 규칙, 동거, 평생의 반려자와 같은 용어도 명백히 (혹은 암암리에) 유대감이나 융합을 수반한다. 이처럼 서로의 관계를 입증하고 새로운 국면으로 나아가는 데 융합하기가 중요하다. 그럼에도 불구하고, 게이나 레즈비언 단체들이 그들의 결혼을 법적으로 인정받기 위해 그토록 애쓰고 있는 것도 놀라운 일이 아니다.

이 책에서 우리는 '융합하는 관계'를 상대방에 대한 상당한 양의 공식적인 몰입을 수반하는 관계로 정의할 것이다. 여기에는 약혼이나 결혼, 거주지의 공유, 공식적인 행사, 서약이나 언약과 같은 것이 포함될 수 있다. 융합하기는 두 사람의 결합을 공식화하는 것으로, 특히 중요한 것은 이 단계가 관계 발전의 종착역이라는 점이다. 인간관계에서 몰입의 역할은 10장에서 더욱 자세히 다룰 것이다.

융합하기는 관계에서 하나의 전환점이다. 지금까지는 관계가 점진적인 속도로 발전해 왔을 수 있다. 실험하기는 점진적으로 강화하기로 나아갔고, 이어서 융합하기로 옮겨갔다. 그러나 융합하기에서는 엄청난 몰입이 이루어진다. 관계를 공식적으로 밝히고 상대방에 대한 특권을 행사하는 것은 이 단계의 특징 중 하나이다.

융합하기가 꼭 연인 관계에서만 나타나는 것은 아니다. 예를 들면 사업 파트너를 공식화하는 계약서나 대학생 클럽에 들어가기 위한 입단식을 생각해보라. 한 저자가 언급했듯이, 친구들도 그 관계를 '공식화하는' 행위를 통해 융합하기의 단계에 이를 수 있다.

> 몇몇 서양문화에서는 우정이 깊어지고 있다는 것을 표현하거나 공식적인 정당성을 확보하기 위해 특정한 의례를 행하기도 한다. 예를 들면, 독일에는 Duzen이라는 작은 의식이 있는데, 본래 이 말은 관계의 변화를 의미한다. Duzen을 할 때, 두 친구는 와인이나 맥주 한 잔을 들고 서로 팔을 휘감아 몸을 가까이 한 다음, Bruderschaft(형제)라는 말로 서로의 영원한 우정을 약속한다. 이 의식이 끝나면 둘은 sie(그)라는 형식적인 관계에서 du(너)라는 친밀한 관계가 된다.[57]

구분하기 융합하기는 Knapp이 말하는 관계 발전에서 '하나로 합치는' 시기의 정점에 해당한다. 그러나 아무리 몰입한 관계라 하더라도 사람들은 자신의 개인적인 정체감을 표현하고자 하는 욕구를 가지고 있다. **구분하기**(differentiating)

단계는 지금까지 발달해 온 '우리' 중심에서 벗어나 '나'를 표현하는 메시지가 많아지는 단계이다. 구분하기의 대화는 '우리'의 주말 계획보다는 '내'가 하고 싶은 것에 더 초점을 둔다. 둘의 관계에서 이전에 이미 합의한 문제, 예를 들면 "당신은 돈을 벌어와, 나는 집안일을 맡을게."와 같은 문제가 "당신보다 내가 더 능력이 있는데 왜 나만 집에 박혀 있어야 되는 거야?"와 같은 식으로 다시 논의의 도마 위에 오른다. '구분하기'는 '다름'에서 비롯하기 때문에, 변화는 이 단계에서 중요한 역할을 한다.

관계가 피할 수 없는 스트레스에 직면할 때 구분하기가 처음으로 나타난다. 그러나 자율성과 변화에 대한 욕구가 꼭 부정적인 것은 아니다. 사람들은 다른 사람과 관계를 맺으면서 동시에 하나의 인격체로서 존재할 필요가 있으며, 구분하기는 자율성을 위해 필요한 과정이다. 예를 들면, 젊은이들이 자신의 부모와 관계를 유지하면서도 자신의 고유한 삶과 정체성을 갈망할 수 있다.[58] [그림 9.1]에서 보듯이, 구분하기는 관계를 유지하는 동안 나타나는 매우 정상적인 과정이며, 이를 통해 사람들은 자신들에게 다가오는 피할 수 없는 변화에 잘 대처할 수 있다. 성공적인 구분하기의 핵심은 개인적인 공간을 창출함과 동시에 관계에 대한 몰입을 소홀히 하지 않는 것이다(이에 대해서는 이 장의 후반부에서 관계의 변증법적 긴장을 다룰 때 더 자세히 알아볼 것이다.).

제한하기   이 **제한하기**(circumscribing) 단계에서는 서로의 의사소통이 양적으로나 질적으로 감소한다. 구속과 제약이 이 단계의 특징이다. 그들은 의견이 다른 일을 에너지를 소모하며 논의하기보다는 정신적으로든(침묵, 딴 생각) 물리적으로든(함께 있는 시간을 줄임) 뒤로 물러나는 길을 선택한다. 그렇다고 제한하기가 완전한 회피를 의미하는 것은 아니다. 회피는 더 나중 단계에서 나온다. 제한하기 단계에서는 통합하기 단계에서와는 반대로 서로에 대한 관심이나 몰입이 줄어들 뿐이다.

'제한하다(circumscribe)'라는 말은 '주변에 원을 그리다'라는 뜻의 라틴어에서 왔다. '내 친구'와 '네 친구', '내 통장'과 '네 통장', '내 방'과 '네 방'과 같이 제한하기 단계에서는 구분이 훨씬 더 분명해진다. 곧 살펴보겠지만, 그러한 구분은 개인적 정체성과 관계적 정체성, 그리고 자율성과 연결성의 균형을 적절히 조절하고 있다는 증거로 볼 수도 있다. 물론 관계에서 연결된 영역보다 분리된 영역이 더 많을 때나, 분리된 영역이 상호작용을 방해할 때(내 휴가와 네 휴가) 문제가 될 수도 있다.

침체기   제한하기가 계속되면 그 관계는 침체기(stagnating)로 접어든다. 강화하기 단계에서의 흥분은 사라진 지 오래이며, 상대방을 별다른 감정 없이 오래되고 친숙한 방식으로 대한다. 이 단계에서는 관계의 어떤 성장도 일어나지 않고 관계상의 권태가 자리를 구축된다.[59] 마치 텅 빈 깡통과도 같다. 직장에서 열정을 잃어버린 채 같은 행동만 반복하는 사람들이 바로 그런 사람들이다. 이 슬픈 일이 연인에서도 일어난다. 그들은 애정 없이 같은 대화를 반복하고, 같은 사람들을 만나고, 어떤 새로움이나 즐거움도 없는 일상을 반복하기도 한다.

회피하기   침체기가 너무 불만족스러우면, 사람들은 물리적으로도 거리를 두게 된다. 이것이 바로 회피하기(avoiding) 단계이다. 때로 사람들은 "요즘 몸이 너무 안좋아서 너 못 볼 거 같아."처럼 핑계를 대며 간접적으로 회피하기도 하지만, "전화하지 마, 지금은 별로 널 보고 싶지 않아."와 같이 직접적으로 회피하기도 한다. 어쨌든 이러한 관계의 미래는 어둡다고 할 수 있다.

융합하기에서 제한하기, 침체기, 회피하기의 단계로 점차 이동하면서 관계가 쇠퇴하는 것이 꼭 피할 수 없는 숙명은 아니다. 상대에 대한 불만이 있을 때 그냥 헤어지는 부부도 있고 예전의 친밀감을 다시금 되살릴 수 있는 부부들도 있다.[60] 중요한 것은 그런 상황에서 서로가 나누는 대화이다. 성공적이지 못한 부부는 그들의 문제를 회피하고, 에둘러 말하며, 서로에게 관여하지 않으려고 한다. 반면 관계를 회복하는 부부는 그들의 문제를 보다 직접적으로 대화한다. 때로는 전문 상담가의 도움을 받아 그들의 문제에 직면하기도 하고, 그 문제를 해결하기 위해 시간과 노력을 아끼지 않는다.

종결하기   모든 관계가 다 종결로 끝나는 것은 아니다. 많은 부부, 친구,

직장 동료들은 한번 맺은 관계를 평생 동안 이어간다. 그러나 여전히 많은 사람들은 관계가 악화되어 마지막 단계인 **종결하기**(terminating)에 다다른다. 이 단계의 특징으로, 사람들은 그들의 관계가 어디로 가고 있는지 대화하면서 결별에 대한 욕구도 얘기한다. 종결하기는 저녁 식사 자리에서, 식탁 위에 놓인 쪽지를 통해, 혹은 전화나 법적 서류를 통해 이루어진다. 서로의 정서 상태에 따라 이 단계는 아주 빨리 끝날 수도 있고 오래 끌기도 한다.

관계가 종결을 향해 항상 직선적으로 나아가는 것은 아니다. 그보다는, 앞뒤 단계로 왔다 갔다 하면서 관계의 종결로 향하게 된다.[61] 종결하기가 얼마가 걸리든지 간에, 이 단계가 꼭 부정적인 것만은 아니다. 서로가 관계에 투자한 부분이나 개인적 성장에 대한 욕구를 이해하는 것은 종결단계의 힘든 감정을 완화할 수 있다. 사실 많은 인간관계가 단박에 끝나지는 않는다. 예를 들면 이혼한 커플은 이전보다는 덜 친밀한 방식으로 새로운 관계를 형성할 수도 있다.

두 연인이 종결단계 이후 친구로 남을 수 있는지는 그들이 연인관계 이전에 친구 사이였는지가 크게 좌우한다.[62] 또한 그들이 헤어지는 방식도 중요하다. 당연히, 헤어지는 동안 대화가 긍정적인 커플들은 이후에도 친구로 남을 가능성이 높다. 예를 들면 "같이 보낸 시간에 후회는 없다."라고 표현하거나, 격한 감정을 최소화하기 위해 노력하는 경우다. 반면, 종결하기 과정에서 교묘하게 상대방을 조종하거나 다른 사람에게 상대방에 대한 불만을 얘기하는 등 부정적인 행동을 하는 커플은 이후에 친구로 남을 가능성이 적다.

종결 이후 사람들은 종종 '관계 정리(grave-dressing)' 즉, 그들의 관계가 왜 실패했는지에 대한 사후적 설명에 몰두한다.[63] '잘못된 것'에 대하여 각자가 만들어내는 이야기는 이별 이후 그들의 삶에 영향을 준다("우린 서로 그냥 잘 맞지 않았어."와 "그 사람은 너무 이기적이고 우리의 관계를 소중히 할 만큼 성숙하지도 못했어."는 크게 다르다.).[64]

학자들은 기계장치가 관계의 종결에 할 수 있는 역할을 연구하기 시작했다. 한 조사연구에서 수천 명의 응답자들은 문자 메시지를 통해 관계를 정리했다고 시인했다(남성들이 여성들보다 이러한 방법을 사용할 가능성이 훨씬 높았다.).[65] 분명히 이러한 방법으로 종결하는 것은 버려지는 사람을 상처주고 격노하게 만들 위험이 있

다("그는 내 면전에서 직접 말할 용기조차 가지고 있지 못했어."). 또 다른 연구는 전자 기기를 통해 이별을 통보받은 사람들은 애착에 대한 불안 수준이 높은 경향이 있다는 것을 발견했는데, 이러한 불안 수준이 높아서 그들의 파트너가 직접 만나 이별을 통보하기를 원하지 않았을 수도 있다.[66]

일단 애인관계가 끝이 나면, 과거의 파트너와 페이스북 친구관계도 끝내는 것이 현명하다. 이전의 애인을 계속 살피는 것은 어느 정도의 불확실성을 줄일 수는 있지만,[67] 과거 연인의 페이스북 페이지를 감시하는 것은 이별 후 더 큰 스트레스와 더 많은 부정적 감정, 그리고 낮은 개인적 성장과 연관될 수 있다.[68]

발달적 관점의 한계　　Knapp의 모형이 관계적 단계에 대한 통찰을 제공하지만, 모든 대인관계에서 이루어지는 의사소통의 성쇠를 기술하지는 못한다. 예를 들면 Knapp는 일반적으로 단계에서의 이동이 순차적이기 때문에, 관계는 발전하고 쇠퇴함에 따라 전형적으로 한 단계에서 다른 단계로 예측할 수 있는 방식으로 나아간다고 제안한다. 한 연구는 많은 친구관계의 종결이 Knapp가 기술한 패턴과 비슷한 패턴을 따른다는 것을 발견했다.[69] 그러나 몇몇 다른 패턴의 발달과 쇠퇴도 확인되었다. 다시 말하면, 모든 관계가 동일한 선형적인 방식으로 시작하고, 발전하고, 쇠퇴하고, 끝이 나는 것은 아니다.

마지막으로, Knapp의 모형은 한 관계가 주어진 시간에 10단계 중 오직 한 단계의 전형적인 특성만을 보인다고 제안한다. 그러나 보통은 다른 단계의 요소들도 존재한다. 예를 들면 통합의 심한 진통 속에 있는 두 연인이 여전히 실험하기의 특징을 공유하고("나는 당신의 그러한 점을 전혀 몰랐어요.") 불일치를 구분 지을 수도 있다(개인적인 것은 전혀 없지만, 나는 혼자 있는 주말이 필요해요.). 비슷하게, 자신의 대부분 에너지를 서로를 회피하는 데 사용하는 가족구성원들은 이전의 친밀함이 짧게나마 강화되어 잠시 동안의 좋은 시간을 가질 수도 있다. 관계에서 '통합하기'와 '분리하기'의 특징을 동시에 모두 경험할 수 있다는 의견은 관계적 변증법에 관한 다음의 절에서 다루고 있다.

잠시 생각해보기

여러분의 대인관계 단계

여러분은 아래의 질문에 대답함으로써 인간관계의 단계를 보다 더 명확하고 정확하게 이해할 수 있다.

1. 여러분이 누군가와 관계를 맺고 있다면, 현재 어떤 단계인지 설명하고 그 단계에서 여러분의 의사소통을 특징짓는 행동을 기술하라. 그리고 여러분의 평가를 지지하는 구체적인 예를 들어보라.
2. 여러분의 의사소통 경향성을 단계적 측면에서 얘기해보라. 여러분은 지금의 단계에 남아 있을까 아니면 다른 단계로 옮겨 갈까? 여러분의 생각을 설명해보라.
3. 질문 2에 대한 답에 얼마나 만족하는가? 지금의 단계에 만족한다면, 이 단계에서 의사소통이 잘 이루어지기 위해서 여러분이 무엇을 할 수 있을지 설명하라. 만족하지 못한다면, 더 만족스러운 단계로 나가기 위해서 여러분이 무엇을 할 수 있을지 이야기해보라.
4. 관계에는 양쪽이 있는데, 관계에 대한 상대방의 관점을 설명하라. 여러분 관계의 단계에 대하여 상대방의 생각도 여러분과 일치하는가? 그렇지 않다면, 상대방이 생각하는 단계를 설명해보라. 또한 상대방은 무엇에 근거해서 그렇게 생각하는지 예를 들어 설명하라. 여러분이 원하는 단계를 위해서 상대방이 어떻게 하는 것이 좋겠는가? 상대방의 그런 행동을 격려하기 위해 여러분은 무엇을 할 수 있을까?
5. 이미 종결단계로 접어든 관계(친구든 연인이든)를 떠올려 보라. Knapp의 모형이 그 관계의 발전과 쇠퇴를 얼마나 잘 설명한다고 생각하는가? 그 모형이 잘 맞지 않는다면, 여러분의 관계를 더 잘 설명할 수 있는 새로운 모형을 제시해보라.

변증법적 관점

앞서 설명한 단계 관련 모형이 대인관계의 상호작용을 설명하는 최선의 방법이라는 데 모든 학자들이 동의하는 것은 아니다. 새로운 관계든 아주 오래된 관계든 상관없이, 사람들은 대개 비슷한 문제와 씨름하고 있다고 몇몇 학자들은 주장한다. 그들의 주장에 따르면, 모든 관계에서 사람들은 중요하지만 본질적으로 양립 불가능한 목표들을 달성하려 노력한다. 이러한 목표를 달성하려는 노력 속에서 변증법적 긴장(dialectical tension)이 발생한다. 즉 서로 반대되거나 양립 불가능한 다수의 욕구가 동시에 존재하기 때문에 갈등이 생긴다. 의사소통 연구자들은 소통을 어렵게 만드는 다양한 변증법적 욕구를 분류하였다.[70] 그들은 사람들이 변증법적 긴장을 해결하고자 할 때 의사소통에서 가장 강력한 역동이 발생한다고 주장한다. 이 중에서 가장 핵심적인 세 가지 변증법적 긴장을 지금부터 알아보겠다.

연결성 대 자율성 완전 고립된 존재는 어디에도 없다. 이러한 사실을 인정하면, 우리 모두는 누군가와 관련되고자 한다. 그러나 동시에 관계가 아무리 만족스러워도 그것을 위해 자신의 모든 것을 희생하려고 하지는 않는다. 이처럼 의존과 독립이라는 두 상충적 욕구가 연결성−자율성 변증법(connection−autonomy dialectics) 속에 들어 있다.

인간관계의 해체에 대한 연구들은 그것이 이러한 변증법적 긴장을 적절히 다루지 못한 결과임을 입증해 준다.[71] 해체의 대부분 이유는 상대방의 연결성에 대한 욕구를 서로가 충분히 충족시키지 못하기 때문이다. 예를 들어 "우리는 함께하는 시간이 너무 적은 것 같

Wavebreakmedia Ltd/Istock/Getty images

아.", "그녀는 우리 관계에 몰입하지 않는 것 같아.", "우리는 서로 원하는 것이 달라."와 같은 말을 하는 경우이다. 한편 연결성에 대한 욕구가 너무 지나친 것도 문제가 된다. "구속당하는 느낌이 들어.", "좀 더 자유가 필요해."와 같은 표현이 그러한 문제를 반영한다.[72] 아마 놀랍지 않겠지만, 몇몇 연구결과에 따르면, 관계에서 남성은 여성에 비해 자율성을 그리고 여성은 남성에 비해 연결성과 몰입을 더 중시하는 경향이 있다.[73]

　　연결성과 자율성에 대한 욕구의 정도는 시간에 따라 변할 수 있다. Desmond Morris가 그의 저서 '친밀한 행동(Intimate Behavior)'에서 제안한 바에 따르면, 사람들은 세 가지 단계("꼭 안아 주세요.", "내려 놓아 주세요.", "혼자 둬 주세요.")를 반복한다.[74] 이러한 반복은 특히 생애 초기에 매우 분명한데, 아기들이 기어가기, 걷기, 만지기, 맛보기 등을 통해 세상을 탐험하는 것은 "꼭 안아 주세요." 단계에서 "내려 주세요." 단계로 들어가는 것이다. 또한 3세 아동이 8월에는 "나 혼자 할 수 있어."라고 하다가도 유치원에 가는 첫날에는 부모에게 붙어 있을 수 있다. 청소년기가 되면 "혼자 둬 주세요." 단계의 성향이 분명해진다. 부모와 행복한 시간을 보내던 10대 아이들도 저녁식사를 같이 하는 것이나 가족끼리 휴가를 가는 것에 불만을 표시하기도 한다. 그러나 보통 청소년기에서 성년기로 들어서면 가족과 다시 가까워진다.[75]

　　성인의 경우도 이와 마찬가지로 친밀함과 거리두기의 순환을 반복한다. 예를 들면 결혼 후 첫 일 년의 "꽉 안아 주세요."는 금방 자율성에 대한 욕구로 이어진다. 자율성의 욕구는 다양한 방식으로 나타나는데, 새로운 친구를 사귀고 싶어 하거나, 배우자와 함께하지 않는 활동을 하거나, 서로의 관계에 다소 지장을 줄 수도 있다 하더라도 직장 일에 더 열중하는 식으로 나타난다. 이 장의 앞에 나온 단계 모형의 설명처럼, 이러한 연결성에서 자율성으로의 변화는 관계의 종결을 야기할 수 있다. 그러나 이러한 사이클을 통해 이전의 친밀감을 회복하거나 심지어 전보다 더 친밀한 관계를 형성할 수도 있다.

　　연인관계의 남녀는 모두 자신들의 관계에 영향을 주는 가장 중요한 요소 중 하나로 연결성-자율성 변증법을 꼽았다.[76] 이 변증법적 긴장은 몰입, 갈등, 와해, 그리고 화해와 관련된 전환점을 마련하는 데 핵심적인 역할을 한다. 좀 더 사소한 수준에서 보면, 만족하는 커플은 연결성─자율성 욕구의 균형을 맞추기 위한 수단으로, 휴대폰 사용에 대한 규칙을 마련해서 지킨다는 것이 몇몇 연구에서 밝혀졌다.[77] 휴대폰은 사람들을 서로 연결시켜 주지만, 휴대폰으로 얼마나 자주 서로 전화나 문자를 주고받을지 (혹은 주고받지 않을시) 규칙을 마련하면 도움이 될 수 있다. 이것은 상대방이 원하고 필요로 하는 자율성을 확보하는 한 방법이다.

각자가 상대방에 대한 좋은 기억을 안고 새롭게 독립하고자 할 때처럼, 연결성과 자율성 사이의 긴장을 잘 관리하는 것은 관계가 끝날 때에도 매우 중요하다.[78] 생을 마감하는 순간에도 연결성과 자율성의 변증법은 작동한다. 사랑하는 사람이 장기간 건강이 나쁠 때, 그의 배우자는 계속 가까이 있고 싶은 소망과 그만두고 싶은 욕구 사이에서 갈등하며 눈물을 흘릴 수 있다. 상대방이 알츠하이머병을 앓거나 뇌사상태에 빠진 경우 이런 긴장은 특히 심각하다.[79]

개방 대 사생활 1장에서 설명한 것처럼, 개방은 대인관계에서 나타나는 하나의 특징이다. 개방에 대한 욕구와 마찬가지로, 사람들에게는 타인과 약간의 거리를 유지하고자 하는 동기가 있다. 이러한 욕구의 충돌이 개방─사생활 변증법(openness─privacy dialectics)을 만들어낸다.

유대감이 가장 강한 관계에서조차도 어느 정도의 거리는 필요하다. 연인들은 많은 시간을 함께하는 시기와 어느 정도 떨어져 있는 시기를 겪는다. 이처럼 그들에게는 열정적인 시기도 있고 만나지 않는 시기도 있다. 친구끼리는 자신의 거의 모든 감정과 생각을 서로 나누는 엄청난 개방의 시기를 가진 후, 며칠, 몇 달 혹은 그보다 더 긴 시간 동안 떨어져 지내기도 한다.

친밀한 관계의 소중한 누군가가 별로 대답하고 싶지 않은 질문을 한다면 여러분은 어떻게 할 것인가? 3장에서 살펴본 것처럼, "내가 매력이 있다고 생각해?"라거나 "나랑 함께 있어서 좋아?"와 같은 질문은 자기개방의 딜레마를 일으키는 것들이다. 관계에서 정직해야 한다는 의무감은 자신의 생각을 솔직히 말하도록 할 테지만, 다른 한편 상대방 기분에 대한 염려와 자신의 사생활에 대한 욕구는 자신의 생각을 보다 덜 솔직하게 말하도록 할 것이다. 사람들은 서로의 사생활을 지키기 위해 다양한 방법을 사용한다.[80] 예를 들면 그 문제에 대해 더 이상 이야기하고 싶지 않다고 상대방에게 직접 말하기도 하고, 비언어적 단서를 통해 간접적으로 암시하기도 하며, 다른 주제로 화제를 전환하거나 아예 그 자리를 떠나기도 한다.

소셜 미디어를 통한 의사소통은 사생활 관리에 또 다른 어려움을 야기한다. 페이스북, 트위터, 블로그 그리고 또 다른 매체들은 개인정보의 개방을 쉽게 만든다. 그러나 개방을 쉽게 할 수 있다는 것이 반드시 좋은 것만은 아니다. 이러한 정보 개방은 제 3자가 관련되어 있을 때 특히 그렇다. 따라서 소셜 미디어에서 사생활을 잘 조절하는 것이 중요하고, 여러분 관계와 관련해서 무엇을 다른 사람들과 공유할지 서로 협의하는 것이 중요하다.[81]

예측 가능성 대 참신성 안정은 인간관계에서 추구하는 중요한 욕구 중 하나이다. 그러나 이 욕구가 너무 크면 진부함을 느끼게 할 수 있다. 예측 가능성 – 참신성 **변증법**(predictability–novelty dialectics)은 이러한 긴장을 반영한다. 부부가 서로를 너무 잘 알 때 올 수 있는 지루함에 대하여 유머 작가 Dave Barry 가 언급한 내용은 어쩌면 결코 큰 과장이 아닐 수 있다.

"그리고 Rebbeca 당신은 달이 바뀌고, 해가 바뀌고, 수십 년이 지나 어느 한쪽이 세상을 떠날 때까지 오직 Richard 한 사람만 사랑할 것을 맹세합니까?"

결혼 생활이 10년쯤 되면, 여러분은 배우자의 모든 생각과 습관뿐만 아니라 사소한 버릇이나 미세한 노화의 흔적까지 "모든" 것을 알게 된다. 배우자의 식사 습관만 가지고도 무게가 8kg이나 되는 책을 한 권 쓸 수 있을지도 모른다. 이런 지식은 어느 순간, 예를 들어 TV 퀴즈 쇼에 나가 배우자의 껌 씹는 소리를 골라내야 하는 순간에는 아주 유용할 수도 있다. 하지만 이는 서로의 관계에 대한 열정을 떨어뜨리기도 한다.[82]

비록 지나친 친숙성이 지루함이나 정체된 느낌을 야기할 위험이 있지만, 누구도 완전히 예측 불가능한 사람을 원하지는 않을 것이다. 예상 밖의 일이 너무 잦으면, 그것은 관계의 근본을 뒤흔드는 위협이 되기도 한다("당신은 내가 결혼한 그 사람이 아니야!").

의사소통자에게 어려운 짐은 예측 가능성에 대한 욕구와 관계를 신신하고 흥미롭게 만드는 참신성에 대한 욕구를 잘 조절하는 것이다. 예측 가능성과 참신성의 욕구는 사람들마다 다르기 때문에, 이에 대한 최고의 배합이 따로 존재하는 것은 아니다. 곧 알게 되겠지만, 사람들은 이렇게 상충적인 두 욕구를 다루기 위해 다양한 전략을 사용한다.

변증법적 긴장 다루기   모든 변증법적 긴장이 관계를 유지하는 데 중요한 역할을 하지만, 몇몇 갈등은 다른 것보다 더 빈번히 발생한다. 한 연구에서 결혼한 커플은 연결성–자율성 갈등을 가장 빈번한 갈등(모든 갈등 중에서 30.8%)으로 보고했다.[83] 예측 가능성–참신성 갈등은 두 번째로 빈번했으며(21.7%) 마지막은 개방–사생활 갈등(12.7%)이었다.

변증법적 긴장을 잘 다루는 것은 의사소통의 문제와 관련이 있다. 이러한 문제에 대처할 수 있는 방법은 다양하며, 이 중에서 몇몇은 다른 방법보다 더 효과적이다.[84]

- **부정하기**(denial)   부정하기는 사람들이 변증법적 스펙트럼의 한쪽에만 반응하고 다른 쪽은 무시하는 것을 의미한다. 예를 들면 어떤 커플은 예측 가능성–참신성 갈등을 다루기가 너무 어려운 나머지, 따분하지만 그냥 예측 가능한 방식으로만 관계할 수 있다.

- **방향감각의 상실**(disorientation)   이러한 전략을 쓰는 사람들은 압도감과 무기력감을 너무 크게 느껴서 자신들의 문제를 직면하지 못한다. 변증법적 긴장상태가 되면, 그들은 싸우거나, 꼼짝도 않거나, 때로는 그 관계를 떠나 버린다. 신혼여행에서 돌아온 커플이 갈등 없이 '행복하게 오래오래 사는' 것이 그다지 현실적이지 않다는 것을 깨닫게 된 다음, 결혼은 실수였다고 여기는 것이 하나의 예가 될 수 있다.

- **번갈아하기**(alternation)　　　이 의사소통 전략을 쓰는 사람들은 어느 순간에는 변증법적 스펙트럼의 한쪽을 선택하고 또 다른 순간에는 다른 한쪽을 선택한다. 예를 들면 친구들은 함께 보내는 시간과 각자의 삶을 사는 시간을 번갈아 함으로써 연결성–자율성 변증법을 다룰 수 있다.

- **분절하기**(segmentation)　　　분절하기 전략을 쓰는 사람들은 그들의 관계를 여러 영역으로 나눈다. 예를 들면 한 커플이 개방–사생활 변증법을 다룰 때, 그들은 서로의 친구에 대한 감정은 모두 공유하지만, 그들의 연애 경력에 대한 어떤 부분은 사생활로 남겨둔다. 의붓자식이 그들과 동거하지 않는 생부(혹은 생모)와의 사이에 발생하는 개방–사생활 변증법을 다룰 때 이 전략을 가장 자주 사용한다.[85]

- **균형 맞추기**(balance)　　　변증법적 긴장의 균형을 맞추려 하는 사람들은 양쪽의 주장이 모두 정당하다는 것을 인정하면서 이들의 타협을 통해 문제를 해결하고자 한다. 12장에서 다루겠지만, 타협은 본질적으로 각자가 원하는 것을 양쪽이 서로 조금씩 양보하는 것이다. 예측 가능성과 참신성 욕구 사이의 갈등에 빠진 사람들은, 비록 이상적이지는 않더라도, 한쪽이 바라는 만큼 예측 가능하지도 않고 다른 한쪽이 바라는 만큼 참신함으로 가득 차지도 않은 방식으로 타협함으로써 양쪽의 균형을 맞출 수 있다.

- **통합하기**(integration)　　　이 전략은 상충하는 두 욕구를 약화시키지 않고 모두 수용하는 것이다. 의사소통 연구자 Barbara Motgomery는 '예측 가능하면서 참신한' 접근을 고안함으로써 예측가능성과 참신성의 욕구를 모두 수용하는 커플에 대해서 기술하였다. 예를 들면 그들은 일주일에 한 번은 이제까지 해 본 적이 없는 일을 같이 한다.[86] 마찬가지로, 의붓가족의 경우 '이전' 가족과 '새' 가족 사이의 갈등을 그들만의 의식적 절차를 고안하고 통합함으로써 다룰 수 있다.[87]

● **재조정하기**(recalibration)　　　　사람들은 어떤 변증법적 문제를 새로운 관점으로 바라봄으로써 모순을 해소할 수 있다. 예를 들면 여러분은 서로의 차이에도 불구하고 상대방을 사랑한다는 생각을 바로 그 '차이 때문에' 사랑한다는 생각으로 바꿈으로써, 자신의 태도를 변화시킬 수 있다.[88] 또 상대방이 자신의 과거를 잘 이야기하지 않는 것 때문에 마음이 상했다면, 이것을 해결해야 할 문제라고 보는 대신 신비주의적인 매력으로 생각할 수도 있다. 사생활에 대한 욕구가 여전히 있겠지만, 그 욕구는 더 이상 개방에 대한 욕구와 충돌하지 않을 것이다.

● **재확인하기**(reaffirmation)　　　　이 전략은 변증법적 긴장이 결코 사라지지 않을 것임을 인정하는 것이다. 따라서 이러한 전략의 의사소통자들은 그러한 긴장을 없애려고 노력하는 대신에, 그 문제를 받아들이고 수용한다. 우리의 관계적 삶을 롤러코스터에 비유하는 입장은 이러한 관점을 잘 반영하고 있다. 변증법적 긴장을 이렇게 바라보는 사람들은 그것을 일종의 놀이기구를 타는 과정으로 생각한다.

여러분은 자신의 삶에서 발생하는 변증법적 긴장을 다루기 위해 어떠한 전략을 사용하는가? 그것은 얼마나 성공적인가? 그리고 어떠한 전략이 여러분의 의사소통에 더 큰 도움이 되는가? 일반적으로 마지막 세 가지 전략이 가장 생산적인 전략이라고 말할 수 있지만, 학자들은 여러 다양한 전략을 쓰는 것이 현명한 방법이

잠시 | 생각해보기

여러분의 변증법적 긴장

1. 여러분에게 중요한 관계들 중 하나를 선택하라. 변증법적 긴장 각각이 이 관계에 어떻게 작용하고 있는지 기술하라.
2. 여러분과 여러분의 파트너가 각자 추구하는 양립 불가능한 목표에는 어떤 것이 있는가?
3. 여러분은 갈등을 해결하기 위해 어떤 전략을 사용하는가?
4. 여러분은 그 전략에 만족하는가 아니면 더 나은 전략을 제안할 수 있는가?

라고 이야기한다.[89] 예를 들면 헤어지는 커플은 부정하기, 번갈아하기, 분절하기와 같은 별로 성공적이지 못한 전략을 쓰며, 주로 한 가지 전략에만 의존한다고 보고 하였다.[90] 우리 삶의 일부로서 변증법적 긴장을 어떻게 의사소통하느냐가 여러분의 관계에 엄청난 질적 차이를 가져올 수 있다.

관계의 특징

여러분이 관계를 발달 단계적 관점에서 분석하든 아니면 변증법적 긴장의 관점에서 분석하든 상관없이, 모든 대인관계에는 두 가지 특성이 있다. 각 특징을 읽으면서 그것이 여러분의 경험에 어떻게 적용될 수 있을지 생각해보라.

관계는 꾸준히 변한다

모든 대인관계가 반드시 나빠지는 것은 아니지만, 유대감이 아주 강한 관계조차도 오랜 시간 동안 안정적인 경우는 매우 드물다. 동화 속에 나오는 커플은 '행복하게 오래오래' 살지도 모르지만, 실제 우리의 삶에서 그런 일은 잘 일어나지 않는다. 결혼생활을 하는 부부를 떠올려 보라. 비록 그들이 형식적으로는 결속되어 있지만, 아마도 그들의 관계는 변증법적 긴장의 한 차원에서 다른 차원으로 옮겨갈 것이며 단계의 스펙트럼을 따라 앞뒤로 움직일 것이다. 때로는 상대방이 서로 좀 떨어져 있기를 원할 것이고, 또 때로는 친밀감을 원할 것이다. 때로 그들은 예측 가능한 패턴 속에서 안정감을 느낄 것이고, 새로움에 목마를 때도 있을 것이다. 관계가 제한하기나 침체기로 진입하게 될 수도 있다. 이런 관점에서 보

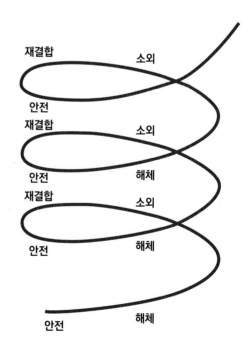

▶ 그림 9.2 관계 순환에 대한 나선 모형

© Cengage Learning

면, 결혼은 실패힐 수도 있지만 빈드시 그린 깃도 아니다. 노력 여하에 따라 침체기에서 실험하기로 돌아가거나 제한하기에서 강화하기로 진전될 수도 있다.

의사소통 이론가 Richard Conville은 꾸준히 변하고 진화하는 관계의 특성을 하나의 사이클로 기술하고 있다. 이 사이클 속에서 사림들은 일련의 단계를 거쳐 움직이고, 그러면서 새로운 수준이지만 이전에 만난 단계로 되돌아간다([그림 9.2]를 볼 것).[91] 즉 사람들은 안전(Knapp의 용어로 연결하기)에서 해체(구분하기)로, 그리고 소외(제한하기)와 재결합(강화하기, 연결하기)을 거쳐 다시 새로운 수준의 안전 상태로 이동한다. 그리고 이러한 과정은 계속 반복한다.

관계는 문화의 영향을 받는다

대인관계의 많은 특성은 보편적이다.[92] 예를 들면 사회과학자들이 밝힌 것처럼, 모든 문화권에서 의사소통은 이 장의 후반부에서 살펴볼 내용적 차원과 관계적 차원을 가지고 있고, 모든 문화에서 동일한 얼굴 표정은 동일한 정서를 나타내는 신호이며, 권력의 분배는 모든 인간 사회의 중요한 한 요인이다. 모든 문화에서 (사실상 모든 포유류에서) 수컷은 성관계에서 정서적 투자는 덜 하지만 더 경쟁적이다.

대인관계에 대한 일반적인 요소가 범문화적으로 나타나지만, 구체적인 요소는 문화마다 다르다. 예를 들면 서양 문화에서 말하는 연애와 결혼의 개념이 앞에서 말한 단계적 모형에 어떻게 반영되어 있는지 생각해보라. 모든 문화에서 '결합하기' 단계가 반드시 '실험하기'나 '강화하기', '연결하기'의 순서로 나타난다고 할 수는 없다.[93] 실제로 어떤 문화에서는 신랑과 신부가 결혼하기 불과 몇 주, 혹은 며칠, 심지어는 몇 분 전에 처음 만나기도 한다. 이 장의 '다양성에 대한 고찰'이 입증하듯이, 연구자들은 이러한 경우도 매우 만족스럽고 성공적인 관계가 될 수 있다는 것을 밝혔다.[94]

늘 외형적인 것만은 아니고 심층적인 수준에서도 나타나는 다양한 문화 차이 때문에, 서로 다른 문화권 출신의 사람들이 관계를 맺을 때 어려움을 겪을 수 있다.[95] 예를 들면 각자의 마음속에 있는 생각을 상대방과 얼마나 공유할 것인지 결정하는 것은 모든 대인관계에서 중요한 문제이다. 3장에서 말한 것처럼, 이러한 결정은 특히 자기개방에 대한 문화적 규칙이 다를 때 곤란할 수 있다. 미국과 같은 저맥락 문화는 직접적 표현을 중시하지만, 일본과 같은 고맥락 문화는 눈치를 더 중요시한다. 두 나라에서 인기를 끌고 있는 자기계발서의 제목은 이러한 차이를 극명하게 보여준다. 미국에서는 '죄책감 없이 '아니요'라고 말하는 방법(How to Say No Without Feeling Guilty)'이라는 책이 있다면,[96] 일본에서는 "아니요'라고 말하지 않는 방법 16가지(16 Ways to Avoid Saying No)'라는 책이 있다.[97] 이처럼 적합성에 대한 개념의 문화적 차이는 이질적인 문화의 사람들이 관계를 맺을 때 문제를 야기할 수 있음을 쉽게 알 수 있다.

문화적 차이에 따른 어려움이 생기면, 1장에서 설명한 일종의 문화적 역량이 특히 중요해진다. 동기, 불확실성에 대한 인내, 개방성, 다른 문화의 관습에 대한 지식, 그리고 다른 사람의 의사소통 방식에 적응하는 기술은 의사소통을 더 매끄럽게 하고 관계를 더 만족스럽게 해 준다.

관계에서의 의사소통

지금쯤 여러분은 대인관계가 매우 복잡하고 역동적이며 중요하다는 것을 이해했을 것이다. 그렇다면 우리는 그러한 관계 속에서 의사소통을 할 때 어떠한 메시지들을 주고받는가?

내용적 메시지와 관계적 메시지

1장에서 여러분은 모든 메시지에 내용적 측면과 관계적 측면이 있다는 것을 배웠다. 메시지에서 가장 분명한 요소는 그것의 내용이다. "이번엔 당신이 설거지할 차례야."나 "나 이번 토요일 저녁은 바빠."와 같은 말에 담긴 내용은 매우 명백하다.

두 사람이 의사소통할 때 내용적 메시지만 서로 주고받는 것은 아니다. 모든 메시지는 그것이 언어적이든 비언어적이든 모두 관계적 측면을 가지고 있다. 이를 통해 각자는 상대방에 대한 느낌을 표현한다.[98] 다음 절에서 알게 될 테지만, 이러한 관계적 메시지는 주로 친화성, 즉시적 반응, 존중, 통제와 같은 여러 사회적 욕구를 다룬다. 방금 언급한 두 사례를 살펴보자.

- "이번엔 당신이 설거지할 차례야."를 말하는 두 가지 방식 즉, 요구하는 방식과 사실을 말하는 방식을 비교해보라. 이때 비언어적 메시지의 차이가 관계의 통제에 대한 화자의 관점을 어떻게 드러내는지 생각해보자. 요구하는 어조는 실제 "나는 당신에게 집안일을 하라고 말할 권리가 있어."라고 말하는 것인 반면, 사실을 전달하는 어조는 "나는 단지 당신이 그걸 잊어버렸을까봐 상기시켜 주는 것뿐이야."라는 의미를 담고 있다.
- "나 이번 토요일 저녁은 바빠."라는 말을 전달하는 두 가지 방식도 여러분은 쉽게 상상할 수 있다. 하나는 거의 친화성 없이 말하는 것이고, 다른 하나는 즉각적이고 따뜻하게 즉, 미안함을 드러내고 다른 날짜로 바꿔주기를 바라면서 말하는 것이다.

이와 같은 각 예에서 메시지의 관계적 차원은 결코 언급된 적이 없다는 것을 명심하라. 사실, 대부분의 시간 우리는 매일 우리에게 쏟아지는 수많은 관계적 메시지들을 의식하지 못한다. 관계적 메시지가 존중, 통제, 애정의 알맞은 양에 대한 우리의 믿음과 부합하기 때문에, 때로 우리가 그런 메시지를 의식하지 못하는 것이다. 예를 들면, 상사가 어떤 일을 지시해도 여러분이 불쾌해하지 않는 것은 부하직원에 대한 감독자의 권한을 여러분이 인정하기 때문이다. 그러나 이와 다른 경우에, 메시지의 내용 자체는 문제가 없어도 관계적 메시지 때문에 갈등이 생길 수 있다. 상사가 지시를 할 때 잘난 체하거나 빈정대면서 혹은 폭력적인 어투로 이야기한다면 여러분은 기분이 상할 것이다. 여러분의 불만은 상사의 지시 그 자체가 아니라 지시를 하는 방식에 관한 것이다. "내가 이 회사를 위해 일을 하고 있기는 하지만, 나는 노예가 아니고 바보도 아니야. 나는 인간적인 대접을 받을 권리가 있어."라고 여러분은 생각할 수도 있다.

관계적 메시지는 어떻게 소통되는가? 상사와 부하직원의 예에서처럼, 관계적 메시지는 대개 (어투처럼) 비언어적으로 전달된다. 이 사실을 스스로 시험하기 위해 "잠깐 저 좀 도와주실 수 있나요?"라는 말을 어떻게 다음과 같은 특성을 전달할 수 있을지 생각해보라.

거만	친절	성적 욕구
무기력	무관심	짜증

비록 비언어적 행동이 관계적 메시지의 좋은 수단이기는 하지만, 이것은 애매하다. 여러분이 인간적 모욕으로 여기는 날카로운 어조는 어쩌면 단지 피곤 때문일 수도 있고, 여러분의 생각을 무시한다고 생각되는 끼어들기가 사실은 여러분과 상관 없는 압박 때문일 수도 있다. 관계적 단서에 대하여 성급히 결론을 내리기 전에, 4장에서 말한 지각 점검 기술을 읽으면서 검토해보는 것이 현명한 방법이다.

관계적 메시지의 유형

블랙홀의 구멍에서부터 도넛의 구멍까지 그리고 로큰롤에서부터 월급에 이르기까지, 내용적 메시지의 종류와 수는 거의 무한하다. 그러나 내용적 메시지와는 달리 관계적 메시지의 범위는 매우 협소하다. 거의 모든 관계적 메시지는 다음의 네 가지 범주, 친화성, 즉시성, 존경, 통제 중 하나로 분류할 수 있다.

친화성 관계적 의사소통의 한 중요한 종류가 친화성(affinity)과 관련된다. 이때 친화성은 서로에 대한 호감이나 이해의 수준을 의미한다.[99] 당연하게도, 애정은 연인관계에서 가장 중요한 요소이다. 그러나 모든 친화성 메시지가 긍정적인 것은 아니다.[100] 엄청난 분노나 화를 표현하는 말도 미소나 사랑의 고백만큼이나 분명히 (비)호감 수준을 보여줄 수 있다.

즉시성 즉시성(immediacy)은 상대방에 대한 관심이나 주의 집중의 정도를 보여주는 지표이다. 즉시성 역시 관계에서 중요하다.[101] 즉시성은 눈 맞춤, 얼굴 표정, 목소리의 어조, 상대방과의 거리와 같은 비언어적 행동을 통해 나타난다.[102] 즉시성은 우리의 말에서도 나올 수 있다. 예를 들면 "우리에게 뭔가 문제가 있어."라고 말하는 것은 "당신에게 뭔가 문제가 있어."라고 말하는 것보다 더 즉시적이다.

Juice Images/Alamy

6장과 7장에는 이러한 언어적 혹은 비언어적 즉시성이 더 자세히 설명되어 있다.

즉시성은 친화성과는 다르다. 즉시성이 없더라도 누군가를 좋아할 수 있다. 예를 들면 키스와 포옹을 하거나 "난 당신을 정말 좋아해!"라고 외치는 것처럼, 여러분은 높은 즉시성과 함께 호감을 전달할 수 있다. 즉시성은 낮지만 호감이 작동하는 상황을 생각해 볼 수 있다(조용하고 유쾌한 저녁시간에 집에서 편안한 분위기로 각자 책을 읽거나 일을 하는 장면을 머리 속에 그려보라.). 또한 즉시성이 높은(혹은 낮은) 방식으로 싫어함을 의사소통할 수도 있다.

가장 명백한 형태의 즉시성은 긍정적 느낌을 수반하지만, 반감과 싫어함을 강하게 (혹은 약하게) 나타날 수도 있다. 예를 들면 친구가 한 일에 대해 언어적으로든 비언어적으로든 여러분이 기분 상했다는 것을 표현할 때, 매우 극단적인 방식과 그렇지 않은 방식의 차이를 한 번 생각해보라.

즉시성이 높은 의사소통은 확실히 가치가 있지만, 때로는 강도가 약한 것이 바람직할 때도 있다. 어떤 사람과 항상 최대한의 강도로 상호작용하는 것은 진을 빼는 일일 것이다. 또한 즉시성이 높은 행동을 꺼리는 문화에서는 특히, 공적인 장면에서 그러한 의사소통 방식을 사용하는 것은 적절하지 않을 수 있다. 대부분의 경우, 관계의 만족도는 여러분과 상대방에 잘 맞는 적절한 수준의 즉시성에 달려 있다.

존경　　얼핏 보기에 존경은 친화성과 동일하게 보이지만, 둘은 서로 다르다.[103] 친화성은 호감을 수반하는 반면, **존경**(respect)은 존중을 수반한다. 어떤 사람을 존경하지는 않아도 좋아할 수는 있다. 예를 들면 여러분의 두 살짜리 조카를 좋아하거나 심지어 사랑하기까지 할 수 있지만, 그 조카를 존경하는 것은 아닐 수 있다. 마찬가지로, 비록 친구들의 행동을 존경하지는 않지만 그들에 대한 큰 애정을 가질 수 있다. 그 반대도 마찬가지이다. 여러분이 싫어하는 사람을 존경하는 것 또한 가능하다. 열심히 일하는 사람이나 정직한 사람, 능력 있는 사람, 똑똑한 사람 등 존경하는 사람을 알고 있을 수는 있지만, 그들과 함께하는 것은 즐겁지 않을 수 있다.

존중은 좋은 대인관계를 위해 매우 중요한 요소이다. 사실 존중은 관계의 만족도를 예측하는 데 호감이나 사랑보다도 더 큰 영향을 미치는 변인이다.[104] 여러분의 개인적인 경험으로 봐도, 존중받는 것이 때로는 호감을 얻는 것보다 더 중요할 때가 있다. 학창 시절 선생님이나 친구들이 여러분의 의견이나 질문을 대수롭지 않게 여긴 경우를 생각해보라. 직장에서도 마찬가지이다. 여러분의 제안을 중요하게 생각한다는 것이 그냥 인기를 얻는 것보다 때로 더 큰 의미를 가진다. 심지어 좀 더 개인적인 관계에서는 갈등이 종종 존중의 문제에 집중되어 있다. 진지하게 받아들여진다는 것은 자존감에 필수적인 것이다.

통제   관계적 의사소통의 마지막 유형이 통제(control)에 관한 것이다. 통제는 관계하는 양쪽이 서로에게 영향을 줄 수 있는 힘의 정도를 의미한다. 몇몇 통제의 유형은 서로 간의 '대화'에서 발생하는데, 누가 주로 말하는지, 누가 누구의 말에 끼어드는지, 그리고 누가 주로 화제를 바꾸는지와 같은 행동을 통해 드러난다.[105] 통제의 다른 측면은 '의사 결정'과 관련된다. 토요일 저녁에는 무엇을 할지, 저축한 돈을 집수리에 쓸 것인지 아니면 휴가비로 쓸 것인지, 시간을 얼마나 같이 보내고 또 얼마나 떨어져서 보낼 것인지 등 관계에서 발생하는 일을 결정할 권한을 누가 가지고 있느냐의 문제이다.

통제력의 배분에 대한 생각이 관계를 맺고 있는 사람들 사이에 다를 때, 관계상의 문제가 발생한다. 즉 여러분과 친구가 서로 자신만의 생각을 주장한다면 문제가 생긴다(또한 아무도 결정을 내리려고 하지 않을 때도 문제는 생긴다. 가령, "오늘 저녁에 뭐하고 싶어?" "나도 모르겠어, 네가 결정하는 게 어때?", "아니, 네가 결정해."와 같은 경우이다.).

건진한 관계에서는 통제력의 배분을 대부분 유연한 방식으로 한다. 한쪽은 유리하고 다른 한쪽은 불리한 치우친 방식 혹은 책임을 완전히 똑같이 나누는 비현실적인 평등에 매달리기보다는, 역할에 따라 유리하고 불리한 방식을 번갈아하는 것이다. 예를 들면 John은 친구들 모임에서는 주목을 받는 역할을 하면서 자동차 수리나 식사 메뉴에 대한 계획을 결정한다면, Mary는 가계 재정이나 육아와 관련된 결정을 도맡아 한다. 또한 Mary가 John 둘만 있을 때는 그녀가 대화를 주도하는 역할을 하는 것이다. 어떤 결정이 어느 한쪽에게 매우 중요하다면, 상대방은 기꺼이 그 결정을 수용하면서 대신 자신도 동일한 배려를 다음에 받을 수 있다고 생각할 수도 있다. 어떤 문제가 둘 모두에게 중요하다면, 권한을 똑같이 나누려는 노력도 할 수 있다. 그래도 막다른 길에 부딪힐 때는, 권한의 전반적인 균형을 유지할 수 있도록 각자 양보를 할 수 있다.

메타소통

모든 관계적 메시지가 비언어적인 것은 아니다. 사람들이 그들의 관계에 대하여 주고받는 언어적 및 비언어적 메시지를 기술하기 위해, 사회과학자들은 메타소통(metacommunication)이라는 용어를 사용한다.[106] 다시 말해 메타소통은 의사소통에 대한 의사소통이라고 할 수 있다. "나는 당신이 그런 어투로 이야기하는 것이 싫어."나 "나를 솔직하게 대해 줘서 고마워."처럼 다른 사람과의 관계에 대하여 이야기할 때, 우리는 메타소통을 하고 있는 것이다. 언어적 메타소통은 성공적인 관계에서 필수적인 요소이다. 여러분과 상대방 사이에서 무슨 일이 벌어지고 있는지 얘기하는 것이 필수적이다. 이 장에서 다룬, 문제에 집중할 수 있는 능력은 순조로운 관계를 유지하는 데 도움이 될 것이다.

메타소통은 문제를 해결하기 위한 도구일 뿐만 아니라, 관계에서 만족스러운 부분을 강화하는 데도 도움이 된다. "내 상사 앞에서 내가 한 일을 칭찬해줘서 정말 고마워."와 같은 말은 두 가지의 기능을 한다. 첫째, 여러분이 상대방의 행동을 중요하게 여긴다는 것을 그 사람이 알게 해주고, 둘째, 상대방이 그 행동을 이후에도 계속할 확률을 높일 수 있다.

메타소통의 이러한 장점에도 불구하고, 관계의 문제를 공개적으로 털어 놓을 때의 위험부담도 존재한다. 관계의 문제에 집중하고자 하는 여러분의 욕구는 자칫 불길한 징조로 보일 수 있다. 즉 "우리의 관계에 대하여 이야기해야 된다는 건 우리 관계가 제대로 돌아가지 않기 때문이야."로 받아들여질 수도 있다.[107] 더욱이 메타소통은 "당신, 나한테 화난 것처럼 보여."와 같이 어느 정도의 분석을 필요로 하는데, 어떤 사람은 자신이 분석당한다는 것을 불쾌하게 느낄 수도 있다. 언어적 메타소통이 꼭 나쁜 것이라기보다는 이러한 방법을 사용할 때 보다 주의할 필요가 있다는 의미이다.

대인 간 관계의 유지

정원은 관리를 필요로 하고, 차는 정비를 필요로 하고, 신체는 운동을 필요로 하듯이, 친밀한 관계가 계속 성공적이고 만족스러운 관계가 되기 위해서는 유지와 지지의 노력이 필요하다. 사회과학자들은 관계를 순조롭고 만족스럽게 유지하는 의사소통을 설명하기 위해 **관계의 유지**(relational maintenance)라는 용어를 사용한다.[109]

어떤 종류의 의사소통이 관계를 유지하는 데 도움이 될까? 연구자들은 5가지 전략을 제안했다.[110]

1. **긍정성**: 공손하고 낙천적인 관계 분위기를 유지하고 비판을 피하는 것(11장에서 이 주제를 더 상세히 다룰 것이다.).
2. **개방성**: 관계의 특성에 관하여 직접적으로 말하고 개인적 욕구와 걱정을 개방하는 것(3장에서 최적의 자기개방을 찾는 데 직면하는 어려움을 기술했다.).
3. **확신시키기**: 상대방이 여러분에게 중요한 사람이고, 여러분이 그 관계를 위해 헌신하고 있다는 것을 언어적으로나 비언어적으로 알게 해주는 것.
4. **사회적 연결**: 서로의 친구, 가족, 사랑하는 사람에게 투자하는 것.
5. **도움주기**: 서로의 일이나 의무를 도와주는 것.

이와 같은 유지 전략은 오직 연인 관계에만 있는 것은 아니다. 한 연구는 학부생의 이메일을 분식하여 그들이 사용하는 유지 전략을 살펴보았다.[111] 그들은 가족과 친구들에게 개방성("최근 일이 엉망이야.")과 사회적 연결("너와 Sam은 어떻게 지내? 잘 지내.")이라는 두 전략을 가장 많이 사용했다. 그러나 애인에게는 확신시키기("이것은 내가 당신을 사랑한다고 말하는 이메일이야.")를 가장 많이 사용했다.

앞선 여러 사례는 소셜 미디어가 친밀한 관계를 유지하는 데 중요한 역할을 할 수 있음을 보여준다.[112] 가령 페이스북 같은 도구는 사랑하는 사람에게 연락할 수 있는 기회를 제공한다.[113] 전화나 이메일도 마찬가지로 도움을 줄 수 있고 특히, 전화는 좀 더 친밀한 주제를 얘기할 때 유용하다.[114] 심지어 사진이 있는 메시지의 교환조차 관계를 유지하는 한 방법이다.[115] 한 연구에 의하면, 관계의 유형과 상관없이 여성은 남성보다 관계 유지를 위하여 소셜 미디어를 더 많이 사용했다.[116] 이것은 남성보다는 여성이 동성 친구와의 관계를 유지하기 위해 의사소통을 더 기대하고 교환한다는 연구결과와 부합한다.[117]

소셜 미디어는 특히 장거리 관계에서 겪는 문제를 해결하기에 유용하다. 이러한 관계는 점점 보편화되고 있다. 일반적인 가정과는 달리, 그러한 관계는 지리적으로 가까운 관계보다 더 안정적일 수 있다.[118] 이것은 연인관계와 가족관계뿐만 아니라 친구관계에서도 마찬가지다.[119] 핵심은 관계의 유지에 대한 몰입이다. 한 연구에서 여대생은 개방성과 상호 문제해결이 장거리 연인관계를 유지하는 데 필수 전략이라고 말했다.[120] 또 다른 연구에서 남녀 모두 개방성(자기개방)이 장거리 친구와 친밀감을 유지하는 데 가장 중요한 요소라고 보고했다(그들은 장거리 관계에서의 과제의 공유와 실용적 도움은 덜 실용적인 대안이라고 생각했다.).[121]

사회적 지지　　　　관계의 유지는 관계의 지속적 번창에 관한 것이지만, 사회적 지지(social support)는 어려운 시기에 처한 사랑하는 사람에게 정서적, 정보적, 도구적 자원을 제공함으로써 도와주는 것이다.[122] 의사소통은 이러한 도움을 주는 데 핵심 역할을 한다.[123] 그러한 세 가지 지지의 자원을 면밀히 살펴보자.

1. **정서적 지지**: 우리가 스트레스, 상처, 슬픔의 시기에 있을 때, 사랑하는 사람이 감정이입해서 경청하고 배려해주는 식으로 반응해주는 것보다 더 큰

도움이 되는 것은 없다.[124] 타인의 감정적 욕구에 반응할 때 어떤 지지가 도움이 되는지 8장에서 기술하고 있다. 여러분의 메시지를 인간 중심적으로 유지하는 것이 중요하다. 즉 주의를 딴 곳으로 돌리거나("내일은 내일의 태양이 뜰거야.") 화자의 감정을 최소화하기보다는("그렇다고 세상이 끝나는 것은 아니야."), 화자의 감정에 초점을 맞는 것이 중요하다("이것 때문에 너는 틀림없이 힘들었을 거야.").[125]

2. **정보적 지지**: 우리 삶에서 가장 가까운 사람은 종종 최고의 정보원일 수 있다. 그들은 우리가 쇼핑할 때 조언을 하고, 관계에 관한 충고를 해주며, 우리의 맹점을 관찰한다. "나를 알게 해줘서 고마워."처럼, 여러분은 아마 사랑하는 사람에게 고마움을 느낀 때를 회상할 수 있다, 물론, 8장에 있는 조언하기에 대한 정보를 기억하는 것이 중요하다. 정보는 그것을 필요로 하는 사람이 원하고 요구할 때 지지적일 가능성이 높다.

3. **도구적 지지**: 사랑하는 사람을 위해 때로 소매를 걷어붙이고 호의를 베풀거나 일을 함으로써 지지를 제공할 수 있다. 이것은 공항까지 태워다 주는 것만큼 단순할 수도 있고, 아픈 동안 간호해주는 것일 수도 있다. 우리는 도움이 필요할 때 애인과 가족구성원에게 기대게 된다. 도구적 지지는 친밀한 친구관계의 가장 기본적인 표식이다("필요할 때 있어 주는 친구가 진정한 친구다.").[126]

한 연구는 애인관계에서의 사람들은 일반적으로 자신이 원하는 만큼의 지지를 상대방으로부터 받지 못한다는 것을 발견했다.[127] 그러나 적은 비율의 사람들은 때로 상대방으로부터 자신이 원하지 않는 정보와 조언의 행태로 과도한 지지를 받는다고 말했다. 이 연구의 한 연구자에 따르

_____ 일찍이 'The Fault in Our Stars'에서 Gus(Ansel Elgort 역)는 Hazel(Shailene Woodley 역)에게 정서적, 정보적, 그리고 도구적 지지를 제공한다. 이 야기가 끝나기 전에, Hazel은 그러한 호의에 보답을 한다. 여러분은 어려운 시간을 겪고 있는 애인에게 지지를 제공한 적이 있는가? 여러분은 어떤 종류의 지지를 가장 받고 싶은가?
20th Century Fox/Allstar

면, 자신이 원하고 필요로 하는 지지의 종류를 분명하게 소통하는 것이 중요하다. 즉 "여러분의 파트너가 여러분 마음을 잘 읽는 사람일 필요는 없다.", "이것이 나의 느낌이고 이것은 당신이 나를 도와줄 수 있는 방법이다."처럼 그들이 어떻게 말해야 하는지를 인다면, 그러한 키플은 더 행복해질 수 있다.[128]

상기하면, 사회적 지지를 제공하기 위해서 의사소통자들이 반드시 서로를 볼 필요는 없고, 심지어 어떤 경우에는 알 필요도 없다.[129] 지지가 소셜 미디어를 통해 어떻게 제공될 수 있는지 이에 대한 논의는 2장을 참고하라.

손상된 관계 바로잡기

아무리 튼튼한 관계도 원만하지 못한 점에 부딪히기 마련이다. 일, 재정, 경쟁적 관계 등 어떤 문제는 외부로부터 생긴다. 또 다른 문제는 관계 내에서 차이점과 의견충돌 때문에 생긴다. 12장은 이 같은 어려움을 다루는 지침을 제공한다.

관계 문제의 세 번째 유형은 관계 위반(relational transgression)으로부터 생긴다. 파트너가 관계의 명시적 혹은 암묵적 규칙을 위반하면, 그것은 몇몇 중요한 방식으로 상대방을 실망시킨다.[130]

관계 위반의 유형　　관계에서 위반하는 몇몇 방식이 있다.[131]
- **몰입의 부족**
  - 중요한 임무를 다하지 않음(예: 재정적, 정서적, 과업 관련)

잠시 생각해보기

여러분의 관계 유지하기

1. 가족구성원, 친구, 애인 등 여러분에게 중요한 하나의 관계를 선택하라. 그리고 튼튼하고 만족스런 관계를 위해 여러분과 파트너가 관계 유지 전략을 사용하는 정도를 분석하라.
2. 여러분은 건설적인 의사소통을 통해 중요한 관계를 유지하는 자신의 방법에 만족하는가?
3. 여러분은 문제를 개선하기 위해 어떤 단계를 사용하는가?

- 자기를 위한 속임

- 외도

- **거리감**

- 물리적 분리(필요 이상의)

- 심리적 분리(회피, 무시)

- **무례**

- 비판(특히 제 3자 앞에서)

- **문제가 있는 감정**

- 질투

- 정당하지 않는 의심

- 분노

- **공격성**

- 언어적 적대감

- 신체적 폭력

여러분이 경험한 위반들을 생각해보면, 그 각각에 몇몇 차원에 있다는 것을 알 것이다.

사소한 위반 대 중대한 위반   위에서 기술한 몇몇 행동은 본질적으로 위반은 아니다. 그래서 정도가 적당하면 관계에 도움이 될 수 있다. 예를 들면 조금 거리감이 있는 것은 애정을 오랫동안 지속시켜줄 수 있고, 약간의 질투는 애정의 신호일 수 있다. 조금 화를 내는 것은 불평불만을 해결하는 출발점이 될 수 있다. 그러나 적당한 정도를 넘어설 경우, 이러한 행위는 대인관계에 손상을 주는 심각한 위반이 될 수 있다.

사회적 위반 대 관계적 위반   어떤 위반은 우리가 대체로 공유하는 사회적 규칙을 침해한다. 가령 공공장소에서 친구나 가족구성원을 비웃고 모욕을 주는 것은 상대의 체면에 관한 기본적 사회규칙을 침해하는 것이라고 대부분 사람들은 생각한다. 다른 규칙들은 본질적으로 관계적인데, 관계에는 당사자들이 만드는 독특한 규범이 있다. 가령 이떤 가족은 "상당히 늦으면, 걱정하지 않도록 미리 연락을 준다."는 규칙을 가지고 있다. 일단 그러한 규칙이 있으면, 그것을 지키지 않는 것은, 외부인들은 그렇게 생각하지 않지만, 규칙을 위반하는 것처럼 보인다.

의도적 위반 대 비의도적 위반　　어떤 위반은 비의도적이다. 친구의 과거를 개방하는 것이 그를 당황하게 할 수도 있다는 점을 깨닫지 못한 채 우리는 그런 행동을 할 수 있다. 다른 한편, 어떤 위반은 의도적일 수도 있다. 상대의 감정을 상하게 할 수 있다는 것을 알면서 홧김에 잔인한 말로 상대를 몰아갈 수 있다.

일회적 위반 대 상습적 위반　　배신행위, 언어적 모욕, 스토킹 등 치명적 위반은 일회성이다. 그러나 좀 더 사소한 위반은 반복해서 일어날 수 있다. 정서적 침잠(withdraw: 철회, 뒤로 물러나기)을 생각해보자. 모든 사람은 혼자 있고 싶을 때가 있고, 우리 대부분은 서로에게 그러한 시간을 허용한다. 그러나 이러한 정서적 침잠이 시도 때도 없이 도처에서 발생한다면, 이것은 대부분 관계가 가지는 기본적 규칙을 위반하는 것이다.

관계 회복을 위한 전략　　관계 위반을 회복하기 위한 첫 번째 단계의 공통점은 당사자들이 위반에 대하여 대화하는 것이다.[132] 여러분이 부당한 취급을 받았다고 생각할 때, 그것에 대한 분명하고 명료한 메시지를 보내는 방법이 11장에 있다. 가령 "지난밤 당신이 모든 사람들 앞에서 나에게 소리칠 때 무척 당황했어요." 다른 경우, 위반에 대한 책임이 여러분에게 있어서 그것에 대한 토론을 원할 수 있다. "저의 무엇이 당신을 기분 상하게 했지요?", "나의 행동이 왜 당신에게 문제가 되나요?" 등 이러한 질문을 하고 방어하지 않고 그에 대한 답변을 듣는 것은 해볼 만한 일이다. 8장은 듣기에 대한 지침을 제공하고 있고, 11장은 비판을 다루는 법을 제공한다.

심각한 위반이 잊혀질 것이라는 기대는 비현실적이다. 여러분이 위반자라면, 잘못을 바로 잡는 최선의 기회는 외부로 밝히는 것이다. 사과하는 것이 쉬운 일은 아니다. 특히 체면을 지키는 것이 주요 관심사인 서구문화권에서는 더욱 어렵다.[133] 그러나 후회를 표현하지 않는 것은 "미안해."라고 말하는 것보다 더 나쁠 수

직업에 관한 이야기

직업상 손상된 관계의 수정 방법

결국 도전적인 일은 관계를 손상시키기 마련이다. 그러한 문제를 무시하고 피하고 싶은 유혹이 있지만, 그렇게 했을 때의 결과는 심각할 수 있다. 여러분은 다른 쪽 사람들과 함께 일을 해야 한다면, 알력은 효율성을 훼손할 수 있고 일상의 삶을 불편하게 혹은 노골적으로 고통스럽게 만들 수 있다. 또한 고통을 받은 동료, 보스, 부하, 혹은 고객이 여러분의 경력을 훼방 놓을 수 있다.

사업컨설턴트이면서 학술지 'Harvard Business Review'에 글을 실은 Dorie Clark은 사태를 개선하기 위한 제안을 하고 있다.

1. 새출발을 제안하라. 1장에서 읽은 것처럼, 여러분이 이미 일어난 일을 처음으로 되돌릴 수는 없다. 그러나 여러분은 새로운 출발에 대한 자신의 바람을 표현할 수는 있다. 여러분은 "나는 우리의 지난 문제에 대해 유감스럽다. 미래에 상황을 개선하기 위해서 다양한 방법을 생각해 볼 수 있을까?"와 같은 말을 할 수 있다.

2. 여러분 자신의 책임을 인정하라. 다른 사람의 잘못을 찾아내는 것은 쉽지만, 여러분도 그 문제에 어떤 식으로든 기여했을 가능성이 있다. 여러분은 지나치게 자기주장이 강했는가 아니면 너무 가만히 있었는가? 너무 일을 떠넘겼는가 아니면 쌀쌀맞았는가? 너무 요구를 많이 했는가 아니면 자신의 요구를 좀 더 강하게 알리지 않았는가? 어느 정도의 책임을 떠맡는 것은 다른 사람이 자신의 역할을 쉽게 인정하도록 할 수 있다.

3. 의사소통의 역동을 바꿔라. 여러분은 다른 사람을 바꿀 수는 없겠지만, 자신의 행동을 통제할 수는 있다. 이 책은 여러분이 비생산적인 패턴을 없애는 데 사용할 수 있는 전략들을 담고 있다. 예를 들면, 자신의 이해를 분명하게 만들기 위해 지각 점검(4장)을 고려해 봐라. 자신의 정서적 문제를 다루기 위해 5장의 전략을 사용하라. 자신의 입장을 좀 더 분명하게 설명하기 위해 행동 언어(6장)를 시도해라. 방어적 특성을 줄이기 위해 11장에 있는 기술을 사용하고, 미래의 갈등을 좀 더 생산적으로 다루기 위해 12장의 전략을 사용하라.

있다. 한 연구의 참가자들은 자신이 사과하지 않은 것에 대한 회한을 사과한 경우보다 더 많이 갖고 있었다.[134] 용서를 구하는 것은 또 다른 이점이 있다. 즉 용서 받은 위반자들은 용서를 받지 못한 사람보다 자신의 잘못을 반복할 가능성이 적다.[135] 수정할 수 있는 몇가지 방법이 있다.[136]

인간관계와 의사소통의 심리학

1. 후회의 표현: "미안해.", "내가 한 행동에 대해 나도 기분이 안 좋아."

2. 책임에 대한 인정: "내가 잘못했어.", "내 잘못이야."

3. 보상: "내가 무엇을 하면 될까?"

4. 진정한 회개: "다시는 그러지 않을 거야."

5. 용서 구하기: "나를 부디 용서해주겠어?"

"내가 미안하다고 말했어."

사과하는 사람의 말과 비언어적 행동이 일치할 경우 사과는 설득력을 갖는다. 그러나 설령 그렇더라도 즉각적으로 그 자리에서 용서를 구하는 것은 비현실적일 수 있다. 때로, 특히 심각한 위반을 저질렀을 때, 후회의 표현과 새로운 행동의 약속은 피해자가 그것을 진실로 받아들일 때까지 오랜 시간에 걸쳐 보여야 한다.[137]

위반에 대한 반응 많은 사람들은 용서가 신학자와 철학자들을 위한 주제라고 생각한다. 그러나 사회과학자들은 우리가 사과에 반응하는 방식이 관계의 미래에 강력한 결과를 가지고 온다는 것을 발견했다. 사과에 대해 반응 가능한 3가지 방식이 있다.[138]

1. **수용**

"내가 왜 그렇게 기분이 상했는지를 당신이 이해해줘서 기뻐. 나는 그것이 다시 발생하지는 않을 것이라고 확신해."

"나는 당신이 한 것을 잊을 수는 없지만, 당신의 사과를 믿기 때문에 그것을 받아들여요."

2. **거절**

"나는 넘어갈 수가 없어. 적어도 지금은 그래. 너무 상처가 커."

"당신이 한 것을 말로 보상할 수는 없어."

3. 토론

"나는 사과를 높이 평가하지만, 이것이 내게 왜 그렇게 큰 일인지를 당신이 이해하고 있는 것 같지는 않아."

"당신이 똑같은 일을 다시 하지 않을 것이라고 내가 어떻게 확신할 수 있지?"

모든 사과를 받아들일 수 있는 것은 아니지만, 다른 사람을 용서하는 것은 개인적으로나 관계적으로 이득이 된다. 개인적 수준에서 용서는 정서적 스트레스와 공격성을 감소시키고,[139] 심혈관계의 기능을 개선한다.[140] 관계적으로 애인, 친구, 가족에게로 용서를 확장하는 것은 손상된 관계를 회복하는 데 도움을 줄 수 있다.[141]

어떤 위반은 용서하기가 많이 힘들 수 있다.[142] 애인에 대한 연구에 의하면, 성적 외도와 일방적 이별은 가장 용서하기 힘든 것이다.[143] 그리고 앞서 언급했듯이, (몇몇 온라인 상황에서 발생하는) 정서적으로 바람을 피우는 것도 성적 외도만큼 고통스러울 수 있다.[144]

잠시 생각해보기

여러분의 관계적 위반

1. 여러분이 중요한 관계에서 저지른 위반을 생각해보라(여러분이 생각하기에 그 관계가 위반을 다룰 수 있다면, 그 '피해자'에게 여러분의 위반행위와 그것의 영향에 대해 물어 보아라).
2. 위의 질문에서 제시한 위반 각각에 대하여 그것이 사소한지 아니면 중대한지, 사회적인지 아니면 관계적인지, 고의적인지 아니면 비의도적인지, 일회적인지 아니면 상습적인지를 기술하라. 여러분은 다른 사람들도 이러한 위반을 똑같은 식으로 이해할 것이라고 생각하는가?(여러분은 다른 사람에게 질문해서 그들이 이러한 위반을 어떻게 이해하는지 파악할 수 있다.)
3. 어떤 위반을 바로 잡을 필요가 있는지 생각하라(혹은 다른 사람에게 물어보라.). 그리고 여러분이 (혹은 다른 사람이) 가장 중요하다고 결정한 것을 선정하라. 그 다음 이 절에서 기술한, 수정을 위한 5가지 방법을 검토하고 그것을 어떻게 행동으로 옮길 수 있는지를 결정하라.
4. 수정을 위한 5가지 방법 중 여러분이 말하기에 가장 힘든 것은 어떤 것인가? 어떤 사람이 여러분에게 수정을 하고자 노력할 때, 어떤 것이 여러분에게 가장 중요한가?

진심 어린 사과를 받더라도 용서하는 깃은 어려울 수 있다. 이때 여러분의 용서능력을 향상시키는 한 방법은 자신이 과거에 타인에게 상처를 준 때를 회상하는 것이다. 즉 여러분이 다른 사람에게 잘못을 해서 그들의 용서가 필요한 때를 기억하는 깃이다.[145] 용서가 우리 자신에게 가장 이득이 된다는 것을 일기 위해, 의사소통 연구자 Douglas Kelley는 이 말을 기억하라고 말한다, "우리는 상처받을 때 두 선택권이 있다. 분노로 스스로를 파괴하거나 아니면 상대방을 용서하는 것이다. 분노는 죽음인 반면, 용서는 치유와 삶을 가져온다."[146]

요약

사람들은 여러 이유로 관계를 맺는다. 매력은 신체적 외모, 지각된 유사성, 보완성, 상호적 매력, 역량, 개인적 정보의 개방, 근접성, 보상과 같은 것에서 비롯될 수 있다.

두 가지 모형은 대인관계의 역동에 대한 서로 다른 관점을 제공한다. 단계적 모형은 의사소통을 사람들이 함께하고 따로 하는 과정에서 보이는 서로 다른 특성으로 설명한다. 변증법적 모형은 의사소통을 사람들이 서로 양립 불가능한 다양한 욕구를 조절할 때 필요한 특성으로 본다.

의사소통은 내용적 수준과 관계적 수준에서 발생한다. 관계적 의사소통은 언어적일 수도 있고 비언어적일 수도 있다. 관계적 메시지는 주로 관계의 네 가지 차원 즉, 친화성, 즉시성, 존중, 통제 중 하나로 귀결된다. 메타소통은 당사자들의 관계에 대한 메시지로 이루어져 있다.

건강한 대인관계는 유지를 필요로 한다. 또한 대인관계는 정서적, 정보적, 그리고 도구적 지지를 필요로 한다. 관계가 위반으로 인해 훼손될 때, 바로 잡으려는 전략과 용서가 양쪽 모두에게 중요한 기술이 된다.

핵심 용어

상화하기	연결성-자율성 변증법
개방-사생활 변증법	예측 가능성-참신성 변증법
관계 유지	융합하기
관계상의 위반	제한하기
구분하기	존경
메타소통	종결하기
변증법적 긴장	즉시성
시작하기	침체기
사회적 지지	통제
실험하기	통합하기
애정	회피하기

MEMO

이 장(章)에서 다루는 주제

친밀한 관계에서의
대인 간 의사소통

학습 효과

1. 특정 관계의 친밀감 유형과 수준을 확인하고 친밀감을 향상시킬 수 있는 방법을 설명할 수 있다.
2. 의사소통을 통해서 가족 내 역할이 어떻게 만들어지고 지속되는지 설명할 수 있다.
3. 특정 가족의 체계적인 속성과 그 가족의 의사소통 유형을 기술할 수 있다.
4. 여러분 삶에 존재하는 다양한 유형의 친구관계를 확인하고 그러한 관계가 의사소통을 통하여 어떻게 효과적으로 유지되는지 평가할 수 있다.
5. 특정 연인관계의 전환점과 갈등 유형을 알 수 있다.
6. 연인들이 서로의 사랑의 언어에 어떻게 효과적으로 적응하는지 평가할 수 있다.

가깝고 친밀한 관계가 얼마나 중요한가? 몇몇 경험적 연구들은 이 질문에 대한 대답을 제공해 준다. 연구자들은 호스피스나 병원에서 죽어가는 환자들에게 삶에서 가장 중요한 것이 무엇인지 물어보았다. 말기 환자들의 90%는 친밀한 관계를 그 목록의 가장 윗부분에 놓았다. 세 아이의 어머니로 암으로 죽어가는 50세의 한 여성은 "인생에서 사랑하는 관계만큼 중요한 것은 없다는 것을 이제야 깨닫게 되었어요."라고 말했다.[1] 또 다른 연구자는 가까운 관계란 "세대와 문화를 초월해서 삶의 만족과 정서적 안녕의 가장 중요한 원천."이라는 결론을 내놓고 있다.[2] 이번 장(章)에서는 친밀한 관계를 자세히 살펴본다. 특정 관계를 보다 더 사적이고 의미 있게 만들어주는 친밀감의 역할을 조사한다. 그 다음, 가족, 친구, 연인과의 맥락을 자세히 살펴본다.

가까운 관계에서의 친밀감

대학생용 Webster 사전에서는 친밀감(intimacy)을 '가까운 결합, 접촉, 연합 혹은 지인'의 상태로 정의하고 있다. 친밀감은 다양한 관계에서 발생할 수 있다. 연구자들이 수백 명의 학부생들에게 '가장 가깝고, 깊고, 친밀한 관계'를 물어보았을 때, 그 대답은 매우 다양했다.[3] 47%의 학생들은 연인이라고 대답하였고, 약 1/3(36%)의 학생들은 친구를 선택하였다. 나머지 대부분(14%)은 가족구성원이라고 대답하였다. 이렇게 다양한 맥락에서 친밀감이 어떻게 작동하는지 자세히 알아보자.

친밀감의 차원

어떤 종류의 행동이 관계를 친밀하게 만드는가? 사실 친밀감에는 여러 차원들이 존재한다. 첫 번째 차원은 신체적 차원이다. 심지어 출생 전에도 태아는 '따뜻한 유체에 떠 있고, 자궁 내부에 웅크려 있으며, 모체에 맞추어 흔들리고, 엄마의 심장박동을 듣는' 등 어머니와 신체적 친밀감을 경험한다. 자라면서 운이 좋은 아이들은 누군가가 흔들어 주고, 먹여 주고, 안아 주고, 잡아 주는 등 신체적 친밀감을 지속적으로 경험한다.[4] 더 성장하면서 신체적 친밀감의 기회는 줄어들지만 여전히 가능하고 또한 중요하다. 결코 모두가 그런 것은 아니지만, 신체적 친밀감은 성적이기도 하며 항상 가까운 관계에서만 일어나는 것도 아니다. 한 연구에 의하면, 성적 행동을 하는 십 대

Kelvin Murray/Stone/Getty Images

들의 절반 이상은 데이트 상대가 아닌 성적 파트너를 가지고 있었고, 응답자의 다수는 그들과 데이트 상대로 발전할 마음이 없다고 말했다.[5]

친밀감의 두 번째 차원은 지적 공유이다. 물론 모든 아이디어의 교환이 곧 친밀감을 뜻하는 것은 아니다. 다음 주 있을 중간고사에 대하여 교수나 학교 친구들과 이야기한다고 해서 관계의 강력한 결속으로 이어지는 것은 아니다. 그러나 여러분이 중요한 생각을 다른 사람과 교환할 때, 친밀감이 형성될 수 있다.

친밀감의 세 번째 차원은 정서적 차원으로, 중요한 정서를 교환하는 것이다. 개인적 정보의 공유는 가깝다는 정서를 반영하기도 하고 그런 정서를 만들어낼 수도 있다. 3장에서 관계 발달에서 자기개방의 역할을 기술했고, 5장에서 정서가 대인 간 의사소통에 미치는 영향을 설명했다. 여러분이 타인과 정서를 공유하거나 사적인 것을 그들에게 말할 때, 상당한 양의 유대감이 생긴다.

우리가 친밀감을 다른 사람과 가까워지는 것으로 정의한다면, 행위의 공유는 친밀감을 획득하는 네 번째 차원이다.[6] 행위의 공유는 직장에서 함께 일하는 것에서부터 규칙적으로 운동하기 위해 만나는 것까지 포함할 수 있다. 함께 시간을 보내면서 사람들은 비인간적인 관계를 인간적인 관계로 발달시킨다. 예를 들면 친구관계와 연인관계 모두 몇몇 놀이 형태의 특징을 가지고 있다. 그들은 사적인 암호, 장난으로 딴 사람처럼 행동하기, 서로를 놀리기, 그리고 말장난에서부터 팔씨름에

이르기까지 모든 게임을 만들어낸다.[7] 모든 행위의 공유가 친밀감을 만들어내고 표현하는 것은 아니지만, 타인과 중요한 사건을 함께 경험함으로써 오는 유대감은 매우 빈번하고 중요하기 때문에 무시하기는 어렵다. 가령 운동이나 위급상황과 같은 신체적 도전을 함께 견뎌낸 동료들은 일생까지 지속될 수 있는 유대를 형성하기도 한다.

몇몇 친밀한 관계는 네 가지 차원을 모두 가지고 있지만, 어떤 관계는 한두 가지 차원만 보일 수도 있다. 또 어떤 관계는 아무런 친밀감 차원이 없을 수도 있다. 아는 사이, 룸메이트, 그리고 직장동료가 결코 친밀해지지 않을 수도 있다. 심지어 어떤 경우에는 가족구성원조차도 원만하지만 상대적으로 비인간적인 관계를 발달시킬 수 있다.

가장 가까운 관계가 항상 가장 높은 친밀감 수준에서 작동하는 것만은 아니다. 여러분은 어떤 때는 자신의 생각이나 감정을 친구, 가족구성원, 연인과 공유할 수 있지만, 또 다른 때는 뒤로 물러나 있을 수 있다. 여러분은 한 가지 주제에 관한 자신의 감정을 자유롭게 공유할 수 있는 반면, 다른 주제에 관해서는 냉담할 수도 있다. 동일한 원리가 신체적 친밀감에도 적용되는데, 신체적 친밀감 역시 대부분의 관계에서 흥하기도 하고 시들해지기도 한다.

어떠한 관계도 항상 친밀할 수는 없지만, 어떤 종류의 친밀감도 없는 삶은 거의 바람직하지 않다. 예를 들면 데이트 상대와의 친밀감을 두려워하는 사람은 장기적인 관계에서 덜 만족하고 심지어 오래 만난 데이트 상대와도 심리적 거리를 더 많이 느낀다고 보고했다. 다수의 증거들은 친밀감에 대한 두려움이 관계를 형성하고 유지하는 데 주요 문제를 일으킬 수 있다는 결론을 지지한다.[8]

남성적/여성적 친밀감 유형

최근까지 대부분 사회과학자들은 친밀한 관계를 발전시키고 유지하는 데 여성이 남성보다 더 뛰어나다고 믿어 왔다.[9] 이러한 관점은 개인적 정보의 개방이 친밀감의 가장 중요한 요소라는 가정에서 출발했다. 대부분 연구는 사고와 감정을 여성이 남성보다 좀 더 기꺼이 공유한다는 것을 보여주지만, 그 차이는 대부분 사람들이 생각하는 것만큼 극적이지는 않다.[10] 교환하는 정보의 양과 깊이 측면에서 여-여 관계가 가장 많은 개방을 한다. 남-여 관계가 그 다음이고, 남-남 관계는 다른 두 유형보다 가장 덜 개방한다. 모든 연령대에서 여성은 남성보다 더 개방을 잘하고, 그들이 개방하는 정보는 더 사적이고 정서와 관련이 있다.

수십 년 전, 사회과학자들은 남성이 자기개방을 하지 않는 것은 그들이 친밀한 관계를 발달시키려 하지 않거나 심지어 발달시킬 수 없기 때문으로 해석했다. 어떤 연구자는 개인적 정보와 정서를 개방하는 특질이 여성을 남성보다 '정서적으로 더 성숙'하고 '관계적으로 더 유능하게' 만든다고 주장했다. '표현하지 않는 남성: 미국사회의 비극(The Inexpressive Male: A Tragedy of American Society)'이라는 한 책의 제목은 뛰어난 여성과 부족한 남성이라는 태도를 드러내고 있다.[11] 개인 성장 프로그램과 자기 계발서는 정서의 개방과 공유를 배워 친밀감을 확보하라고 남성들을 촉구했다.

그러나 최근 연구들은 정서 표현이 친밀한 관계를 발달시키는 유일한 방법이 아니라는 점을 보여준다. 이번 장의 후반부에서 보겠지만, 남성은 행위의 공유를 통해 친밀감을 경험하고 표현한다. 이러한 패턴은 아빠와 아들 간 대화에서 찾아볼 수 있다. 일반적으로 어머니는 아들을 향한 사랑을 말이나 포옹과 키스 같은 비언어적 행동을 통해 직접적으로 표현하는 반면, 아빠는 직접적으로 표현할 것 같지는 않다.[12] 대신 호의를 베풀고 과제를 도와줌으로써 아들을 향한 애정을 표현한다.

실제로 남성이 친밀감을 표현하는 방식을 형성하는 데 생물학적 성이 가장 중요한 요인은 아니다. 대신에, 가장 중요한 것은 특정 남성이 채택하는 성역할이다. 4장에서는 남성과 여성이 어떻게 남성적인, 여성적인, 혹은 중성적인 성역할을 채택하는지를 설명했다. 이는 생물학적 성과 일치할 수도 있고 아닐 수도 있다. 이러한 유형을 친밀감에 적용하면, 남성적인 남성은 도움행동과 행위의 공유를 통해 배려를 표현할 것이다.[13] 전형적으로 여성적인 의사소통 방식을 가진 남성은, 특히 다른 남성들에게, 보다 직접적으로 감정을 표현할 가능성이 높다.

친밀감 표현에 따른 성차 때문에, 남녀 간에 오해와 스트레스가 발생할 수 있다. 예를 들면 친밀감에 대한 표현으로 감정적 개방을 기대하는 여성은 '표현하지 않고' 호의를 베풀거나 시간을 함께 보냄으로써 간접적으로 호감을 드러내는 남성의 노력을 간과할 수 있다. 물이 새는 수도꼭지를 고쳐준다거나 하이킹을 가는 것은 (여성에게는) 친밀함을 피하기 위한 방식으로 보일 수 있다. 그러나 남성에게는 이것이 애정과 친밀감의 척도이다. 마찬가지로, 섹스의 시기와 의미에 대한 서로 다른 생각도 오해를 야기할 수 있다. 많은 여성은 섹스를 이미 발달시킨 친밀감을 표현하는 방법으로 생각하지만, 남성은 친밀감을 쌓기 위한 방법으로 생각할 가능성이 크다.[14] 이러한 관점에서 볼 때, 관계 초기나 다툰 후에 섹스를 원하는 남성은 단순히 테스토스테론에 사로잡힌 호색한이 아니다. 그에게 이 '행위의 공유'는 친밀감을 구축하기 위한 방법인 것이다. 이와 반대로, 사적인 이야기를 친밀감에 이르는 경로라고 생각하는 여성은 관계의 정서적 측면을 이야기하기 전에 신체적 친밀감을 쌓는 것에 저항할 수 있다.

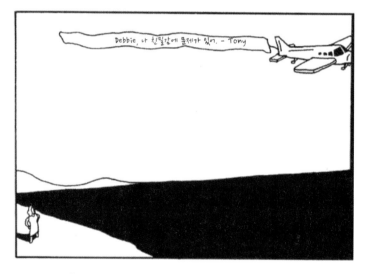

© 1997 Bruce Eric Kaplan The New Yorker Collection/cartoonbank.com.

늘 그렇듯이, 일반화가 모든 사람들에게 적용되지는 않는다는 것을 깨달을 필요가 있다. 또한 남성의 '적합한 행동'에 대한 개념도 변하고 있다.[15] 예컨대, 황금시간대에 방영되는 시트콤을 분석한 결과, 남성 등장인물이 개인적 정보를 개방했을 때 다른 등장인물로부터 호의적인 반응을 받았다.[16] 또한 연구자들은 북미에서 일어나고 있는 문화적 변화를 언급하는데, 오늘날 미국 아버지의 경우 아들에 대한 몇몇 애정은 활동을 함께 함으로써 표현하지만 그럼에도 불구하고 이전 세대에 비해 아들에게 더 다정다감해지고 있다는 것이다.[17]

잠시 생각해보기

여러분의 친밀감 지수(IQ: Intimacy Quotient)

여러분에게 중요한 관계의 친밀감 수준은 어느 정도인가? 다음의 지시사항을 따라가면서 알아보자.

1. 여러분과 중요한 관계를 맺고 있는 한 사람을 가장 잘 기술하는 점수를 아래의 각 척도에 표기하라.

    a. 신체적 친밀감 수준

           1   2   3   4   5

        낮은 ——————————————————————————— 높은

    b. 정서적 친밀감의 양

           1   2   3   4   5

        낮은 ——————————————————————————— 높은

    c. 지적인 친밀감의 정도

           1   2   3   4   5

        낮은 ——————————————————————————— 높은

    d. 활동의 공유 정도

           1   2   3   4   5

        낮은 ——————————————————————————— 높은

2. 이 관계에 대하여 척도의 친밀감 차원 중 어떤 차원을 확인하기가 가장 쉬웠는가? 그 이유는? 친밀감의 어떤 차원을 확인하는 것이 가장 힘들었는가? 그 이유는?

3. 친밀감의 각 차원에 대한 여러분의 반응이 이 관계에 대하여 무엇을 알려주고 있는가?

4. 여러분의 반응이 보여주는 친밀감 프로파일에 만족하는가? 만족하지 않다면, 여러분은 친밀감 수준을 바꾸기 위해 무엇을 할 수 있을까?

5. 일반적으로, 여러분의 친밀감 프로파일을 이해하는 것이 좀 더 만족스러운 관계를 갖는 데 어떤 도움을 줄 수 있을까?

친밀감의 문화적 영향

역사적으로, 공적 행동과 사적 행동의 개념이 극적으로 변화하고 있다.[18] 오늘날 사적 행동으로 여겨지는 것들이 과거에는 매우 공적이었다. 예를 들면, 16세기 독일에서는 신랑과 신부는 그들의 결혼을 입증해줄 목격자들이 보는 앞에서 첫날밤을 치르도록 되어 있었다.[19] 반대로, 식민지 시대의 미국뿐만 아니라 영국에서는 배우자 사이의 관습적인 의사소통은 이웃이나 그냥 아는 사람과 크게 다르지 않게 격식을 차리는 수준에서 이루어졌다.

심지어 오늘날에도 친밀감의 개념은 문화마다 다양하다. 한 연구에서 연구자들은 영국, 일본, 홍콩, 그리고 이탈리아에 거주하는 사람들에게 사회적 관계의 상호작용을 지배하는 33개의 규칙을 어떻게 사용하는지 기술하도록 했다.[20] 이 규칙에는 유머 사용, 악수, 돈 관리 등 다양한 의사소통 행동이 포함되어 있었다. 그 결과, 감정 보여주기, 공공장소에서 애정 표현, 성적 행위, 사생활 존중 등 친밀감을 다루는 규칙에서 아시아와 유럽 문화 간의 차이가 가장 컸다.

대만, 일본과 같은 몇몇 집단주의 문화에서 사람들이 내집단 구성원(가족, 가까운 친구와 같은)과 의사소통하는 방식은 외집단 구성원과는 크게 다르다.[21] 일반적으로 그들은 외부사람에게 먼저 접근하지 않고, 종종 대화하기 전에 적절히 소개 받기를 기다린다. 소개받은 후에도 그들은 외집단 사람들을 의례적이며 형식적으로 대한다. 그들은 치부를 드러내지 않는다는 원칙하에 내집단 구성원의 불리한 정보를 외부인에게 극단적으로 숨긴다.

이와 반대로, 미국과 호주와 같은 개인주의적 문화의 구성원들은 개인적 관계와 우연히 만나는 관계를 거의 구분하지 않는다. 그들은 모르는 사람에게 친근하게 행동하며 보다 더 많은 개인적 정보를 개방하고, 이것이 그들을 뛰어난 '칵테일파티 대화자'로 만든다. 미국인들은 만나기는 쉽지만 알기는 어려운 반면, 독일인들은 만나기는 어렵지만 알기는 쉽다는 사회심리학자 Kurt Lewin의 말은 이러한 문화적 차이를 잘 드러내고 있다.[22]

세계가 미디어, 여행, 기술을 통해 점점 더 연결됨에 따라, 친밀감의 문화적 차이는 점점 옅어지고 있다. 예를 들면 연애와 열애는 한때 친밀감에 대한 미국인들의 특별한 개념으로 여겨졌다. 그러나 최근의 증거들을 보면, 개인주의자와 집단주의자, 도시인, 시골사람, 부자, 가난한 사람 할 것 없이, 다양한 문화의 남성과 여성들은 미국인과 한 치의 차이 없이 똑같은 연애를 한다.[23] 이러한 연구들은 한때 서양과 동양 사이에 존재한 거대한 차이가 빠르게 사라지고 있음을 시사한다.

온라인 관계에서의 친밀감

수십 년 전만 해도, 컴퓨터와 친밀감이라는 단어가 긍정적으로 연결될 수 있다는 생각을 하기가 어려웠다. 전자 장치는 얼굴 표정, 말투, 접촉과 같이 인간의 의사소통에서 중요한 특징을 전달할 수 없는 비인간적인 기계로 여겨졌다. 그러나 2장에서 기술한 바와 같이, 이제 연구자들은 매개된 의사소통이 면대면 상호작용처럼 인간적일 수 있다는 것을 알고 있다. 사실 연구들을 보면, 면대면 의사소통보다 매개된 경로를 통할 때 관계적 친밀감이 더욱 빠르게 발달할 수 있다.[24] 또한 문자 메시지, 블로그, 페이스북 등이 대인관계의 언어적, 감정적, 사회적 친밀감을 향상시킨다.[25]

여러분의 경험 또한 이러한 주장을 지지할 것이다. 인터넷 게시판, 블로그, 온라인 데이트 서비스의 상대적 익명성은 면대면 만남과는 달리 표현의 자유를 제공하기 때문에,[26] 관계가 시작될 수 있는 기회를 제공한다. 더욱이, 이메일, 문자 메시지, 화상회의 시스템, 그리고 사회적 연결망은 친구, 가족, 파트너와의 지속적인 접촉을 더 많이 제공하는데, 이것은 면대면 만남에서는 가능하지 않다.[27] "살면서 누군가를 이렇게 많이 클릭(click. 의기투합하다)해 본 적이 없었다."는 한 인터넷 사용자의 말이 컴퓨터를 통해 친밀한 관계를 발전시키고 유지할 수 있는 잠재력을 잘 드러내고 있다.[28]

물론 사이버 공간에서의 친밀한 관계가 문제가 될 수 있다. 디지털 시대에서 어떤 사람은 면대면 관계에서 헌신적이면서도 가상세계에서 외도를 할 수 있다. 사람들은 온라인 부정(不貞: infldelity)을 직접 외도하는 것만큼 혹은 그 이상의 배신으로 여긴다는 것을 두 연구가 발견했다.[29] 신체적 친밀감이 없기 때문에 사이버 관계가 당연히 '떳떳하다고' 생각할 수도 있지만, 대부분 사람들은 정서적 친밀감

———— 영화 'Her'에서 Theodore Twombly(Joaquin Phoenix 역)는 인공지능으로 작동하는 시스템과 친밀한 관계를 발전시킨다. 자신을 Samantha(성우 Scarlett Johansson)로 부르는 이 소프트웨어는 Theodore를 자신이 만든 껍질로부터 벗어나서 일상생활의 즐거움을 찾도록 도와준다. 과학기술이 우리의 대인관계에 대한 욕구를 정말로 충족하든 그렇지 않든 간에, 이 영화는 인간이 갈망하는 것이 정서적 연결이고, 그들은 그것을 찾기 위해 최선을 다한다는 것을 보여주고 있다. 여러분은 소셜 미디어가 자신의 친밀감 욕구를 충족하는 데 어느 정도 도움이 된다고 생각하는가? 그것은 대인 단 친밀성을 어느 정도 제한하는가? Warner Bros/Allstar

도 관계의 신의를 지키는 데 그만큼 중요하다고 생각한다.

이것은 사이버상의 모든 관계가 친밀하다는 (혹은 친밀하게 된다는) 것을 의미하는 것은 아니다. 면대면 관계에서처럼, 사이버상의 의사소통자들이 파트너에게 자기를 개방하는 수준은 매우 다양하고, 사회적 관계망 사이트에서 자신의 사생활 장면을 관리하는 방법도 다양하다.[30] 가령 어떤 온라인 관계는 상대적으로 비인간적인 반면, 다른 온라인 관계는 매우 인간적일 수 있다. 어떤 경우든, 매개된 의사소통은 오늘날 관계의 친밀감을 형성하고 유지하는 데 중요한 요소이다.

친밀감의 한계점

여러분이 알고 있는 모든 사람과 친밀한 관계를 맺는 것은 불가능하거니와 바람직하지도 않다. 대부분 사람들은 그들의 삶에서 평균 4~6개의 친밀하고 중요한 관계를 원한다는 매우 설득력 있는 사례를 사회심리학자 Roy Baumeister는 제시했다.[31] 4개보다 적은 수의 관계는 사회적 박탈감을 유발할 수 있지만, 6개보다 많은 수의 관계도 오히려 혜택을 감소시킨다. 그가 지적했듯이, "사람들은 6명보다 많은 사람들과 정서적 친밀감을 추구할 시간이나 에너지가 없다."

우리는 만나는 모든 사람과 친밀감을 추구할 수는 있지만, 그렇게 많은 친밀감을 원하는 사람은 거의 없다. 어떠한 종류의 친밀감도 요구하지 않는 일상적인 대인 간 접촉을 생각해보자. 어떤 접촉은 경제적 교환(직장에 있는 사람들, 여러분이 일주일에 몇 번씩 방문하는 가게주인), 어떤 접촉은 집단 멤버십(교회나 학교), 또 어떤 접촉은 물리적 근접성(이웃, 승용차 함께 타기)에 기반한다. 또 어떤 접촉은 제 3자의 연결(쌍방의 친구, 놀이방)을 통해 이루어진다. 모르는 사람이나 지인들과 일상적으로 단순히 주고받는 대화만으로도 즐거울 수 있다.

몇몇 학자들은 친밀감에 대한 집착이 실제로는 관계의 만족도를 오히려 떨어뜨릴 수 있다고 지적한다.[32] 친밀한 의사소통을 유일하게 가치 있는 것으로 여기는 사람은 이 기준을 충족시키지 못하는 관계에는 거의 가치를 두지 않는다. 그래서 이러한 사람은 낯선 사람들이나 단순히 아는 사람과의 상호작용을 피상적이거나 기껏해야 깊은 관계를 위한 토대 정도로만 생각한다. 정중하지만 거리 있는 의사소통으로부터 오는 기쁨을 생각해보면, 이러한 관점의 한계가 분명해진다. 친밀감은 분명히 그만한 가치가 있지만, 그것이 타인과 관계를 맺는 유일한 방법은 아니다.

직업에 관한 이야기

회사 내 연애

특히 연애에 있어서는 일과 병행하는 것이 위험한 시도가 될 수 있다. 근접성은 종종 매력을 유발한다. 직장동료들이 상호작용하면서 많은 시간을 함께 보낼 경우, 당연히 사내 연애를 할 수도 있다. 이 주제에 관한 연구결과를 살펴보면 다음과 같다.[a]

* 한 조사에서 40%의 직원은 사내 연애경험이 있다고 대답했다.
* 또 다른 조사에서 76%의 직원은 사내 연애가 10년 전보다 더 빈번하다고 대답했다.
* 인적자원 전문가의 70%는 자신의 회사에는 사내 연애에 관한 공식적인 정책이 없다고 대답했다.

사내 연애에 관한 정책을 가지고 있는 회사는 그것에 반대하는 경우다. 한 연구자가 말하길, "사내 연애는 여러분의 책상에서 음식을 먹는 것과 같다. 불가피하게 곧 엉망이 될 것이다. 사내 연애는 당장에는 근사해 보이지만, 보통 그렇듯이 그것이 폭발하면 그 파편이 직장 안에 떨어져서 엉망이 될 수 있다."[b]

긍정적인 측면을 언급하면, 직장 동료와 연애한 사람의 34%는 결국 그 사람과 결혼했다. 인적자원 전문가들은 직장동료와 연애를 하려면 회사 정책을 알고 그것을 따를 것을 권고한다. 또한 특히 근무시간에는 여러분의 연애에 조심하고 그것을 일과 구분하는 것이 중요하다.

가족 관계에서의 의사소통

가족이라는 단어를 생각할 때, 어렸을 적 이미지들이 여러분 머릿속에 떠오를 것이다. 어떤 기억은 긍정적인 느낌을 줄 것이고, 또 어떤 기억은 불쾌한 느낌을 줄 수 있다. 유명 작가 Erma Bombeck은 가장 행복한 가정에서조차도 다툼과 기쁨이 혼재한다는 것을 잘 보여주고 있다.

> 질병과 치약을 공유하고, 서로의 후식을 탐내고, 샴푸를 숨기고, 돈을 빌리고, 서로의 방에 들어오지 못하게 하고, 고통을 가하고 그 즉시 키스로 그것을 치유하고, 사랑하고, 웃고, 방어하고, 우리 모두를 함께 이어주는 공통의 끈을 찾기 위해 애쓰는, 그러한 삶 속으로 터덜터덜 걸어가는 우리는 조금은 유별난 무리이다.[33]

오늘날, 가족의 의미는 유전, 법률, 오랜 관습에 얽매인 전통적 유형의 관계를 넘어 확장되고 있다. 여러분은 의붓 부모와 의붓 형제자매를 포함하는 혼합가족의 출신일 수도 있다. 입양과 같이 생물학적 연결 없이 가족이 되는 경우도 있고, 법적 결속 없이 가족으로 살아가는 사람들도 있다(동거, 양부모). 우리는 가족 의사소통을 특징짓는 뚜렷한 속성을 살펴볼 때 이 모든 유형을 고려할 것이다.

가족간 의사소통의 특징

가족의 형태와 상관없이 가족 구성원들의 의사소통은 동일한 기본적 특징을 지니고 있다.

가족간 의사소통은 인간 발달에 중요하다 가족 구성원이 제공하는 메시지는 우리가 살면서 가장 이른 시기에 받는 메시지이면서 가장 중요한 메시지이다.[34] 예를 들면 어머니의 메시지는 연애에 대한 딸의 생각에 영향을 미친다.[35] "결혼은 지금까지 살면서 최고의 선물이야." 혹은 "모든 남자들은 멍청해."와 같은 어머니의 메시지가 미칠 영향을 상상하는 것은 어렵지 않다. 부모와의 의사소통은 연애에 관한 태도뿐만 아니라, 다른 주제에 대한 태도를 형성하기도 한다. 예를 들면 자녀들이 자라면서 들은 학업 관련 메시지는 그들이 고등학교를 다닐 것인지 아니면 중퇴할 것인지에 영향을 미친다.[36]

원가족(family of origin)과의 의사소통은 평생 영향을 미친다. 애착이론(attachment theory)에 따르면, 아이들은 가족 구성원과 안정적 혹은 불안정적 유대를 발달시킨다. 아동기 때 불안정 애착을 경험한 성인은 종종 새로운 관계에 대하여 불안해하고, 친밀감을 불편하게 느끼며, 관계의 손실에 대하여 걱정한다.[37] 또한 거부와 버림을 두려워하는 연인관계 당사자는 그러한 두려움이 실현될 가능성을 증가시키는 방식으로 행동할 가능성이 높다.[38] 다시 말하면, 그들의 우울한 예상은 역기능적인 자기충족적 예언을 하게 만든다.

다행스럽게도, 그 반대의 경우 또한 사실이다. 안전 애착의 아이들은 더 자신감 있게 의사소통하고, 친밀감을 더 많이 발달시키며, 교사, 동료 등과 효과적인 관계를 유지할 수 있게끔 자란다.[39] 연인관계의 두 사람이 안정 애착 유형을 가지고 있을 때, 그들은 건설적으로 대화하는 경향이 있고 심지어 갈등이 있을 때에도 그렇다.[40]

이러한 발견은 자녀를 안정 애착으로 양육하는 것이 중요하다는 것을 잘 보여준다. 그러나 여러분이 긍정적인 환경에서 자라는 행운을 누리지 못했더라도, 성인으로서 좀 더 행복한 관계를 할 수 있는 의사소통 방식을 배우는 것은 가능하다. 이 책에는 그러한 기술이 다양하게 수록되어 있다.

육아 메시지와 함께, 출생 순서 또한 의사소통 방식을 형성하는 데 중요한 역할을 한다.[41] 예를 들면 종종 첫째들은 그들의 손아래 형제보다 더 외향적이다. 그들은 또한 통제에 관심이 많다. 중간에 태어난 아이들은 자기 친구와는 가깝지만, 다른 가족 구성원과 가까운 관계를 맺는 데 어려움을 겪는 경향이 있다. 막내들은 손위 형제보다 가족 구성원에게 더 몰입하고 가까운 경향이 있다.

가족 간 의사소통은 역할에 영향을 받는다　　　역할이란 어떻게 의사소통해야 하는지에 대한 기대이다. 어떤 역할은 친족상의 위치로부터 생겨난다. 여러분은 아버지, 어머니, 아들, 딸에 대한 전통적인 역할 규범을 머릿속에 떠올릴 수 있다(잠시 시간을 갖고 해보자.). 물론 현대 사회에서 많은 규범들이 변하고 있고 타협을 요구하고 있다. 가족구성원이 역할 기대에 따라 의사소통할 때, 의사소통은 매끄럽게 흘러갈 것이다. 그러나 역할이 도전받을 때 문제가 발생한다("아이들은 조용히 있어야 한다."는 가족분위기 속에서 말 많고 자기주장이 강한 딸과 아들에 대한 반응이 어떨지 생각해보자.).

아이들은 자라면서 공공연히 혹은 암암리에 다른 가족구성원들에게 낙인이 찍힌다.[42] 예를 들면 '말썽꾸러기', '명석한 아이', '바보'와 같은 용어들을 들어본 적이 있을 것이다. 이러한 낙인들은 2장에서 기술한 일종의 자기충족적 예언을 만들어낸다.[43] 역할이 긍정적이면, 그에 대한 기대는 좋은 결과를 가져온다. 그러나 예언이 부정적일 때("너는 누굴 닮아서 그 모양이니?") 혹은 심지어 더 치명적일 때("너는 왜 네 형처럼 못하니?"), 친밀함은 감소하고 갈등은 증가할 것이다.[44] 이러한 낙인의 효과는 수십 년간 가족을 괴롭힐 수 있다.[45]

이러한 낙인이 지속되더라도, 가족에서의 역할은 부모와 자녀가 나이를 먹음에 따라 변할 수 있다. 성인 초기(일반적으로 18세~25세 사이) 동안, 부모의 감독 하에 있던 아이들은 자신들의 독립을 주장한다.[46] 종종 이 기간 동안 달라진 관계를 반영하듯 의사소통도 변화한다. 많은 가족에서 성인 자녀와 부모는 서로를 동등하게 대한다. 자녀들이 성인으로 대우받기를 기대하는 반면 부모는 자녀들이 이전의 역할에 머무르기를 원할 때 갈등이 생긴다. 부모가 나이 듦에 따라, 자녀들은 연로한 부모를 돌보는 역할을 맡게 된다. 그럼으로써 가족 주기(cycle)가 완결된다.

형제자매의 관계와 역할 또한 시간이 지나면서 변화한다.[47] 아동기 동안 형제와 자매는 서로를 동료애의 중요한 원천으로 생각하고 때로는 경쟁도 한다. 성인이 된 형제자매는 서로에 대한 의사소통과 동료애 속에서 경쟁의식도 덜 느끼면서 다시금 강한 유대감을 발달시킨다.[48]

가족간 의사소통은 비자발적이다

여러분은 데이트 상대와 친구를 선택할 자유가 있지만, 부모, 형제자매, 친척들을 선택할 수는 없다. 우리가 몇몇 친척과 의사소통을 끊더라도, 환지통(phantom limb pain: 손, 발 등 신체의 일부가 절단된 후에도 마치 그 부위가 그대로 있는 듯이 아프고 불편을 느끼는 일종의 환상통)처럼 그들의 영향은 지속될 것이다. 가족 구성원들이 반목할 수는 있지만, 그래도 그들은 언제나 가족이다.

비자발적인 가족연결망은 성인기에 더욱 복잡해진다. 우리가 선택하는 파트너는 그들의 친척들과 함께 딸려온다. 좋든 싫든 부부는 그들이 새로 만든 가족, 각 상대방의 원가족 등 세 개의 가족으로 묶여 있다.[49] 아이를 출산하면, 그들은 자신들의 친척과 어느 정도는 영원히 묶인다.[50]

시스템으로서의 가족

더 읽기 전에, 모빌 속의 한 가족 혹은 여러분의 가족을 상상해보라. 각 가족 구성원의 사진이 실에 매달려 있고 그 사진들은 막대기로 서로 연결되어 있다. 이 가족 모빌은 가족 체계(family system) 즉, 하나의 전체로서 상호작용하고 적응해가는 상호의존적 개인들의 집단을 보여주는 단순하지만 유용한 모형이다.[51] 가족체계의 특징을 읽으면서 이 가족 모빌이 중요한 개념들을 이해하는 데 도움이 되는지 생각해보자.

가족 시스템은 상호의존적이다　　　모빌의 한 조각을 건드리면 나머지 다른 조각들도 함께 움직인다. 같은 식으로, 가족 구성원 한 명의 행동은 다른 모두에게 영향을 미칠 가능성이 높다. 여러분 가족 중 누군가가 불행하면, 여러분의 삶 또한 그 영향을 받을 것이다. 만약 여러분 가족 중 누군가가 행복하다면, 전체 가족 분위기는 보다 더 좋아질 것이다. 이러한 상호의존성 때문에, 가족 치료사들은 한 명의 가족 구성원을 치료하는 것은 효과가 없다는 것을 알고 있다. 구성원들이 어떻게 서로에게 영향을 미치는지 살피면서 전체 집단을 치료하는 것이 훨씬 현실적이면서 효과적이다.[52]

최근의 한 연구는 가족 간 상호작용의 본질이 상호의존적이라는 점을 예시하고 있다.[53] 부부가 가족의 일에 동등하게 책임을 지고 있을 때, 결혼의 질이 더 높았다. 어떤 과업을 공유하는 것이 결혼만족도를 가장 잘 예측하는가? 그것은 아동 양육에 대한 책임이다. 즉, 부모가 서로에 대한 관계를 개선하고 싶을 때, 그 한 방법이 자녀를 돌보는 데 더 투자하는 것이다. 가족 체계의 한 부분(부모-자녀 상호작용)의 변화는 그 시스템의 다른 부분(부부 상호작용)에 영향을 미친다.

가족 시스템은 의사소통을 통해 드러난다　모빌의 여러 조각을 연결하는 실과 막대기처럼, 의사소통은 가족체계의 구성원들을 연결해 준다. 말과 상징적 행위들은 가정생활의 균형을 때로는 좀 더 좋게, 때로는 좀 더 나쁘게 흔들 수 있다. 여러분은 이번 장을 읽으면서 의사소통이 가족의 안녕을 구축하는 강력한 요인임을 알 수 있을 것이다.

가족 시스템은 다층적이다　모든 가족체계 안에는 하위체계(subsystem)가 작동한다. 전통 가족에서 어머니와 아버지는 그들만의 독특한 관계를 가지고 있다. 형제자매는 그들만의 체계를 만들고, 자녀와 부모의 상호작용 또한 하위체계를 구축한다(예: 어머니-딸, 아버지-딸). 가족이 커질수록 하위체계의 수도 많아진다.

가족은 또한 거대한 상위체계(suprasystem)의 일부분이다. 하나의 예로, 여러분은 상상속의 모빌을 확장해서 조부모, 삼촌과 이모, 조카 등 대가족을 포함시킬 수 있다.

또한 가족은 친족 이상의 사회의 한 부분으로 그 속에서 작동한다. 예를 들면 폭력적인 환경에서 성장한 아이들은 성인이 되었을 때 더 불안하고 더 취약한 사교기술을 지니는 경향이 있다.[54] 그들은 또한 자기 스스로에게 공격적으로 행동할 가능성이 더 크다.[55] 학교 환경 또한 좋건 싫건 아이들이 의사소통하는 방식에 영향을 준다.[56]

_____ TV 인기프로그램 'Modern Family'에 등장하는 사람들은 모두 동일한 상위체계에 속하면서, 동시에 많은 하위체계를 가지고 있다.　ABC/Allstar

가족은 부분의 합 그 이상이다　　　사진첩보다는 모빌처럼, 가족은 개인들의 집합 그 이상이다. 여러분이 각 구성원들을 개별적으로 잘 알더라도, 그들이 함께 상호작용하는 것을 보기 전까지는 그 가족을 잘 이해하지 못할 것이다. 가족 구성원들이 함께 있을 때 새로운 의사소통 방식이 나타난다.[57] 가령 여러분은 커플이 된 후 매우 달라진 친구들을 알고 있을 수 있다. 아마 그들은 더 자신감 있고, 더 똑똑하고, 더 행복하게 개인적으로 보다 더 나아졌을 수 있고, 아니면 더 공격적이고 더 방어적으로 됐을 수도 있다. 마찬가지로, 커플의 특성도 아이가 태어날 때 바뀔 수 있고, 그 다음 아이가 태어날 때마다 그 가족의 상호작용도 다시 변할 수 있다.

가족 내 의사소통 유형

가족이 대화하는 내용은 활동, 계획, 공유한 사건에 대한 소회 등 지극히 평범하고 일상적인 얘기들이다. 그러나 가족의 의사소통 방식은 대화 유형과 동조 수준이라는 두 측면에서 매우 다양하다.[58]

대화지향(Conversation orientation)은 가족이 다양한 주제를 토론할 때 얼마나 개방적인지의 문제이다. 대화지향이 높은 가족은 낮은 가족과는 달리 자유롭고 자발적으로 상호작용한다. 대화지향이 낮은 가족은 많은 대화주제들을 금기시하고, 제한된 방식으로만 말을 꺼낼 수 있다. 종교, 성, 정치, 개인의 과거, 각 가족구성원에 대한 느낌 등의 주제를 회상함으로써 여러분 가족의 대화지향 정도를 알 수 있다.

대화지향이 높은 가족은 의사소통을 애정과 기쁨의 표현 수단으로 생각하며 의사소통을 함으로써 편안해진다.[59] 갈등이 생길 때, 그들은 구성원 모두에게 효과적인 해결책을 찾으려 노력한다.[60] 이와 반대로, 대화지향이 낮은 가족은 상호작용을 덜하고 개인적인 생각을 거의 교환하지 않는다. 당연히, 대화지향이 높은 가족은 의사소통이 도움이 된다고 생각하고,[61] 이러한 가정환경에서 자란 아이들은 이후에 대인관계 기술을 더 풍부하게 활용한다.[62]

지금까지 읽은 후, 개방적 가족 의사소통은 좋은 반면, 폐쇄적 가족 의사소통은 나쁘다고 결론내리기 쉽다. 그러나 대화지향이 높은 가족에게도 특정 주제에 관한 경계는 반드시 필요하고, 또 그것이 유용하다는 것을 알아야 한다.[63] 우리의 모든 과거, 사고, 감정을 기꺼이 공유하고자 하는 사람도 없고, 그렇게 함으로써 편안함을 느낄 사람도 없다. 가장 사랑하는 사람조차도 그렇다. 가장 개방적인 가족도 외부 세계로부터 개인적 정보를 보호해주는 경계를 가지고 있다. 가령 어떤

다양성에 대한 고찰

Scott Johnson: 다문화 가정과 의사소통의 어려움들

아이티 어린이를 입양해서 혼혈 가족이 된지 10년이 지났는데도, 우리는 여전히 새로운 것을 많이 배우고 있다. 처음에는 사진을 찍는 것과 같은 간단한 일도 어떻게 달라질지 잘 몰랐다. 우리 가족이 가장 처음 찍은 사진은 (사진 촬영에서) 온전히 개방된 백인 부모와 개방이 부족한 흑인 아이들을 완벽하게 보여준다. 우리는 흑인 사회에서 머리카락이 중요하다는 것을 잘 이해하지 못했다. 그러나 아이들과 쇼핑을 갔을 때 그것을 일깨워주는 경우가 많다. 예를 들면 한 흑인 여성은 "당신의 아이들인가요? 혹시 아이들 머리 손질에 도움이 필요한가요?"라고 정중히 묻곤 했다. 인종 간 차이점들을 극복하고자 노력할 때, 우리의 문화 전체가 얼마나 불분명할 수 있는지 알지 못했다.

뜨거운 오후, 네 살배기 아들은 그보다 더 어린 백인 소년과 함께 수영장에서 행복하게 놀고 있었다. 그들이 어린이용 수영장 모퉁이에 잠시 앉아있을 때, 백인 소년이 내 아들의 어깨를 핥고 있었다. 아내는 그 소년에게 뭐하는 거냐고 물었다. 그 소년은 대답하기를, "나는 그에게서 초콜릿 맛이 나는지 알고 싶었어요."

아프리카계 미국인을 연구하는 한 교수 친구가 내게 말하길, 이 세상의 인종차별과 맞서 싸우는 흑인공동체, 그들의 '수용이라는 따뜻한 담요'없이 우리 아이는 자라고 있다는 것이다. 나는 그가 옳은지 모르겠고, 내 아이들이 '초콜릿 맛이 나는지 확인하는 것' 이외에 맞서야 할 것이 (의도적이든 아니든) 무엇인지도 모르겠다. 나는 단지 우리 아이들이 아이티에서 자랐다면 꿈꾸지 못했을 삶을 살고 있다는 것을 알고 있다. 그리고 우리의 삶에서 인종이 하는 역할에 대해 많은 것을 배우고 있는 백인 부모 밑에서 그들이 자라고 있다는 것도 나는 알고 있다. 그리고 우리 집에서 제공할 수 있는 수용이라는 따뜻한 담요를 우리 아이들이 덮고 있다는 것도 나는 안다. 우리는 인종, 차별, 편견에 관해 솔직히 이야기한다. 그리고 앞에 놓인 차별에 우리가 함께 맞설 것이라는 것을 우리의 딸과 아들은 알고 있다.

"Multicultural Families and Communication Challenges" by Scott Johnson. Used with permission of author.

연구에 의하면, 부모의 부정(不貞)을 알고 있는 성인자녀는 그 가족 구성원을 보호하고, 가족의 화합을 위하여 이 정보를 외부인들에게는 비밀로 한다.[64] 가족이 공유하는 것과 사적으로 남겨놓는 것 사이의 긴장은 9장에서 기술한 개방－사생활 변증법의 일부이다.

동조지향(Conformity orientation)은 가족이 획일적인 태도, 가치, 신념을 강요하는 정도를 의미한다. 동조지향이 높은 가족은 조화를 추구하고, 갈등을 피하고, 상호의존성을 조성하고, 복종을 확보하기 위하여 의사소통을 관리한다. 그들은 종종 위계적이어서 어떤 구성원은 다른 구성원보다 더 많은 권위를 가지고 있다. 이러한 가족은 갈등을 회피나 양보의 전략으로 다루는 특징을 갖고 있다.[65] 이와 반대로, 동조지향이 낮은 가족의 의사소통은 개성, 독립성, 평등이라는 특징을 가지고 있다. 개인적 성장을 독려하고 각 구성원의 이익을 가족 전체의 이익보다 우선시하는 신념을 가지고 있다.

동조지향

		고	저
대화지향	고	합의적 가족	다원적 가족
	저	보호적 가족	방임적 가족

▶ 그림 10.1 대화와 동조에 따른 가족 의사소통 유형　　© Cengage Learning

[그림 10.1]에서 보듯이, 대화지향과 동조지향은 4가지 방식으로 조합할 수 있다. 각 방식은 상이한 가족 의사소통 유형(family communication pattern) 즉, 합의적, 다원적, 보호적, 그리고 방임적 유형을 반영한다.

이러한 조합을 이해하기 위해 4가지 유형의 가족을 상상해보자. 15살 딸아이는 눈에 띄고 불손해 보여 부모가 싫어하는 문신을 하고 싶어 한다. 이 문제를 둘러싼 의사소통이 대화지향과 동조지향의 조합에 따라 어떻게 달라지는지 상상해보자.

대화지향과 동조지향 모두 높은 가족은 합의적(consensual)이다. 의사소통은 동조 및 권위적 위계구조를 위한 압력과 개방적 의사소통 및 탐색에 대한 관심 사이의 긴장을 반영한다. 합의적인 가족에서 이 딸은 문신에 관한 자신의 의사를 편안하게 이야기하고, 부모는 딸의 그런 이야기를 기꺼이 들어준다. 궁극적으로 결정은 어머니와 아버지에 달려 있다.

대회지향이 높으면서 동조지향이 낮은 가족은 다원적(pluralistic)이다. 이러한 가족의 의사소통은 개방적이고 주제를 제한하지 않으며 모든 사람이 대화에 기여한다. 이 가족은 문신이 좋은 생각인지 가족토론을 한다. 손위 형제나 손아래 형제, 심지어 친척까지 자신들의 관점을 강조한다. 합의는 이러한 토론으로부터 나온다.

대화지향은 낮은 반면 동조지향이 높은 가족은 보호적(protective)이다. 이런 가족의 의사소통은 권위에 대한 복종을 강조하고 사고와 감정의 공유를 달가워하지 않는다. 보호적인 가족에서 문신에 관해 토론하는 일은 거의 없다. 부모가 결정하고 그들의 말이 절대적이다.

대화지향과 동조지향이 모두 낮은 가족은 방임적(laissez-faire)이다. 방임주의는 불간섭주의라는 뜻의 프랑스어를 번역한 것이다. 이런 가족의 의사소통에서는 구성원들이 서로의 문제에 관여하는 일이 없고 의사결정은 개별적으로 한다. 이 가족유형에서 그 딸은 결정하기 전에 가족들에게 말도 꺼내지 않을 수 있다. 그녀가 말을 꺼냈더라도, 부모는 딸이 문신을 해야 되는지의 여부에 대해 거의 언급하지 않을 것이다. 그들은 '어떻든 간에' 무관심하다.

다수의 연구에 따르면, 어떤 의사소통 유형은 다른 유형보다 더 생산적이고

잠시 생각해보기

여러분 가족의 의사소통 유형

1. 본문과 [그림 10.1]에서 소개한 범주를 이용하여 여러분의 원가족이나 현재의 가족 혹은 두 가족 모두의 의사소통 유형을 기술하라.
2. 이러한 유형(들)이 얼마나 생산적이고 만족스러운가? 여러분 원가족의 의사소통 유형이 지금 살고 있는 가족의 그것과 다르다면, 어떤 것이 더 생산적이고 만족스러운가?
3. 여러분이 이러한 유형의 하나나 둘 다 바꿀 수 있다면 어떤 유형을 선택하겠는가? 그 이유는?

만족스럽다.[66] 가령 보호적이고 방임적인 배경을 지닌 청소년들보다 합의적이고 다원적 가족의 청소년들이 남의 이야기를 더 잘 들어주고 지적으로 더 융통성이 있다.[67] 다른 세 유형에 비해 다원적 가족의 자녀는 언어적으로 덜 공격적이다.[68] 이와는 대조적으로, 보호적인 부모를 가진 자녀는 비밀이 더 많았고 모든 가족구성원들에게 덜 만족했다.[69] 높은 동조지향 가족의 아버지는 갈등이 있을 경우 따져 묻고 윽박지르는 경향이 있지만, 다원적 가족의 아버지는 유화적이고 분석적이다.[70] 다시 말해서, 개방적 의사소통과 공유한 의사결정은 권한의 행사나 개방적 대화에 대한 거부보다 훨씬 더 나은 결과를 가져온다.

소셜 미디어와 가족 의사소통

2장은 소셜 미디어가 대인 간 관계에 미치는 긍정 및 부정적 영향을 개괄하고 있다. 가족 의사소통은 새로운 기술에 의해 종종 긍정적인 방향으로 영향을 받는다.[71] 예를 들면 한 연구의 참가자들은 휴대전화의 문자 교환이 가족구성원들과의 유대감을 증가시키고 가족 관계에 긍정적인 영향을 미쳤다고 말했다(여성이 남성보다 이러한 효과를 더 강하게 표현했다.).[72] 그들은 또한 가족구성원들에게 대면했을 때보다 문자를 통해 자신의 감정을 더 솔직하게 표현할 수 있었다고 말했다. 이메일도 이와 유사한 연결의 기회를 제공하지만,[73] 이 매체는 자녀보다는 부모들에게 더 인기가 있다.

페이스북과 같은 사회 관계망 사이트(SNS)는 가족의 사생활 관리라는 새로운 도전을 제시한다. 예를 들면 성인들에 비해 청소년은 온라인에서 자기노출을 더 많이 하면서 사생활을 보호하는 곳은 덜 이용한다.[74] 이러한 차이 때문에 많은 십대들은 온라인에서 부모의 친구 요청을 수락하는 데 내켜하지 않는다. 온라인에서 부모와 사회 관계망을 공유하고 있는 청소년들은 더 강한 관계적 유대를 보고한다.[75] 반대로, 부모의 접근을 거부하는 청소년들은 더 높은 수준의 공격성과 비행, 더 낮은 수준이 연결성을 보이는 경향이 있다. 원인-결과의 관계는 불분명하지만, 부모와 사회적 연결망을 적어도 일부분 공유하는 십대들은 더 좋은 관계와 더 적은 갈등을 경험한다.

10대들이 성인이 되면서, 그들은 부모와 페이스북을 하면서 사생활의 보호에 대해서 덜 걱정하게 된다.[76] 부모와 페이스북 친구가 된 젊은 성인들은 여성이고 높은 대화지향 가정의 출신일 가능성이 높다.[77] 낮은 대화지향 출신의 사람들은 일단 부모를 친구로 받아들이면 자기 사생활의 노출을 조절한다. 나이와 지향에 상관없이, 가족구성원들이 사회 관계망에서 기대하는 바대로 의사소통하는 것이 중요하다. 가령 "내 어릴 때 사진을 올리지 마세요." 혹은 "사적으로 말할 것이 있으면 개인적으로 메시지를 보내서 하세요."와 같은 협상의 규칙을 지킬 필요가 있다.

친구관계에서의 의사소통

여러분은 자신이 태어난 가족을 선택할 수 없고, 이웃이나 함께 일하는 사람들에 대해서도 거의 마찬가지다. 그러나 친구관계는 자발적이다. 가족관계, 결혼생활, 심지어 직장생활에서 벗어나는 것보다 친구관계를 끝내는 것이 훨씬 쉽다. 긍정적 친구관계를 유지하기는 어렵고, 친구관계의 유대를 끊는 것은 쉽기 때문에, 다른 관계보다 친구관계를 끝내기가 더 쉽다.[78]

9장에서 관계를 형성하는 몇 가지 방식을 기술하였다. 이유가 무엇이든 간에, 친구관계는 의사소통을 통해 형성되고 유지된다. 다음 절에서 우리는 친구관계의 속성을 살펴보고, 의사소통이 이 중요한 맥락 속에서 어떻게 작동하는지 알아볼 것이다.

친구관계의 유형

친구라는 말은 다양한 종류의 관계를 포괄한다. 소꿉놀이를 하며 노는 학령기전 아이들에서부터 고등학교에서 끼리끼리 연합하는 10대들, 함께 사회화의 과정을 겪는 커플, 무엇이든 해줄 수 있는 가장 친한 친구에 이르기까지 그 관계는 다양하다. 지금 보는 것처럼, 서로 다른 유형의 친구관계는 서로 다른 종류의 의사소통과 관련이 있다.

아동기 대 성인기   친구관계의 몇몇 구성요소는 평생에 걸쳐 달라지지 않는다. 예를 들면 자기개방은 아동기에서부터 노인기까지의 친밀한 관계에서 보편적이다.[79] 그러나 다른 측면에서는 친구관계의 특성이 개인의 성숙도에 따라 달라진다.[80]

유치원 아이들의 친구관계는 오래가지 않는다. 그들은 일시적인 놀이친구와 시간을 즐긴다. 아이들은 자라면서 대부분 안정적인 친구관계를 형성하지만, 주로 상대방에 대한 공감능력 없이 자신의 욕구를 충족시키기 위한 것이다. 청소년기 동안의 주요 특징으로, 이때의 친구관계는 종종 가족보다 더 중요하다. 이러한 10대들은 친구를 단순히 놀이친구나 활동을 같이하는 동무가 아니라, 자신들의 개인적 자질을 위해 중요한 것으로 여기기 시작한다.

Geom/Bigstock

청소년들은 자신들의 익숙한 환경을 떠나면서 더 만족스런 친구들로 교제의 범위를 넓힌다.[81] 지원, 지지, 신뢰, 헌신, 자기개방과 같은 친구로서의 중요한 자질이 이 시기쯤에 안정되고 성숙된다. 결혼과 가족에 대한 책임감이 증가하면서, 강력한 친구관계를 갖고 싶은 욕구는 여전하지만 친구들을 지지하기 위해 사용할 수 있는 시간은 줄어든다.[82] 그러나 노인기의 친구관계는 특히 사회적 지지의 수단으로서 중요하다. 강력한 친구관계는 만족감과 건강 둘 다에 기여한다.[83]

장기간 대 단기간   어떤 친구관계는 수년 동안 혹은 평생 이어지는 반면, 어떤 친구관계는 (고등학교 졸업, 이사, 이직과 같은) 삶의 변화로 인해 시들해지거나 끝난다. 오늘날의 과학기술은 원거리 때문에 친구관계가 끝날 가능성을 감소시켜주지만,[84] 어떤 친구관계는 면대면 접촉 없이는 흔들리거나 깨진다. 친구관계가 단기간에 끝나는 또 다른 이유는 가치의 변화 때문이다.[85] 여러분도 한때 파티니 밤의 유흥을 함께 즐긴 친구들이 있겠지만, 성장해서 그러한 삶의 단계를 벗어나면 이들에 대한 매력은 시들해진다.

관계지향 대 과업지향 소프트볼 팀원, 동료직원, 동료 영화광처럼, 때로 우리는 공유한 행위 때문에 친구를 선택하기도 한다. 주로 특정 행위를 중심으로 관계가 이루어지면, 그러한 유형의 친구들은 과업지향으로 보인다. 반면 관계지향 친구관계는 공유한 행위와는 별도로 상호 호감과 사회적 지지에 기반한다. 물론 이러한 범주는 서로 중첩되기도 해서, 어떤 친구관계는 활동의 공유와 정서적 지지 모두에 바탕을 둔다.

많은 개방 대 적은 개방 여러분은 친구들에게 자신에 대한 말을 얼마나 많이 하는가? 틀림없이 여러분의 개방 수준은 친구마다 다를 것이다. 어떤 친구는 여러분의 일반적인 정보만 알고 있는 반면, 다른 친구는 여러분의 개인적인 비밀도 알고 있다. 3장의 사회적 침투 모형은 친구들에게 자신이 개방한 폭과 넓이를 탐색할 수 있도록 도와준다.

높은 의무감 대 낮은 의무감 그들을 위해 무엇을 할 수 있는지 그리고 얼마나 빨리 할 수 있는지의 측면에서, 우리는 그를 위해 무엇이든 해야 하는 그런 친구가 있는 반면, 어떤 친구에게는 그러한 의무감을 크게 느끼지 않는다. 매우 친한 친구가 우리에게 부탁을 해올 때, 전화를 걸 때, 심지어 페이스북에 우리를 올릴 때도, 그런 친구에게는 더 빨리 반응한다.

빈번한 접촉 대 간헐적 접촉 여러분은 아마 몇몇 친구들과는 긴밀하게 접촉할 것이다. 운동을 하거나 여행을 다니고 교제를 하며, 매일 스카이프(Skype)를 할 것이다. 또 어떤 친구들과는 자주 연락하지 않고 가끔 통화를 하거나 전자 메시지 정도를 주고받는다. 물론 간헐적 접촉이 개방 수준이나 의무감과 반드시 관련이 있는 것은 아니다. 가까운 친구들과 일 년에 겨우 한 번 보는 경우도 있지만, 그들은 공유한 정보의 폭과 넓이의 측면에서 서로를 잘 안다.

여기까지 읽은 후, 여러분은 의사소통의 속성이 친구관계마다 다를 수 있다는 것을 알았을 것이다. 또한 친구관계 내 의사소통은 시간이 흐르면서도 변할 수 있다. 비인격적 친구관계에서 갑자기 자기개방의 불꽃이 터질 수 있다. 의무감이 낮은 친구관계가 강력한 헌신의 관계로 진화할 수 있고 그 반대일 수도 있다. 실제 모든 훌륭한 친구관계에 공통적인 의사소통의 유형을 앞으로 몇 쪽에 걸쳐 접하게 될 것이다. 그러나 당분간은 다양성이 좋다는 것을 깨닫는 것이 중요하다.

성과 친구관계

모든 친구관계가 항상 똑같이 만들어지는 것은 아니다. 앞서 기술한 차이점과 함께, 성(gender)은 친구들과 의사소통하는 방식에 중요한 역할을 한다.

동성 간 친구관계　　동성 간 친구관계의 의사소통은 일반적으로 남성과 여성에 따라 다르다. 친밀감의 척도로서 대부분의 여성들은 개인적 문제를 얘기하는 것에 비중을 두는 반면, 남성들은 활동을 공유함으로써 친밀감을 형성하고 표현한다. 어떤 학자는 남성들의 이런 특성을 '행위 속에서의 친밀감'이라고 표현한다.[86] 한 연구에서 남성의 75% 이상은 행위의 공유를 통해 친구와 가장 의미 있는 경험을 한다고 응답했다.[87] 그들은 특정 활동을 함께 함으로써 서로서로 성장하고, 상호의존성을 발달시키고, 서로에 대한 고마움을 보여주고, 서로의 호감을 입증한다고 보고하였다. 또한 남성들은 실용적 도움을 배려의 척도로 간주한다. 많은 남성들에게 친밀감은 반드시 개방에 의존할 필요는 없는, 행위의 공유로부터 나온다는 사실을 이러한 연구들은 보여준다. 즉 친구는 여러분을 위해 그리고 여러분과 함께 무언가를 하는 사람이다.

이와 반대로, 여성들은 면대면과[88] 온라인[89] 관계 모두에서 남성보다 개인적 정보를 보다 더 많이 개방하는 경향이 있다. 남성과 여성 모두 정서적 지지를 제공하는 친구를 중시하지만, 여성은 일반적으로 정서적 지지에 더 능숙하다. 그래서 이와 같은 지지를 필요로 할 때, 사람들은 여성 친구들을 찾을 가능성이 더 크다.[90] 물론 이러한 발견은 어떤 친구관계에서는 적용되지 않을 수 있다. 이 절에 있는

'잠시 생각해보기'의 질문들이 여러분에게 얼마나 잘 적용되는지 살펴볼 수 있다.

이성 간 친구관계　　　이성 간 친구관계는 동성 간 친구관계가 주지 못하는 혜택을 준다.[91] 그들은 상황을 다른 관점에서 볼 수 있는 기회를 제공한다. 동성 친구 간의 의사소통과는 다른 상호작용으로, 이성 간 친구관계는 환영할 만한 일이다.[92] 남성에게 이성 간 친구관계는 감정을 공유하고 관계에 초점을 맞출 수 있는 절호의 기회를 의미한다. 여성에게도 마찬가지로 감정적인 부담 없이 정다운 농담과 활동을 즐길 수 있는 기회가 될 수 있다. 이러한 우정은 또한 이성애자 싱글들에게 연애 상대자를 만날 수 있는 더 폭넓은 연결망을 제공한다.[93]

적어도 이성애자에게 이성 간 친구관계는 동성 간 친구관계에는 없는 도전들에 직면한다. 가장 분명한 것은 실제적이거나 잠정적인 성적 매력이다.[94] 가장 분명한 것은 현실화된 성적 매력 혹은 그러한 가능성이다.[95] 영화 '해리가 샐리를 만났을 때(When Harry Met Sally)'에서 Billy Crystal이 Meg Ryan에게 이렇게 말했다, "남자와 여자는 성적인 부분이 항상 방해하기 때문에 친구가 될 수 없어."

몇몇 연구에서는 해리가 적어도 부분적으로는 옳다고 제안한다. 150명의 전문직 종사자를 대상으로 한 설문조사에서 60% 이상은 성적 긴장이 이성 간 친구관계의 한 요소였다고 언급했다.[96] 이것은 특별히 남성들에게 더 잘 해당한다. 연구에 따르면, 여성들은 남성을 정신적인 친구로 보는 것이 보통이지만, 남성들은 자신들이 알고 있는 여성에 대해 연애감정을 느끼거나 신체적 매력을 느끼기 쉽다.[97] 설상가상으로, 남성들은 그 여성친구도 연애에 관심이 있다고 과대평가한다는 것이다.

＿＿＿＿＿ 현대판 'When Harry Met Sally'에서 Wallace(Daniel Radcliffe 역)와 Chantry(Zoe Kazan)는 이성 간 친구로 지내고자 하는 반면, 영화 'What If'에서는 이성으로 느끼는 매력을 협상한다. 여러분은 이성 간의 사랑이 가능한 관계에서 정신적인 우정이 가능하다고 생각하는가?　　　　　　　　　　　Entertainment One/Allstar

연애감정 없는 이성 간 친구관계도 가능할 수 있지만, 그러한 종류의 관계를 정의하기는 쉽지 않다. 몇몇 증거를 보면, 온라인 의사소통이 면대면 의사소통보다 이성 간 친구관계를 좀 더 정신적인 사랑에 머물도록 한다.[98] 면대면 상황에서 낭만적 관계에 덜 흥미를 느끼는 쪽이 '출입금지'와 '그냥 친구 사이'라는 메시지(가령, 일상적인 만남과 활동의 축소, 희롱의 축소, 다른 연인들에 대한 더 많은 이야기)를 보내는 것이 중요하다.

혜택을 주는 친구　　혜택을 주는 친구(Friends with Benefits: FWB)란 연인은 아니지만 성관계는 하는 이성 간 친구관계를 가리키는 대중적인 용어이다. 이러한 관계는 점점 더 흔해졌고 다양한 형태를 띠게 되었다.[99] 한 연구에 의하면, 대학생의 60%가 적어도 한 명과 FWB 관계를 맺은 적이 있다고 보고했다.[100] 어떤 FWB 관계는 연인관계로 변하기도 한다.[101] 다른 관계는 연인관계에서 벗어나는 과정에 있기도 한다. 또 어떤 관계는 더 좋은 대안이 나타날 때까지 대타 역할을 하기도 한다.[102]

남성과 여성이 FWB 관계를 맺을 가능성은 같다. 몇몇 설문조사에 의하면, 남성과 여성 모두 정서적 몰입이라는 어려움 없이 신체적 욕구를 충족할 수 있는 기회를 중시했다.[103] 이러한 유사성에도 불구하고, FWB 관계가 등장하는 방식에 성차가 있다. 다수의 남성은 자신의 관계를 기본적으로 성적이라고 기술하지만, 여성들은 정서적으로 관여할 가능성이 훨씬 높았다. 몇몇 관찰자들은 이와 같은 발견에 기반해서 여성들은 전형적으로 '친구'가 되는 것에 초점을 두는 반면, 남성들은 '혜택'에 더 관심을 갖는다고 논평했다.[104]

성적 행위를 통해 둘 중 한쪽만 연인으로서의 헌신을 원할 수 있기 때문에, 논리적으로 볼 때 FWB들은 자신들의 관계에 대해 정기적으로 토론할 것이다. 그러나 연구자들의 발견에 따르면, FWB들은 중요한 주제에 대하여 분명하게 의사소통하는 것을 자주 회피하고자 했다.[105] 이 연구자들은 "FWB 관계는 그들이 매력적이라는 동일한 이유로 종종 문제가 되기도 한다."고 결론지었다.[106]

성(gender)에 대한 고려　　　　다양한 종류의 친구관계를 살펴볼 때, 생물학적 성이 우리가 고려해야 할 유일한 요소는 아니다. 또 다른 중요한 요인이 성역할(4장)이다. 가령 남성스러운 남성과 여성스러운 여성의 친구관계는 남성스러운 여성과 여성스러운 남성의 친구관계와는 그 속성이 다르다. 그럼에도 불구하고, 그들은 모두 기술적으로는 이성 간의 관계이다.[107]

성적 지향은 친구관계를 만드는 또 다른 요소이다. 명백히, 게이 남성과 레즈비언들에게 성적 매력의 잠재력은 이성의 관계에서 동성의 관계로 이동한다. 그러나 신체적인 매력을 제쳐두고서라도, 성적 지향은 여전히 친구관계에 중요한 역할을 한다.[108] 예를 들면 많은 이성애적 여성이 게이 남성과의 친구관계를 중요하다고 보고하는 이유는 (1) 그들은 종종 관심사를 공유하고, (2) 연애감정으로 인해

잠시 생각해보기

성별과 친구관계

동성관계와 이성관계에서 의사소통의 일지를 작성해봄으로써 성별이 친구관계의 의사소통에 어떠한 영향을 미치는지 분석해보자.

1. 주어진 일지에 적어도 4개의 대화를 기록하라. 각 대화에 대하여 토론 주제(예: 학교, 재정), 상호작용의 본질(예: 정서적 표현, 개인적 정보, 공유된 활동) 그리고 여러분이 생각하기에 성별과 관련된 모든 논평을 기록하라.

날짜/시간/장소/채널	친구	주제	상호작용의 본질	논평

2. 여러분의 발견에 기초할 때, 동성 간 친구관계와 이성 간 친구관계에서 여러분이 얘기하는 주제와 상호작용의 본질에 서로 다른 패턴이 있었는가?

3. 여러분이 발견한 것에 기초할 때, 여러분이 사용하는 의사소통 채널(예: 전화, 문자, 이메일, 면대면)이 동성 친구와 이성 친구 간에 차이가 있는가?

문제가 생길 가능성이 매우 적거나 없고,[109] (3) 그들이 더욱 매력적이라고 느끼기 때문이다.[110]

소셜 미디어와 친구관계

실생활에서는 친구로 여기는 사람을 언급하는 것은 어려운 일이 아니지만, 인터넷은 친구관계를 좀 더 복잡하게 만들어왔다.[111] 페이스북에서 '친구'란 파티나 휴가철에서 한 번 만난 사람, 수년 동안 보지 못한 학우나 이웃, 온라인에서는 만났지만 실제로는 본 적이 없는 사람, 심지어 자신의 친구 목록을 키우기 위해 단순히 여러분의 이름을 올려 놓은 사람도 될 수 있다.

친구관계와 소셜 미디어에 대한 가장 흥미로운 연구는 아마도 사람들이 SNS에서 사귀는 친구의 숫자와 관련된다. Pew Research Center는 온라인의 전형적인 성인들은 200명 이상의 페이스북 친구들을 가지고 있다는 것을 발견했다. 좀 더 젊은(18~29세의) 성인들은 페이스북의 연결망이 더 컸는데, 그들의 27%는 500명 이상의 친구를 가지고 있었다.[112] 페이스북 친구 수와 그러한 친구관계에 대한 타인의 지각 간에는 곡선적 관계가 있다.[113] 페이스북 친구가 너무 없으면, 다른 사람들은 여러분을 (아마도 사실과 다르게) 비사교적이거나 비호의적이라고 여길 것이다.[114] 반면 너무 많은 온라인 친구를 갖고 있으면, 사람들은 그러한 관계가 덜 진실하다고 생각할 것이다(2장의 'Dunbar의 수'에 대한 논의를 살펴보라).

페이스북 친구와 수와 행복과의 관계에 대한 연구결과는 일관적이지 않다. 어떤 학자들은 "친구가 많을수록 좋다."고 제안하는데, 그들은 지각된 사회적 지지, 스트레스의 감소, 그리고 심지어 신체적 건강 사이에 정적인 상관을 발견하였다.[115] 다른 연구들은 좀 덜 긍정적인데, 그들은 페이스북 친구가 너무 많은 것은 해준 것에 비해 되돌려 받는 것을 감소시키고, 낮은 자아존중감을 보상하기 위한 것이라는 점을 발견했다.[116] 한 가지 사실은 분명해 보이는데, 온라인 연결망의 크기에 상관없이 오직 그러한 친구들의 소수만이 친한 사람에 해당한다.[117]

소셜 미디어가 친구와의 의사소통에 새로운 차원을 가져왔지만, SNS는 새로운 관계를 만들기보다는 주로 현재 친구관계를 유지하고 오래전 친구관계를 회복

CKellyPhoto/BigStock

하는 데 쓰인다.[118] 가령 페이스북 연결을 가장 많이 하는 관계는 고등학교 동창 사이다. 심지어 모르는 사람을 온라인에서 만났더라도, 관계가 가까워지면 그들은 면대면 만남을 시도할 가능성이 크다.[119] 이러한 발견에 따르면, 소셜 미디어가 전형적으로 면대면 의사소통을 대체하는 것이 아니라, 면대면에서 발달한 친구관계를 지지하고 되살리는 수단이다.[120]

물론, SNS가 친구와의 의사소통을 위한 유일한 매체는 아니다. 전화, 문자 메시지, 이메일, 심지어 블로그도 친구들과 연락할 수 있는 수단이다. 9장에서 언급한 것처럼, 이러한 미디어는 친구들로 하여금 그들의 관계를 유지하고 사회적 지지의 한 방법을 제공하는 데 도움을 준다. 그러나 가장 친한 친구들은 서로가 전자기기를 통해 아무리 많이 접촉한다고 해도, 그것이 어느 저녁 시내에서 만나 대화를 하거나 포옹을 하는 것을 대신할 수는 없다는 것을 안다.

연인관계에서의 의사소통

여러분이 1장에서 읽은 것처럼, 연구들은 친밀한 대인 간 관계는 정신적, 정서적, 신체적 건강에 유익하다는 것을 입증하고 있다. 연인관계는 특별히 유익하다.[121] 간단히 말해서, 사랑하는 연인관계에 있는 사람들은 더 오래 더 행복하고 더 건강하게 산다.

의사소통 기술은 성공적인 연인관계에 필수적이다. 부부 치료사와 상담사들이 모집한 2,200명 이상의 참가자들에 대한 연구에서, '의사소통'은 성공적인 연인관계를 위해서 섹스와 열정, 혹은 그 어떤 요소보다도 더 중요한 능력으로 평가받았다.[122] 이 절은 연인관계 즉, 장기적으로 사랑하는 사람들 간의 의사소통에 초점을 맞출 것이다. 이러한 연인관계는 데이트를 하는 커플, 함께 사는 커플, 수년간 결혼한 부부를 포함할 수 있다. 중요한 문제는 이 사람들이 낭만적으로 연결되어 있다고 스스로 인정하는가이다.

연인관계의 특성

"우리는 단지 친구인가 아니면 그 이상인가?" 자신들이 연인관계로 접어들고 있는지를 결정하기 위해서 커플들이 이와 같은 질문을 하는 것은 특이한 것이 아니다. 그 경계가 항상 분명한 것은 아니지만, 우리는 여기에서 대부분의 연인관계에서 전형적으로 나타나는 세 가지 특성 즉, 사랑, 헌신, 그리고 애정을 살펴보겠다. 곧 보겠지만, 이러한 개념들은 서로 중첩된다(예를 들면, Sternberg는 헌신이 사랑의 한 요소임을 확인한다). 우리는 이러한 개념들을 세 개의 범주로 나누어서 이와 관련된 주제들 각각에 대한 연구를 살펴보겠다.

사랑　　2천년 이상 전에 Aristotle은 "사랑은 두 개의 몸에 거주하는 하나의 영혼으로 이루어져 있다."고 주장했다. 그의 스승 Plato는 좀 더 회의적으로 "사랑은 정신병이다."라고 생각했다. 그 기간 동안 철학자와 예술가들은 사랑의 기쁨과 슬픔에 대한 서로 다른 결론으로 사랑을 유창하게 표현했다.

수십 명의 학자들에게 사랑에 대한 정의를 문의한다면, 여러분은 그 학자들 숫자만큼의 정의를 접하게 될 것이다. 우리는 우리의 목적상 Robert Sternberg의 연구와 그의 유명한 사랑의 삼각형 이론(triangular theory of love)에 의지할 것이다.[123] 그는 사랑이 세 가지 구성요소를 가진다고 주장한다.

- 친밀감: 이것은 한 개인이 관계에서 느끼는 가까움과 연결감이다. 우리는 이 장에서 기술한 모든 관계적 맥락에서 어떻게 친밀감을 찾아내고 표현하는지 이미 논의하였다. 하나의 비유로 온도를 사용한 Sternberg는 친밀감을 사랑의 '따뜻한(warm)' 요소라고 생각한다.
- 열정: 이것은 신체적 매력과 정서적 각성을 수반하며 종종 성적 욕구를 포

함한다. 이것은 사랑의 '뜨거운(hot)' 요소이다.

- 헌신: 이것은 사랑의 이성적인 측면으로, (앞으로 계속) 오랫동안 관계를 유지하겠다는 결정을 말한다. 이것은 사랑의 '시원한(cool)' 요소이다.

[그림 10.2]는 이러한 세 요소를 삼각형의 모서리로 나타내고 있으며 그들의 조합으로 7개의 가능한 경우를 보여준다. 이 모형에 나타난 사랑의 각 유형이 수반하는 의사소통의 패턴을 상상하는 것은 쉬운 일이다. 예를 들면 낭만적 사랑을 하는 커플은 애정을 많이 표현하면서 매우 정서적인 메시지(꼭 껴안은 채로 "당신을 너무 좋아해.")를 교환할 것이다. 동반자적 사랑은 "나는 너와 함께 있으면 좋아."와 같은 말을 전형적으로 하면서, 언어적으로나 비언어적으로 은유할 것이다. 그리고 공허한 사랑은 관계의 껍질만 있는 것으로, 정서적인 메시지가 전부는 아니지만 대부분은 없을 것이다. 우리는 이 절 뒷부분에서 애정의 소통에 대해 좀 더 살펴볼 것이다.

Sternberg는 완벽한 사랑(친밀감, 열정, 헌신의 조합)은 달성하기가 흔치 않고 유지하기가 어려운 이상적인 사랑이라는 점을 인정한다. 전형적으로, 사랑의 요소는 관계가 진행되면서 커지고 약해지고 한다. 때로는 열정이 분출할 수도 있고, 다

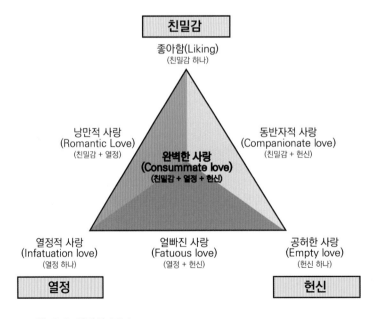

▶ 그림 10.2 사랑의 3요소

른 때는 사랑이 따뜻한 느낌이기보다는 차분한 결정이다. 성숙은 사랑의 경험에 영향을 미치는 또 다른 요인이다. 예를 들면 청소년들은 사랑의 3요소를 성인만큼 파악하지 못한다.[124] 오래된 파트너들은 몇몇 고정관념이 제안하는 것보다도 더 많은 열정과 친밀감을 경험하지만, 나이가 들면서 커플은 다른 요소보다도 헌신을 더 가치 있게 여기는 경향이 있다.[125]

여러분이 스스로 경험했거나 관찰한 연인관계를 생각해보면, 여러분은 사랑의 삼각형 모형에 있는 모든 유형의 사랑의 사례들을 생각해 볼 수 있을 것이다. 또한 여러분은 사랑의 요소들이 시간이 흐르면서 밀려왔다가 밀려가는 것을 볼 수 있을 것이다. 9장에서 기술한 관계의 단계 모형 및 변증법적 모형과 비슷하게, 사랑을 고정된 특성이 아니라 역동적이고 변화하는 과정으로 생각하는 것이 건전하다.

헌신　　연인관계에서 헌신의 역할이 얼마나 중요할까? "나는 헌신적인 관계를 찾고 있어." "나는 헌신할 준비가 되어 있지 않아." "나는 이 관계가 잘 되도록 만들기 위해 헌신하고 있어."와 같은 말이 이에 대한 대답을 암시해준다.

관계적 헌신(relational commitment)은 관계에 남아서 그 관계를 성공적으로 만들겠다는 (때로는 은연중의 그리고 때로는 명시적인) 약속을 수반한다. 헌신은 의사소통을 통해 만들어지고 강화된다. <표 10.1>은 연인관계에서 헌신을 나타내주는 지표들을 나열하고 있다. 연구에 따르면, 자신들의 헌신을 정기적으로 소통하

▶ **표 10.1 헌신적인 연인관계의 주요 지표들**

- 애정을 제공하기
- 지지를 제공하기
- 진실을 유지하기
- 동행하기
- 정기적 의사소통을 위해 노력하기
- 존경심 표현하기
- 관계의 미래 만들기
- 관계의 긍정적 분위기 만들기
- 관계의 문제를 함께 해결하기
- 자신의 헌신을 안심시키기

출처: Weigel, D. J. (2008). Mutuality and the communication of commitment in romantic relationships. Southern Communication Journal, 73, 24-41.

는 커플들은 자신들의 관계에 대해서 긍정적인 느낌을 더 많이 가지고 있고 관계의 불확실성을 덜 경험한다.[126]

　　<표 10.1>이 보여주듯이, 말은 그것만으로는 진정한 헌신의 확실한 측정치가 되지 못한다. 행동 역시 중요하다. 단지 "당신은 나를 믿어도 돼요."라고 말하는 것은 충성을 보장하지 못한다. 그러나 말이 없으면 헌신은 분명하지 않을 것이다. 이러한 이유 때문에, 관계를 공식화하는 행사가 헌신을 인정하고 공고히 하는 하나의 중요한 방법이다(9장에 있는 '유대'에 대한 논의를 보라.).

　　헌신에 대한 문화적 측면을 간단히 언급하겠다. ("먼저 사랑이 오고 그 다음에 결혼이 온다"는 친숙한 구호처럼) 헌신을 낭만적 사랑의 완성으로 보는 것은 확실히 서구적인 접근이다. 이 세상의 많은 결혼은 중매결혼이고, 그래서 그들의 격언은 "먼저 결혼이 오고 그 다음 사랑이 온다."이다. 중매로 결혼해서 만족해하는 커플들에 대한 연구에서 '헌신'은 그들이 사랑이 시간이 흐르면서 번창하도록 도와주는 가장 중요한 요소였다.[127] 두 번째로 중요한 요소는 '의사소통'으로 사랑하는 사람에 대해 알 수 있는 방법으로 자기노출을 강하게 강조했다. 이런 순서에 상관없이, 성공적인 연인관계에서 헌신과 의사소통 간에는 강력한 관련성이 있다(성공적인 중매결혼의 사례를 보려면 9장에 있는 '다양성에 대한 고찰'을 참고하라.).

　　애정　　애정의 언어적 및 비언어적 표현은 연인관계에서 전형적이다. 손을 잡는 것에서부터 "당신을 사랑해."라고 말하고 성행위에 이르기까지 그 범위는 폭넓다. 연인 간 애정은 종종 사적으로 소통되지만 때로는 공적으로 표현되기도 한다. 사실 '애정의 공적 표현(public displays of affection)'이라는 말은 그 자체로 축약어 PDA와 사회적 규칙을 가지고 있다.[128]

　　애정의 소통은 다양한 방식으로 유익하다. 한 연구에서[129] 결혼했거나 동거하는 커플들에게 6주 동안 키스를 더 많이 하도록 요청했다. 통제집단과 비교해서 더 빈번하게 키스한 집단은 자신의 스트레스 수준과 관계의 만족도뿐만 아니라 콜레스테롤 수준에서도 좋아졌다(여러분은 아마도 이러한 종류의 연구에 어떻게 참여할 수 있는지 궁금해 할 수도 있다.). 또 다른 연구는 애정을 말이나 글로 표현하는 것이 가져다주는 생리적 혜택을 보여준다.[130] 관계적 혜택의 측면에서 볼 때, 받은 애정은 은행 계좌처럼 작용한다. 즉 사랑을 받는 사람의 애정의 계좌가 비어 있을 때보다 거기에 많은 예치금이 들어 있으면, 상대방은 그의 위반사항을 더 관대하게 넘어간다.[131]

애정의 느낌과 그 표현 간에는 간격이 있을 수 있다. 아마도 여러분은 상대방에게 자애로운 마음을 매우 크게 느끼지 않으면서 "사랑해."라고 말한 경우를 떠올릴 수 있을 것이다. 아마도 여러분은 자신의 정서적 상태와는 맞지 않지만 다투던 중에 상대방을 꽉 안거나 진하게 키스한 경우가 있을 것이다. 의사소통 연구자들은 이러한 행위를 '기만적 애정'이라고 부르면서, 이러한 행위가 연인관계에서는 흔하다고 말한다.[132] 이러한 종류의 속임은 부정적이라기보다는 관계의 유지와 지지의 정상적인 한 부분이다. 물론 이러한 말과 행동으로 여러분의 파트너를 속이느라 분주하겠지만, 여러분은 확신해도 좋다. 연인의 눈을 쳐다보기, 친밀한 거리에 앉는 것, 혹은 개인적 비밀을 공유하는 것과 같은 연애 활동을 하는 것은 종종 연애 감정을 불러일으킬 수 있다.[133]

성행위는 대부분의 애인관계에서 애정을 표현하고 받는 중요한 수단이다. 한 문헌고찰 연구는 성적 만족의 가장 강력하고 믿을 만한 예측 변수가 관계적 만족이라고 지적한다.[134] 다시 말하면, 성은 건강한 애인관계의 한 부분으로서 가장 잘 즐길 수 있는 것이다. 의사소통 또한 중요한 역할을 한다. 커플의 의사소통 기술과 그들의 성적 만족 간에는 강한 상관이 있다.[135] 그리고 말이 없는 진공 상태에서 이루어지는 열정적 성행위에 대해 언론에서 보이는 묘사와는 달리, 연구들은 성행위가 전과 후 모두 직접적인 언어적 의사소통(예: "내 기분은 이래.", "이것이 내가 원하는 거야.")을 수반할 때 더 만족스럽다는 것을 보여준다.[136] 이러한 대화를 하는 것이 불편하면, 관계 만족하는 연인들은 자기 자신을 표현하기 위해 종종 체면을 지키는 의사소통이나 심지어 유머를 사용한다.[137]

낭만적 사랑의 전환점

언제 연인관계가 시작되었는지 커플들에게 묻는 것은 그들이 특별한 표식을 확인할 수 있는 좋은 기회가 된다. 그것은 특별한 날짜, 특별한 포옹, 혹은 상대방에게 처음으로 "사랑한다."고 말한 때일 수도 있다. 의사소통 연구자들은 이것을 **관계적 전환점**(relational turning point)이라고 부른다. 그것은 관계를 근본적으로 바꾸는 변혁적 사건이다.[138]

다른 친밀한 관계도 전환점이 있을 수 있지만,[139] 전환점은 특히 연인관계에서 중요하다. '그냥 친구'에서 '그 이상'으로 넘어가기 직전 단계의 커플을 생각해 보자. 관계가 연인으로 되었을 때, 전환적인 순간("그리고 그때 우리는 키스를 했지.")을 상상하는 것은 쉽다.[140]

관계적 전환점은 9장에서 언급한 단계들 사이의 이동을 표시해 준다. 그것은 페이스북에서의 선언에서부터[141] 신체적 친밀감,[142] 첫 싸움,[143] 이별, 만남까지[144] 모든 것일 수 있다. 우리는 모든 전환점이 긍정적인 것만은 아니라는 것을 이 목록에서 쉽게 알 수 있다. 당연히, 전환점을 더 부정적으로 인식하는 커플은 긍정적으로 인식하는 커플보다 관계 만족도 수준이 낮다.[145]

"우리가 네 가족을 만난 후부터 네가 나를 피한다고 생각해." 혹은 "지난 주우리가 깊은 대화를 한 후에 더 연결된 것 같아."처럼, 전환점은 관계의 현황에 대한 실마리를 제공해줄 수 있다. 전환점은 연인관계의 현황을 의사소통 그리고 메타소통하는 데 유용한 도구이다.

커플의 갈등 유형

첫 싸움이 연인관계의 흔한 전환점이라는 사실은 갈등이 커플 내 의사소통의 정상적인 일부분이라는 것을 시사한다. 그리고 대부분 연인들에게 첫 의견충돌이 마지막 충돌일 가능성은 거의 없다. Jogn Gottman은 수년 동안 연인관계를 연구한 끝에 다음과 같은 사실을 발견했다. 즉, 커플들은 다음 3개의 갈등 유형 중 하나에 속하는 경향이 있다.[146]

1. **열정형**(volatile): 이런 커플은 때로 작은 문제에도 격렬하고 열띤 논쟁을 벌인다. 그들은 목소리를 높이고 자신의 의사를 열성적으로 피력한다. 이 커플들의 갈등은 종종 이겨야 할 시합처럼 보인다.

2. **회피형**(avoidant): 회피적 유형을 사용하는 커플은 문제를 직면하기보다는 무시하는 것을 선호한다. 그들은 의견충돌을 최소화하고 문제의 소지가 될 만한 예민한 주제를 피한다. 이런 커플은 갈등이 있음을 인정하지만, 그것을 빠르고 냉철하게 다루지는 않는다.

3. **검증형**(validating): 이런 커플은 갈등을 개방적이고 협력적으로 관리한다. 그들은 의견 차이가 있으면 민주적인 방식으로 대화하고, 서로의 감정을 거절하지 않는다. 그들은 신중하게 경청하고 자신들의 문제를 협력해서 해결하고자 한다.

검증형이 이 책에서 지지하는 접근과 일치하고 의사소통의 이상적인 방식으로 보인다.[147] 그럼에도 불구하고, 다른 두 유형도 어떤 경우에는 성공적일 수 있다고 Gottman은 말한다. 여기에 열정형 커플의 행복한 결혼생활이 있다.

> 이런 커플의 격렬한 논쟁은 극히 일부분이고, 대부분의 경우 그들은 따뜻하고 사랑스러운 결혼생활을 하는 것으로 나타났다. 싸울 수 있는 열정과 향유는 그들이 더욱 긍정적으로 상호작용할 수 있도록 그 연료를 제공하는 것처럼 보인다. 그들은 분노도 많이 표현할 뿐만 아니라 검증형의 커플보다 훨씬 더 많이 웃고 더 애정적이다.[148]

다음 지문은 회피형을 사용하는 커플의 만족스러운 삶을 대하여 Gottman이 발견한 것이다.

> 갈등을 해결하기보다는 회피하는 커플은 자신들이 기본적으로 공유한 결혼 철학에 호소한다. 그들은 결혼생활에서 자신들이 사랑하고 중요시하는 것들을 재확인하고, 긍정적인 부분을 강조하고 나머지 부분은 모두 수용한다. 이러한 방식으로, 그들은 종종 서로에 대한 좋은 느낌과 함께 해결되지 않는 토론을 끝낸다.[149]

갈등 유형이 성공적 연인관계의 결정적 요소가 아니라면, 그것은 과연 무엇일까? Gottman은 긍정적 의사소통 행위와 부정적 의사소통 행위의 수가 중요하다고 주장한다. 즉 그는 5:1이 "마법의 비율"이라 언급하면서, 커플들이 접촉, 웃음, 칭

잠시 생각해보기

관계의 전환점

1. 과거나 현재 여러분의 연인관계를 변화시키는 사건 즉, 전환점을 적어도 6개 찾는 것으로 시작해라(개인적 관계를 분석하는 것이 싫다면, 영화나 책에 등장하는 것을 사용하라.).
2. 9장 '관계의 역동에 대한 모형'에서 설명한 관계의 단계들을 이용하여, 여러분이 확인한 전환점이 다른 단계로 넘어가는 표시인지 살펴보라.
3. 여러분의 전환점이 관계의 10단계 전체에 걸쳐 분포하고 있는지를 검토하라. 그들이 10단계 전체에 나타나는가, 아니면 한두 단계에 모여 있는가? 전환점에 대한 여러분의 회고가 자신의 연인관계에 대하여 무엇을 보여주는가?

찬, 미소, 친절한 말 등 긍정적인 상호작용을 부정적인 것보다 5배 더 많이 한다면, 그들은 행복하고 성공적인 관계를 가질 가능성이 높다고 주장하였다. 회피적 커플은 부정적인 상호작용의 수를 낮추는 것이 쉽고, 열정형 커플은 긍정적인 상호작용의 수를 높이기가 쉽다. 검증형 커플을 포함해서 모든 커플의 열쇠는 적절한 비율을 유지하는 것이다.

사랑의 언어

"나를 사랑한다면, 부디 내 말을 들어 주세요."

"나를 사랑한다면, 그렇다고 말해 주세요."

"나를 사랑한다면, 나에게 보여 주세요."

위와 같은 말이 전하는 기본적인 메시지는 "내가 생각하는 사랑은 이것이다."라는 것이다. 작가 Gary Chapman의 주장에 따르면, 우리 각자는 사랑에 대한 자신만의 고유한 개념을 가지고 있다. 그는 이 개념을 사랑의 언어(love language)라고 명명하면서, 우리가 사랑을 표현하는 방식이 파트너와 일치하지 않을 때 문제가 발생한다고 제안하였다.[150]

Chapman은 연인관계에서 다음의 5가지 사랑의 언어를 확인하였다. 또한 여러 연구들은 이러한 범주들을 지지하고 있다.[151]

1. **인정하는 말**: 이것은 찬사, 칭찬, 언어적 지지, 쪽지나 편지, 혹은 그 사람이 중요하고 인정받고 있다는 것을 말로 표현하는 또 다른 방식을 포함한다. 이런 사랑의 언어를 사용하는 사람은 모욕, 비웃음, 혹은 자신의 노력이 언어적으로 인정받지 못하였을 때 쉽게 상처를 받는다.

2. **함께 하기**: 이것은 여러분의 파트너와 함께 있는 것이고, 상당한 기간 동안 그 파트너에게 모든 관심을 쏟는 것이다. 주의를 기울이지 않거나 산만하면 그들이 함께 있는 시간의 질이 떨어진다.

3. **선물**: 사랑의 척도를 선물로 계산하는 사람은 "중요한 것은 생각이다."라는 믿음을 가지고 있다. 선물이 반드시 비싸야 의미가 있는 것은 아니다. 최고의 선물은 받는 사람이 고마워할 만한 유형의 선물이다. 중요한 순간을 기념하는 선물을 소홀히 하는 것은 선물을 중요하게 생각하는 파트너에게는 하나의 범죄이다.

4. **도움행동**: 쓰레기 버려주기, 차에 기름 넣어주기, 빨래하기 등 허드렛일 관련 봉사행동의 목록은 무수히 많다. 선물과 유사하게, 봉사행동의 핵심은 여러분의 파트너가 어떤 행위를 가장 고마워할 것인지 그것을 아는 것이다 (아마 여러분의 파트너가 가장 하기 싫어하는 일이 그런 허드렛일일 것이다.).

'Before Midnight'은 Jesse(Ethan Hawke 역)와 Celine(Julie Delpy)의 관계가 발전하는 과정을 추적하는 3부작 영화의 3부에 해당한다. 이 커플은 그리스 제도에서 휴가를 보내는 도중 그 날 저녁 대부분을 논쟁을 하면서 보낸다. 결국, 이 영화는 사랑하는 커플도 서로에 대해 열정적인 갈등을 가질 수 있고 열정적인 사랑도 가질 수 있음을 보여준다. 갈등이 관계에 유익할 때와 파괴적일 때는 언제인가? 커플이 논쟁을 할 때 따라야 하는 의사소통의 경계는 무엇인가?
Allstar Picture Library

5. **신체적 접촉**: 신체적 접촉은 성행위를 포함하지만, 어깨를 팔로 감싸기, 얼굴 쓰다듬기, 목을 문지르기 등 의미 있는 접촉에는 애정의 다른 표현도 들어 있다.

사람들은 자신이 선호하는 사랑의 언어를 파트너도 좋아할 것이라고 가정한다. 하지만 이러한 가정은 이해할 만하지만 사실은 아니다. 가령 자신의 주요 사랑의 언어가 '선물'이라면, 여러분은 아마 특별한 날에 혹은 심지어 보통 날에도 사랑하는 사람으로부터 선물을 기대할 것이다. 또한 여러분도 파트너에게 정기적으로 선물을 할 가능성이 크고, 파트너도 그 선물을 감사하게 받을 것이라고 가정할 수 있다.

상상할 수 있듯이, 여러분의 파트너가 자신과 동일한 사랑의 언어를 말할 것이라고 가정하는 것은 실망을 초래할 수 있다. Chapman은 이러한 일이 결혼생활에서 종종 일어난다고 말한다.

> 우리는 자신이 선호하는 사랑의 언어를 말하는 경향이 있고, 그래서 자신이 의사소통하고자 하는 것을 배우자가 이해하지 못할 때 혼란을 느낄 수 있다. 우리는 자신의 사랑을 표현하고 있지만, 그 메시지가 상대방에게 온전히 도달하는 것은 아니다. 왜냐하면 우리가 말하는 것이 그들에게는 외국어로 들릴 수 있기 때문이다.

대부분 사람들은 사랑의 언어를 원가족으로부터 배운다. 어느 정도는 아주 어릴 때부터 애정을 주고받는 방식이 우리에게 각인된다. 좋은 소식은 우리가 사랑의 의사소통을 다양한 방식으로 배울 수 있다는 것이다. 특히 자신의 연인으로부터 도움을 받을 수 있다. 위에 제시한 사랑의 언어 유형을 살펴보고, 여러분의 주요 언어를 확인한 다음, 그것을 파트너의 사랑의 언어와 비교하라.

소셜 미디어와 연인관계

2장에서 언급한 것처럼, 연인관계가 온라인에서 시작하는 것이 더 이상 특이한 현상이 아니다.[152] 그러나 자신들의 사랑을 직접 만나 시작한 커플조차도 소셜 미디어의 사용을 관리할 필요가 있다. 최근의 연구에서 연인관계에 있으면서 온라인을 하는 성인의 27%가 인터넷이 자신들의 관계에 영향을 미쳤다고 말했다.[153] 그 연구에서 휴대폰 소유자의 1/4가 그들이 같이 있을 때 휴대폰이 애인의 주의를 분산시킨다고 말했다(이 비율은 18세부터 29세까지의 젊은 성인들에게서는 더 높다.).

　사랑에 대한 헌신의 한 예측 변인은 '정기적으로 의사소통하기 위해 노력하는' 것이다(<표 10.1>을 볼 것). 그 한 가지 쉬운 방법이 전화하고 문자를 보내는 것이다. 한 연구는 이동전화의 디바이스 사용과 애인관계에서의 헌신의 느낌과 사랑 간에 정적인 관련이 있음을 보여준다.[154] 그러나 좋은 것도 지나치면 나쁠 수 있다. 사랑하는 사람과 정기적으로 접촉하는 것과 불안해서 계속 주시하는 것과는 다르다.[155] 그리고 문자 보내기로 애정을 표현하는 것이 애인관계를 개선하지만, 그것은 심각한 주제를 다루기에는 부적절하다.[156]

　커플의 SNS 사용은 연인들이 서로에 대해 어떻게 느끼는지를 반영하기도 하고 그러한 느낌에 영향을 주기도 한다. 자기 파트너와 함께 있는 사진을 게시한 사람들은 자기만의 사진을 올린 사람들에 비해 자신들의 관계에 더 만족한다고 보고했다.[157] 더군다나 사람들은 자신들의 관계에 더 만족하는 날에 관계와 관련된 정보를 온라인에서 더 공유할 가능성이 높다. 그러나 이러한 사이트의 사용이 갖는 부정적인 점도 있다. 예를 들면 한 연구는 관계의 친밀감과 온라인 사회적 관계망의 참여 사이에 부정적인 관계가 있다는 것을 발견했다.[158] 페이스북에서 상대방을 면밀하게 주시하는 것은 그의 사생활을 침해하는 것이 될 수 있고 질투를 야기할 수 있으며,[159] 특히 자아존중감이 낮은 사람들에게 그렇다.[160] 2장('관계의 악화')에서 읽은 것처럼, 사회적 관계망의 과용, 결혼 불만족, 그리고 이혼과 상관이 있는 것처럼 보인다.[161]

　이러한 결과는 우리로 하여금 이 책에 있는 친숙한 격언으로 되돌아가게 한다. 즉 모든 것에는 절제가 필요하다는 것이다. 소셜 미디어를 과용하거나 오용하는 것은 애인관계에 부정적인 영향을 미칠 수 있다. 조심하고 생각하면서 이러한 도구를 사용할 때 사랑하는 관계를 유지하고 강화하는 데 도움을 받을 수 있다.

요약

대인관계의 친밀감은 신체적, 지적, 감정적 행위의 공유 등 4가지 사원을 가지고 있다. 성(gender)과 문화 모두 친밀감을 표현하는 방식에 영향을 미친다. 친밀감은 면대면 상호작용뿐만 아니라 매체를 통한 의사소통에서도 생길 수 있다. 모든 관계가 친밀한 것은 아니다. 우리는 언제, 어디서, 누구와 친해질 것인지 선택해야만 한다.

가족 관계는 발달에 중요하고, 역할에 기반하며, 일반적으로 비의도적이다. 가족은 체계로서 작동하고, 대화 지향과 동조 지향의 특정 조합에 따른 의사소통 유형을 발달시킨다.

친구관계에서 의사소통은 참가자 연령, 관계의 역사, 연락 빈도, 의무 수준, 과업 혹은 관계 기반, 개방 수준, 친구의 성(gender)에 따라 다르게 나타난다. 소셜 미디어는 오늘날의 대인관계에 중요한 역할을 담당한다.

연인관계에서 관계적 메시지는 3개의 차원 즉, 사랑, 허신, 그리고 애정이라는 차원을 가지고 있다. 종종 관계적 전환점을 바탕으로 시작해서 이어지고 끝이 난다. 커플들은 일반적으로 3가지 갈등 유형, 열정형, 회피형, 그리고 검증형 중 하나를 사용한다. 연인관계의 각 당사자는 5개의 사랑의 언어 중 하나를 사용하고, 둘 다 상대방의 언어에 익숙해지는 것이 관계에 도움이 될 수 있다. 왜냐하면 소셜 미디어는 대부분의 연인관계에서 중요한 역할을 하기 때문에, 온라인 소통 채널들의 혜택을 최대화하고 해로운 효과를 최소화하기 위해서 그것들을 신중하게 사용하는 것이 중요하다.

핵심 용어

가족 의사소통 유형	사랑의 언어
가족 체계	역할
관계에의 몰입	친밀감
관계적 전환점	혜택을 주는 친구
대화지향	사랑의 삼각형 이론
동조지향	

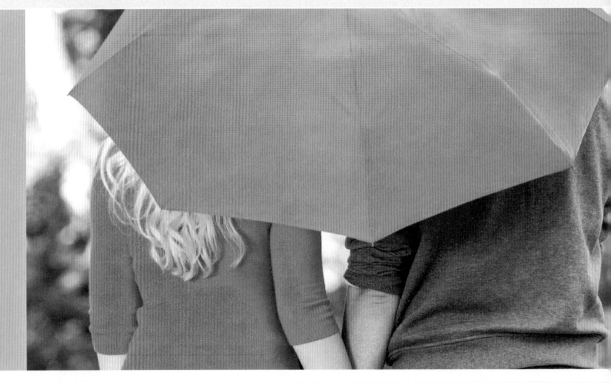

이 장(章)에서 다루는 주제

의사소통 분위기 향상시키기

학습 효과

1. 중요한 관계에서 상대방이 메시지나 대화 패턴을 존중하는지, 반박하고 혹은 폄하하는지를 파악할 수 있고 그러한 패턴의 결과를 기술할 수 있다.
2. 여러분이 이전에 사용한 메시지가 상대방의 자기(self)나 체면을 얼마나 위협하는지 아니면 존중하는지를 기술할 수 있다.
3. 수동적이지 않고 지지적인 의사소통 분위기를 조성하는 메시지를 구성하기 위해 Gibb의 범주와 자기주장적 메시지 형식을 사용할 수 있다.
4. 실제 비판이나 가상적 비판에 대응하여 적절한 비방어적 반응을 구상해 볼 수 있다.

대인관계는 날씨와 매우 비슷하다. 어떤 때는 맑고 따뜻하지만, 또 어떤 때는 폭풍우가 치고 춥다. 흐릴 때도 있지만, 청명할 때도 있다. 이처럼 어떤 관계는 안정적인 반면, 또 어떤 관계는 극적으로 변해서 잠시 동안 안정적이지만 그 다음엔 격동적이디. 온도계를 들여다보거나 하늘을 올려다보는 것으로 대인 간 분위기를 측정할 수는 없지만, 방법이 아예 없는 것은 아니다. 모든 관계에는 느낌이 있고, 상호작용을 물들이는 전반적인 분위기가 있다. 자신에게 가장 중요한 관계에서 지배적인 의사소통 분위기를 기술하기 위해서 여러분은 어떤 기상학적 용어를 사용하겠는가? 분위기가 좋을 때와 나쁠 때, 동일한 사건이나 활동이 어떻게 달리 느껴지는가?

우리가 외부의 날씨를 변화시킬 수는 없지만 대인 간 분위기는 바꿀 수 있다. 이 장(章)에서는 관계를 유쾌하거나 불쾌하게 만드는 여러 요인을 설명할 것이다. 또한 어떤 행동이 방어와 적대감을 초래하는지, 무엇이 긍정적 감정을 유발하는지 배울 것이다. 이 장을 공부하고 나면 여러분은 관계의 주요 분위기를 이해할 수 있고(그것보다 더 중요하게) 그 분위기를 향상시키는 방법을 알 수 있을 것이다.

의사소통 분위기와 존중 지향 메시지

의사소통 분위기(communication climate)라는 용어는 관계의 정서적 색조를 일컫는다. 여기에서 말하는 분위기는 사람들이 서로에 대해 어떤 감정을 느끼는지 혹은 서로를 어떻게 대하는지와 같은 특정 행위를 수반하지는 않는다. 예를 들어 두 학급의 수업분위기를 생각해보자. 둘 다 수업시간도 같고 강의계획서도 같다. 그 중 한 학급은 친밀하고 편안한 분위기인 반면, 다른 한 학급은 차갑고 긴장되어 있으며 심지어 적대적인 분위기일 수 있음을 상상하는 것은 어려운 일이 아니다.

동일한 원리가 다른 맥락에도 적용된다. 많은 연구들은 우리들의 직관을 확증해 준다. 즉 정서적으로 건강하고 긍정적인 분위기를 만들어서 유지하는 커플은 행복하고 지속적인 관계를 가진다.[1] 반대로, 이성애자든 동성애자든, 부자든 가난한 사람이든, 부모든 자녀든 상관없이, 지지적이지 않은 커플은 끝이 나거나 재미

없는 삶을 함께 견뎌야 할 가능성이 높다.[2] 부모와 자녀의 의사소통 분위기는 자녀의 상호작용 방식에 영향을 준다.[3] 인정을 받지 못한 아이들은 광범위하게 정서적이고 행동적인 문제를 겪는 반면, 인정을 받은 아이들은 부모와의 대화에 더 개방적이고, 자기존중감이 높으며, 스트레스 수준이 낮다.[4] 또한 공격적이거나 무시하는 메시지가 증가할수록 형제들 간의 만족감은 급격하게 감소한다.[5]

건강한 의사소통 분위기는 개인적 관계에서 만큼이나 직업에서도 중요하다. 긍정적 의사소통 분위기는 직무 만족도를 증가시킨다.[6] 두 요인이 지지적인 직장 환경과 일관적으로 연결되어 있다.[7] 그 첫 번째가 칭찬과 격려이다. 직원들은 자신의 일이 인정받을 때 자신이 가치 있다고 느낀다. 인정해 주는 것이 승진, 임금인상, 혹은 보상을 수반한다면 언제나 환영할 만한 일이지만, 반드시 그럴 필요는 없다. 연구자 Daniel Goleman이 지적했듯이, "잘한 일에 대한 칭찬, 좌절 뒤에 지지적인 말과 같은 소소한 교환은 일에 대한우리의 느낌을 더 좋게 할 수 있다."[8] 분위기를 좋게 하는 두 번째 행동은 개방적 의사소통이다. 직원은 개방적인 정책을 표방하는 관리자와 동료를 고맙게 여긴다. 왜냐하면 개방적인 정책은 피드백을 주고 받고, 제안을 하고, 걱정거리를 말 할 수 있는 기회를 그들에게 주기 때문이다.

기상학에서처럼, 의사소통 분위기는 관련된 모든 사람들에 의해 만들어진다. 한 사람이 특정 관계를 차갑고 적대적이라고 생각한다면, 다른 사람이 그 관계를 개방적이고 긍정적이라고 느끼기는 어려울 것이다. 또한 날씨가 변하듯이 의사소통 분위기도 변할 수 있다. 관계는 흐릴 수도 있고 화창할 수도 있다. 그리고 날씨 예측이 그러하듯, 의사소통 분위기의 예측이 완벽할 수는 없다는 것을 알 필요가 있다. 그러나 날씨와는 다르게 사람들은 자신들의 관계에서 의사소통 분위기를 변화시킬 수 있다.

───── 좀 변덕스런 특성과 기이한 성격들에도 불구하고, 'Park and Recreation' 직원들의 사무실 분위기는 일반적으로 밝고 따뜻하다. Leslie Knope(Amy Poehier 역)의 리더십은 긍정적인 직장 분위기를 만드는 데 크게 기여하고 있다. 여러분이 일하는 직장의 의사소통 분위기는 어떠한가? 상사들이 그러한 분위기를 만들고 유지하는 데 어떠한 역할을 했는가?
NBC/Allstar

메시지의 존중 수준

의사소통 분위기를 긍정적 혹은 부정적으로 만드는 것은 무엇일까? 대부분 그 대답은 놀랍게도 간단하다. 의사소통 분위기는 사람들이 타인으로부터 인정받는다고 믿는 정도에 따라 형성된다.

사회과학에서는 상대방의 가치를 전달하는 메시지를 존중 지향(confirming communication) 의사소통, 배려를 결여한 메시지를 폄하 지향(disconfirming com‐munication) 의사소통이라고 한다. 예를 들면, 존중 지향 메시지는 "너의 있는 모습 그대로가 좋아.", "중요한 건 너야.", "너는 중요한 사람이야." 등이 있다. 반대로 폄하 지향 메시지는 상대방이 가치가 없다는 메시지를 말한다. "나는 너에게 관심이 없어.", "난 너를 좋아하지 않아.", "너는 나에게 중요한 사람이 아니야." 등이다.

아름다움처럼, 메시지가 존중 지향인지 아니면 폄하 지향인지를 결정하는 것도 보는 사람 마음이다.[9] 예를 들면 타인이 듣기에는 비지지적인 말("넌 바보야!")도 사적인 관계 맥락에서는 애정의 신호일 수 있다. 마찬가지로, 도움이 되고자 건네는 말("너를 위해 하는 말이야.")도 폄하하는 공격으로 보일 수 있다.

메시지를 보다 더 존중 지향으로 만드는 요인은 무엇일까? <표 11.1>은 다음에 기술할 메시지의 존중 지향 수준을 정리한 것이다.

▶ 표 11.1 메시지의 존중과 폄하의 수준

폄하지향	반박		존중지향			
둔감한 반응	공격성					
끼어드는 반응		불평하기				
엉뚱한 반응			논쟁성향			
주변적 반응				인지		
비인간적 반응					인정	
모호한 반응						지지
모순적 반응						
가장 무가치한						**가장 가치 있는**

폄하 지향 메시지   폄하 지향 의사소통은 상대방의 메시지에서 중요한 부분을 무시하거나 관심을 두지 않음으로써, 상대방을 중시하는 내용이 없는 의사소통을 말한다.[10] 의사소통 연구자들은 폄하지향 메시지의 유형을 일곱 가지로 구분하였다.[11]

둔감한 반응   둔감한 반응(impervious response)은 상대방의 메시지를 인식하지 못 하는 것을 말한다. 우연이든 의도적이든, 여러분이 소통하고자 하는 사람으로부터 아무런 반응을 얻지 못하는 것보다 더 당황스러운 일은 없다.

1장에서 살펴보았듯이, 무시당하는 것은 묵살당하거나 공격받는 것보다도 더 부정적이다. 직장에 관한 한 연구에서 직원들은 종종 원하지 않는 동료와의 교류를 피하고 냉랭한 의사소통 분위기를 조성함으로써 그 동료가 회사를 그만두게 만들었다.[12] 결혼 생활에서도 배우자를 무시하는 것(때로 담쌓기로 불리는)이 이혼의 가장 강력한 예측 요인으로 밝혀졌다.[13] 덜 고의적인 수준에서, 또 다른 사람과 문자 메시지를 주고받기 위해 상대방에게 귀 기울이지 않는 것이 둔감한 의사소통이라고 할 수 있다.

끼어드는 반응   상대방이 말하기를 끝내기 전에 말을 시작하는 것은 상대방에 대한 배려가 부족하다는 것을 보여주는 것이다. 가끔씩 끼어드는 반응(interupting response)은 상대방을 폄하하는 것으로까지 보이지는 않겠지만, 반복적으로 끼어드는 것은 화자를 맥 빠지게 하거나 짜증나게 할 수 있다.

엉뚱한 반응   엉뚱한 반응(irrevant response)은 상대방이 방금 전에 말한 것과 관계없는 반응이다.

A: 오늘 아주 최악이야! 하루가 너무 길어. 차가 과열돼서 견인차를 불렀는데, 회사에서는 컴퓨터까지 고장 났어.

B: 저기, Ann의 생일 선물 말야. 생일파티가 토요일인데 나는 내일밤에 시간이 안 돼.

A: 나 정말 피곤해. 이따가 얘기할 수 없을까? 오늘같이 힘든 날이 없었어.

B: 어떤 게 Ann한테 적당할지 모르겠어. 그녀는 없는 게 없는데다….

Lassedesignen/Fotolia

주변적 반응   대화 '가져가기'가 주변적 반응(tangential responses)이다. 이때 상대방의 발언을 완전히 무시하지는 않지만, 그것을 다른 주제로 바꾸기 위한 발판으로 이용한다.

A: 나는 네가 방학 때 스키장에 갈 건지 확실하게 알고 싶어. 지금 결정하지 못하면, 예약하는 게 쉽지 않을 거야.

B: 알아, 근데 이번에 식물학 수업을 통과하지 못하면 나는 어디에도 가고 싶지 않을 것 같아. 그래서 말인데, 숙제 좀 도와줄래?

비인간적 반응   비인간적 반응(impersonal responses)은 상투적인 문구를 사용하거나 상대방에 대한 진심이 전혀 담기지 않은 반응이다.

A: 최근에 개인적인 문제가 생겨서요. 그걸 해결하기 위해 오늘 2시간 정도 일찍 마치려고 합니다.

B: 아, 그래요. 우리는 모두 개인적인 사정이 있죠. 지금이 그런 것 같네요.

모호한 반응   모호한 반응(ambiguous responses)은 하나 이상의 의미를 가지고 있는 메시지를 사용하는 것으로, 듣는 사람이 상대방의 입장을 확신할 수 없는 경우이다.

A: 우리 조만간 만나자. 화요일은 어때?

B: 음, 괜찮을 것 같기도 하고 …

A: 그래? 괜찮아? 화요일에 만날까?

B: 음, 아마도. 그때가서 보자.

모순적 반응   모순적 반응(incongruous responses)은 서로 부정하거나 반대되는 두 개의 메시지를 포함하고 있다. 종종 두 메시지 중 하나는 적어도 비언어적이다.

> A: 자기야, 사랑해.
>
> B: (TV를 보며 단조로운 목소리로) 나도 사랑해.

반박 메시지   폄하 지향 대화와 존중 지향 대화 사이에 반박 메시지가 있다. 이름에서 알 수 있듯이, 반박 메시지(disagreeing messages)는 "상대방이 틀렸다."고 말하는 것이다. 곧 보겠지만, 어떤 반박 메시지는 꽤 적대적이다. 그러나 또 다른 것들은 보기만큼 부정적이지는 않다. 즉 반박하는 방법에는 더 좋거나 더 나쁜 방법이 있기 때문에, 반박 메시지는 부정－긍정 척도 선상에서 볼 필요가 있다. 이번에는 반박 메시지의 세 가지 유형 즉, 공격성, 불평하기, 논쟁성향을 소개하겠다.

공격성   상대방을 반박하는 가장 파괴적인 방법은 공격하는 것이다. 연구자들은 심리적 고통을 가하기 위해 상대방의 자기개념을 공격하는 경향성을 언어적 공격성이라고 정의한다.[14] (나중에 논의할) 논쟁성향과는 달리, 공격성은 상대방의 가치를 비하한다. 욕하기, 폄하하기, 비꼬기, 놀리기, 고함치기, 괴롭히기 등이 모든 것은 다른 것을 희생해서 불화만 얻는 방법들이다.

공격성의 한 형태인 집단 괴롭힘은 최근에 언론과 학자들의 많은 관심을 받았다. '괴롭히는 사람(bully)'이라는 말은 학교 운동장에서의 거친 아이라는 이미지를 불러일으키지만, 집단 괴롭힘은 다양한 맥락에서 발생할 수 있다. 예를 들면 가정에서도 발생할 수 있는데, 형제들 간의 집단 괴롭힘은 심리적으로 장기적인 효과를 미친다.[15] 그리고 집단 괴롭힘은 직장에서 어른들 사이에서도 발생할 수 있다.

공격성은 면대면 만남에만 국한되는 것이 아니다. 충격적이게도, 사이버 폭력은 매우 흔하다. 15%의 학생들이 온라인에서 누군가를 비방한 적이 있고, 피해자는 이것의 두 배 이상이라는 보고가 있다.[16] 사이버 폭력은 매우 파괴적일 수 있다. 온라인 비방의 피해자들은 분노, 좌절, 슬픔, 두려움, 당황스러움을 느낀다. 피해자들은 종종 학업에 대한 무관심과 부정행위, 약물 남용, 폭력, 자기 파괴적인 행

───── 프로 풋볼 선수 Jonathan Martin은 동료들로부터 집단 괴롭힘과 공격을 당했다고 말하면서 Miami Dolphins 팀에서 탈퇴했다. 이 이야기는 공격적인 조롱과 욕설은 아이들 사이에서 뿐만 아니라 어른들의 관계에서 고통을 야기한다는 생각을 새롭게 인식하게끔 했다. 여러분은 직장에서 집단 괴롭힘을 겪은 적이 있는가?
Ron Elkman/Sports Imagery/Getty Images Sport/Getty Images

동(심각하게는 자살)으로 반응한다. 그리고 가상공간에서의 집단 괴롭힘은 학교를 다니는 나이 때에만 일어나는 것은 아니다. 성인 인터넷 사용자의 73%는 다른 사람이 온라인에서 괴롭힘을 당하는 것을 목격했고, 40%는 직접 그것을 겪었다.[17] 이에 관한 더 많은 것은 2장에 있으니 참조하라.

공격성이 이런 심각한 결과를 가져온다는 것은 놀라운 일이 아니다. 12장에서는 갈등 상황에서 승-패 전략보다는 승-승 접근이 건강하고 생산적임을 설명하고 있다.

불평하기   논쟁할 준비가 되어 있지는 않지만 불만을 느낄 때, 의사소통자들은 불평한다. 반박 메시지와 마찬가지로, 어떤 불평(complaining) 방법은 다른 방법보다 더 나을 수 있다. 만족도가 높은 부부는 행동적인 측면을 불평하는 경향이 있는 반면("당신은 항상 양말을 바닥에 던져 놔."), 만족도가 낮은 부부는 인격적인 측면을 더 많이 불평한다("당신은 게으름뱅이야.").[18] 인격적 불평은 갈등을 확대시킬 가능성이 높다.[19] 불평의 이유는 명백해야 한다. 그래서 인격적 측면에 대한 불평은 현재 자기의 좀 더 근본적인 부분을 공격하는 것이다. 양말에 대한 대화는 바뀔 여지가 있는 습관을 다루는 것이다. 그러나 누군가를 게으름뱅이라고 부르는 것은 성격에 대한 공격으로, 갈등이 끝난 후에도 잊혀 지지 않는다. 결혼생활 연구자 John Gottman은 관계에 문제가 있다고 해서 반드시 불평이 있지는 않다는 것을 발견했다. 사실 불평이 인격적인 비판이 아니라 행동에 관한 것이라면, 부부들이 자신의 문제를 개방하는 것은 대개 건강한 것이다.[20]

논쟁성향   누군가를 논쟁적이라고 부르면, 보통 그것은 부정적인 평가에 속한다. 그러나 타당한 주장을 만들어서 전달하는 능력은 사실 우리가 변호사, 토

크쇼 참가자, 독자 투고란, 정치적 논쟁에서 감탄하는 것들이다. 의사소통 연구자
들은 논쟁성향(argumentativeness)을 긍정적으로 접근하면서, 특정 주제에 대한 다
른 사람의 입장을 공격하면서 자신의 입장을 제시하거나 방어하는 것으로 이 용어
를 정의하였다.[21] 논쟁성향은 부정적인 특질이기보다는 향상된 자기개념, 의사소
통 역량, 직장에서의 긍정적 분위기와 같은 다양한 긍정적 속성과 연관되어 있다.

　　논쟁을 하는 동안 긍정적인 분위기를 유지하기 위한 핵심은 자신의 아이디어
를 제시하는 방법이다. 이때 사람이 아니라 주제에 대하여 공격하는 것이 중요하
다. 게다가, 타당한 주장은 단언하는 식으로 전달할 때 더 잘 받아들여진다.[22] 이
장의 뒷부분에 나오는 지지적 유형의 메시지는 공손하고 건설적인 방법으로 논쟁
하는 것이 어떻게 가능한지 보여주고 있다.

　　존중 지향 메시지　　연구들에 따르면, 점점 더 긍정적인 메시지들은 인
지, 인정, 지지 등 세 가지의 유형일 가능성이 높다.[23]

　　인지　　가장 근본적인 존중행동은 상대방을 알아보는 것이다. 인지는 매
우 쉽고 확실한 것 같지만, 이런 기본적인 수준에서도 상대방에게 반응하지 않는 때
가 많다. 이메일이나 문자 메시지의 답장을 받지 못하는 것이 일반적인 사례이다.
또한 서비스를 받기 위해 기다리는 소비자를 인지하지 못하는 판매원도 마찬가지
이다. 물론 인지하지 못하는 것은 간단한 실수일 수도 있다. 그러나 여러분이 접촉
을 피하는 것으로 상대방이 지각한다면, 그 메시지는 부정적인 효과를 가진다.

　　인정　　상대방의 생각이나 감정을 인정하는 것은 존중 반응의 보다 강력
한 형태이다. 듣기는 아마도 인정의 가장 일반적인 형태일 것이다. 물론 기습하기,
독차지하기, 듣는 척하기 등 가짜 듣기는 인정과 반대 효과를 가지고 있다. 보다
적극적인 인정에는 질문하기, 의역하기, 재진술하기 등이 있다. 직원들은 자신의
모든 의견을 수용하지 않더라도 그러한 의견을 요청하는 관리자를 높게 평가한
다.[24] 8장에서 보았듯이, 상대방에게 문제가 있을 때 그들의 생각이나 감정을 반영
하는 것은 강력한 지지 방법이 될 수 있다.

승인   인정은 상대방의 생각에 관심이 있다는 것을 의미하는 반면, 승인은 상대방과 의견이 같거나 상대방이 중요하다는 것을 알았다는 의미이다. 승인이 왜 가장 강력한 존중 메시지 유형인지는 쉽게 확인할 수 있다. 승인은 중요하게 여긴다는 의미를 전달하는 가장 높은 형태이다. 승인의 가장 확실한 형태는 동의하는 것이다. 다행스럽게도, 상대방의 메시지를 승인하기 위해서 그들에게 완전히 동의할 필요는 없다. 여러분은 자신이 승인하는 메시지에서 무언가를 찾을 수 있을 것이다. 심지어 친구의 감정 폭발엔 찬성할 수 없더라도, 그에게 "네가 왜 화를 내는지 알 것 같아."라고 반응할 수 있다. 물론 전적으로 칭찬하는 것은 승인의 가장 강력한 형태로, 타인을 칭찬하고 싶다면 이를 자주 사용할 수 있다.

의사소통 분위기의 전개

관계의 분위기는 두 사람이 대화를 시작하자마자 전개하기 시작한다. 그들의 메시지가 존중 지향적이면, 분위기는 긍정적으로 발전할 수 있다. 그러나 메시지가 폄하 지향적이면, 그 관계는 적대적, 냉소적, 혹은 방어적으로 될 것이다.

언어적 메시지도 관계의 분위기에 분명 기여하지만, 분위기를 형성하는 많은 메시지는 비언어적이다.[25] 타인에게 다가가는 행위는 지지적이고, 타인을 피하는 것은 비지지적이다. 미소나 찡그림, 눈 맞춤의 존재 여부, 말투, 사적 공간의 사용 그리고 기타 모든 단서들이 상대방을 어떻게 느끼고 있는지 보여주는 메시지를 전달한다.

일단 분위기가 형성되면, 그것은 자기영속적인 소용돌이(spiral) 속에서 스스로 전개된다. 즉 한쪽의 메시지가 다른 쪽의 메시지를 강화하는 상호적 의사소통 패턴이 발달한다.[26] 긍정적 소용돌이에서는 한 사람의 존중 지향 메시지가 상대방으로부터 비슷한 메시지를 이끌어낸다. 이러한 긍정적 반응은 처음의 그 사람으로 하여금 더욱 존중하는 태도를 갖도록 만든다. 부정적 소용돌이도 이와 같이 강력하지만, 그것은 사람들이 자신과 상대방에 대하여 나쁘게 생각하도록 만든다.

연구자들은 관계 안의 소용돌이가 어떻게 "주는 대로 받는다."는 원칙을 강화하는지 보여주고 있다. 부부에 대한 한 연구에서 각 배우자들은 파트너의 말과 비

	1	2	3	4	5	6	7	8	9	10	11	12	13	14	15	16	17	18	19	20	21	22	23	24	25	26	27	28	29	30	31	R	H	E
TAT	3	0	0	1	0	0	0	0	0	0	0	6	0	0	0	1	0	0	0	0	0	0	8	0	0	3	9	7	1	1	2	6	48	63	6
TIT	3	0	0	1	0	0	0	0	0	0	0	6	0	0	0	1	0	0	0	0	0	0	8	0	0	3	9	7	1	1	2	6	48	63	6

———— 승패를 가리지 못해서 끝난 게임

숫한 반응을 보였다.[27] 협조적인 말(지지, 책임을 받아들이는 것, 동의)은 협조적인 반응에 기인할 가능성이 높았고, 대립적인 행동(비판하기, 적대적인 질문하기, 잘못 묻기)은 똑같이 대립적인 반응을 유발할 가능성이 컸다. 다른 유형의 메시지에서도 똑같은 패턴이 나타났다. 즉 회피는 회피를 야기하고 분석은 분석을 야기했다. <표 11.2>는 긍정적 혹은 부정적 소용돌이를 만들 수 있는 상호 간의 의사소통

▶ 표 11.2 상호적 의사소통의 긍정적 및 부정적 패턴

부정적 상호 패턴	
패턴	**예시**
불평-역불평	A: 나는 네가 자기중심적이지 않았으면 좋겠어. B: 음, 나도 네가 비판적이지 않았으면 좋겠어.
반박-반박	A: Marta씨에게 왜 그렇게 심하게 대하니? 그분은 좋은 상사잖아. B: 뭐? 그녀는 내가 본 사람 중에 가장 위선적이야. A: 너는 아직도 좋은 상사가 뭔지 모르는구나? B: 너도 마찬가지야.
상호 무관심	A: 네가 여기에 있고 싶다고 해도 상관하지 않아. 나는 지쳤고, 이제 여기에서 나갈 거야. B: 그러고 싶으면 그렇게 해. 하지만 네가 알아서 가.
따라하기	A: 네가 듣지 않으면 내가 어떻게 말하니? B: 네가 말하지 않으면 내가 어떻게 들어?
긍정적 상호 패턴	
패턴	**예시**
타인의 관점 인증하기	A: 이 일은 너무 혼란스러워. 아무도 우리가 뭘 해야 하는지 알 수 없을 거야. B: 나도 이게 얼마나 불확실한지 이해해. 내가 설명해줄게.
유사성 찾기	A: 네가 값비싼 휴가를 원하는지 생각 못했어! 우리는 돈을 모아야 해. 더 쓰지 말자. B: 나도 절약해야 한다는 것을 알아. 하지만 우리는 여행하면서도 돈을 모을 수 있을 거라 생각해. 내 생각을 들어봐.
지지	A: 이 일 때문에 미치겠어. 이 일은 잠깐 동안만 했어야 해. 곧 다른 일을 찾아야겠어. B: 네가 얼마나 그 일을 싫어하는지 알아. 이 일을 빨리 끝낼 수 있는지 생각해보자. 그럼 너는 일상 업무로 돌아갈 수 있을 거야.

패턴을 보여주고 있다.

갈등상승 소용돌이(escalatory conflict spirals)는 폄하 지향 메시지가 서로의 그런 행동을 강화하는 방식 중 가장 눈에 띈다.[28] 작은 충돌이 큰 싸움으로 확대되는 것처럼 하나의 공격은 또 다른 공격을 야기한다.

> A: (약간 짜증난 듯이) 어디 있었어? 30분 전에 여기서 보기로 한 줄 알았는데.
>
> B: (방어적으로) 미안해. 도서관에 있었어. 나는 너처럼 시간이 여유롭지 않잖아.
>
> A: 너를 비난한 게 아니니까 그렇게 과민반응 보이지마. 듣고 보니 화가 나네. 나도 꽤 바빠. 그리고 너를 기다리는 것보다 해야 할 더 괜찮은 일들이 많이 있어.
>
> B: 누가 과민반응했다는 거야? 나는 그냥 내 사정이 그렇다는 것뿐이야. 너야말로 최근에 확실히 방어적이야. 도대체 뭐가 문제니?

좀 덜 확실하지만, 갈등축소 소용돌이(de-escalatory conflict spirals) 또한 파괴적일 수 있다.[29] 사람들은 싸우기보다는 서로에 대한 의존성을 천천히 줄이면서 물러서게 되고 관계에 대한 투자를 줄여간다. 다행인 것은 이러한 소용돌이가 긍정적일 수도 있다는 것이다. 칭찬은 새로운 칭찬을 낳고, 이것이 관계의 분위기를 개선할 수 있다.

긍정적이든 부정적이든 그 소용돌이가 무한정 계속되지는 않는다. 대부분의 관계는 진보와 퇴보의 주기를 겪는다. 부정적 소용돌이가 너무 불쾌하면, 사람들은 의사소통 없이 부정적인 메시지를 긍정적인 메시지로 바꿀 수 있다. 또 다른 경우, 그들은 메타소통에 몰입할 수도 있다. 한쪽이 "잠깐, 이것은 우리에게 아무런 도움이 안 돼."라고 말할 수 있다. 부정적인 소용돌이로부터 벗어나 그것을 긍정적인 방향으로 돌려놓을 수 있는 능력이 성공적 관계의 핵심 특징이다.[30] 그러나 상대방이 '돌아올 수 없는 강'을 건너면, 관계는 지속적으로 하향세를 타다가 결국 끝나고 말 것이다.

긍정적 소용돌이도 한계가 있다. 최상의 관계도 갈등의 시기를 겪는다. 물론, 적절한 시기에 의사소통 기술을 발휘하면 더 조화로운 관계로 돌아오지만 말이다.

잠시 생각해보기

의사소통 분위기 평가하기

여러분은 자신의 관계가 갖는 의사소통 분위기를 많이 분석하지 않고도 알아차릴 수 있을 것이다. 그러나 다음의 단계를 따르면 왜 그러한 분위기가 존재하는지 설명하는 데 도움이 될 것이다. 또한 부정적인 분위기를 개선하는 방법을 알 수 있다.

1. 중요한 관계의 의사소통 분위기를 파악해보라.
2. 이러한 분위기를 만들거나 유지하는 존중지향 혹은 폄하지향 의사소통 목록을 작성해보라. 언어적 메시지와 비언어적 메시지를 나열하라.
3. 현재의 분위기를 (긍정적이면) 유지하기 위해서 혹은 (부정적이면) 바꾸기 위해서 할 수 있는 것을 서술해보라. 다시 말하지만, 언어적인 것과 비언어적인 메시지를 모두 나열하라.

방어: 원인과 치료

방어(defensiveness)라는 말은 공격으로부터 자신을 보호하는 것을 의미하지만, 어떤 종류의 공격을 말하는 것일까? 확실히, 방어적으로 변하는 몇몇 순간은 신체적인 위협 때문이다. 신체적 위협이 없다면, 어떤 것으로부터 자신을 보호하는 것일까? 이 질문에 대답하기 위해서는, 3장에서 다룬 자기제시와 체면의 개념을 더 이야기할 필요가 있다. 그 다음에 우리는 방어를 줄이는 방법을 살펴볼 것이다.

체면을 위협하는 행위

한 사람의 체면이란 그 사람이 세상에 보이고 싶은 이미지의 신체적 특질, 성격, 태도, 적성, 그리고 나머지 모든 부분으로 이루어져 있다는 것을 상기하라. 사실 하나의 체면만을 이야기하는 것은 잘못이다. 우리는 만나는 사람에 따라 서로 다른 체면을 보여주고자 노력한다. 예를 들면 여러분은 취업면접관에게는 진지한

Photodisc/Getty Images

면을 보여주고자 노력하지만, 친구에게는 웃긴 모습을 보여주고 싶을 것이다.

우리가 제시하는 이미지의 중요한 부분을 다른 사람들이 기꺼이 받아들이고 인정할 때는 방어적일 필요가 없다. 반면, 체면을 위협하는 행위(face-threatening acts: 우리가 보여주고자 하는 이미지에 도전적인 메시지)에 직면하면, 우리는 상대방의 메시지에 저항할 것이다.[31] 그래서 방어는 우리가 제시하는 자기 즉, 우리의 체면을 보호하는 과정이다. 체면을 위협하는 공격에 방어적으로 반응하는 것은 논리적으로 보일 수도 있지만, 장기적으로 볼 때 방어적인 태도는 관계의 안정성을 훼손한다.[32]

자기(self)의 중요한 부분이 공격받을 때 어떤 일이 벌어질지 상상해보면, 방어가 어떻게 작동하는지 이해할 수 있다. 예를 들면 상사가 여러분을 바보 같은 실수를 했다고 비판하는 경우를 생각해보자. 혹은 친구가 여러분을 자기중심적이라고 말하거나 연인이 당신을 게으르다고 말할 때 느낌이 어떨지 생각해보자. 이러한 비판이 정당하지 않다면, 여러분은 위협을 느낄 것이다. 그러나 마음속 깊은 곳에서는 그런 비판이 정당하다는 것을 알고 있더라도, 우리는 매우 방어적으로 행동할 수 있다는 것을 알아야 한다. 예를 들면 여러분이 실제 실수를 했거나, 이기적으로 행동했거나, 혹은 일의 절차를 무시했더라도, 여러분은 방어적으로 반응했을 것이다. 사실, 종종 우리는 비판이 옳을 때 가장 방어적으로 반응한다.[33] 드러난 이미지를 방어하려는 욕구 때문에(심지어 그 이미지가 사실이 아니더라도), 빈정거림이나 폭언 같은 파괴적인 행동을 한다.[34]

지금까지 우리는 방어가 위협을 느끼는 사람들만의 책임인 것처럼 이야기해왔다. 그렇다면 해결책은 간단하다. 비난에 무덤덤해지고, 결함을 인정하고, 인상 관리를 그만두면 된다. 그러나 이것은 비현실적일 뿐만 아니라, 체면을 위협하는 메시지를 보낸 사람의 역할을 무시하는 것이다. 사실 능숙한 의사소통자는 자신의 체면 욕구만큼 타인의 체면 욕구도 보호할 줄 안다.[35] 예를 들면 능숙한 강사는 건설적인 비판을 할 때 특히 학생의 체면을 세워주기 위해 노력한다. 이러한 체면 유지는 학생들로 하여금 덜 방어적으로 반응하게 한다.[36] 이와 마찬가지로, 효과적인 관리자는 "당신은 지금 올바른 방향으로 가고 있고 잠재력을 가지고 있어요." 등과 같은 말로 자신의 지적을 완화한다.[37] 체면을 세워주는 메시지의 중요성을 이 장의 뒷부분에서 언급하겠다.

타인의 방어 예방하기

Jack Gibb는 방어를 감소하는 데 유용한 도구를 제시하고 있다.[38] 그는 수년 동안 집단을 관찰한 후에 방어유발 의사소통의 여섯 가지 유형을 제시했다. 또한 그는 이와는 대조적인 행동 즉, 체면을 세워주는 존중의 메시지를 전달함으로써 위협과 방어 수준을 낮추는 여섯 가지 행동을 제시하였다. Gibb의 범주가 <표 11.3>에 제시되어 있다.

평가 vs. 기술   첫 번째 유형의 방어유발 행동은 평가(evaluation)이다. 대부분의 사람은 평가적인 표현에 짜증을 느끼고, 그러한 표현이 타인에 대한 배려의 부족에서 나온다고 해석한다. 6장에서 기술한 '너' 언어도 평가의 한 형태이다.

평가적인 '너' 언어와는 달리 기술(description)은 상대방을 평가하는 대신 자신의 생각과 감정에 초점을 맞춘다. 기술적인 메시지는 종종 '나' 언어로 표현되고,

▶ **표 11.3** 방어유발 행동과 지지유발 행동을 구분한 Gibb의 범주   Source: Jack Gibb

방어유발 행동	지지유발 행동
1. 평가	1. 기술
2. 통제	2. 문제 지향
3. 전략	3. 자발성
4. 중립	4. 감정이입
5. 우월성	5. 평등
6. 확실성	6. 유연성

이것은 '너' 언어보다 방어를 덜 유발한다.[39] 다음 대화에서 '너' 언어와 '나' 언어를 비교해 보자.

> **평가**: 너는 자신이 무슨 말을 하고 있는지도 몰라!
>
> **기술**: 나는 네가 어떻게 그런 생각을 하게 되었는지 이해가 가지 않아.

> **평가**: 여기 너무 지저분해!
>
> **기술**: 네가 여기를 치우지 않으면, 내가 치우거나 그냥 더러운 채로 살아야 해. 그게 내가 화가 나는 이유야!

> **평가**: 그런 농담은 정말 역겹다!
>
> **기술**: 네가 그런 음란한 농담을 할 때면, 나는 정말 당황스러워.

위의 기술적인 말은 모두 상대방을 판단하기보다는 자신의 생각과 감정에 초점을 두고 있음을 알 수 있다. 그러나 이러한 장점에도 불구하고, 기술적인 언어가 성공적 대화를 위해 필요한 유일한 요소는 아니다. 기술적 언어를 언제, 어디서, 어떻게 사용하느냐에 따라 그 효과가 부분적으로 달라진다. 위에서 언급한 기술적인 표현을 다른 사람들이 많이 있는 곳에서 할 때 혹은 투덜대는 어조로 할 때, 그 말이 어떻게 받아들여질지 상상이 간다. 심지어 기술적 메시지를 가장 적절한 시기에 잘 전달하더라도 그 성공을 보장할 수는 없다. 어떤 사람은 여러분의 말이나 행동에 상관없이 방어적인 반응을 보일 수도 있다. 그럼에도 불구하고, 타인의 행동이 여러분에게 미치는 영향을 기술하는 것이 그를 판단해서 공격하는 것보다는 더 좋은 결과를 가져올 것이다.

통제 vs. 문제 지향　　두 번째 방어유발 메시지는 타인을 통제하려는 메시지이다. 발신자가 수신자의 욕구나 흥미를 거의 배려하지 않으면서 하나의 해결책을 강요할 때, 통제적 의사소통(controlling communication)이 발생한다. 저녁은 어디서 먹을지, 어떤 TV 프로그램을 볼지, 관계를 계속 유지할지, 큰 돈을 어떻게 쓸지 등 거의 모든 것이 통제의 대상이 될 수 있다. 모든 상황에서 통제하려는 사람은 방어적인 분위기를 만들어낸다. 언어, 몸짓, 말투, 혹은 그 외 어떤 통로를 통해 통제가 이루어지든 그렇지 않든 상관없이, 통제하는 사람은 어딜 가든지 적대감을 만들어낸다. 그런 사람의 행동에는 "나는 너에게 최선이 무엇인지 알고 있어. 그러니까 내 말대로만 하면, 다 잘 될 거야."라는 무언의 메시지가 들어 있다.

이와 반대로, 문제 지향(problem orientation)의 의사소통자는 관련된 모두의 욕구를 충족하는 해결책을 찾고자 한다. 이때 목표는 파트너를 희생해서 이기는 것이 아니라, 모두가 승자라고 느낄 수 있는 합의점을 찾아내는 것이다. 문제 지향은 종종 '우리' 언어에서 전형적이다(6장 참고). 이것은 타인을 '위해서'가 아니라 타인과 '함께' 의사결정 하는 것을 말한다.[40] 학과의 구성원들이 가장 효과적이라고 생각하는 학과장은 통제적 의사소통을 거의 사용하지 않고 문제 지향을 채택하는 특징이 있었다.[41] 12장에서는 문제 지향적 해결책을 찾는 방법으로 승-승 해결책을 논의할 것이다.

통제와 문제 지향의 메시지가 어떻게 들리는지 그에 대한 예시를 살펴보자.

통제: 너는 두 시간 동안 사무실을 지키고 있어.

문제 지향: 내가 지금 중요한 소포를 받을 게 있어. 갔다오는 동안 잠깐 사무실 좀 봐줄래?

통제: 이 문제를 해결할 방법은 한 가지밖에 없어.

문제 지향: 우리한테 문제가 좀 있는 것 같아. 우리가 동의할 만한 해결책을 찾아보자.

전략 vs. 자발성   Gibb는 화자가 자신의 동기를 숨긴 채 제시하는 방어 유발 메시지를 **전략**(strategy)이라고 정의하였다. 전략의 핵심은 부정직과 조종이다. 전략적 의사소통의 동기가 떳떳하더라도, 그러한 속임을 알게 된 피해자는 자신이 만만한 사람으로 놀림을 받은 것에 불쾌함을 느낄 수 있다.

자발성(spontaneity)은 전략과는 대조적인 행동을 말한다. 간단히 말해, 타인을 속이기보다는 정직하게 대하는 것을 의미한다. 이것은 자신의 생각을 떠오르는 대로 불쑥 내뱉는 것과는 다르다. 3장에서 논의했듯이, 자기개방에는 적절한 (혹은 적절하지 않은) 시간이 있다. 여러분의 머리 속에 스치는 모든 의견이 즉흥적이라면, 그것은 확실히 상대방의 자기를 위협할 것이다. Gibb가 말하는 자발성은 상대방이 느끼거나 저항할 만한 숨겨진 의도를 제쳐두는 것이다. 다음 예시에서 그 차이를 살펴보자.

> **전략**: 금요일에 일 끝나고 뭐하니?
> **자발성**: 나 금요일에 일 끝나고 피아노 좀 옮겨야 하는데, 혹시 도와줄 수 있니?

> **전략**: Jermaine과 Brianna는 매주 금요일 저녁이면 외식하더라.
> **자발성**: 나는 저녁에 외식을 좀 더 자주 했으면 좋겠어.

자발성은 여러분이 생각하고 느끼는 것을 무엇이든 무분별하게 얘기하는 것을 의미하지는 않는다. 그것은 말을 불쑥불쑥 내뱉는 것으로, 대인관계에 해가 된다는 것을 연구들은 보여주고 있다.[42] 불쑥불쑥 말하는 사람은 언어적 공격성과 신경증이 높은 경향이 있고, 공감과 관점 취하기 능력이 낮다. 또한 그들은 자신의 말이 다른 사람과 자신의 관계에 미칠 수 있는 해로움에 대하여 상대적으로 무관심하다.

역설적으로, 자발성 또한 전략이 될 수 있다. 때로 우리는 계산적인 방식으로 정직하게 행동하는 사람을 볼 수 있다. 그런 사람은 다른 사람의 신뢰나 공감을 끌어내기에 충분할 정도로만 솔직하다. 이러한 '수위 조절(leveling)'은 아마도 가장 방어유발적인 전략이다. 일단 누군가가 솔직함을 속임수로 사용한다는 것을 알게 되면, 여러분은 그 사람을 더 이상 신뢰하지 않을 것이다.

중립 vs. 감정이입   Gibb은 방어를 가져오는 네 번째 행동을 기술하기 위해 중립(neutrality)이라는 용어를 사용했다. 아마 더 적절한 단어는 무관심일 것이다. 중립적 태도는 부정적인데, 왜냐하면 중립은 관심의 부족을 드러낼 뿐더러 타인의 안녕이 자기에게 별로 중요하지 않다는 것을 의미하기 때문이다. 이러한 무관심을 지각하면, 사람들은 방어를 촉진할 가능성이 높다. 왜냐하면 그들은 자신을 무가치하다고 생각하고 싶지 않기 때문에, 자신을 가치 있게 여기는 자기개념을 보호할 것이다. 중립과 감정이입의 차이를 알아보도록 하자.

중립: 그건 네가 계획을 제대로 세우지 않아서 생긴 일이야.

감정이입: 어머, 네가 기대했던 대로 일이 되지 않은 것 같네.

중립: 때로는 일이 잘 안될 때도 있어. 인생이란 그런 거야.

감정이입: 네가 이 프로젝트에 얼마나 많은 시간과 노력을 쏟았는데….

자신이 상대해야 할 더 크고 비인간적인 조직에 대하여 대부분의 사람들이 가지고 있는 적대감을 생각해보면, 중립이 가지는 부정적인 효과가 분명해 보인다. "그들은 나를 사람이 아니라 숫자로만 생각해.", "나는 인간이 아니라, 컴퓨터에 의해 조종되는 것 같은 느낌이 들어." 이 두 일반적인 말은 무관심한 대접을 받을 때 나타나는 반응이다. Gibb는 감정이입(empathy)이 의사소통의 무관심한 성질을 없애는 데 도움이 된다는 것을 발견했다. 감정이입은 상대방의 감정을 받아들이고 자신이 상대방의 공간으로 들어가는 것을 말한다. 그러나 반드시 그 사람과 의견이 같아야 한다는 의미는 아니다. 여러분이 배려하고 존중한다는 것을 상대방에게 알게 함으로써, 여러분은 지적인 방식으로 행동할 수 있다.

우월감 vs. 평등감 다섯 번째 방어유발 행동은 우월감(superiority)이다. "내가 너보다 낫다."라는 모든 메시지는 방어를 불러일으킬 수 있다. 잘난 체하는 메시지는 적어도 서구문화에서는 어린 학생에서부터 성인에 이르기까지 모두에게 짜증을 유발한다는 많은 연구가 있다.[43] 우월성은 메시지의 내용에 들어있기도 한다. 이와 다른 사례에서는 메시지를 전달하는 방법으로 자신의 우월성을 드러낸다. 예를 들면 간소화한 문법과 어휘를 사용하기, 크고 느리게 말하기, 경청하지 않기, 다양한 목소리 높이를 사용하기 등

Andersen Ross/Blend Images/Jupiter Images

"나는 좋은 영화를 좋아하고, 너는 나쁜 영화를 좋아한다는 것을 완전히 이해했어."

이 잘난 체하는 태도를 나타낸다.

두 예시에서 우월성과 평등의 차이를 살펴보자.

우월감: 넌 네가 무슨 말을 하는지 모르는구나.

평등감: 내 생각은 좀 달라.

우월감: 아니, 그건 옳은 방식이 아니야.

평등감: 나에게 효과가 있었던 방식을 들어 볼래?

재능이나 지식이 우리보다 적은 사람과 소통하는 경우가 확실히 있지만, 우월을 드러내는 태도를 보일 필요는 없다. 우수한 기술과 재능을 가진 많은 사람들이 우월감보다는 평등감(equality)을 보여줄 수 있다는 많은 증거를 Gibb는 발견했다. 이러한 사람들은 어떤 분야에서 남들보다 더 뛰어난 재능을 가지고 있지만, 다른 사람을 인간으로서 동등한 가치가 있는 존재로 본다.

확실성 vs. 유연성　여러분은 자신만 옳다고 믿는 사람, 자신의 방식이 유일하고 적합하다고 생각하는 사람, 모든 것을 다 알고 있어서 더 이상의 정보가 필요 없다고 고집하는 사람과 만난 적이 있는가? 그런 적이 있다면, 여러분은 Gibb가 확실성(certainty)이라 부르는 방어유발 행동을 보이는 사람을 만난 것이다. 타인의 의견을 무시한 채 자신의 의견에 확신을 가지고 의사소통하는 사람은 배려와 존중이 부족하다는 것을 보여주는 것이다. 수신자는 이를 개인적인 모욕으로 받아들여 방어적으로 반응할 가능성이 있다.

확실성과 대조적인 것이 유연성이다. 유연성(provisionalism)을 지닌 사람들은 자기주장이 강할 수도 있지만, 진실은 알 수 없다는 것을 기꺼이 인정하고, 상대방의 주장이 더 합리적으로 보이면 자신의 입장을 바꿀 수 있다. 다음 예를 통해 확

직업에 관한 이야기

구글에서의 지적 겸손

구글은 취업 면접용으로 "시계 바늘이 하루에 몇 번 겹치는가?"와 같은 어려운 문제를 내는 것으로 악명이 높았다. 최근 이 회사는 채용하는 데 괴짜 문제가 소용없다고 선언했다. 이 회사 인사관리 책임자인 Laszlo Bock에 따르면, 우수한 대학 출신이라는 점이나 심지어 높은 학점조차도 직무수행을 잘 예측하지 못 한다.[a]

Bock는 지금 구글이 '다른 사람의 아이디어가 더 우수할 때 뒤로 물러서서 그것을 포용할 수 있는 능력'을 찾고 있다고 설명한다.[b] Bock가 부르는 것처럼, 이 '지적 겸손'이 학습의 기초이다. 이것은 상황에 따라 정보를 처리하고 실패로부터 교훈을 얻는 능력으로 나타난다. 구글 면접관들은 지원자들이 힘든 상황을 어떻게 처리하는지를 물어봄으로써 이러한 능력을 파악한다.

지적으로 겸손하다는 것이 확고하지 못하다는 것을 의미하는 것은 아니다. Bock가 기술한 것처럼, 이러한 자질을 가지고 있는 직원은 자신의 입장을 지키기 위해 악착같이 싸울 것이다. 그러나 새로운 사실이 밝혀지면, 그들은 "그것이 상황을 변화시켰소, 당신이 옳아요."라고 말하는 것을 두려워하지 않는다.

다른 관점을 수용하는 것이 어떻게 여러분을 더 성공하게 만들 수 있을까? 확실성의 특징을 가진 조직과 비교해서 융통성을 중시하는 조직에서 일하는 데 이것이 왜 중요한가?

실한 접근과 유연한 접근을 살펴보자.

> **확실성**: 그 일은 절대로 일어나지 않을 거야!
>
> **유연성**: 네가 그런 접근으로 하면 문제가 생길 것 같아.
>
> **확실성**: 너는 네가 무슨 말을 하는지 알지 못하는구나!
>
> **유연성**: 나는 그런 것에 대해 전혀 들어본 적이 없어. 어디서 들었니?

이러한 사례들이 시사하듯이, 융통성은 종종 단어의 선택에서 수면 위로 드러난다. 독단적인 의사소통자들은 '할 수 없다, 결코 아니다, 항상, 반드시 해야 한다, 꼭 해야 한다'와 같은 단어를 사용하지만, 좀 더 융통적인 사람은 '아마도, 가능하게, 할 수 있다'와 같은 단어를 사용한다. 융통적인 사람이 줏대가 없는 것은 아니다. 그들은 단지 연구가 확증한 것 즉, 사람들은 개방적인 메시지에 더 잘 반응한

다양성에 대한 고찰

Abdel Jalil Elayyadi: 이해를 높이기

나는 모로코에서 자라 19살 때 미국으로 이민을 갔다. 나는 미국을 사랑하고 그곳에 많은 훌륭한 친구들을 가지고 있다. 그러나 낯선 사람과 대화하는 것은 종종 긴장되는데, 왜냐하면 내가 아랍계 무슬림이기 때문이다. 많은 미국인들은 아랍인과 무슬림을 테러리스트와 동일시하는데, 그것이 방어적인 의사소통 분위기를 만든다.

나는 종교와 국적으로 나를 예단하는 사람들에게 오해와 선입견을 불러일으킨다. 나는 무슬림이 미국을 싫어하는 테러리스트라고 생각하는 사람들을 만날 때마다, 방어적인 분위기를 바꾸기 위해 다음 세 가지 노력을 한다.

첫째, 나는 무슬림이 무고한 살해를 혐오하는 평화주의자들이라고 되도록 빨리 설명한다. 내가 테러리스트를 거부하는 입장에 완전히 동의한다는 것을 그들이 알아주었으면 한다. 이러한 설명은 우리가 계속 얘기할 수 있는 기반이 되는 신뢰를 구축해 준다.

둘째, 나는 테러리스트들이 아랍인과 무슬림의 대표가 아니라는 것을 그들이 이해할 수 있도록 몇 가지 예를 사용한다. 아랍인이 오클라호마시티 폭파범인 Timothy McVeigh의 행동으로 미국인을 판단하거나, Ku Klux Klan의 행동으로 기독교인을 판단한다면 어떤 기분이 들지 나는 그들에게 묻는다. 이러한 질문은 그들이 무슬림을 보다 정확하게 보는 데 도움이 된다.

마지막으로, 대화를 할수록 우리는 공유하는 일과 신념에 관심을 갖게 된다. 나의 목적은 단순히 종교나 국적이 다르다고 해서 적이 되지는 않는다는 것을 알려주는 것이다. 사실 여기에 우리가 친구가 되지 못할 이유는 없다.

이 대화가 이룬 바는 무엇일까? 어떤 경우에는 자신의 생각을 바꾸지 않고 편견을 유지하는 사람들도 있다. 그러나 그 외의 경우에는 이런 대화가 세상의 평화와 이해를 촉진하는 데 아무리 작더라도 기여를 했다고 생각한다.

"Promoting Understanding after 9/11" by Abdel Jalil Elayyadi. Used with permission of author.

다는 것을 잘 알고 있는 것이다.[44]

Gibb의 지지적이고 긍정적 접근이 긍정적 분위기를 만든다고 보장할 수는 없다. 상대방이 단지 수용적이지 않을 수도 있다. 그러나 여기서 언급한 지지적 접근으로 의사소통을 할 때, 건설적인 관계가 될 가능성이 가장 클 것이다. 지지적인 의사소통은 타인으로부터 긍정적인 반응을 이끌어낼 가능성이 가장 높을 뿐만 아니라, 다양한 방법으로 여러분의 기분을 좋게 할 것이다. 즉 여러분은 관계를 더 통제한다고 느끼고, 더 편안하게 느끼며, 다른 사람을 더 긍정적으로 느낄 것이다.

체면 세우기

Gibb의 지지적 의사소통 범주는 방어를 줄이는 데 유용한 지침을 제공한다. 여러분이 좀 어려운 메시지를 전달해야 할 때, 이러한 접근법을 사용하는 구체적인 방법을 앞으로 알아보도록 하자.

자기주장적 메시지

이미 살펴본 것처럼, 지지적 분위기의 형성에 핵심이 되는 요인은 타인에 대한 공격을 피하는 것이다. 즉 타인의 체면을 지켜주는 것이다. 동시에, 관계상의 문제가 발생할 때 여러분은 함께 걱정할 필요가 있다.

다른 사람에 대한 판단이나 지시 없이 자신의 욕구, 사고, 감정을 명확하고 직접적으로 표현하는 자기주장적 방법을 알아보자. 자기주장적 메시지는 4장에서 배운 지각 점검 기술과 '나' 언어 접근에 기반해서 만들어진다. 이 새로운 기술은 자신의 희망, 문제, 불평, 감사 등 다양한 메시지에 적용된다.[45] 먼저 각 부분을 차례로 알아보고 난 후, 그것을 일상의 의사소통에서 적용하기 위한 방법을 알아보자.

행동   6장에서 살펴본 것처럼, 행동기술은 여러분의 가장 원초적인 반응을 기술하는 것이다. 행동기술은 사건에 대한 해석 없이 행동을 기술함으로써 '객관적'이어야 한다. 행동기술의 두 예시는 다음과 같다.

예시 1

"일주일 전에 John은 나와 한 방에 있을 때는 흡연 전 나의 허락을 구하겠다고 약속했다. 방금 전 그는 나의 허락 없이 담배를 피웠다."

예시 2

"Chris는 지난주와는 다르게 행동하고 있다. 나는 주말 연휴 이후로 그녀가 한 번 이라도 웃었는지 모르겠다. 그녀는 평상시와 달리 내 집에 들르지도 않고, 테니스 를 하자고도 안 하고, 내 전화를 받지도 않는다."

위의 두 사례는 모두 사실만을 기술한 것에 주목하자. 관찰자는 어떠한 의미 도 부여하지 않았다.

해석   해석진술(interpretation statement)은 타인의 행동에 의미를 부여하 는 것을 말한다. 해석에 대하여 알아야 할 중요한 점은 그것이 '주관적'이라는 것 이다. 지각 점검 기술을 통해 배운 것처럼(4장), 우리는 어떤 행동에도 하나 이상 의 의미를 부여할 수 있다. 앞의 예에 대한 서로 다른 두 개의 해석을 살펴보자.

예시 1

해석 A: "John은 나와 있을 때 내 동의 없이 담배를 피우지 않겠다고 한 약속을 잊 은 것이 분명하다. 그는 매우 사려 깊은 사람이기 때문에, 내가 중요하게 생각하는 것을 기억하고 있다면 약속을 어기지는 않는다고 나는 확신한다."

해석 B: "John은 무례하고 사려 깊지 못한 사람이다. 나와 있을 때는 내 동의 없이 담배를 피우지 않기로 약속하고서 의도적으로 피운 것이다. 그는 자신만 생각하고

실습하기

행동과 해석

1. 당신이 지인들에 대하여 내린 최근의 몇몇 해석을 두 집단 구성원에게 들려주어라. 각 해석에서 그 해석이 기반하고 있는 행동을 기술하라.
2. 당신의 원래 해석보다 더 그럴듯한 대안적인 해석을 파트너의 도움을 받아 생각해보라.
3. 대안적인 해석을 해 본 후에,
   a. 어떤 해석이 가장 타당한가?
   b. 지인에 대한 해석을 (행동과 함께) 잠정적이고 유연한 방법으로 그 사람과 어떻게 공유할 것인가?

있다. 그가 날 화나게 하려고 일부러 그런 것이 틀림없다."

예시 2

해석 A: "무언가 Chris가 신경 써야 할 게 생긴 것이 분명하다. 아마도 가족 문제일

것이다. 내가 성가시게 한다면 기분이 더 나쁠 것이다."

해석 B: "Chris는 나를 화나게 한다. 아마 테니스에서 졌을 때 놀린 것 때문에 그런

것 같다. 그녀가 진정할 때까지 혼자 두는 편이 나을 것 같다."

관찰한 행동과 해석 간의 차이점을 알고 나면, 의사소통이 어려운 몇몇 이유
가 분명해질 것이다. 해석의 근거가 되는 행동을 발신자가 제대로 기술하지 못할
때, 문제가 발생한다. 한 친구가 행동기술 없이 하는 말과 설명하는 말의 차이를
살펴보자.

"너는 구두쇠야!"(행동기술의 결여)

"종종 내가 너에게 사주는 커피나 간식을 네가 갚지 않을 때, 네가 구두쇠 같
아."(행동과 해석)

느낌　　　행동을 말하고 그것에 대한 해석을 공유하는 것은 중요하지만, 느
낌진술(feeling statement)은 메시지에 새로운 차원을 추가한다. 예를 들어 다음 두
사례의 차이를 생각해보라.

"네가 나를 보면서 웃을 때(행동), 내 말을 바보 같다고 생각하는 것 같아(해석)."

"네가 나를 보면서 웃을 때(행동), 내 말을 바보 같다고 생각하는(해석) 것 같
아서 화가 나(느낌)."

어떤 말은 감정을 표현하는 것처럼 보이지만, 사실은 해석이나 의도를 나타내
는 말이라는 것을 깨닫는 것이 중요하다. 예를 들면 "나는 떠나고 싶어."(실제 의
도) 혹은 "네가 틀린 것 같아."(해석)라고 말하는 것은 정확하지 않다. 이와 같은 표
현은 실제 감정의 표현을 해석하기 어렵게 만든다.

실습하기

감정 명명하기

다음 메시지에서 딩신이 느낄 수 있는 김징을 채워 넣어라.

1. 네가 캠핑에 날 초대하지 않았을 때, 나는 ____을 느꼈어. 너는 내가 가지 않을 것이라고 말했지만, 나는 그 말을 받아들이는 데 힘들었어.

2. 네가 이사를 도와주겠다고 했을 때, 나는 ____을 느꼈어. 네가 얼마나 바쁜지 잘 알기 때문이지.

3. 나와 여전히 친구로 지내고 싶지만 관계를 조금 가볍게 생각하고 싶다고 네가 말했을 때, 네가 나에게 지쳤다는 생각이 들었어. 그때 나는 ____을 느꼈어.

4. 너의 그림에 대한 나의 솔직한 의견을 듣고 싶다고 해서 내 생각을 말했을 때, 너는 그것을 이해하지 못 하겠다고 말했어. 나는 ____을 느꼈어.

이와 같은 메시지에 감정이 들어 있지 않다면, 그 메시지의 영향력은 어떻게 달라질까?

결과　　결과진술(consequence statement)은 여러분이 기술한 상황의 결과로 무엇이 발생했는지 설명하는 것이다. 다음 세 가지 유형의 결과 진술문을 살펴보자.

- **당신에게 어떤 일이 발생했을 때**

"지난달 월세 문제로 집주인이 왔었다고 네가 말해주지 않아서(행동), 나는 수표가 부도났는지 몰랐어(결과). 네가 나의 금융신용 문제에 관심이 없는 것 같아(해석), 정말 화가 나(감정)."

- **당신과 말하고 있는 사람에게 어떤 일이 발생했을 때**

"모임에서 천천히 마시라고 말했는데도, 너는 몇 잔을 더 마셨어(행동). 그러더니 이상하게 행동하기 시작했어. 너는 모두를 기분 상하게 하는 상스러운 농담을 던졌고, 집에 오는 길에도 형편없이 운전했어(결과). 예를 들면 간밤에 너는 차도에서 벗어나 전신주를 거의 칠 뻔했어(더 행동적). 네가 얼마나 달라지는지 모를 것 같아(해석). 그리고 네가 술을 줄이지 않는다면 무슨 일이 일어날까봐 걱정 돼(감정)."

● **타인에게 어떤 일이 생겼을 때**

"너는 아기가 우는 것을 들어보지 못해서 아마 모를 거야(해석). 그러나 네가 문을 닫지 않고 대본 연습을 하면(행동) 아기는 잠을 잘 수 없어(결과). 특히 지금 아기가 감기에 걸렸기 때문에 걱정이 돼(감정)."

결과진술은 두 가지 이유 때문에 가치가 있다. 첫째, 상대방의 행동 때문에 왜 여러분이 괴롭거나 기쁜지를 보다 명확하게 이해하도록 도와준다. 타인은 자신의 행동이 어떤 결과를 가져오는지 명확히 이해할 수 있다는 점도 중요하다. 해석과 마찬가지로, 우리는 상대방이 말하지 않아도 그 결과를 알 수 있다고 생각하기 쉽다. 그러나 사실은 그렇지 않다. 결과를 분명하게 이야기함으로써, 여러분의 메시지를 듣는 사람이나 여러분 자신에게도 상상력을 불러일으키지 않게 할 수 있다.

의도   의도진술(intention statement)은 자기주장적 메시지의 마지막 요소이다. 역시 세 가지 유형을 살펴보자.

● **당신의 입장이 단호할 때**

"우리를 '여성'이라고 불러 달라고 했음에도 '여자애들'이라고 불렀을 때(행동), 이 둘의 차이가 우리에게 얼마나 중요한지 당신이 이해하지 못한다는 생각이 들었고(해석), 우리를 비하한다는 느낌이 들어(감정). 지금 나는 고민 중이야. 이 문제에 대한 얘기를 꺼내야 할지 아니면 말아야 할지. 어쨌든 나는 기분이 상해 있어(결과). 이것이 나를 얼마나 힘들게 하는지 네가 알아줬으면 좋겠어(의도)."

● **타인에게 요구할 때**

"지난밤 너와 통화가 되지 않아(행동), 네가 나에게 화가 났다고 생각했어(해석). 나는 그 이유를 계속 생각하고 있고(결과) 아직도 걱정하고 있어(감정). 네가 나에게 화났는지 아닌지 알고 싶어(의도)."

● **미래의 계획을 기술할 때**

"지난번에 빌려준 25달러를 갚아 달라고 세 번이나 말했어(행동). 네가 나를 피하는 거라고 생각되고(해석), 그래서 지금 매우 화가 난 상태야(감정). 지금 이 상황을 깨끗하게 정리하지 않는다면, 다시는 돈을 빌려주지 않을 거란 걸 알아둬(의도)."

앞의 예시에서 보았듯이, 우리는 어떤 의도 하나가 행동으로 나타나기도 한다. 그러나 때로 행동에는 여러가지 의도가 함께 동기화 되기도 하는데, 이러한 의도들이 서로 갈등 상황에 놓일 수 있다. 이런 일이 일어날 때, 우리는 갈등적인 의도들 때문에 결론에 도달하기가 어려울 수도 있다.

> "나는 너에게 정직하고 싶어. 하지만 친구의 사생활을 침해하고 싶진 않아."
> "나는 너와의 우정을 계속 유지하고 싶어. 하지만 지금은 가까이 있고 싶지 않아."
> "나는 좋은 성적을 받기 위해 공부할 시간이 필요해. 하지만 용돈을 벌 만한 일을 가지고 싶기도 해."

자기주장적 메시지 사용하기   분명한 형식의 메시지를 전달하기 전에, 기억해야 할 몇가지 핵심이 있다.

1. **메시지의 요소들을 다양한 순서로 전달할 수 있다.**   앞에 제시한 사례를 볼 때, 때로는 감정을 표현하면서 시작하는 것이 가장 좋을 때가 있다. 또 다른 때는 의도나 해석을 공유하면서 혹은 결과를 기술하면서 시작할 수도 있다.

2. **개인의 스타일에 맞게 메시지를 표현하라.**   굳이 "나는 너의 행동이 …를 의미한다고 생각해."라고 말하기보다는 "내 생각에는 …", 혹은 "나에겐 …처럼 보여."라고 말할 수 있을 것이다.
   마찬가지로 "나는 네가 … 이해해줬으면 좋겠어.", "나는 네가 … 하길 바라." 등으로 자신의 의도를 표현할 수 있다. 여러분의 진심을 강조하고 싶다면, 여러분이 선택하는 단어가 자신의 것이어야 한다.

3. **적절할 때 두 요소를 하나의 문구로 결합하라.** "… 그리고 그 이후로 계속 너에게 말하고 싶었어."와 같은 진술은 결과와 의도를 같이 표현하는 방식이다. 마찬가지로 "… 그리고 네가 말한 후에 나는 당황했어."는 결과와 감정을 같이 표현하는 방법이다. 각 요소나 상태를 묶든 혹은 분리하든지 상관없이, 핵심은 각 요소가 여러분의 진술에 반드시 들어있어야 한다.

4. **메시지를 전달할 때 서두르지 마라.** 지금 한 번에 모든 것을 깔끔한 문장으로 메시지를 전달하는 것이 항상 가능한 것은 아니다. 상대방이 여러분의 말을 이해하기 전까지는, 했던 말을 반복하고 고쳐 말해야 할 때가 자주 있다. 앞에서 이미 보았듯이, 서로에 대한 이해를 어렵게 만드는 심리적이고 물리적인 방해물이 매우 많다. 다른 많은 활동들과 마찬가지로, 대화할 때에도 인내와 끈기가 필요하다.

이제 메시지 만들기에 대한 '실습하기'에서 모든 요소를 직접 조합해보자.

실습하기

메시지 만들기

1. 두 명의 급우와 함께 팀을 만들어라. 각자는 다른 사람에게 보내고 싶은 메시지를 만들어 차례로 공유하되, 메시지에는 행동, 해석, 감정, 결과, 의도적 기술이 포함되어 있어야 한다.
2. 각자가 전달하고자 하는 메시지의 의미가 불분명하면 그 메시지를 더 명확히 할 수 있는 피드백을 나머지 사람들은 제공한다.
3. 화자는 만족스러운 메시지를 구성한 후에, 수신자 역할을 맡은 팀의 나머지 구성원에게 실제로 메시지를 전달한다. 화자가 스스로 메시지를 효과적으로 전달했다고 확신할 때까지 이 과정을 반복한다.
4. 팀의 모든 구성원이 메시지를 전달해 볼 때까지 이 과정을 반복한다.

Otto Greule Jr/Getty Images Sport/Getty Images

비판에 대한 비방어적 반응

모든 사람이 지지적이고 자기주장적으로 의사소통한다면, 세상은 한결 행복해질 것이다. 그러나 여러분이 이 장에서 기술한 여러 방안들을 적용할 수 없을 만큼 공격적인 메시지를 받는다면, 어떻게 비방어적으로 반응할 수 있을까? 좋은 의도였음에도 불구하고 공격을 받을 때, 여러분은 합리적으로 반응하기 힘들다. 비판이 공정하지 못한 공격을 받는 것도 매우 힘든 일이지만, 비판이 정확하면 더 힘든 경우가 종종 있다. 여러분의 정확한 비판에도 불구하고, 사람들의 대응 경향성은 두 가지로 나타날 수 있다. 언어적 공격을 퍼부으면서 반격하거나 아니면 자기주장을 하지 않으면서 뒤로 물러나 철회행동(with draw)을 하는 것이다.

이러한 말대응으로는 논쟁을 해결할 수가 없기 때문에, 우리는 대안적인 행동방법을 찾아야 한다. 그 중 두 가지 방법을 소개하고자 한다. 간단하게 보일지 몰라도, 이 두 방법은 많은 의사소통자들이 학습한 가장 가치 있는 기술 중의 일부로 입증되어 왔다.[46]

더 많은 정보 구하기 상대방이 말한 것을 잘 이해하기 전에 그의 비판적인 공격에 반응하는 것이 어리석은 일이라는 것을 안다면, 더 많은 정보를 찾는 것이 이치에 맞다. 얼핏 보면 전적으로 부당하고 어리석어 보이는 공격도 종종 최소한의 진실 혹은 그 이상을 담고 있을 수 있다.

많은 리더들은 비판을 받을 때 자세한 것을 묻는 것에 동의하지 않는 실수를 범한다. 그들의 실수는 저항에 '개방적인 것'과 그 발언을 '받아들이는 것'의 차이를 혼동한 데서 비롯된다. 비판은 반드시 수용할 필요는 없더라도, 적대적인 발언을 경청하고, 이해하고, 심지어 대부분 인정할 수 있는 부분이 있다는 것을 깨닫게 되면, 상대방의 말을 끝까지 듣는 것이 훨씬 쉬워질 것이다. 비판에 동의하지 않는 다면, 그 비판을 이해하고 난 후에 자신의 주장을 설명하면 된다. 반면 상대방의 비판을 경청한 후 그것이 타당하다는 것을 알게 되면, 여러분은 더 타당한 정보를 얻을 수 있는 것이다. 이러한 경우, 여러분은 비판에 주의를 기울임으로써 얻을 수 있는 모든 것은 얻고, 잃을 것은 아무것도 없게 된다.

물론 수년간 비판에 본능적으로 저항해 왔다면, 상대방의 말을 경청하기 위해 서는 연습이 필요하다. 문제를 더 분명히 하기 위해, 비판으로부터 더 많은 정보를 구하는 몇 가지 방법을 알아보도록 하자.

구체적으로 묻기　여러분이 진심으로 달라지고 싶을 때조차도, 모호한 비판은 이해하기 어려운 경우가 있다. 예를 들면 "너는 불공평해." 혹은 "너는 전혀 내게 도움이 안돼."와 같은 추상적인 공격은 이해하기 어려울 수 있다. 이러한 경우에는 비판하는 사람에게 보다 구체적인 정보를 요구하는 것이 좋은 방법이다. 그 공격이 정확한 것인지 판단하기 전에, "내가 어떤 점에서 불공평했니?"라고 구체적으로 물은 것이다. 또한 상대방의 공격을 수락할지 여부를 결정하기 전에, "내가 언제 도와주지 않았니?"라는 질문을 할 수 있다.

여러분이 구체적인 내용을 물은 이후에도 방어적으로 반응한다고 여전히 비난을 받는다면, 문제는 여러분의 묻는 방식에 있을 수 있다. 어조와 얼굴 표정, 자세, 그리고 비언어적 단서는 동일한 말에도 근본적으로 전혀 다른 의미를 부여할 수 있다. 예를 들면 진심으로 '알고 싶다'는 여러분의 바람을 전달하거나 혹은 상대방이 잘못 알고 있다는 믿음을 전달하기 위해 "정확히 네가 무슨 말을 하고 있는 거니?"라는 질문을 사용한다고 생각해보자. 여러분이 진정으로 더 많은 것을 알고 싶을 때에만 구체적인 정보를 요청하는 것이 중요하다. 왜냐하면 그렇지 않은 상황에서 구체적인 질문을 하는 것은 문제를 악화시킬 수 있기 때문이다.

구체적인 내용 추측하기　몇몇의 경우에, 진실하고 잘 표현된 질문조차도 실패할 가능성이 있다. 때로 비판자들은 여러분의 어떤 행동이 불쾌한지 구체적으로 지적하지 못할 수도 있다. 이럴 때 여러분이 구체적인 질문을 하면, 그들은 "무

인간관계와 의사소통의 심리학

"그는 언제쯤 일어나 앉아 비판받을 수 있을까?"

엇이 문제인지 정확히 말할 수는 없어. 내가 말할 수 있는 것은 너의 말투 자체가 맘에 들지 않는다는 거야."라고 말할 것이다. 또 다른 때는 비판자가 자신이 싫어하는 행동을 정확히 알 수 있지만, 여러분으로 하여금 그 행동이 무엇인지 알아내도록 만듦으로써 삐뚤어진 만족을 얻을 수도 있다. 이와 같은 경우에, 상대방은 "네가 뭘 잘못 했는지 몰라? 그 걸 꼭 말로 해야 돼?"라고 여러분에게 말할 것이다.

말할 필요도 없이, 여러분은 진정으로 알고 싶지만 상대방이 비판하는 구체적인 내용을 알 수 없다면 좌절할 수 있다. 이와 같은 사례에서 종종 여러분은 비판자를 괴롭히는 것이 무엇인지 구체적인 내용을 추측할 수 있다. 어떤 의미에서 여러분은 탐정이면서 동시에 피의자가 되어, 자신이 정확히 무슨 '범죄'를 저질렀는지 파악하는 목표를 가지게 된다. 구체적인 내용을 묻는 기술과 마찬가지로, 추측이 만족스러운 결과를 가져오려면 그 의도가 호의적이어야 한다. 우리 모두를 위해서 무엇이 문제인지 진심으로 알고자 한다는 메시지를 비판자에게 전달할 필요가 있다. 여러분이 이러한 의도를 전달한 후에, 보통 정서적 분위기는 훨씬 편안해진다. 왜냐하면 사실상 여러분과 비판자는 같은 목표를 추구하고 있기 때문이다.

타인의 비판에서 구체적인 내용을 추측하는 사람들의 전형적인 질문이 여기에 있다.

"그러니까 너는 내가 논문에서 사용하는 문체에 반대하는구나. 내 말이 너무 형식적이니?"

"그래, 옷이 이상해 보인다는 네 생각은 이해해. 뭐가 그렇게 나쁘니? 색깔? 크기? 옷감?"

"내가 집안일의 내 몫을 다하지 못한다는 네 말은 그동안 내가 청소를 충분히 도와주지 않았다는 뜻이니?"

상대방의 생각을 바꿔 말하기　　또 다른 전략으로, 상대방의 생각과 감정을 바꿔 말하고 8장에서 기술한 적극적 듣기 기술을 이용함으로써, 혼란스럽거나 말하기를 꺼려하는 화자에게서 원하는 정보를 이끌어낼 수 있다. 바꿔 말하기는 특히 다른 사람의 그 자신의 문제해결을 도울 수 있다. 일반적으로 사람들은 자신의 문제가 상대방의 행동 때문이라고 생각해서 그를 비판하기 때문에, 이 전략은 그런 경우에 적절하다.

바꿔 말하기의 한 가지 장점은 불쾌할 수도 있는 자신의 구체적 행동을 추측할 필요가 없다는 것이다. 비판자가 말하는 것을 바꿔 말하기 하거나 자세히 말함으로써, 비판자의 의견에 대하여 더 많이 알 수 있다. 불평하는 고객과 바꿔 말하기를 사용하는 재치 있는 관리자 사이의 간단한 대화를 살펴보자.

고객: 매장 운영방식이 정말 별로네요! 다시는 이 가게에 오지 않을 거예요.

관리자: (고객의 감정을 반영하며) 매우 화나신 것 같군요. 무슨 문제가 있으신가요?

고객: 이건 나의 문제가 아니에요. 이건 직원들의 문제라고요. 직원들은 무언가를 찾는 고객을 도와주는 게 매우 성가시다고 생각하는 것 같네요.

관리자: 원하는 물건을 찾는 데 도움을 받지 못하셨나요?

고객: 도움이요? 직원에게 물어 볼 수 있기까지 여기서 20분이나 두리번거렸어요. 내가 하고 싶은 말은 가게를 운영하는 방식이 엉망이라는 겁니다.

관리자: 고객님 말씀은 직원들이 고객님을 무시하는 것처럼 보였다는 말씀이신가요?

고객: 아니요. 직원들은 다른 고객들 때문에 매우 바빴어요. 이 시간에 많은 사람들을 대하기 위해서는 충분한 인력이 필요한 것 같네요.

관리자: 이제야 이해가 갑니다. 고객님을 가장 실망시킨 점은 도와줄 직원이 충분히 없다는 것이군요.

고객: 맞아요. 기다린 후에 받은 서비스에 대해서는 불평이 없어요. 그리고 나는 항상 이곳 물건이 괜찮다고 생각하고 있었어요. 단지 도움을 받기 위해 오래 기다리기엔 내가 너무 바쁘다는 거예요.

관리자: 음, 문제점을 지적해주셔서 감사합니다. 저희는 우수 고객이 언짢은 것은 원하지 않습니다. 다시는 이런 일이 일어나지 않도록 주의하겠습니다.

이 대화는 바꿔 말하기의 두 가지 장점을 보여주고 있다. 첫째, 상대방이 불만 사항을 듣고 있다고 생각하면, 비판자들은 공격의 강도를 줄인다. 관리자가 진심으로 고객의 불편에 대한 관심을 보이자마자, 고객은 기분이 나아지게 되고, 상대적으로 차분한 상태로 가게를 떠날 수 있었다. 물론 이러한 종류의 반영적 듣기가 항상 비판을 누그러뜨리는 것은 아니지만, 그렇더라도 이 전략을 가치 있게 만드는 또 다른 이득이 있다. 예를 들면 관리자는 고객을 이해하기 위해 노력하는 동안 가치 있는 정보를 얻을 수 있었다. 손님을 도와줄 직원의 수가 충분하지 않은 시간대가 있다는 것을 발견했다. 또한 이 시간대에 도움이 지연되면 적어도 몇몇 고객은 짜증을 낼 수 있고, 그래서 사업의 손실을 위협할 수 있다는 것을 알게 되었다. 이러한 정보는 고객의 불평에 방어적으로 반응했다면 얻을 수 없는 확실히 중요한 정보이다.

비판자가 원하는 것을 물어보기　　어떤 때는 비판자의 요구가 명백할 때가 있다.

"음악 소리 좀 줄여!"

"네게 온 전화메시지를 너가 잊지 않고 내게 말해줬으면 좋겠어."

"너가 사용한 접시 지금 설거지 좀 할래?"

그러나 또 어떤 때는 비판자가 여러분에게 무엇을 원하는지 알아봐야 할 때도 있다.

Abel: 네가 나에게 물어보지도 않고 저 사람들을 초대한 걸 믿을 수가 없어!

Brenda: 그럼 너는 내가 파티를 취소하길 원한다는 거야?

Abel: 아니, 나는 먼저 나에게 물어보지 않아 유감이라는 거야.

Chen: 너 되게 비판적이다! 그 얘긴 마치 이 보고서에서 네 마음에 드는 게 하나도 없다는 얘기야?.

Deven: 네가 내 의견을 물어봤잖아. 그렇게 물을 때 나에게 기대하는 것이 뭐니?

Chen: 나는 어떤 게 잘못됐는지는 알고 싶지만 비판을 듣고 싶진 않아. 내 논문에서 좋은 점이 있다면, 네가 그것도 말해주면 좋겠어.

마지막 예는 자신의 의견을 말할 때 올바른 비언어적 행동의 중요성을 보여준다. Donna가 자신의 반응으로 "그렇게 물을 때 나에게 기대하는 것이 뭐니?"를 비언어적으로 지지할 수 있는 두 가지 방식을 생각해 볼 수 있다. 하나는 Cynthia가 원하는 것이 무엇인지 분명히 알기 위한 진심 어린 질문이고, 다른 하나는 적대적이고 방어적인 반응이다. 이 절의 모든 유형에서와 마찬가지로, 비판에 대한 여러분의 반응에는 진정성이 있어야 한다.

여러분이 한 행동의 결과를 물어보기 일반적으로, 사람들은 자신의 욕구가 충족되지 않았을 때 상대방을 비판한다. 이러한 비판에 반응하는 한 가지 방법은 자신의 행동이 그들에게 어떤 성가신 문제를 야기했는지 정확히 파악하는 것이다. 자신에게는 전적으로 타당해 보이는 행동도 비판을 하는 사람에게는 종종 어려움을 야기할 수 있다. 이것을 이해하고 난 후에는 어리석게 들리던 비판이 새로운 의미로 다가올 것이다.

이웃 A: 우리 고양이를 중성화시켜야 한다고요? 그게 왜 당신에게 중요하죠?

이웃 B: 그쪽 고양이가 밤마다 우리 고양이에게 싸움을 걸기 때문에, 치료비 대는 데 질리거든요.

직장 동료 A: 왜 내가 지각하는 걸 너가 신경 쓰는 거야?

직장 동료 B: 팀장이 물을 때마다 네가 곤란하지 않게 이야기를 만들어내야 하는데, 거짓말하기가 싫어서 그래.

남편: 내가 포커로 돈을 잃는 것에 왜 화를 내지? 내가 과하게 돈을 걸지 않는다는 걸 알잖아.

부인: 돈 문제가 아니에요. 당신은 돈을 잃으면 2~3일 동안 기분이 안 좋잖아.

잘못된 것이 또 있는지 물어보기 더 많은 비판을 요청하는 것이 이상해

보이겠지만, 가끔은 다른 불만도 물어보는 것이 원래 문제를 드러내는 데 도움을 줄 수 있다.

> Raul: 나에게 화났니?
>
> Tina: 아니. 그런 걸 왜 물어?
>
> Raul: 소풍 갔을 때, 우리가 얘기하면서 보낸 시간이 거의 없잖아. 사실, 내가 너에게 다가갈 때마다 너는 다른 곳으로 가버리는 것처럼 보였어.
>
> Tina: 또 다른 문제도 있니?
>
> Raul: 음, 네가 나에게 싫증난 것은 아닌지 하는 생각이 최근에 들어.

비판자를 괴롭히는 또 다른 문제가 있는지 묻는 것이 비판을 즐기기 때문은 아니라는 것을 이 사례가 보여준다. 여러분이 자신의 방어를 억제할 수 있다면, 비판자가 진짜 불만족하는 원인을 대화를 통해 더 탐색할 수 있다.

비판자로부터 더 많은 정보를 얻는 것으로 충분하지 않을 때가 있다. 예를 들면 여러분이 상대방의 비판을 완전히 이해했음에도 여전히 방어적인 반응을 할 것 같으면, 어떻게 해야 할까? 여러분이 자신을 방어하려 한다면 대화가 끝날 것이라는 것을 스스로 알고 있다. 반면에 여러분은 상대방의 말을 간단히 수용할 수도 없다. 이러한 딜레마의 해결 방안은 매우 단순하다. 다음 절에서 다루어보도록 하자.

비판자에게 동의하기　　　그러나 스스로 사실이 아니라고 생각하는 비판에 어떻게 진심으로 동의할 수 있느냐고 반문할 것이다. 자신의 입장을 유지하면서도 상대방 관점의 핵심을 받아들일 수 있다는 것을 아래에 제시하고 있다. 어떻게 그럴 수 있는지 보기 위해서, 거의 모든 상황에서 사용할 수 있는 두 가지 유형의 동의가 있음을 알 필요가 있다.

사실에 동의하기　　　항상 유용한 것은 아니지만, 이것은 가장 쉬운 유형의 동의이다. 연구자들은 또한 이 방법이 비판자에게 손상된 평판을 회복하는 데 매우 효과적이라는 것을 시사한다.[47] 여러분은 자신에 대한 비판이 실제로 정확할 때 그에 동의할 수 있다.

실습하기

비판에 대처하기

파트너와 함께 돌아가면서 비방어적 반응을 연습해보자.

1. 다음 비판 중 하나를 골라 그것이 당신에게 얼마나 해당되는지 파트너에게 설명하라.
   a. 너는 가끔 너무 이기적이야. 너 자신만 생각해.
   b. 과민반응 하지 마!
   c. 너는 나를 이해한다고 하지만 사실은 그렇지 않아.
   d. 너는 너무 비판적이야!
2. 파트너가 당신을 비판할 때, 앞에 나오는 적절한 반응으로 대답하라. 그렇게 할 때, 진심으로 비판을 이해하고 싶고 동의할 수 있는 부분을 찾고 싶다는 태도를 취하고자 노력하라.
3. 여러분의 반응을 파트너가 평가하도록 요청하라. 앞에서 기술한 형식을 따르고 있는가? 진실하게 들리는가?
4. 자신의 반응을 개선하도록 노력하면서 이 장면을 반복하라.

"네 말 맞아. 나 지금 화났어."

"내가 방어적이었던 것 같아."

"네가 그런 말을 하니까, 난 엄청 비꼬게 된 거야."

어떤 사실에 대한 반론의 여지가 없을 때, 사실에 동의하는 것은 이치에 맞다. 약속시간인 5시까지 오지 않은 것이 사실이라면, 늦었다는 것을 아무리 잘 설명하더라도 늦은 것은 늦은 것이다. 빌려온 물건을 깨뜨렸다면, 자동차에 기름이 없다면, 시작한 일을 마무리하지 못했다면, 그것을 부정할 수는 없다. 마찬가지로 여러분이 정직하다면, 자신의 행동에 대한 다양한 해석(심지어 듣기 좋은 해석이 아니더라도)에 동의해야 할 것이다. 여러분은 인간이기 때문에, 때로 화를 내고, 어리석게 행동하고, 제대로 경청하지 못하고, 경솔하게 행동한다. 자신이 완벽하다는 환상을 없애고 나면, 그러한 사실을 인정하는 것이 훨씬 쉬워질 것이다.

여러분에 대한 많은 비판이 정확할 때조차, 방어적인 태도 없이 그것을 수용하는 것이 왜 그렇게 어려운 걸까? 그것은 여러분이 사실에 동의하는 것과 그 사실에 대한 평가 수용을 혼동하기 때문이다. 대부분의 비판자들은 자신의 기분을 상하게 한 행동은 잘 기술하지 않는다. 그들은 단지 평가할 뿐이고, 우리는 그 평가에 저항하는 것이다.

> "화내는 건 웃긴 짓이야."
> "네가 방어할 이유가 없어."
> "그렇게 비꼬는 건 잘못 됐어."

우리가 분개하는 것은 이와 같은 평가다. 많은 비판의 기술적인 부분에는 동의하고 심지어 그것으로부터 배울 수도 있지만, 그에 대한 평가는 받아들이지 않을 수 있다는 것을 깨닫게 되면, 우리는 정직하고 비방어적인 반응을 할 수 있게 된다.

물론, 방어를 줄이기 위해서는 적의 없이 정직하게 사실에 동의해야 한다. 정확하지 않은 비판을 수용하는 것은 굴욕적이며, 적의를 가지고도 비판을 수용하는 척 하는 것은 문제만 일으킬 뿐이다. 만일 가게의 관리자가 위의 예와 같은 말을 비꼬는 어조로 했다면, 그 결과가 얼마나 비생산적일지는 충분히 상상할 수 있다. 사실에 진심으로 동의할 수 있을 때만 그렇게 하라. 이것이 항상 가능한 것은 아니지만, 이런 간단한 반응을 얼마나 자주 사용할 수 있는지 알면 여러분은 놀랄 것이다.

비판자의 지각에 동의하기　　　　비판이 정당하면 비판자에게 동의하는 것은 괜찮을 수 있지만, 비판이 전적으로 부당하게 보일 때 어떻게 동의할 수 있을까? 여러분은 비판자의 말을 경청했고, 그 비판을 보다 더 확실히 이해하기 위해 질문을 했다. 그러나 들으면 들을수록 비판자의 주장이 완전히 맞지 않는다는 것을 알게 된다면 어떻게 해야 할까? 이런 상황에서도 동의하는 방법은 있다. 즉 비판자의 결론이 아니라, 문제를 그들 방식대로 볼 수 있는 비판자의 권리에 동의하는 것이다.

A: 모든 곳에 가봤다는 당신의 말을 믿을 수가 없어요. 아마 깊은 인상을 주기 위해 꾸며낸 것일 거예요.

B: 음, 당신이 왜 그런 생각을 하는지 알아요. 사람들이 인정받기 위해 거짓말을 한

다는 걸 알아요.

C: 당신을 고용하는 걸 난 반대했어요. 그것을 처음부터 당신에게 알려주고 싶네요. 당신이 여자이기 때문이죠.

D: 모든 반인종차별법에도 불구하고, 당신이 왜 그렇게 믿고 있는지 난 이해할 수 있어요. 내가 여기에서 한동안 일하고 나면 당신이 마음을 바꾸길 바라요.

E: 네가 집에 있고 싶은 이유가 너는 두통 때문이라고 말했지만, 내 생각엔 Mary를 피하려고 하는 것 같아.

F: 지난번 우리가 만났을 때 내가 Mary와 다투었으니, 네가 그렇게 생각할 만도 해. 하지만 나는 정말 머리가 아파.

정확한 비판을 인정하면서도 마음이 편안할 수 있는 핵심은 비판에 대한 '동의'가 반드시 '사과'를 요구하는 것은 아니라는 점을 이해하는 것이다. 비판자가 불쾌하게 생각하는 행동에 대하여 여러분은 때로 책임이 없지만, 그런 경우에는 사과보다 설명이 더 적절할 수 있다.

> "내가 늦은 거 알아. 시내에 사고가 나서 도로가 막혔어(비방어적으로 설명하는 어조로)."

또 다른 경우, 여러분의 행동이 완벽하지 않더라도 이해받을 수는 있다. 이런 일이 생기면, 여러분은 사과 없이 비판에 대한 타당성을 인정할 수 있다.

> "네 말이 맞아. 내가 욱했어. 하지만 나는 그것을 너에게 세 번이나 상기시켜야 했기 때문에, 결국 내 한계에 도달했어."(다시 말하지만, 방어나 반격이 아니라 설명으로서 전달함)

혹은 자신의 입장을 바꾸지 않은 채, 자기와는 다르게 볼 수 있는 비판자의 권리를 인정할 수 있다.

> "왜 네가 내가 과잉반응 했다고 생각하는지 이해할 수 있어. 이 일이 너에게는 나에게만큼 중요하지 않다는 것을 알아. 다만, 내가 왜 이것이 중요하다고 생각하

는지 이해해줬으면 좋겠어."

여러분이 진심으로 할 수 있다면 사과를 해도 괜찮다. 그러나 비판에 동의한다고 해서 굽실거릴 필요는 없다는 것을 알면, 비판하는 사람에게 보다 더 자주 동의할 수 있을 것이다.

어떤 비판자는 존중받을 만한 가치가 없어 보인다. 그들은 자신의 의견을 설명하기보다는 여러분을 공격하는 데 더 많은 관심이 있는 것처럼 보이기 때문이다. 그러나 적대적인 비판을 반격으로 대응하기에 앞서, 방어적 대응이 더 좋은 결과를 낼 수 있을지에 대해 스스로에게 자문해보라.

요약

    모든 관계에는 의사소통 분위기가 있다. 긍정적 분위기의 특징은 존중 지향 메시지이다. 이런 메시지는 서로를 중시한다는 점을 확실히 한다. 부정적 분위기는 보통 상대방을 폄하한다. 폄하하는 관계에서의 메시지는 이러저러한 식으로 상대방에게 무관심과 적대심을 전달한다. 반박 메시지는 존중 지향 메시지와 폄하 지향메시지를 모두 담고 있다. 의사소통 분위기는 언어적 메시지와 비언어적 메시지를 통해 관계의 초기에 발달한다. 분위기가 형성되면, 호혜적인 메시지들은 긍정적이거나 부정적인 소용돌이를 만드는데, 이것은 메시지의 빈도나 강도가 커진다는 것을 말한다.

    방어적 대응은 효과적인 의사소통을 방해한다. 대부분의 방어적 대응은 자기 이미지의 중요한 부분이 공격받는다고 생각할 때 이를 보호하기 위해 생긴다. 위협의 잠재력이 있는 메시지를 표현할 때 Jack Gibb가 정의한 지지적인 행동을 이용하면, 방어적인 대응의 유발 가능성을 줄일 수 있다. 게다가, 자기주장적인 메시지 형태를 이용함으로써, 우리는 서로의 체면을 지키는 방식으로 생각과 감정을 공유할 수 있다. 완전하고 명확한 메시지는 문제 행동, 최소한 하나의 해석, 화자의 감정, 그 상황의 결과, 그리고 화자의 의도를 기술하는 메시지를 포함한다.

    상대방에게 비판을 들었을 때, 그 비판을 이해하려고 노력하고, 사실 혹은 비판자의 지각에 동의하는 과정을 통해 비방어적으로 반응할 수 있다.

핵심 용어

Gibb 범주

갈등 상승 소용돌이

갈등 축소 소용돌이

감정이입

결과 진술문

공격성

기술

끼어드는 반응

논쟁

느낌 진술문

둔감한 반응

모순적 반응

모호한 반응

문제 지향

반박 메시지

방어적 대응

불평

비인간적 반응

소용돌이

엉뚱한 반응

우월성

유연성

의도 진술문

의사소통 분위기

자기주장적 메시지

자발성

전략

존중 지향 의사소통

중립

체면을 위협하는 행위

통제적 의사소통

폄하 지향 메시지

평가

평등

해석 진술문

확실성

MEMO

Lisa Kyle Young/Istockphoto/Getty images

이 장(章)에서 다루는 주제

대인 간 갈등관리

1. 중요한 관계에서의 갈등을 확인할 수 있고, 갈등을 다루는 방법에 대한 자신의 만족도를 파악할 수 있다.
2. 자신의 갈등 스타일을 기술하고, 그 효율성을 평가하고, 적절한 대안을 제안할 수 있다.
3. 주어진 관계를 규정하는 갈등 유형, 행동의 패턴, 갈등 의례를 기술할 수 있다.
4. 주어진 갈등에서 승-승 접근을 어떻게 사용할 수 있는지 보여줄 수 있다.

대부분 사람들에게 갈등은 치과에 가는 것과 비슷하다. 동의어 사전을 대충 훑어봐도 갈등의 불쾌한 본질에 대한 다양한 실마리를 찾을 수 있다. 갈등의 동의어에는 투쟁, 싸움, 충돌, 언쟁, 경쟁, 불화, 불협화음, 부조화, 결투, 다툼, 골칫거리, 곤란, 폭행, 폭력 등의 단어가 있다.

갈등을 표현하기 위해 사용하는 은유적인 표현에도 갈등은 회피해야 할 어떤 것으로 보고 있다.[1] 종종 우리는 갈등을 전쟁의 한 종류로 말한다. 가령 "그가 내 주장을 뭉개버렸어(shot down).", "좋아, 말해봐(fire away).", "방어하지 마." 갈등을 폭탄으로 표현하는 은유도 있다. "화내지 마(blow up).", "화를 좀 풀어야 했어 (let off steam).", "네가 너무 성급했어(short fuse).". 가끔, 갈등은 다른 사람을 책망하는 재판처럼 보이기도 한다. "자, 잘못을 인정해.", "그만 좀 비난해!", "내 얘기 좀 들어.". 갈등을 지저분하고 엉망인 상태라고 묘사하는 표현도 많다. "문제의 불씨를 만들지 말자(open the can of worms).", "이거 아주 불쾌한 상황이군.", "그런 악취 나는 상황 만들지 마." 게임이라는 은유도 한쪽이 다른 쪽을 무찔러야 한다는 것을 암시하기도 한다. 가령, "도를 넘어섰군!", "넌 공정한 게임을 하지 않았어.", "난 포기, 네가 이겼어."

이런 이미지에도 불구하고, 사실은 갈등이 건설적일 수 있다. 올바른 의사소통기술이 있을 때, 갈등은 싸움이기보다는 혼자서는 할 수 없는 것을 함께 만들어가는 일종의 댄스와 같을 수 있다. 상대방을 적이 아닌 파트너로 만들기 위해 설득을 해야 할 수도 있다, 처음에는 서툴겠지만, 충분한 연습과 의지로 여러분은 서로 어긋나기보다는 협력할 수 있다.

갈등을 대하는 태도가 성공과 실패 사이의 엄청난 차이를 만들어 낼 수 있다. 한 연구결과에 따르면, 갈등에 대해 덜 부정적인 태도를 가지고 있는 대학생 커플에 비해 갈등이 파괴적이라고 믿는 커플들은 갈등을 더 쉽게 방치하거나 외면하고, 해결책을 찾는 노력도 덜 했다.[2] 물론 태도라는 이 단일 항목이 갈등에 대한 만족스런 해결책을 늘 보장하는 것은 아니다. 그러나 이 장(章)에서 배울 다양한 기술이 파트너와의 갈등을 건설적으로 조절하는 데 도움이 될 수 있다.

갈등의 본질

대인 간 갈등을 해결하는 방법으로 바로 들어가기 전에, 갈등의 본질을 간단히 살펴볼 필요가 있다. 갈등은 무엇인가? 왜 그것은 삶에서 필연적인 부분인가? 어떻게 그것이 유익할 수 있을까?

갈등의 정의

더 읽기 전에, 삶에서의 갈등 목록을 만들어보라. 그것은 아마도 많은 타인과 얽혀있을 것이고, 다양한 주제로 이루어져 있을 것이며, 형태도 매우 다를 것이다. 어떤 갈등은 화가 나 큰 소리를 내는 논쟁이 되고, 어떤 것은 차분하고 합리적인 토론을 통해 드러나기도 한다. 또 어떤 것은 점점 끓어오르다가 확 폭발할 수도 있다.

어떤 형태로 나타나든, 모든 대인 간 갈등은 분명한 특징을 가지고 있다. William Wilmot와 Joyce Hocker는 갈등을 '양립 불가능한 목표, 부족한 자원, 그리고 목표달성에 대한 상대방의 방해를 지각한 두 상호의존적인 당사자가 표출한 분쟁'으로 정의함으로써, 갈등에 대한 명확한 정의를 내놓았다.[3] 이 정의에 대한 핵심부분을 좀 더 자세히 살펴보는 것은 갈등이 삶 속에서 어떻게 작동하는지 파악하는 데 도움이 될 것이다.

분쟁의 표출 갈등은 두 사람의 의견이 불일치한다는 것을 인식할 때만 존재할 수 있다. 예를 들면 여러분이 한밤중에 오디오를 크게 켜놓는 이웃 때문에 몇 개월간 잠을 못 자면 속상하겠지만, 그 이웃이 여러분의 어려움을 알기 전까지는 두 사람 간에 갈등이 존재하지 않는다. 물론 분쟁의 표현이 반드시 언어적일 필요는 없다. 노려 보거나, 말을 전혀 걸지 않거나, 또는 피하는 것도 자신의 문제를 표현하는 방법이다. 어떤 방식이든, 두 사람은 자신들 사이에 문제가 존재한다는 것을 반드시 알아야 한다.

양립 불가능한 목표의 지각 모든 갈등은 마치 한쪽이 이익을 보면 다른쪽은 손해를 보는 것처럼 보인다. 예를 들면 한밤에 오디오를 크게 해서 여러분의 수면을 방해하는 이웃을 생각해보자. 누군가 손해를 보지 않는가? 음량을 줄이면 그는 음악을 최대 음량으로 감상하는 즐거움을 잃을 것이고, 그 음량을 유지한다면 여러분은 잠을 못 지서 불행할 것이다.

실제 이 상황에서 각자의 목표는 서로 양립 불가능한 것이 아니다. 양쪽이 원하는 것을 모두 얻을 수 있는 해결책이 있다. 예를 들면 여러분은 창문을 닫음으로써 평화와 고요를 얻을 수 있고, 이웃이 문을 닫음으로써 목표에 도달할 수도 있다. 여러분이 귀마개를 하거나 이웃이 헤드폰을 사용한다면, 그 누구의 신경도 건드리지 않고 최대 음량으로 음악을 켤 수 있다. 이러한 해결책 중 하나가 실행 가능하다면 갈등은 사라진다. 불행하게도, 자주 사람들은 자신의 문제를 협력하여 해결하지 못한다. 사람들이 자신의 목표가 상호 배타적이라고 인식할 때, 갈등은 계속 유지된다.

자원의 부족 지각　분배할 것이 충분하지 않다고 생각할 때 갈등은 존재한다. 부족한 자원의 가장 분명한 사례가 돈으로, 이것이 많은 갈등의 원인이다. 한 근로자는 임금 인상을 요구하지만 사장은 그 돈을 지키거나 사업 확장에 쓰고자 한다면, 양쪽은 갈등에 휩싸이게 된다.

시간 역시 부족한 자원의 사례이다. 많은 사람은 학교, 직장, 가족, 친구 사이에서 어떻게 시간을 배분해야 할지 고민하며 힘들게 살아간다. "하루에 한 시간만 더 있었으면."은 사람들의 가장 일상적인 불평이고, 다른 사람 혹은 자기 자신을 위해 시간을 내는 것은 갈등의 지속적인 한 요소이다.

───── 영화 "Hunger Games"에서 Katniss Everdeen (Jennifer Lawrence 역)은 삶과 죽음의 갈등에 직면한다. 자원이 거의 없고 목표가 양립하기 어려워 보일 때조차도, 그녀는 상호의존과 협력이 생존의 핵심이라는 것을 배운다. 여러분은 이와 같은 이야기로부터 대인 간 갈등을 관리하는 데 어떤 교훈을 배울 수 있는가?

Liongates/Allstar

상호의존성의 존재 갈등　　당사자들이 서로를 적대적으로 생각하더라도, 보통 그들은 서로 의존하고 있다. 한쪽의 행복과 만족은 다른 쪽의 행동에 달려 있다. 그렇지 않다면, 부족한 자원이나 양립 불가한 목표에도 불구하고, 그들은 갈등을 겪을 필요가 없을 것이다. 상호의존성은 갈등하는 국가, 사회 집단, 조직, 친구, 연인 사이 등 대부분의 관계에 존재한다. 각 사례에서 양측 모두가 문제해결의 필요성을 느끼지 못하면, 그들은 각자의 길을 갈 것이다. 갈등해결을 위한 첫 번째 단계 중의 하나는 "우리는 한 배를 탔다."는 태도를 갖는 것이다.

상대방의 방해　　어느 한쪽의 입장이 다른 쪽의 입장과 아무리 다르더라도, 서로가 상대방의 목표 달성을 방해하는 식으로 행동하지 않으면 큰 갈등은 발생하지 않는다. 예를 들면 음주운전에 반대한다는 여러분의 입장을 친구들에게 알린다고 해도, 여러분이 실제로 그들의 음주운전을 막는 행동을 하기 전에는 갈등이 커지지 않는다. 마찬가지로 어떤 옷, 음악이 적절한지에 대한 부모와 자녀 간의 논쟁도 부모가 자신의 입장을 자식에게 강요할 때 비로소 시작된다.

갈등의 당위성

그 깊이에 상관없이 모든 관계는 갈등을 겪는다.[4] 서로가 아무리 가깝고, 아무리 이해를 잘하고, 아무리 잘 맞아도, 서로의 생각, 행동, 욕구, 목표가 맞지 않는 때가 있다. 가령 여러분은 랩을 좋아하지만, 상대방은 클래식을 좋아한다. 여러분은 다른 사람과 데이트하기를 좋아하지만, 여러분 파트너는 오직 서로에게만 충실한 배타적 관계를 원한다. 여러분은 자신이 쓴 논문이 훌륭하다고 생각하지만, 교수는 수정을 원한다. 여러분은 일요일 아침 늦잠을 원하지만, 함께 사는 사람은 일찍 일어나서 큰 소리로 운동하는 것을 좋아한다. 의견 충돌의 가능성에는 끝이 없다.

한 연구에 의하면, 자신의 관계를 일기로 써 온 대학생들은 한 주에 약 7개의 언쟁이 발생한다고 보고한다. 대부분은 상대방과 종종 같은 주제로 언쟁한다.[5] 또 다른 조사에서는 응답자의 81%가 친구와 갈등을 겪는다고 응답했다.[6] 그들의 관계에 아무 갈등이 없다고 보고한 19%의 응답자도 불가피하게 생기는 긴장을 기술하기 위해 '밀고 당기기', '작은 불일치'와 같은 말을 사용했다. 가족 간에도 갈등은 자주 발생한다. 연구자들은 52가족이 저녁식사 때 하는 대화를 기록하여 식사마다 평균 3.3개의 갈등 에피소드를 발견했다.[7]

얼핏 이것은 우울하게 보인다. 가장 밀접한 관계에서도 문제가 필연적이라면, 우리는 같은 언쟁과 같은 상처를 계속해서 겪어야 할 운명인가? 다행히도 이에 대한 질문은 확실하게 "아니요."이다. 비록 갈등이 중요한 관계의 한 부분이더라도, 여러분은 그것을 다루는 방식을 바꿀 수 있다.

갈등의 유익성

갈등을 피하는 것은 불가능하기 때문에, 갈등이 생겼을 때 그것을 잘 다루는 것이 중요하다. 실제로 갈등을 겪는 동안 효과적인 의사소통은 좋은 관계를 튼튼하게 지켜 준다. 이 장에서 기술한 건설적인 기술을 잘 활용하는 사람들은 자신들의 관계와[8] 갈등의 결과에 더 큰 만족을 느낀다.[9]

부부간의 의사소통을 보면, 건설적 갈등 기술이 어떻게 관계에 유익한지 가장 분명히 알 수 있다. 20년 이상 진행한 연구에서 행복한 부부와 불행한 부부는 모두 갈등을 겪지만 그것을 관리하는 방법은 매우 달랐다.[10] 9년 동안 이어진 한 연구에서 불행한 커플은 우리가 이 책에서 파괴적 유형으로 범주화한 방식으로 논쟁하는 것으로 나타났다.[11] 그들은 문제 지향적이라기보다는 스스로를 방어하는 식으로 대처했다. 또한 상대방의 의견에 잘 귀 기울이지 못했고, 상대방의 입장에 거의 공감하지 않았으며, "당신은…"이라며 상대방을 평가하려 하는 '너' 언어를 많이 사용했고, 표정과 같은 비언어적 메시지를 무시했다.

서로 만족하는 커플은 의견이 다를 때 앞의 사례와는 다르게 생각하고 소통한다. 그들은 의견 충돌을 건전한 것으로 보고자 노력하고, 갈등을 겪는 것이 필요하다고 생각한다.[12] 열띤 논쟁을 할 때에도 그들은 상대방의 생각을 파악하기 위해 지각 점검과 같은 기술을 사용하며, 상대방의 주장을 서로가 이해하고 있다는 점을 공유한다.[13] 그들은 자신의 실수를 기꺼이 인정한다. 이것은 조화로운 관계뿐만 아니라 당면한 문제의 해결에도 기여한다.

앞으로 우리는 갈등을 건설적으로 만들어주는 의사소통 기술을 살펴보고, 여러분이 직면한 불가피한 갈등을 해결하는 데 사용할 수 있는 좀 더 많은 기술을 소개할 것이다. 그러나 그 이전에, 분쟁에 직면했을 때 사람들이 어떻게 행동하는지 먼저 살펴볼 필요가 있다.

갈등 스타일

대부분의 사람은 갈등을 해결하는 기본적인 스타일을 가지고 있다([그림 12.1]). 이러한 습관적인 스타일이 때로는 효과적이지만 모든 상황에서 효과적이지는 않을 수 있다. 여러분은 갈등을 다루기 위해 어떤 스타일을 전형적으로 사용하는가? 두 가상적인 인물인 Paul과 Lucia가 어떻게 문제를 해결하는지 생각해 봄으로써 자신의 스타일을 파악해 보자.

Paul과 Lucia는 1년 이상 된 달리기 파트너다. 매주 세 번씩 그들은 함께 운동한다. 두 사람의 달리기 실력은 거의 비슷하고, 더 먼 거리를 달리거나 더 빨리 달리기 위해 서로에게 도전하기를 좋아한다. 달리면서 둘은 아주 가까워졌다. 이제 그들은 다른 사람에게는 말하지 않는 개인적인 문제까지도 얘기하는 관계가 되었다.

그런데 최근에 Lucia가 이 달리기에 자신의 친구들을 초대하기 시작했다. Paul은 그녀의 친구들을 좋아했지만, 그들의 실력이 부족해서 달리기는 Paul에게 훨씬 덜 만족스럽게 되었다. 또한 Paul은 Lucia와 둘이 달리는 즐거움을 잃을까봐 두려웠다. Paul은 자신의 우려를 Lucia에게 말했지만, 그녀는 Paul의 말을 일축했다. 그녀가 말했다. "뭐가 문제지? 우리는 여전히 많은 시간을 함께 달리고 있고, 너도 내 친구들이 좋다고 했잖아." "그러나 네 친구들이 좋은 것하고 같이 뛰는 것하고는 같지 않아."라고 Paul이 대답했다.

이 상황은 갈등의 모든 요소를 포함하고 있다. 즉 여기에는 문제의 표현(그들의 차이는 드러났고 의견 충돌은 여전히 존재한다.), 외견상 양립 불가능한 목표와 방해(Lucia는 친구들과 달리기를 원하고, Paul은 Lucia하고만 달리기를 원한다.), 외견상 부족한 자원(그들은 달리기에서만 많은 시간을 보내고 있다.), 상호의존성(그들은 함께 달리는 것을 좋아하고, 혼자 할 때보다 기록도 더 좋다.)이 들어 있다.

Paul과 Lucia가 문제를 다루는 5가지 방법이 여기에 있다. 이들 각각은 갈등을 관리하는 특정한 접근방법을 기술한다.

- 그들은 "그만두자."고 말하고 함께 달리기를 그만둘 수 있다.
- Paul이 Lucia와 달리면서 일대일로 대화하고 싶은 마음을 희생할 수 있다. 아니면 Lucia가 단념해서 친구들과의 관계를 희생하고 Paul과의 친구관계를 유지할 수 있다.
- 어느 한쪽이 "내 방식대로 하든지 아니면 함께 뛰는 것을 그만두든지." 최후통첩을 할 수 있다.
- 타협할 수도 있는데, 어떤 날은 친구들을 초청해서 함께 달리고 다른 날은 둘만 달릴 수 있다.
- 그녀의 친구들과 함께 달리면서도 그들만의 일대일 시간을 가질 수 있는 방안을 브레인스토밍할 수 있다.

이들 접근은 [그림 12.1]에서 묘사한 다섯 가지 유형을 나타내는데, 이들 각각을 다음 문단에서 기술한다.

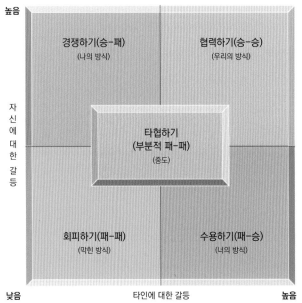

► 그림 12.1 갈등 해결 스타일

회피하기(패-패)

회피하기(avoiding)는 사람들이 갈등을 무시하거나 갈등으로부터 물러서 있을 때 생긴다. 회피는 물리적 회피일 수도(논쟁 후 친구 피하기) 대화적 회피일 수도 있다(주제 돌리기, 농담하기, 문제의 존재 자체를 부인하기). 이것은 갈등을 피하는 솔깃한 방법일 수 있지만, 이 접근에는 비용이 따른다고 연구자들은 말한다. 즉 갈등을 건설적으로 직면하는 파트너에 비해 갈등을 외면하는 파트너를 대할 때, 말수가 적은 사람들은 좌절감과 불편함을 더 느낀다고 보고한다.[14]

눈앞의 문제를 해결하는 좋은 방법은 없다는 신념하에 갈등을 비관적으로 보는 태도가 회피에 담겨 있다. 어떤 사람은 문제를 정면으로 직면해서 해결하고자 노력하는 것보다는 현재 상태를 참는 것이 더 쉽다고 믿는다. 또 다른 사람들은 해결의 희망이 없는 문제를 대면하기보다는 그 상황에서 (논쟁의 주제에서든 관계에서든) 벗어나는 것이 더 낫다고 믿는다. 어느 경우든 회피는 원하는 것을 조금도 얻을 수 없는 패-패의 결과를 가져온다.

Paul과 Lucia의 경우, 회피는 의견 충돌을 문제시하기보다는 함께 달리기를 그만두는 것이다. 이것은 그들이 더 이상 싸우지 않는다는 것을 의미하지만, 달리기 파트너도 잃고 그들의 친구관계에서 중요한 요소도 (심지어 그들의 친구관계까지도) 잃는다는 것을 의미한다. 이것은 회피가 어떻게 패-패의 결과를 가져오는지 보여준다.

회피는 일시적으로 평온을 유지할 수 있지만, 그것은 전형적으로 불만족스런 관계를 유발한다.[15] 오랜 시간 동안의 오해, 억울함, 낙담이 쌓여 정서적 분위기를 오염시킨다. 이런 이유로, 회피하는 사람들은 자신의 요구뿐만 아니라 밝히지 않은 문제로 힘들 수 있는 상대방의 관심사에 신경을 많이 쓰지 않는다고 말할 수 있다([그림 12.1]).

이러한 명백한 결점에도 불구하고 회피가 항상 나쁜 것은 아니다.[16] 솔직히 말하는 것이 남들 앞에서 난처한 논쟁을 하거나 심지어 신체적인 손상을 입는 것과 같은 위험을 증가시킨다면, 그러한 주제와 상황을 회피할 수도 있다. 또한 그 관계가 노력할 만한 가치가 없다고 판단하면, 여러

Phildate/BigStock

분이 갈등을 회피할 수도 있다. 그러나 밀접한 관계에서도 회피는 그 자체의 논리를 가지고 있다. 주제가 일시적이거나 사소하면 그냥 넘어갈 수도 있다. 이런 이유 때문에, 행복한 결혼생활을 하는 많은 커플들은 상대방의 사소한 결함을 선택적으로 무시한다.[17] 그렇다고 해서 성공하는 관계는 모든 갈등을 회피한다는 것은 아니다. 다만 정말로 중요한 것을 위해 에너지를 아끼는 것이 현명한 방법이라는 것이다.

수용하기(패-승)

수용하기(accommodating)는 자신의 관점을 강하게 주장하기보다 다른 사람에게 양보할 때 생긴다. [그림 12.1]에서 보듯이, 수용하는 사람은 자신에 대한 배려는 적은 반면, 다른 사람에 대한 배려는 커서 "네 방식대로 하자."는 패-승의 결과를 가져온다. 앞의 가상 시나리오에서 Paul은 자신의 신체적 단련과 Lucia와의 좋은 시간을 희생하더라도 그녀의 친구들과 함께 달리는 것을 수용할 수 있다. 혹은 Lucia가 Paul과 둘이서만 달리기로 결정함으로써 Paul을 수용할 수도 있다.

수용하려는 동기는 이런 스타일의 효과에 중요한 역할을 한다. 수용이 친절, 관대, 사랑에서 나온 진정한 행위라면, 그것은 관계를 향상시킬 가능성이 크다. 많은 사람들이 '팀을 위해 자신을 희생하는', '자기가 받고 싶은 대로 다른 사람을 대하는', '전투에서는 지고 전쟁에서는 이기는' 사람들을 높이 평가한다. 그러나 '순교자인 체하는 사람, 매사가 불평과 불만인 사람, 징징대는 사람, 돕지는 않고 방해공작만 하는 유형'의 사람은 높게 평가하지 않는다.[18]

문화가 갈등 스타일의 지각에 중요한 역할을 한다는 사실을 여기서 언급하고 넘어가야 한다. 맥락을 중시하는 문화, 집단주의 문화(대부분의 아시아권 문화)에서 회피와 수용은 갈등을 다루는 데 체면을 지키고 품위를 유지하는 방식으로 인식하기 쉽다.[19] 반대로, 맥락을 중시하지 않는 문화, (미국 같은) 개인주의 문화에서 회피와 수용은 훨씬 덜 긍정적인 것으로 보인다. 예를 들면 갈등 상황에서 쉽게 포기하거나 항복하는 사람들에게 미국인들이 즐겨 쓰는 달갑지 않은 용어가 '호락호락한 사람, 예스맨, 당하고도 가만히 있는 사람, 줏대 없는 사람' 등이다. 다음 단락

직업에 관한 이야기

직장에서 전투를 선택하기

갈등은 인생에 존재하는 하나의 사실이고, 아무리 훌륭한 직업에서도 그렇다. 여러분의 상사, 동료, 부하, 그리고 조직 외부에 있는 사람들과 문제가 발생할 수밖에 없다. 직업에서의 성공과 마음의 평화는 언제 그리고 어떻게 그러한 문제를 다루느냐 그리고 언제 조용히 있느냐에 달려 있다.

언제 목소리를 낼지 결정하는 것은 갈등을 성공적으로 관리하는 첫 번째 단계이다. 중요한 문제에 대해서 침묵하고 있는 것은 여러분의 경력에 해가 될 수가 있고, 여러분이 당하고도 가만히 있다는 느낌을 갖게 할 수도 있다. 그러나 너무 자주 혹은 잘못된 방식으로 자신을 주장하는 것은 여러분을 징징거리는 사람 혹은 다혈질의 사람으로 보이게 할 수 있다.

경영 컨설턴트는 여러분이 언제 목소리를 내고 언제 그 문제를 그냥 넘어갈 것인지 도와주는 지침서를 제공한다.

다음과 같은 경우에 뒤로 물러나 있어라.

- 그 문제가 여러분의 조직이나 여러분의 업무 능력에 중요하지 않다.
- 여러분이 건설적인 해결책을 제공할 수 없다.
- 그 문제가 여러분의 책임 영역 밖에 있다.
- 관련된 다른 사람들이 여러분보다 더 권력이 많다.

자신의 목소리를 내기 전에 다음과 같은 사항을 준비하라.

1. 여러분이 믿는 동료들이 여러분의 입장을 지지하는지 사적으로 알아봐라.
2. 그 문제와 관련해서 뭔가를 할 수 있는 힘 있는 사람에게 얘기하라.
3. 그 문제를 분명하고 객관적으로 기술하라.
4. 토론을 하는 동안 자신의 감정을 통제하라.
5. 여러분에 대하여 뒤에서 하는 비판을 다룰 준비를 하라.

에서 보겠지만, 집단주의 문화에서는 위와 같은 특성에 대해 도덕적으로 우월한 단어와 관용구를 사용한다. 여기에서 핵심은 모든 갈등 스타일은 특정 상황에서 가치가 있고, 문화는 각 갈등 스타일이 어떻게 평가받는지 파악하는 데 중요한 역할을 한다는 것이다.

경쟁하기(승-패)

앞에서 살펴본 수용하기의 정반대가 경쟁하기(competing)이다. 이 승-패 접근에서는 자신에게는 배려를 많이 하는 반면, 상대방에 대한 배려는 낮다. [그림 12.1]에서 보듯이, 경쟁하기는 갈등해결을 '내 방식대로' 하겠다는 것이다. Paul과 Lucia가 각자의 방식만을 고집한다면, 둘 중 하나는 이기고 다른 하나는 질 수밖에 없다.

나와 상대방 중에서 누가 자신이 원하는 것을 얻느냐와 같이 상황을 양자택일로 지각할 때, 사람들은 주로 이 경쟁의 방식을 사용한다. 승-패 상황의 가장 확실한 사례는 야구나 포커와 같은 게임에서 승자와 패자를 필요로 하는 상황이다. 같은 직장에서 승진을 경쟁하는 동료 사원들, 한정된 재정을 두고 어떻게 사용할지 의견이 분분한 커플 등 많은 대인 간 문제는 이 승-패의 형태와 거의 유사해보인다.

경쟁이 관계 개선에 도움이 되는 사례도 있기는 하다. 한 연구결과에 따르면, 연인관계에 있는 커플이 더욱 풍부하게 상호작용하기 위해 경쟁방식을 사용하기도 한다.[20] 예를 들면 운동(누가 라켓볼을 더 잘 치는가?), 성과(누가 직장에서 더 좋은 성과를 내는가?), 이타심(누가 상대방에게 더 헌신적인가?)에서 경쟁하면서 만족을 발견하기도 한다. 이들처럼 만족하는 커플들은 경쟁을 관심의 한 측정치 즉, 감사와 존중의 결여를 암시하는 갈등과는 완전히 다른 의미로 정의하면서, 공유하는 삶의 방식을 통해 만족감을 더 높여나간다(4장을 참조할 것). 물론 한쪽은 흡족한 승자가 되고 다른 쪽은 감정 상한 패배자가 되었을 때, 이런 처리방식이 어떻게 역효과를 내는지 확인하는 것은 쉬운 일이다. 패배자가 된 것 같은 느낌은 보복을 생각하게 하고, 관계를 패-패 방식으로 추락하게 하는 경쟁의 소용돌이를 만들 수도 있다.[21]

권력 혹은 힘은 승-패 방식의 문제해결에서 독특한 특성을 가진다. 왜냐하면 자신이 원하는 것을 얻기 위해서는 상대방을 물리칠 필요가 있기 때문이다. 가장 분명한 종류의 힘은 물리력이다. 어떤 부모는 "못된 짓 그만하지? 네 방으로 보내 버린다."와 같은 경고를 통해 아이들을 협박한다. 물리력으로 서로를 대하는 성인들이 일반적으로 매우 직설적인 방법만을 사용하는 것은 아니다. 오히려 합법적인 시스템을 통해 위협을 암시하는 방법을 사용한다. 가령 "원칙을 지켜. 그렇지 않으면 가둬 버린다."와 같이 얘기한다.

실질적인 힘이나 암시적인 힘이 갈등에 사용되는 유일한 힘은 아니다. 힘에 의존하는 사람들은 위협적인 물리적 강압 없이도 승-패 방식을 즐겨 사용한다. 대부분의 직장에서 관리자들은 업무시간 배정, 업무의 진행, 선호-비선호 과제를 배정하는 권력을 가지고 있다. 물론 불만족스러운 직원을 해고할 수 있는 권력까지도 가진다. 학교에서 교사들은 자신의 방식대로 학생들이 행동하도록 강제하기 위해 그들의 등급을 매기는 권력을 이용할 수 있다. 일반적으로 허용되는 민주적 시스템의 규칙들도 갈등 해결 방식으로 이 승-패 방식을 사용한다. 아무리 이것이 공정하게 보이더라도, 이런 시스템에서는 한 집단이 만족하면 다른 한 집단은 패배할 수밖에 없다.

경쟁하기의 어두운 부분은 이것이 종종 공격성을 유발한다는 것이다.[22] 공격성이 확실하게 드러날 때도 있지만, 쉽게 알기 어려운 형태로 나타나기도 한다. 어떻게 그럴 수 있는지 이해하기 위해 계속 읽어보자.

직접적 공격   직접적 공격(direct aggression)은 의사소통자가 상대방의 면전에서 위협적인 비난이나 요구를 하는 것이다. 의사소통 연구자 Dominic Infante가 규정한 직접적 공격의 몇 가지 형태에 따르면, 성격에 대한 공격, 능력에 대한 공격, 신체적 특징이나 외모에 대한 공격, (상대방의 불운을 기원하는) 악담, 놀림, 조롱, 욕설, 위협 그리고 비언어적 공격이다.[23]

직접적 공격은 상대방에게 심각한 영향을 줄 수 있다. 공격을 받는 사람은 당혹, 무기력, 굴욕, 절망, 소외, 의기소침함 등을 느낄 수 있다.[24] 이런 결과는 대인 간 관계에서, 직장에서, 또는 가정에서 효율성을 감소시킬 수 있다.[25] 언어적 공격과 신체적 공격 사이에는 큰 관련성이 있다.[26] 공격이 구타를 유발하지는 않더라도, 그것의 심리적 영향은 매우 파괴적일 수 있다. 예를 들면 형제자매에게 놀림을 당한 사람은 그렇지 않은 사람들에 비해 만족감과 신뢰 수준이 낮았고,[27] 덜 공격적인 감독의 고교 팀보다 공격적인 감독의 팀들은 경기에 지는 경우가 많다는 보고가 있다.[28]

　　수동적 공격　　　수동적 공격(passive aggression)은 의사소통자가 적대감을 모호하거나 영악한 방식으로 표현하는 것이다. 이것은 사람들이 자신의 분함이나 분노, 격노의 감정을 직접적으로 표현할 수 없거나 표현하고 싶지 않을 때 사용한다. 이런 사람은 자신의 공격적 메시지를 미묘하고 간접적인 방식으로 보내기 때문에 친절한 표정은 그대로 유지한다. 이런 표면적인 모습은 결국 허물어지고, 그 피해자들은 혼란에 빠지고 속았다는 것에 분노를 느낀다. 그러면 수동적 공격의 피해자는 공격적으로 행동하거나, 자신의 상처받은 정서를 돌보기 위해 뒤로 물러나게 된다. 어떤 경우든 수동적 공격은 상처만 줄 뿐 얻는 것은 아무 것도 없게 된다.[29] 앞의 시나리오에서, 일부러 늦게 나타남으로써 Lucia는 둘만 달리고 싶다는 Paul에게 수동적 공격을 할 수 있고, Paul은 Lucia의 친구들과 함께 달리는 것에 동의한 후 혼자 멀리 달려가는 방식으로 수동적 공격을 할 수 있다.

타협하기(부분적 패-패)

　　타협하기(compromising)는 비록 양쪽 모두에게 부분적으로 희생을 주지만, 적어도 양쪽 모두가 원하는 것을 어느 정도는 제공한다. 사람들은 보통 부분적 만족이 자신이 바랄 수 있는 최선일 때 타협을 한다. Paul과 Lucia의 사례로 보면, 이들은 대안으로 그녀의 친구들 없이 중간쯤까지 달린 후 친구들과 합류해서 나머지 절반을 달리는 방식의 타협이 가능하다. 자신들의 문제를 표현하지 않아서 양쪽 다 손해보는 회피하기와는 달리, 타협하는 사람들은 실제로 자신의 욕구를 어느 정도는 충족해주는 해결책을 협상한다. 그러나 이것은 또한 모두가 일정 정도의 손해는 본다는 것과 같은 의미이다.

　　타협은 모든 것을 잃는 것보다는 낫지만, 이러한 접근이 이상적으로 보이지 않는 때도 있다. 우리는 어떤 사람이 "내 가치관을 타협하겠다."고 말하면 그것을 비판적으로 보지만, 갈등관계에 있는 두 사람이 타협해서 해결책에 도달하는 것은 긍정적으로 본다.[30] 타협이 어떤 갈등관계에서는 최선의 결과를 가져올 수 있다 하더라도, 갈등관계에 있는 두 사람이 더 나은 해결책을 찾기 위해 공동으로 노력할 수 있다고 인식하는 것이 중요하다. 그래서 때로 타협은 부정적인 단어가 된다.

우리들 주변에는 잘못된 타협의 결과들이 너무나 많다. 담배를 피우고 싶은 사람과 깨끗한 공기를 원하는 사람 간의 갈등 같은 일상적인 사례를 생각해보자. 이 상황의 승-패 결과는 명백하다. 담배 피는 사람이 흡연을 자제하거나 비흡연자의 폐가 오염되거나 둘 중 하나다. 양쪽 모두 만족할 수는 없다. 그러나 흡연자가 흡연을 줄이거나 밖에서 피우는 것, 그리고 비흡연자가 연기를 그냥 마시거나 싫은 소리 하는 사람이 된 것 같은 느낌 사이의 타협은 좋은 방법이 아니다. 양쪽 모두 편안함과 선의의 상당 부분을 잃게 된다. 물론 이와 다른 경우의 협상은 초래하는 비용도 더 클 수 있다. 예를 들어 이혼하는 부부가 아이의 양육권을 두고 협상하면서 시간을 나누어 양육하는 것에 동의할 수밖에 없는 상황이라면, 이것은 누가 이겼다고 말하기 어렵다.

어떤 타협은 양쪽 모두에게 만족을 주기도 한다. 중고차 판매자가 요구하는 값과 구매하려는 사람 사이의 금액 협상은 합의를 볼 수 있다. 어느 쪽도 자신이 원하는 모든 것을 얻지는 못했지만, 협상의 결과는 그래도 양쪽 모두를 만족시킬 수 있다. 이와 비슷하게, 여러분과 친구들은 저녁시간을 함께 보내기 위한 서로의 차선책으로 영화를 보러갈 수 있다. 하나의 결과에 모두가 만족하는 한, 타협은 갈등을 해결하는 효과적인 방법일 수 있다. 타협이 만족을 주고 성공적일 때, 그것은 우리가 마지막으로 논의할 협력하기 스타일로 구분하는 것이 더 정확할 수 있다.

협력하기(승-승)

협력하기(collaborating)는 갈등상황에서 승-승 해결책을 찾는 것이다. 협력하는 사람은 자신과 상대방 모두를 배려한다. '내 방식대로' 혹은 '네 방식대로'가 아니라 '우리 방식대로' 문제를 해결하는 데 초점을 둔다. 최상의 경우에 협력은 쌍방 모두가 원하는 것을 얻는 승-승 결과를 가져온다.

Lucia와 Paul이 협력한다면, 일대일 달리기는 계속하면서 끝마치기 조금 전에 Lucia의 친구들이 동참하든지, 그녀의 친구들이 동참하는 강도가 덜한 별도의 운동을 계획하는 방식으로, 그들 모두가 만족하는 최선의 방법을 결정할 수도 있다. 그것도 아니면 그들 모두가 좋아하는 다른 운동을 찾을 수도 있다.

협력하기의 목적은 모두가 만족하는 해결책을 찾는 것이다. 협력하기적 접근을 하는 사람들은 어느 한쪽의 희생 속에서 이기는 것을 피할 뿐만 아니라, 함께 노력함으로써 절충을 넘어서는 해결책을 찾아서 모든 당사자가 자신의 목표에 도달할 수 있다고 믿는다. 다음 사례를 실펴보자.

- 한 신혼부부는 재정문제로 종종 논쟁을 한다. 남편은 자신이 즐기기 위한 것이나 집 장식을 위한 비실용적인 물품의 구매를 즐긴다. 반면 아내는 그런 소비가 건전한 재정을 망칠까 우려한다. 이들의 해결책은 '즐기는 소비'의 금액한도를 따로 정해두는 것이다. 금액은 부담할 수 있는 적은 수준이지만, 남편에게는 빡빡한 생활방식에서 벗어날 수 있는 기회를 준다. 아내도 이 조정에 만족한다. 왜냐하면 사치품을 사는 돈이 이제는 가계 예산에 잡혀 있어서, 남편의 충동구매를 통제할 수 없다는 느낌을 없애주기 때문이다. 이 계획은 부부의 수입이 늘어나고 사치품 예산이 커진 후에도 그대로 잘 유지된다.
- 상점 관리인 Marta는 가정사나 업무외적인 일 때문에 종업원들의 근무시간을 조정해주는 것이 싫다. 그들은 종업원이 스스로 자신들의 근무시간을 조정한 후 그 관리인에게 알려주는 방식으로 갈등을 조정한다.
- Wendy와 Kathy는 공부 스타일이 서로 다른 룸메이트이다. Wendy는 일상적인 일에서 벗어난 밤에 공부하는 것을 좋아하지만, Kathy에게 밤은 파티를 위한 시간이다. 이들이 찾을 수 있는 해결책은 월요일에서 수요일까지는 Kathy가 원하는 것을 하도록 Wendy가 그녀의 남자친구 방에서 공부하고, 목요일부터 일요일까지는 Kathy가 집에서 조용하게 있는 것이 방안이 될 수 있다.

여기서의 핵심은 이들 해결책이 모든 사람들의 비슷한 문제에 꼭 들어맞지는 않는다는 것이다. 승－승 방법은 그런 식으로 작동하지 않는다. 다른 사람들은 각자 자신들에게 더 잘 맞는 해결방법을 찾을 수 있다. 협력은 자신의 독특한 문제에 맞는 해답을 창조적으로 찾는 방법을 알려준다. 또한 이 해답은 협력하기 전 기대하거나 생각한 부분과는 다를 수 있다. 승－승 해결방식을 고안함으로써 모든 사람이 편안하게 살 수 있는 갈등해결방식을 만들어낼 수 있다. 여러분이 협력적인 갈등해결방식에 이르는 방식은 앞으로 배울 수 있다.

사용할 스타일

협력하기는 문제해결을 위한 이상적 접근처럼 보일 수 있다. 그러나 '최상'의 방법이 하나뿐이라고 생각하는 것은 과잉단순화이다.[31] 일반적으로 승–승 접근은 승–패나 패–패 해결방식보다는 더 선호된다. 그러나 우리가 앞에서 살펴보았듯이, 회피하기, 수용하기, 경쟁하기, 타협하기가 더 적절한 때도 있다. <표 12.1>은 갈등에서 사용할 스타일을 결정할 때 고려해야 할 여러 가지 요인을 열거하고 있다.

▶ 표 12.1 최상의 갈등 스타일 선택 시 고려할 요인 © Cengage Learning

회피하기 (패-패)	수용하기 (패-승)	대립하기 (승-패)	타협하기 (부분적 패-패)	협력하기 (승-승)
문제가 중요하지 않을 때	당신이 틀렸다는 것을 발견할 때	승-승 방식을 찾을 시간적 여유가 없을 때	복잡한 문제 상황에서 임시적이고 빠른 해결을 하고자할 때	타협해야 할 문제가 매우 중요할 때
대립하는 것의 비용이 이익보다 클 때	문제가 당신보다 상대방에게 더 중요할 때	장시간 타협을 하기에는 문제가 중요하지 않을 때	상대방이 서로 배타적인 목표에 매우 집착할 때	당신과 상대방의 장기간 관계가 중요할 때
감정을 진정시키고 관점을 알기 위해	이기는 것의 장기적 비용이 단기적 비용보다 적을 때	상대방이 협력을 거부할 때	문제가 적당히 중요하고, 교착 상태에 빠지는 것이 적절하지 않을 때	문제에 대한 관점을 다른 사람과 통합하기 위해
	갈등 이후의 신뢰를 구축하기 위해	당신의 입장이 옳고 필요하다고 확신할 때	협력이 이뤄지지 않을 때 대안으로	양측의 관심사에 헌신하는 것을 보임으로써 관계의 발전을 도모하고자 할 때
	상대방이 자신의 실수를 통해 뭔가 배우도록 하기 위해	경쟁력이 없는 사람의 혜택을 이용하려는 사람으로부터 당신을 보호하기 위해	창조적이고 독창적인 문제해결책을 찾기 위해	

1. **관계**   다른 누군가가 여러분보다 권력이 있을 때, 수용이 가장 적절한 방법이 될 수 있다. 여러분의 상사가 '당장' 어떤 서류를 작성하라고 명령한다면, 군말 없이 그것을 시작하는 것이 현명한 방법일 수 있다. 자기주장적인 반응(어제 말한 것도 아직 못하고 있는데요.)은 힙리직일 수 있지만, 이런 반응은 여러분에게 어떤 대가를 치르게 할 수도 있다.

2. **상황**   상황이 다르면 필요한 갈등 스타일도 달라진다. 차량의 가격을 한 시간 동안 흥정한 후에는 그 가격 차이를 반으로 나눠서 타협하는 것이 최선일 수도 있다. 그러나 이와 다른 사례에서는 '마음을 바꾸지 않는 것'이 원칙의 문제 그리고 옳다고 믿는 것을 지키는 문제일 수도 있다.

3. **상대방**   승−승은 좋은 생각이지만, 가끔 상대방이 협력의 의지가 없거나 협력할 수 없는 경우가 있다. 매우 경쟁적이어서 관계의 안녕에 앞서 사소한 문제에서도 꼭 이기려 드는 사람을 여러분은 알고 있을 것이다. 이런 경우 협력을 위한 여러분의 노력이 성공할 확률은 크게 떨어진다.

4. **목표**   때로 여러분의 최우선 관심이 크게 분노하거나 기분이 상한 사람을 진정시키는 것일 수도 있다. 예를 들면 까다롭거나 질병을 앓고 있는 이웃사람의 감정 폭발을 수용하는 것이 그들에게 맞서거나 한바탕 싸움을 하는 것보다 더 나을 수도 있다. 다른 사례를 보면, 여러분의 언어적 공격이 원래 목표를 달성하지 못하게 하더라도, 자신의 도덕적 원칙 때문에 그런 말을 할수도 있다. 가령 "너의 인종차별적 농담은 충분히 들었어. 그것이 왜 그렇게 모욕적인지 수차례 설명했지만, 너는 제대로 듣지 않았어. 난 이제 떠나겠어."와 같은 것이다.

관계 체계에서의 갈등

지금까지 우리는 개인적인 갈등 스타일에 집중해 왔다. 하나의 갈등에서 여러분이 선택한 스타일이 중요하지만, 그 스타일이 갈등의 전개과정을 결정하는 유일한 요소는 아니다. 사실 갈등은 관계적이기 때문에 보통은 당사자들의 상호작용

방식이 갈등의 특징을 결정한다.[32] 예를 들면 여러분이 이웃과의 갈등을 자기주장적으로 다루겠다고 마음먹었지만, 상대방의 비협조적인 특성이 여러분의 공격행동을 유도할 수도 있고, 그의 물리적 위협이 회피를 유도할 수도 있다. 마찬가지로, 여러분은 한 교수의 외견상 무관심에 불만을 가지고 그에게 항의해야겠다고 생각하다가도 그의 건설적인 반응을 접하게 되면, 그 문제를 자기주장 방식으로 터놓고 얘기할 수도 있다.

이와 같은 사례는 갈등이 단지 개인적인 선택에 의존하지 않는다는 것을 보여준다. 그보다는 파트너와 어떻게 상호작용하느냐에 달려 있다. 둘 이상의 사람이 장기적 관계에 있을 때, 그들은 자신들만의 관계적 갈등 스타일(relational conflict style) 즉, 의견 충돌을 관리하는 패턴을 발전시킨다. 각자가 서로에게 미치는 상호 영향력은 매우 강력하기 때문에, 갈등을 극복하는 방식에 개인의 성격이 미치는 영향을 극복할 수 있다.[33] 다시 살펴보겠지만, 어떤 관계적 갈등 스타일은 건설적이지만, 그와 다른 어떤 것은 관계를 비참하게 만들거나 위협적으로 만들기도 한다.

상보적, 대칭적, 병렬적 유형

사람들은 대인 간 관계에서 −비인간 관계에서도 마찬가지로− 갈등을 관리하기 위해 세 가지 스타일 중 하나를 사용한다. 상보적 갈등 스타일(complementary conflict style)의 관계에 있는 사람들은 다르지만 서로를 보강하는 행동을 한다. 대칭적 갈등 스타일(symmetrical conflict style)의 사람들은 서로 비슷한 행동 패턴을 보인다. 병렬적 갈등 스타일(parallel conflict style)에서는 문제에 따라 상보적 갈등 스타일과 대칭적 갈등 스타일 사이를 왔다 갔다 한다. 당사자들의 의사소통이 상보적인지 아니면 대칭적인지에 따라, 동일한 갈등도 완전히 다른 방식으로 전개될 수 있다는 것을 <표 12.2>가 보여준다. 병렬적 스타일은 상황에 따라 이 두 패턴 사이에서 왔다갔다할 것이다.

연구결과에 따르면, 상보적인 투쟁−도피(fight−flight) 스타일은 불행한 결혼생활에서 매우 흔하다. 한쪽(대부분이 아내)은 갈등을 직접적으로 다루고자 하지만,

다른 쪽(보통 남편들)은 물러나 있고 싶어 한다.[34] 이런 스타일의 사람들은 적대감과 고립감을 더욱 증가시키는 악순환을 보인다. 왜냐하면 그들은 문제를 악화시키는 원인을 상대방에게 돌리면서 서로 다른 방식으로 갈등에 대처하기 때문이다. "내가 물러나는 이유는 아내가 너무 비난만 하기 때문이야."라고 남편은 말할 것이다. 그러나 아내는 순서를 동일한 방식으로 구성하지 않을 수 있다. "남편이 뒤로 물러나니까 내가 비판하는 거야."가 아내의 관점일 수 있다.

상보적 스타일이 문제를 야기하는 유일한 원인은 아니다. 고통스러운 결혼생활을 하는 몇몇 부부들은 파괴적인 대칭적 의사소통에 시달리기도 한다. 갈등의 당사자들이 서로를 적대적으로 대한다면, 갈등 상승의 소용돌이 속에서 하나의 협박이나 모욕은 또 다른 모욕이나 협박을 낳는다. 두 당사자가 문제를 직접적으로 제기하는 대신 서로에게서 물러나 있으면, 그 관계는 갈등 감속의 소용돌이 속에서 만족감이나 활력이 사라짐으로써 이전의 껍데기만 남게 된다.

<표 12.2>에서 보듯이, 상보적 행동과 대칭적 행동은 '좋은' 결과를 가져올 수도 있고 '나쁜' 결과도 가져올 수도 있다. 상보적 행동이 긍정적이면 긍정적인 소용돌이가 생기고 갈등을 해결할 수 있는 가능성도 커진다. <표 12.2>의 사례 2가 이런 경우에 해당한다. 이 사례에서 상사는 부하직원의 말을 기꺼이 들으면서 그들이 우려하는 사항을 듣는 데 개방적이다. 여기에서 상보적인 말하기-듣기 유

▶ 표 12.2 **상보적 및 대칭적 갈등 스타일**   © Cengage Learning

상황	상보적 스타일	대칭적 스타일
사례 1: 남편이 집에 거의 없기 때문에 아내는 속이 상한다.	아내의 불평: 집에 있는 시간도 적으면서, 집에서 말 한마디 하지 않는다. (파괴적)	아내는 불평하고 남편은 화를 내며 방어적으로 대응한다. (파괴적)
사례 2: 남성 사장이 여직원을 "자기야"라고 불러 여종업원은 불쾌하다.	여직원이 사장에게 불쾌한 이유에 대해 설명하며 항의한다. 사장은 나쁜 의도가 없었음을 설명하며 사과한다. (건설적)	여직원은 회사 회식에서 악의적 "농담"으로 사장에게 보복한다. (파괴적)
사례 3: 부모는 10대 자녀의 새로운 친구 때문에 마음이 불편하다.	부모는 걱정을 표현하는데, 자녀는 "걱정할 일 아니에요"라고 말하며 이를 일축한다. (파괴적)	자녀는 부모의 과도한 관심에 불편함을 표현한다. 부모와 자녀는 함께 동의할 수 있는 해결책을 협상한다. (건설적)

잠시 생각해보기

갈등 스타일 이해하기

다음의 연습을 통해 당신의 갈등 스타일이 어떻게 다른지 명확히 이해할 수 있다.

1. 다음의 갈등 스타일 중 하나를 파트너와 함께 선택하라. 원한다면 당신만의 갈등 스타일로 대체할 수도 있다.
   a. 룸메이트들이 아파트에서의 소음 수준에 대하여 서로 의견이 다르다.
   b. 부모는 대학 2학년인 자녀가 겨울방학 동안 집에 있기를 원한다. 자녀들은 친구들과 여행하기를 원한다.
   c. 커플 중 한 사람은 친구들과 놀기를 원한다. 다른 한 사람은 집에서 둘만 함께 있기를 원한다.
2. 다음의 각 스타일을 반영해서 각 갈등을 4회씩 역할놀이를 해보라.
   a. 상보적(건설적)
   b. 상보적(파괴적)
   c. 대칭적(건설적)
   d. 대칭적(파괴적)
3. 각 스타일을 경험한 후, 어떤 스타일이 당신의 한 관계에서 갈등을 다루는 방식과 비슷한지 결정하라. 그런 방식이 만족스러운가? 아니라면, 어떤 스타일이 더 좋은 접근인지 기술하라.

형은 잘 작동한다.

　　대칭적 스타일도 마찬가지로 유익할 수 있다. 건설적인 대칭 스타일의 가장 명쾌한 사례는 양측이 자신의 주장을 밝히고, 상대방의 우려를 듣고, 함께 문제를 해결하려고 노력하는 경우이다. 이런 해결 가능성은 부모와 10대 자녀 간의 갈등을 다룬 사례 3에서 찾아볼 수 있다. 서로에 대한 충분한 존중과 주의 깊은 경청을 통해, 부모와 청소년 자녀는 서로의 관심사를 이해할 수 있고, 양쪽 모두에게 그들이 원하는 것을 줄 수 있는 최선의 방법을 찾을 수 있다.

유해한 갈등관리 패턴: 네 명의 기수(The Four Horsemen)

　　어떤 갈등 스타일은 관계의 파괴를 보장할 만큼 매우 파괴적이다. 이런 해로

운 형태의 의사소통은 John Gottman이 명명한 '네 명의 파멸적 기수'를 포함하고 있다.[35]

Gottman은 신혼부부와 그들의 의사소통 패턴에 대한 자료를 수십 년간 수집 했다. 그는 이들 신혼부부의 상호작용에 대한 관찰을 통해서 신혼부부가 결국 이 혼할지 여부를 90% 이상의 정확도로 예측할 수 있었다. 그가 발견한 파괴적인 신 호는 다음과 같다.

1. **비난**　　　이것은 개인의 성격에 대한 공격이다. 앞의 6장과 11장에서 기 술한 것처럼, 상대방의 행동에 대한 불만을 '나' 언어로 정당하게 표현하는 것(나는 당신이 시간을 지키면 좋겠어. 영화시간에 늦었잖아.)과 평가적인 '너' 메시지로 성격을 비난하는 것(당신은 너무 생각이 없어. 당신은 자기 말고 딴 사람 생각은 절대 안 하는 사람이야.) 사이에는 중요한 차이가 있다.

2. **방어**　　　앞의 11장에서 설명한 것처럼, 방어는 자신의 책임을 부정하거 나("당신 돌았어? 나 같으면 절대 그렇게는 하지 않아.") 반격함으로써("그건 당 신이 나보다 훨씬 더 나빠.") 자기를 보호하려는 반응이다. 자기보호에도 이 해가 가는 측면이 있지만, 어느 한쪽이 다른 한쪽의 말을 듣지 않거나 인정 하지 않을 때 문제가 발생한다.

3. **경멸**　　　경멸적인 말은 상대방의 품위를 손상시키고 그에게 모멸감을 준다. 이것은 욕설("넌 정말 얼간이야.")이나 빈정대는 형태("오! 그것 참 대단 하십니다.")를 띨 수도 있다. 경멸은 말이 아닌 과장된 눈동자 굴림이나 혐 오스런 한숨을 통해서도 전할 수 있다(이 둘을 동시에 해보고 그것이 얼마나 모멸감을 주는지 상상해보라.).

4. **의사방해**　　　한쪽이 상호작용에서 물러나 대화를 차단하고, 서로 만족스 런 방식으로 문제를 해결할 수 있는 가능성을 차단할 때, 의사방해가 발생 한다. 이것은 상대방에게 "당신 생각은 중요하지 않아."라는 부정적인 메시 지를 내보이는 것이다.

　　여기서 '네 명의 기수'가 어떻게 파괴적인 공격적 소용돌이를 유발할 수 있는 지 보여주는 짧은 논쟁이 아래에 있다.

"당신 또 한도 초과했어. 이제 아무것도 못해. 알았지?"(비난)

"이봐, 날 그만 탓해. 당신도 돈을 가장 많이 쓴 사람 중의 하나야."(방어)

"적어도 난 수학에서는 1등급을 받았어. 잘했어, 아인슈타인."(경멸)

"뭘 하든지…(밖으로 걸어 나가며 하는 말)"(의사 방해)

이런 식으로 말하는 것은 단지 부부관계뿐 아니라 어떤 관계에서도 파괴적으로 작용한다는 것은 금방 알 수 있는 일이다. 이제 우리가 논의할 것이지만, 이렇게 말하는 것이 서로를 할퀴고 파괴적 갈등관계로 발전하게 한다는 사실을 쉽게 알 수 있는 것이다.

갈등 의례

상당 기간 동안 관계를 맺어 온 사람들의 의사소통은 종종 갈등 의례로 발전한다. 갈등 의례(conflict rituals)는 보통은 확인하기 어렵지만, 서로 맞물리는 행동이 보여주는 매우 사실적인 행동 패턴이다.[36] 아래의 일반적인 의례를 살펴보자.

- 한 어린이가 부모의 대화를 중단시키고, 자신의 관심에 대해 얘기할 것을 요구한다. 부모는 아이에게 기다리라고 말하지만, 아이는 부모가 자기의 요구를 무시하기보다는 들어주는 것이 더 쉽다는 것을 알 때까지 계속 칭얼거리고 운다.
- 한 커플이 싸운다. 한쪽이 떠난다. 남은 쪽은 문제의 책임을 받아들이고 용서를 구한다. 떠났던 파트너가 되돌아오고, 행복한 재결합이 평화를 가져온다. 얼마 후 이들은 다시 싸운다.
- 사장이 업무에 대한 압박으로 크게 화를 낸다. 이를 알아차린 직원들은 그를 가능한 한 멀리한다. 위기가 끝났을 때, 사장은 자신의 감정 폭발에 대한 보상 차원에서 직원의 요구를 특별히 수용하는 태도를 보인다.
- 룸메이트들이 집안 청소에 대한 책임소재를 두고 다투고 있다. 한 룸메이트가 며칠간 상대방에게 '침묵투쟁'을 하고는 별다른 사과 없이 방을 청소하기 시작한다.

"내가 당신에게 고함치는 게 아니라, 당신과 함께 고함치는 거예요."

대부분의 의례적인 상호작용은 특히, 모든 사람들이 그러한 의례를 갈등 관리 방법으로 받아들일 때, 그다지 나쁘지 않다.[37] 앞의 몇 가지 사례를 살펴보자. 첫째 사례에서 아이의 칭얼거림은 부모의 관심을 끌 수 있는 유일한 방법일 것이다. 둘째 사례에서 양쪽은 화를 삭이는 방법으로 싸웠을 수 있고, 재결합의 즐거움을 위해 별거의 슬픔도 가치 있다는 것을 알았을 것이다. 셋째 사례에서 의례는 사장(압박에서 벗어나는 방식으로)과 직원(자신들의 요구사항을 전달하는 방식으로)에게 모두 효과가 있을 수 있다. 넷째 사례에서는 적어도 방은 결과적으로 깨끗해진다.

그러나 관계를 맺고 있는 사람들이 갈등을 조절하는 유일한 방법이 이와 같

잠시 생각해보기

당신의 갈등 의례들

당신에게 중요한 하나의 관계에서 갈등 의례 관련 두 사례를 기술해보라. 하나의 사례는 긍정적 사례로, 다른 하나는 부정적 의례로 구성하라. 각 사례에서 다음을 설명해보라.

1. 갈등을 쉽게 촉발하는 주제(예를 들면 돈, 여가시간, 애정 등)
2. 의례를 시작하는 한쪽의 행동
3. 초기 사건에 이어 양쪽이 보이는 일련의 반응
4. 의례가 끝나는 방식

당신의 기술에 근거해서 만족스럽지 못한 의례의 대안을 설명하고, 당신이 어떻게 갈등을 더욱 만족스럽게 관리할 수 있을지 기술해보라.

은 의례라면, 의례는 오히려 문제를 초래할 수도 있다. 1장에서 살펴본 것처럼, 능숙한 의사소통자에게는 다양한 행동 대안이 있으며, 주어진 상황에 가장 효과적인 대안을 선택할 수 있다. 하나의 의례 패턴으로 갈등을 조절하는 것은 드라이버 하나로 집안의 모든 수리를 하겠다는 것과 같고, 하나의 양념으로 모든 조리를 하겠다는 것과 같다. 갈등 의례는 익숙하고 편안할 수 있지만, 그것이 다양한 갈등을 해결하는 데 항상 최선의 방식은 아니다.

갈등 유형에서의 변인

모든 관계 시스템은 독특하다는 것을 이제 여러분은 알았을 것이다. 가족, 사업, 학교에서의 의사소통 패턴은 다른 장면에서의 패턴들과는 매우 다르다. 그러나 개별 관계에서 발생하는 이러한 차이점과 함께 두 강력한 변인 즉, 성(gender)과 문화가 사람들의 갈등관리에 막강한 영향력을 행사하고 있다. 우리는 이제 이러한 변인을 알아보고, 이것이 어떻게 갈등관리에 영향을 미치는지 살펴볼 것이다.

성(gender)

종종 남성과 여성은 갈등에 대한 접근이 서로 다르다. 어릴 때에도 남자아이는 공격적, 요구적, 경쟁적일 가능성이 높은 반면, 여자아이는 보다 협력적일 가능성이 높다. 유치원에서 초기 청소년기까지의 어린이를 대상으로 한 연구들에 따르면, 남자아이들은 "누워.", "내 앞에서 비켜.", "팔베개 해줘."

Bill Sykes Images/The Image Bank/Getty Images

등 명령하는 식으로 자신의 방식을 관철하려 한다. 대조적으로, 여자아이들은 "…찾으러 가자.", "…에게 물어보자.", "병 가지고 있니?", "이것들 먼저 내보내자." 등 청유형으로 행동을 제안할 가능성이 높다.[38] 남자아이들은 소꿉놀이에서도 상대방에게 이떤 역할을 맡으라고 말하는 반면("자, 네기 의사역할을 해."), 여자아이들은 일반적으로 상대방에게 어떤 역할을 원하는지 물어보거나("네가 잠깐 환자 역할을 해줄래?") 공동제안을 한다("우리 둘 다 의사 역할을 하자."). 심지어 사내아이들은 종종 사전 설명도 없이 요구를 한다("아저씨, 펜치 좀 주세요. 지금요."). 대조적으로, 여자아이들은 종종 자신의 제안에 대한 이유를 말한다("애들을 우선 씻어야겠어, 너무 더러워져서.").[39]

갈등 상황에서 여자 청소년들도 공격성을 드러내지만, 일반적으로 남자 청소년보다는 간접적인 방법을 쓴다. 남자 청소년들은 종종 말로 결판을 내던가 심지어 물리적 싸움도 하지만, 여자 청소년들은 일반적으로 뒷담화, 험담, 왕따 등의 방법을 쓴다.[40] 이것이 여자들의 공격성이 남자들보다 덜 파괴적이라는 것을 의미하지는 않는다. 영화 'Mean Girls(소설 Queen Bees and Wannabes를 근거로 만든 영화[41])'는 직접적인 공격이 젊은 여성의 자기개념과 관계에 어떤 손상을 주는지 생생하게 묘사하고 있다.

갈등에 대처하는 데 나타나는 성차는 종종 성인기에도 계속된다. 대학생에 대한 한 연구는 남성과 여성의 갈등대처 방식이 서로 대조적이라는 것을 보여주고 있다.[42] 그들의 문화적 배경과는 상관없이, 여자 대학생은 남자 대학생이 권력에 관심이 많고 관계적 문제보다는 개인적 만족에 더 관심이 큰 존재로 묘사한다. 남성의 갈등 스타일을 표현하는 말에는 "갈등에서 남성에게 가장 중요한 것은 그들 자신이다.", "남자는 감정에 대해서는 별로 염려하지 않는다.", "남자는 보다 직접적이다." 등이 있다. 반면 여성은 갈등의 과정에서 관계를 유지하는 것에 보다 더 많은 관심을 두는 것으로 묘사된다. 여성의 갈등 스타일을 묘사하는 말에는 "여자가 더 잘 경청한다.", "여자는 다른 사람을 조종하려 들지 않으면서 문제를 해결하려 노력한다.", "여자는 다른 사람의 감정에 관심이 많다." 등이 있다.

이런 종류의 차이가 남성은 좋은 관계를 형성할 수 없다는 것을 의미하는 것은 아니다. 그보다는, 무엇이 좋은 관계를 만드는지 그것에 대한 그들의 생각이 다르다는 것이다. 어떤 남성들에게는 우정과 공격성이 상호배타적이지 않다. 실제로, 강한 남자들의 많은 관계는 대략 경쟁(직장이나 육체적 운동에서)에 기반해서 이루어진다. 여성들도 경쟁적일 수는 있다. 그러나 그들은 공격보다는 논리와 타협을 훨씬 더 많이 사용한다.[43] 회피적 상황을 맞이했을 때, 남성들에 비해 여성들이 그러한 회피적 침묵을 관계에 더 해로운 것으로 본다(여자들이 "이것에 대해 이야기 해 보자."라는 말을 더 많이 하는 이유가 여기에 있다.).[44]

성(gender)과 갈등에 대한 연구를 전반적으로 살펴보면, 갈등을 다루는 방식에서의 성차는 상대적으로 크지 않을 뿐 아니라, 공격적인 남성과 수동적인 여성이라는 고정관념도 때로는 맞지 않는 결과를 보인다.[45] 사람들은 갈등관리 방식에서 성차를 실제보다 더 크게 지각하는 것처럼 보인다.[46] 남성은 공격적이고 여성은 수용적이라고 가정하는 사람들은 자신의 고정관념에 맞는 행동에 주목할 것이다("저걸 봐, 그가 얼마나 여자를 쥐고 흔드는지. 전형적인 남자야."). 다른 한편으로, 그들은 자신의 고정관념에 부합하지 않는 행동(수용적인 남성, 밀어붙이는 여성)은 주목하지 않을 것이다.

남성과 여성의 갈등 스타일 특성이 서로 다르기는 하지만, 그 이유는 성(gender)과 크게 관련이 없을 수 있다. 그보다는 눈앞에 닥친 상황이 특정 사람의 갈등관리 방식에 더 많은 영향을 미친다.[47] 예를 들면 다른 사람에게 공격을 받을 때, 남성이든 여성이든 모두 다 쉽게 공격적으로 반응한다(11장의 방어적 소용돌이에 대한 논의를 기억할 것). 실제로, 결혼한 커플들이 의견 충돌을 어떻게 다루는지 연구한 사람들은 성(gender)보다는 다른 사람의 행동이 갈등 스타일을 결정하는 데 더 중요하다는 것을 발견했다.[48]

그러면 우리는 갈등에 대한 성(gender)의 영향에 대해 어떻게 결론지을 수 있을까? 사실 연구자들은 적지만 그래도 눈에 띄는 성차가 있다는 것은 입증했다. 그러나 남성과 여성의 갈등 스타일이 다르더라도, 각 의사소통자의 개인적인 스타일과 관계의 본질이 갈등 조절 스타일을 형성하는 데 더 중요하다.

——— TV 쇼 'Blackish'에서 문화는 갈등 관리에 영향을 미친다. Andre 'Dre'(Anthony Anderson 역)와 Rainbow 'Bow' Johnson(Tracee Ellis Ross)은 그들이 자랄 때와는 달리 중상류층 환경에서 살고 있는 전문직업인이다. 그들과 그들 자녀는 그들의 문화유산을 자신의 독특한 포부와 성격에 반영하고자 노력한다. 문화와 사회계층이 여러분의 개인적 및 직업적 관계에 어떻게 영향을 주는가? 때로 이러한 요인이 갈등의 원인이 되는가? 그렇다면 여러분은 그러한 갈등을 어떻게 관리하는가?　　　ABC/Photofest

문화

사람들의 갈등관리 스타일은 그들의 문화적 배경에도 매우 크게 의존한다. 북미 사람들의 일반적인 특징인 직설적이고 자기주장적인 접근이 모든 사람들의 일반적인 규범은 아니다.[49]

갈등에 대한 태도를 형성하는 데 가장 중요한 문화적 요인은 개인주의와 집단주의적 접근이다.[50] 미국과 같은 개인주의 문화에서는 각 사람의 목표, 권리, 욕구를 매우 중요하게 여기고, 남에게 좌우되지 않는 것은 개인적 권리라는 데 많은 사람들이 동의할 것이다. 그러나 대조적으로 집단주의 문화(남미, 아시아의 대부분 문화)에서는 개인의 요구보다는 집단의 이익을 우선시한다. 북미 지역에서는 매우 적절하게 보일 수 있는 자신감 있는 행동도 집단주의 문화에서는 무례하고 둔감한 행동으로 여겨질 수 있다.

갈등에 영향을 미치는 또 다른 요인은 저맥락 문화와 고맥락 문화 간의 차이이다.[51] 6장에서 살펴본 것처럼, 미국 같은 저맥락 문화에서는 직접적이고 있는 그대로 소통하는 것에 더 많은 가치를 둔다. 이와는 대조적으로, 일본과 같은 고맥락 문화에서는 대립의 회피나 자기 조절에 더 높은 가치를 둔다. 미국인에게는 '말을 빙빙 돌리는' 것으로 보이는 것이 아시아인에게는 오히려 공손한 것으로 보일 수 있다. 한 예로, 일본에서 '문을 닫아주세요.'라는 단순한 요구도 너무 직설적인 말로 들릴 수 있다. 이보다는 좀 더 간접적인 말 "오늘은 좀 추워요."라는 말이 더 적절할 수 있다.[52] 그러나 더 중요한 것은, 일본인들은 다른 사람의 요청에 "아니오."라고 말하는 것을 주저한다는 것이다. 좀 더 가능한 대답은 "잠시 생각할 시간을 달라."라는 말로서, 일본 문화에 친숙한 사람에게 이 말은 거절하는 것으로 이해된다.

간접적인 의사소통이 문화적 규범일 때, 직접적인 접근이 성공할 것이라고 기대하기는 어렵다. 서로 다른 문화권 출신의 사람들이 갈등에 직면했을 때, 그들의 습관적인 의사소통 패턴이 서로 원만하게 맞물려가지 않을 수 있다. 미국인 남편과 대만인 아내가 접한 갈등은 이런 유형의 문제를 잘 보여준다. 남편은 아내와 직접적으로 말을 함으로써 갈등을 해결하고자 했지만(미국에서는 이것이 일반적이다.), 이것이 아내를 위축되게 만들어 방어적으로 말하거나 아예 뒤로 숨어버리게 했다. 다른 한편, 아내는 기분의 변화나 불쾌감을 (중국문화에서는 전형적인) 눈맞춤으로 표현하고자 했다. 그러나 미국인 남편은 이것을 주목하지 못하거나 그 의미를 이해하지 못했다. 따라서 '남편의 방식'도 '아내의 방식'도 모두 효과가 없었고, 그들은 타협을 위한 현실적인 방법을 찾지 못했다.[53]

갈등의 문화적 차이는 아시아 이외에서도 있다. 예를 들면 그리스를 방문한 미국인들은 그리스인들의 친근한 대화를 종종 논쟁으로 오해한다.[54] 미국과 이탈리아의 유치원 어린이들을 대상으로 한 비교연구에서, 이탈리아 어린이들이 즐기는 취미 중의 하나는 (이탈리아인들은 '토론'이라 하고, 미국인들은 '언쟁'이라고 하는) 뜨거운 논쟁이었다. 이와 유사하게, 동유럽의 유대인 노동자 계급의 '토론'은 곧 '논쟁'과 같은 말이다.

미국 내에서도 소수문화권 출신들은 갈등과정에서 자신의 문화적 배경을 곧잘 드러낸다. 멕시코 출신 미국 대학생과 백인 대학생에게 갈등에 대한 그들의 관점을 질문했을 때, 중요한 차이가 나타났다.[55] 예를 들면 백인 대학생들은 갈등을 관계의 본질적인 부분으로 좀 더 기꺼이 수용하는 반면, 멕시코계 대학생들은 갈등이 관계에 미치는 장단기 위험에 더 우려를 표시했다. 집단주의 문화의 사람들, 조화를 강조하는 고맥락 문화의 사람들이 갈등을 덜 직접적인 방식으로 다룬다는 것은 놀라운 일이 아니다. 이와 같은 차이점 때문에, 서로 다른 문화적 배경을 가진 두 친구, 연인, 직장 동료들이 양쪽 모두 만족하는 갈등 스타일을 찾는 데 곤란을 겪을 것이라는 것은 상상하기 어렵지 않다.

이러한 차이점에도 불구하고, 사람들이 갈등에 접근하는 방식이나 의견이 다를 때 행동하는 방식에 영향을 주는 요인이 문화가 전부는 아니라는 것을 인식할

다양성에 대한 고찰

James Comey: 어지러운 시대에 화합을 추구하다

미국에서 몇몇 흑인들은 존경받는 가장 높은 지위와 성취를 이룬 반면, 또 다른 흑인들은 많은 사람들을 분노케 한 일련의 세간의 주목을 받은 사건에서 백인 경찰관의 손에 죽었다. 이 어려운 시대에, 미국 연방 수사국장(FBI director)은 여기에서 발췌한 내용의 연설을 했다. 그는 이 연설에서 서로를 개인으로 존중하기 위해 서로 갈라져 있는 인종과 개인적 경험을 넘어서는 것이 중요하다고 강조한다. 이제 그는 어떻게 과거의 승-패 갈등 전략을 벗어나서 좀 더 협동적인 해결책을 찾을 것인지를 정당들에게 묻고 있다.

우리는 지금 교차로에 있습니다. 하나의 사회 속에서 누군가가 어디에서 긴장을 완화하고 갈등을 누그러뜨리는 일을 해주길 소망하면서, 우리는 가족을 부양하고 일터에 나가면서 일상을 살아갈 수 있습니다. 우리는 자동차의 창문을 올릴 수 있고, 라디오를 켤 수 있고, 이러한 문제들을 비켜 지나갈 수 있습니다. 혹은 우리가 서로를 더 잘 이해하기 위해 시간을 들인다면, 우리는 오늘날 우리들의 관계가 어떠한지, 그 관계가 어떠해야 하고 어떻게 될 수 있는지, 그리고 어떤 필요가 있는지에 대하여 개방적이고 솔직한 토론을 할 수도 있습니다.

나 자신조차 받아들이기 힘든 진실을 말씀드리는 것으로 시작하겠습니다. 첫째, 우리 역사의 많은 부분이 법의 집행에서 멋있지 않다는 것을 우리 모두는 솔직히 인정해야 합니다. 미국 역사의 많은 시점에서 법 집행은 현재의 상황처럼 즉, 불리한 집단에게는 종종 잔인하리만큼 불공정하게 집행되었습니다. 저는 아일랜드 이민자의 자손입니다. 한 세기 전에, 아일랜드 사람들은 미국 사회가 그리고 법 집행이 그들을 어떻게 보고 있는지 즉, 그들을 술주정뱅이, 깡패, 그리고 범죄자로 보고 있다는 것을 알고 있었습니다. 분명 그러한 경험이 미국인의 의식 속에 일부로 남아 있을 것입니다. 그리고 그러한 경험에 최근까지도 법 집행이 한 역할을 기억해야 합니다. 그것은 우리들 문화의 유산입니다.

받아들이기 어려운 두 번째 진실로, 많은 연구들은 무의식적 편견이 널리 퍼져 있음을 지적하고 있습니다. 백인이 다수를 차지하는 우리 문화에서 많은 사람들이 무의식적으로 인종에 대한 편견을 가지고 있고, 흑인에게 보이는 반응과는 다른 반응을 백인에게 보입니다. 사실, 흑인이건 백인이건 우리 모두는 다양한 편견을 가지고 있습니다. 브로드웨이 히트곡 'Avenue Q'가 생각이 납니다, "모든 사람은 약간은 인종주의자이지." 그러나 우리가 자신의 잠재적인 편견들을 피할 수 없다 해도, 우리는 그러한 본능적인 편견에 대한 우리의 행동을 피할 수는 있습니다. 연구결과가 우리를 심란하게 만든다 해도, 우리가 해야 할 가장 중요한 일이 바로 그런 행동의 변화입니다.

착한 일을 하면서 살고 싶어 하는 사람들, 다른 사람을 돕기 위해 자기 생명의 위협을 무릅쓰는 사람들에게는 법을 집행하는 일이 압도적으로 매력적입니다. 그들은 백인, 흑인, 히스패닉, 혹은 아시아인을 돕기 위해 뉴욕, 시카고, 혹은 로스앤젤레스에서 경찰이 된 것이 아닙니다. 그들은 모든 사람을 돕고 싶어서 경찰이 된 것입니다. 그리고 그들은 유색인들을 돕기 위해 몇몇 가장 힘들고 가장 위험한 경찰의 일을 합니다.

그러나 여기에는 내가 받아들이기 힘든 세 번째 진실이 있습니다. 즉, 법을 집행하는 사람들에게 뭔가 일어납니다. 우리들 중 많은 사람들이 다양한 형태의 냉소주의를 가지고 있는데, 이러한 냉소주의는 정신적으로 게으르지만 손쉬운 판단이기 때문에, 우리가 배척해야 할 지름길입니다. 예를 들면 일반적으로 범죄 피의자는 자신의 죄에 대해 거짓말을 합니다. 이것이 법을 집행하는 몇몇 사람들로 하여금 모든 사람들은 거짓말을 하고, 인종에 상관없이 모든 피의자는 결백할 수가 없다고 가정하게 만듭니다. 쉬운 가정이지만 틀린 가정입니다.

경찰에 대한 저의 애정을 좀 더 분명히 하겠습니다. 여러분이 911로 전화를 하면, 여러분이 백인이든 아니면 흑인이든 상관없이 경찰이 옵니다. 그들은 재빨리 출동하고, 그들이 백인이든 흑인이든 상관없이 재빨리 출동해서 옵니다. 이것이 경찰이 하는 일입니다.

우리들 중 법을 집행하는 사람들은 편향과 편견에 저항하기 위해 몇 배의 노력을 해야 합니다. 법을 준수하는 젊은 흑인이 거리를 걷다가 법을 집행하는 사람을 만났을 때 어떤 느낌이 드는지를 마음속 깊숙이 알고자 노력함으로써, 우리는 우리가 봉사하고 보호하는 사람들을 더 잘 이해해야 합니다. 우리는 그 젊은이가 우리를 어떻게 보고 있는지를 이해해야 합니다. 우리는 냉소주의라는 손쉬운 지름길을 배척하고 존경과 예의를 갖추고 그에게 다가가야 합니다.

그러나 '보는 것'은 양방향으로 흐를 필요가 있습니다. 시민들 역시 법을 집행하는 남녀 경찰을 진정으로 볼 필요가 있습니다. 시민들은 경찰들이 일반적인 밤 근무 때 직면하는 위험을 볼 필요가 있습니다. 시민들은 경찰들이 우리를 안전하게 지키기 위해 수행하는 어렵고 두려운 일들을 이해할 필요가 있습니다. 시민들은 경찰들이 자신의 업무를 잘하고 제대로 하는 데 필요한 공간과 존경을 그들에게 제공할 필요가 있습니다. 그들이 일을 하는 데 시간이 걸린다면, 시민들이 보게 될 것은 한 인간으로서 경찰, 옳은 목적을 위해 옳은 방식으로 과도하게 일을 하고 있는 경찰, 우리들 대부분이 운전하고 다니는 지역에서 여러 위험에 직면하면서 너무나 자주 작전을 수행하는 경찰입니다.

King 박사의 연설 중에 "우리는 모두 형제로서 함께 사는 법을 배워야 합니다. 그렇지 않으면 우리는 모두 바보가 되어 공멸할 것입니다."는 말이 있습니다. 관계는 힘든 것입니다. 관계는 일을 필요로 합니다. 그래서 이러한 일을 시작합시다.

필요가 있다. 몇몇 연구결과는 갈등에 대한 접근 방식이 인간의 생리적 구조의 일부임을 시사한다.[56] 또한 학자들은 갈등 스타일을 결정할 때 자기개념이 문화적 배경보다 더 강력한 영향력을 행사한다고 말한다.[57] 예를 들면 갈등을 대단치 않게 여기는 환경에서 자란 자기주장적인 사람은 갈등이 흔한 환경에서 자란 비자기주장적인 사람에 비해 더 공격적일 가능성이 있다. 합리성과 정중함이 규범인 직장에서 여러분은 갈등을 차분하게 다루겠지만, 집에서는 소리를 지르며 갈등을 조절하는 것이 가족 모두의 방식이라면 여러분도 그렇게 할 것이다. 결국 갈등에 대처하는 각각의 방식은 개인적 선택의 문제이다. 우리는 다음의 설명과 같이 비생산적인 패턴을 선택할 수도 있고, 아니면 건설적인 접근을 할 수도 있다.

건설적 갈등 기술

이 장의 앞에서 기술한 협력적 승-승 갈등 스타일은 승-패나 패-패 접근보다 많은 장점을 가지고 있다. 그런데 사람들은 왜 이 스타일을 잘 사용하지 않을까? 여기에는 세 가지 이유가 있다. 첫째, 인식의 부족이다. 어떤 사람들은 경쟁에 너무 익숙해져 있어서 이기기 위해서는 반드시 상대방을 '패배'시켜야 한다고 잘못 생각한다.

이것을 알고 있는 경우에도 승-승 해결책을 찾지 못하게 막는 또 다른 요인이 있다. 갈등이 호전적인 반응과 같은 감정적 사건으로 발전하게 되면, 우리는 그것을 중단하고 더 좋은 해결책을 찾기가 어렵게 된다. 이러한 감정적 반응은 건설적인 문제해결을 방해하기 때문에, 싸우는 동안에는 공격적 언사와 방어적 기제의 발동을 중단하는 것이 필요하다. "멈추고 열까지 세라."는 선조들의 충고가 여기에 적합하다. 문제에 대하여 잠시 생각하고 나면, 패-패 결과를 초래하는 반응 대신 건설적으로 행동할 수 있을 것이다.

승-승 해결책이 드문 세 번째 이유는 그것이 다른 사람의 협력을 필요로 한다는 것이다. 상대방을 반드시 이기고자 하는 사람과 건설적으로 협상하는 것은 매우 어려운 일이다. 이런 경우, 협력을 해야 양쪽 모두가 만족하는 해결책을 찾을 수 있다고 최상의 설득 기술을 이용해서 그에게 설명하라.

협력적 문제해결

이러한 어려움에도 불구하고 협력적 방식이 분명히 갈등을 해결하는 데 더

낫다. 이어서 우리는 갈등을 협력적인 승─승 방식으로 다룰 수 있는 방법을 제시
할 것이다. 갈등기술훈련을 받은 100쌍의 커플에 대한 종단연구에서, 연구자들은
이 방법이 자신들의 관계를 기꺼이 개선하겠다는 커플들에게 효과가 있다는 것을
발견했다.[58] 다음 단계를 읽으면서 지금 여러분을 괴롭히고 있는 문제에 이 방법을
마음속으로 적용해보라.

자신의 문제와 불만을 확인하라　　　말하기 전에, 여러분은 갈등을 일으
킨 문제가 자신의 문제라는 사실을 깨닫는 것이 중요하다. 불만족스러운 상품을
반품하는 것이든, 수면을 방해하는 시끄러운 개 문제로 이웃에게 항의하는 것이
든, 고용주에게 근무환경의 개선을 요구하는 것이든, 문제는 바로 자신의 것이다.
왜? 각 사례에서 '문제'를 가진 사람, 즉 불만을 가지고 있는 사람이 바로 자신이기
때문이다. 불만족스러운 물품에 돈을 지불한 사람도 자신이고, 여러분에게 그 물
품을 판 사람은 그 돈을 이미 다른 곳에 썼을 수도 있다. 이웃의 개 때문에 잠을 설
치는 사람도 자신이다. 그들은 예전처럼 하는 것에 만족한다. 근무환경에 불만이
있는 사람은 여러분 자신이지 고용주가 아니다.

　　문제를 자기의 문제라고 인식하는 것이 상대방에 대한 접근에서 큰 차이를
만들어낸다. 문제를 평가적인 방식으로 생각하거나 행동하기보다는 서술적인 방
식으로 말함으로써, 그 문제를 더 정확하게 보고 덜 방어적으로 반응할 가능성이
높다.

　　문제가 자신의 문제라고 인식한 후, 그 다음 단계는 자신을 불만족스럽게 만
드는, 충족하지 못한 욕구를 확인하는 것이다. 예를 들면 이웃의 개 사례에서 보면
여러분의 욕구는 잠을 자거나 방해받지 않고 공부하는 것이다. 사람들 앞에서 여
러분을 놀리는 친구가 있을 경우, 여러분의 욕구는 그 골칫덩이를 보지 않는 것이
다.

　　간혹 자신의 욕구를 확인하는 것이 겉보기와 달리 단순하지 않을 수도 있다.
눈에 보이는 현상의 뒤에는 관계적인 욕구가 있을 때도 있다. 다음 사례를 보자.
여러분은 한 친구에게 빌려준 돈을 오랫동안 돌려받지 못했다. 이 상황에서 여러
분의 외견상 욕구는 돈을 돌려받는 것이다. 그러나 조금만 더 생각해보면, 여러분

은 단순히 그것만 원하는 것이 아닐 수 있고 심지어 그것이 핵심이 아닐 수도 있다. 설혹 돈이 넘쳐난다 해도, 여러분은 더욱 중요한 다른 이유 때문에 돈의 반환을 원할 수 있다. 여러분은 자신을 이용한 친구에게 속았다는 씁쓸한 감정을 피하고 싶을 수 있다.

곧 보겠지만, 자신의 진짜 욕구를 파악하는 능력은 대인 간 문제를 해결하는 데 핵심적인 역할을 한다. 여기서 명심해야할 요점은, 자신의 문제를 파트너에게 말하기 전에 어떤 욕구가 아직 채워지지 않았는지 명확히 알아야 한다.

약속을 하라 싸움을 시작하는 사람이 싸울 준비가 되지 않은 상대방에게 도전할 때, 종종 파괴적 싸움이 시작된다. 피곤하거나 시간에 쫓겨 서두를 때, 다른 문제로 속이 상해 있거나 기분이 좋지 않을 때는 심적으로 갈등을 직면할 적절한 때가 아니다. 이와 같은 때, 여러분이 상대방에게 통보도 없이 싸움을 걸어서 자기 문제에 온전히 집중하라고 요구하는 것은 불공평하다. 여러분이 고집을 부리면 어쩌면 아주 추한 싸움을 하게 될 우려도 있다.

여러분은 자신의 문제에 대한 생각을 명확히 한 후 상대방에게 그 문제의 해결을 위해 노력해 달라고 요청해야 한다. 예를 들면 "내게 속상한 일이 있는데 얘기 좀 할 수 있나요?"라는 질문에 상대방이 "예."라고 대답하면 여러분은 더 나아갈 수 있다. 그러나 상대방과 시간이 맞지 않으면 양쪽 모두에게 적합한 시간을 찾아야 한다.

"지금이 대판 싸우기에 좋은 때인가요?"

자신의 문제와 요구를 표현하라 파트너가 여러분이 속상한 이유와 원하는 것을 모른 채로 여러분의 욕구를 충족시킬 수는 없다. 따라서 여러분은 자신의 문제를 가능한 구체적으로 표현해야 한다. 완벽하고 정확한 메시지를 전달하는 최선의 방법은 11장에서 논의한 바와 같이 자기주장적인 메시지 형식을 취하는 것이다. 이러한 접근이 다음의 사례에서 얼마나 효율적인지 주목해라.

사례 1

"내게 문제가 하나 있어. 그것은 네가 집안 곳곳에 더러운 옷가지들을 그대로 벗어 놓고 나가는 거야. 그것이 나를 매우 성가시게 한다고 너에게 말한 후에도 너는 여전히 그렇게 했어(행동). 누군가 왔을 때 나는 미친 듯이 그것을 치워야 했고, 이것을 좋아할 사람은 아무도 없어(결과). 네가 내 요청을 귀담아 듣지 않거나 나를 미치게 하기 위한 것이란 생각이 들기 시작했어(생각). 어느 쪽이든 나는 몹시 화가 나(감정). 내가 가정부나 잔소리 많은 여자가 되지 않고 집안을 잘 정돈할 수 있는 방법을 찾고 싶어."

사례 2

"문제가 있어. 미리 전화도 없이 네가 들렀을 때 나는 공부하고 있었어(행동). 너를 봐야 할지 아니면 가 달라고 요청해야 할지 모르겠어(생각). 어떤 식으로 하든, 나는 좀 불편하고(감정) 뭘 하든 내가 실패한 것처럼 보여. 너와의 만남을 미루든 아니면 공부를 미루든(결과). 내 공부도 마치면서 너와도 만날 수 있는 방법을 찾아야겠어(의도)."

사례 3

"나를 성가시게 하는 게 있어. 넌 나를 사랑한다고 하면서도, 대부분의 시간을 다른 친구들과 보내는 너를 보면서(행동) 난 네 말이 진심인지 혼란스러워(생각). 나는 자신이 없어지고(느낌) 그 다음에는 울적해져(결과). 네가 나를 어떻게 생각하는지 알 수 있는 방법을 찾아야겠어(의도)."

자신의 문제를 말하고 자신이 필요한 것을 기술한 후, 파트너가 여러분의 말을 제대로 이해했는지 확실히 하는 것이 중요하다. 8장의 듣기에 대한 논의를 회상해보면 알 수 있듯이, 여러분의 말이 잘못 해석될 가능성이 크고, 특히 스트레스가 큰 갈등 상황에서는 더욱 그렇다.

일반적으로, 여러분이 말한 것을 다른 말로 표현하도록 파트너에게 요구하는 것은 비현실적이지만, 다행히도 그 파트너가 여러분의 말을 분명하게 이해했는지 눈치껏 알아보는 방법이 있다. 예를 들면 "내 자신을 제대로 표현했는지 모르겠어. 네가 내 말을 어떻게 들었는지 말해주면, 나는 내 생각을 더 분명히 할 수 있을 거야."라고 말하는 것이다. 어쨌든 일이 더 진행되기 전에 자신의 전체적인 메시지를 파트너가 이해했는지 분명히 확인하라. 아직 드러나지도 않은 갈등으로 문제에 대한 이해가 서로 일치하게 되면, 상대방이 기분 상하지는 않는다.

파트너의 관점을 고려하라 자신의 입장을 명확히 한 후에, 이제는 파트너가 무엇이 필요한지를 파악해야 한다. 파트너의 욕구를 아는 것이 중요한 이유는 두 가지가 있다. 첫째, 그래야 공평하다. 파트너도 여러분만큼 만족할 권리가 있다. 자신의 욕구를 충족하는 데 필요한 상대방의 도움을 기대한다면, 여러분도 똑같은 방식으로 행동하는 것이 합리적이다. 그러나 공평성뿐만 아니라, 파트너가 원하는 것에 여러분이 관심을 가져야 할 매우 현실적인 또 다른 이유가 있다. 불행한 파트너가 여러분을 만족시켜 주기 어려운 것과 같이, 행복한 파트너가 여러분이 목표를 달성하는 데 훨씬 더 협력할 수 있다. 따라서 파트너의 요구를 알고 충족하는 것은 여러분 자신의 이득과 직결되는 일이다.

파트너의 요구를 파악하기 위해 "내가 원하는 것과 그 이유를 말했어. 이제는 네가 원하는 것을 말해줘."라고 간단히 청할 수 있다. 파트너가 말하기 시작한 후 여러분이 해야 할 일은 이 책의 앞에서 논의한 듣기 기술을 이용해서 그의 말을 제대로 정확히 이해하는 것이다.

해결책을 협상하라 여러분과 파트너가 서로의 욕구를 이해한 지금, 이제 목표는 그 욕구들을 충족하는 방법을 찾는 것이다. 가능한 해결책을 최대한 많이 개발한 다음, 모두의 욕구를 충족할 수 있는 최선의 해결책을 결정하기 위해 그 방법들을 평가하면 된다. 어쩌면 승-승 접근에 대한 최상의 서술은 Thomas Gordon의 저서 'Parent Effectiveness Training'에 있을 수도 있다.[59]

1. 갈등을 확인하고 정의하라   우리는 앞에서 갈등에 대한 확인과 정의를 논의했다. 이것은 각자의 문제와 욕구, 단계의 설정을 확인하는 것으로 이루어져 있다.

2. 가능한 많은 해결책을 만들어 내라   이 단계에서 당사자들은 목표에 도달하기 위해 가능한 많은 수단을 함께 생각해낸다. 여기서 핵심 개념은 좋고 나쁨을 떠나 생각할 수 있는 최대한의 아이디어를 만들어내는 것이다. 실행 가능성이 어떻든 떠오르는 모든 생각을 기록하라. 비현실적인 아이디어가 좀 더 실행 가능한 아이디어를 이끌어내기도 한다.

3. 대안적 해결책을 평가하라   어떤 해결책이 효과적이고 어떤 것은 그렇지 않은지 얘기할 때이다. 여기서는 양쪽이 특정 아이디어를 수용할지 솔직히 말하는 것이 중요하다. 일단 하나의 해결책이 작동하기 시작하면, 관련된 당사자는 모두 그것을 지지해야 한다.

4. 최선의 해결책을 결정하라   모든 대안들을 살펴본 지금, 모든 사람에게 최상으로 보이는 하나의 대안을 선택하라. 모든 사람이 그 해결책을 분명히 이해하고 기꺼이 시도하는 것이 중요하다. 그 결정이 최종 결정이 아닐 수는 있지만, 잠재적으로는 성공적으로 보여야 한다는 것을 기억하라.

해결책 추적하기   그 해결책이 효과가 있을지 시행해보기 전까지는 확신할 수 없다. 그 해결책을 시험해본 후 진행하는 얼마 동안은 그것에 대한 얘기는 제쳐놓는 것도 좋은 생각이다. 어떤 변화를 줘야 할 필요가 있거나 문제를 다시 생각할 필요가 있을 수 있다.

이러한 아이디어는 문제의 가장 우선순위에 있어야 하고, 그것을 해결하기 위해 창조성을 이용해야 한다. 상대방의 반발을 예상하거나 대비할 수도 있다. 한 걸음도 더 나아갈 수 없을 때는 다시 뒤로 돌아가 이전의 단계에서 다시 시작하라.

승-승 해결책이 언제나 가능한 것은 아니다. 선의의 사람들도 자신의 모든 욕구를 충족할 수 있는 방법을 찾지 못할 때도 있다. 이와 같은 때에 협상의 과정은 약간의 타협을 포함해야 하지만, 그런 경우에도 이전 단계가 무의미한 것은 아니다. 상대방이 원하는 것을 알고 싶고 그러한 욕구를 충족시켜 주고 싶다는 진정한 소망은 우호적인 분위기를 만들어주고, 지금의 문제에 대한 최상의 해결책을 찾고 미래의 관계를 개선하는 데 도움이 된다.

건설석 살등: 실문과 대답

승–승 협상을 배운 후, 사람들은 가끔 그것이 어떻게 그렇게 효과적인지 의구심을 갖기도 한다. "이건 좋은 아이디어처럼 들려요. 그러나…"라고 말한다. 주로 네 가지의 질문을 하는데 그에 대한 대답이 여기에 있다.

승–승 접근은 현실이기에는 너무 이상적인 것 아닌가? 서로의 이익을 추구하는 것이 단지 좋은 생각으로만 그치지 않는다는 것을 연구들은 보여준다. 그것은 실제로 작동한다. 승–승 접근은 승–패 접근보다 더 좋은 결과를 가져온다. 일련의 실험에서 연구자들은 '죄수의 딜레마'라고 부르는 조건부 협상 상황을 피험자에게 제시한다. 이 상황에서 그들은 한 명의 공모자와 협력할 수도 있고 그를 배신할 수도 있다.[60] 죄수의 딜레마에서 세 가지 유형의 결과가 나타난다. 즉 한쪽이 공모자를 배신함으로써 크게 이기는 결과, 양쪽이 모두 협력함으로써 이기는 결과, 양쪽이 모두 배신함으로써 모두 지는 결과이다. 냉소적 평론가들은 가장 효과적인 전략으로 한쪽이 배신하는 것(승–패 접근)이라고 말하지만, 연구자들은 실제로 협력이 가장 냉철한 전략임을 발견했다. 상대방을 지지하고 그에 대해 악감정이 없는 사람은 경쟁적 접근을 사용하는 사람들보다 더 좋은 결과를 창출했다.

승–승 접근은 현실에 적용하기에는 너무 정교한 것 아닌가? 승–

승 접근은 세밀하고 매우 구조화되어 있다. 일상의 삶에서 여러분은 모든 단계를 사용하지는 않을 것이다. 때로 눈앞의 문제는 노력을 물거품으로 만들기도 하고, 또 다른 때에는 여러분과 파트너가 그 문제를 매우 신중하게 다룰 필요가 없을 수도 있다. 그럼에도 불구하고, 이 접근을 배우는 동안 모든 단계를 진지하게 따르고자 노력하라. 이들 모든 단계를 이용하는 데 친숙하고 능숙해지면, 여러분은 주어진 상황에서 무엇이든 사용할 수 있게 된다. 중요한 문제에서는 승－승 접근의 모든 단계가 중요하다는 것을 쉽게 발견할 수 있다. 만약 과정이 시간 낭비라고 생각한다면, 여러분이 문제를 해결하지 못했을 때 들어갈 시간과 에너지를 생각해보라.

승-승 협상은 너무 이성적이지 않은가?　　불만스러운 독자는 간혹 승－승 접근이 성자들이나 성공할 수 있는 감성적인 접근이라고 불평한다. "때로 나는 너무 화가 나서, 지지적, 공감적, 혹은 그외 뭐든지 간에 상관없어요. 난 오로지 화를 폭발시키고 싶을 뿐예요."라고 그들은 말한다.

　　이런 경우 여러분은 일시적으로 상황으로부터 벗어날 필요가 있다. 그래야 나중에 후회할 행동이나 말을 하지 않는다. 또는 자신이 신뢰하는 제3자에게 한결 나은 정서적 안정을 느낄 수도 있다. 그것도 아니면 운동을 통해 화를 풀 수도 있다. 심지어 여러분을 잘 받아주는 파트너가 여러분의 화산과 같은 통제 불가능한 폭발을 허용할 수도 있다. 그러나 여러분이 화를 폭발하기 전에, 파트너는 여러분이 무엇을 할 것인지 분명히 알고 있어야 하고, 여러분이 뭐라고 하든 반응하지 않도록 분명히 해 두어야 한다. 여러분이 아무런 방해 없이 원하는 만큼 고래고래 고함치는 것을 파트너는 그대로 둬야 한다. 자신의 폭발이 진정될 때, 여러분을 괴롭히는 문제를 해결하기 위해 더 높은 단계로 나아갈 수 있다.

다른 사람을 변화시키는 것이 가능한가?　　이 책을 읽고 그 방법을 이해한 독자들은 승－승 문제해결이 훌륭하다는 데 공감한다. 그 다음 질문은 "어떻게 내가 다른 사람의 협력을 얻어낼 수 있을까?"이다. 여러분이 언제나 파트너의 협력을 이끌어낼 수는 없겠지만, 물건을 잘 파는 사람은 대체로 언제나 속임수를 쓴다는 사실을 기억하기 바란다. 핵심은 여러분과 협력하는 것이 파트너 자신의 이해관계와 직접적으로 관련된다는 것을 보여주는 것이다. "잠깐만요. 우리가 합의하지 못한다면 우리는 둘 다 비참해질 거예요. 그러나 합의를 본다면 그때 우리가 얼마나 더 좋아질지 생각해보세요." 이 설명은 협력의 호의적 결과와 경쟁의 비호의적 결과를 모두 보여준다.

여러분은 또한 이 책에서 묘사한 의사소통 기술을 따라함으로써 파트너의 협력을 얻어낼 가능성을 높일 수도 있다. 방어적 행동이 상호적으로 발전할 수 있다는 것을 앞에서 기술했지만, 지지적 소통도 역시 마찬가지다. 예를 들면 여러분이 진심으로 듣고자 하고, 평가적 공격을 배제하고, 상대방의 관심에 공감한다면, 여러분도 그와 똑같은 행동을 답례로 받을 가능성이 매우 높다. 그러한 행동에도 불구하고 상대방의 반응이 개선되지 않더라도, 적어도 여러분은 명예롭고 건설적으로 행동한 자신을 존중할 수 있다.

요약

갈등은 모든 대인관계에서 어쩔 수 없는 현실이다. 갈등을 다루는 방식은 관계의 질에 핵심적인 역할을 한다. 건설적으로 다룰 때 갈등은 더 튼튼하고 만족스러운 상호작용을 가져오지만, 그것을 제대로 다루지 못했을 때 관계는 악화된다.

갈등에 대한 의사소통자들의 반응은 회피하기, 수용하기, 경쟁하기, 타협하기, 협력하기 등 다양하다. 이들 각 접근은 상황에 따라 정당화될 수 있다. 갈등을 다루는 방식은 언제나 어느 한 사람이 선택하는 것은 아니다. 당사자들이 관계적 갈등 스타일을 발전시킬 때 서로에게 영향을 미친다. 이런 스타일은 상보적, 대칭적, 혹은 병렬적이고, 건설적이거나 파괴적인 의례를 수반한다. 비난, 방어, 경멸, 의사방해라는 '네 명의 기수'는 갈등과정에서 소통하는 비생산적 방식들이다.

갈등 스타일은 관계에 의해 만들어질 뿐만 아니라, 성(gender)과 문화적 배경에 의해서도 형성된다. 대부분의 상황에서 승-승 결과는 이상적인 결과다.

핵심 용어

갈등	수동적 공격
갈등 의례	수용하기
경쟁하기	직접적 공격
관계적 갈등 스타일	타협하기
대칭적 갈등 스타일	협력하기
병렬적 갈등 스타일	회피하기
상보적 갈등 스타일	

참고문헌

이 QR코드를 스캔하면 '인간관계와 의사소통의 심리학'의 참고문헌을 열람할
수 있습니다.

찾아보기

| 저자 소개 |

이 책이 대인 간 의사소통에 관한 책인 이상, 우리를 독자 여러분에게 소개하고자 한다. 이 책 내내 여러분이 접하게 될 "우리"라는 말은 단지 편집상의 장치가 아니라, 실제 두 인물 Ron Adler와 Russ Proctor를 지칭한다.

Ron Adler는 부인 Sherri와 California Santa Barbara에 거주하고 있다. Sherri는 화가이면서 이 책의 사진 대부분을 선정한 사진연구가이다. 그들의 세 자녀는 지금은 성인이 되었지만 Looking out/Looking in의 초기 판들을 구상할 때는 젖먹이 아기였다. 그들은 이 책의 여러 개념들을 현장에서 검증해 보는 실험대상으로 성장했다. 여러분이 그들에게 물어보면, 그들은 이 책이 담고 있는 정보의 가치를 보증해줄 것이다.

Ron은 전문가로서의 대부분 시간을 의사소통에 관한 책을 쓰면서 보내고 있다. Looking out/Looking in을 쓰는 데 기여했을 뿐만 아니라, 그는 업무상 의사소통, 공개연설, 소집단 의사소통, 자기주장, 사교기술 등의 주제에 관한 여섯 권의 책을 쓰는 데 기여했다. Ron은 강의와 저술 이외에도 대학교에서 강의를 하고, 사업을 하거나 전문직종의 사람들이 일과 관련된 의사소통을 향상하도록 돕고 있다. Ron은 자전거를 타고 등산을 하면서 신체적, 정서적 건강을 유지하고 있다.

Russ Proctor는 Northern Kentucky University 교수로, 그의 두 아들 R. P.와 Randy가 이 학교를 다니고 있다. Russ의 부인 Pam도 교육자로, 교사, 학생, 사업가들이 에너지를 좀 더 효율적으로 쓸 수 있도록 지도하고 있다.

Russ는 1990년에 한 의사소통학회에서 Ron을 만났는데, 거기서 그들은 교육도구로 장편 영화를 사용하는 데 관심이 같다는 것을 바로 알게 되었다. 그들은 이 주제에 대해서 수년간 글을 쓰고 강연을 했으며, 몇몇 교과서와 논문을 함께 저술했다. Russ가 가르치거나 쓰거나 혹은 발표를 하지 않을 때, 그는 취미로 스포츠(특히 야구), 록 음악(특히 Steely Dan), 그리고 (특히 매년 자신의 생일 때 가족과 친구를 위한) 요리 등을 한다.

| 역자 소개 |

정 태 연

연세대학교 심리학과 학사 및 석사
미국 코네티컷대학교 심리학과 대학원 철학박사
현재: 중앙대학교 심리학과 교수
(전) 중앙대학교 심리서비스대학원장
(전) 한국 문화 및 사회문제 심리학회장
(전) 한국 사회 및 성격 심리학회장
(전) 한국심리학회 부회장
관심분야: 문화/다문화, 성인발달, 대인관계, 사회 및 사회문제, 군심리학 등
이메일: tjung@cau.ac.kr